Rich. Franc. Phil. Brunck.

Sophoclis Tragoediae septem

ad optimorum exemplarium fidem emendatae, cum versione et notis ex editione

Rich. Franc. Phil. Brunck. Tomus 1. 4

Rich. Franc. Phil. Brunck.

Sophoclis Tragoediae septem
ad optimorum exemplarium fidem emendatae, cum versione et notis ex editione Rich. Franc. Phil. Brunck. Tomus 1. 4

ISBN/EAN: 9783741182679

Manufactured in Europe, USA, Canada, Australia, Japa

Cover: Foto ©Andreas Hilbeck / pixelio.de

Manufactured and distributed by brebook publishing software (www.brebook.com)

Rich. Franc. Phil. Brunck.

Sophoclis Tragoediae septem

SOPHOCLIS
TRAGŒDIÆ SEPTEM

AD OPTIMORUM EXEMPLARIUM FIDEM

EMENDATÆ

CUM

VERSIONE ET NOTIS

EX EDITIONE

RICH. FRANC. PHIL. BRUNCK.

TOMUS I.

ARGENTORATI
Sumptibus JOANNIS GEORGII TREUTTEL
MDCCLXXXVI.

Typis *Jo. Henr. Heitz*, Academiae Typographi.

LECTORI

S. D.

RICH. FRANC. PHIL. BRUNCK

REGIÆ INSCRIPTIONUM
ET HUMANIORUM LITERARUM ACADEMIÆ
SOCIUS.

Sæpenumero miratus sum, in tanta quanta versamur literarum luce, quum excolerentur in dies optimi scriptores antiqui, & obducto situ purgarentur, neglectum jacere Sophoclem, Poëtarum post Homerum præstantissimum, Tragicorum quotquot fuerunt perfectissimum. Nam quod compluries hoc sæculo, maxime vero in Britannia, superstites septem Tragœdiæ præla exercuerint, studium quidem illæ repetitæ editiones testantur legendi Sophoclem, sed nihil prorsus effecerunt, quo purus & integer legeretur. Scatent omnes fœdissimis mendis, quarum permultæ ne ipsis quidem editoribus suboluerunt, quibusque eluendis pares non erant quicumque interpolatæ recensionis exempla propagarunt. Unus ætate nostra Sophocli operam suam dicaverat, qui eum, proinde ut dignus est, exornare & illustrare poterat, vir doctrinæ & ingenii laude excellens Lud. Casp. Valckenarius, qui ante hos paucos menses exstinctus Musarum alumnis tristissimum reliquit desiderium. Is nescio quo modo a Sophocle sevoca-

)(2

tus olim, operam suam aliorsum contulit. Derelictam a summo viro provinciam animose suscepi, non quo existimarem, ea me præstiturum, quæ ab eo exspectare par erat: verum de literis meriturum me optime opinatus sum, si ad Sophoclis intellectum longe plura, quam antea comparata fuerant, subsidia ministrarem, cultuque nitidiore magis allicerem ad illius lectionem doctrinæ studiosos; quo facilius futurum spero, ut quispiam alius me peritior excitetur, qui labore meo adjutus, Tragicum ita expoliat & constituat tandem, ut longa barbarie concreti squaloris nulla relinquatur macula. Interea nova hæc editio ita concinnata est, ut haud multa esse credam, quæ judices æqui in ea desideraturi sint. Quantum a ceteris differat declaraturus, haud longis ambagibus lectorem morabor.

Sophoclem post renatas literas primus edidit Aldus Manutius Romanus anno MDII. ex antiquis & probæ notæ codicibus. Præstantissima omnium hæc editio est, quæ majorem quam ceteræ omnes auctoritatem habet, & plus quam quævis alia fide digna est. Ex ea fere expressæ sunt quæcumque dimidii sæculi intervallo diversis in locis prodierunt, inter quas eminent duæ Florentinæ in officina Juntina excusæ, prior anno MDXXII. altera an. MDXLVII. Postea Adrianus Turnebus codicem Sophoclis nactus a Demetrio Triclinio recensitum, ex eo septem Tragœdias edidit Parisiis anno MDLII. cui editioni tantum favorem conciliavit doctissimi viri existimatio, ut ab ea discedere nefas duxerint Henr. Stephanus, & Gul. Canterus, qui demum Sophocleorum dramatum formam ita constituit, ut eam exhibent vulgares editiones omnes, magistrorum, tironum, literatorum manibus versari solitæ. Verumtamen Triclinii illa interpolatio neutiquam digna erat, quæ sincero textui ab Aldo edito præferretur: pravas lectiones passim intrusit: maxime vero in canticis impudentissima audacia grassatus est, insulsissima quæque inserciens, ut carminum formas, quas animo præceperat, effingeret. Falluntur egregie, qui ad illam Triclinii recensionem factis editionibus utentes, genuinum Sophoclem legere se opinantur. Puritatem lectionis ex Aldina petendam esse semper fassi sunt viri doctiores. Sed in hoc genere pauci sciunt, quid distent æra lupinis.

Quapropter huic editioni Aldinam tamquam fundamentum substruxi; ad eam unice respexi, de reliquis nihil vel parum sollicitus. Ubicumque ab ea discessi, mutationis rationem in notis exposui. Codicum fidem plerumque secutus sum: at mendas codicibus qui nunc exstant antiquiores, eruditorum virorum conjecturis, aut meis sustuli. Codicum autem quibus usus sum, syllabus hic est:

A. Membranæ vetustissimæ Bibliothecæ Regiæ, quo ex Memmiana illatæ fuerunt. Iis continentur Sophoclis Tragœdiæ VII. eodem ordine quo in Aldi editione se subsequuntur: Euripidis Hecuba, Orestes, Phœnissæ, Andromacha, Medea, & Hippolytus, quas omnes edidimus: Aristophanis Fabulæ VII. a nobis etiam editæ: ita ut varietas lectionis præstantissimi illius codicis jam omnis opera nostra innotuerit. In catalogo MSS. codd. Græcorum Bibliothecæ Regiæ est 2712.

B. Codex Regius chartaceus, catalogi 2787, quo præter alia continentur Oedipus prior, Trachiniæ, Philoctetes, & Oedipus in Colono.

C. Codex Regius bombycinus, catalogi 2794. continens Ajacem, Electram & Oedipum priorem.

D. Codex Regius chartaceus, catalogi 2820. præter alia continens Ajacem, Electram & Oedipum priorem.

E. Codex Regius bombycinus, catalogi 2884. præter alia continens Ajacem, Electram, Oedipum priorem & Antigonam.

Augustanus, e bibliotheca Senatus liberæ civitatis Augustæ Vindelicorum, chartaceus, præter alia continens Ajacem, Antigonam, Oedipum priorem & Electram. Codicem hunc, ut & Regium E. diligentissime contulit ad Johnsoni editionem Joannes Schweighæuser Græcæ linguæ in hujus civitatis Academia publicus doctor, cujus multiplicem eruditionem nobilitavit Appiani Alexandrini quæ nuper prodiit editio elaboratissima, quod ad exemplum alios Romanæ historiæ græcos scriptores ejusdem viri solertia in integrum restitutum iri & optamus & ominamur.

Meus, bombycinus, bonæ notæ, continens præter alia Ajacem & Electram.

T. Codex Regius chartaceus, catalogi 2711. nitidissime scriptus, quo continentur septem tragœdiæ juxta Demetrii Triclinii recensionem, cum ejusdem scholiis metricis in omnes, exegeticis vero partim Triclinii, partim veterum enarratorum in Antigonam, Oedipos duos, Trachinias & Philoctetam. Longe melior & emendatior est is codex eo quo Turnebus usus est, aliquotque lectiones exhibet e vetustissimis exemplaribus ductas, quæ nuspiam alibi reperiuntur.

Quam multas horum librorum ope mendas eluerim, legenti cuivis apparebit. At plurimæ antiquitus inoleverant, quæ in hos codices traductæ, meam quoque editionem insedissent, nisi excellentium quorumdam ingeniorum acumen caliginem discussisset, qua lectionis veritas tegebatur. Nemo splendidius lumen prætulit, quam eruditus Britannus THOMAS TYRWHITT, quem primariis Criticis accensendum esse demonstrant Emendationes in Euripidem, quibus editionem suam ornavit *Musgravius*. Præstantissimi hujus viri, cujus conveniendi felicitas mihi numquam obtigit, benevolentiam mihi conciliavit communis Musarum amor, opinioque quam ipse ante annos circiter duodecim de me concepit, futurum ut bonis literis haud spernendam aliquam operam navarem. Postquam Tragicum hunc edere mecum decrevi, conjectorem omnium quos nossem felicissimum per epistolam rogavi, ut, si quid in Sophocle, ut in Euripide, periclitatus fuisset, emendationes suas mecum benigne communicaret. Quod cupiebam ab humanissimo viro facile impetravi: mense Aprili anni MDCCLXXX. avulsas ex adversariis suis schedas aliquot mihi misit, quæ in Sophoclem olim commentus fuerat continentes, arbitrioque meo permisit, ut ex iis quæcumque mihi usui futura essent expromerem. Sequenti anno optimus *Valckenarius* ultro mihi misit conjecturas aliquot in Sophoclem, sibi oblatas a disciplinæ suæ alumno, felicissimi ingenii viro. *Erico*

Huberto van Eldik, e quibus quædam delibavi, quorum laudem ad auctorem suum retuli.

Si quæ in Græcis & in versione parum meditate curata fuisse animadverti, ut ea emendari velim, in notis monui: quin graviora quædam peccata e lectorum conspectu penitus amovi, denuo excusis plagulis, quas bibliopegi in priorum locum substituant: quæ diligentiam meam fugerunt, ea boni consulat æquus lector. Latinam versionem ita concinnavi, ut, si græca legentibus usus veniat eam consulere, Tragici sensum fideliter & dilucide quantum potest expressum reperiant: Græcarum vero literarum rudes Sophoclem si noscere velint, ut eum latine sincerum legere possint, absque metricarum versionum fuco, earumque odio, quæ Græcis e regione apponi solent.

Minorem hanc editionem tractatu facilem, nec magno parabilem, excudi feci, ut eorum inservirem commodis, qui critico apparatu quo major editio, propediem publici juris futura, augetur, carere volent; maxime vero tironum in gratiam, qui publicorum doctorum auditoria frequentant.

Vale, dulcissime lector, & hac nostra opera lubens gratusque fruere. Dabam Argentorati d. Decembris X. anni MDCCLXXXV.

ΣΟΦΟΚΛΕΟΥΣ ΓΕΝΟΣ ΚΑΙ ΒΙΟΣ.

ΣΟΦΟΚΛΗΣ τὸ μὲν γένος ἦν Ἀθηναῖος, υἱὸς δὲ Σοφίλου, ὃς οὔτε, ὡς Ἀριστόξενός φησι, τέκτων ἢ χαλκεὺς ἦν· οὔτε, ὡς Ἴστρος, μαχαιροποιὸς τὴν ἐργασίαν· τυχὸν δὲ ἐκέκτητο δούλους χαλκεῖς καὶ τέκτονας. οὐ γὰρ εἰκὸς τὸν ἐκ του τοιούτου γενόμενον στρατηγίας ἀξιωθῆναι σὺν Περικλεῖ καὶ Θουκυδίδῃ, τοῖς πρώτοις τῆς πόλεως. ἀλλ' οὐδ' ἂν ὑπὸ τῶν κωμῳδῶν ἄδηκτος ἀφείθη, τῶν οὐδὲ Θεμιστοκλέους ἀποσχομένων. ἀπιστητέον δὲ καὶ τῷ Ἴστρῳ, φάσκοντι αὐτὸν οὐκ Ἀθηναῖον, ἀλλὰ Φλιάσιον εἶναι. εἰ δὲ καὶ τὸ ἀνέκαθεν Φλιάσιος ἦν, ἀλλὰ πλὴν Ἴστρου, παρ' οὐδενὶ ἑτέρῳ τοῦτό ἐστιν εὑρεῖν. ἐγένετο οὖν Σοφοκλῆς τὸ γένος Ἀθηναῖος, δήμου Κολωνῆθεν, καὶ τῷ βίῳ καὶ τῇ ποιήσει περιφανής. καλῶς τε ἐπαιδεύθη καὶ ἐτράφη ἐν εὐπορίᾳ, καὶ ἐν πολιτείᾳ καὶ ἐν πρεσβείαις ἐξητάζετο. γεννηθῆναι δὲ αὐτόν φασιν ἑβδομηκοστῇ πρώτῃ Ὀλυμπιάδι κατὰ τὸ δεύτερον ἔτος ἐπὶ ἄρχοντος Ἀθήνησι Φιλίππου. ἦν δὲ Αἰσχύλου νεώτερος ἔτη δέκα ἑπτά· Εὐριπίδου δὲ παλαιότερος εἴκοσι τέσσαρα. διεπονήθη δὲ ἐν παισὶ καὶ περὶ παλαίστραν καὶ μουσικὴν, ἐξ ὧν ἀμφοτέρων ἐστεφανώθη, ὥς φησιν Ἴστρος. ἐδιδάχθη δὲ τὴν μουσικὴν παρὰ Λάμπρῳ· καὶ μετὰ τὴν ἐν Σαλαμῖνι ναυμαχίαν Ἀθηναίων περὶ τρόπαιον ὄντων, μετὰ λύρας γυμνὸς ἀληλιμμένος τοῖς παιανίζουσι τῶν ἐπινικίων ἐξῆρχε. παρ' Αἰσχύλῳ δὲ τὴν τραγῳδίαν ἔμαθε, καὶ πολλὰ ἐκαινούργησεν ἐν τοῖς ἀγῶσι· πρῶτον μὲν καταλύσας τὴν ὑπόκρισιν τοῦ ποιητοῦ, διὰ τὴν ἰδίαν ἰσχνοφωνίαν· πάλαι γὰρ καὶ ὁ ποιητὴς ὑπεκρίνετο· αὐτὸς δὲ καὶ τοὺς χορευτὰς ποιήσας ἀντὶ δώδεκα πεντεκαίδεκα, καὶ τὸν τρίτον ὑποκριτὴν ἐξεῦρε. Φασὶ δὲ ὅτι καὶ κιθάραν ἀναλαβὼν ἐν μόνῳ τῷ ΘΑΜΥΡΙΔΙ ποτὲ ἐκιθάρισεν· ὅθεν καὶ ἐν τῇ ποικίλῃ στοᾷ μετὰ κιθάρας αὐτὸν γεγράφθαι. Σάτυρος δέ φησιν ὅτι καὶ τὴν καμπύλην βακτηρίαν αὐτὸς ἐπενόησε. Φησὶ δὲ καὶ Ἴστρος τὰς λευκὰς κρηπῖδας αὐτὸν ἐξευρηκέναι, ἃς ὑποδοῦνται οἵ τε ὑποκριταὶ, καὶ οἱ χορευταί· καὶ πρὸς τὰς φύσεις αὐτῶν γράψαι τὰ δράματα· ταῖς δὲ Μούσαις θίασον ἐκ τῶν πεπαιδευμένων συναγαγεῖν. καὶ ἁπλῶς ὡς ἔστιν εἰπεῖν, τοῦ ἤθους τοσαύτη γέγονε χάρις, ὥστε πάντη καὶ πρὸς ἁπάντων αὐτὸν στέργεσθαι. νίκας δὲ ἔλαβεν εἴκοσιν, ὥς φησι Καρύστιος· πολλάκις δὲ καὶ δευτερεῖα ἔλαβε, τρίτα δ᾽ οὐδεπώποτε. καὶ Ἀθηναῖοι δὲ αὐτὸν πεντήκοντα ἑπτὰ ἐτῶν ὄντα στρατηγὸν εἵλοντο, πρὸ τῶν Πελοποννησιακῶν ἔτεσιν ἑπτὰ, ἐν τῷ πρὸς Ἀναίαν πολέμῳ. οὕτω δὲ φιλαθηναιότατος ἦν, ὥστε πολλῶν βασιλέων μεταπεμπομένων αὐτὸν, οὐκ ἠθέλησε τὴν πατρίδα καταλιπεῖν· ἔσχε δὲ καὶ τὴν τοῦ Ἄλωνος ἱερωσύνην, ὃς ἥρως ἦν μετὰ Ἀσκληπιοῦ παρὰ Χείρωνι· ἱδρύθη δὲ ὑπὸ Ἰοφῶντος τοῦ υἱοῦ μετὰ τὴν τελευτήν. γέγονε δὲ καὶ θεοφιλὴς ὁ Σοφοκλῆς, ὡς οὐκ ἄλλος, καθά φησιν Ἱερώνυμος περὶ τῆς χρυσῆς στεφάνης. ταύτης γὰρ ἐξ ἀκροπόλεως κλαπείσης, κατ᾽ ὄναρ Ἡρακλῆς ἐδήλωσε Σοφοκλεῖ λέγων, τὴν οὖσαν οἰκίαν ἐν δεξιᾷ εἰσιόντι ἐρευνῆσαι, ἔνθα ἐκρύπτετο. ἐμήνυσε δ᾽ αὐτὴν τῷ δήμῳ, καὶ τάλαντον ἐδέξατο· τοῦτο γὰρ ἦν προκηρυχθέν. λαβὼν οὖν τὸ τάλαντον, ἱερὸν ἱδρύσατο Μηνυτοῦ Ἡρακλέους. Φαίνεται δὲ καὶ παρὰ πολλοῖς ἡ πρὸς τὸν υἱὸν Ἰοφῶντα γενομένη αὐτῷ δίκη ποτέ. ἔχων γὰρ ἐκ μὲν Νικοστράτης Ἰοφῶντα, ἐκ δὲ Θεωρίδος Σικυωνίας Ἀρίστωνα, τὸν ἐκ τούτου γινόμενον παῖδα, Σοφοκλέα τοὔνομα, πλέον ἔστεργε, καί ποτε ἐν δράματι εἰσήγαγε τὸν Ἰοφῶντα αὐτῷ φθονοῦντα, καὶ πρὸς τοὺς φράτορας ἐγκαλοῦντα τῷ πατρὶ, ὡς ὑπὸ γήρως παραφρονοῦντι· οἱ δὲ τῷ Ἰοφῶντι ἐπετίμησαν. Σάτυρος δέ φησιν αὐτὸν εἰπεῖν· Εἰ μὲν εἰμὶ Σοφοκλῆς, οὐ παραφρονῶ· εἰ δὲ παραφρονῶ, οὐκ εἰμὶ Σοφοκλῆς· καὶ τότε τὸν Οἰδίποδα παραναγνῶναι. τελευτῆσαι δὲ αὐτὸν Ἴστρος καὶ Νεάνθης φασὶ τοῦτον τὸν τρόπον· Καλλιππίδην ὑποκριτὴν ἀπὸ ἐργασίας ἐξ Ὀποῦντος ἥκοντα παρὰ τοὺς Χόας, πέμψαι αὐτῷ σταφυλήν· τὸν δὲ Σοφοκλέα λαβόντα, καὶ βαλόντα εἰς τὸ στόμα ῥᾶγα ἔτι ὀμφακίζουσαν, ὑπὸ τοῦ ἄγαν γήρως ἀποπνιγέντα τελευτῆσαι. Σάτυρος δέ φησι τὴν Ἀντιγόνην ἀναγιγνώσκοντα, καὶ ἐμπεσόντα περὶ τὰ τέλη νοήματι μακρῷ, καὶ μέσην, ἢ ὑποστιγμὴν πρὸς ἀνάπαυσιν μὴ ἔχοντι, ἄγαν ἀποτείναντα τὴν φωνὴν, σὺν τῇ φωνῇ καὶ τὴν ψυχὴν ἀφεῖναι. οἱ δὲ, ὅτι μετὰ τὴν τοῦ δράματος ἀνάγνωσιν ὅτε νικῶν ἐκηρύχθη, χαρᾷ νικηθεὶς ἐξέλιπε. τῶν δὲ πατρῴων αὐτοῦ τάφων ἐπὶ Δεκέλειαν κειμένων πρὸ σταδίων τοῦ τείχους ἕνδεκα, καὶ τοῦτον τὸν τόπον ἐπιτετειχικότων Λακεδαιμονίων κατὰ τῶν Ἀθηναίων, ἐπείπερ οὐχ οἷόν τε ἦν αὐτὸν ἐκεῖ θάπτειν, Διόνυσος κατ' ὄναρ ἐπιστὰς Λυσάνδρῳ ἐκέλευσεν ἐπιτρέψαι τεθῆναι τὸν ἄνδρα εἰς τὸν τάφον· ὡς δὲ ὠλιγώρησεν ὁ Λύσανδρος, δεύτερον αὐτῷ ἐπέστη ὁ Διόνυσος τὸ αὐτὸ κελεύων. ὁ δὲ Λύσανδρος πυνθανόμενος παρὰ τῶν φυγάδων τίς εἴη ὁ τελευτήσας, καὶ μαθὼν ὅτι Σοφοκλῆς, κήρυκα πέμψας, ἐδίδου θάπτειν τὸν ἄνδρα. φασὶ δὲ καὶ ὅτι τῷ μνήματι αὐτοῦ σειρῆνα ἐπέστησαν· οἱ δὲ, χελιδόνα χαλκῆν· ἐπιγεγράφθαι δὲ τῷ τάφῳ αὐτοῦ τάδε·

Κρύπτω τῷδε τάφῳ Σοφοκλῆν πρωτεῖα λαβόντα
τῇ τραγικῇ τέχνῃ, σχῆμα τὸ σεμνότατον.

Ιστρος δέ φησιν, Αθηναίους διὰ τὴν τοῦ ἀνδρὸς ἀρετὴν καὶ ψήφισμα πεποιηκέναι, κατ' ἔτος ἕκαστον αὐτῷ θύειν· ἔγραψε δὲ, ὥς φησιν Αριστοφάνης, δράματα ἑκατὸν τριάκοντα· τούτων δὲ νοθεύεται δέκα ἑπτά. συνηγωνίζετο δὲ Αἰσχύλῳ καὶ Εὐριπίδῃ, καὶ Χοιρίλῳ, καὶ Αριστίᾳ, καὶ ἄλλοις, καὶ Ιοφῶντι τῷ υἱῷ. τὸ πᾶν μὲν οὖν Ομηρικῶς ὀνόμαζε, τούς τε μύθους φέρει κατ' ἴχνος τοῦ ποιητοῦ· καὶ τὴν Οδύσσειαν δὲ ἐν πολλοῖς δράμασιν ἀπογράφεται. παρετυμολογεῖ δὲ καθ' Ομηρον καὶ τὸ ὄνομα τοῦ Οδυσσέως·

Ορθῶς δ' Οδυσσεύς εἰμ' ἐπώνυμος κακοῖς.
πολλοὶ γὰρ ὠδύσσαντο δυσσεβεῖς ἐμοί.

ἠθοποιεῖ δὲ καὶ ποικίλλει, καὶ τοῖς ἐπινοήμασι τεχνικῶς χρῆται, Ομηρικὴν ἐκματτόμενος χάριν· ὅθεν εἰπεῖν φασὶν Ιωνικόν τινα, μόνον Σοφοκλέα τυγχάνειν Ομήρου μαθητήν. καὶ ἄλλοι μὲν γὰρ πολλοὶ μεμίμηνταί τινας τῶν πρὸ αὐτῶν, ἢ τῶν καθ' αὑτούς· μόνος δὲ Σοφοκλῆς ἀφ' ἑκάστου τὸ λαμπρὸν ἀπανθίζει· καθὸ καὶ μέλιττα ἐλέγετο. ἤνεγκε δὲ τὰ μικτά· εὐκαιρίαν, γλυκύτητα, τόλμαν, ποικιλίαν. οἶδε δὲ καιρὸν συμμετρῆσαι καὶ πράγματα, ὥστ' ἐκ μικροῦ ἡμιστιχίου, ἢ λέξεως μιᾶς, ὅλον ἠθοποιεῖν πρόσωπον. ἔστι δὲ τοῦτο μέγιστον ἐν τῇ ποιητικῇ, δηλοῦν ἦθος ἢ πάθος. Φησὶν οὖν Αριστοφάνης, ὅτι κηρὸς ἐπεκαθέζετο τοῖς χείλεσιν αὐτοῦ· ἄλλοι δὲ, Σοφοκλέους, τοῦ μέλιτι τὸ στόμα κεχρισμένου. Φησὶ δὲ Αριστόξενος, ὡς πρῶτος τῶν Αθήνηθεν ποιητῶν τὴν Φρυγίαν μελοποιίαν εἰς τὰ ἴδια ᾄσματα παρέλαβε, καὶ τῷ διθυραμβικῷ τρόπῳ κατέμιξεν.

ΕΠΙΓΡΑΜΜΑΤΑ ΕΙΣ ΣΟΦΟΚΛΗΝ.

ΣΙΜΩΝΙΔΟΥ.

Ἐσβέσθης, γηραιὲ Σοφόκλεες, ἄνθος ἀοιδῶν,
οἰνωπὸν Βάκχου βότρυν ἐρεπτόμενος.

ΣΙΜΜΙΟΥ ΘΗΒΑΙΟΥ.

Ἠρέμ' ὑπὲρ τύμβοιο Σοφοκλέος, ἠρέμα κισσὲ
ἑρπύζοις, χλοεροὺς ἐκπροχέων πλοκάμους·
καὶ πεταλὸν πάντη θάλλοι ῥόδον, ἥ τε φιλορρὼξ
ἄμπελος, ὑγρὰ πέριξ κλήματα χευαμένη,
εἵνεκεν εὐεπίης πινυτόφρονος, ἣν ὁ μελιχρὸς
ἤσκησεν Μουσῶν ἄμμιγα καὶ Χαρίτων.

ΔΙΟΣΚΟΡΙΔΟΥ.

" Τύμβος ὅδ' ἔστ', ὤνθρωπε, Σοφοκλέος, ὃν παρὰ Μουσῶν
ἱρὴν παρθεσίην, ἱερὸς ὤν, ἔλαχον·
ὅς με τὸν ἐκ Φλιοῦντος, ἔτι τρίβολον πατέοντα,
πρίνινον, ἐς χρύσεον σχῆμα μεθηρμόσατο,
καὶ λεπτὴν ἐνέδυσεν ἁλουργίδα· τοῦ δὲ θανόντος
εὔθετον ὀρχηστὴν τῇδ' ἀνέπαυσα πόδα.
" Ὄλβιος, ὡς ἀγαθὴν ἔλαχες στάσιν· ἡ δ' ἐνὶ χερσὶ
κούριμος, ἐκ ποίης ἥδε διδασκαλίης;
" Εἴτε σοι Ἀντιγόνην εἰπεῖν φίλον, οὐκ ἂν ἁμάρτοις,
εἴτε καὶ Ἠλέκτρην. ἀμφότεραι γὰρ ἄκρον.

ΕΡΥΚΙΟΥ.

Αἰεί τοι λιπαρῷ ἐπὶ σήματι, δῖε Σοφόκλεις
    σκηνίτης μαλακοὺς κισσὸς ἄλοιτο πόδας·
αἰεί τοι βούπαισι περιστιάζοιτο μελίσσαις
    τύμβος, Ὑμηττείῳ λειβόμενος μέλιτι.
ὡς ἄν τοι ῥείῃ μὲν ἀένναος Ἀτθίδι δέλτῳ
    κηρός, ὑπὸ στεφάνοις δ' αἰὲν ἔχῃς πλοκάμους.

IN VITAM SOPHOCLIS NOTÆ.

P. IX. l. 19. *παρὰ Λάμπρῳ.* Veteribus Lyricis adnumeratur Lamprus, qui magna fuit in musicis gloria, teste Cornelio Nepote in Epaminondæ vita cap. 2. Socratis etiam fuit magister. Perperam in T. scriptum *παρὰ Λαμπίου*, ut Turnebus edidit. In membr. proxime ad verum *παρὰ Λάμπῳ.* In meo *παρὰ Λαμπρίῳ.* In Triclinii recensione lemmati additum: *ἐπαιδεύθη δὲ παρὰ τοῦ σοφωτάτου Μαγίστρου.* Thomas is est. Verum plurimis in locis ejus correctionibus membranarum scripturam prætulimus.

P. X. l. 14. *πεντήκοντα ἑπτὰ ἐτῶν ὤν.* Sic scribere debuit auctor hujus vitæ, si modo sibi constare voluit. Nam quum in lucem editus fuisset Sophocles an. 2. Ol. LXI. septimo ante Peloponnesiaci belli exortum anno non plus vel minus quam quinquaginta septem annos natus erat. Enimvero Prætor lectus fuit cum Pericle in bello contra Samios an. 4. Ol. LXXXIV. Nihil magis obnoxium fuit librariorum negligentiæ aut fraudi, quam numerales notæ: in membr. hæ sunt ξθ. id est 69. In T. ξε. id est 65. qui numerus in meo plene scriptus est. *ἐν τῷ πρὸς Ἀναίους πολέμῳ.* Sic bene edidit Turnebus. In veteribus libris scriptum *πρὸς Ἀναίους*, in T. *πρὸς Ἀθηναίους.* Anæa urbs est Cariæ e regione Sami, cujus frequens mentio in bellorum historia, quæ gesserunt Samii.

P. X. l. 26. *Μηνυτοῦ Ἡρακλέους.* Vide Meursii Athenas Atticas L. II. cap. 10. Pro *τὴν οὖσαν οἰκίαν*, in membr. scriptum *τὴν μὴ οἰκοῦσαν οἰκίαν.*

P. XII. l. 12. Senarios hos ex Tragici nostri dramate sumtos opinamur, cui titulum fecit *Νίπτρα*, vel *Ὀδυσσεὺς ἀκανθοπλήξ.*

P. XII. [illegible]. *ἐκ μικροῦ ἡμιστιχίου, ἢ λέξεως μιᾶς.* Sic depravatum locum bene restituisse mihi videor. Veterum librorum scriptura est, *ἐκ μικροῦ ἡμιστιχίου ἄλεγξεν ὡς μιᾶς ὅλον ἠθοποιεῖν πρόσωπον.* Inde vulgatam lectionem temeraria correctione extudit Thomas: *ὥστε ἐκ βραχέος κώλου ἢ ῥήματος ὅλον ἠθοποιῆσαι τὸ πρόσωπον.*

IN DIOSCORIDIS EPIGRAMMA.

E Cl. Salmasii notis in Historiam Augustam p. 499.

Tumulo Sophoclis imposita erat Bacchi statua, quæ manu personam, sive larvam κουρίμου παρθένου sustinebat. Bacchus igitur in hoc epigrammate viatorem alloquitur & dicit: *Tumulus hic Sophoclis est, o homo, quem Musæ mihi sacræ virgines sacro ipsi ac divo, custodiendum mandarunt. Iste me Phliunte profectum, adhuc sentes & rubos inambulantem, & ex acerno stipite properanti falce dedolatum, in aureum habitum reformavit, & delicata purpurea veste induit. Sed postquam morti datus est, saltationum oblitus, agilem & salientem pedem quieti dedi, & hic super ejus sepulcro reposui.* Respondet viator: *O felicem te, qui talem stationem sortitus sis! sed unde hæc κούριμος, quam manibus retines, aut ex quo dramate sumta est?* Ad hæc Bacchus viatori: *Sive tibi Antigonen eam accipere placeat, sive Electram, non erraveris: utraque enim summam inter ejus tragœdias obtinet.* ἡ κούριμος, est ἡ κούριμος παρθένος, & erat persona tragica, quam ita Pollux describit: ἡ κούριμος παρθένος ἀντὶ ὄγκου, ἔχει τριχῶν κατεψηγμένων διάκρισιν, καὶ βραχέα ἐν κύκλῳ περικεκαρμένα. ὕπωχρος δὲ τὴν χρόαν. ἡ δὲ ἑτέρα κούριμος παρθένος, τὰ ἄλλα ὁμοίως πλὴν τῆς διακρίσεως, καὶ τῶν κύκλῳ βοστρύχων, ὡς ἐκ πολλοῦ δυστυχοῦσα. Tales Antigone & Electra virgines in tragœdiis cognominibus.

ΣΟΦΟΚΛΕΟΥΣ

ΣΟΦΟΚΛΕΟΥΣ
ΟΙΔΙΠΟΥΣ ΤΥΡΑΝΝΟΣ.

ΑΡΙΣΤΟΦΑΝΟΥΣ ΓΡΑΜΜΑΤΙΚΟΥ

ΕΠΙΓΡΑΜΜΑ

ΕΙΣ ΤΟΝ ΤΥΡΑΝΝΟΝ ΟΙΔΙΠΟΥΝ.

Λιπὼν Κόρινθον Οἰδίπους, πατρὸς νόθος
πρὸς τῶν ἁπάντων λοιδορούμενος ξένος,
ἦλθεν πυθέσθαι Πυθικῶν θεσπισμάτων,
ζητῶν ἑαυτὸν, καὶ γένους φυτοσπόρον.
εὑρὼν δὲ τλήμων ἐν στεναῖς ἁμαξιτοῖς,
ἄκων ἔπεφνε Λάϊον γεννήτορα.
Σφιγγὸς δὲ δεινῆς θανάσιμον λύσας μέλος,
ᾔσχυνε μητρὸς ἀγνοουμένης λέχος.
λοιμὸς δὲ Θήβας εἷλε, καὶ νόσος μακρά.
Κρέων δὲ πεμφθεὶς Δελφικὴν πρὸς ἑστίαν,
ὅπως πύθοιτο τοῦ κακοῦ παυστήριον,
ἤκουσε φωνῆς μαντικῆς θεοῦ πάρα,
τὸν Λάϊον ἐκδικηθῆναι φόνον.
ὅθεν μαθὼν ἑαυτὸν Οἰδίπους τάλας
πόρπαισι διττὰς ἐξανάλωσε κόρας,
αὐτὴ δὲ μήτηρ ἀγχόναις διώλετο.

ΔΙΑ ΤΙ ΤΥΡΑΝΝΟΣ ΕΠΙΓΕΓΡΑΠΤΑΙ.

Ο ΤΥΡΑΝΝΟΣ ΟΙΔΙΠΟΥΣ ἐπὶ διακρίσει θατέρου ἐπιγέγραπται. χαριέντως δὲ ΤΥΡΑΝΝΟΝ ἅπαντες αὐτὸν ἐπίγραφον, ὡς ἐξέχοντα πάσης τῆς Σοφοκλέους ποιήσεως, καίπερ ἡττηθέντα ὑπὸ Φιλοκλέους, ὥς φησι Δικαίαρχος. εἰσὶ δὲ καὶ οἱ ΠΡΟΤΕΡΟΝ αὐτὸν, οὐ ΤΥΡΑΝΝΟΝ, ἐπιγράφοντες, διὰ τοὺς χρόνους τῶν διδασκαλιῶν, καὶ διὰ τὰ πράγματα· ἀλήτην γὰρ καὶ πηρὸν Οἰδίποδα τὸν ἐπὶ Κολωνῷ εἰς τὰς Αθήνας ἀφικνεῖσθαι. ἴδιον δέ τι πεπόνθασιν οἱ μεθ' Ομηρον ποιηταὶ, τοὺς πρὸ τῶν Τρωϊκῶν βασιλεῖς ΤΥΡΑΝΝΟΥΣ προσαγορεύοντες, ὀψέ ποτε τοῦδε τοῦ ὀνόματος εἰς τοὺς Ελληνας διαδοθέντος, κατὰ τοὺς Αρχιλόχου χρόνους, καθάπερ Ιππίας ὁ σοφιστὴς φησιν. Ομηρος γοῦν τὸν πάντων παρανομώτατον Εχετον, βασιλέα φησὶ, καὶ οὐ τύραννον· (Οδυσσ. σ'. 84.)

Εἰς Εχετον βασιλῆα, βροτῶν δηλήμονα —

προσαγορευθῆναι δέ φασι τὸν τύραννον ἀπὸ τῶν Τυῤῥηνῶν· χαλεποὺς γάρ τινας περὶ ληστείαν τούτους γενέσθαι. ὅτι δὲ νεώτερον τὸ τοῦ τυράννου ὄνομα, δῆλον. οὔτε γὰρ Ομηρος, οὔτε Ησίοδος, οὔτε ἄλλος οὐδεὶς τῶν παλαιῶν, τύραννον ἐν τοῖς ποιήμασιν ὀνομάζει. ὁ δὲ Αριστοτέλης ἐν Κυμαίων πολιτείᾳ, τοὺς τυράννους φησὶ τὸ πρότερον ΑΙΣΥΜΝΗΤΑΣ προσαγορεύεσθαι. εὐφημότερον γ' ἐκεῖνο τοὔνομα.

ΧΡΗΣΜΟΣ ΔΟΘΕΙΣ ΛΑΙΩι.

Λάϊε Λαβδακίδη, παίδων γένος ὄλβιον αἰτεῖς.
δώσω τοι φίλον υἱόν· ἀτὰρ πεπρωμένον ἐστὶ
παιδὸς ἑοῦ χείρεσσι λιπεῖν φάος. ὡς γὰρ ἔνευσε
Ζεὺς Κρονίδης, Πέλοπος στυγεραῖς ἀραῖσι πιθήσας,
οὗ φίλον ἥρπασας υἱόν· ὁ δ' ηὔξατό σοι τάδε πάντα.

ΤΟ ΑΙΝΙΓΜΑ ΤΗΣ ΣΦΙΓΓΟΣ.

Ἔστι δίπουν ἐπὶ γῆς καὶ τέτραπον, οὗ μία φωνή,
καὶ τρίπον· ἀλλάσσει δὲ φυὴν μόνον, ὅσσ' ἐπὶ γαῖαν
ἑρπετὰ κινεῖται, ἀνά τ' αἰθέρα καὶ κατὰ πόντον.
ἀλλ' ὁπόταν πλείστοισιν ἐπειγόμενον ποσὶ βαίνῃ,
ἔνθα τάχος γυίοισιν ἀφαυρότατον πέλει αὐτοῦ.

ΛΥΣΙΣ ΤΟΥ ΑΙΝΙΓΜΑΤΟΣ.

Κλῦθι, καὶ οὐκ ἐθέλουσα, κακόπτερε Μοῦσα θανόντων,
φωνῆς ἡμετέρης σὸν τέλος ἀμπλακίης.
ἄνθρωπον κατέλεξας, ὃς, ἡνίκα γαῖαν ἐφέρπει,
πρῶτον ἔφυ τετράπους νήπιος ἐκ λαγόνων·
γηραλέος δὲ πέλων, τρίτατον πόδα, βάκτρον ἐρείδει,
αὐχένα φορτίζων, γήραϊ καμπτόμενος.

ΤΑ ΤΟΥ ΔΡΑΜΑΤΟΣ ΠΡΟΣΩΠΑ.

ΟΙΔΙΠΟΥΣ.

ΙΕΡΕΥΣ.

ΚΡΕΩΝ.

ΧΟΡΟΣ *ἐκ γερόντων Θηβαίων.*

ΤΕΙΡΕΣΙΑΣ.

ΙΟΚΑΣΤΗ.

ΑΓΓΕΛΟΣ.

ΘΕΡΑΠΩΝ *Λαΐου.*

ΕΞΑΓΓΕΛΟΣ.

ΣΟΦΟΚΛΕΟΥΣ
ΟΙΔΙΠΟΥΣ ΤΥΡΑΝΝΟΣ.

ΟΙΔΙΠΟΥΣ.

Ὦ τέκνα, Κάδμου τοῦ πάλαι νέα τροφὴ,
τίνας ποθ' ἕδρας τάσδ' ἐμοὶ θοάζετε,
ἱκτηρίοις κλάδοισιν ἐξεστεμμένοι;
πόλις δ' ὁμοῦ μὲν θυμιαμάτων γέμει,
ὁμοῦ δὲ παιάνων τε καὶ στεναγμάτων·
ἁ 'γὼ δικαιῶ μὴ παρ' ἀγγέλων, τέκνα,
ἄλλων ἀκούειν, αὐτὸς ὧδ' ἐλήλυθα,
ὁ πᾶσι κλεινὸς Οἰδίπους καλούμενος.
ἀλλ', ὦ γεραιὲ, φράζ', ἐπεὶ πρέπων ἔφυς
πρὸ τῶνδε φωνεῖν, τίνι τρόπῳ καθέστατε;
δείσαντες, ἢ στέρξαντες; ὡς θέλοντος ἂν
ἐμοῦ προσαρκεῖν πᾶν. δυσάλγητος γὰρ ἂν
εἴην, τοιάνδε μὴ οὐ κατοικτείρων ἕδραν.

ΙΕΡΕΥΣ.

ἀλλ', ὦ κρατύνων, Οἰδίπους, χώρας ἐμῆς,
ὁρᾷς μὲν ἡμᾶς ἡλίκοι προσήμεθα
βωμοῖσι τοῖς σοῖς· οἱ μὲν οὐδέπω μακρὰν
πτέσθαι σθένοντες· οἱ δὲ σὺν γήρᾳ βαρεῖς
ἱερῆς, ἐγὼ μὲν Ζηνός· οἱ δέ τ' ἠθέων
λεκτοί· τὸ δ' ἄλλο φῦλον ἐξεστεμμένον
ἀγοραῖσι θακεῖ, πρός τε Παλλάδος διπλοῖς
ναοῖς, ἐπ' Ἰσμηνοῦ τε μαντείᾳ σποδῷ.
πόλις γὰρ, ὥσπερ καὐτὸς εἰσορᾷς, ἄγαν

ἤδη σαλεύει, κἀνακουφίσαι κάρα
βυθῶν ἔτ' οὐχ οἵα τε φοινίου σάλου,
φθίνουσα μὲν κάλυξιν ἐγκάρποις χθονὸς,
φθίνουσα δ' ἀγέλαις βουνόμοις, τόκοισί τε
ἀγόνοις γυναικῶν· ἐν δ' ὁ πυρφόρος θεὸς
σκήψας ἐλαύνει, λοιμὸς ἔχθιστος, πόλιν,
ὑφ' οὗ κενοῦται δῶμα Καδμεῖον· μέλας δ'
Ἅιδης στεναγμοῖς καὶ γόοις πλουτίζεται.
θεοῖσι μέν νυν οὐκ ἰσούμενόν σ' ἐγὼ,
οὐδ' οἵδε παῖδες, ἑζόμεσθ' ἐφέστιοι,
ἀνδρῶν δὲ πρῶτον ἔν τε συμφοραῖς βίου
κρίνοντες, ἔν τε δαιμόνων ξυναλλαγαῖς·
ὅς γ' ἐξέλυσας, ἄστυ Καδμεῖον μολὼν,
σκληρᾶς ἀοιδοῦ δασμὸν, ὃν παρείχομεν,
καὶ ταῦθ' ὑφ' ἡμῶν οὐδὲν ἐξειδὼς πλέον,
οὐδ' ἐκδιδαχθείς· ἀλλὰ προσθήκῃ θεοῦ
λέγῃ νομίζῃ θ' ἡμὶν ὀρθῶσαι βίον.
νῦν τ', ὦ κράτιστον πᾶσιν Οἰδίπου κάρα,
ἱκετεύομέν σε πάντες οἵδε πρόστροποι,
ἀλκήν τιν' εὑρεῖν ἡμὶν εἴτε του θεῶν
φήμην ἀκούσας, εἴτ' ἀπ' ἀνδρὸς οἶσθά που·
ὡς τοῖσιν ἐμπείροισι καὶ τὰς ξυμφορὰς
ζώσας ὁρῶ μάλιστα τῶν βουλευμάτων.
ἴθ', ὦ βροτῶν ἄριστ', ἀνόρθωσον πόλιν,
ἴθ', εὐλαβήθηθ'· ὡς σὲ νῦν μὲν ἥδε γῆ
σωτῆρα κλῄζει τῆς πάρος προθυμίας·
ἀρχῆς δὲ τῆς σῆς μηδαμῶς μεμνώμεθα,
στάντες τ' ἐς ὀρθὸν, καὶ πεσόντες ὕστερον·

ἀλλ' ἀσφαλείᾳ τήνδ' ἀνόρθωσον πόλιν.
ὄρνιθι γὰρ καὶ τὴν τότ' αἰσίῳ τύχην
παρέσχες ἡμῖν, καὶ τανῦν ἴσος γενοῦ.
ὡς, εἴπερ ἄρξεις τῆσδε γῆς, ὥσπερ κρατεῖς,
ξὺν ἀνδράσιν κάλλιον ἢ κενῆς κρατεῖν.
ὡς οὐδέν ἐστιν οὔτε πύργος, οὔτε ναῦς,
ἔρημος ἀνδρῶν μὴ ξυνοικούντων ἔσω.

ΟΙΔΙΠΟΥΣ.

ὦ παῖδες οἰκτροὶ, γνωτὰ, κοὐκ ἄγνωτά μοι
προσήλθεθ' ἱμείροντες. εὖ γὰρ οἶδ' ὅτι
νοσεῖτε πάντες, καὶ νοσοῦντες, ὡς ἐγὼ
οὐκ ἔστιν ὑμῶν ὅστις ἐξ ἴσου νοσεῖ.
τὸ μὲν γὰρ ὑμῶν ἄλγος εἰς ἕν' ἔρχεται
μόνον καθ' αὑτὸν, κοὐδέν' ἄλλον· ἡ δ' ἐμὴ
ψυχὴ πόλιν τε κἀμὲ καί σ' ὁμοῦ στένει.
ὥστ' οὐχ ὕπνῳ γ' εὕδοντά μ' ἐξεγείρετε,
ἀλλ' ἴστε πολλὰ μέν με δακρύσαντα δὴ,
πολλὰς δ' ὁδοὺς ἐλθόντα φροντίδος πλάνοις.
ἣν δ' εὖ σκοπῶν εὕρισκον ἴασιν μόνην,
ταύτην ἔπραξα. παῖδα γὰρ Μενοικέως
Κρέοντ', ἐμαυτοῦ γαμβρὸν, ἐς τὰ Πυθικὰ
ἔπεμψα Φοίβου δώμαθ', ὡς πύθοιθ' ὅ τι
δρῶν, ἢ τί φωνῶν, τήνδε ῥυσαίμην πόλιν.
καί μ' ἦμαρ ἤδη ξυμμετρούμενον χρόνῳ
λυπεῖ, τί πράσσει. τοῦ γὰρ εἰκότος πέρα,
ἄπεστι πλείω τοῦ καθήκοντος χρόνου.
ὅταν δ' ἵκηται, τηνικαῦτ' ἐγὼ κακὸς
μὴ δρῶν ἂν εἴην πάνθ' ὅσ' ἂν δηλοῖ θεός.

ΙΕΡΕΥΣ.

ἀλλ' εἰς καλὸν σύ τ' εἶπας· οἵδε γ' ἀρτίως
Κρέοντα προστείχοντα σημαίνουσί μοι.

ΟΙΔΙΠΟΥΣ.

ὦ 'ναξ Ἄπολλον, εἰ γὰρ ἐν τύχῃ γέ τῳ
σωτῆρι βαίη, λαμπρὸς ὥσπερ ὄμματι.

ΙΕΡΕΥΣ.

ἀλλ' εἰκάσαι μὲν, ἡδύς. οὐ γὰρ ἂν κάρα
πολυστεφὴς ὧδ' εἷρπε παγκάρπου δάφνης.

ΟΙΔΙΠΟΥΣ.

τάχ' εἰσόμεσθα· ξύμμετρος γὰρ ὡς κλύειν.
ἄναξ, ἐμὸν κήδευμα, παῖ Μενοικέως,
τίν' ἡμὶν ἥκεις τοῦ θεοῦ φήμην φέρων;

ΚΡΕΩΝ.

ἐσθλήν. λέγω γὰρ καὶ τὰ δύσφορ', εἰ τύχοι
κατ' ὀρθὸν ἐξελθόντα, πάντ' ἂν εὐτυχεῖν.

ΟΙΔΙΠΟΥΣ.

ἔστιν δὲ ποῖον τοὔπος; οὔτε γὰρ θρασὺς,
οὔτ' οὖν προδείσας εἰμὶ τῷ γε νῦν λόγῳ.

ΚΡΕΩΝ.

εἰ τῶνδε χρῄζεις πλησιαζόντων κλύειν,
ἕτοιμος εἰπεῖν, εἴτε καὶ στείχειν ἔσω.

ΟΙΔΙΠΟΥΣ.

ἐς πάντας αὔδα. τῶνδε γὰρ πλέον φέρω
τὸ πένθος, ἢ καὶ τῆς ἐμῆς ψυχῆς πέρι.

ΚΡΕΩΝ.

λέγοιμ' ἂν οἷ' ἤκουσα τοῦ θεοῦ πάρα·
ἄνωγεν ἡμᾶς Φοῖβος ἐμφανῶς ἄναξ

μίασμα χώρας, ὡς τεθραμμένον χθονὶ
ἐν τῇδ', ἐλαύνειν, μηδ' ἀνήκεστον τρέφειν.

ΟΙΔΙΠΟΥΣ.

ποίῳ καθαρμῷ; τίς ὁ τρόπος τῆς ξυμφορᾶς;

ΚΡΕΩΝ.

ἀνδρηλατοῦντας, ἢ φόνῳ φόνον πάλιν
λύοντας, ὡς τήνδ' αἷμα χειμάζον πόλιν.

ΟΙΔΙΠΟΥΣ.

ποίου γὰρ ἀνδρὸς τήνδε μηνύει τύχην;

ΚΡΕΩΝ.

ἦν ἡμὶν, ὦ 'ναξ, Λάϊός ποθ' ἡγεμὼν
γῆς τῆσδε, πρὶν σε τήνδ' ἀπευθύνειν πόλιν.

ΟΙΔΙΠΟΥΣ.

ἔξοιδ' ἀκούων· οὐ γὰρ εἰσεῖδόν γέ πω.

ΚΡΕΩΝ.

τούτου θανόντος, νῦν ἐπιστέλλει σαφῶς
τοὺς αὐτοέντας χειρὶ τιμωρεῖν τινάς.

ΟΙΔΙΠΟΥΣ.

οἱδ' εἰσὶ ποῦ γῆς; ποῦ τόδ' εὑρεθήσεται
ἴχνος παλαιᾶς δυστέκμαρτον αἰτίας;

ΚΡΕΩΝ.

ἐν τῇδ' ἔφασκε γῇ. τὸ δὲ ζητούμενον
ἁλωτόν· ἐκφεύγει δὲ τἀμελούμενον.

ΟΙΔΙΠΟΥΣ.

πότερα δ' ἐν οἴκοις, ἢ 'ν ἀγροῖς ὁ Λάϊος,
ἢ γῆς ἐπ' ἄλλης τῷδε συμπίπτει φόνῳ;

ΚΡΕΩΝ.

θεωρὸς, ὡς ἔφασκεν, ἐκδημῶν, πάλιν

πρὸς οἶκον οὐκέθ' ἵκεθ', ὡς ἀπεστάλη.

ΟΙΔΙΠΟΥΣ.

οὐδ' ἄγγελός τις, οὐδὲ συμπράκτωρ ὁδοῦ
κατεῖδ', ὅτου τις ἐκμαθὼν ἐχρήσατ' ἄν;

ΚΡΕΩΝ.

θνήσκουσι γάρ, πλὴν εἷς τις, ὃς φόβῳ φυγὼν,
ὧν εἶδε, πλὴν ἓν, οὐδὲν εἶχ' εἰδὼς φράσαι.

ΟΙΔΙΠΟΥΣ.

τὸ ποῖον; ἓν γὰρ πόλλ' ἂν ἐξεύροι μαθεῖν,
ἀρχὴν βραχεῖαν εἰ λάβοιμεν ἐλπίδος.

ΚΡΕΩΝ.

λῃστὰς ἔφασκε συντυχόντας, οὐ μιᾷ
ῥώμῃ κτανεῖν νιν, ἀλλὰ σὺν πλήθει χερῶν.

ΟΙΔΙΠΟΥΣ.

πῶς οὖν ὁ λῃστής, εἴ τι μὴ ξὺν ἀργύρῳ
ἐπράσσετ' ἐνθένδ', ἐς τόδ' ἂν τόλμης ἔβη;

ΚΡΕΩΝ.

δοκοῦντα ταῦτ' ἦν· Λαΐου δ' ὀλωλότος
οὐδεὶς ἀρωγὸς ἐν κακοῖς ἐγίγνετο.

ΟΙΔΙΠΟΥΣ.

κακὸν δὲ ποῖον ἐμποδὼν, τυραννίδος
οὕτω πεσούσης, εἶργε τοῦτ' ἐξειδέναι;

ΚΡΕΩΝ.

ἡ ποικιλῳδὸς Σφὶγξ τὰ πρὸς ποσὶ σκοπεῖν,
μεθέντας ἡμᾶς τἀφανῆ, προσήγετο.

ΟΙΔΙΠΟΥΣ.

ἀλλ' ἐξ ὑπαρχῆς αὖθις αὔτ' ἐγὼ φανῶ.
ἐπαξίως γὰρ Φοῖβος, ἀξίως δὲ σύ,

πρὸ τοῦ θανόντος τήνδ' ἔθεσθ' ἐπιστροφήν·
ὥστ' ἐνδίκως ὄψεσθε κἀμὲ σύμμαχον,
γῇ τῇδε τιμωροῦντα, τῷ θεῷ θ' ἅμα.
ὑπὲρ γὰρ οὐχὶ τῶν ἀπωτέρω φίλων,
ἀλλ' αὐτὸς αὑτοῦ, τοῦτ' ἀπεσκεδῶ μύσος.
ὅστις γὰρ ἦν ἐκεῖνον ὁ κτανών, τάχ' ἂν
κἄμ' ἂν τοιαύτῃ χειρὶ τιμωρεῖν θέλοι.
κείνῳ προσαρκῶν οὖν, ἐμαυτὸν ὠφελῶ.
ἀλλ' ὡς τάχιστα, παῖδες, ὑμεῖς μὲν βάθρων
ἵστασθε, τούσδ' ἄραντες ἱκτῆρας κλάδους·
ἄλλος δὲ Κάδμου λαὸν ὧδ' ἀθροιζέτω,
ὡς πᾶν ἐμοῦ δράσοντος. ἢ γὰρ εὐτυχεῖς
ξὺν τῷ θεῷ φανούμεθ', ἢ πεπτωκότες.

ΙΕΡΕΥΣ.

ὦ παῖδες, ἱστώμεσθα· τῶνδε γὰρ χάριν
καὶ δεῦρ' ἔβημεν, ὧν ὅδ' ἐξαγγέλλεται.
Φοῖβος δ', ὁ πέμψας τάσδε μαντείας, ἅμα
σωτήρ θ' ἵκοιτο, καὶ νόσου παυστήριος.

ΧΟΡΟΣ.

Ω Διὸς ἁδυεπὲς φάτι, τίς ποτε τᾶς πολυχρύσου στροφή.
Πυθῶνος ἀγλαὰς ἔβας
Θήβας; ἐκτέταμαι φοβερὰν φρένα, δείματι πάλλων,
(Ἰήϊε, Δάλιε, Παιάν.)
ἀμφὶ σοὶ ἁζόμενος, τί μοι ἢ νέον,
ἢ περιτελλομέναις ὥραις πάλιν,
ἐξανύσεις χρέος.
εἰπέ μοι, ὦ χρυσέας τέκνον Ἐλπίδος, ἄμβροτε Φάμα.
πρῶτά σε κεκλομένῳ, θύγατερ Διὸς, ἄμβροτ' Ἀθάνα, ἀντιστ.

γαιάοχόν τ' ἀδελφεὰν
Ἄρτεμιν, ἃ κυκλόεντ' ἀγορᾶς θρόνον εὐκλέα θάσσει,
καὶ Φοῖβον ἑκαβόλον, ἰὼ
τρισσοὶ ἀλεξίμοροι προφάνητέ μοι,
εἴ ποτε καὶ προτέρας ἄτας ὕπερ
ὀρνυμένας πόλει,
ἠνύσατ' ἐκτοπίαν φλόγα πήματος, ἔλθετε καὶ νῦν.
ὦ πόποι, ἀνάριθμα γὰρ
φέρω πήματα·
νοσεῖ δ' ἐμοὶ πρόπας στόλος.
οὐδ' ἔνι φροντίδος ἔγχος,
ᾧ τις ἀλέξεται. οὔτε γὰρ
ἔκγονα κλυτᾶς χθονὸς
αὔξεται, οὔτε τόκοισιν
ἰηΐων καμάτων ἀνέχουσι γυναῖκες·
ἄλλον δ' ἂν ἄλλῳ προσίδοις,
ἅπερ εὔπτερον ὄρνιν,
κρεῖσσον ἀμαιμακέτου πυρὸς ὄρμενον ἀκτὰν
πρὸς ἑσπέρου θεοῦ,
ὧν πόλις ἀνάριθμος ὄλλυται.
νηλέα δὲ γένεθλα
πρὸς πέδῳ θαναταφόρῳ
κεῖται ἀνοίκτως·
ἐν δ' ἄλοχοι, πολιαί τ' ἔπι ματέρες,
ἀκτὰν παραβώμιον
ἄλλοθεν ἄλλαι λυγρῶν πόνων
ἱκτῆρες ἐπιστενάχουσι.
παιὰν δὲ λάμπει στονόεσσά τε γῆρυς ὅμαυλος·

ὧν ὕπερ, ὦ χρυσέα θύγατερ Διὸς
εὐῶπα, πέμψον ἀλκάν,
Ἀρεά.τε τὸν μαλερὸν,
ὃς νῦν ἄχαλκος ἀσπίδων
φλέγει με περιβόητος ἀντιάζων,
παλίσσυτον δράμημα νωτίσαι
πάτρας ἄπουρον, εἴτ' ἐς μέγαν
θάλαμον Ἀμφιτρίτας,
εἴτ' ἐς τὸν ἀπόξενον ὅρμον
Θρήκιον κλύδωνα·
τέλει γὰρ ἤν τι νὺξ ἀφῇ,
τοῦτ' ἐπ' ἦμαρ ἔρχεται·
τὸν, ὦ πυρφόρων ἀστραπᾶν
κράτη νέμων, ὦ Ζεῦ πάτερ,
ὑπὸ σῷ φθίσον κεραυνῷ.
Λύκει' ἄναξ, τά τε σὰ χρυσοστρόφων
ἀπ' ἀγκυλᾶν βέλεα θέλοιμ' ἂν
ἀδάμαστ' ἐνδατεῖσθαι,
ἀρωγὰ προσταθέντα,
τάς τε πυρφόρους Ἀρτέμιδος
αἴγλας, ξὺν αἷς Λύκει' ὄρεα
διάσσει· τὸν χρυσομίτραν
τε κικλήσκω, τᾶσδ' ἐπώνυμον
γᾶς, οἰνῶπα Βάκχον εὔιον,
Μαινάδων ὁμόστολον,
πελασθῆναι, φλέγοντ'
ἀγλαῶπι πεύκᾳ,
ἐπὶ τὸν ἀπότιμον ἐν θεοῖς θεόν.

ΟΙΔΙΠΟΥΣ.

Αἰτεῖς· ἃ δ' αἰτεῖς, τἄμ' ἐὰν θέλῃς ἔπη
κλύων δέχεσθαι, τῇ νόσῳ θ' ὑπηρετεῖν,
ἀλκὴν λάβοις ἂν κἀνακούφισιν κακῶν·
ἃ 'γὼ ξένος μὲν τοῦ λόγου τοῦδ' ἐξερῶ,
ξένος δὲ τοῦ πραχθέντος. οὐ γὰρ ἂν μακρὰν
ἴχνευον αὐτὸς, μὴ οὐκ ἔχων τι σύμβολον.
νῦν δ', ὕστερος γὰρ ἀστὸς εἰς ἀστοὺς τελῶ,
ὑμῖν προφωνῶ πᾶσι Καδμείοις τάδε.
ὅστις ποθ' ὑμῶν Λάϊον τὸν Λαβδάκου
κάτοιδεν, ἀνδρὸς ἐκ τίνος διώλετο,
τοῦτον κελεύω πάντα σημαίνειν ἐμοί·
κεἰ μὲν φοβεῖται, τοὐπίκλημ' ὑπεξελὼν
αὐτὸς καθ' αὑτοῦ· πείσεται γὰρ ἄλλο μὲν
ἀστεργὲς οὐδέν· γῆς δ' ἄπεισιν ἀβλαβής.
εἰ δ' αὖ τις ἄλλον οἶδεν ἐξ ἄλλης χθονὸς
τὸν αὐτόχειρα, μὴ σιωπάτω· τὸ γὰρ
κέρδος τελῶ 'γὼ, χ' ἡ χάρις προσκείσεται.
εἰ δ' αὖ σιωπήσεσθε, καί τις ἢ φίλου
δείσας ἀπώσει τοὔπος, ἢ χ' αὑτοῦ, τόδε,
ἃ 'κ τῶνδε δράσω, ταῦτα χρὴ κλύειν ἐμοῦ.
τὸν ἄνδρ' ἀπαυδῶ τοῦτον, ὅστις ἐστὶ, γῆς
τῆσδ', ἧς ἐγὼ κράτη τε καὶ θρόνους νέμω,
μήτ' εἰσδέχεσθαι, μήτε προσφωνεῖν τινὰ,
μήτ' ἐν θεῶν εὐχαῖσι μήτε θύμασι
κοινὸν ποιεῖσθαι, μήτε χέρνιβας νέμειν·
ὠθεῖν δ' ἀπ' οἴκων πάντας, ὡς μιάσματος
τοῦδ' ἡμὶν ὄντος, ὡς τὸ Πυθικὸν θεοῦ

μαντεῖον ἐξέφηνεν ἀρτίως ἐμοί.
ἐγὼ μὲν οὖν τοιόσδε τῷ τε δαίμονι
τῷ τ' ἀνδρὶ τῷ θανόντι σύμμαχος πέλω.
κατεύχομαι δὲ τὸν δεδρακότ', εἴτε τις
εἷς ὢν λέληθεν, εἴτε πλειόνων μέτα,
κακὸν κακῶς νιν ἄμορον ἐκτρῖψαι βίον.
ἐπεύχομαι δ', οἴκοισιν εἰ ξυνέστιος
ἐν τοῖς ἐμοῖς γένοιτο μὴ οὐ ξυνειδότος,
παθεῖν, ἅπερ τοῖσδ' ἀρτίως ἠρασάμην.
ὑμῖν δὲ ταῦτα πάντ' ἐπισκήπτω τελεῖν,
ὑπέρ τ' ἐμαυτοῦ, τοῦ θεοῦ τε, τῆσδέ τε
γῆς, ὧδ' ἀκάρπως κἀθέως ἐφθαρμένης.
οὐδ', εἰ γὰρ ἦν τὸ πρᾶγμα μὴ θεήλατον,
ἀκάθαρτον ὑμᾶς εἰκὸς ἦν οὕτως ἐᾶν,
ἀνδρός γ' ἀρίστου βασιλέως τ' ὀλωλότος,
ἀλλ' ἐξερευνᾶν· νῦν δέ γ' ἐπικυρῶ τ' ἐγώ,
ἔχων μὲν ἀρχάς, ἃς ἐκεῖνος εἶχε πρίν,
ἔχων δὲ λέκτρα, καὶ γυναῖχ' ὁμόσπορον,
κοινῶν τε παίδων κοίν' ἄν, εἰ κείνῳ γένος
μὴ 'δυστύχησεν, ἦν ἂν ἐκπεφυκότα.
νῦν δ' ἐς τὸ κείνου κρᾶτ' ἐνήλαθ' ἡ τύχη.
ἀνθ' ὧν ἐγὼ τοῦδ', ὡσπερεὶ τοῦ 'μοῦ πατρός,
ὑπερμαχοῦμαι, κἀπὶ πάντ' ἀφίξομαι,
ζητῶν τὸν αὐτόχειρα τοῦ φόνου λαβεῖν,
τῷ Λαβδακείῳ παιδί, Πολυδώρου τε, καὶ
τοῦ πρόσθε Κάδμου, τοῦ πάλαι τ' Ἀγήνορος.
καὶ ταῦτα τοῖς μὴ δρῶσιν εὔχομαι θεοὺς
μήτ' ἄροτον αὐτοῖς γῆν ἀνιέναι τινά,

μήτ' οὖν γυναικῶν παῖδας· ἀλλὰ τῷ πότμῳ
τῷ νῦν φθερεῖσθαι, κἄτι τοῦδ' ἐχθίονι.
ὑμῖν δὲ τοῖς ἄλλοισι Καδμείοις, ὅσοις
τάδ' ἔστ' ἀρέσκονθ', ἥ τε σύμμαχος Δίκη
χ' οἱ πάντες εὖ ξυνεῖεν εἰσαεὶ θεοί.

ΧΟΡΟΣ.

ὥσπερ μ' ἀραῖον ἔλαβες, ὧδ', ἄναξ, ἐρῶ.
οὔτ' ἔκτανον γὰρ, οὔτε τὸν κτανόντ' ἔχω
δεῖξαι. τὸ δὲ ζήτημα, τοῦ πέμψαντος ἦν
Φοίβου τόδ' εἰπεῖν, ὅστις εἴργασταί ποτε.

ΟΙΔΙΠΟΥΣ.

δίκαι' ἔλεξας. ἀλλ' ἀναγκάσαι θεοὺς
ἃ 'ν μὴ θέλωσιν, οὐδ' ἂν εἷς δύναιτ' ἀνήρ.

ΧΟΡΟΣ.

τὰ δεύτερ' ἐκ τῶνδ' ἂν λέγοιμ', ἅ μοι δοκεῖ.

ΟΙΔΙΠΟΥΣ.

εἰ καὶ τρίτ' ἐστὶ, μὴ παρῇς τὸ μὴ οὐ φράσαι.

ΧΟΡΟΣ.

ἄνακτ' ἄνακτι ταὔθ' ὁρῶντ' ἐπίσταμαι
μάλιστα Φοίβῳ Τειρεσίαν, παρ' οὗ τις ἂν
σκοπῶν τάδ', ὦ 'ναξ, ἐκμάθοι σαφέστατα.

ΟΙΔΙΠΟΥΣ.

ἀλλ' οὐκ ἐν ἀργοῖς οὐδὲ τοῦτ' ἐπραξάμην.
ἔπεμψα γὰρ, Κρέοντος εἰπόντος, διπλοῦς
πομπούς· πάλαι δὲ μὴ παρὼν θαυμάζεται.

ΧΟΡΟΣ.

καὶ μὴν τά γ' ἄλλα κωφὰ καὶ παλαί' ἔπη.

ΟΙΔΙΠΟΥΣ.

τὰ ποῖα ταῦτα; πάντα γὰρ σκοπῶ λόγον.

ΧΟΡΟΣ.

θανεῖν ἐλέχθη πρός τινων ὁδοιπόρων.

ΟΙΔΙΠΟΥΣ.

ἤκουσα κἀγώ· τὸν δ' ἰδόντ' οὐδεὶς ὁρᾷ.

ΧΟΡΟΣ.

ἀλλ' εἴ τι μὲν δὴ δείματός γ' ἔχει μέρος,
τὰς σὰς ἀκούων οὐ μενεῖ τοιάσδ' ἀράς.

ΟΙΔΙΠΟΥΣ.

ᾧ μή 'στι δρῶντι τάρβος, οὐδ' ἔπος φοβεῖ.

ΧΟΡΟΣ.

ἀλλ' οὑξελέγξων αὐτόν ἐστιν· οἵδε γὰρ
τὸν θεῖον ἤδη μάντιν ὧδ' ἄγουσιν, ᾧ
τἀληθὲς ἐμπέφυκεν ἀνθρώπων μόνῳ.

ΟΙΔΙΠΟΥΣ.

ὦ πάντα νωμῶν, Τειρεσία, διδακτά τε,
ἄρρητά τ', οὐράνιά τε, καὶ χθονοστιβῆ,
πόλιν μὲν, εἰ καὶ μὴ βλέπεις, φρονεῖς δ' ὅμως
οἵᾳ νόσῳ ξύνεστιν· ἧς σε προστάτην
σωτῆρά τ', ὦ 'ναξ, μοῦνον ἐξευρίσκομεν.
Φοῖβος γὰρ, εἰ καὶ μὴ 'κλυες τῶνδ' ἀγγέλων,
πέμψασιν ἡμῖν ἀντέπεμψεν, ἔκλυσιν
μόνην ἂν ἐλθεῖν τοῦδε τοῦ νοσήματος,
εἰ τοὺς κτανόντας Λάϊον, μαθόντες εὖ,
κτείναιμεν, ἢ γῆς φυγάδας ἐκπεμψαίμεθα.
σὺ δ' οὖν, φθονήσας μήτ' ἀπ' οἰωνῶν φάτιν,
μήτ' εἴ τιν' ἄλλην μαντικῆς ἔχεις ὁδὸν,
ῥῦσαι σεαυτὸν καὶ πόλιν, ῥῦσαι δ' ἐμὲ,
ῥῦσαι δὲ πᾶν μίασμα τοῦ τεθνηκότος.

ἐν σοὶ γάρ ἐσμεν· ἄνδρα δ' ὠφελεῖν ἀφ' ὧν
ἔχοι τε καὶ δύναιτο, κάλλιστος πόνων.

ΤΕΙΡΕΣΙΑΣ.

φεῦ, φεῦ· φρονεῖν ὡς δεινὸν, ἔνθα μὴ τέλη
λύει φρονοῦντι. ταῦτα γὰρ καλῶς ἐγὼ
εἰδὼς διώλεσ'· οὐ γὰρ ἂν δεῦρ' ἱκόμην.

ΟΙΔΙΠΟΥΣ.

τί δ' ἔστιν; ὡς ἄθυμος εἰσελήλυθας.

ΤΕΙΡΕΣΙΑΣ.

ἄφες μ' ἐς οἴκους· ῥᾷστα γὰρ τὸ σόν τε σὺ,
κἀγὼ διοίσω τοὐμὸν, ἢν ἐμοὶ πίθῃ.

ΟΙΔΙΠΟΥΣ.

οὔτ' ἔννομ' εἶπας, οὔτε προσφιλὲς πόλει
τῇδ', ἥ σ' ἔθρεψε, τήνδ' ἀποστερῶν φάτιν.

ΤΕΙΡΕΣΙΑΣ.

ὁρῶ γὰρ οὐδὲ σοὶ τὸ σὸν φώνημ' ἰὸν
πρὸς καιρόν· ὡς οὖν μηδ' ἐγὼ ταὐτὸν πάθω.

ΧΟΡΟΣ.

μὴ, πρὸς θεῶν, φρονῶν γ' ἀποστραφῇς, ἐπεὶ
πάντες σε προσκυνοῦμεν οἵδ' ἱκτήριοι.

ΤΕΙΡΕΣΙΑΣ.

πάντες γὰρ οὐ φρονεῖτ'· ἐγὼ δ' οὐ μή ποτε
τἄμ' ἐξενείπω, μὴ τὰ σ' ἐκφήνω κακά.

ΟΙΔΙΠΟΥΣ.

τί φῄς; ξυνειδὼς οὐ φράσεις, ἀλλ' ἐννοεῖς
ἡμᾶς προδοῦναι, καὶ καταφθεῖραι πόλιν;

ΤΕΙΡΕΣΙΑΣ.

ἐγὼ οὔτ' ἐμαυτὸν, οὔτε σ' ἀλγυνῶ. τί ταῦτ'

ἄλλως ἐλέγχεις; οὐ γὰρ ἂν πύθοιό μου.

ΟΙΔΙΠΟΥΣ.

οὐκ, ὦ κακῶν κάκιστε, καὶ γὰρ ἂν πέτρου
φύσιν σύ γ' ὀργάνειας, ἐξερεῖς ποτέ;
ἀλλ' ὧδ' ἄτεγκτος κἀτελεύτητος φανῇ;

ΤΕΙΡΕΣΙΑΣ.

ὀργὴν ἐμέμψω τὴν ἐμήν· τὴν σὴν δ' ὁμοῦ
ναίουσαν οὐ κατεῖδες, ἀλλ' ἐμὲ ψέγεις.

ΟΙΔΙΠΟΥΣ.

τίς γὰρ τοιαῦτ' ἂν οὐκ ἂν ὀργίζοιτ' ἔπη
κλύων, ἃ νῦν σὺ τήνδ' ἀτιμάζεις πόλιν;

ΤΕΙΡΕΣΙΑΣ.

ἥξει γὰρ αὐτὰ, κἂν ἐγὼ σιγῇ στέγω.

ΟΙΔΙΠΟΥΣ.

οὐκοῦν ἅ γ' ἥξει καὶ σὲ χρὴ λέγειν ἐμοί.

ΤΕΙΡΕΣΙΑΣ.

οὐκ ἂν πέρα φράσαιμι. πρὸς τάδ', εἰ θέλεις,
θυμοῦ δι' ὀργῆς, ἥτις ἀγριωτάτη.

ΟΙΔΙΠΟΥΣ.

καὶ μὴν παρήσω γ' οὐδὲν, ὡς ὀργῆς ἔχω,
ἅπερ ξυνίημ'. ἴσθι γὰρ δοκῶν ἐμοὶ
καὶ ξυμφυτεῦσαι τοὔργον, εἰργάσθαι θ', ὅσον
μὴ χερσὶ καίνων· εἰ δ' ἐτύγχανες βλέπων,
καὶ τοὔργον ἂν σου τοῦτ' ἔφην εἶναι μόνου.

ΤΕΙΡΕΣΙΑΣ.

ἄληθες; ἐννέπω σε τῷ κηρύγματι,
ᾧπερ προεῖπας, ἐμμένειν, κἀφ' ἡμέρας
τῆς νῦν προσαυδᾷν μήτε τούσδε, μήτ' ἐμέ,

ὡς ὄντι γῆς τῆσδ' ἀνοσίῳ μιάστορι.

ΟΙΔΙΠΟΥΣ.

οὕτως ἀναιδῶς ἐξεκίνησας τόδε
τὸ ῥῆμα; καί που τοῦτο φεύξεσθαι δοκεῖς;

ΤΕΙΡΕΣΙΑΣ.

πέφευγα· τἀληθὲς γὰρ ἰσχῦον τρέφω.

ΟΙΔΙΠΟΥΣ.

πρὸς τοῦ διδαχθείς; οὐ γὰρ ἔκ γε τῆς τέχνης.

ΤΕΙΡΕΣΙΑΣ.

πρὸς σοῦ. σὺ γάρ μ' ἄκοντα προὐτρέψω λέγειν.

ΟΙΔΙΠΟΥΣ.

ποῖον λόγον; λέγ' αὖθις, ὡς μᾶλλον μάθω.

ΤΕΙΡΕΣΙΑΣ.

οὐχὶ ξυνῆκας πρόσθεν; ἢ 'κπειρᾷ λόγων;

ΟΙΔΙΠΟΥΣ.

οὐχ ὥστε γ' εἰπεῖν γνωστόν· ἀλλ' αὖθις φράσον.

ΤΕΙΡΕΣΙΑΣ.

φονέα σε φημὶ τἀνδρὸς, οὗ ζητεῖς κυρεῖν.

ΟΙΔΙΠΟΥΣ.

ἀλλ' οὔ τι χαίρων δίς γε πημονὰς ἐρεῖς.

ΤΕΙΡΕΣΙΑΣ.

εἴπω τι δῆτα κἄλλ', ἵν' ὀργίζῃ πλέον;

ΟΙΔΙΠΟΥΣ.

ὅσον γε χρῄζεις· ὡς μάτην εἰρήσεται.

ΤΕΙΡΕΣΙΑΣ.

λεληθέναι σε φημὶ σὺν τοῖς φιλτάτοις
αἴσχισθ' ὁμιλοῦντ', οὐδ' ὁρᾶν ἵν' εἶ κακοῦ.

ΟΙΔΙΠΟΥΣ.

ἦ καὶ γεγηθὼς ταῦτ' ἀεὶ λέξειν δοκεῖς;

ΤΕΙΡΕΣΙΑΣ.

εἴπερ τί γ' ἐστὶ τῆς ἀληθείας σθένος.

ΟΙΔΙΠΟΥΣ.

ἀλλ' ἔστι, πλὴν σοι. σοὶ δὲ ταῦτ' οὐκ ἔστ', ἐπεὶ
τυφλὸς τά τ' ὦτα, τόν τε νοῦν, τά τ' ὄμματ' εἶ.

ΤΕΙΡΕΣΙΑΣ.

σὺ δ' ἄθλιός γε ταῦτ' ὀνειδίζων, ἃ σοι
οὐδεὶς ὃς οὐχὶ τῶνδ' ὀνειδιεῖ τάχα.

ΟΙΔΙΠΟΥΣ.

μιᾶς τρέφῃ πρὸς νυκτὸς, ὥστε μήτ' ἐμὲ,
μήτ' ἄλλον, ὅστις φῶς ὁρᾷ, βλάψαι ποτ' ἄν.

ΤΕΙΡΕΣΙΑΣ.

οὐ γάρ σε μοῖρα πρός γ' ἐμοῦ πεσεῖν, ἐπεὶ
ἱκανὸς Ἀπόλλων, ᾧ τάδ' ἐκπρᾶξαι μέλει.

ΟΙΔΙΠΟΥΣ.

Κρέοντος, ἢ σοῦ ταῦτα τἀξευρήματα;

ΤΕΙΡΕΣΙΑΣ.

Κρέων γε σοὶ πῆμ' οὐδέν· ἀλλ' αὐτὸς σὺ σοί.

ΟΙΔΙΠΟΥΣ.

ὦ πλοῦτε, καὶ τυραννὶ, καὶ τέχνη τέχνης
ὑπερφέρουσα τῷ πολυζήλῳ βίῳ,
ὅσος παρ' ὑμῖν ὁ φθόνος φυλάσσεται,
εἰ τῆσδέ γ' ἀρχῆς οὕνεχ', ἣν ἐμοὶ πόλις
δωρητὸν, οὐκ αἰτητὸν, εἰσεχείρισε,
ταύτης Κρέων ὁ πιστὸς, οὐξ ἀρχῆς φίλος,
λάθρα μ' ὑπελθὼν ἐκβαλεῖν ἱμείρεται,

ὑφεὶς μάγον τοιόνδε μηχανορράφον,
δόλιον, ἀγύρτην, ὅστις ἐν τοῖς κέρδεσι
μόνον δέδορκε, τὴν τέχνην δ' ἔφυ τυφλός.
ἐπεί, φέρ' εἰπέ, ποῦ σὺ μάντις εἶ σαφής;
πῶς οὐχ', ὅθ' ἡ ῥαψῳδὸς ἐνθάδ' ἦν κύων,
ηὔδας τι τοῖσδ' ἀστοῖσιν ἐκλυτήριον;
καίτοι τό γ' αἴνιγμ' οὐχὶ τοῦ 'πιόντος ἦν
ἀνδρὸς διειπεῖν, ἀλλὰ μαντείας ἔδει·
ἣν οὔτ' ἀπ' οἰωνῶν σὺ προὐφάνης ἔχων,
οὔτ' ἐκ θεῶν του γνωτόν· ἀλλ' ἐγὼ μολών,
ὁ μηδὲν εἰδὼς Οἰδίπους, ἔπαυσά νιν,
γνώμῃ κυρήσας, οὐδ' ἀπ' οἰωνῶν μαθών·
ὃν δὴ σὺ πειρᾷς ἐκβαλεῖν, δοκῶν θρόνοις
παραστατήσειν τοῖς Κρεοντείοις πέλας.
κλαίων δοκεῖς μοι καὶ σὺ, χὡ ξυνθεὶς τάδε,
ἀγηλατήσειν· εἰ δὲ μὴ 'δόκεις γέρων
εἶναι, παθὼν ἔγνως ἂν οἷά περ φρονεῖς.

ΧΟΡΟΣ.

ἡμῖν μὲν εἰκάζουσι καὶ τὰ τοῦδ' ἔπη
ὀργῇ λελέχθαι καὶ τὰ σ', Οἰδίπου, δοκεῖ.
δεῖ δ' οὐ τοιούτων, ἀλλ' ὅπως τὰ τοῦ θεοῦ
μαντεῖ' ἄριστα λύσομεν, τόδε σκοπεῖν.

ΤΕΙΡΕΣΙΑΣ.

εἰ καὶ τυραννεῖς, ἐξισωτέον τὸ γοῦν
ἴσ' ἀντιλέξαι· τοῦδε γὰρ κἀγὼ κρατῶ.
οὐ γάρ τι σοὶ ζῶ δοῦλος, ἀλλὰ Λοξίᾳ·
ὥστ' οὐ Κρέοντος προστάτου γεγράψομαι.
λέγω δ', ἐπειδὴ καὶ τυφλόν μ' ὠνείδισας,

σὺ, καὶ δεδορκὼς, οὐ βλέπεις ἵν' εἶ κακοῦ,
οὐδ' ἔνθα ναίεις, οὐδ' ὅτων οἰκεῖς μέτα.
ἆρ' οἶσθ' ἀφ' ὧν εἶ; καὶ λέληθας ἐχθρὸς ὢν
τοῖς σοῖσιν αὐτοῦ νέρθε, κἀπὶ γῆς ἄνω.
καί σ' ἀμφιπλὴξ μητρός τε καὶ τοῦ σοῦ πατρὸς
ἐλᾷ ποτ' ἐκ γῆς τῆσδε δεινόπους ἀρὰ,
βλέποντα νῦν μὲν ὄρθ', ἔπειτα δὲ σκότον.
βοῆς δὲ τῆς σῆς ποῖος οὐκ ἔσται λιμὴν;
ποῖος Κιθαιρὼν οὐχὶ σύμφωνος τάχα,
ὅταν καταίσθῃ τὸν ὑμέναιον, ὃν δόμοις
ἄνορμον εἰσέπλευσας, εὐπλοίας τυχών;
ἄλλων δὲ πλῆθος οὐκ ἐπαισθάνῃ κακῶν,
ὅσ' ἐξισώσει σοί τε καὶ τοῖς σοῖς τέκνοις.
πρὸς ταῦτα καὶ Κρέοντα καὶ τοὐμὸν στόμα
προπηλάκιζε. σοῦ γὰρ οὐκ ἔστι βροτῶν
κάκιον ὅστις ἐκτριβήσεταί ποτε.

ΟΙΔΙΠΟΥΣ.

ἦ ταῦτα δῆτ' ἀνεκτὰ πρὸς τούτου κλύειν;
οὐκ εἰς ὄλεθρον; οὐχὶ θᾶσσον; οὐ πάλιν
ἄψορρος οἴκων τῶνδ' ἀποστραφεὶς ἄπει;

ΤΕΙΡΕΣΙΑΣ.

οὐδ' ἱκόμην ἔγωγ' ἂν, εἰ σὺ μὴ 'κάλεις.

ΟΙΔΙΠΟΥΣ.

οὐ γάρ τι σ' ᾔδη μῶρα φωνήσοντ', ἐπεὶ
σχολῇ σ' ἂν οἴκους τοὺς ἐμοὺς ἐστειλάμην.

ΤΕΙΡΕΣΙΑΣ.

ἡμεῖς τοιοίδ' ἔφυμεν, ὡς μὲν σοὶ δοκεῖ,
μῶροι· γονεῦσι δ' οἵ σ' ἔφυσαν, ἔμφρονες.

ΟΙΔΙΠΟΥΣ.

ποίοισι; μεῖνον. τίς δ' ἔμ' ἐκφύει βροτῶν;

ΤΕΙΡΕΣΙΑΣ.

ἥδ' ἡμέρα φύσει σε, καὶ διαφθερεῖ.

ΟΙΔΙΠΟΥΣ.

ὡς πάντ' ἄγαν αἰνικτὰ κἀσαφῆ λέγεις.

ΤΕΙΡΕΣΙΑΣ.

οὔκουν σὺ ταῦτ' ἄριστος εὑρίσκειν ἔφυς;

ΟΙΔΙΠΟΥΣ.

τοιαῦτ' ὀνείδιζ', οἷς ἔμ' εὑρήσεις μέγαν.

ΤΕΙΡΕΣΙΑΣ.

αὕτη γε μέντοι σ' ἡ τύχη διώλεσεν.

ΟΙΔΙΠΟΥΣ.

ἀλλ' εἰ πόλιν τήνδ' ἐξέσωσ', οὔ μοι μέλει.

ΤΕΙΡΕΣΙΑΣ.

ἄπειμι τοίνυν· καὶ σὺ παῖ κόμιζ' ἐμέ.

ΟΙΔΙΠΟΥΣ.

κομιζέτω δῆθ'· ὡς παρὼν τά γ' ἐμποδὼν
ὀχλεῖς, συθείς τ' ἂν, οὐκ ἂν ἀλγύναις πλέον.

ΤΕΙΡΕΣΙΑΣ.

εἰπὼν ἄπειμ', ὧν οὕνεκ' ἦλθον, οὐ τὸ σὸν
δείσας πρόσωπον. οὐ γάρ ἐσθ' ὅπου μ' ὀλεῖς.
λέγω δέ σοι τὸν ἄνδρα τοῦτον, ὃν πάλαι
ζητεῖς ἀπειλῶν, κἀνακηρύσσων φόνον
τὸν Λαΐειον, οὗτός ἐστιν ἐνθάδε,
ξένος λόγῳ μέτοικος, εἶτα δ' ἐγγενὴς
φανήσεται Θηβαῖος· οὐδ' ἡσθήσεται
τῇ ξυμφορᾷ. τυφλὸς γὰρ ἐκ δεδορκότος,

καὶ πτωχὸς ἀντὶ πλουσίου, ξένην ἔπι,
σκήπτρῳ προδεικνὺς, γαῖαν ἐμπορεύσεται.
φανήσεται δὲ παισὶ τοῖς αὑτοῦ ξυνὼν
ἀδελφὸς αὐτὸς καὶ πατὴρ, κἀξ ἧς ἔφυ
γυναικὸς, υἱὸς καὶ πόσις, καὶ τοῦ πατρὸς
ὁμόσπορός τε καὶ φονεύς. καὶ ταῦτ', ἰὼν
ἔσω, λογίζου· κἂν λάβῃς μ' ἐψευσμένον,
φάσκειν ἔμ' ἤδη μαντικῇ μηδὲν φρονεῖν.

ΧΟΡΟΣ.

Τίς, ὅντιν' ἁ θεσπιέπεια — στροφὴ α'.
Δελφὶς εἶπε πέτρα
ἄῤῥητ' ἀῤῥήτων τελέσαντα
φοινίαισι χερσίν;
ὥρα νιν ἀελλοπόδων ἵππων
σθεναρώτερον φυγᾷ πόδα νωμᾶν.
ἔνοπλος γὰρ ἐπ' αὐτὸν ἐπενθρώσκει
πυρὶ καὶ στεροπαῖς ὁ Διὸς γενέτας·
δειναὶ δ' ἅμ' ἕπονται
Κῆρες ἀπλάκητοι.
ἔλαμψε γὰρ τοῦ νιφόεντος — ἀντιστρ. α'.
ἀρτίως φανεῖσα
φάμα Παρνασοῦ, τὸν ἄδηλον
ἄνδρα πάντ' ἰχνεύειν.
φοιτᾷ γὰρ ὑπαί τ' ἀγρίαν ὕλαν,
ἀνά τ' ἄντρα καὶ πέτρας, ὡς ταῦρος,
μέλεος μελέῳ ποδὶ χηρεύων,
τὰ μεσόμφαλα γᾶς ἀπονοσφίζων
μαντεῖα· τὰ δ' αἰεὶ

ζῶντα περιποτᾶται.
δεινὰ μὲν οὖν δεινὰ ταράσσει στροφὴ β'.
σοφὸς οἰωνοθέτας,
οὔτε δοκοῦντ', οὔτ' ἀποφάσκονθ'·
ὅ τι λέξω δ' ἀπορῶ.
πέτομαι δ' ἐλπίσιν,
οὔτ' ἐνθάδ' ὁρῶν, οὔτ' ὀπίσω.
τί γὰρ ἢ Λαβδακίδαις, ἢ τῷ
Πολύβου νεῖκος ἔκειτ',
οὔτε πάροιθέν ποτ' ἔγωγ'
οὔτε τανῦν πω ἔμαθον, πρὸς ὅτου
χρησάμενος δὴ βασάνῳ,
ἐπὶ τὰν ἐπίδαμον
φάτιν εἶμ' Οἰδιπόδα,
Λαβδακίδαις ἐπίκουρος
ἀδήλων θανάτων.
ἀλλ' ὁ μὲν οὖν Ζεὺς, ὅ τ' Ἀπόλλων ἀντιστρ. β'.
ξυνετοὶ, καὶ τὰ βροτῶν
εἰδότες· ἀνδρῶν δ' ὅτι μάντις
πλέον ἢ 'γὼ φέρεται,
κρίσις οὐκ ἔστιν ἀ-
ληθής· σοφίᾳ δ' ἂν σοφίαν
παραμείψειεν ἀνήρ. ἀλλ' οὐ
ποτ' ἔγωγ' ἂν, πρὶν ἴδοιμ'
ὀρθὸν ἔπος, μεμφομένων
ἂν καταφαίην. φανερὰ γὰρ ἐπ' αὐ-
τῷ πτερόεσσ' ἦλθε κόρα
ποτὲ, καὶ σοφὸς ὤφθη,

βασάνῳ θ' ἡδύπολις.
τῷ ἀπ' ἐμᾶς φρενὸς οὔποτ'
ὀφλήσει κακίαν.

ΚΡΕΩΝ.

Ἄνδρες πολῖται, δείν' ἔπη πεπυσμένος
κατηγορεῖν μου τὸν τύραννον Οἰδίπουν,
πάρειμ' ἀτλητῶν. εἰ γὰρ ἐν ταῖς ξυμφοραῖς
ταῖς νῦν νομίζει πρός γ' ἐμοῦ πεπονθέναι
λόγοισιν εἴτ' ἔργοισιν εἰς βλάβην φέρον,
οὔ τοι βίου μοι τοῦ μακραίωνος πόθος,
φέροντι τήνδε βάξιν. οὐ γὰρ εἰς ἁπλοῦν
ἡ ζημία μοι τοῦ λόγου τούτου φέρει,
ἀλλ' ἐς μέγιστον, εἰ κακὸς μὲν ἐν πόλει,
κακὸς δὲ πρὸς σοῦ καὶ φίλων κεκλήσομαι.

ΧΟΡΟΣ.

ἀλλ' ἦλθε μὲν δὴ τοῦτο τοὔνειδος τάχ' ἂν
ὀργῇ βιασθὲν μᾶλλον, ἢ γνώμῃ φρενῶν.

ΚΡΕΩΝ.

πρὸς τοῦ δ' ἐφάνθη, ταῖς ἐμαῖς γνώμαις ὅτι
πεισθεὶς ὁ μάντις τοὺς λόγους ψευδεῖς λέγει;

ΧΟΡΟΣ.

ηὐδᾶτο μὲν τάδ'· οἶδα δ' οὐ γνώμῃ τίνι.

ΚΡΕΩΝ.

ἐξ ὀμμάτων ὀρθῶν δὲ κἀξ ὀρθῆς φρενὸς,
κατηγορεῖτο τοὐπίκλημα τοῦτ' ἐμοῦ;

ΧΟΡΟΣ.

οὐκ οἶδ'· ἃ γὰρ δρῶσ' οἱ κρατοῦντες, οὐχ ὁρῶ.
αὐτὸς δ' ὅδ' ἤδη δωμάτων ἔξω περᾷ.

ΟΙΔΙΠΟΥΣ.

οὗτος σὺ, πῶς δεῦρ' ἦλθες; ἢ τοσόνδ' ἔχεις
τόλμης πρόσωπον, ὥστε τὰς ἐμὰς στέγας
ἵκου, φονεὺς ὢν τοῦδε τἀνδρὸς ἐμφανῶς,
λῃστής τ' ἐναργὴς τῆς ἐμῆς τυραννίδος;
φέρ' εἰπὲ πρὸς θεῶν, δειλίαν ἢ μωρίαν
ἰδών τιν' ἐν ἐμοὶ, ταῦτ' ἐβουλεύσω ποιεῖν;
ἢ τοὔργον ὡς οὐ γνωρίσοιμί σου τόδε
δόλῳ προσέρπον, κοὐκ ἀλεξοίμην μαθών;
ἆρ' οὐχὶ μῶρόν ἐστι τοὐγχείρημά σου,
ἄνευ τε πλήθους καὶ φίλων τυραννίδα
θηρᾷν, ὃ πλήθει χρήμασίν θ' ἁλίσκεται;

ΚΡΕΩΝ.

οἶσθ' ὡς ποίησον; ἀντὶ τῶν εἰρημένων
ἴσ' ἀντάκουσον, κᾆτα κρῖν' αὐτὸς μαθών.

ΟΙΔΙΠΟΥΣ.

λέγειν σὺ δεινός· μανθάνειν δ' ἐγὼ κακὸς
σοῦ. δυσμενῆ γὰρ καὶ βαρύν σ' εὕρηκ' ἐμοί.

ΚΡΕΩΝ.

τοῦτ' αὐτὸ νῦν μου πρῶτ' ἄκουσον ὡς ἐρῶ.

ΟΙΔΙΠΟΥΣ.

τοῦτ' αὐτὸ μή μοι φράζ', ὅπως οὐκ εἶ κακός.

ΚΡΕΩΝ.

εἴ τοι νομίζεις κτῆμα τὴν αὐθαδίαν
εἶναί τι τοῦ νοῦ χωρὶς, οὐκ ὀρθῶς φρονεῖς.

ΟΙΔΙΠΟΥΣ.

εἴ τοι νομίζεις ἄνδρα συγγενῆ κακῶς
δρῶν, οὐχ ὑφέξειν τὴν δίκην, οὐκ εὖ φρονεῖς.

ΚΡΕΩΝ.

ξύμφημί σοι ταῦτ' ἔνδικ' εἰρῆσθαι· τὸ δὲ
πάθημ', ὁποῖον φῂς παθεῖν, δίδασκ' ἐμέ.

ΟΙΔΙΠΟΥΣ.

ἔπειθες, ἢ οὐκ ἔπειθες, ὡς χρείη μ' ἐπὶ
τὸν σεμνόμαντιν ἄνδρα πέμψασθαί τινα;

ΚΡΕΩΝ.

καὶ νῦν ἔθ' αὐτός εἰμι τῷ βουλεύματι.

ΟΙΔΙΠΟΥΣ.

πόσον τιν' ἤδη δῆθ' ὁ Λάϊος χρόνον —

ΚΡΕΩΝ.

δέδρακε ποῖον ἔργον; οὐ γὰρ ἐννοῶ.

ΟΙΔΙΠΟΥΣ.

ἄφαντος ἔῤῥει θανασίμῳ χειρώματι;

ΚΡΕΩΝ.

μακροὶ παλαιοί τ' ἂν μετρηθεῖεν χρόνοι.

ΟΙΔΙΠΟΥΣ.

τότ' οὖν ὁ μάντις οὗτος ἦν ἐν τῇ τέχνῃ;

ΚΡΕΩΝ.

σοφός γ' ὁμοίως, κἀξ ἴσου τιμώμενος.

ΟΙΔΙΠΟΥΣ.

ἐμνήσατ' οὖν ἐμοῦ τι τῷ τότ' ἐν χρόνῳ;

ΚΡΕΩΝ.

οὐκοῦν· ἐμοῦ γ' ἑστῶτος οὐδαμοῦ πέλας.

ΟΙΔΙΠΟΥΣ.

ἀλλ' οὐκ ἔρευναν τοῦ θανόντος ἔσχετε;

ΚΡΕΩΝ.

παρέσχομεν. πῶς δ' οὐχί; κοὐκ ἠκούσαμεν.

ΟΙΔΙΠΟΥΣ.

πῶς οὖν τόθ' οὗτος ὁ σοφὸς οὐκ ηὔδα τάδε;

ΚΡΕΩΝ.

οὐκ οἶδ'· ἐφ' οἷς γὰρ μὴ φρονῶ, σιγᾶν φιλῶ.

ΟΙΔΙΠΟΥΣ.

τὸ σὸν δέ γ' οἶσθα, καὶ λέγοις ἂν εὖ φρονῶν.

ΚΡΕΩΝ.

ποῖον τόδ'; εἰ γὰρ οἶδά γ', οὐκ ἀρνήσομαι.

ΟΙΔΙΠΟΥΣ.

ὅθ' οὕνεκ', εἰ μὴ σοὶ ξυνῆλθε, τὰς ἐμὰς
οὐκ ἄν ποτ' εἶπε Λαΐου διαφθοράς.

ΚΡΕΩΝ.

εἰ μὲν λέγει τάδ', αὐτὸς οἶσθ'· ἐγὼ δέ σου
μαθεῖν δικαιῶ ταὔθ', ἅπερ κἀμοῦ σὺ νῦν.

ΟΙΔΙΠΟΥΣ.

ἐκμάνθαν'· οὐ γὰρ δὴ φονεὺς ἁλώσομαι.

ΚΡΕΩΝ.

τί δῆτ'; ἀδελφὴν τὴν ἐμὴν γήμας ἔχεις;

ΟΙΔΙΠΟΥΣ.

ἄρνησις οὐκ ἔνεστιν ὧν ἀνιστορεῖς.

ΚΡΕΩΝ.

ἄρχεις δ' ἐκείνῃ ταὐτὰ, γῆς ἴσον νέμων;

ΟΙΔΙΠΟΥΣ.

ἃ 'ν ᾖ θέλουσα, πάντ' ἐμοῦ κομίζεται.

ΚΡΕΩΝ.

οὔκουν ἰσοῦμαι σφῷν ἐγὼ δυοῖν τρίτος;

ΟΙΔΙΠΟΥΣ.

ἐνταῦθα γὰρ δὴ καὶ κακὸς φαίνῃ φίλος.

ΚΡΕΩΝ.

ΚΡΕΩΝ.

οὐκ, εἰ διδοίης γ', ὡς ἐγὼ, σαυτῷ λόγον.
σκέψαι δὲ τοῦτο πρῶτον, εἴ τιν' ἂν δοκεῖς
ἄρχειν ἑλέσθαι ξὺν φόβοισι μᾶλλον, ἢ
ἄτρεστον εὕδοντ', εἰ τά γ' αὔθ' ἕξει κράτη.
ἐγὼ μὲν οὖν οὔτ' αὐτὸς ἱμείρων ἔφυν
τύραννος εἶναι μᾶλλον, ἢ τύραννα δρᾷν,
οὔτ' ἄλλος ὅστις σωφρονεῖν ἐπίσταται.
νῦν μὲν γὰρ ἐκ σοῦ πάντ' ἄνευ φόβου φέρω·
εἰ δ' αὐτὸς ἦρχον, πολλὰ κἂν ἄκων ἔδρων.
πῶς δῆτ' ἐμοὶ τυραννὶς ἡδίων ἔχειν
ἀρχῆς ἀλύπου καὶ δυναστείας ἔφυ;
οὔπω τοσοῦτον ἠπατημένος κυρῶ,
ὥστ' ἄλλα χρῄζειν, ἢ τὰ σὺν κέρδει καλά.
νῦν πᾶσι χαίρω, νῦν με πᾶς ἀσπάζεται·
νῦν οἱ σέθεν χρῄζοντες ἐκκαλοῦσί με.
τὸ γὰρ τυχεῖν αὐτοῖς ἅπαντ' ἐνταῦθ' ἔνι.
πῶς δῆτ' ἐγὼ κεῖν' ἂν λάβοιμ', ἀφεὶς τάδε;
οὐκ ἂν γένοιτο νοῦς κακὸς καλῶς φρονῶν.
ἀλλ' οὔτ' ἐραστὴς τῆσδε τῆς γνώμης ἔφυν,
οὔτ' ἂν μετ' ἄλλου δρῶντος ἂν τλαίην ποτέ.
καὶ τῶνδ' ἔλεγχον, τοῦτο μὲν, Πυθώδ' ἰὼν
πεύθου, τὰ χρησθέντ' εἰ σαφῶς ἤγγειλά σοι·
τοῦτ' ἄλλ', ἐάν με τῷ τερασκόπῳ λάβῃς
κοινῇ τι βουλεύσαντα, μή μ' ἁπλῇ κτάνῃς
ψήφῳ, διπλῇ δὲ, τῇ τ' ἐμῇ καὶ σῇ, λαβών.
γνώμῃ δ' ἀδήλῳ μή με χωρὶς αἰτιῶ.
οὐ γὰρ δίκαιον οὔτε τοὺς κακοὺς μάτην

χρηστοὺς νομίζειν, οὔτε τοὺς χρηστοὺς, κακούς.
φίλον γὰρ ἐσθλὸν ἐκβαλεῖν, ἴσον λέγω,
καὶ τὸν παρ' αὑτῷ βίοτον, ὃν πλεῖστον φιλεῖ.
ἀλλ' ἐν χρόνῳ γνώσει τάδ' ἀσφαλῶς· ἐπεὶ
χρόνος δίκαιον ἄνδρα δείκνυσιν μόνος·
κακὸν δὲ κἂν ἐν ἡμέρᾳ γνοίης μιᾷ.

ΧΟΡΟΣ.

καλῶς ἔλεξεν εὐλαβουμένῳ πεσεῖν,
ἄναξ. φρονεῖν γὰρ οἱ ταχεῖς οὐκ ἀσφαλεῖς.

ΟΙΔΙΠΟΥΣ.

ὅταν ταχύς τις οὑπιβουλεύων λάθρα
χωρῇ, ταχὺν δεῖ κἀμὲ βουλεύειν πάλιν.
εἰ δ' ἡσυχάζων προσμενῶ, τὰ τοῦδε μὲν
πεπραγμέν' ἔσται, τἀμὰ δ' ἡμαρτημένα.

ΚΡΕΩΝ.

τί δῆτα χρῄζεις; ἢ με γῆς ἔξω βαλεῖν;

ΟΙΔΙΠΟΥΣ.

ἥκιστα. θνήσκειν, οὐ φυγεῖν σε βούλομαι.

ΚΡΕΩΝ.

ὅταν προδείξῃς, οἷόν ἐστι τὸ φθονεῖν.

ΟΙΔΙΠΟΥΣ.

ὡς οὐχ ὑπείξων οὐδὲ πιστεύσων λέγεις;

ΚΡΕΩΝ.

οὐ γὰρ φρονοῦντά σ' εὖ βλέπω.

ΟΙΔΙΠΟΥΣ.

τὸ γοῦν ἐμόν.

ΚΡΕΩΝ.

ἀλλ' ἐξ ἴσου δεῖ κἀμόν.

ΟΙΔΙΠΟΥΣ.

ἀλλ' ἔφυς κακός.

ΚΡΕΩΝ.

εἰ δὲ ξυνίης μηδέν;

ΟΙΔΙΠΟΥΣ.

ἀρκτέον γ' ὅμως.

ΚΡΕΩΝ.

οὔτοι κακῶς γ' ἄρχοντος....

ΟΙΔΙΠΟΥΣ.

ὦ πόλις, πόλις.

ΚΡΕΩΝ.

κἀμοὶ πόλεως μέτεστι τῆσδ', οὐ σοὶ μόνῳ.

ΧΟΡΟΣ.

παύσασθ' ἄνακτες· καιρίαν δ' ὑμῖν ὁρῶ
τήνδ' ἐκ δόμων στείχουσαν Ἰοκάστην, μεθ' ἧς
τὸ νῦν παρεστὼς νεῖκος εὖ θέσθαι χρεών.

ΙΟΚΑΣΤΗ.

τί τὴν ἄβουλον, ὦ ταλαίπωροι, στάσιν
γλώσσης ἐπήρατ', οὐδ' ἐπαισχύνεσθε, γῆς
οὕτω νοσούσης, ἴδια κινοῦντες κακά;
οὐκ εἶ σύ τ' οἴκους, σύ τε, Κρέον, κατὰ στέγας,
καὶ μὴ τὸ μηδὲν ἄλγος εἰς μέγ' οἴσετε;

ΚΡΕΩΝ.

ὅμαιμε, δεινά μ' Οἰδίπους ὁ σὸς πόσις
δρᾶσαι δικαιοῖ, δυοῖν ἀποκρίνας κακοῖν,
ἢ γῆς ἀπῶσαι πατρίδος, ἢ κτεῖναι λαβών.

ΟΙΔΙΠΟΥΣ.

ξύμφημι· δρῶντα γάρ νιν, ὦ γύναι, κακῶς

εἴληφα τοὐμὸν σῶμα σὺν τέχνῃ κακῇ.

ΚΡΕΩΝ.

μή νυν ὀναίμην, ἀλλ᾽ ἀραῖος, εἴ σέ τι
δέδρακ᾽, ὀλοίμην, ὧν ἐπαιτιᾷ με δρᾶν.

ΙΟΚΑΣΤΗ.

ὦ πρὸς θεῶν πίστευσον, Οἰδίπους, τάδε,
μάλιστα μὲν τόνδ᾽ ὅρκον αἰδεσθεὶς θεῶν,
ἔπειτα κἀμὲ, τούσδε θ᾽, οἳ πάρεισί σοι.

ΧΟΡΟΣ.

πιθοῦ θελήσας φρονήσας τ᾽, στροφὴ α΄.
ἄναξ, λίσσομαι.

ΟΙΔΙΠΟΥΣ.

τί σοι θέλεις δῆτ᾽ εἰκάθω;

ΧΟΡΟΣ.

τὸν οὔτε πρὶν νήπιον,
νῦν τ᾽ ἐν ὅρκῳ μέγαν
καταίδεσαι.

ΟΙΔΙΠΟΥΣ.

οἶσθ᾽ οὖν ἃ χρῄζεις;

ΧΟΡΟΣ.

οἶδα.

ΟΙΔΙΠΟΥΣ.

φράζε δὴ τί φής.

ΧΟΡΟΣ.

τὸν ἐναγῆ φίλον μή ποτ᾽ ἐν αἰτίᾳ
σὺν ἀφανεῖ λόγῳ ἄτιμον βαλεῖν.

ΟΙΔΙΠΟΥΣ.

εὖ νῦν ἐπίστω, ταῦθ᾽ ὅταν ζητῇς, ἐμοὶ
ζητῶν ὄλεθρον ἢ φυγὴν ἐκ τῆσδε γῆς.

ΧΟΡΟΣ.

οὐ τὸν πάντων θεῶν στροφὴ β'.
θεὸν πρόμον Ἅλιον·
ἐπεὶ ἄθεος, ἄφιλος,
ὅ τι πύματον ὀλοίμαν,
φρόνησιν εἰ τάνδ' ἔχω.
ἀλλά μοι δυσμόρῳ
γᾶ φθίνουσα τρύχει ψυ-
χὰν, καὶ τάδ' εἰ κακοῖς
κακὰ προσάψει τοῖς πάλαι τὰ πρὸς σφῷν.

ΟΙΔΙΠΟΥΣ.

ὅδ' οὖν ἴτω, κεἰ χρή με παντελῶς θανεῖν,
ἢ γῆς ἄτιμον τῆσδ' ἀπωσθῆναι βίᾳ.
τὸ γὰρ σὸν, οὐ τὸ τοῦδ', ἐποικτείρω στόμα
ἐλεινόν· οὗτος δ', ἔνθ' ἂν ᾖ, στυγήσεται.

ΚΡΕΩΝ.

στυγνὸς μὲν εἴκων δῆλος εἶ· βαρὺς δ', ὅταν
θυμοῦ περάσῃς. αἱ δὲ τοιαῦται φύσεις
αὐταῖς δικαίως εἰσὶν ἄλγισται φέρειν.

ΟΙΔΙΠΟΥΣ.

οὔκουν μ' ἐάσεις, κἀκτὸς εἶ;

ΚΡΕΩΝ.

πορεύσομαι,
σοῦ μὲν τυχὼν ἀγνῶτος, ἐν δὲ τοῖσδ' ἴσος.

ΧΟΡΟΣ.

γύναι, τί μέλλεις κομίζειν ἀντιστ. α'.
δόμων τόνδ' ἔσω;

ΙΟΚΑΣΤΗ.

μαθοῦσά γ' ἥτις ἡ τύχη.

ΧΟΡΟΣ.

δόκησις ἀγνὼς λόγων
ἦλθε, δάπτει δὲ καὶ
τὸ μὴ 'νδικον.

ΙΟΚΑΣΤΗ.

ἀμφοῖν ἀπ' αὐτοῖν;

ΧΟΡΟΣ.

ναιχί.

ΙΟΚΑΣΤΗ.

καὶ τίς ὁ λόγος ἦν;

ΧΟΡΟΣ.

ἅλις ἔμοιγ', ἅλις, γᾶς προπονουμένας,
φαίνετ', ἔνθ' ἔληξεν, αὐτοῦ μένειν.

ΟΙΔΙΠΟΥΣ.

ὁρᾷς ἵν' ἥκεις, ἀγαθὸς ὢν γνώμην ἀνήρ,
τοὐμὸν παριεὶς καὶ καταμβλύνων κέαρ;

ΧΟΡΟΣ.

ἄναξ, εἶπον μὲν οὐχ ἀντιστ. β'.
ἅπαξ μόνον, ἴσθι δὲ
παραφρόνιμον, ἄπορον
ἐπὶ φρόνιμα, πεφάνθαι μ'
ἄν, εἴ σε νοσφίζομαι,
ὅς τ' ἐμὰν γᾶν φίλαν
ἐν πόνοις ἀλύουσαν
κατ' ὀρθὸν οὔρισας·
ταννῦν τε πομπὸς, εἰ δύναιο, γένου.

ΙΟΚΑΣΤΗ.

πρὸς θεῶν δίδαξον κἄμ', ἄναξ, ὅτου ποτὲ

μῆνιν τοσήνδε πράγματος στήσας ἔχεις.

ΟΙΔΙΠΟΥΣ.

ἐρῶ· σὲ γὰρ τῶνδ' ἐς πλέον, γύναι, σέβω·
Κρέοντος, οἷά μοι βεβουλευκὼς ἔχει.

ΙΟΚΑΣΤΗ.

λέγ', εἰ σαφῶς τὸ νεῖκος ἐγκαλῶν ἐρεῖς.

ΟΙΔΙΠΟΥΣ.

Φονέα με φησὶ Λαΐου καθεστάναι.

ΙΟΚΑΣΤΗ.

αὐτὸς ξυνειδὼς, ἢ μαθὼν ἄλλου πάρα;

ΟΙΔΙΠΟΥΣ.

μάντιν μὲν οὖν κακοῦργον εἰσπέμψας, ἐπεὶ
τό γ' εἰς ἑαυτὸν, πᾶν ἐλευθεροῖ στόμα.

ΙΟΚΑΣΤΗ.

σὺ νῦν ἀφεὶς σεαυτὸν, ὧν λέγεις πέρι,
ἐμοῦ 'πάκουσον, καὶ μάθ', οὕνεκ' ἐστί σοι
βρότειον οὐδὲν μαντικῆς ἔχον τέχνης.
Φανῶ δέ σοι σημεῖα τῶνδε σύντομα.
χρησμὸς γὰρ ἦλθε Λαΐῳ ποτ', οὐκ ἐρῶ
Φοίβου γ' ἀπ' αὐτοῦ, τῶν δ' ὑπηρετῶν ἄπο,
ὡς αὐτὸν ἕξει μοῖρα πρὸς παιδὸς θανεῖν,
ὅστις γένοιτ' ἐμοῦ τε κἀκείνου πάρα.
καὶ τὸν μὲν, ὥσπερ γ' ἡ φάτις, ξένοι ποτὲ
λῃσταὶ φονεύουσ' ἐν τριπλαῖς ἀμαξιτοῖς·
παιδὸς δὲ βλαστὰς, οὐ διέσχον ἡμέραι
τρεῖς, καί νιν ἄρθρα κεῖνος ἐνζεύξας ποδοῖν,
ἔρριψεν ἄλλων χερσὶν εἰς ἄβατον ὄρος.
κἀνταῦθ' Ἀπόλλων οὔτ' ἐκεῖνον ἤνυσε

Φονέα γενέσθαι πατρὸς, οὔτε Λάϊον
τὸ δεινὸν οὑφοβεῖτο πρὸς παιδὸς παθεῖν.
τοιαῦτα φῆμαι μαντικαὶ διώρισαν,
ὧν ἐντρέπου σὺ μηδέν. ὧν γὰρ ἂν θεὸς
χρείαν ἐρευνᾷ, ῥᾳδίως αὐτὸς φανεῖ.

ΟΙΔΙΠΟΥΣ.

οἷόν μ' ἀκούσαντ' ἀρτίως ἔχει, γύναι,
ψυχῆς πλάνημα, κἀνακίνησις φρενῶν.

ΙΟΚΑΣΤΗ.

ποίας μερίμνης τοῦθ' ὑποστραφεὶς λέγεις;

ΟΙΔΙΠΟΥΣ.

ἔδοξ' ἀκοῦσαι σοῦ τόδ', ὡς ὁ Λάϊος
κατασφαγείη πρὸς τριπλαῖς ἁμαξιτοῖς.

ΙΟΚΑΣΤΗ.

ηὐδᾶτο γὰρ ταῦτ', οὐδέ πω λήξαντ' ἔχει.

ΟΙΔΙΠΟΥΣ.

καὶ ποῦ 'σθ' ὁ χῶρος οὗτος, οὗ τόδ' ἦν πάθος;

ΙΟΚΑΣΤΗ.

Φωκὶς μὲν ἡ γῆ κλήζεται· σχιστὴ δ' ὁδὸς
ἐς ταυτὸ Δελφῶν κἀπὸ Δαυλίας ἄγει.

ΟΙΔΙΠΟΥΣ.

καὶ τίς χρόνος τοῖσδ' ἐστὶν οὐξεληλυθώς;

ΙΟΚΑΣΤΗ.

σχεδόν τι πρόσθεν ἢ σὺ τῆσδ' ἔχων χθονὸς
ἀρχὴν ἐφαίνου, ταῦτ' ἐκηρύχθη πόλει.

ΟΙΔΙΠΟΥΣ.

ὦ Ζεῦ, τί μου δρᾶσαι βεβούλευσαι πέρι;

ΙΟΚΑΣΤΗ.

τί δ' ἐστί σοι τοῦτ', Οἰδίπους, ἐνθύμιον;

ΟΙΔΙΠΟΥΣ.

μή πω μ' ἐρώτα. τὸν δὲ Λάϊον, φύσιν
τίν' εἶχε, φράζε, τίνα δ' ἀκμὴν ἥβης τότε.

ΙΟΚΑΣΤΗ.

μέγας, χνοάζων ἄρτι λευκανθὲς κάρα,
μορφῆς δὲ τῆς σῆς οὐκ ἀπεστάτει πολύ.

ΟΙΔΙΠΟΥΣ.

οἴμοι τάλας· ἔοικ' ἐμαυτὸν εἰς ἀρὰς
δεινὰς προβάλλων ἀρτίως οὐκ εἰδέναι.

ΙΟΚΑΣΤΗ.

πῶς φής; ὀκνῶ τοι πρός σ' ἀποσκοποῦσ', ἄναξ.

ΟΙΔΙΠΟΥΣ.

δεινῶς ἀθυμῶ, μὴ βλέπων ὁ μάντις ᾖ.
δείξεις δὲ μᾶλλον, ἢν ἓν ἐξείπῃς ἔτι.

ΙΟΚΑΣΤΗ.

καὶ μὴν ὀκνῶ μέν· ἃ δ' ἂν ἔρῃ, μαθοῦσ' ἐρῶ.

ΟΙΔΙΠΟΥΣ.

πότερον ἐχώρει βαιός, ἢ πολλοὺς ἔχων
ἄνδρας λοχίτας, οἷ' ἀνὴρ ἀρχηγέτης;

ΙΟΚΑΣΤΗ.

πέντ' ἦσαν οἱ ξύμπαντες, ἐν δ' αὐτοῖσιν ἦν
κῆρυξ· ἀπήνη δ' ἦγε Λάϊον μία.

ΟΙΔΙΠΟΥΣ.

αἶ αἶ· τάδ' ἤδη διαφανῆ. τίς ἦν ποτε
ὁ τούσδε λέξας τοὺς λόγους ὑμῖν, γύναι;

ΙΟΚΑΣΤΗ.

οἰκεύς τις, ὅσπερ ἵκετ' ἐκσωθεὶς μόνος.

ΟΙΔΙΠΟΥΣ.

ἦ κἀν δόμοισι τυγχάνει τανῦν παρών;

ΙΟΚΑΣΤΗ.

οὐ δῆτ᾽. ἀφ᾽ οὗ γὰρ κεῖθεν ἦλθε, καὶ κράτη
σέ τ᾽ εἶδ᾽ ἔχοντα, Λάϊόν τ᾽ ὀλωλότα,
ἐξικέτευσε, τῆς ἐμῆς χειρὸς θιγών,
ἀγρούς σφε πέμψαι, κἀπὶ ποιμνίων νομάς,
ὡς πλεῖστον εἴη τοῦδ᾽ ἄποπτος ἄστεος.
κἄπεμψ᾽ ἐγώ νιν. ἄξιος γὰρ ὅδε γ᾽ ἀνὴρ
δοῦλος φέρειν ἦν τῆσδε καὶ μείζω χάριν.

ΟΙΔΙΠΟΥΣ.

πῶς ἂν μόλοι δῆθ᾽ ἡμὶν ἐν τάχει πάλιν;

ΙΟΚΑΣΤΗ.

πάρεστιν. ἀλλὰ πρὸς τί τοῦτ᾽ ἐφίεσαι;

ΟΙΔΙΠΟΥΣ.

δέδοικ᾽ ἐμαυτὸν, ὦ γύναι, μὴ πόλλ᾽ ἄγαν
εἰρημέν᾽ ᾖ μοι, δι᾽ ἅ νιν εἰσιδεῖν θέλω.

ΙΟΚΑΣΤΗ.

ἀλλ᾽ ἵξεται μέν. ἀξία δέ που μαθεῖν
κἀγὼ τά γ᾽ ἐν σοὶ δυσφόρως ἔχοντ᾽, ἄναξ.

ΟΙΔΙΠΟΥΣ.

κοὐ μὴ στερηθῇς γ᾽, ἐς τοσοῦτον ἐλπίδων
ἐμοῦ βεβῶτος. τῷ γὰρ ἂν καὶ μείζονι
λέξαιμ᾽ ἂν ἢ σοὶ, διὰ τύχης τοιᾶσδ᾽ ἰών;
Εμοὶ πατὴρ μὲν Πόλυβος ἦν Κορίνθιος,
μήτηρ δὲ, Μερόπη Δωρίς. ἠγόμην δ᾽ ἀνὴρ
ἀστῶν μέγιστος τῶν ἐκεῖ, πρίν μοι τύχη
τοιάδ᾽ ἐπέστη, θαυμάσαι μὲν ἀξία,

σπουδῆς γε μέν τοι τῆς ἐμῆς οὐκ ἀξία.
ἀνὴρ γὰρ ἐν δείπνοις μ' ὑπερπλησθεὶς μέθης
καλεῖ παρ' οἴνῳ, πλαστὸς ὡς εἴην πατρί.
κἀγὼ βαρυνθεὶς, τὴν μὲν οὖσαν ἡμέραν
μόλις κατέσχον· θατέρᾳ δ' ἰὼν πέλας
μητρὸς πατρός τ', ἤλεγχον· οἱ δὲ δυσφόρως
τοὔνειδος ἦγον τῷ μεθέντι τὸν λόγον.
κἀγὼ τὰ μὲν κείνοιν ἐτερπόμην, ὅμως δ'
ἔκνιζέ μ' αἰεὶ τοῦθ'· ὑφεῖρπε γὰρ πολύ.
λάθρα δὲ μητρὸς καὶ πατρὸς πορεύομαι
Πυθῶδε. καί μ' ὁ Φοῖβος ὧν μὲν ἱκόμην
ἄτιμον ἐξέπεμψεν· ἄλλα δ' ἄθλια
καὶ δεινὰ καὶ δύστηνα προὔφάνη λέγων,
ὡς μητρὶ μὲν χρείη με μιχθῆναι, γένος δ'
ἄτλητον ἀνθρώποισι δηλώσοιμ' ὁρᾷν,
φονεὺς δ' ἐσοίμην τοῦ φυτεύσαντος πατρός.
κἀγὼ 'πακούσας ταῦτα, τὴν Κορινθίαν
ἄστροις τὸ λοιπὸν ἐκμετρούμενος χθόνα,
ἔφευγον, ἔνθα μήποτ' ὀψοίμην κακῶν
χρησμῶν ὀνείδη τῶν ἐμῶν τελούμενα.
στείχων δ' ἱκνοῦμαι τούσδε τοὺς χώρους, ἐν οἷς
σὺ τὸν τύραννον τοῦτον ὄλλυσθαι λέγεις.
καί σοι, γύναι, τἀληθὲς ἐξερῶ. τριπλῆς
ὅτ' ἦν κελεύθου τῆσδ' ὁδοιπορῶν πέλας,
ἐνταῦθ' ἐμοὶ κῆρύξ τε, κἀπὶ πωλικῆς
ἀνὴρ ἀπήνης ἐμβεβὼς, οἷον σὺ φῂς,
ξυνηντίαζον· κἀξ ὁδοῦ μ' ὅ θ' ἡγεμὼν
αὐτός θ' ὁ πρέσβυς πρὸς βίαν ἠλαυνέτην.

κἀγὼ τὸν ἐκτρέποντα, τὸν τροχηλάτην,
παίω δι' ὀργῆς· καί μ' ὁ πρέσβυς, ὡς ὁρᾷ
ὄχου παραστείχοντα, τηρήσας, μέσον
κάρα διπλοῖς κέντροισί μου καθίκετο.
οὐ μὴν ἴσην γ' ἔτισεν· ἀλλὰ συντόμως
σκήπτρῳ τυπεὶς ἐκ τῆσδε χειρὸς, ὕπτιος
μέσης ἀπήνης εὐθὺς ἐκκυλίνδεται·
κτείνω δὲ τοὺς ξύμπαντας. εἰ δὲ τῷ ξένῳ
τούτῳ προσήκει Λαΐῳ τι συγγενὲς,
τίς τοῦδέ γ' ἀνδρός ἐστιν ἀθλιώτερος;
τίς ἐχθροδαίμων μᾶλλον ἂν γένοιτ' ἀνήρ;
ᾧ μὴ ξένων ἔξεστι μήτ' ἀστῶν τινὰ
δόμοις δέχεσθαι, μηδὲ προσφωνεῖν τινά.
ὠθεῖν δ' ἀπ' οἴκων. καὶ τάδ' οὔτις ἄλλος ἦν
ἢ 'γὼ 'π' ἐμαυτῷ τάσδ' ἀρὰς ὁ προστιθείς.
λέχη δὲ τοῦ θανόντος ἐν χεροῖν ἐμαῖν
χραίνω, δι' ὧνπερ ὤλετ'. ἆρ' ἔφυν κακός;
ἆρ' οὐχὶ πᾶς ἄναγνος; εἴ με χρὴ φυγεῖν,
καί μοι φυγόντι μὴ 'στι τοὺς ἐμοὺς ἰδεῖν,
μήτ' ἐμβατεύειν πατρίδος· ἢ γάμοις με δεῖ
μητρὸς ζυγῆναι, καὶ πατέρα κατακτανεῖν
Πόλυβον, ὃς ἐξέφυσε κἀξέθρεψέ με.
ἆρ' οὐκ ἀπ' ὠμοῦ ταῦτα δαίμονός τις ἂν
κρίνων ἐπ' ἀνδρὶ τῷδ' ἀνορθοίη λόγον;
μὴ δῆτα, μὴ δῆτ', ὦ θεῶν ἁγνὸν σέβας,
ἴδοιμι ταύτην ἡμέραν· ἀλλ' ἐκ βροτῶν
βαίην ἄφαντος πρόσθεν, ἢ τοιάνδ' ἰδεῖν
κηλῖδ' ἐμαυτῷ ξυμφορᾶς ἀφιγμένην.

ΧΟΡΟΣ.

ἡμῖν μὲν, ὦ 'ναξ, ταῦτ' ὀκνήρ'· ἕως δ' ἂν οὖν
πρὸς τοῦ παρόντος ἐκμάθῃς, ἔχ' ἐλπίδα.

ΟΙΔΙΠΟΥΣ.

καὶ μὴν τοσοῦτόν γ' ἐστί μοι τῆς ἐλπίδος,
τὸν ἄνδρα τὸν βοτῆρα προσμεῖναι μόνον.

ΙΟΚΑΣΤΗ.

πεφασμένου δὲ, τίς ποθ' ἡ προθυμία;

ΟΙΔΙΠΟΥΣ.

ἐγὼ διδάξω σ'. ἢν γὰρ εὑρεθῇ λέγων
σοὶ ταὔτ', ἔγωγ' ἂν ἐκπεφυγοίην πάθος.

ΙΟΚΑΣΤΗ.

ποῖον δ' ἐμοῦ περισσὸν ἤκουσας λόγον;

ΟΙΔΙΠΟΥΣ.

λῃστὰς ἔφασκες αὐτὸν ἄνδρας ἐννέπειν,
ὥς νιν κατακτείνειαν. εἰ μὲν οὖν ἔτι
λέξει τὸν αὐτὸν ἀριθμὸν, οὐκ ἐγὼ 'κτανον.
οὐ γὰρ γένοιτ' ἂν εἷς γε τοῖς πολλοῖς ἴσος.
εἰ δ' ἄνδρ' ἕν' οἰόζωνον αὐδήσει, σαφῶς
τοῦτ' ἐστὶν ἤδη τοὔργον εἰς ἐμὲ ῥέπον.

ΙΟΚΑΣΤΗ.

ἀλλ' ὡς φανέν γε τοὔπος ὧδ' ἐπίστασο,
κοὐκ ἔστιν αὐτῷ τοῦτό γ' ἐκβαλεῖν πάλιν.
πόλις γὰρ ἤκουσ', οὐκ ἐγὼ μόνη, τάδε.
εἰ δ' οὖν τι κἀκτρέποιτο τοῦ πρόσθεν λόγου,
οὔ τοι ποτ', ὦ 'ναξ, τόν γε Λαΐου φόνον
φανεῖ δικαίως ὀρθὸν, ὅν γε Λοξίας
διεῖπε χρῆναι παιδὸς ἐξ ἐμοῦ θανεῖν.

καίτοι νιν οὐ κεῖνός γ' ὁ δύστηνός ποτε
κατέκταν', ἀλλ' αὐτὸς πάροιθεν ὤλετο.
ὥστ' οὐχὶ μαντείας γ' ἂν οὔτε τῇδ' ἐγὼ
βλέψαιμ' ἂν οὕνεκ', οὔτε τῇδ' ἂν ὕστερον.

ΟΙΔΙΠΟΥΣ.

καλῶς νομίζεις. ἀλλ' ὅμως τὸν ἐργάτην
πέμψον τινὰ στελοῦντα, μηδὲ τοῦτ' ἀφῇς.

ΙΟΚΑΣΤΗ.

πέμψω ταχύνασ'· ἀλλ' ἴωμεν ἐς δόμους.
οὐδὲν γὰρ ἂν πράξαιμ' ἄν, ὧν οὐ σοὶ φίλον.

ΧΟΡΟΣ.

Εἴ μοι ξυνείη φέροντι στροφὴ α'.
μοῖρα τὰν εὔσεπτον ἁγνείαν λόγων·
ἔργων τε πάντων, ὧν νόμοι πρόκεινται
ὑψίποδες, οὐρανίαν δι' αἰθέρα
τεκνωθέντες, ἂν Ὄλυμπος
πατὴρ μόνος, οὐδέ νιν θνατὰ
φύσις ἀνέρων ἔτικτεν, οὐδὲ
μήν ποτε λάθα κατακοιμάσει·
μέγας ἐν τούτοις θεός,
οὐδὲ γηράσκει.
Ὕβρις φυτεύει τύραννον· ἀντιστ. α'.
ὕβρις, ἣν πολλῶν ὑπερπλησθῇ μάταν,
ἃ μὴ 'πίκαιρα μηδὲ συμφέροντα,
ἀκρόταταν εἰσαναβᾶσ' ἀπότομον
ὤρουσεν εἰς ἀνάγκαν,
ἔνθ' οὐ ποδὶ χρησίμῳ χρῆται.
τὸ καλῶς δ' ἔχον πόλει πάλαισμα

μή ποτε λῦσαι θεὸν αἰτοῦμαι.
θεὸν οὐ λήξω ποτὲ
προστάταν ἴσχων.
εἰ δέ τις ὑπέροπτα χερσὶν στροφὴ β'.
ἢ λόγῳ πορεύεται,
Δίκας ἀφόβητος, οὐδὲ
δαιμόνων ἕδη σέβων,
κακά νιν ἕλοιτο μοῖρα,
δυσπότμου χάριν χλιδᾶς,
εἰ μὴ τὸ κέρδος κερδανεῖ δικαίως,
καὶ τῶν ἀσέπτων ἕρξεται,
ἢ τῶν ἀθίκτων ἕξεται ματάζων.
τίς ἔτι ποτ' ἐν τοῖσδ' ἀνὴρ
θυμῷ βέλη ἔρξει
ψυχᾶς ἀμύνειν; εἰ γὰρ αἱ
τοιαίδε πράξεις τίμιαι,
τί δεῖ με χορεύειν;
οὐκ ἔτι τὸν ἄθικτον εἶμι ἀντιστρ. β'.
γᾶς ἐπ' ὀμφαλὸν σέβων,
οὐδ' ἐς τὸν Ἀβαῖσι ναὸν,
οὐδὲ τὰν Ὀλυμπίαν,
εἰ μὴ τάδε χειρόδεικτα
πᾶσιν ἁρμόσει βροτοῖς.
ἀλλ' ὦ κρατύνων, εἴπερ ὄρθ' ἀκούεις,
Ζεῦ, πάντ' ἀνάσσων, μὴ λάθῃ
σὲ, τάν τε σὰν ἀθάνατον αἰὲν ἀρχάν.
φθίνοντα γὰρ Λαΐου
παλαιὰ θέσφατ' ἐξ-

αἴρουσιν ἤδη, κοὐδαμοῦ
τιμαῖς Ἀπόλλων ἐμφανής·
ἔῤῥει δὲ τὰ θεῖα.

ΙΟΚΑΣΤΗ.

Χώρας ἄνακτες, δόξα μοι παρεστάθη
ναοὺς ἱκέσθαι δαιμόνων, τάδ' ἐν χεροῖν
στέφη λαβούσῃ κἀπιθυμιάματα.
ὑψοῦ γὰρ αἴρει θυμὸν Οἰδίπους ἄγαν
λύπαισι παντοίαισιν· οὐδ', ὅποι' ἀνὴρ
ἔννους, τὰ καινὰ τοῖς πάλαι τεκμαίρεται.
ἀλλ' ἔστι τοῦ λέγοντος, ἢν φόβους λέγῃ.
ὅτ' οὖν παραινοῦσ' οὐδὲν ἐς πλέον ποιῶ,
πρὸς σ', ὦ Λύκει' Ἄπολλον, ἄγχιστος γὰρ εἶ,
ἱκέτις ἀφῖγμαι τοῖσδε σὺν κατεύγμασιν,
ὅπως λύσιν τιν' ἡμὶν εὐαγῆ πόρῃς·
ὡς νῦν ὀκνοῦμεν πάντες, ἐκπεπληγμένον
κεῖνον βλέποντες ὡς κυβερνήτην νεώς.

ΑΓΓΕΛΟΣ.

ἆρ' ἂν παρ' ὑμῶν, ὦ ξένοι, μάθοιμ' ὅπου
τὰ τοῦ τυράννου δώματ' ἐστὶν Οἰδίπου;
μάλιστα δ' αὐτὸν εἴπατ', εἰ κάτισθ' ὅπου.

ΧΟΡΟΣ.

στέγαι μὲν αἵδε· καὐτὸς ἔνδον, ὦ ξένε·
γυνὴ δὲ μήτηρ ἥδε τῶν κείνου τέκνων.

ΑΓΓΕΛΟΣ.

ἀλλ' ὀλβία τε, καὶ ξὺν ὀλβίοις ἀεὶ
γένοιτ', ἐκείνου γ' οὖσα παντελὴς δάμαρ.

ΙΟΚΑΣΤΗ.

ΙΟΚΑΣΤΗ.

αὔτως δὲ καὶ σύ γ', ὦ ξεῖν'· ἄξιος γὰρ εἶ
τῆς εὐεπείας οὕνεκ'. ἀλλὰ φράζ' ὅτου
χρήζων ἀφῖξαι, χὤ τι σημῆναι θέλων.

ΑΓΓΕΛΟΣ.

ἀγαθὰ δόμοις τε καὶ πόσει τῷ σῷ, γύναι.

ΙΟΚΑΣΤΗ.

τὰ ποῖα ταῦτα; παρὰ τίνος δ' ἀφιγμένος;

ΑΓΓΕΛΟΣ.

ἐκ τῆς Κορίνθου. τὸ δ' ἔπος οὑξερῶ τάχ' ἂν
ἥδοιο μέν· πῶς δ' οὐκ ἄν; ἀσχάλλοις δ' ἴσως.

ΙΟΚΑΣΤΗ.

τί δ' ἔστι; ποίαν δύναμιν ὧδ' ἔχει διπλῆν;

ΑΓΓΕΛΟΣ.

τύραννον αὐτὸν οἱ 'πιχώριοι χθονὸς
τῆς Ἰσθμίας στήσουσιν, ὡς ηὐδᾶτ' ἐκεῖ.

ΙΟΚΑΣΤΗ.

τί δ'; οὐχ ὁ πρέσβυς Πόλυβος ἐγκρατὴς ἔτι;

ΑΓΓΕΛΟΣ.

οὐ δῆτ', ἐπεί νιν θάνατος ἐν τάφοις ἔχει.

ΙΟΚΑΣΤΗ.

πῶς εἶπας; ἦ τέθνηκε Πόλυβος;

ΑΓΓΕΛΟΣ.

εἰ δὲ μὴ
λέγω γ' ἐγὼ τἀληθές, ἀξιῶ θανεῖν.

ΙΟΚΑΣΤΗ.

ὦ πρόσπολ', οὐχὶ δεσπότῃ τάδ' ὡς τάχος
μολοῦσα λέξεις; ὦ θεῶν μαντεύματα,

ἵν' ἐστί; τοῦτον Οἰδίπους πάλαι τρέμων
τὸν ἄνδρ' ἔφευγε μὴ κτάνοι· καὶ νῦν ὅδε
πρὸς τῆς τύχης ὄλωλεν, οὐδὲ τοῦδ' ὕπο.

ΟΙΔΙΠΟΥΣ.

ὦ φίλτατον γυναικὸς Ἰοκάστης κάρα,
τί μ' ἐξεπέμψω δεῦρο τῶνδε δωμάτων;

ΙΟΚΑΣΤΗ.

ἄκουε τἀνδρὸς τοῦδε, καὶ σκόπει κλύων,
τὰ σέμν' ἵν' ἥκει τοῦ θεοῦ μαντεύματα.

ΟΙΔΙΠΟΥΣ.

οὗτος δὲ τίς ποτ' ἐστὶ, καὶ τί μοι λέγει;

ΙΟΚΑΣΤΗ.

ἐκ τῆς Κορίνθου, πατέρα τὸν σὸν ἀγγελῶν
ὡς οὐκ ἔτ' ὄντα Πόλυβον, ἀλλ' ὀλωλότα.

ΟΙΔΙΠΟΥΣ.

τί φής, ξέν'; αὐτός μοι σὺ σημάντωρ γενοῦ.

ΑΓΓΕΛΟΣ.

εἰ τοῦτο πρῶτον δεῖ μ' ἀπαγγεῖλαι σαφῶς,
εὖ ἴσθ' ἐκεῖνον θανάσιμον βεβηκότα.

ΟΙΔΙΠΟΥΣ.

πότερα δόλοισιν, ἢ νόσου ξυναλλαγῇ;

ΑΓΓΕΛΟΣ.

σμικρὰ παλαιὰ σώματ' εὐνάζει ῥοπή.

ΟΙΔΙΠΟΥΣ.

νόσοις ὁ τλήμων, ὡς ἔοικεν, ἔφθιτο.

ΑΓΓΕΛΟΣ.

καὶ τῷ μακρῷ γε συμμετρούμενος χρόνῳ.

ΟΙΔΙΠΟΥΣ.

φεῦ, φεῦ· τί δῆτ' ἄν, ὦ γύναι, σκοποῖτό τις

τὴν Πυθόμαντιν ἑστίαν, ἢ τοὺς ἄνω
κλάζοντας ὄρνις, ὧν ὑφηγητῶν, ἐγὼ
κτανεῖν ἔμελλον πατέρα τὸν ἐμόν; ὁ δὲ θανὼν
κεύθει κάτω δὴ γῆς· ἐγὼ δ' ὅδ' ἐνθάδε
ἄψαυστος ἔγχους, εἴ τι μὴ τῷ 'μῷ πόθῳ
κατέφθιθ'· οὕτω δ' ἂν θανὼν εἴη 'ξ ἐμοῦ.
τὰ δ' οὖν παρόντα ξυλλαβὼν θεσπίσματα,
κεῖται παρ' Ἅδῃ Πόλυβος, ἄξι' οὐδενός.

ΙΟΚΑΣΤΗ.

οὔκουν ἐγώ σοι ταῦτα προὔλεγον πάλαι;

ΟΙΔΙΠΟΥΣ.

ηὔδας· ἐγὼ δὲ τῷ φόβῳ παρηγόμην.

ΙΟΚΑΣΤΗ.

μὴ νῦν ἔτ' αὐτῶν μηδὲν ἐς θυμὸν βάλῃς.

ΟΙΔΙΠΟΥΣ.

καὶ πῶς τὸ μητρὸς λέκτρον οὐκ ὀκνεῖν με δεῖ;

ΙΟΚΑΣΤΗ.

τί δ' ἂν φοβοῖτ' ἄνθρωπος, ᾧ τὰ τῆς τύχης
κρατεῖ, πρόνοια δ' ἐστὶν οὐδενὸς σαφής;
εἰκῆ κράτιστον ζῆν, ὅπως δύναιτό τις.
σὺ δ' ἐς τὰ μητρὸς μὴ φοβοῦ νυμφεύματα.
πολλοὶ γὰρ ἤδη κἀν ὀνείρασι βροτῶν
μητρὶ ξυνευνάσθησαν. ἀλλὰ ταῦθ' ὅτῳ
παρ' οὐδέν ἐστι, ῥᾷστα τὸν βίον φέρει.

ΟΙΔΙΠΟΥΣ.

καλῶς ἅπαντα ταῦτ' ἂν ἐξείρητό σοι,
εἰ μὴ 'κύρει ζῶσ' ἡ τεκοῦσα· νῦν δ', ἐπεὶ
ζῇ, πᾶσ' ἀνάγκη, κεἰ καλῶς λέγεις, ὀκνεῖν.

ΙΟΚΑΣΤΗ.

καὶ μὴν μέγας ὀφθαλμὸς οἱ πατρὸς τάφοι.

ΟΙΔΙΠΟΥΣ.

μέγας, ξυνίημ'· ἀλλὰ τῆς ζώσης φόβος.

ΑΓΓΕΛΟΣ.

ποίας δὲ καὶ γυναικὸς ἐκφοβεῖσθ' ὕπερ;

ΟΙΔΙΠΟΥΣ.

Μερόπης, γεραιὲ, Πόλυβος ἧς ᾤκει μέτα.

ΑΓΓΕΛΟΣ.

τί δ' ἔστ' ἐκείνης ὑμὶν ἐς φόβον φέρον;

ΟΙΔΙΠΟΥΣ.

θεήλατον μάντευμα δεινὸν, ὦ ξένε.

ΑΓΓΕΛΟΣ.

ἦ ῥητόν; ἢ οὐχὶ θεμιτὸν ἄλλον εἰδέναι;

ΟΙΔΙΠΟΥΣ.

μάλιστά γ'· εἶπε γάρ με Λοξίας ποτὲ
χρῆναι μιγῆναι μητρὶ τῇ 'μαυτοῦ, τό τε
πατρῷον αἷμα χερσὶ ταῖς ἐμαῖς ἑλεῖν.
ὧν οὕνεχ' ἡ Κόρινθος ἐξ ἐμοῦ πάλαι
μακρὰν ἀπῳκεῖτ'· εὐτυχῶς μὲν, ἀλλ' ὅμως
τὰ τῶν τεκόντων ὄμμαθ' ἥδιστον βλέπειν.

ΑΓΓΕΛΟΣ.

ἦ γὰρ τάδ' ὀκνῶν, κεῖθεν ἦσθ' ἀπόπτολις;

ΟΙΔΙΠΟΥΣ.

πατρός τε χρῄζων μὴ φονεὺς εἶναι, γέρον.

ΑΓΓΕΛΟΣ.

τί δῆτ' ἔγωγ' οὐ τοῦδε τοῦ φόβου σ', ἄναξ,
ἐπείπερ εὔνους ἦλθον, ἐξελυσάμην;

ΟΙΔΙΠΟΥΣ.

καὶ μὴν χάριν γ' ἂν ἀξίαν λάβοις ἐμοῦ.

ΑΓΓΕΛΟΣ.

καὶ μὴν μάλιστα τοῦτ' ἀφικόμην, ὅπως,
σοῦ πρὸς δόμους ἐλθόντος, εὖ πράξαιμί τι.

ΟΙΔΙΠΟΥΣ.

ἀλλ' οὔποτ' εἶμι τοῖς φυτεύσασίν γ' ὁμοῦ.

ΑΓΓΕΛΟΣ.

ὦ παῖ, καλῶς εἶ δῆλος οὐκ εἰδὼς τί δρᾷς.

ΟΙΔΙΠΟΥΣ.

πῶς, ὦ γεραιέ; πρὸς θεῶν, δίδασκ' ἐμέ.

ΑΓΓΕΛΟΣ.

εἰ τῶνδε φεύγεις οὕνεκ' εἰς οἴκους μολεῖν.

ΟΙΔΙΠΟΥΣ.

ταρβῶ γε μή μοι Φοῖβος ἐξέλθῃ σαφής.

ΑΓΓΕΛΟΣ.

ἦ μὴ μίασμα τῶν φυτευσάντων λάβῃς;

ΟΙΔΙΠΟΥΣ.

τοῦτ' αὐτό, πρέσβυ, τοῦτό μ' εἰσαεὶ φοβεῖ.

ΑΓΓΕΛΟΣ.

ἆρ' οἶσθα δῆτα πρὸς δίκης οὐδὲν τρέμων;

ΟΙΔΙΠΟΥΣ.

πῶς δ' οὐχί, παῖς γ' εἰ τῶνδε γεννητῶν ἔφυν;

ΑΓΓΕΛΟΣ.

ὅθ' οὕνεκ' ἦν σοι Πόλυβος οὐδὲν ἐν γένει.

ΟΙΔΙΠΟΥΣ.

πῶς εἶπας; οὐ γὰρ Πόλυβος ἐξέφυσέ με;

ΑΓΓΕΛΟΣ.

οὐ μᾶλλον οὐδὲν τοῦδε τἀνδρός, ἀλλ' ἴσον.

ΟΙΔΙΠΟΥΣ.

καὶ πῶς ὁ φύσας ἐξ ἴσου τῷ μηδενί;

ΑΓΓΕΛΟΣ.

ἀλλ' οὔ σ' ἐγείνατ' οὔτ' ἐκεῖνος, οὔτ' ἐγώ.

ΟΙΔΙΠΟΥΣ.

ἀλλ' ἀντὶ τοῦ δὴ παῖδά μ' ὠνομάζετο;

ΑΓΓΕΛΟΣ.

δῶρόν ποτ', ἴσθι, τῶν ἐμῶν χειρῶν λαβών.

ΟΙΔΙΠΟΥΣ.

κᾆθ' ὧδ' ἀπ' ἄλλης χειρὸς ἔστερξε μέγα;

ΑΓΓΕΛΟΣ.

ἡ γὰρ πρὶν αὐτὸν ἐξέπεισ' ἀπαιδία.

ΟΙΔΙΠΟΥΣ.

σὺ δ' ἐμπολήσας, ἢ τεκών μ' αὐτῷ δίδως;

ΑΓΓΕΛΟΣ.

εὑρὼν ναπαίαις ἐν Κιθαιρῶνος πτυχαῖς.

ΟΙΔΙΠΟΥΣ.

ὡδοιπόρεις δὲ πρὸς τί τούσδε τοὺς τόπους;

ΑΓΓΕΛΟΣ.

ἐνταῦθ' ὀρείοις ποιμνίοις ἐπεστάτουν.

ΟΙΔΙΠΟΥΣ.

ποιμὴν γὰρ ἦσθα, κἀπὶ θητείᾳ πλάνης;

ΑΓΓΕΛΟΣ.

σοῦ γ', ὦ τέκνον, σωτήρ γε τῷ τότ' ἐν χρόνῳ.

ΟΙΔΙΠΟΥΣ.

τί δ' ἄλγος ἴσχοντ' ἐν κακοῖς με λαμβάνεις;

ΑΓΓΕΛΟΣ.

ποδῶν ἂν ἄρθρα μαρτυρήσειεν τὰ σά.

ΟΙΔΙΠΟΥΣ.

οἴμοι· τί τοῦτ' ἀρχαῖον ἐννέπεις κακόν;

ΑΓΓΕΛΟΣ.

λύω σ' ἔχοντα διατόρους ποδοῖν ἀκμάς.

ΟΙΔΙΠΟΥΣ.

δεινόν γ' ὄνειδος σπαργάνων ἀνειλόμην.

ΑΓΓΕΛΟΣ.

ὥστ' ὠνομάσθης ἐκ τύχης ταύτης, ὃς εἶ.

ΟΙΔΙΠΟΥΣ.

ὦ πρὸς θεῶν, πρὸς μητρὸς, ἢ πατρός; φράσον.

ΑΓΓΕΛΟΣ.

οὐκ οἶδ'· ὁ δοὺς δὲ ταῦτ' ἐμοῦ λῷον φρονεῖ.

ΟΙΔΙΠΟΥΣ.

ἦ γὰρ παρ' ἄλλου μ' ἔλαβες, οὐδ' αὐτὸς τυχών;

ΑΓΓΕΛΟΣ.

οὔκ· ἀλλὰ ποιμὴν ἄλλος ἐκδίδωσί μοι.

ΟΙΔΙΠΟΥΣ.

τίς οὗτος; ἦ κάτοισθα δηλῶσαι λόγῳ;

ΑΓΓΕΛΟΣ.

τῶν Λαΐου δήπου τις ὠνομάζετο.

ΟΙΔΙΠΟΥΣ.

ἦ τοῦ τυράννου τῆσδε γῆς πάλαι ποτέ;

ΑΓΓΕΛΟΣ.

μάλιστα. τούτου τἀνδρὸς οὗτος ἦν βοτήρ.

ΟΙΔΙΠΟΥΣ.

ἦ κἄστ' ἔτι ζῶν οὗτος, ὥστ' ἰδεῖν ἐμέ;

ΑΓΓΕΛΟΣ.

ὑμεῖς γ' ἄριστ' εἰδεῖτ' ἂν οἱ 'πιχώριοι.

ΟΙΔΙΠΟΥΣ.

ἔστιν τίς ὑμῶν, τῶν παρεστώτων πέλας,
ὅστις κάτοιδε τὸν βοτῆρ᾽, ὃν ἐννέπει,
εἴτ᾽ οὖν ἐπ᾽ ἀγρῶν, εἴτε κἀνθάδ᾽ εἰσιδών;
σημήναθ᾽, ὡς ὁ καιρὸς εὑρῆσθαι τάδε.

ΧΟΡΟΣ.

οἶμαι μὲν οὐδέν᾽ ἄλλον, ἢ τὸν ἐξ ἀγρῶν,
ὃν κἀμάτευες πρόσθεν εἰσιδεῖν· ἀτὰρ
ἥδ᾽ ἂν τάδ᾽ οὐχ ἥκιστ᾽ ἂν Ἰοκάστη λέγοι.

ΟΙΔΙΠΟΥΣ.

γύναι, νοεῖς ἐκεῖνον, ὅντιν᾽ ἀρτίως
μολεῖν ἐφιέμεσθα, τόν θ᾽ οὗτος λέγει;

ΙΟΚΑΣΤΗ.

τίς δ᾽, ὅντιν᾽ εἶπε; μηδὲν ἐντραπῇς. τὰ δὲ
ῥηθέντα βούλου μηδὲ μεμνῆσθαι μάτην.

ΟΙΔΙΠΟΥΣ.

οὐκ ἂν γένοιτο τοῦθ᾽, ὅπως ἐγὼ λαβὼν
σημεῖα τοιαῦτ᾽, οὐ φανῶ τοὐμὸν γένος.

ΙΟΚΑΣΤΗ.

μή, πρὸς θεῶν, εἴπερ τι τοῦ σαυτοῦ βίου
κήδῃ, ματεύσῃς τοῦθ᾽· ἅλις νοσοῦσ᾽ ἐγώ.

ΟΙΔΙΠΟΥΣ.

θάρσει. σὺ μὲν γάρ, οὐδ᾽ ἂν ἐκ τρίτης ἐγὼ
μητρὸς φανῶ τρίδουλος, ἐκφανεῖ κακή.

ΙΟΚΑΣΤΗ.

ὅμως πιθοῦ μοι, λίσσομαι· μὴ δρᾶ τάδε.

ΟΙΔΙΠΟΥΣ.

οὐκ ἂν πιθοίμην μὴ οὐ τάδ᾽ ἐκμαθεῖν σαφῶς.

ΙΟΚΑΣΤΗ.

καὶ μὴν φρονοῦσά γ' εὖ, τὰ λῷστά σοι λέγω.

ΟΙΔΙΠΟΥΣ.

τὰ λῷστα τοίνυν ταῦτά μ' ἀλγύνει πάλαι.

ΙΟΚΑΣΤΗ.

ὦ δύσποτμ', εἴθε μήποτε γνοίης ὃς εἶ.

ΟΙΔΙΠΟΥΣ.

ἄξει τις ἐλθὼν δεῦρο τὸν βοτῆρά μοι;
ταύτην δ' ἐᾶτε πλουσίῳ χαίρειν γένει.

ΙΟΚΑΣΤΗ.

ἰοὺ, ἰοὺ, δύστηνε· τοῦτο γάρ σ' ἔχω
μόνον προσειπεῖν, ἄλλο δ' οὔποθ' ὕστερον.

ΧΟΡΟΣ.

τί ποτε βέβηκεν, Οἰδίπους, ὑπ' ἀγρίας
ἄξασα λύπης ἡ γυνή; δέδοιχ' ὅπως
μὴ 'κ τῆς σιωπῆς τῆσδ' ἀναρρήξει κακά.

ΟΙΔΙΠΟΥΣ.

ὁποῖα χρήζει ῥηγνύτω· τοὐμὸν δ' ἐγὼ,
καὶ σμικρόν ἐστι, σπέρμ' ἰδεῖν βουλήσομαι.
αὐτὴ δ' ἴσως, φρονεῖ γὰρ ὡς γυνὴ μέγα,
τὴν δυσγένειαν τὴν ἐμὴν αἰσχύνεται.
ἐγὼ δ' ἐμαυτὸν παῖδα τῆς Τύχης νέμων
τῆς εὖ διδούσης, οὐκ ἀτιμασθήσομαι.
τῆς γὰρ πέφυκα μητρός· οἱ δὲ συγγενεῖς
μῆνές με μικρὸν καὶ μέγαν διώρισαν.
τοιόσδε δ' ἐκφὺς, οὐκ ἂν ἐξέλθοιμ' ἔτι
ποτ' ἄλλος, ὥστε μὴ 'κμαθεῖν τοὐμὸν γένος.

ΧΟΡΟΣ.

Εἴπερ ἐγὼ μάντις εἰμὶ στροφή.

καὶ κατὰ γνώμην ἴδρις,
οὐ τὸν Ὄλυμπον, ἀπείρων,
ὦ Κιθαιρὼν, οὐκ ἔσει
ταν αὔριον πανσέληνον,
μὴ οὐ σέ γε καὶ πατριώταν Οἰδίπου
καὶ τροφὸν καὶ μητέρ' αὔξειν,
καὶ χορεύεσθαι πρὸς ἡμῶν,
ὡς ἐπίηρα φέρον-
τα τοῖς ἐμοῖς τυράννοισιν.
ἰήιε σοὶ Φοῖβε,
σοὶ δὲ ταῦτ' ἀρέστ' εἴη.
τίς σε, τέκνον, τίς σ' ἔτικτε ἀντιστρ.
τῶν μακραιώνων; ἆρα
Πανὸς ὀρεσσιβάτα που
προσπελασθεῖσ', ἢ σέ γε
τις θυγάτηρ, Λοξίου; τῷ
γὰρ πλάκες ἀγρονόμοι πᾶσαι φίλαι·
εἴθ' ὁ Κυλλάνας ἀνάσσων,
εἴθ' ὁ Βακχεῖος θεὸς ναί-
ων ἐπ' ἄκρων ὀρέων,
εὕρημα δέξατ' ἔκ του Νυμ-
φᾶν Ἑλικωνιάδων,
αἷσι πλεῖστα συμπαίζει.

ΟΙΔΙΠΟΥΣ.

Εἰ χρή τι κἀμὲ, μὴ ξυναλλάξαντά πω,
πρέσβυ, σταθμᾶσθαι, τὸν βοτῆρ' ὁρᾶν δοκῶ,
ὅνπερ πάλαι ζητοῦμεν. ἔν τε γὰρ μακρῷ
γήρᾳ ξυνᾴδει, τῷδέ τ' ἀνδρὶ ξύμμετρος·

ἄλλως τε τοὺς ἄγοντας, ὥσπερ οἰκέτας
ἔγνωκ' ἐμαυτοῦ· τῇ δ' ἐπιστήμῃ σύ μου
προὔχοις, τάχ' ἄν που τὸν βοτῆρ' ἰδὼν πάρος.

ΧΟΡΟΣ.

ἔγνωκα γάρ, σάφ' ἴσθι. Λαΐου γὰρ ἦν,
εἴπερ τις ἄλλος, πιστός, ὡς νομεὺς ἀνήρ.

ΟΙΔΙΠΟΥΣ.

σὲ πρῶτ' ἐρωτῶ, τὸν Κορίνθιον ξένον,
ἦ τόνδε φράζεις;

ΑΓΓΕΛΟΣ.

τοῦτον, ὅνπερ εἰσορᾷς.

ΟΙΔΙΠΟΥΣ.

οὗτος σὺ πρέσβυ, δεῦρό μοι φώνει βλέπων
ὅσ' ἄν σ' ἐρωτῶ. Λαΐου ποτ' ἦσθα σύ;

ΘΕΡΑΠΩΝ.

ἦν δοῦλος, οὐκ ὠνητός, ἀλλ' οἴκοι τραφείς.

ΟΙΔΙΠΟΥΣ.

ἔργον μεριμνῶν ποῖον, ἢ βίον τίνα;

ΘΕΡΑΠΩΝ.

ποίμναις τὰ πλεῖστα τοῦ βίου ξυνειπόμην.

ΟΙΔΙΠΟΥΣ.

χώροις μάλιστα πρὸς τίσι ξύναυλος ὤν;

ΘΕΡΑΠΩΝ.

ἦν μὲν Κιθαιρών, ἦν δὲ πρόσχωρος τόπος.

ΟΙΔΙΠΟΥΣ.

τὸν ἄνδρα τόνδ' οὖν οἶσθα τῇδέ που μαθών;

ΘΕΡΑΠΩΝ.

τί χρῆμα δρῶντα; ποῖον ἄνδρα καὶ λέγεις;

ΟΙΔΙΠΟΥΣ.

τόνδ᾽, ὃς πάρεστιν. ἢ ξυναλλάξας τί πω;

ΘΕΡΑΠΩΝ.

οὐχ ὥστε γ᾽ εἰπεῖν ἐν τάχει μνήμης ὕπο.

ΑΓΓΕΛΟΣ.

κοὐδέν γε θαῦμα, δέσποτ᾽. ἀλλ᾽ ἐγὼ σαφῶς
ἀγνῶτ᾽ ἀναμνήσω νιν. εὖ γὰρ οἶδ᾽ ὅτι
κάτοιδεν, ἦμος τὸν Κιθαιρῶνος τόπον,
ὁ μὲν διπλοῖσι ποιμνίοις, ἐγὼ δ᾽ ἑνὶ,
ἐπλησίαζον τῷδε τἀνδρὶ τρεῖς ὅλους
ἐξ ἦρος εἰς ἀρκτοῦρον ἑμμήνους χρόνους·
χειμῶνι δ᾽ ἤδη τἀμά τ᾽ εἰς ἔπαυλ᾽ ἐγὼ
ἤλαυνον, οὗτός τ᾽ ἐς τὰ Λαΐου σταθμά.
λέγω τι τούτων, ἢ οὐ λέγω πεπραγμένον;

ΘΕΡΑΠΩΝ.

λέγεις ἀληθῆ, καίπερ ἐκ μακροῦ χρόνου.

ΑΓΓΕΛΟΣ.

φέρ᾽ εἰπὲ νῦν, τότ᾽ οἶσθα παῖδά μοί τινα
δούς, ὡς ἐμαυτῷ θρέμμα θρεψαίμην ἐγώ;

ΘΕΡΑΠΩΝ.

τί δ᾽ ἔστι; πρὸς τί τοῦτο τοὔπος ἱστορεῖς;

ΑΓΓΕΛΟΣ.

ὅδ᾽ ἐστὶν, ὦ ᾽τᾶν, κεῖνος, ὃς τότ᾽ ἦν νέος.

ΘΕΡΑΠΩΝ.

οὐκ εἰς ὄλεθρον; οὐ σιωπήσας ἔσει;

ΟΙΔΙΠΟΥΣ.

ἆ, μὴ κόλαζε, πρέσβυ, τόνδ᾽, ἐπεὶ τὰ σὰ
δεῖται κολαστοῦ μᾶλλον, ἢ τὰ τοῦδ᾽ ἔπη.

ΘΕΡΑΠΩΝ.

τί δ', ὦ φέριστε δεσποτῶν, ἁμαρτάνω;

ΟΙΔΙΠΟΥΣ.

οὐκ ἐννέπων τὸν παῖδ', ὃν οὗτος ἱστορεῖ.

ΘΕΡΑΠΩΝ.

λέγει γὰρ εἰδὼς οὐδὲν, ἀλλ' ἄλλως πονεῖ.

ΟΙΔΙΠΟΥΣ.

σὺ πρὸς χάριν μὲν οὐκ ἐρεῖς, κλαίων δ' ἐρεῖς.

ΘΕΡΑΠΩΝ.

μὴ δῆτα, πρὸς θεῶν, τὸν γέροντά μ' αἰκίσῃ.

ΟΙΔΙΠΟΥΣ.

οὐχ ὡς τάχος τις τοῦδ' ἀποστρέψει χέρας;

ΘΕΡΑΠΩΝ.

δύστηνος, ἀντὶ τοῦ; τί προσχρῄζων μαθεῖν;

ΟΙΔΙΠΟΥΣ.

τὸν παῖδ' ἔδωκας τῷδ' ὃν οὗτος ἱστορεῖ;

ΘΕΡΑΠΩΝ.

ἔδωκ'· ὀλέσθαι δ' ὤφελον τῇδ' ἡμέρᾳ.

ΟΙΔΙΠΟΥΣ.

ἀλλ' εἰς τόδ' ἥξεις, μὴ λέγων γε τοὔνδικον.

ΘΕΡΑΠΩΝ.

πολλῷ γε μᾶλλον, ἢν φράσω, διόλλυμαι.

ΟΙΔΙΠΟΥΣ.

ἀνὴρ ὅδ', ὡς ἔοικεν, ἐς τριβὰς ἐλᾷ.

ΘΕΡΑΠΩΝ.

οὐ δῆτ' ἔγωγ'· ἀλλ' εἶπον, ὡς δοίην, πάλαι.

ΟΙΔΙΠΟΥΣ.

πόθεν λαβών; οἰκεῖον, ἢ 'ξ ἄλλου τινός;

ΘΕΡΑΠΩΝ.

ἐμὸν μὲν οὐκ ἔγωγ᾽· ἐδεξάμην δέ του.

ΟΙΔΙΠΟΥΣ.

τίνος πολιτῶν τῶνδε, κἀκ ποίας στέγης;

ΘΕΡΑΠΩΝ.

μὴ, πρὸς θεῶν, μὴ, δέσποθ᾽, ἱστόρει πλέον.

ΟΙΔΙΠΟΥΣ.

ὄλωλας, εἴ σε ταῦτ᾽ ἐρήσομαι πάλιν.

ΘΕΡΑΠΩΝ.

τῶν Λαΐου τοίνυν τις ἦν γεννημάτων.

ΟΙΔΙΠΟΥΣ.

ἦ δοῦλος, ἢ 'κείνου τις ἐγγενὴς γεγώς;

ΘΕΡΑΠΩΝ.

οἴμοι· πρὸς αὐτῷ γ᾽ εἰμὶ τῷ δεινῷ λέγειν.

ΟΙΔΙΠΟΥΣ.

κἄγωγ᾽ ἀκούειν. ἀλλ᾽ ὅμως ἀκουστέον.

ΘΕΡΑΠΩΝ.

κείνου γέ τοι δὴ παῖς ἐκλήζεθ᾽· ἡ δ᾽ ἔσω
κάλλιστ᾽ ἂν εἴποι σὴ γυνὴ τάδ᾽ ὡς ἔχει.

ΟΙΔΙΠΟΥΣ.

ἦ γὰρ δίδωσιν ἥδε σοι;

ΘΕΡΑΠΩΝ.

μάλιστ᾽, ἄναξ.

ΟΙΔΙΠΟΥΣ.

ὡς πρὸς τί χρείας;

ΘΕΡΑΠΩΝ.

ὡς ἀναλώσαιμί νιν.

ΟΙΔΙΠΟΥΣ.

τεκοῦσα τλήμων;

ΘΕΡΑΠΩΝ.

Θεσφάτων κακῶν ὄκνῳ.

ΟΙΔΙΠΟΥΣ.

ποίων;

ΘΕΡΑΠΩΝ.

κτενεῖν νιν τοὺς τεκόντας ἦν λόγος.

ΟΙΔΙΠΟΥΣ.

πῶς δῆτ' ἀφῆκας τῷ γέροντι τῷδε σύ;

ΘΕΡΑΠΩΝ.

κατοικτίσας, ὦ δέσποθ', ὡς ἄλλην χθόνα
δοκῶν ἀποίσειν, αὐτὸς ἔνθεν ἦν· ὁ δὲ
κάκ' εἰς μέγιστ' ἔσωσεν. εἰ γὰρ οὗτος εἶ,
ὅν φησιν οὗτος, ἴσθι δύσποτμος γεγώς.

ΟΙΔΙΠΟΥΣ.

ἰοὺ, ἰού· τὰ πάντ' ἂν ἐξήκοι σαφῆ.
ὦ φῶς, τελευταῖόν σε προσβλέψαιμι νῦν,
ὅστις πέφασμαι φύς τ' ἀφ' ὧν οὐ χρῆν, ξὺν οἷς τ'
οὐ χρῆν μ' ὁμιλῶν, οὕς τ' ἐμ' οὐκ ἔδει κτανών.

ΧΟΡΟΣ.

Ἰὼ γενεαὶ βροτῶν,
ὡς ὑμᾶς ἴσα καὶ τὸ μηδὲν
ζώσας ἐναριθμῶ.
τίς γὰρ, τίς ἀνὴρ πλέον
τᾶς εὐδαιμονίας φέρει,
ἢ τοσοῦτον ὅσον δοκεῖν,
καὶ δόξαντ' ἀποκλῖναι;
τὸ σόν τοι παράδειγμ' ἔχων,
τὸν σὸν δαίμονα, τὸν σὸν, ὦ τλᾶμον

Οἰδιπόδα, βροτῶν οὐδένα μακαρίζω·
ὅστις καθ' ὑπερβολὰν τοξεύσας,
ἐκράτησας τοῦ πάντ' εὐδαίμονος ὄλβου·
ὦ Ζεῦ, κατὰ μὲν φθίσας τὰν γαμψώνυχα
    παρθένον χρησμῳδόν·
θανάτων δ' ἐμᾷ χώρᾳ πύργος ἀνέστας·
ἐξ οὗ καὶ βασιλεὺς καλῇ ἐμός,
    καὶ τὰ μέγιστ' ἐτιμάθης,
ταῖς μεγάλαισιν ἐν Θήβαις ἀνάσσων.
τανῦν δ' ἀκούειν, τίς ἀθλιώτερος;
τίς ἐν πόνοις, τίς ἄταις ἀγρίαις
    ξύνοικος ἀλλαγᾷ βίου;
    ἰὼ κλεινὸν Οἰδίπου κάρα,
ᾧ μέγας λιμὴν ωὐτὸς ἤρκεσε
παιδὶ καὶ πατρὶ θαλαμηπόλῳ πεσεῖν,
πῶς ποτε, πῶς ποθ' αἱ πατρῷαί σ'
    ἄλοκες φέρειν, τάλας,
σῖγ' ἐδυνάθησαν ἐς τοσόνδε;
ἐφεῦρέ σ' ἄκονθ' ὁ πάνθ' ὁρῶν χρόνος·
δικάζει τὸν ἄγαμον γάμον πάλαι
    τεκνοῦντα καὶ τεκνούμενον.
    ἰὼ Λαΐειον τέκνον,
    εἴθε σ' εἴθε μήποτ' ἰδόμαν.
    ὀδύρομαι γὰρ ὡς περίαλλα
    ἰαχαίων ἐκ στομάτων.
    τὸ δ' ὀρθὸν εἰπεῖν,
    ἀνέπνευσά τ' ἐκ σέθεν, καὶ
    κατεκοίμησα τοὐμὸν ὄμμα.

ΕΞΑΓΓΕΛΟΣ.

ΕΞΑΓΓΕΛΟΣ.

Ὦ γῆς μέγιστα τῆσδ' ἀεὶ τιμώμενοι,
οἷ' ἔργ' ἀκούσεσθ', οἷα δ' εἰσόψεσθ', ὅσον δ'
ἀρεῖσθε πένθος, εἴπερ ἐγγενῶς ἔτι
τῶν Λαβδακείων ἐντρέπεσθε δωμάτων.
οἶμαι γὰρ οὔτ' ἂν Ἴστρον, οὔτε Φᾶσιν ἂν
νίψαι καθαρμῷ τήνδε τὴν στέγην, ὅσα
κεύθει· τὰ δ' αὐτίκ' ἐς τὸ φῶς φανεῖ κακὰ
ἑκόντα, κοὐκ ἄκοντα. τῶν δὲ πημονῶν
μάλιστα λυποῦσ' αἳ 'ν φανῶσ' αὐθαίρετοι.

ΧΟΡΟΣ.

λείπει μὲν οὐδ' ἃ πρόσθεν ᾔδειμεν, τὸ μὴ οὐ
βαρύστον' εἶναι· πρὸς δ' ἐκείνοισιν τί φής;

ΕΞΑΓΓΕΛΟΣ.

ὁ μὲν τάχιστος τῶν λόγων εἰπεῖν τε καὶ
μαθεῖν, τέθνηκε θεῖον Ἰοκάστης κάρα.

ΧΟΡΟΣ.

ὦ δυστάλαινα· πρὸς τίνος ποτ' αἰτίας;

ΕΞΑΓΓΕΛΟΣ.

αὐτὴ πρὸς αὑτῆς. τῶν δὲ πραχθέντων τὰ μὲν
ἄλγιστ' ἄπεστιν· ἡ γὰρ ὄψις οὐ πάρα.
ὅμως δ', ὅσον γε κἀν ἐμοὶ μνήμης ἔνι,
πεύσει τὰ κείνης ἀθλίας παθήματα.
Ὅπως γὰρ ὀργῇ χρωμένη παρῆλθ' ἔσω
θυρῶνος, ἵετ' εὐθὺ πρὸς τὰ νυμφικὰ
λέχη, κόμην σπῶσ' ἀμφιδεξίοις ἀκμαῖς·
πύλας δ', ὅπως εἰσῆλθ', ἐπιρρήξασ', ἔσω,
κάλει τὸν ἤδη Λάϊον πάλαι νεκρόν,

μνήμην παλαιῶν σπερμάτων ἔχουσ', ὑφ' ὧν
θάνοι μὲν αὐτός, τὴν δὲ τίκτουσαν λίποι
τοῖς οἷσιν αὐτοῦ δύστεκνον παιδουργίαν.
ἐγοᾶτο δ' εὐνάς, ἔνθα δύστηνος διπλοῦς,
ἐξ ἀνδρὸς ἄνδρα, καὶ τέκν' ἐκ τέκνων τέκοι.
χὤπως μὲν ἐκ τῶνδ' οὐκ ἔτ' οἶδ' ἀπόλλυται.
βοῶν γὰρ εἰσέπαισεν Οἰδίπους, ὑφ' οὗ
οὐκ ἦν τὸ κείνης ἐκθεάσασθαι κακόν·
ἀλλ' εἰς ἐκεῖνον περιπολοῦντ' ἐλεύσσομεν.
φοιτᾷ γάρ, ἡμᾶς ἔγχος ἐξαιτῶν πορεῖν,
γυναῖκά τ' οὐ γυναῖκα, μητρῴαν δ' ὅπου
κίχοι διπλῆν ἄρουραν οὗ τε καὶ τέκνων.
λυσσῶντι δ' αὐτῷ δαιμόνων δείκνυσί τις·
οὐδεὶς γὰρ ἀνδρῶν, οἳ παρῆμεν ἐγγύθεν.
δεινὸν δ' ἀΰσας, ὡς ὑφηγητοῦ τινός,
πύλαις διπλαῖς ἐνήλατ'· ἐκ δὲ πυθμένων
ἔκλινε κοῖλα κλῇθρα, κἀμπίπτει στέγῃ,
οὗ δὴ κρεμαστὴν τὴν γυναῖκ' ἐσείδομεν,
πλεκταῖς ἑώραις ἐμπεπλεγμένην. ὁ δὲ
ὅπως ὁρᾷ νιν, δεινὰ βρυχηθεὶς τάλας,
χαλᾷ κρεμαστὴν ἀρτάνην. ἐπεὶ δέ γ' ἡ
τλήμων ἔκειτο, δεινὰ τἀνθένδ' ἦν ὁρᾶν.
ἀποσπάσας γὰρ εἱμάτων χρυσηλάτους
περόνας ἀπ' αὐτῆς, αἷσιν ἐξεστέλλετο,
ἄρας ἔπαισεν ἄρθρα τῶν αὐτοῦ κύκλων,
αὐδῶν τοιαῦθ'· Οθ' οὕνεκ' οὐκ ὄψοιντό νιν,
οὔθ' οἷ' ἔπασχεν, οὔθ' ὁποῖ' ἔδρα κακά,
ἀλλ' ἐν σκότῳ τὸ λοιπὸν οὓς μὲν οὐκ ἔδει

ὀψοίατ᾽, οὓς δ᾽ ἔχρῃζεν οὐ γνωσοίατο. —
τοιαῦτ᾽ ἐφυμνῶν, πολλάκις τε κοὐχ ἅπαξ
ἤρασσ᾽ ἐπαίρων βλέφαρα. φοίνιαι δ᾽ ὁμοῦ
γλῆναι γένει᾽ ἔτεγγον· οὐδ᾽ ἀνίεσαν
φόνου μυδώσας σταγόνας· ἀλλ᾽ ὁμοῦ μέλας
ὄμβρος χαλάζης αἵματος ἀπετέγγετο.
τάδ᾽ ἐκ δυοῖν ἔρρωγεν, οὐ μόνου, κακά·
ἀλλ᾽ ἀνδρὶ καὶ γυναικὶ συμμιγῆ κακά.
ὁ πρὶν παλαιὸς δ᾽ ὄλβος ἦν πάροιθε μὲν
ὄλβος δικαίως· νῦν δὲ τῇδε θἠμέρᾳ
στεναγμὸς, ἄτη, θάνατος, αἰσχύνη· κακῶν
ὅσ᾽ ἐστὶ πάντων ὀνόματ᾽, οὐδέν ἐστ᾽ ἀπόν.

ΧΟΡΟΣ.

νῦν δ᾽ ἔσθ᾽ ὁ τλήμων ἐν τίνι σχολῇ κακοῦ;

ΕΞΑΓΓΕΛΟΣ.

βοᾷ διοίγειν κλῆθρα, καὶ δηλοῦν τινὰ
τοῖς πᾶσι Καδμείοισι τὸν πατροκτόνον,
τὸν μητρὸς .... αὐδῶν ἀνόσι᾽, οὐδὲ ῥητά μοι,
ὡς ἐκ χθονὸς ῥίψων ἑαυτὸν, οὐδ᾽ ἔτι
μενῶν δόμοις ἀραῖος, ὡς ἠράσατο.
ῥώμης γε μέντοι καὶ προηγητοῦ τινὸς
δεῖται· τὸ γὰρ νόσημα μεῖζον ἢ φέρειν.
δείξει δὲ καὶ σοί. κλῆθρα γὰρ πυλῶν τάδε
διοίγεται· θέαμα δ᾽ εἰσόψει τάχα
τοιοῦτον, οἷον καὶ στυγοῦντ᾽ ἐποικτίσαι.

ΧΟΡΟΣ.

ὦ δεινὸν ἰδεῖν πάθος ἀνθρώποις,
ὦ δεινότατον πάντων, ὅσ᾽ ἐγὼ

προσέκυρσ' ἤδη. τίς σ', ὦ τλῆμον,
προσέβη μανία; τίς ὁ πηδήσας
μείζονα δαίμων τῶν μακίστων
πρὸς σῇ δυσδαίμονι μοίρᾳ;
φεῦ, φεῦ· δύσταν'. ἀλλ' οὐδ' ἐσιδεῖν
δύναμαί σ', ἐθέλων πόλλ' ἀνερέσθαι,
πολλὰ πυθέσθαι, πολλὰ δ' ἀθρῆσαι·
τοίαν φρίκην παρέχεις μοι.

ΟΙΔΙΠΟΥΣ.

αἶ αἶ αἶ αἶ,
φεῦ, φεῦ· δύστανος ἐγώ. ποῖ γᾶς
φέρομαι τλάμων;
πᾶ μοι φθογγὰ πέτεται φοράδην;
ἰὼ δαῖμον, ἵν' ἐξήλου;

ΧΟΡΟΣ.

ἐς δεινὸν, οὐδ' ἀκουστὸν, οὐδ' ἐπόψιμον.

ΟΙΔΙΠΟΥΣ.

ἰὼ σκότου νέφος ἐμὸν ἀπότροπον, στροφὴ α'.
ἐπιπλόμενον ἄφατον,
ἀδάμαστόν τε
καὶ δυσούριστον. οἴμοι,
οἴμοι μάλ' αὖθις· οἷον εἰσέδυ μ' ἅμα
κέντρων τε τῶνδ' οἴστρημα, καὶ μνήμη κακῶν.

ΧΟΡΟΣ.

καὶ θαῦμά γ' οὐδὲν ἐν τοσοῖσδε πήμασι
διπλᾶ σε πενθεῖν, καὶ διπλᾶ φορεῖν κακά.

ΟΙΔΙΠΟΥΣ.

ἰὼ φίλος, σὺ μὲν ἐμὸς ἐπίπολος ἀντιστρ. α'.

ἔτι μόνιμος. ἔτι γὰρ
ὑπομένεις ἐμὲ
τὸν τυφλὸν κηδεύων. φεῦ.
οὐ γάρ με λήθεις, ἀλλὰ γιγνώσκω σαφῶς,
καίπερ σκοτεινὸς, τήν γε σὴν αὐδὴν ὅμως.

ΧΟΡΟΣ.

ὦ δεινὰ δράσας, πῶς ἔτλης τοιαῦτα σὰς
ὄψεις μαρᾶναι; τίς σ' ἐπῆρε δαιμόνων;

ΟΙΔΙΠΟΥΣ.

Ἀπόλλων τάδ' ἦν, Ἀπόλλων, ὦ φίλοι, στροφὴ β'.
ὁ κακὰ τελῶν ἐμὰ,
κακὰ τάδ' ἐμὰ πάθεα.
ἔπαισε δ' αὐτόχειρ νιν
οὔτις, ἀλλ' ἐγὼ τλάμων.
τί γὰρ ἔδει μ' ὁρᾶν,
ὅτῳ γ' ὁρῶντι μηδὲν ἦν ἰδεῖν γλυκύ;

ΧΟΡΟΣ.

ἦν ταῦθ', ὅπωσπερ καὶ σὺ φής.

ΟΙΔΙΠΟΥΣ.

τί δή ποτ' ἐμοὶ βλεπτὸν, ἢ στροφὴ γ'.
στερκτὸν, ἢ προσήγορον
ἔτ' ἔστ' ἀκούειν ἡδονᾷ, φίλοι;
ἀπάγετ' ἐκτόπιον
ὅτι τάχιστά με,
ἀπάγετ', ὦ φίλοι,
τὸν ὄλεθρον μέγαν,
τὸν καταρατότατον,

ἔτι δὲ καὶ θεοῖς
ἐχθρότατον βροτῶν.

ΧΟΡΟΣ.

δείλαιε τοῦ νοῦ τῆς τε συμφορᾶς ἴσον,
ὥς σ' ἠθέλησα μηδ' ἀναγνῶναί ποτ' ἄν.

ΟΙΔΙΠΟΥΣ.

ὄλοιθ' ὅστις ἦν, ὃς ἀπ' ἀγρίας πέδας ἀντιστρ. β'.
νομάδος ἐπιποδίας
ἔλυσέ μ', ἀπό τε φόνου
ἔρρυτο κἀνέσωσεν,
οὐδὲν εἰς χάριν πράσσων.
τότε γὰρ ἂν θανὼν,
οὐκ ἦν φίλοισιν οὐδ' ἐμοὶ τοσόνδ' ἄχος.

ΧΟΡΟΣ.

θέλοντι κἀμοὶ τοῦτ' ἂν ἦν.

ΟΙΔΙΠΟΥΣ.

οὔκουν πατρός γ' ἂν φονεὺς ἀντιστρ. γ'.
ἦλθον, οὐδὲ νυμφίος
βροτοῖς ἐκλήθην ὧν ἔφυν ἄπο.
νῦν δ' ἄθλιος μέν εἰμ',
ἀνοσίων δὲ παῖς,
ὁμογενὴς δ' ἀφ' ὧν
αὐτὸς ἔφυν τάλας.
εἰ δέ τι πρεσβύτερον
ἔφυ κακοῦ κακὸν,
τοῦτ' ἔλαχ' Οἰδίπους.

ΧΟΡΟΣ.

οὐκ οἶδ' ὅπως σε φῶ βεβουλεῦσθαι καλῶς.

κρείσσων γὰρ ἦσθα μηκέτ' ὢν, ἢ ζῶν τυφλός.

ΟΙΔΙΠΟΥΣ.

ὡς μὲν τάδ' οὐχ ὧδ' ἔστ' ἄριστ' εἰργασμένα,
μή μ' ἐκδίδασκε, μηδὲ συμβούλευ' ἔτι.
ἐγὼ γὰρ οὐκ οἶδ' ὄμμασιν ποίοις βλέπων
πατέρα ποτ' ἂν προσεῖδον εἰς Αἴδου μολὼν,
οὐδ' αὖ τάλαιναν μητέρ', οἷν ἐμοὶ δυοῖν
ἔργ' ἐστὶ κρείσσον' ἀγχόνης εἰργασμένα.
ἀλλ' ἡ τέκνων δῆτ' ὄψις ἦν ἐφίμερος,
βλαστοῦσ' ὅπως ἔβλαστε, προσλεύσσειν ἐμοί;
οὐ δῆτα τοῖς γ' ἐμοῖσιν ὀφθαλμοῖς ποτέ·
οὐδ' ἄστυ γ', οὐδὲ πύργος, οὐδὲ δαιμόνων
ἀγάλμαθ' ἱερὰ, τῶν ὁ παντλήμων ἐγὼ
κάλλιστ' ἀνὴρ εἷς ἔν γε ταῖς Θήβαις τραφεὶς
ἀπεστέρησ' ἐμαυτὸν, αὐτὸς ἐννέπων
ὠθεῖν ἅπαντας τὸν ἀσεβῆ, τὸν ἐκ θεῶν
φανέντ' ἄναγνον, καὶ γένους τοῦ Λαΐου.
τοιάνδ' ἐγὼ κηλῖδα μηνύσας ἐμὴν
ὀρθοῖς ἔμελλον ὄμμασιν τούτους ὁρᾶν;
ἥκιστά γ'. ἀλλ' εἰ τῆς ἀκουούσης ἔτ' ἦν
πηγῆς δι' ὤτων φραγμὸς, οὐκ ἂν ἐσχόμην
τὸ μὴ 'ποκλεῖσαι τοὐμὸν ἄθλιον δέμας,
ἵν' ἦν τυφλός τε καὶ κλύων μηδέν. τὸ γὰρ
τὴν φροντίδ' ἔξω τῶν κακῶν οἰκεῖν, γλυκύ.
ἰὼ Κιθαιρὼν, τί μ' ἐδέχου; τί μ' οὐ λαβὼν
ἔκτεινας εὐθὺς, ὡς ἔδειξα μήποτε
ἐμαυτὸν ἀνθρώποισιν ἔνθεν ἦν γεγώς;
ὦ Πόλυβε καὶ Κόρινθε, καὶ τὰ πάτρια

λόγῳ παλαιὰ δώμαθ᾽, οἷον ἆρ᾽ ἐμὲ
κάλλος κακῶν ὕπουλον ἐξεθρέψατε.
νῦν γὰρ κακός τ᾽ ὢν κἀκ κακῶν εὑρίσκομαι.
ὦ τρεῖς κέλευθοι καὶ κεκρυμμένη νάπη,
δρυμός τε, καὶ στενωπὸς ἐν τριπλαῖς ὁδοῖς,
αἳ τοὐμὸν αἷμα, τῶν ἐμῶν χειρῶν ἄπο,
ἐπίετε πατρὸς, ἆρ᾽ ἐμοῦ μέμνησθ᾽ ἔτι,
οἷ᾽ ἔργα δράσας ὑμὶν, εἶτα δεῦρ᾽ ἰὼν
ὁποῖ᾽ ἔπρασσον αὖθις; ὦ γάμοι, γάμοι,
ἐφύσαθ᾽ ἡμᾶς, καὶ φυτεύσαντες, πάλιν
ἀνεῖτε ταὐτὸν σπέρμα, κἀπεδείξατε
πατέρας, ἀδελφοὺς, παῖδας, αἷμ᾽ ἐμφύλιον,
νύμφας, γυναῖκας, μητέρας τε, χὠπόσα
αἴσχιστ᾽ ἐν ἀνθρώποισιν ἔργα γίγνεται.
ἀλλ᾽, οὐ γὰρ αὐδᾶν ἔσθ᾽, ἃ μηδὲ δρᾶν καλὸν,
ὅπως τάχιστα, πρὸς θεῶν, ἔξω μέ που
καλύψατ᾽, ἢ φονεύσατ᾽, ἢ θαλάσσιον
ἐκρίψατ᾽, ἔνθα μήποτ᾽ εἰσόψεσθ᾽ ἔτι.
ἴτ᾽, ἀξιώσατ᾽ ἀνδρὸς ἀθλίου θιγεῖν.
πείθεσθε, μὴ δείσητε. τἀμὰ γὰρ κακὰ
οὐδεὶς οἷός τε πλὴν γ᾽ ἐμοῦ φέρειν βροτῶν.

ΧΟΡΟΣ.

ἀλλ᾽ ὧν ἐπαιτεῖς ἐς δέον πάρεσθ᾽ ὅδε
Κρέων, τὸ πράσσειν καὶ τὸ βουλεύειν· ἐπεὶ
χώρας λέλειπται μοῦνος ἀντὶ σοῦ φύλαξ.

ΟΙΔΙΠΟΥΣ.

οἴμοι· τί δῆτα λέξομεν πρὸς τόνδ᾽ ἔπος;

τίς μοι φανεῖται πίστις ἔνδικος; τὰ γὰρ
πάρος πρὸς αὐτὸν πάντ' ἐφεύρημαι κακός.

ΚΡΕΩΝ.

οὐχ ὡς γελαστὴς, Οἰδίπους, ἐλήλυθα,
οὐδ' ὡς ὀνειδιῶν τι τῶν πάρος κακῶν.
ἀλλ' εἰ τὰ θνητῶν μὴ καταισχύνεσθ' ἔτι
γένεθλα, τὴν γοῦν πάντα βόσκουσαν φλόγα
αἰδεῖσθ' ἄνακτος Ἡλίου, τοιόνδ' ἄγος
ἀκάλυπτον οὕτω δεικνύναι, τὸ μήτε γῆ,
μήτ' ὄμβρος ἱερὸς, μήτε φῶς προσδέξεται.
ἀλλ' ὡς τάχιστ' ἐς οἶκον ἐσκομίζετε.
τοῖς ἐν γένει γὰρ τἀγγενῆ μάλισθ' ὁρᾶν,
μόνοις τ' ἀκούειν εὐσεβῶς ἔχει κακά.

ΟΙΔΙΠΟΥΣ.

πρὸς θεῶν, ἐπείπερ ἐλπίδος μ' ἀπέσπασας,
ἄριστος ἐλθὼν πρὸς κάκιστον ἄνδρ' ἐμὲ,
πιθοῦ τι μοι· πρὸς σοῦ γὰρ, οὐδ' ἐμοῦ, φράσω.

ΚΡΕΩΝ.

καὶ τοῦ με χρείας ὧδε λιπαρεῖς τυχεῖν;

ΟΙΔΙΠΟΥΣ.

ῥῖψόν με γῆς ἐκ τῆσδ' ὅσον τάχισθ', ὅπου
θνητῶν φανοῦμαι μηδενὸς προσήγορος.

ΚΡΕΩΝ.

ἔδρασ' ἂν, εὖ τοῦτ' ἴσθ' ἂν, εἰ μὴ τοῦ θεοῦ
πρώτιστ' ἔχρηζον ἐκμαθεῖν τί πρακτέον.

ΟΙΔΙΠΟΥΣ.

ἀλλ' ἥ γ' ἐκείνου πᾶσ' ἐδηλώθη φάτις,
τὸν πατροφόντην, τὸν ἀσεβῆ μ' ἀπολλύναι.

ΚΡΕΩΝ.

οὕτως ἐλέχθη ταῦθ'· ὅμως δ' ἵν' ἕσταμεν
χρείας, ἄμεινον ἐκμαθεῖν τί δραστέον.

ΟΙΔΙΠΟΥΣ.

οὕτως ἄρ' ἀνδρὸς ἀθλίου πεύσεσθ' ὕπερ;

ΚΡΕΩΝ.

καὶ γὰρ σὺ νῦν τ' ἂν τῷ θεῷ πίστιν φέροις.

ΟΙΔΙΠΟΥΣ.

καὶ σοί γ' ἐπισκήπτω τε. καὶ προστρέψομαι,
τῆς μὲν κατ' οἴκους αὐτὸς ὃν θέλεις τάφον
θοῦ· καὶ γὰρ ὀρθῶς τῶν γε σῶν τελεῖς ὕπερ.
ἐμοῦ δὲ μήποτ' ἀξιωθήτω τόδε
πατρῷον ἄστυ ζῶντος οἰκητοῦ τυχεῖν.
ἀλλ' ἔα με ναίειν ὄρεσιν, ἔνθα κλῄζεται
οὑμὸς Κιθαιρὼν οὗτος, ὃν μήτηρ τ' ἐμοὶ
πατήρ τ' ἐθέσθην ζῶντι κύριον τάφον,
ἵν' ἐξ ἐκείνων, οἵ μ' ἀπωλλύτην, θάνω.
καίτοι τοσοῦτόν γ' οἶδα, μήτ' ἐμ' ἂν νόσον,
μήτ' ἄλλο πέρσαι μηδέν· οὐ γὰρ ἄν ποτε
θνῄσκων ἐσώθην, μὴ 'πί τῳ δεινῷ κακῷ.
ἀλλ' ἡ μὲν ἡμῶν μοῖρ', ὅποιπερ εἶσ', ἴτω.
παίδων δὲ, τῶν μὲν ἀρσένων μή μοι, Κρέον,
πρόσθη μέριμναν· ἄνδρες εἰσὶν, ὥστε μὴ
σπάνιν ποτὲ σχεῖν, ἔνθ' ἂν ὦσι, τοῦ βίου.
ταῖν δ' ἀθλίαιν οἰκτραῖν τε παρθένοιν ἐμαῖν,
αἷν οὔποθ' ἡ 'μὴ χωρὶς ἐστάθη βορᾶς
τράπεζ' ἄνευ τοῦδ' ἀνδρὸς, ἀλλ' ὅσων ἐγὼ
ψαύοιμι, πάντων τῶνδ' ἀεὶ μετειχέτην·

ταῖν μοι μέλεσθαι· καὶ μάλιστα μὲν χεροῖν
ψαῦσαί μ' ἔασον, κἀποκλαύσασθαι κακά.
ἴθ', ὦναξ.
ἴθ', ὦ γονῇ γενναῖ. χερσί δ' ἂν θιγὼν
δοκοῖμ' ἔχειν σφᾶς, ὥσπερ ἡνίκ' ἔβλεπον.
τί φημί;
οὐ δὴ κλύω που, πρὸς θεῶν, τοῖν μοι φίλοιν
δακρυρροούντοιν; καί μ' ἐποικτείρας Κρέων
ἔπεμψ' ἐμοὶ τὰ φίλτατ' ἐκγόνοιν ἐμοῖν;
λέγω τι;

ΚΡΕΩΝ.

λέγεις. ἐγὼ γάρ εἰμ' ὁ πορσύνας τάδε,
γνοὺς τὴν παροῦσαν τέρψιν, ἥ σ' εἶχεν πάλαι.

ΟΙΔΙΠΟΥΣ.

ἀλλ' εὐτυχοίης, καί σε τῆσδε τῆς ὁδοῦ
δαίμων ἄμεινον ἢ 'μὲ φρουρήσας τύχοι.
ὦ τέκνα, ποῦ ποτ' ἐστέ; δεῦρ' ἴτ', ἔλθετε
ὡς τὰς ἀδελφὰς τάσδε τὰς ἐμὰς χέρας,
αἳ τοῦ φυτουργοῦ πατρὸς ὑμῖν ὧδ' ὁρᾶν
τὰ πρόσθε λαμπρὰ προὐξένησαν ὄμματα·
ὃς ὑμίν, ὦ τέκν', οὔθ' ὁρῶν, οὔθ' ἱστορῶν,
πατὴρ ἐφάνθην ἔνθεν αὐτὸς ἠρόθην.
καὶ σφὼ δακρύω· προσβλέπειν γὰρ οὐ σθένω·
νοούμενος τὰ λοιπὰ τοῦ πικροῦ βίου,
οἷον βιῶναι σφὼ πρὸς ἀνθρώπων χρεών.
ποίας γὰρ ἀστῶν ἥξετ' εἰς ὁμιλίας;
ποίας δ' ἑορτάς, ἔνθεν οὐ κεκλαυμέναι
πρὸς οἶκον ἵξεσθ' ἀντὶ τῆς θεωρίας;

ἀλλ᾽ ἡνίκ᾽ ἂν δὴ πρὸς γάμων ἥκητ᾽ ἀκμὰς,
τίς οὗτος ἔσται; τίς παραῤῥίψει, τέκνα,
τοιαῦτ᾽ ὀνείδη λαμβάνων, ἃ τοῖς ἐμοῖς
ἔστιν, γονεῦσι σφῷν θ᾽ ὁμοῦ δηλήματα;
τί γὰρ κακῶν ἄπεστι; τὸν πατέρα πατὴρ
ὑμῶν ἔπεφνε· τὴν τεκοῦσαν ἤροσεν,
ὅθεν περ αὐτὸς ἐσπάρη, κἀκ τῶν ἴσων
ἐκτήσαθ᾽ ὑμᾶς, ὧνπερ αὐτὸς ἐξέφυ.
τοιαῦτ᾽ ὀνειδιεῖσθε. κᾆτα τίς γαμεῖ;
οὐκ ἔστιν οὐδεὶς, ὦ τέκν᾽· ἀλλὰ δηλαδὴ
χέρσους φθαρῆναι κἀγάμους ὑμᾶς χρεών.
ὦ παῖ Μενοικέως, ἀλλ᾽ ἐπεὶ μόνος πατὴρ
ταύταιν λέλειψαι, νὼ γὰρ, ὢ 'φυτεύσαμεν,
ὀλώλαμεν δύ᾽ ὄντε, μή σφε περιίδῃς
πτωχὰς, ἀνάνδρους, ἐγγενεῖς ἀλωμένας,
μηδ᾽ ἐξισώσῃς τάσδε τοῖς ἐμοῖς κακοῖς.
ἀλλ᾽ οἴκτισόν σφας, ὧδε τηλικάσδ᾽ ὁρῶν,
πάντων ἐρήμους, πλὴν ὅσον τὸ σὸν μέρος.
ξύννευσον, ὦ γενναῖε, σῇ ψαύσας χερί.
σφῷν δ᾽, ὦ τέκν᾽, εἰ μὲν εἴχετόν γ᾽ ἤδη φρένας,
πόλλ᾽ ἂν παρῄνουν· νῦν δὲ τοῦτ᾽ εὔχεσθέ μοι,
οὗ καιρὸς αἰεὶ ζῆν, βίου δὲ λῴονος
ὑμᾶς κυρῆσαι τοῦ φυτεύσαντος πατρός.

ΚΡΕΩΝ.

ἅλις. ἵν᾽ ἐξήκεις δακρύων; ἀλλ᾽ ἴθι στέγης ἔσω.

ΟΙΔΙΠΟΥΣ.

πειστέον, κεἰ μηδὲν ἡδύ.

ΚΡΕΩΝ.

πάντα γὰρ καιρῷ καλά.

ΟΙΔΙΠΟΥΣ.

εἶσθ' ἐφ' οἷς οὖν εἶμι;

ΚΡΕΩΝ.

λέξεις, καὶ τότ' εἴσομαι κλυών.

ΟΙΔΙΠΟΥΣ.

γῆς μ' ὅπως πέμψεις ἄποικον.

ΚΡΕΩΝ.

τοῦ θεοῦ μ' αἰτεῖς δόσιν.

ΟΙΔΙΠΟΥΣ.

ἀλλὰ θεοῖς γ' ἔχθιστος ἥκω.

ΚΡΕΩΝ.

τοιγαροῦν τεύξει τάχα.

ΟΙΔΙΠΟΥΣ.

φῂς τάδ' οὖν;

ΚΡΕΩΝ.

ἃ μὴ φρονῶ γὰρ, οὐ φιλῶ λέγειν μάτην.

ΟΙΔΙΠΟΥΣ.

ἄπαγέ νύν μ' ἐντεῦθεν ἤδη.

ΚΡΕΩΝ.

στεῖχέ νυν, τέκνων δ' ἀφοῦ.

ΟΙΔΙΠΟΥΣ.

μηδαμῶς ταύτας γ' ἕλῃ μου.

ΚΡΕΩΝ.

πάντα μὴ βούλου κρατεῖν.
καὶ γὰρ ἂκράτησας, οὔ σοι τῷ βίῳ ξυνέσπετο.

ΧΟΡΟΣ.

ὦ πάτρας Θήβης ἔνοικοι, λεύσσετ', Οἰδίπους ὅδε,

ὃς τὰ κλείν' αἰνίγματ' ᾔδη, καὶ κράτιστος ἦν ἀνὴρ,
ὅστις οὐ ζήλῳ πολιτῶν καὶ τύχαις ἐπιβλέπων,
εἰς ὅσον κλύδωνα δεινῆς ξυμφορᾶς ἐλήλυθεν.
ὥστε θνητὸν ὄντ', ἐκείνην τὴν τελευταίαν ἰδεῖν
ἡμέραν ἐπισκοποῦντα, μηδέν' ὀλβίζειν, πρὶν ἂν
τέρμα τοῦ βίου περάσῃ, μηδὲν ἀλγεινὸν παθών.

ΤΕΛΟΣ ΟΙΔΙΠΟΔΟΣ ΤΥΡΑΝΝΟΥ.

ΣΟΦΟΚΛΕΟΥΣ

ΟΙΔΙΠΟΥΣ ΕΠΙ ΚΟΛΩΝΩι.

ΥΠΟΘΕΣΙΣ

ΤΟΥ ΕΠΙ ΚΟΛΩΝΩ ΟΙΔΙΠΟΔΟΣ.

Ο ΕΠΙ ΚΟΛΩΝΩ ΟΙΔΙΠΟΥΣ συνημμένος πώς ἐστι τῷ ΤΥΡΑΝΝΩ. τῆς γὰρ πατρίδος ἐκπεσὼν Οἰδίπους ἤδη γηραιὸς ὢν, ἀφικνεῖται εἰς Ἀθήνας, ὑπὸ μιᾶς τῶν θυγατέρων, Ἀντιγόνης, χειραγωγούμενος. ἦσαν γὰρ τῶν ἀρσένων περὶ τὸν πατέρα φιλοστοργότεραι. ἀφικνεῖται δὲ εἰς Ἀθήνας κατὰ τὸ Πυθόχρηστον, ὡς αὐτός φησι, χρησθὲν αὐτῷ παρὰ ταῖς ΣΕΜΝΑΙΣ καλουμέναις ΘΕΑΙΣ μεταλλάξαι τὸν βίον. τὸ μὲν οὖν πρῶτον γέροντες ἐγχώριοι, ἐξ ὧν ὁ Χορὸς συνέστηκε, πυθόμενοι συνέρχονται, καὶ διαλέγονται πρὸς αὐτόν. ἔπειτα δὲ Ἰσμήνη παραγενομένη τὰ κατὰ τὴν στάσιν ἀπαγγέλλει τῶν παίδων, καὶ τὴν γενομένην ἄφιξιν τοῦ Κρέοντος πρὸς αὐτόν· ὃς καὶ παραγενόμενος ἐπὶ τῷ ἀπαγαγεῖν αὐτὸν εἰς τοὐπίσω, ἄπρακτος ἀπαλλάττεται. ὁ δὲ πρὸς τὸν Θησέα διελθὼν τὸν χρησμὸν, οὕτω τὸν βίον καταστρέφει παρὰ ταῖς θεαῖς.

Τὸ δὲ δρᾶμα τῶν θαυμαστῶν· ὃ καὶ ἤδη γεγηρακὼς ὁ Σοφοκλῆς ἐποίησε, χαριζόμενος οὐ μόνον τῇ πατρίδι, ἀλλὰ καὶ τῷ ἑαυτοῦ δήμῳ· ἦν γὰρ Κολωνῆθεν· ὥστε τὸν μὲν δῆμον ἐπίσημον ἀποδεῖξαι, χαρίσασθαι δὲ καὶ τὰ μέγιστα τοῖς Ἀθηναίοις, δι' ὧν ἀπορθήτους ἔσεσθαι, καὶ τῶν ἐχθρῶν αὐτοὺς κρατήσειν, ὑποτίθεται ὁ Οἰδίπους προαναφωνῶν, καὶ ὅτι διαστασιάσουσι πρὸς Θηβαίους ποτὲ, καὶ τούτων κρατήσουσιν ἐκ χρησμῶν διὰ τὸν αὐτοῦ τάφον.

ΑΛΛΗ ΥΠΟΘΕΣΙΣ.

Τὰ πραχθέντα περὶ τὸν Οἰδίπουν ἴσμεν ἅπαντα τὰ ἐν τῷ ἑτέρῳ ΟΙΔΙΠΟΔΙ. πεπήρωται γάρ, καὶ ἀφῖκται εἰς τὴν Ἀττικήν, ὁδηγούμενος ἐκ μιᾶς τῶν θυγατέρων, Ἀντιγόνης. καὶ ἔστη ἐν τῷ τεμένει τῶν Σεμνῶν Ἐρινύων, ὅ ἐστιν ἐν τῷ καλουμένῳ Ἱππίῳ Κολωνῷ, οὕτω κληθέντι, ἐπεὶ καὶ Ποσειδῶνός ἐστιν ἱερὸν Ἱππίου καὶ Προμηθέως, καὶ αὐτοῦ οἱ ὀρεωκόμοι ἵστανται. ἔστι γὰρ αὐτῷ Πυθόχρηστον, ἐνταῦθα δεῖν αὐτὸν ταφῆς τυχεῖν. οὗ μὴ ἔστιν ἑτέρῳ βεβήλῳ τόπος, αὐτόθι κάθηται· καὶ κατὰ μικρὸν αὐτῷ τὰ τῆς ὑποθέσεως προέρχεται. ὁρᾷ γάρ τις αὐτὸν τῶν ἐνθεῦθεν, καὶ πορεύεται ἀγγελῶν, ὅτι τις ἄρα τῷ χωρίῳ προσκάθηται. καὶ ἔρχονται οἱ ἐν τῷ τόπῳ ἐν Χοροῦ σχήματι μαθησόμενοι τὰ δέοντα. πρῶτος οὖν ἐστι καταλύων τὴν ὁδοιπορίαν, καὶ τῇ θυγατρὶ διαλεγόμενος. ἄφατος δέ ἐστι καθόλου ἡ οἰκονομία ἐν τῷ δράματι, ὡς οὐδὲν ἄλλο σχεδόν.

Ἡ σκηνὴ τοῦ δράματος ὑπόκειται ἐν τῇ Ἀττικῇ ἐν τῷ Ἱππίῳ, πρὸς τῷ ναῷ τῶν Σεμνῶν. ὁ δὲ Χορὸς συνέστηκεν ἐξ Ἀθηναίων ἀνδρῶν. προλογίζει Οἰδίπους.

ΤΑ ΤΟΥ ΔΡΑΜΑΤΟΣ ΠΡΟΣΩΠΑ.

ΟΙΔΙΠΟΥΣ.
ΑΝΤΙΓΟΝΗ.
ΞΕΝΟΣ.
ΧΟΡΟΣ ΑΤΤΙΚΩΝ ΓΕΡΟΝΤΩΝ.
ΙΣΜΗΝΗ.
ΘΗΣΕΥΣ.
ΚΡΕΩΝ.
ΠΟΛΥΝΕΙΚΗΣ.
ΑΓΓΕΛΟΣ.

ΣΟΦΟΚΛΕΟΥΣ
ΟΙΔΙΠΟΥΣ ΕΠΙ ΚΟΛΩΝΩι.

ΟΙΔΙΠΟΥΣ.

Τέκνον τυφλοῦ γέροντος Ἀντιγόνη, τίνας
χώρους ἀφίγμεθ', ἢ τίνων ἀνδρῶν πόλιν;
τίς τὸν πλανήτην Οἰδίπουν, καθ' ἡμέραν
τὴν νῦν, σπανιστοῖς δέξεται δωρήμασι,
σμικρὸν μὲν ἐξαιτοῦντα, τοῦ σμικροῦ δ' ἔτι
μεῖον φέροντα, καὶ τόδ' ἐξαρκοῦν ἐμοί;
στέργειν γὰρ αἱ πάθαι με, χὠ μακρὸς ξυνὼν
χρόνος διδάσκει, καὶ τὸ γενναῖον, τρίτον.
ἀλλ', ὦ τέκνον, θάκοισιν εἴ τινα βλέπεις
ἢ πρὸς βεβήλοις, ἢ πρὸς ἄλσεσιν θεῶν,
στῆσόν με κἀξίδρυσον, ὡς πυθώμεθα
ὅπου ποτ' ἐσμέν. μανθάνειν γὰρ ἥκομεν
ξένοι πρὸς ἀστῶν, χ' ἃ 'ν ἀκούσωμεν, τελεῖν.

ΑΝΤΙΓΟΝΗ.

πάτερ ταλαίπωρ' Οἰδίπους, πύργοι μὲν, οἳ
πόλιν στέγουσιν, ὡς ἀπ' ὀμμάτων, πρόσω·
χῶρος δ' ὅδ' ἱερὸς, ὡς σάφ' εἰκάσαι, βρύων
δάφνης, ἐλαίας, ἀμπέλου· πυκνόπτεροι δ'
ἔσω κατ' αὐτὸν εὐστομοῦσ' ἀηδόνες·
οὗ κῶλα κάμψον τοῦδ' ἐπ' ἀξέστου πέτρου.
μακρὰν γὰρ ὡς γέροντι προὐστάλης ὁδόν.

ΟΙΔΙΠΟΥΣ.

κάθιζέ νύν με, καὶ φύλασσε τὸν τυφλόν.

ΑΝΤΙΓΟΝΗ.

χρόνου μὲν οὕνεκ' οὐ μαθεῖν με δεῖ τόδε.

ΟΙΔΙΠΟΥΣ.

ἔχεις διδάξαι δή μ', ὅπου καθίσταμεν;

ΑΝΤΙΓΟΝΗ.

τὰς γοῦν Ἀθήνας οἶδα· τὸν δὲ χῶρον, οὔ.
πᾶς γάρ τις ηὔδα τοῦτό γ' ἡμῖν ἐμπόρων.
ἀλλ', ὅστις ὁ τόπος, ἦ μάθω μολοῦσά ποι;

ΟΙΔΙΠΟΥΣ.

ναί, τέκνον, εἴπερ γ' ἐστὶν ἐξοικήσιμος.

ΑΝΤΙΓΟΝΗ.

ἀλλ' ἔστι μὴν οἰκητός. οἴομαι δὲ δεῖν
οὐδέν· πέλας γὰρ ἄνδρα τόνδε νῷν ὁρῶ.

ΟΙΔΙΠΟΥΣ.

ἦ δεῦρο προστείχοντα κἀξορμώμενον;

ΑΝΤΙΓΟΝΗ.

καὶ δὴ μὲν οὖν παρόντα· χὤ τι σοι λέγειν
εὔκαιρόν ἐστιν, ἔννεφ', ὡς ἁνὴρ ὅδε.

ΟΙΔΙΠΟΥΣ.

ὦ ξεῖν', ἀκούων τῆσδε, τῆς ὑπέρ τ' ἐμοῦ,
αὐτῆς θ' ὁρώσης, οὕνεχ' ἡμῖν αἴσιος
σκοπὸς προσήκεις τῶν ἀδηλοῦμεν φράσαι —

ΞΕΝΟΣ.

πρὶν νῦν τὰ πλείον' ἱστορεῖν, ἐκ τῆσδ' ἕδρας
ἔξελθ'. ἔχεις γὰρ χῶρον οὐχ ἁγνὸν πατεῖν.

ΟΙΔΙΠΟΥΣ.

τίς δ' ἔσθ' ὁ χῶρος; τοῦ θεῶν νομίζεται;

ΞΕΝΟΣ.

ἄθικτος, οὐδ' οἰκητός. αἱ γὰρ ἔμφοβοι
θεαί σφ' ἔχουσι, Γῆς τε καὶ Σκότου κόραι.

ΟΙΔΙΠΟΥΣ.

τίνων τὸ σεμνὸν ὄνομ' ἂν εὐξαίμην κλύων;

ΞΕΝΟΣ.

τὰς πάνθ' ὁρώσας Εὐμενίδας ὅ γ' ἐνθάδ' ἂν
εἴποι λεώς νιν· ἄλλα δ' ἀλλαχοῦ καλά.

ΟΙΔΙΠΟΥΣ.

ἀλλ' ἵλεῳ μὲν τὸν ἱκέτην δεξαίατο·
ὥστ' οὐχ ἕδρας γῆς τῆσδ' ἂν ἐξέλθοιμ' ἔτι.

ΞΕΝΟΣ.

τί δ' ἐστὶ τοῦτο;

ΟΙΔΙΠΟΥΣ.

ξυμφορᾶς ξύνθημ' ἐμῆς.

ΞΕΝΟΣ.

ἀλλ' οὐδὲ μέν τοι τοὐξανιστάναι πόλεως
δίχ' ἐστὶ θάρσος, πρίν γ' ἂν ἐνδείξω τί δρῶ.

ΟΙΔΙΠΟΥΣ.

πρός νυν θεῶν, ὦ ξεῖνε, μή μ' ἀτιμάσῃς,
τοιόνδ' ἀλήτην, ὧν σε προστρέπω φράσαι.

ΞΕΝΟΣ.

σήμαινε, κοὐκ ἄτιμος ἔκ γ' ἐμοῦ φανεῖ.

ΟΙΔΙΠΟΥΣ.

τίς ἔσθ' ὁ χῶρος δῆτ', ἐν ᾧ βεβήκαμεν;

ΞΕΝΟΣ.

ὅσ' οἶδα κἀγώ, πάντ' ἐπιστήσει κλύων.
χῶρος μὲν ἱερὸς πᾶς ὅδ' ἔστ'· ἔχει δέ νιν

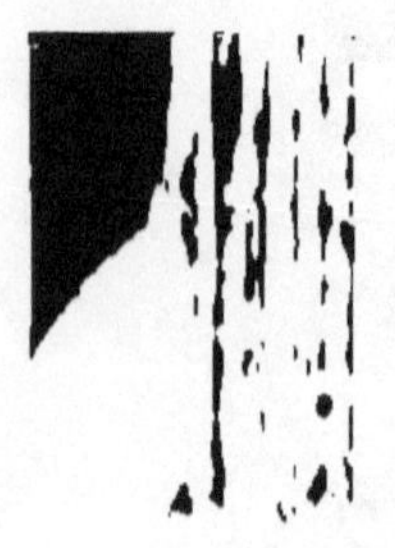

σεμνὸς Ποσειδῶν· ἐν δ' ὁ πυρφόρος θεὸς
Τιτὰν Προμηθεύς· ὃν δ' ἐπιστείβεις τόπον
χθονὸς καλεῖται τῆσδε χαλκόπους ὁδὸς,
ἔρεισμ' Ἀθηνῶν· οἱ δὲ πλησίον γύαι
τὸν ἱππότην Κολωνὸν εὔχονται σφίσιν
ἀρχηγὸν εἶναι, καὶ φέρουσι τοὔνομα
τὸ τοῦδε κοινὸν πάντες ὠνομασμένοι.
τοιαῦτά σοι ταῦτ' ἐστὶν, ὦ ξέν', οὐ λόγοις
τιμώμεν', ἀλλὰ τῇ ξυνουσίᾳ πλέον.

ΟΙΔΙΠΟΥΣ.

ἦ γάρ τινες ναίουσι τούσδε τοὺς τόπους;

ΞΕΝΟΣ.

καὶ κάρτα τοῦδε τοῦ θεοῦ γ' ἐπώνυμοι.

ΟΙΔΙΠΟΥΣ.

ἄρχει τις αὐτῶν, ἢ 'πὶ τῷ πλήθει λόγος;

ΞΕΝΟΣ.

ἐκ τοῦ κατ' ἄστυ βασιλέως τάδ' ἄρχεται.

ΟΙΔΙΠΟΥΣ.

οὗτος δὲ τίς λόγῳ τε καὶ σθένει κρατεῖ;

ΞΕΝΟΣ.

Θησεὺς καλεῖται, τοῦ πρὶν Αἰγέως τόκος.

ΟΙΔΙΠΟΥΣ.

ἆρ' ἄν τις αὐτῷ πομπὸς ἐξ ὑμῶν μόλοι;

ΞΕΝΟΣ.

ὡς πρός τι λέξων, ἢ καταρτύσων μολεῖν;

ΟΙΔΙΠΟΥΣ.

ὡς ἂν προσαρκῶν σμικρὰ, κερδάνῃ μέγα.

ΞΕΝΟΣ.

καὶ τίς πρὸς ἀνδρὸς μὴ βλέποντος ἄρκεσις;

ΟΙΔΙΠΟΥΣ.

ὅσ' ἂν λέγωμεν, πάνθ' ὁρῶντα λέξομεν.

ΞΕΝΟΣ.

οἶσθ', ὦ ξέν', ὡς νῦν μὴ σφαλῇς; ἐπείπερ εἶ
γενναῖος, ὡς ἰδόντι, πλὴν τοῦ δαίμονος.
αὐτοῦ μέν', οὗπερ κἀφάνης, ἕως ἐγὼ
τοῖς ἐνθάδ' αὐτοῦ, μὴ κατ' ἄστυ, δημόταις,
λέξω τάδ' ἐλθών. οἵδε γὰρ κρινοῦσί γε,
εἰ χρή σε μίμνειν, ἢ πορεύεσθαι πάλιν.

ΟΙΔΙΠΟΥΣ.

ὦ τέκνον, ἦ βέβηκεν ἡμὶν ὁ ξένος;

ΑΝΤΙΓΟΝΗ.

βέβηκεν, ὥστε πᾶν ἐν ἡσύχῳ, πάτερ,
ἔξεστι φωνεῖν, ὡς ἐμοῦ μόνης πέλας.

ΟΙΔΙΠΟΥΣ.

ὦ πότνιαι δεινῶπες, εὖτε νῦν ἕδρας
πρώτων ἐφ' ὑμῶν τῆσδε γῆς ἔκαμψ' ἐγώ,
Φοίβῳ τε κἀμοὶ μὴ γένησθ' ἀγνώμονες,
ὅς μοι, τὰ πόλλ' ἐκεῖν' ὅτ' ἐξέχρη κακά,
ταύτην ἔλεξε παῦλαν ἐν χρόνῳ μακρῷ,
ἐλθόντι χώραν τερμίαν, ὅπου Θεῶν
Σεμνῶν ἕδραν λάβοιμι καὶ ξενόστασιν,
ἐνταῦθα κάμψειν τὸν ταλαίπωρον βίον,
κέρδη μὲν οἰκήσαντα τοῖς δεδεγμένοις,
ἄτην δὲ τοῖς πέμψασιν, οἵ μ' ἀπήλασαν·
σημεῖα δ' ἥξειν τῶνδ' ἐμοὶ παρηγγύα,
ἢ σεισμὸν, ἢ βροντήν τιν', ἢ Διὸς σέλας.
ἔγνωκα μέν νυν ὥς με τήνδε τὴν ὁδὸν

οὐκ ἔσθ' ὅπως οὐ πιστὸν ἐξ ὑμῶν πτερὸν
ἐξήγαγ' ἐς τόδ' ἄλσος. οὐ γὰρ ἄν ποτε
πρώταισιν ὑμῖν ἀντέκυρσ' ὁδοιπορῶν,
νήφων ἀοίνοις, κἀπὶ σεμνὸν ἑζόμην
βάθρον τόδ' ἀσκέπαρνον. ἀλλ' ἐμοὶ, θεαὶ,
βίου, κατ' ὀμφὰς τὰς Ἀπόλλωνος, δότε
πέρασιν ἤδη καὶ καταστροφήν τινα,
εἰ μὴ δοκῶ τι μειόνως ἔχειν, ἀεὶ
μόχθοις λατρεύων τοῖς ὑπερτάτοις βροτῶν.
ἴτ', ὦ γλυκεῖαι παῖδες ἀρχαίου Σκότου,
ἴτ', ὦ μεγίστης Παλλάδος καλούμεναι,
πασῶν Ἀθῆναι τιμιωτάτη πόλις,
οἰκτείρατ' ἀνδρὸς Οἰδίπου τόδ' ἄθλιον
εἴδωλον· οὐ γὰρ δὴ τόδ' ἀρχαῖον δέμας.

ΑΝΤΙΓΟΝΗ.

σίγα. πορεύονται γὰρ οἵδε δή τινες
χρόνῳ παλαιοὶ, σῆς ἕδρας ἐπίσκοποι.

ΟΙΔΙΠΟΥΣ.

σιγήσομαί τε, καὶ σύ μ' ἐξ ὁδοῦ πόδα
κρύψον κατ' ἄλσος, τῶνδ' ἕως ἂν ἐκμάθω
τίνας λόγους ἐροῦσιν. ἐν γὰρ τῷ μαθεῖν
ἔνεστιν ηὐλάβεια τῶν ποιουμένων.

ΧΟΡΟΣ.

ὅρα. στροφή.
τίς ἄρ' ἦν; ποῦ ναίει; ποῦ κυρεῖ
ἐκτόπιος συθεὶς, ὁ πάντων
ὁ πάντων ἀκορέστατος;
λεύσσετε νιν; προσδέρκου,

προσφθέγγου πανταχῆ.
πλανάτας,
πλανάτας τις ὁ πρέσβυς, οὐδ᾽
ἐγχώριος. προσέβα γὰρ οὐκ
ἄν ποτ᾽ ἀστιβὲς ἄλσος ἐς
τᾶνδ᾽ ἀμαιμακετᾶν κορᾶν,
ἃς τρέμομεν λέγειν,
καὶ παραμειβόμεσθ᾽
ἀδέρκτως,
ἀφώνως, ἀλόγως τὸ τᾶς
εὐφήμου στόμα φροντίδος
ἱέντες. τὰ δὲ νῦν τιν᾽ ἥκειν
λόγος οὐχ ἅζονθ᾽,
ὃν ἐγὼ λεύσσων περὶ πᾶν οὔπω
δύναμαι τέμενος
γνῶναι ποῦ μοι ποτὲ ναίει.

ΟΙΔΙΠΟΥΣ.

ὅδ᾽ ἐκεῖνος ἐγώ. φωνῇ γὰρ ὁρῶ
τὸ φατιζόμενον.

ΧΟΡΟΣ.

ἰὼ, ἰώ.
δεινὸς μὲν ὁρᾶν, δεινὸς δὲ κλύειν.

ΟΙΔΙΠΟΥΣ.

μή μ᾽, ἱκετεύω, προσίδητ᾽ ἄνομον.

ΧΟΡΟΣ.

Ζεῦ ἀλεξῆτορ, τίς ποθ᾽ ὁ πρέσβυς;

ΟΙΔΙΠΟΥΣ.

οὐ πάνυ μοίρας εὐδαιμονίσαι

πρώτης, ὦ τῆσδ' ἔφοροι χώρας.
δηλῶ δ'· οὐ γὰρ ἂν ὧδ' ἀλλοτρίοις
ὄμμασιν εἷρπον,
κἀπὶ σμικροῖς μέγας ὥρμουν.

ΧΟΡΟΣ.

ἒ ἔ.
ἀλαῶν ὀμμάτων ἆρα καὶ
ἦσθα φυτάλμιος, δυσαίων,
μακραίων θ', ὡς ἐπεικάσαι.
ἀλλ' οὐ μὰν ἔν γ' ἐμοὶ
προσθήσεις τάσδ' ἀράς.
περᾷς γάρ,
περᾷς· ἀλλ' ἵνα τῷδ' ἐν ἀ-
φθέγκτῳ μὴ προσπέσῃς νάπει
ποιάεντι, κάθυδρος οὗ
κρατὴρ μειλιχίων ποτῶν
ῥύματι συντρέχει.
τῶ, ξένε πάμμορ', εὖ
φύλαξαι.
μετάσταθ', ἀπόβαθι. πολ-
λὰ κέλευθος ἐρατύει.
κλύεις, ὦ πολύμοχθ' ἀλᾶτα;
λόγον εἴ τιν' ἔχεις
πρὸς ἐμὰν λέσχαν, ἀβάτων ἀποβάς,
ἵνα πᾶσι νόμος,
φώνει· πρόσθεν δ' ἀπερύκου.

ΟΙΔΙΠΟΥΣ

θύγατερ, ποῖ τις φροντίδος ἔλθῃ;

ΑΝΤΙΓΟΝΗ.

ὦ πάτερ, ἀστοῖς ἴσα χρὴ μελετᾶν,
εἴκοντας ἃ δεῖ, κοὐκ ἄκοντας.

ΟΙΔΙΠΟΥΣ.

πρόσθιγέ νύν μου.

ΑΝΤΙΓΟΝΗ.

ψαύω καὶ δή.

ΟΙΔΙΠΟΥΣ.

ὦ ξεῖνοι, μὴ δῆτ᾽ ἀδικηθῶ,
πιστεύσας καὶ μεταναστάς.

ΧΟΡΟΣ.

οὔ τοι μήποτέ σ᾽ ἐκ τῶνδ᾽ ἑδράνων,
ὦ γέρον, ἄκοντά τις ἄξει.

ΟΙΔΙΠΟΥΣ.

ἔτ᾽ οὖν ἔτι προβῶ;

ΧΟΡΟΣ.

ἐπίβαινε πρόσω.

ΟΙΔΙΠΟΥΣ.

ἔτι;

ΧΟΡΟΣ.

προσβίβαζε, κούρα,
πρόσω. σὺ γὰρ ἀΐεις.

ΑΝΤΙΓΟΝΗ.

ἕσπεο μάν, ἕσπ᾽ ὧδ᾽ ἀμαυρῷ
κώλῳ, πάτερ, ᾇ σ᾽ ἄγω.
τόλμα, ξεῖνος ἐπὶ ξείνης,
ὦ τλᾶμον, ὅ τι καὶ
πόλις τέτροφεν ἄφιλον,

ἀποστυγῶν, καὶ τὸ φίλον σέβεσθαι.

ΟΙΔΙΠΟΥΣ.

ἄγε νῦν σύ με, παῖ, ἵν' ἂν εὐσεβίας
ἐπιβαίνοντες, τὸ μὲν εἴπωμεν,
τὸ δ' ἀκούσωμεν,
καὶ μὴ χρείᾳ πολεμῶμεν.

ΧΟΡΟΣ.

αὐτοῦ· μηκέτι τοῦδ' ἀντιπέτρου
βήματος ἔξω πόδα κλίνῃς.

ΟΙΔΙΠΟΥΣ.

οὕτως;

ΧΟΡΟΣ.

ἅλις, ὡς ἀκούεις.

ΟΙΔΙΠΟΥΣ.

ἦ σθῶ;

ΧΟΡΟΣ.

λέχριός γ' ἐπ' ἄκρου
λᾶος βραχὺς ὀκλάσας.

ΑΝΤΙΓΟΝΗ.

πάτερ, ἐμὸν τόδ', ἐν ἡσυχίᾳ.
ἰώ μοι μοι.
βάσει βάσιν ἁρμόσαι.
γεραιὸν ἐς χέρα σῶμα σὸν
πρόκλινον φιλίαν ἐμάν.

ΟΙΔΙΠΟΥΣ.

ὤ μοι δύσφρονος ἄτας.

ΧΟΡΟΣ.

ὦ τλάμων, ὅτε νῦν χαλᾷς,
αὔδασον τίς σ' ἔφυσε βροτῶν,

τίς ὢν πολύπονος ἄγῃ, τίν' ἂν
σοῦ πατρίδ' ἐκπυθοίμαν.

ΟΙΔΙΠΟΥΣ.

ὦ ξένοι, ἀπόπτολις. ἀλλὰ μὴ—

ΧΟΡΟΣ.

τί τοῦτ' ἀπεννέπεις, γέρον;

ΟΙΔΙΠΟΥΣ.

μὴ, μὴ, μή μ' ἀνέρῃ
τίς εἰμι, μηδ'
ἐξετάσῃς πέρα ματεύων.

ΧΟΡΟΣ.

τί τόδ' αὖ;

ΟΙΔΙΠΟΥΣ.

δεινὰ φύσις.

ΧΟΡΟΣ.

αὔδα.

ΟΙΔΙΠΟΥΣ.

τέκνον, ὤ μοι, τί γεγώνω;

ΧΟΡΟΣ.

τίνος εἶ σπέρματος,
ξεῖνε, φώνει πατρόθεν.

ΟΙΔΙΠΟΥΣ.

ὤ μοι ἐγὼ, τί πάθω, τέκνον; ὤ μοι.

ΑΝΤΙΓΟΝΗ.

λέγ', ἐπείπερ ἐπ' ἔσχατα βαίνεις.

ΟΙΔΙΠΟΥΣ.

ἀλλ' ἐρῶ. οὐ γὰρ ἔχω κατακρυφάν.

ΧΟΡΟΣ.

μακρὰ μέλλετ', ἀλλὰ ταχύνετε.

ΟΙΔΙΠΟΥΣ.

Λαΐου ἴστε τιν' ἀπόγονον;

ΧΟΡΟΣ.

ὢ ὢ, ἰού.

ΟΙΔΙΠΟΥΣ.

τό τε Λαβδακιδᾶν γένος;

ΧΟΡΟΣ.

ὢ Ζεῦ.

ΟΙΔΙΠΟΥΣ.

ἄθλιον Οἰδιπόδαν;

ΧΟΡΟΣ.

σὺ γὰρ ὅδ' εἶ;

ΟΙΔΙΠΟΥΣ.

δέος ἴσχετε μηδὲν, ὅσ' αὐδῶ.

ΧΟΡΟΣ.

ἰὼ, ὢ ὤ.

ΟΙΔΙΠΟΥΣ.

δύσμορος.

ΧΟΡΟΣ.

ὢ, ὤ.

ΟΙΔΙΠΟΥΣ.

θύγατερ, τί ποτ' αὐτίκα κύρσει;

ΧΟΡΟΣ.

ἔξω πόρσω βαίνετε χώρας.

ΟΙΔΙΠΟΥΣ.

ἃ δ' ὑπέσχεο, ποῖ καταθήσεις;

ΧΟΡΟΣ.

οὐδενὶ μοιριδία τίσις ἔρχεται,

ὧν προπάθῃ, τὸ τίνειν.
ἀπάτα δ' ἀπάταις
ἑτέραις ἑτέρα παραβαλλομένα
πόνον οὐ χάριν ἀντιδίδωσιν ἔχειν.
σὺ δὲ τῶνδ' ἑδράνων
πάλιν ἔκτοπος, αὖτις ἄφορμος ἐμᾶς
χθονὸς ἔκθορε, μή τι πέρα χρέος ἐ-
μᾷ πόλει προσάψῃς.

ΑΝΤΙΓΟΝΗ.

ὦ ξένοι αἰδόφρονες, ἀλλ' ἐπεὶ
γεραὸν πατέρα τόνδ' ἐμὸν
οὐκ ἀνέτλατ', ἔργων
ἀκόντων ἀΐοντες αὐδὰν,
ἀλλ' ἐμὲ τὰν μελέαν, ἱκετεύομεν,
ὦ ξένοι, οἰκτίσαθ', ἃ πατρὸς ὕπερ
τοῦ 'μοῦ ἄντομαι, ἄντομαι, οὐκ ἀλα-
οῖς προσορωμένα ὄμμα σὸν ὄμμασιν,
ὥς τις ἀφ' αἵματος
ὑμετέρου προφανεῖσα, τὸν ἄθλιον
αἰδοῦς κύρσαι. ἐν ὑμῖν, ὡς θεῷ,
κείμεθα τλάμονες. ἀλλ' ἴτε, νεύσατε
τὰν ἀδόκητον χάριν.
πρός σ' ὅ τι σοι φίλον ἐκ σέθεν ἄντομαι,
ἢ τέκνον, ἢ λέχος, ἢ χρέος, ἢ θεός.
οὐ γὰρ ἴδοις ἂν ἀθρῶν βροτὸν, ὅστις ἂν,
εἰ θεὸς ἄγοι, ἐκφυγεῖν δύναιτο.

ΧΟΡΟΣ.

ἀλλ' ἴσθι, τέκνον Οἰδίπου, σέ τ' ἐξ ἴσου

οἰκτείρομεν καὶ τόνδε συμφορᾶς χάριν·
τὰ δ' ἐκ θεῶν τρέμοντες, οὐ σθένοιμεν ἂν
φωνεῖν πέρα τῶν πρὸς σὲ νῦν εἰρημένων.

ΟΙΔΙΠΟΥΣ.

τί δῆτα δόξης, ἢ τί κληδόνος καλῆς
μάτην ῥεούσης ὠφέλημα γίγνεται;
εἰ τάς γ' Ἀθήνας φασὶ θεοσεβεστάτας
εἶναι, μόνας δὲ τὸν κακούμενον ξένον
σώζειν οἵας τε, καὶ μόνας ἀρκεῖν ἔχειν.
κἄμοιγε ποῦ ταῦτ' ἐστὶν, οἵτινες βάθρων
ἐκ τῶνδ' ἔμ' ἐξάραντες εἶτ' ἐλαύνετε,
ὄνομα μόνον δείσαντες; οὐ γὰρ δὴ τό γε
σῶμ', οὐδὲ τἄργα τἄμ'· ἐπεὶ τά γ' ἔργα μου
πεπονθότ' ἐστὶ μᾶλλον ἢ δεδρακότα,
εἴ σοι τὰ μητρὸς καὶ πατρὸς χρείη λέγειν,
ὧν οὕνεκ' ἐκφοβῇ με. τοῦτ' ἐγὼ καλῶς
ἔξοιδα. καί τοι πῶς ἐγὼ κακὸς φύσιν,
ὅστις παθὼν μὲν ἀντέδρων, ὥστ' εἰ φρονῶν
ἔπρασσον, οὐδ' ἂν ὧδ' ἐγιγνόμην κακός;
νῦν δ' οὐδὲν εἰδὼς ἱκόμην ἵν' ἱκόμην·
ὑφ' ὧν δ' ἔπασχον, εἰδότων ἀπωλλύμην.
ἀνθ' ὧν ἱκνοῦμαι πρὸς θεῶν ὑμᾶς, ξένοι,
ὥσπερ με κἀνεστήσαθ', ὧδε σώσατε.
καὶ μὴ θεοὺς τιμῶντες, εἶτα τῶν θεῶν
ὥραν ποιεῖσθε μηδαμῶς· ἡγεῖσθε δὲ
βλέπειν μὲν αὐτοὺς πρὸς τὸν εὐσεβῆ βροτῶν,
βλέπειν δὲ πρὸς τοὺς δυσσεβεῖς· φυγὴν δέ του
μήπω γενέσθαι φωτὸς ἀνοσίου βροτῶν.

ξὺν

ξὺν οἷς σὺ μὴ κάλυπτε τὰς εὐδαίμονας
ἔργοις Ἀθήνας ἀνοσίοις ὑπηρετῶν.
ἀλλ' ὥσπερ ἔλαβες τὸν ἱκέτην ἐχέγγυον,
ῥύου με κἀκφύλασσε· μηδ' ἐμοῦ κάρα
τὸ δυσπρόσωπον εἰσορῶν ἀτιμάσῃς.
ἥκω γὰρ ἱερὸς εὐσεβής τε, καὶ φέρων
ὄνησιν ἀστοῖς τοῖσδ'· ὅταν δὲ κύριος
παρῇ τις, ὑμῶν ὅστις ἐστὶν ἡγεμών,
τότ' εἰσακούων πάντ' ἐπιστήσει· τὰ δὲ
μεταξὺ τούτου, μηδαμῶς γίγνου κακός.

ΧΟΡΟΣ.

ταρβεῖν μέν, ὦ γεραιέ, τἀνθυμήματα
πολλή 'στ' ἀνάγκη τἀπὸ σοῦ· λόγοισι γὰρ
οὐκ ὠνόμασται βραχέσι. τοὺς δὲ τῆσδε γῆς
ἄνακτας ἀρκεῖ ταῦτά μοι διειδέναι.

ΟΙΔΙΠΟΥΣ.

καὶ ποῦ 'σθ' ὁ κραίνων τῆσδε τῆς χώρας, ξένοι;

ΧΟΡΟΣ.

πατρῷον ἄστυ γῆς ἔχει· σκοπὸς δέ νιν,
ὃς κἀμὲ δεῦρ' ἔπεμψεν, οἴχεται στελῶν.

ΟΙΔΙΠΟΥΣ.

ἦ καὶ δοκεῖτε τοῦ τυφλοῦ τιν' ἐντροπὴν
ἢ φροντίδ' ἕξειν, κἀπόντος ἐλθεῖν πέλας;

ΧΟΡΟΣ.

καὶ κάρθ', ὅταν περ τοὔνομ' αἴσθηται τὸ σόν.

ΟΙΔΙΠΟΥΣ.

τίς δ' ἔσθ' ὁ κείνῳ τοῦτο τοὔπος ἀγγελῶν;

ΧΟΡΟΣ.

μακρὰ κέλευθος· πολλὰ δ' ἐμπόρων ἔπη

φιλεῖ πλανᾶσθαι, τῶν ἐκεῖνος ἀΐων,
θάρσει. παρέσται. πολὺ γάρ, ὦ γέρον, τὸ σὸν
ὄνομα διήκει πάντας, ὥστε καὶ βραδὺς
ἕρπει, κλύων σου δεῦρ᾽ ἀφίξεται ταχύς.

ΟΙΔΙΠΟΥΣ.

ἀλλ᾽ εὐτυχὴς ἵκοιτο τῇ θ᾽ αὑτοῦ πόλει,
ἐμοί τε. τίς γὰρ ἐσθλὸς οὐχ αὑτῷ φίλος;

ΑΝΤΙΓΟΝΗ.

ὦ Ζεῦ, τί λέξω; ποῖ φρενῶν ἔλθω, πάτερ;

ΟΙΔΙΠΟΥΣ.

τί δ᾽ ἔστι, τέκνον Ἀντιγόνη;

ΑΝΤΙΓΟΝΗ.

γυναῖχ᾽ ὁρῶ
στείχουσαν ἡμῶν ἆσσον, Αἰτναίας ἐπὶ
πώλου βεβῶσαν· κρατὶ δ᾽ ἡλιοστερὴς
κυνῆ πρόσωπα Θεσσαλίς νιν ἀμπέχει.
τί φῶ;
ἆρ᾽ ἐστίν; ἆρ᾽ οὐκ ἔστιν; ἢ γνώμη πλανᾷ;
καὶ φημὶ κἀπόφημι. κοὐκ ἔχω τί φῶ.
τάλαινα.
οὐκ ἔστιν ἄλλη. φαιδρὰ γοῦν ἀπ᾽ ὀμμάτων
σαίνει με προστείχουσα· σημαίνει δ᾽ ὅτι
μόνης τόδ᾽ ἐστὶ δῆλον Ἰσμήνης κάρα.

ΟΙΔΙΠΟΥΣ.

πῶς εἶπας, ὦ παῖ;

ΑΝΤΙΓΟΝΗ.

παῖδα σήν, ἐμὴν δ᾽ ὁρᾶν
ὅμαιμον· αὐδῇ δ᾽ αὐτίκ᾽ ἔξεστιν μαθεῖν.

ΙΣΜΗΝΗ.

ὦ δισσὰ πατρὸς καὶ κασιγνήτης ἐμοὶ
ἥδιστα προσφωνήμαθ᾽, ὡς ὑμᾶς μόλις
εὑροῦσα, λύπῃ δεύτερον μόλις βλέπω.

ΟΙΔΙΠΟΥΣ.

ὦ τέκνον, ἥκεις;

ΙΣΜΗΝΗ.

ὦ πάτερ δύσμοιρ᾽ ὁρᾶν.

ΟΙΔΙΠΟΥΣ.

ὦ σπέρμ᾽ ὅμαιμον.

ΙΣΜΗΝΗ.

ὦ δυσάθλιαι τροφαί.

ΟΙΔΙΠΟΥΣ.

τέκνον, πέφηνας;

ΙΣΜΗΝΗ.

οὐκ ἄνευ μόχθου γ᾽ ἐμοί.

ΟΙΔΙΠΟΥΣ.

πρόσψαυσον, ὦ παῖ.

ΙΣΜΗΝΗ.

θιγγάνω δυοῖν ὁμοῦ.

ΟΙΔΙΠΟΥΣ.

ὦ τῆσδε κἀμοῦ—

ΙΣΜΗΝΗ.

δυσμόρου τ᾽ ἐμοῦ τρίτης.

ΟΙΔΙΠΟΥΣ.

τέκνον, τί δ᾽ ἦλθες;

ΙΣΜΗΝΗ.

σῇ, πάτερ, προμηθίᾳ.

ΟΙΔΙΠΟΥΣ.

πέτρα πόθοισι;

ΙΣΜΗΝΗ.

καὶ λόγων αὐτάγγελος,
ξὺν ᾧπερ εἶχον οἰκετῶν πιστῷ μόνῳ.

ΟΙΔΙΠΟΥΣ.

οἱ δ' αὐθόμαιμοι ποῦ νεανίαι πονεῖν;

ΙΣΜΗΝΗ.

εἴσ' οὗπέρ εἰσι. δεινὰ τἀκείνοις τανῦν.

ΟΙΔΙΠΟΥΣ.

ὦ πάντ' ἐκείνω τοῖς ἐν Αἰγύπτῳ νόμοις
φύσιν κατεικασθέντε καὶ βίου τροφάς.
ἐκεῖ γὰρ οἱ μὲν ἄρσενες κατὰ στέγας
θακοῦσιν ἱστουργοῦντες· αἱ δὲ σύννομοι
τἄξω βίου τροφεῖα πορσύνουσ' ἀεί.
σφῷν δ', ὦ τέκν', οὓς μὲν εἰκὸς ἦν πονεῖν τάδε,
κατ' οἶκον οἰκουροῦσιν, ὥστε παρθένοι·
σφὼ δ' ἀντ' ἐκείνων τἀμὰ δυστήνου κακὰ
ὑπερπονεῖτον. ἡ μὲν, ἐξ ὅτου νέας
τροφῆς ἔληξε, καὶ κατίσχυσεν δέμας,
ἀεὶ μεθ' ἡμῶν δύσμορος πλανωμένη
γερονταγωγεῖ, πολλὰ μὲν κατ' ἀγρίαν
ὕλην ἄσιτος νηλίπους τ' ἀλωμένη,
πολλοῖσι δ' ὄμβροις ἡλίου τε καύμασι
μοχθοῦσα τλήμων, δεύτερ' ἡγεῖται τὰ τῆς
οἴκοι διαίτης, εἰ πατὴρ τροφὴν ἔχοι.
σὺ δ', ὦ τέκνον, πρόσθεν μὲν ἐξίκου πατρὶ
μαντεῖ' ἄγουσα πάντα, Καδμείων λάθρᾳ,

ἃ τοῦδ᾽ ἐχρήσθη σώματος· φύλαξ δ᾽ ἐμοῦ
πιστὴ κατέστης, γῆς ὅτ᾽ ἐξηλαυνόμην.
νῦν δ᾽ αὖ τίν᾽ ἥκεις μῦθον, Ἰσμήνη, πατρὶ
φέρουσα; τίς σ᾽ ἐξῆρεν οἴκοθεν στόλος;
ἥκεις γὰρ οὐ κενή γε, τοῦτ᾽ ἐγὼ σαφῶς
ἔξοιδα· μὴ οὐχὶ δεῖμ᾽ ἐμοὶ φέρουσά τι.

ΙΣΜΗΝΗ.

ἐγὼ τὰ μὲν παθήμαθ᾽, ἅπαθον, πάτερ,
ζητοῦσα τὴν σὴν, ποῦ κατοικοίης, τροφὴν,
παρεῖσ᾽ ἐάσω. δὶς γὰρ οὐχὶ βούλομαι
πονοῦσά τ᾽ ἀλγεῖν, καὶ λέγουσ᾽ αὖθις πάλιν.
ἃ δ᾽ ἀμφὶ τοῖν σοῖν δυσμόροιν παίδοιν κακὰ
νῦν ἐστὶ, ταῦτα σημανοῦσ᾽ ἐλήλυθα.
πρὶν μὲν γὰρ αὐτοῖς ἦν ἔρως, Κρέοντί τε
θρόνους ἐᾶσθαι, μηδὲ χραίνεσθαι πόλιν,
λόγῳ σκοποῦσι τὴν πάλαι γένους φθορὰν,
οἵα κατέσχε τὸν σὸν ἄθλιον δόμον·
νῦν δ᾽ ἐκ θεῶν του κἀξ ἀλιτηρίου φρενὸς
εἰσῆλθε τοῖν τρισαθλίοιν ἔρις κακὴ,
ἀρχῆς λαβέσθαι καὶ κράτους τυραννικοῦ.
χὠ μὲν νεάζων, καὶ χρόνῳ μείων γεγὼς,
τὸν πρόσθε γεννηθέντα Πολυνείκην θρόνων
ἀποστερίσκει, κἀξελήλακεν πάτρας.
ὁ δ᾽, ὡς καθ᾽ ἡμᾶς ἔσθ᾽ ὁ πληθύων λόγος,
τὸ κοῖλον Ἄργος βὰς φυγὰς, προσλαμβάνει
κῆδός τε καινὸν καὶ ξυνασπιστὰς φίλους,
ὡς αὐτίκ᾽ Ἄργος δὴ τὸ Καδμείων πέδον
τιμῇ καθέξον, καὶ πρὸς οὐρανὸν βιβῶν.

ταῦτ' οὐκ ἀριθμός ἐστιν, ὦ πάτερ, λόγων,
ἀλλ' ἔργα δεινά· τοὺς δὲ σοὺς ὅπου θεοὶ
πόνους κατοικτιοῦσιν, οὐκ ἔχω μαθεῖν.

ΟΙΔΙΠΟΥΣ.

ἤδη γὰρ ἔσχες ἐλπίδ', ὡς ἐμοῦ θεοὺς
ὤραν τιν' ἕξειν, ὥστε σωθῆναί ποτε;

ΙΣΜΗΝΗ.

ἔγωγε τοῖς νῦν γ', ὦ πάτερ, μαντεύμασι.

ΟΙΔΙΠΟΥΣ.

ποίοισι τούτοις; τί δὲ τεθέσπισται, τέκνον;

ΙΣΜΗΝΗ

σὲ τοῖς ἐκεῖ ζητητὸν ἀνθρώποις ποτὲ
θανόντ' ἔσεσθαι ζῶντά τ', εὐσοίας χάριν.

ΟΙΔΙΠΟΥΣ.

τίς δ' ἂν τοιοῦδ' ὑπ' ἀνδρὸς εὖ πράξειεν ἄν;

ΙΣΜΗΝΗ.

ἐν σοὶ τὰ κείνων φασὶ γίγνεσθαι κράτη.

ΟΙΔΙΠΟΥΣ.

ὅτ' οὐκ ἔτ' εἰμί, τηνικαῦτ' ἄρ' εἴμ' ἀνήρ.

ΙΣΜΗΝΗ.

νῦν γὰρ θεοί σ' ὀρθοῦσι, πρόσθε δ' ὤλλυσαν.

ΟΙΔΙΠΟΥΣ.

γέροντα δ' ὀρθοῦν, φλαῦρον, ὃς νέος πέσῃ.

ΙΣΜΗΝΗ.

καὶ μὴν Κρέοντά γ' ἴσθι σοι τούτων χάριν
ἥξοντα βαιοῦ κοὐχὶ μυρίου χρόνου.

ΟΙΔΙΠΟΥΣ.

ὅπως τί δράσῃ, θύγατερ; ἑρμήνευέ μοι.

ΙΣΜΗΝΗ.

ὥς σ' ἄγχι γῆς στήσωσι Καδμείας, ὅπως
κρατῶσι μὲν σοῦ, γῆς δὲ μὴ 'μβαίνῃς ὅρων.

ΟΙΔΙΠΟΥΣ.

ἡ δ' ὠφέλησις τίς θύραισι κειμένου;

ΙΣΜΗΝΗ.

κείνοις ὁ τύμβος δυστυχῶν ὁ σὸς βαρύς.

ΟΙΔΙΠΟΥΣ.

κἄνευ θεοῦ τις τοῦτό γ' ἂν γνώμῃ μάθοι.

ΙΣΜΗΝΗ.

τούτου χάριν τοίνυν σε προσθέσθαι πέλας
χώρας θέλουσι· μηδ' ἵν' ἂν σαυτοῦ κρατεῖς.

ΟΙΔΙΠΟΥΣ.

ἦ καὶ κατασκιῶσι Θηβαίᾳ κόνει;

ΙΣΜΗΝΗ.

ἀλλ' οὐκ ἐᾷ τοὔμφυλον αἷμά σ', ὦ πάτερ.

ΟΙΔΙΠΟΥΣ.

οὐκ ἆρ' ἐμοῦ γε μὴ κρατήσωσίν ποτε.

ΙΣΜΗΝΗ.

ἔσται ποτ' ἆρα τοῦτο Καδμείοις βάρος.

ΟΙΔΙΠΟΥΣ.

ποίας φανείσης, ὦ τέκνον, ξυναλλαγῆς;

ΙΣΜΗΝΗ.

τῆς σῆς ὑπ' ὀργῆς, σοῖς ὅταν στῶσιν τάφοις.

ΟΙΔΙΠΟΥΣ.

ἃ δ' ἐννέπεις, κλύουσα τοῦ λέγεις, τέκνον;

ΙΣΜΗΝΗ.

ἀνδρῶν θεωρῶν Δελφικῆς ἀφ' ἑστίας.

ΟΙΔΙΠΟΥΣ.

καὶ ταῦτ' ἐφ' ἡμῖν Φοῖβος εἰρηκὼς κυρεῖ;

ΙΣΜΗΝΗ.

ὥς φασιν οἱ μολόντες εἰς Θήβης πέδον.

ΟΙΔΙΠΟΥΣ.

παίδων τις οὖν ἤκουσε τῶν ἐμῶν τάδε;

ΙΣΜΗΝΗ.

ἄμφω γ' ὁμοίως, κἀξεπίστασθον καλῶς.

ΟΙΔΙΠΟΥΣ.

κᾆθ' οἱ κάκιστοι τῶνδ' ἀκούσαντες, πάρος
τοῦ 'μοῦ πόθου προὔθεντο τὴν τυραννίδα;

ΙΣΜΗΝΗ.

ἀλγῶ κλύουσα ταῦτ' ἐγώ· φέρω δ' ὅμως.

ΟΙΔΙΠΟΥΣ.

ἀλλ' οἱ θεοί σφι μήτε τὴν πεπρωμένην
ἔριν κατασβέσειαν, ἐν δ' ἐμοὶ τέλος
αὐτοῖν γένοιτο τῆσδε τῆς μάχης πέρι,
ἧς νῦν ἔχονται, κἀπαναιροῦνται δόρυ·
ὡς οὔτ' ἂν ὃς νῦν σκῆπτρα καὶ θρόνους ἔχει,
μείνειεν, οὔτ' ἂν οὑξεληλυθὼς, πάλιν
ἔλθοι ποτ' αὖθις· οἵ γε τὸν φύσαντ' ἐμὲ,
οὕτως ἀτίμως πατρίδος ἐξωθούμενον,
οὐκ ἔσχον, οὐδ' ἤμυναν· ἀλλ' ἀνάστατος
αὐτοῖν ἐπέμφθην, κἀξεκηρύχθην φυγάς.
εἴποις ἂν, ὡς θέλοντι τοῦτ' ἐμοὶ τότε
πόλις τὸ δῶρον εἰκότως κατήνεσεν.
οὐ δῆτ', ἐπεί τοι τὴν μὲν αὐτίχ' ἡμέραν,
ὁπηνίκ' ἔζει θυμὸς, ἥδιστον δ' ἐμοὶ

τὸ κατθανεῖν ἦν καὶ τὸ λευσθῆναι πέτροις,
οὐδεὶς ἔρωτος τοῦδ᾽ ἐφαίνετ᾽ ὠφελῶν·
χρόνῳ δ᾽ ὅτ᾽ ἤδη πᾶς ὁ μόχθος ἦν πέπων,
κἀμάνθανον τὸν θυμὸν ἐκδραμόντα μοι
μείζω κολαστὴν τῶν πρὶν ἡμαρτημένων,
τοτηνίκ᾽ ἤδη τοῦτο μὲν, πόλις βίᾳ
ἤλαυνέ μ᾽ ἐκ γῆς χρόνιον· οἱ δ᾽ ἐπωφελεῖν,
οἱ τοῦ πατρὸς, τῷ πατρὶ δυνάμενοι, τὸ δρᾶν
οὐκ ἠθέλησαν, ἀλλ᾽ ἔπους σμικροῦ χάριν
φυγάς σφιν ἔξω πτωχὸς ἠλώμην ἐγώ.
ἐκ ταῖνδε δ᾽, οὔσαιν παρθένοιν, ὅσον φύσις
δίδωσιν αὐταῖν, καὶ τροφὰς ἔχω βίου,
καὶ γῆς ἄδειαν, καὶ γένους ἐπάρκεσιν·
τὼ δ᾽ ἀντὶ τοῦ φύσαντος εἱλέσθην θρόνους
καὶ σκῆπτρα κραίνειν, καὶ τυραννεύειν χθονός.
ἀλλ᾽ οὔ τι μὴ λάχωσι τοῦδε συμμάχου,
οὔτε σφιν ἀρχῆς τῆσδε Καδμείας ποτὲ
ὄνησις ἥξει. τοῦτ᾽ ἐγᾦδα, τῆσδέ τε
μαντεῖ᾽ ἀκούων, ξυννοῶν τά τ᾽ ἐξ ἐμοῦ
παλαίφαθ᾽, ἅμοὶ Φοῖβος ἤνυσέν ποτε.
πρὸς ταῦτα καὶ Κρέοντα πεμπόντων, ἐμοῦ
μαστῆρα, κεἴ τις ἄλλος ἐν πόλει σθένει.
ἐὰν γὰρ ὑμεῖς, ὦ ξένοι, θέλητ᾽ ἐμοῦ
ξὺν ταῖσδε ταῖς σεμναῖσι δημούχοις θεαῖς
ἀλκὴν ποιεῖσθαι, τῇδε τῇ πόλει μέγαν
σωτῆρ᾽ ἀρεῖσθε, τοῖς δ᾽ ἐμοῖς ἐχθροῖς πόνους.

ΧΟΡΟΣ.

ἐπάξιος μὲν Οἰδίπους κατοικτίσαι,

αὐτός τε, παῖδές θ' αἵδ'· ἐπεὶ δὲ τῆσδε γῆς
σωτῆρα σαυτὸν τῷδ' ἐπεμβάλλεις λόγῳ,
παραινέσαι σοι βούλομαι τὰ σύμφορα.

ΟΙΔΙΠΟΥΣ.

ὦ φίλταθ', ὡς νῦν πᾶν τελοῦντι προξένει.

ΧΟΡΟΣ.

θοῦ νῦν καθαρμὸν τῶνδε δαιμόνων, ἐφ' ἃς
τὸ πρῶτον ἵκου καὶ κατέστειψας πέδον.

ΟΙΔΙΠΟΥΣ.

τρόποισι ποίοις; ὦ ξένοι, διδάσκετε.

ΧΟΡΟΣ.

πρῶτον μὲν ἱερὰς ἐξ ἀειρύτου χοὰς
κρήνης ἐνεγκοῦ, δι' ὁσίων χειρῶν θιγών.

ΟΙΔΙΠΟΥΣ.

ὅταν δὲ τοῦτο χεῦμ' ἀκήρατον λάβω;

ΧΟΡΟΣ.

κρατῆρές εἰσιν, ἀνδρὸς εὔχειρος τέχνη,
ὧν κρᾶτ' ἔρεψον καὶ λαβὰς ἀμφιστόμους.

ΟΙΔΙΠΟΥΣ.

θαλλοῖσιν, ἢ κρόκαισιν; ἢ ποίῳ τρόπῳ;

ΧΟΡΟΣ.

οἰὸς νεαρᾶς νεοπόκῳ μαλλῷ βαλών.

ΟΙΔΙΠΟΥΣ.

εἶεν· τὸ δ' ἔνθεν ποῖ τελευτῆσαί με χρή;

ΧΟΡΟΣ.

χοὰς χέασθαι στάντα πρὸς πρώτην ἕω.

ΟΙΔΙΠΟΥΣ.

ἦ τοῖσδε κρωσσοῖς, οἷς λέγεις, χέω τάδε;

ΧΟΡΟΣ.

τρισσάς γε πηγάς· τὸν τελευταῖον δ' ὅλον.

ΟΙΔΙΠΟΥΣ.

τοῦ τόνδε πλήσας θῶ; δίδασκε καὶ τόδε.

ΧΟΡΟΣ.

ὕδατος, μελίσσης· μηδὲ προσφέρειν μέθυ.

ΟΙΔΙΠΟΥΣ.

ὅταν δὲ τούτων γῆ μελάμφυλλος τύχῃ;

ΧΟΡΟΣ.

τρὶς ἐννέ' αὐτῇ κλῶνας ἐξ ἀμφοῖν χεροῖν
τιθεὶς ἐλαίας, τάσδ' ἐπεύχεσθαι λιτάς.

ΟΙΔΙΠΟΥΣ.

τούτων ἀκοῦσαι βούλομαι. μέγιστα γάρ.

ΧΟΡΟΣ.

ὥς σφας καλοῦμεν Εὐμενίδας, ἐξ εὐμενῶν
στέρνων δέχεσθαι τὸν ἱκέτην σωτήριον,
αἰτοῦ σύ γ' αὐτὸς, κεἴ τις ἄλλος ἀντὶ σοῦ,
ἄπυστα φωνῶν, μηδὲ μηκύνων βοήν·
ἔπειτ' ἀφέρπειν ἄστροφος. καὶ ταῦτά σοι
δράσαντι θαρσῶν ἂν παρασταίην ἐγώ·
ἄλλως δὲ δειμαίνοιμ' ἂν, ὦ ξέν', ἀμφὶ σοί.

ΟΙΔΙΠΟΥΣ.

ὦ παῖδε, κλύετον τῶνδε προσχώρων ξένων;

ΑΝΤΙΓΟΝΗ.

ἠκούσαμέν τε, χὤ τι δεῖ πρόστασσε δρᾷν.

ΟΙΔΙΠΟΥΣ.

ἐμοὶ μὲν οὐχ ὁδωτά. λείπομαι γὰρ ἐν
τῷ μὴ δύνασθαι, μήθ' ὁρᾷν, δυοῖν κακοῖν.

σφῷν δ' ἁτέρα μολοῦσα πραξάτω τάδε.
ἀρκεῖν γὰρ οἶμαι κἀντὶ μυρίων μίαν
ψυχὴν τάδ' ἐκτίνουσαν, ἢν εὔνους παρῇ.
ἀλλ' ἐν τάχει τι πράσσετον· μόνον δ' ἐμὲ
μὴ λείπετ'. οὐ γὰρ ἂν σθένοι τοὐμὸν δέμας
ἔρημον ἕρπειν, οὐδ' ὑφηγητοῦ γ' ἄνευ.

ΙΣΜΗΝΗ.

ἀλλ' εἶμ' ἐγὼ τελοῦσα· τὸν τόπον δ' ἵνα
τὰ χρεῖ' ἐφεύρω, τοῦτο βούλομαι μαθεῖν.

ΧΟΡΟΣ.

τοὐκεῖθεν ἄλσους, ὦ ξένη, τοῦδ'· ἢν δέ του
σπάνιν τιν' ἴσχῃς, ἔστ' ἔποικος, ὃς φράσει.

ΙΣΜΗΝΗ.

χωροῖμ' ἂν ἐς τόδ'· Ἀντιγόνη, σὺ δ' ἐνθάδε
φύλασσε πατέρα τόνδε. τοῖς τεκοῦσι γὰρ
οὐδ' εἰ πονῇ τις, δεῖ πόνου μνήμην ἔχειν.

ΧΟΡΟΣ.

δεινὸν μὲν, τὸ πάλαι κείμενον ἤ-
δη κακὸν, ὦ ξεῖν', ἐπεγείρειν·
ὅμως δ' ἔραμαι πυθέσθαι —

ΟΙΔΙΠΟΥΣ.

τί τοῦτο;

ΧΟΡΟΣ.

τᾶς δειλαίας ἀπόρου φανείσας
ἀλγηδόνος, ᾇ ξυνέστας.

ΟΙΔΙΠΟΥΣ.

μὴ, πρὸς ξενίας, ἀνοίξῃς
τᾶς σᾶς. πέπονθ' ἔργ' ἀναιδῆ.

ΧΟΡΟΣ.

τό τοι πολὺ καὶ μηδαμὰ λῆγον
χρῄζω, ξεῖν', ὀρθὸν ἄκουσμ' ἀκοῦσαι.

ΟΙΔΙΠΟΥΣ.

ἰώ μοι.

ΧΟΡΟΣ.

στέρξον, ἱκετεύω.

ΟΙΔΙΠΟΥΣ.

φεῦ, φεῦ.

ΧΟΡΟΣ.

πείθου· κἀγὼ γὰρ ὅσον σὺ προσχρῄζεις.

ΟΙΔΙΠΟΥΣ.

ἤνεγκον κακότατ', ὦ ξένοι,
ἤνεγκον, ἄκων μὲν, θεὸς ἴστω·
τούτων δ' αὐθαίρετον οὐδέν.

ΧΟΡΟΣ.

ἀλλ' ἐς τί;

ΟΙΔΙΠΟΥΣ.

κακᾷ μ' ἐν εὐνᾷ πόλις οὐδὲν ἴδριν
γάμων ἐνέδησεν ἄτᾳ.

ΧΟΡΟΣ.

ἦ μητρόθεν, ὡς ἀκούω,
δυσώνυμα λέκτρ' ἔπλησας;

ΟΙΔΙΠΟΥΣ.

ὤ μοι, θάνατος μὲν τάδ' ἀκούειν,
ὦ ξεῖν'· αὗται δὲ δύ' ἐξ ἐμοῦ —

ΧΟΡΟΣ.

πῶς φῄς;

ΟΙΔΙΠΟΥΣ.

παῖδες, δύο δ' ἄτα—

ΧΟΡΟΣ.

ὦ Ζεῦ.

ΟΙΔΙΠΟΥΣ.

ματρὸς κοινᾶς
ἀπέβλαστον ὠδῖνος.

ΧΟΡΟΣ.

σαί τ' ἄρ' εἰσ' ἀπόγονοί τε καὶ
κοιναί γε πατρὸς ἀδελφεαί.

ΟΙΔΙΠΟΥΣ.

ἰώ.

ΧΟΡΟΣ.

ἰὼ δῆτα.
μυρίων ἐπιστροφαὶ κακῶν
ἔπαθες.

ΟΙΔΙΠΟΥΣ.

ἔπαθον ἄλαστ' ἔχειν.

ΧΟΡΟΣ.

ἔρεξας—

ΟΙΔΙΠΟΥΣ.

οὐκ ἔρεξα.

ΧΟΡΟΣ.

τί γάρ;

ΟΙΔΙΠΟΥΣ.

ἐδεξάμην
δῶρον, ὃ μήποτ' ἐγὼ ταλακάρδιος
ἐπωφέλησα πόλεως ἐξελέσθαι.

ΧΟΡΟΣ.

δύστανε, τί γάρ; ἔθου φόνον—

ΟΙΔΙΠΟΥΣ.

τί τοῦτο; τί δ' ἐθέλεις μαθεῖν;

ΧΟΡΟΣ.

πατρός;

ΟΙΔΙΠΟΥΣ.

παπαῖ.
δευτέραν ἔπαισας ἐπὶ νόσῳ νόσον.

ΧΟΡΟΣ.

ἔκανες—

ΟΙΔΙΠΟΥΣ.

ἔκανον. ἔχω δ' ἐμοὶ—

ΧΟΡΟΣ.

τί τοῦτο;

ΟΙΔΙΠΟΥΣ.

πρὸς δίκας τι.

ΧΟΡΟΣ.

τί γάρ;

ΟΙΔΙΠΟΥΣ.

ἐγὼ φράσω.
καὶ γὰρ ἄγνως ἐφόνευσα, κἀπώλεσα·
νόμῳ δὲ καθαρός, ἄϊδρις ἐς τόδ' ἦλθον.

ΧΟΡΟΣ.

καὶ μὴν ἄναξ ὅδ' ἡμὶν Αἰγέως γόνος
Θησεὺς κατ' ὀμφὴν σὴν ἀποσταλεὶς πάρα.

ΘΗΣΕΥΣ.

πολλῶν ἀκούων ἔν τε τῷ πάρος χρόνῳ

τὰς αἱματηρὰς ὀμμάτων διαστροφὰς,
ἔγνωκά σ', ὦ παῖ Λαΐου· τανῦν θ' ὁδοῖς
ἐν ταῖσδ' ἀκούων, μᾶλλον ἐξεπίσταμαι.
σκευή τε γάρ σε καὶ τὸ δύστηνον κάρα
δηλοῦτον ἡμῖν ὄνθ' ὃς εἶ, καί σ' οἰκτίσας
θέλω σ' ἐρέσθαι, δύσμορ' Οἰδίπου, τίνα
πόλεως ἐπέστης προστροπὴν ἐμοῦ τ' ἔχων,
αὐτός τε, χ' ἡ σὴ δύσμορος παραστάτις.
δίδασκε. δεινὴν γάρ τιν' ἂν πρᾶξιν τύχοις
λέξας, ὁποίας ἐξαφισταίμην ἐγώ.
ὡς οἶδά γ' αὐτὸς, ὡς ἐπαιδεύθην ξένος,
ὥσπερ σὺ, χὥστις πλεῖστ' ἀνὴρ ἐπὶ ξένης
ἤθλησα κινδυνεύματ' ἐν τὠμῷ κάρᾳ.
ὥστε ξένον γ' ἂν οὐδέν' ὄνθ', ὥσπερ σὺ νῦν,
ὑπεκτραποίμην μὴ οὐ συνεκσώζειν· ἐπεὶ
ἔξοιδ' ἀνὴρ ὢν, χὤτι τῆς ἐς αὔριον
οὐδὲν πλέον μοι σοῦ μέτεστιν ἡμέρας.

ΟΙΔΙΠΟΥΣ.

Θησεῦ, τὸ σὸν γενναῖον ἐν σμικρῷ λόγῳ
παρῆκεν, ὥστε βραχέα μοι δεῖσθαι φράσαι.
σὺ γάρ μ' ὃς εἰμὶ, κἀξ ὅτου πατρὸς γεγὼς,
καὶ γῆς ὁποίας ἦλθον, εἰρηκὼς κυρεῖς.
ὥστ' ἐστί μοι τὸ λοιπὸν οὐδὲν ἄλλο, πλὴν
εἰπεῖν ἃ χρῄζω, χὠ λόγος διέρχεται.

ΘΗΣΕΥΣ.

τοῦτ' αὐτὸ νῦν δίδασχ', ὅπως ἂν ἐκμάθω.

ΟΙΔΙΠΟΥΣ.

δώσων ἱκάνω τοὐμὸν ἄθλιον δέμας

σοὶ

σοὶ δῶρον, οὐ σπουδαῖον εἰς ὄψιν· τὰ δὲ
κέρδη παρ' αὐτοῦ κρείσσον', ἢ μορφὴ καλή.

ΘΗΣΕΥΣ.

ποῖον δὲ κέρδος ἀξιοῖς ἥκειν φέρων;

ΟΙΔΙΠΟΥΣ.

χρόνῳ μάθοις ἄν, οὐχὶ τῷ παρόντι που.

ΘΗΣΕΥΣ.

ποίῳ γὰρ ἡ σὴ προσφορὰ δηλώσεται;

ΟΙΔΙΠΟΥΣ.

ὅταν θάνω 'γώ, καὶ σύ μου ταφεὺς γένῃ.

ΘΗΣΕΥΣ.

τὰ λοίσθι' αἰτῇ τοῦ βίου· τὰ δ' ἐν μέσῳ,
ἢ λῆστιν ἴσχεις, ἢ δι' οὐδενὸς ποιῇ.

ΟΙΔΙΠΟΥΣ.

ἐνταῦθα γάρ μοι κεῖνα συγκομίζεται.

ΘΗΣΕΥΣ.

ἀλλ' ἐν βραχεῖ δὴ τήνδ' ἐμ' ἐξαιτῇ χάριν.

ΟΙΔΙΠΟΥΣ.

ὅρα γε μήν· οὐ σμικρὸς, οὐκ, ἀγὼν ὅδε.

ΘΗΣΕΥΣ.

πότερα τὰ τῶν σῶν ἐκγόνων, ἢ 'μοῦ λέγεις;

ΟΙΔΙΠΟΥΣ.

κεῖνοι κομίζειν κεῖσ' ἀναγκάζουσί με.

ΘΗΣΕΥΣ.

ἀλλ' εἰ θέλοιέν γ', οὐδὲ σοὶ φεύγειν καλόν.

ΟΙΔΙΠΟΥΣ.

ἀλλ' οὐδ', ὅτ' αὐτὸς ἤθελον, παρίεσαν.

ΘΗΣΕΥΣ.

ὦ μῶρε, θυμὸς ἐν κακοῖς οὐ ξύμφορον.

ΟΙΔΙΠΟΥΣ.

ὅταν μάθῃς μου, νουθέτει· τανῦν δ' ἔα.

ΘΗΣΕΥΣ.

δίδασκ'. ἄνευ γνώμης γὰρ οὔ με χρὴ λέγειν.

ΟΙΔΙΠΟΥΣ.

πέπονθα, Θησεῦ, δεινὰ πρὸς κακοῖς κακά.

ΘΗΣΕΥΣ.

ἦ τὴν παλαιὰν ξυμφορὰν γένους ἐρεῖς;

ΟΙΔΙΠΟΥΣ.

οὐ δῆτ'· ἐπεὶ πᾶς τοῦτό γ' Ἑλλήνων θροεῖ.

ΘΗΣΕΥΣ.

τί γὰρ τὸ μεῖζον ἢ κατ' ἄνθρωπον νοσεῖς;

ΟΙΔΙΠΟΥΣ.

οὕτως ἔχει μοι. γῆς ἐμῆς ἀπηλάθην
πρὸς τῶν ἐμαυτοῦ σπερμάτων· ἔστιν δ' ἐμοὶ
πάλιν κατελθεῖν μήποθ', ὡς πατροκτόνῳ.

ΘΗΣΕΥΣ.

πῶς δῆτά σ' ἂν πεμψαίαθ', ὥστ' οἰκεῖν δίχα;

ΟΙΔΙΠΟΥΣ.

τὸ θεῖον αὐτοὺς ἐξαναγκάζει στόμα.

ΘΗΣΕΥΣ.

ποῖον πάθος δείσαντας ἐκ χρηστηρίων;

ΟΙΔΙΠΟΥΣ.

ὅτι σφ' ἀνάγκη τῇδε πληγῆναι χθονί.

ΘΗΣΕΥΣ.

καὶ πῶς γένοιτ' ἂν τἀμὰ κἀκείνων πικρά;

ΟΙΔΙΠΟΥΣ.

ὦ φίλτατ' Αἰγέως παῖ, μόνοις οὐ γίγνεται

θεοῖσι γῆρας, οὐδὲ μὴν θανεῖν ποτε·
τὰ δ' ἄλλα συγχεῖ πάνθ' ὁ παγκρατὴς χρόνος.
φθίνει μὲν ἰσχὺς γῆς, φθίνει δὲ σώματος·
θνήσκει δὲ πίστις, βλαστάνει δ' ἀπιστία.
καὶ πνεῦμα ταὐτὸν οὔ ποτ' οὔτ' ἐν ἀνδράσι
φίλοις βέβηκεν, οὔτε πρὸς πόλιν πόλει.
τοῖς μὲν γὰρ ἤδη, τοῖς δ' ἐν ὑστέρῳ χρόνῳ
τὰ τερπνὰ πικρὰ γίγνεται, καὖθις φίλα.
καὶ ταῖσι Θήβαις εἰ τανῦν εὐημερεῖ
καλῶς τὰ πρὸς σὲ, μυρίας ὁ μυρίος
χρόνος τεκνοῦται νύκτας ἡμέρας τ' ἰὼν,
ἐν αἷς τὰ νῦν ξύμφωνα δεξιώματα
ἐν δορὶ διασκεδῶσιν ἐκ σμικροῦ λόγου·
ἵν' οὑμὸς εὕδων καὶ κεκρυμμένος νέκυς
ψυχρός ποτ' αὐτῶν θερμὸν αἷμα πίεται,
εἰ Ζεὺς ἔτι Ζεὺς, χὠ Διὸς Φοῖβος σαφής.
ἀλλ', οὐ γὰρ αὐδᾶν ἡδὺ τἀκίνητ' ἔπη,
ἔα μ' ἐν οἷσιν ἠρξάμην, τὸ σὸν μόνον
πιστὸν φυλάσσων· κοὔ ποτ' Οἰδίπουν ἐρεῖς
ἀχρεῖον οἰκητῆρα δέξασθαι τόπων
τῶν ἐνθάδ', εἴπερ μὴ θεοὶ ψεύσουσί με.

ΧΟΡΟΣ.

ἄναξ, πάλαι καὶ ταῦτα καὶ τοιαῦτ' ἔπη
γῇ τῇδ' ἀνὴρ ὅδ' ὡς τελῶν ἐφαίνετο.

ΘΗΣΕΤΣ.

τίς δῆτ' ἂν ἀνδρὸς εὐμένειαν ἐκβάλοι
τοιοῦδ', ὅτῳ πρῶτον μὲν ἡ δορύξενος
κοινὴ παρ' ἡμῖν αἰὲν ἔστιν ἑστία;

ἔπειτα δ' ἱκέτης δαιμόνων ἀφιγμένος
γῇ τῇδε κἀμοὶ δασμὸν οὐ σμικρὸν τίνει.
ἁγὼ σεβισθεὶς, οὔ ποτ' ἐκβαλῶ χάριν
τὴν τοῦδε, χώρᾳ δ' ἔμπαλιν κατοικιῶ.
εἰ δ' ἐνθάδ' ἡδὺ τῷ ξένῳ μίμνειν, σέ νιν
τάξω φυλάσσειν· εἰ δ' ἐμοῦ στείχειν μέτα
τόδ' ἡδὺ, τούτων, Οἰδίπους, δίδωμί σοι
κρίναντι χρῆσθαι. τῇδε γὰρ ξυνοίσομαι.

ΟΙΔΙΠΟΥΣ.

ὦ Ζεῦ, διδοίης τοῖσι τοιούτοισιν εὖ.

ΘΗΣΕΥΣ.

τί δῆτα χρῄζεις; ἦ δόμους στείχειν ἐμούς;

ΟΙΔΙΠΟΥΣ.

εἴ μοι θέμις γ' ἦν. ἀλλ' ὁ χῶρος ἔσθ' ὅδε —

ΘΗΣΕΥΣ.

ἐν ᾧ τί πράξεις; οὐ γὰρ ἀντιστήσομαι.

ΟΙΔΙΠΟΥΣ.

ἐν ᾧ κρατήσω τῶν ἔμ' ἐκβεβληκότων.

ΘΗΣΕΥΣ.

μέγ' ἂν λέγοις δώρημα τῆς ξυνουσίας.

ΟΙΔΙΠΟΥΣ.

εἰ σοί γ' ἅπερ φῂς ἐμμενεῖ τελοῦντί μοι.

ΘΗΣΕΥΣ.

θάρσει τὸ τοῦδέ γ' ἀνδρός· οὔ σε μὴ προδῶ.

ΟΙΔΙΠΟΥΣ.

οὔ τοι σ' ὑφ' ὅρκου γ', ὡς κακὸν, πιστώσομαι.

ΘΗΣΕΥΣ.

οὔκουν πέρα γ' ἂν οὐδὲν ἢ λόγῳ φέροις.

ΟΙΔΙΠΟΥΣ.

πῶς οὖν ποιήσεις;

ΘΗΣΕΥΣ.

τοῦ μάλιστ' ὄκνος σ' ἔχει;

ΟΙΔΙΠΟΥΣ.

ἥξουσιν ἄνδρες —

ΘΗΣΕΥΣ.

ἀλλὰ τοῖσδ' ἔσται μέλον.

ΟΙΔΙΠΟΥΣ.

ὅρα με λείπων —

ΘΗΣΕΥΣ.

μὴ δίδασχ' ἃ χρή με δρᾶν.

ΟΙΔΙΠΟΥΣ.

ὀκνοῦντ' ἀνάγκη.

ΘΗΣΕΥΣ.

τοὐμὸν οὐκ ὀκνεῖ κέαρ.

ΟΙΔΙΠΟΥΣ.

οὐκ οἶσθ' ἀπειλὰς —

ΘΗΣΕΥΣ.

οἶδ' ἐγώ σε μή τινα
ἐνθένδ' ἀπάξοιτ' ἄνδρα πρὸς βίαν ἐμοῦ.
πολλὰς δ' ἀπειλὰς, πολλὰ δὴ μάτην ἔπη
θυμὸς κατηπείλησεν· ἀλλ' ὁ νοῦς ὅταν
αὑτοῦ γένηται, φροῦδα τἀπειλήματα.
κείνοις δ', ἴσως κεὶ δείν' ἐπερρώσθη λέγειν
τῆς σῆς ἀγωγῆς, οἶδ' ἐγὼ, φανήσεται
μακρὸν τὸ δεῦρο πέλαγος, οὐδὲ πλώσιμον.
θαρσεῖν μὲν οὖν ἔγωγε, κἄνευ τῆς ἐμῆς

γνώμης, ἐπαινῶ, Φοῖβος εἰ προὔπεμψέ σε·
ὅμως δὲ κἀμοῦ μὴ παρόντος, οἶδ' ὅτι
τοὐμὸν φυλάξει σ' ὄνομα μὴ πάσχειν κακῶς.

ΧΟΡΟΣ.

Εὐίππου, ξένε, τᾶσδε χώρας στροφὴ α'.
ἵκου τὰ κράτιστα γᾶς ἔπαυλα,
τὸν ἀργῆτα Κολωνόν·
ἔνθα λίγεια μινύρεται
θαμίζουσα μάλιστ' ἀηδὼν
χλωραῖς ὑπὸ βάσσαις,
τὸν οἰνωπ' ἀνέχουσα κισσὸν,
καὶ τὰν ἄβατον θεοῦ
φυλλάδα μυριόκαρπον, ἀνήλιον,
ἀνήνεμόν τε πάντων
χειμώνων· ἵν' ὁ βακχιώτας ἀεὶ
Διόνυσος ἐμβατεύει,
θείαις ἀμφιπολῶν τιθήναις.
θάλλει δ' οὐρανίας ὑπ' ἄχνας ἀντιστ. α'.
ὁ καλλίβοτρυς κατ' ἦμαρ αἰεὶ
νάρκισσος, μεγάλαιν θεαῖν
ἀρχαῖον στεφάνωμ', ὅ τε
χρυσαυγὴς κρόκος· οὐδ' ἄϋπνοι
κρῆναι μινύθουσι
Ἰλισσοῦ νομάδες ῥεέθρων,
ἀλλ' αἰὲν ἐπ' ἤματι
ὠκυτόκος πεδίων ἐπινίσσεται,
ἀκηράτῳ ξὺν ὄμβρῳ
στερνούχου χθονός· οὐδὲ Μουσᾶν χοροί

νιν ἀπεστύγησαν, οὐδὲ γ'
ἁ χρυσάνιος Ἀφροδίτα.
ἔστιν δ' οἷον ἐγὼ στροφὴ β'.
γᾶς Ἀσίας οὐκ ἐπακούω,
οὐδ' ἐν τᾷ μεγάλᾳ Δωρίδι νάσῳ
Πέλοπός ποτι βλαστὸν,
φύτευμ' ἀχείρωτον, αὐτόποιον,
ἐγχέων φόβημα δαΐων,
ὃ τᾷδε θάλλει μέγιστα χώρᾳ,
γλαυκᾶς παιδοτρόφου φύλλον ἐλαίας·
τὸ μέν τις οὔτε νέος, οὔτε γήρᾳ
σημαίνων ἁλιώσει χερὶ πέρσας.
ὁ γὰρ ἐσαιὲν ὁρῶν κύκλος
λεύσσει νιν Μορίου Διὸς,
χ' ἁ γλαυκῶπις Ἀθάνα.
ἄλλον δ' αἶνον ἔχω ἀντιστ. β'.
ματροπόλει τᾷδε, κράτιστον
δῶρον τοῦ μεγάλου δαίμονος, εἰπεῖν,
αὔχημα μέγιστον,
εὔιππον, εὔπωλον, εὐθάλασσον.
ὦ παῖ Κρόνου, σὺ γάρ νιν εἰς
τόδ' εἷσας αὔχημ', ἄναξ Ποσειδὰν,
ἵπποισιν τὸν ἀκεστῆρα χαλινὸν
πρώταισι ταῖσδε κτίσας ἀγυιαῖς.
ἁ δ' εὐήρετμος ἔκπαγλ' ἁλία χερ-
σὶ παραπτομένα πλάτα
θρώσκει, τῶν ἑκατομπόδων
Νηρήδων ἀκόλουθος.

ΑΝΤΙΓΟΝΗ.

Ὦ πλεῖστ᾽ ἐπαίνοις εὐλογούμενον πέδον,
νῦν σοὶ τὰ λαμπρὰ ταῦτα δεῖ φαίνειν ἔπη.

ΟΙΔΙΠΟΥΣ.

τί δ᾽ ἔστιν, ὦ παῖ, καινόν;

ΑΝΤΙΓΟΝΗ.

ἆσσον ἔρχεται
Κρέων ὅδ᾽ ἡμῖν οὐκ ἄνευ πομπῶν, πάτερ.

ΟΙΔΙΠΟΥΣ.

ὦ φίλτατοι γέροντες, ἐξ ὑμῶν ἐμοὶ
φαίνοιτ᾽ ἂν ἤδη τέρμα τῆς σωτηρίας.

ΧΟΡΟΣ.

θάρσει, παρέσται. καὶ γὰρ εἰ γέρων κυρῶ,
τὸ τῆσδε χώρας οὐ γεγήρακε σθένος.

ΚΡΕΩΝ.

ἄνδρες χθονὸς τῆσδ᾽ εὐγενεῖς οἰκήτορες,
ὁρῶ τιν᾽ ὑμᾶς ὀμμάτων εἰληφότας
φόβον νεωρῆ τῆς ἐμῆς ἐπεισόδου,
ὃν μήτ᾽ ὀκνεῖτε, μήτ᾽ ἀφῆτ᾽ ἔπος κακόν.
ἥκω γὰρ οὐχ ὡς δρᾶν τι βουληθεὶς, ἐπεὶ
γέρων μέν εἰμι, πρὸς πόλιν δ᾽ ἐπίσταμαι
σθένουσαν ἥκων, εἴ τιν᾽ Ἑλλάδος, μέγα.
ἀλλ᾽ ἄνδρα τόνδε τηλικόσδ᾽ ἐπεστάλην
πείσων ἕπεσθαι πρὸς τὸ Καδμείων πέδον,
οὐκ ἐξ ἑνὸς στείλαντος, ἀλλ᾽ ἀστῶν ὕπο
πάντων κελευσθεὶς, οὕνεχ᾽ ἧκέ μοι γένει
τὰ τοῦδε πενθεῖν πήματα πλεῖστον πόλεως.
ἀλλ᾽, ὦ ταλαίπωρ᾽ Οἰδίπους, κλύων ἐμοῦ,

ἥκω πρὸς οἴκους. πᾶς σε Καδμείων λεὼς
καλεῖ δικαίως· ἐκ δὲ τῶν μάλιστ᾽ ἐγώ,
ὅσῳ περ, εἰ μὴ πλεῖστον ἀνθρώπων ἔφυν
κάκιστος, ἀλγῶ τοῖσι σοῖς κακοῖς πλέον,
ὁρῶν σε τὸν δύστηνον, ὄντα μὲν ξένον,
ἀεὶ δ᾽ ἀλήτην, κἀπὶ προσπόλου μιᾶς
βιοστερῆ χωροῦντα· τὴν ἐγὼ τάλας
οὐκ ἄν ποτ᾽ ἐς τοσοῦτον αἰκίας πεσεῖν
ἔδοξ᾽, ὅσον πέπτωκεν ἥδε δύσμορος,
ἀεί σε κηδεύουσα καὶ τὸ σὸν κάρα
πτωχῷ διαίτῃ, τηλικοῦτος, οὐ γάμων
ἔμπειρος, ἀλλὰ τοῦ 'πιόντος ἁρπάσαι.
ἆρ᾽ ἄθλιον τοὔνειδος, ὢ τάλας ἐγώ,
ὠνείδισ᾽ εἰς σέ, κἀμέ, καὶ τὸ πᾶν γένος;
ἀλλ᾽, οὐ γὰρ ἔστι τἀμφανῆ κρύπτειν, σύ νυν,
πρὸς θεῶν πατρῴων, Οἰδίπους, πεισθεὶς ἐμοί,
κρύψον, θελήσας ἄστυ καὶ δόμους μολεῖν
τοὺς σοὺς πατρῴους, τήνδε τὴν πόλιν φίλως
εἰπών. ἐπαξία γάρ. ἡ δ᾽ οἴκοι, πλέον
δίκῃ σέβοιτ᾽ ἄν, οὖσα σὴ πάλαι τροφός.

ΟΙΔΙΠΟΥΣ.

ὦ πάντα τολμῶν, κἀπὸ παντὸς ἂν φέρων
λόγου δικαίου μηχάνημα ποικίλον,
τί ταῦτα πειρᾷ, κἀμὲ δεύτερον θέλεις
ἑλεῖν, ἐν οἷς μάλιστ᾽ ἂν ἀλγοίην ἁλούς;
πρόσθεν τε γάρ με τοῖσιν οἰκείοις κακοῖς
νοσοῦνθ᾽, ὅτ᾽ ἦν μοι τέρψις ἐκπεσεῖν χθονός,
οὐκ ἤθελες θέλοντι προσθέσθαι χάριν.

ἀλλ' ἡνίκ' ἤδη μεστὸς ἦν θυμούμενος,
καὶ τοὐν δόμοισιν ἦν διαιτᾶσθαι γλυκύ,
τότ' ἐξεώθεις, κἀξέβαλλες· οὐδέ σοι
τὸ συγγενὲς τοῦτ' οὐδαμῶς τότ' ἦν φίλον.
νῦν τ' αὖθις ἡνίκ' εἰσορᾷς πόλιν τ' ἐμοὶ
ξυνοῦσαν εὔνουν τήνδε, καὶ γένος τὸ πᾶν,
πειρᾷ μετασπᾶν, σκληρὰ μαλθακῶς λέγων.
καί τοι τίς αὕτη τέρψις ἄκοντας φιλεῖν;
ὥσπερ τις εἴ σοι λιπαροῦντι μὲν τυχεῖν
μηδὲν διδοίη, μηδ' ἐπαρκέσαι θέλοι,
πλήρη δ' ἔχοντι θυμὸν ὧν χρῄζεις, τότε
δωροῖθ', ὅτ' οὐδὲν ἡ χάρις χάριν φέροι,
ἆρ' ἂν ματαίου τῆσδ' ἂν ἡδονῆς τύχοις;
τοιαῦτα μέντοι καὶ σὺ προσφέρεις ἐμοί,
λόγῳ μὲν ἐσθλά, τοῖσι δ' ἔργοισιν κακά.
φράσω δὲ καὶ τοῖσδ', ὥς σε δηλώσω κακόν.
ἥκεις ἔμ' ἄξων, οὐχ ἵν' ἐς δόμους ἄγῃς,
ἀλλ' ὡς πάραυλον οἰκίσῃς· πόλις δέ σοι
κακῶν ἄνατος τῆσδ' ἀπαλλαχθῇ χθονός.
οὐκ ἔστι σοι ταῦτ'· ἀλλά σοι τάδ' ἔστ', ἐκεῖ
χώρας ἀλάστωρ οὑμὸς ἐνναίων ἀεί·
ἔστιν δὲ παισὶ τοῖς ἐμοῖσι τῆς ἐμῆς
χθονὸς λαχεῖν τοσοῦτό γ', ἐνθανεῖν μόνον.
ἆρ' οὐκ ἄμεινον ἢ σὺ τὰν Θήβαις φρονῶ;
πολλῷ γ', ὅσῳπερ καὶ σαφεστέρων κλύω,
Φοίβου τε, καὐτοῦ Ζηνός, ὃς κείνου πατήρ.
τὸ σὸν δ' ἀφῖκται δεῦρ' ὑπόβλητον στόμα,
πολλὴν ἔχον στόμωσιν· ἐν δὲ τῷ λέγειν

κἂν λάβοις τὰ πλείον' ἢ σωτήρια.
ἀλλ', οἶδα γάρ σε ταῦτα μὴ πείθων, ἴθι·
ἡμᾶς δ' ἔα ζῆν ἐνθάδ'. οὐ γὰρ ἂν κακῶς,
οὐδ' ὧδ' ἔχοντες, ζῷμεν, εἰ τερποίμεθα.

ΚΡΕΩΝ.

πότερα νομίζεις δυστυχεῖν ἔμ' εἰς τὰ σὰ,
ἢ σ' εἰς τὰ σαυτοῦ μᾶλλον ἐν τῷ νῦν λόγῳ;

ΟΙΔΙΠΟΥΣ.

ἐμοὶ μέν ἐσθ' ἥδιστον, εἰ σὺ μήτ' ἐμὲ
πείθειν οἷός τ' εἶ, μήτε τούσδε τοὺς πέλας.

ΚΡΕΩΝ.

ὦ δύσμορ', οὐδὲ τῷ χρόνῳ φύσας φανῇ
φρένας ποτ', ἀλλὰ λῦμα τῷ γήρᾳ τρέφῃ.

ΟΙΔΙΠΟΥΣ.

γλώσσῃ σὺ δεινός· ἄνδρα δ' οὐδέν' οἶδ' ἐγὼ
δίκαιον, ὅστις ἐξ ἅπαντος εὖ λέγει.

ΚΡΕΩΝ.

χωρὶς τό τ' εἰπεῖν πολλὰ, καὶ τὸ τὰ καίρια.

ΟΙΔΙΠΟΥΣ.

ὡς δὴ σὺ βραχέα, ταῦτα δ' ἐν καιρῷ λέγεις.

ΚΡΕΩΝ.

οὐ δῆθ', ὅτῳ γε νοῦς ἴσος καὶ σοὶ πάρα.

ΟΙΔΙΠΟΥΣ.

ἄπελθ', ἐρῶ γὰρ καὶ πρὸ τῶνδε, μηδ' ἐμὲ
φύλασσ' ἐφορμῶν ἔνθα χρὴ ναίειν ἐμέ.

ΚΡΕΩΝ.

μαρτύρομαι τούσδ', οὐ σέ, πρός γε τοὺς φίλους
οἷ' ἀνταμείβῃ ῥήματ'. ἢν σ' ἕλω ποτὲ—

ΟΙΔΙΠΟΥΣ.

τίς δ' ἄν με τῶνδε συμμάχων ἕλοι βίᾳ;

ΚΡΕΩΝ.

ἦ μὴν σὺ κἄνευ τῶνδε λυπηθεὶς ἔσει.

ΟΙΔΙΠΟΥΣ.

ποίῳ ξὺν ἔργῳ τοῦτ' ἀπειλήσας ἔχεις;

ΚΡΕΩΝ.

παίδοιν δυοῖν σοι τὴν μὲν ἀρτίως ἐγὼ
ξυναρπάσας ἔπεμψα, τὴν δ' ἄξω τάχα.

ΟΙΔΙΠΟΥΣ.

οἴμοι.

ΚΡΕΩΝ.

τάχ' ἕξεις μᾶλλον οἰμώζειν τάδε.

ΟΙΔΙΠΟΥΣ.

τὴν παῖδ' ἔχεις μου;

ΚΡΕΩΝ.

τήνδε γ' οὐ μακροῦ χρόνου.

ΟΙΔΙΠΟΥΣ.

ἰὼ ξένοι, τί δράσετ'; ἦ προδώσετε;
κοὐκ ἐξελᾶτε τὸν ἀσεβῆ τῆσδε χθονός;

ΧΟΡΟΣ.

χώρει, ξέν', ἔξω θᾶσσον· οὔτε γὰρ τανῦν
δίκαια πράσσεις, οὔτε πρόσθεν εἴργασαι.

ΚΡΕΩΝ.

ὑμῖν ἂν εἴη τήνδε καιρὸς ἐξάγειν
ἄκουσαν, εἰ θέλουσα μὴ πορεύσεται.

ΑΝΤΙΓΟΝΗ.

οἴμοι τάλαινα, ποῖ φύγω; ποίαν λάβω

θεῶν ἀρήξειν, ἢ βροτῶν;

ΧΟΡΟΣ.

τί δρᾷς, ξένε;

ΚΡΕΩΝ.

οὐχ ἅψομαι τοῦδ' ἀνδρὸς, ἀλλὰ τῆς ἐμῆς.

ΟΙΔΙΠΟΥΣ.

ὦ γῆς ἄνακτες.

ΧΟΡΟΣ.

ὦ ξέν', οὐ δίκαια δρᾷς.

ΚΡΕΩΝ.

δίκαια.

ΧΟΡΟΣ.

πῶς δίκαια;

ΚΡΕΩΝ.

τοὺς ἐμοὺς ἄγω.

ΑΝΤΙΓΟΝΗ.

ἰὼ πόλις. στροφή.

ΧΟΡΟΣ.

τί δρᾷς, ὦ ξέν'; οὐκ ἀφήσεις; τάχ' εἰς
βάσανον εἶ χερῶν.

ΚΡΕΩΝ.

εἴργου.

ΧΟΡΟΣ.

σοῦ μὲν οὔ, τάδε γε μωμένου.

ΟΙΔΙΠΟΥΣ.

πόλει μάχῃ γὰρ, εἴ τι πημαίνεις ἐμέ.

ΧΟΡΟΣ.

οὐκ ἠγόρευον ταῦτ' ἐγώ;

ΚΡΕΩΝ.

μέθες χεροῖν

τὴν παῖδα θᾶσσον.

ΧΟΡΟΣ.

μὴ 'πίτασσ' ἃ μὴ κρατεῖς.

ΚΡΕΩΝ.

χαλᾶν λέγω σοι.

ΧΟΡΟΣ.

σοὶ δ' ἔγωγ' ὁδοιπορεῖν.

προβᾶθ' ὧδε, βᾶτε, βᾶτ' ἔντοποι.
πόλις ἐναίρεται, πόλις ἐμὰ, σθένει.
προβᾶθ' ὧδ' ἐμοί.

ΑΝΤΙΓΟΝΗ.

ἀφέλκομαι δύστηνος, ὦ ξένοι, ξένοι.

ΟΙΔΙΠΟΥΣ.

ποῦ, τέκνον, εἶ μοι;

ΑΝΤΙΓΟΝΗ.

πρὸς βίαν πορεύομαι.

ΟΙΔΙΠΟΥΣ.

ὄρεξον, ὦ παῖ, χεῖρας.

ΑΝΤΙΓΟΝΗ.

ἀλλ' οὐδὲν σθένω.

ΚΡΕΩΝ.

οὐκ ἄξεθ' ὑμεῖς;

ΟΙΔΙΠΟΥΣ.

ὦ τάλας ἐγὼ, τάλας.

ΚΡΕΩΝ.

οὔκουν ποτ' ἐκ τούτοιν γε μὴ σκήπτροιν ἔτι

ὁδοιπορήσεις· ἀλλ' ἐπεὶ νικᾶν θέλεις
πατρίδα τε τὴν σὴν καὶ φίλους, ὑφ' ὧν ἐγὼ
ταχθεὶς τάδ' ἔρδω, καὶ τύραννος ὢν ὅμως,
νίκα. χρόνῳ γὰρ, οἶδ' ἐγὼ, γνώσει τάδε,
ὅθ' οὕνεκ' αὐτὸς αὑτὸν οὔτε νῦν καλὰ
δρᾷς, οὔτε πρόσθεν εἰργάσω βίᾳ φίλων,
ὀργῇ χάριν δοὺς, ἥ σ' ἀεὶ λυμαίνεται.

ΧΟΡΟΣ.

ἐπίσχες αὐτοῦ, ξεῖνε.

ΚΡΕΩΝ.

μὴ ψαύειν λέγω.

ΧΟΡΟΣ.

οὔ τοι σ' ἀφήσω, ταῖνδέ γ' ἐστερημένος.

ΚΡΕΩΝ.

καὶ μεῖζον ἆρα ῥύσιον πόλει τάχα
θήσεις. ἐφάψομαι γὰρ οὐ ταύταιν μόναιν.

ΧΟΡΟΣ.

ἀλλ' ἐς τί τρέψει;

ΚΡΕΩΝ.

τόνδ' ἀπάξομαι λαβών.

ΧΟΡΟΣ.

δεινὸν λέγεις.

ΚΡΕΩΝ.

ὡς τοῦτο νῦν πεπράξεται,
ἢν μή μ' ὁ κραίνων τῆσδε γῆς ἀπειργάθῃ.

ΟΙΔΙΠΟΥΣ.

ὦ φθέγμ' ἀναιδὲς, ἦ σὺ γὰρ ψαύσεις ἐμοῦ;

ΚΡΕΩΝ.

αὐδῶ σιωπᾶν.

ΟΙΔΙΠΟΥΣ.

μὴ γὰρ αἵδε δαίμονες
θεῖέν μ' ἄφωνον σοί γε τῆσδ' ἀρᾶς ἔτι,
ὅς μ', ὦ κάκιστε, ψιλὸν ὄμμ' ἀποσπάσας
πρὸς ὄμμασιν τοῖς πρόσθεν ἐξοίχῃ βίᾳ.
τοιγὰρ σέ τ' αὐτὸν, καὶ γένος τὸ σὸν, θεῶν
ὁ πάντα λεύσσων Ἥλιος δοίη βίον
τοιοῦτον, οἷον κἀμὲ, γηρᾶναί ποτε.

ΚΡΕΩΝ.

ὁρᾶτε ταῦτα, τῆσδε γῆς ἐγχώριοι;

ΟΙΔΙΠΟΥΣ.

ὁρῶσι κἀμὲ καὶ σέ· καὶ φρονοῦσ' ὅτι
ἔργοις πεπονθὼς, ῥήμασίν σ' ἀμύνομαι.

ΚΡΕΩΝ.

οὔ τοι καθέξω θυμὸν, ἀλλ' ἄξω βίᾳ,
καὶ μοῦνός εἰμι, τόνδε, καὶ χρόνῳ βραδύς.

ΟΙΔΙΠΟΥΣ.

ἰὼ τάλας. ἀλαίρ.

ΧΟΡΟΣ.

ὅσον λῆμ' ἔχων ἀφίκου, ξέν', εἰ
τάδε δοκεῖς τελεῖν.

ΚΡΕΩΝ.

δοκῶ.

ΧΟΡΟΣ.

τάνδ' ἄρ' οὐκ ἔτι νέμω πόλιν.

ΚΡΕΩΝ.

τοῖς τοι δικαίοις χὡ βραχὺς νικᾷ μέγαν.

ΟΙΔΙΠΟΥΣ

ΟΙΔΙΠΟΥΣ.

ἀκούεθ᾽ οἷα φθέγγεται;

ΧΟΡΟΣ.

τά γ᾽ οὐ τελεῖ.

ΚΡΕΩΝ.

Ζεὺς ταῦτ᾽ ἂν εἰδείη· σὺ δ᾽ οὔ . . . .

ΧΟΡΟΣ.

ἀλλ᾽ οὐχ ὕβρις τάδ᾽;

ΚΡΕΩΝ.

ὕβρις· ἀλλ᾽ ἀνεκτέα.

ΧΟΡΟΣ.

ἰὼ πᾶς λεὼς, ἰὼ γᾶς πρόμοι,
μόλετε σὺν τάχει, μόλετ᾽· ἐπεὶ πέραν
περῶσιν ἤδη.

ΘΗΣΕΥΣ.

τίς ποθ᾽ ἡ βοή; τί τοὔργον; ἐκ τίνος φόβου ποτὲ
βουθυτοῦντά μ᾽ ἀμφὶ βωμὸν ἔσχετ᾽ ἐναλίῳ θεῷ
τοῦδ᾽ ἐπιστάτῃ Κολωνοῦ; λέξαθ᾽, ὡς εἰδῶ τὸ πᾶν,
οὗ χάριν δεῦρ᾽ ᾖξα θᾶσσον, ἢ καθ᾽ ἡδονὴν ποδός.

ΟΙΔΙΠΟΥΣ.

ὦ φίλτατ᾽, ἔγνων γὰρ τὸ προσφώνημά σου,
πέπονθα δεινὰ τοῦδ᾽ ὑπ᾽ ἀνδρὸς ἀρτίως.

ΘΗΣΕΥΣ.

τὰ ποῖα ταῦτα; τίς δ᾽ ὁ πημήνας; λέγε.

ΟΙΔΙΠΟΥΣ.

Κρέων ὅδ᾽, ὃν δέδορκας, οἴχεται τέκνων
ἀποσπάσας μου τὴν μόνην ξυνωρίδα.

ΘΗΣΕΥΣ.

πῶς εἶπας;

ΟΙΔΙΠΟΥΣ.

οἷά περ πέπονθ' ἀκήκοας.

ΘΗΣΕΥΣ.

οὔκουν τις ὡς τάχιστα προσπόλων μολὼν
πρὸς τούσδε βωμοὺς, πάντ' ἀναγκάσει λεὼν.
ἄνιππον ἱππότην τε θυμάτων ἄπο
σπεύδειν ἀπὸ ῥυτῆρος, ἔνθα δίστομοι
μάλιστα συμβάλλουσιν ἐμπόρων ὁδοὶ,
ὡς μὴ παρέλθωσ' αἱ κόραι, γέλως δ' ἐγὼ
ξένῳ γένωμαι τῷδε, χειρωθεὶς βίᾳ;
ἴθ', ὡς ἄνωγα, σὺν τάχει. τοῦτον δ' ἐγὼ,
εἰ μὲν δι' ὀργῆς ἧκον, ἧς ὅδ' ἄξιος,
ἄτρωτον οὐ μεθῆκ' ἂν ἐξ ἐμῆς χερός.
νῦν δ' οὕσπερ αὐτὸς τοὺς νόμους εἰσῆλθ' ἔχων,
τούτοισιν, οὐκ ἄλλοισιν, ἁρμοσθήσεται.
οὐ γάρ ποτ' ἔξει τῆσδε τῆς χώρας, πρὶν ἂν
κείνας ἐναργεῖς δεῦρ' ἐμοὶ στήσῃς ἄγων·
ἐπεὶ δέδρακας οὔτ' ἐμοῦ καταξίως,
οὔθ' ὧν πέφυκας αὐτὸς, οὔτε σῆς χθονὸς,
ὅστις δίκαι' ἀσκοῦσαν εἰσελθὼν πόλιν,
κἄνευ νόμου κραίνουσαν οὐδὲν, εἶτ' ἀφεὶς
τὰ τῆσδε τῆς γῆς κύρι', ὧδ' ἐπεισπεσὼν,
ἄγεις θ' ἃ χρῄζεις, καὶ παρίστασαι βίᾳ.
κἀμοὶ πόλιν κένανδρον ἢ δούλην τινὰ
ἔδοξας εἶναι, κἄμ' ἴσον τῷ μηδενί.
καί τοι σε Θῆβαί γ' οὐκ ἐπαίδευσαν κακόν.
οὐ γὰρ φιλοῦσιν ἄνδρας ἐκδίκους τρέφειν.
οὐδ' ἄν σ' ἐπαινέσειαν, εἰ πυθοίατο

συλῶντα τἀμὰ καὶ τὰ τῶν θεῶν, βίᾳ
ἄγοντα φωτῶν ἀθλίων ἱκτήρια.
οὔκουν ἔγωγ᾽ ἄν, σῆς ἐπεμβαίνων χθονός,
οὐδ᾽ εἰ τὰ πάντων εἶχον ἐνδικώτατα,
ἄνευ γε τοῦ κραίνοντος, ὅστις ἦν, χθονός,
οὔθ᾽ εἷλκον, οὔτ᾽ ἂν ἦγον· ἀλλ᾽ ἠπιστάμην
ξένον παρ᾽ ἀστοῖς ὡς διαιτᾶσθαι χρεών.
σὺ δ᾽ ἀξίαν οὐκ οὖσαν αἰσχύνεις πόλιν
τὴν αὐτὸς αὑτοῦ, καί σ᾽ ὁ πληθύων χρόνος
γέρονθ᾽ ὁμοῦ τίθησι καὶ τοῦ νοῦ κενόν.
εἶπον μὲν οὖν καὶ πρόσθεν, ἐννέπω δὲ νῦν,
τὰς παῖδας ὡς τάχιστα δεῦρ᾽ ἄγειν τινά,
εἰ μὴ μέτοικος τῆσδε τῆς χώρας θέλεις
εἶναι βίᾳ τε κοὐχ ἑκών· καὶ ταῦτά σοι
τῷ νῷ θ᾽ ὁμοίως κἀπὸ τῆς γλώσσης λέγω.

ΧΟΡΟΣ.

ὁρᾷς ἵν᾽ ἥκεις, ὦ ξέν᾽; ὡς ἀφ᾽ ὧν μὲν εἶ,
φαίνῃ δίκαιος, δρῶν δ᾽ ἐφευρίσκῃ κακά.

ΚΡΕΩΝ.

ἐγὼ οὔτ᾽ ἄνανδρον τήνδε τὴν πόλιν λέγων,
ὦ τέκνον Αἰγέως, οὔτ᾽ ἄβουλον, ὡς σὺ φῄς,
τοὔργον τόδ᾽ ἐξέπραξα· γιγνώσκων δ᾽ ὅτι
οὐδείς ποτ᾽ αὐτοῖς τῶν ἐμῶν ἂν ἐμπέσοι
ζῆλος ξυναίμων, ὥστ᾽ ἐμοῦ τρέφειν βίᾳ.
ᾔδη δ᾽ ὅθ᾽ οὕνεκ᾽ ἄνδρα καὶ πατροκτόνον
κἄναγνον οὐ δεξαίατ᾽, οὐδ᾽ ὅτῳ γάμοι
ξυνόντες εὑρέθησαν ἀνόσιοι τέκνων.
τοιοῦτον αὐτοῖς Ἄρεος εὔβουλον πάγον

ἐγὼ ξυνῄδη χθόνιον ὄνθ᾽, ὃς οὐκ ἐᾷ
τοιούσδ᾽ ἀλήτας τῇδ᾽ ὁμοῦ ναίειν πόλει,
ᾧ πίστιν ἴσχων τήνδ᾽ ἐχειρούμην ἄγραν.
καὶ ταῦτ᾽ ἂν οὐκ ἔπρασσον, εἰ μή μοι πικρὰς
αὐτῷ τ᾽ ἀρὰς ἠρᾶτο καὶ τὠμῷ γένει·
ἀνθ᾽ ὧν πεπονθὼς ἠξίουν τάδ᾽ ἀντιδρᾶν.
θυμοῦ γὰρ οὐδὲν ἐστὶ γῆρας ἄλλο πλὴν
θανεῖν· θανόντων δ᾽ οὐδὲν ἄλγος ἅπτεται.
πρὸς ταῦτα πράξεις οἷον ἂν θέλῃς· ἐπεὶ
ἐρημία με, κεἰ δίκαι᾽ ὅμως λέγω,
σμικρὸν τίθησι· πρὸς δὲ τὰς πράξεις ὅμως,
καὶ τηλικόσδ᾽ ὤν, ἀντιδρᾶν πειράσομαι.

ΟΙΔΙΠΟΥΣ.

ὦ λῆμ᾽ ἀναιδές, τοῦ καθυβρίζειν δοκεῖς,
πότερον ἐμοῦ γέροντος, ἢ σαυτοῦ, τόδε;
ὅστις φόνους μοι, καὶ γάμους, καὶ ξυμφορὰς
τοῦ σοῦ διῆκας στόματος, ἃς ἐγὼ τάλας
ἤνεγκον ἄκων. θεοῖς γὰρ ἦν οὕτω φίλον,
τάχ᾽ ἄν τι μηνίουσιν εἰς γένος πάλαι.
ἐπεὶ καθ᾽ αὑτόν γ᾽ οὐκ ἂν ἐξεύροις ἐμοὶ
ἁμαρτίας ὄνειδος οὐδέν, ἀνθ᾽ ὅτου
τάδ᾽ εἰς ἐμαυτὸν τοὺς ἐμούς θ᾽ ἡμάρτανον.
ἐπεὶ δίδαξον, εἴ τι θέσφατον πατρὶ
χρησμοῖσιν ἱκνεῖθ᾽, ὥστε πρὸς παίδων θανεῖν,
πῶς ἂν δικαίως τοῦτ᾽ ὀνειδίζοις ἐμοί,
ὃς οὔ τι βλάστας πω γενεθλίους πατρός,
οὐ μητρὸς εἶχον, ἀλλ᾽ ἀγέννητος τότ᾽ ἦν.
εἰ δ᾽ αὖ φανεὶς δύστηνος, ὡς ἐγὼ ᾽φάνην,

ἐς χεῖρας ἦλθον πατρὶ, καὶ κατέκτανον,
μηδὲν ξυνιεὶς ὧν ἔδρων, εἰς οὕς τ' ἔδρων,
πῶς γ' ἂν τό γ' ἆκον πρᾶγμ' ἂν εἰκότως ψέγοις;
μητρὸς δὲ, τλῆμον, οὐκ ἐπαισχύνη γάμους,
οὔσης ὁμαίμου σῆς, μ' ἀναγκάζων λέγειν;
οἵους ἐρῶ τάχ'. οὐ γὰρ οὖν σιγήσομαι,
σοῦ γ' εἰς τόδ' ἐξελθόντος ἀνόσιον στόμα.
ἔτικτε γάρ μ', ἔτικτεν, ὤ μοι μοι κακῶν,
οὐκ εἰδότ' οὐκ εἰδυῖα· καὶ τεκοῦσά με,
αὑτῆς ὄνειδος παῖδας ἐξέφυσέ μοι.
ἀλλ' ἓν γ' ἄρ' οὖν ἔξοιδα, σὲ μὲν ἑκόντ' ἐμὲ
κείνην τε ταῦτα δυσστομεῖν· ἐγὼ δέ νιν
ἄκων ἔγημα, φθέγγομαί τ' ἄκων τάδε.
ἀλλ' οὐ γὰρ οὔτ' ἐν τοῖσδ' ἀκούσομαι κακὸς
γάμοισιν, οὔθ' οὓς αἰὲν ἐμφέρεις σύ μοι
φόνους πατρῴους, ἐξονειδίζων πικρῶς.
ἓν γάρ μ' ἄμειψαι μοῦνον, ὧν σ' ἀνιστορῶ.
εἴ τίς σε, τὸν δίκαιον, αὐτίκ' ἐνθάδε
κτείνοι παραστὰς, πότερα πυνθάνοι' ἂν, εἰ
πατήρ σ' ὁ καίνων, ἢ τίνοι' ἂν εὐθέως;
δοκῶ μὲν, εἴπερ ζῆν φιλεῖς, τὸν αἴτιον
τίνοι' ἂν, οὐδὲ τοὔνδικον περιβλέποις.
τοιαῦτα μέντοι καὐτὸς εἰσέβην κακὰ,
θεῶν ἀγόντων· οἷς ἐγὼ οὐδὲ τὴν πατρὸς
ψυχὴν ἂν οἶμαι ζῶσαν ἀντειπεῖν ἐμοί.
σὺ δ', εἰ γὰρ οὐ δίκαιος, ἀλλ' ἅπαν καλὸν
λέγειν νομίζων, ῥητὸν ἄρρητόν τ' ἔπος,
τοιαῦτ' ὀνειδίζεις με τῶνδ' ἐναντίον.

καί σοι τὸ Θησέως ὄνομα θωπεῦσαι καλὸν,
καὶ τὰς Ἀθήνας, ὡς κατῴκηνται καλῶς.
κᾆθ' ὧδ' ἐπαινῶν πολλὰ, τοῦδ' ἐκλανθάνῃ,
ὅθ' οὕνεκ' εἴ τις γῆ θεοὺς ἐπίσταται
τιμαῖς σεβίζειν, ἥδε τοῦθ' ὑπερφέρει,
ἀφ' ἧς σὺ κλέψας τὸν ἱκέτην γέροντ' ἐμὲ,
αὐτόν τ' ἐχειροῦ, τὰς κόρας τ' οἴχῃ λαβών.
ἀνθ' ὧν ἐγὼ νῦν τάσδε τὰς θεὰς ἐμοὶ
καλῶν ἱκνοῦμαι, καὶ κατασκήπτω λιταῖς,
ἐλθεῖν ἀρωγοὺς ξυμμάχους, ἵν' ἐκμάθῃς
οἵων ὑπ' ἀνδρῶν ἥδε φρουρεῖται πόλις.

ΧΟΡΟΣ.

ὁ ξεῖνος, ὦ 'ναξ, χρηστός· αἱ δὲ συμφοραὶ
αὐτοῦ πανώλεις, ἄξιαι δ' ἀμυνάθειν.

ΘΗΣΕΥΣ.

ἅλις λόγων· ὡς οἱ μὲν ἐξηρπασμένοι
σπεύδουσιν· ἡμεῖς δ', οἱ παθόντες, ἕσταμεν.

ΚΡΕΩΝ.

τί δῆτ' ἀφαυρῷ φωτὶ προστάσσεις ποιεῖν·

ΘΗΣΕΥΣ.

ὁδοῦ κατάρχειν τῆς ἐκεῖ, πομπὸν δ' ἐμοὶ
χωρεῖν, ἵν', εἰ μὲν ἐν τόποισι τοῖσδ' ἔχεις
τὰς παῖδας ἡμῶν, αὐτὸς ἐκδείξῃς ἐμοί·
εἰ δ' ἐγκρατεῖς φεύγουσιν, οὐδὲν δεῖ πονεῖν.
ἄλλοι γὰρ οἱ σπεύδοντες, οὓς οὐ μή ποτε
χώρας φυγόντες τῆσδ' ἐπεύξονται θεοῖς.
ἀλλ' ἐξυφηγοῦ· γνῶθι δ' ὡς ἔχων ἔχῃ,
καί σ' εἷλε θηρῶνθ' ἡ τύχη· τὰ γὰρ δόλῳ

τῷ μὴ δικαίῳ κτήματ' οὐχὶ σώζεται.
κοὐκ ἄλλον ἕξεις εἰς τάδ'· ὡς ἔξοιδά σε
οὐ ψιλὸν, οὐδ' ἄσκευον ἐς τοσήνδ' ὕβριν
ἥκοντα τόλμης τῆς παρεστώσης τανῦν.
ἀλλ' ἔσθ' ὅτῳ σὺ πιστὸς ὢν ἔδρας τάδε.
ἃ δεῖ μ' ἀθρῆσαι, μηδὲ τήνδε τὴν πόλιν
ἑνὸς ποιῆσαι φωτὸς ἀσθενεστέραν.
νοεῖς τι τούτων, ἢ μάτην τανῦν τέ σοι
δοκεῖ λελέχθαι, χὤτε ταῦτ' ἐμηχανῶ;

ΚΡΕΩΝ.

οὐδὲν σὺ μεμπτὸν ἐνθάδ' ὢν ἐρεῖς ἐμοί·
οἴκοι δὲ χ' ἡμεῖς εἰσόμεσθ' ἃ χρὴ ποιεῖν.

ΘΗΣΕΥΣ.

χωρῶν ἀπείλει νῦν· σὺ δ' ἡμῖν, Οἰδίπους,
ἕκηλος αὐτοῦ μίμνε, πιστωθεὶς ὅτι,
ἢν μὴ θάνω 'γὼ πρόσθεν, οὐχὶ παύσομαι,
πρὶν ἄν σε τῶν σῶν κύριον στήσω τέκνων.

ΟΙΔΙΠΟΥΣ.

ὄναιο, Θησεῦ, τοῦ τε γενναίου χάριν,
καὶ τῆς πρὸς ἡμᾶς ἐνδίκου προμηθίας.

ΧΟΡΟΣ.

Εἴην ὅθι δαΐων στροφὴ α'.
ἀνδρῶν τάχ' ἐπιστροφαὶ
τὸν χαλκοβόαν Ἄρη
μίξουσιν, ἢ πρὸς Πυθίαις,
ἢ λαμπάσιν ἀκταῖς,
οὗ Πότνιαι σεμνὰ τιθη-
νοῦνται τέλη

θνατοῖσιν, ὧν καὶ χρυσέα
κλὴς ἐπὶ γλώσσᾳ βέβακε
προσπόλων Εὐμολπιδᾶν·
ἔνθ' οἶμαι τὸν ἐγρεμάχαν
Θησέα καὶ τὰς διστόλους
ἀδμῆτας ἀδελφὰς
αὐταρκεῖ τάχ' ἐμμίξειν βοᾷ
τούσδ' ἀνὰ χώρους.
ἤ που τὸν ἐφέσπερον ἀντιστ. α'.
πέτρας νιφάδος πελῶσ'
Οἰάτιδος ἐκ νομοῦ,
πώλοισιν, ἢ ριμφαρμάτοις
φεύγοντες ἁμίλλαις;
ἁλώσεται· δεινὸς ὁ προσ-
χώρων Ἄρης,
δεινὰ δὲ Θησειδᾶν ἀκμά.
πᾶς γὰρ ἀστράπτει χαλινὸς,
πᾶσα δ' ὁρμᾶται κατ' ἀμ-
πυκτήρια φάλαρα πώλων
ἄμβασις, οἳ τὰν Ἱππίαν
τιμῶσιν Ἀθάναν,
καὶ τὸν πόντιον γαιάοχον
Ῥέας φίλον υἱόν.
ἔρδουσιν, ἢ μέλλουσιν; ὡς στροφὴ β'.
προμνᾶταί τι μοι
γνώμα, τάχ' ἂν δώσειν
τὰν δεινὰ τλᾶσαν, δεινὰ δ'
εὑροῦσαν πρὸς ὁμαίμων πάθη.

τελεῖ, τελεῖ Ζεύς τι κατ' ἆμαρ·
μάντις εἰμ' ἐσθλῶν ἀγώνων.
εἴθ' ἀελλαία ταχύῤῥωστος πελειὰς
αἰθερίας νεφέλας
κύρσαιμ', αὐτῶν δ' ἀγώνων
θεωρήσασα τοὐμὸν ὄμμα.
ἰὼ θεῶν παντάρχα Ζεῦ, ἀντ. στ. β'.
παντόπτα, πόροις
γᾶς τᾶσδε δαμούχοις
ἐπινικείῳ σθένει τὸν
εὔαγρον τελειῶσαι λόχον·
σεμνά τε παῖς Παλλὰς Ἀθάνα.
καὶ τὸν ἀγρευτὰν Ἀπόλλω,
καὶ κασιγνήταν πυκνοστίκτων ὀπαδὸν
ὠκυπόδων ἐλάφων,
στέργω διπλᾶς ἀρωγὰς
μολεῖν γᾷ τᾷδε καὶ πολίταις.

Ὦ ξεῖν' ἀλῆτα, τῷ σκοπῷ μὲν οὐκ ἐρεῖς,
ὡς ψευδόμαντις. τὰς κόρας γὰρ εἰσορῶ
τάσδ' ἆσσον αὖθις ὧδε προσπολουμένας.

ΟΙΔΙΠΟΥΣ.

ποῦ, ποῦ; τί φῄς; πῶς εἶπας;

ΑΝΤΙΓΟΝΗ.

ὦ πάτερ, πάτερ,
τίς ἂν θεῶν σοι τόνδ' ἄριστον ἄνδρ' ἰδεῖν
δοίη, τὸν ἡμᾶς δεῦρο προσπέμψαντά σοι;

ΟΙΔΙΠΟΥΣ.

ὦ τέκνον, ἦ πάρεστον;

ΑΝΤΙΓΟΝΗ.

αἵδε γὰρ χέρες
Θησέως ἔσωσαν, φιλτάτων τ' ἀπαόνων.

ΟΙΔΙΠΟΥΣ.

προσέλθετ', ὦ παῖ, πατρὶ, καὶ τὸ μηδαμὰ
ἐλπισθὲν ἕξειν σῶμα βαστάσαι δότε.

ΑΝΤΙΓΟΝΗ.

αἰτεῖς ἃ τεύξει· ξὺν πόθῳ γὰρ ἡ χάρις.

ΟΙΔΙΠΟΥΣ.

ποῦ δῆτα, ποῦ 'στον;

ΑΝΤΙΓΟΝΗ.

αἵδ' ὁμοῦ πελάζομεν.

ΟΙΔΙΠΟΥΣ.

ὦ φίλτατ' ἔρνη.

ΑΝΤΙΓΟΝΗ.

τῷ τεκόντι πᾶν φίλον.

ΟΙΔΙΠΟΥΣ.

ὦ σκῆπτρα φωτὸς —

ΑΝΤΙΓΟΝΗ.

δυσμόρου γε δύσμορα.

ΟΙΔΙΠΟΥΣ.

ἔχω τὰ φίλτατ'· οὐδ' ἔτ' ἂν πανάθλιος
θανὼν ἂν εἴην, σφῷν παρεστώσαιν ἐμοί.
ἐρείσατ', ὦ παῖ, πλευρὸν ἀμφιδέξιον,
ἐμφῦτε τῷ φύσαντι, κἀναπαύσατον
τοῦ πρόσθ' ἐρήμου τοῦ τε δυστήνου πλάνου.

κἀμοὶ τὰ πραχθέντ' εἴπαθ' ὡς βράχιστ', ἐπεὶ
ταῖς τηλικαῖσδε σμικρὸς ἐξαρκεῖ λόγος.

ΑΝΤΙΓΟΝΗ.

ὅδ' ἴσθ' ὁ σώσας· τοῦδε χρὴ κλύειν, πάτερ,
καὶ σοίγε τοὔργον τοὐμὸν ὡς ἔσται βραχύ.

ΟΙΔΙΠΟΥΣ.

ὦ ξεῖνε, μὴ θαύμαζε πρὸς τὸ λιπαρὲς,
τέκν' εἰ φανέντ' ἄελπτα μηκύνω λόγον.
ἐπίσταμαι γὰρ τήνδε σὴν ἐς τάσδ' ἐμοὶ
τέρψιν, παρ' ἄλλου μηδενὸς πεφασμένην.
σὺ γάρ νιν ἐξέσωσας, οὐκ ἄλλος βροτῶν.
καί σοι θεοὶ πόροιεν, ὡς ἐγὼ θέλω,
αὐτῷ τε καὶ γῇ τῇδ'· ἐπεὶ τό γ' εὐσεβὲς
μόνοις παρ' ὑμῖν εὗρον ἀνθρώπων ἐγὼ,
καὶ τοὐπιεικὲς, καὶ τὸ μὴ ψευδοστομεῖν.
εἰδὼς δ' ἀμύνω τοῖσδε τοῖς λόγοις τάδε.
ἔχω γὰρ ἅχω διὰ σὲ, κοὐκ ἄλλον βροτῶν.
κἀμοὶ χέρ', ὦ 'ναξ, δεξιὰν ὄρεξον, ὡς
ψαύσω, φιλήσω τ', εἰ θέμις, τὸ σὸν κάρα.
καί τοι τί φωνῶ; πῶς δ' ἂν ἄθλιος γεγὼς
θιγεῖν θελήσαιμ' ἀνδρὸς, ᾧ τις οὐκ ἔνι
κηλὶς κακῶν ξύνοικος; οὐκ ἔγωγέ σε,
οὐδ' οὖν ἐάσω. τοῖς γὰρ ἐμπείροις βροτῶν
μόνοις οἷόν τε συνταλαιπωρεῖν τάδε.
σὺ δ' αὐτόθεν μοι χαῖρε, καὶ τὰ λοιπά μου
μέλου δικαίως, ὥσπερ εἰς τόδ' ἡμέρας.

ΘΗΣΕΥΣ.

οὔτ' εἴ τι μῆκος τῶν λόγων ἔθου πλέον,

τέκνοισι τερφθεὶς τοῖσδε, θαυμάσας ἔχω,
οὐδ' εἰ πρὸ τοὐμοῦ προὔλαβες τὰ τῶνδ' ἔπη.
βάρος γὰρ ἡμᾶς οὐδὲν ἐκ τούτων ἔχει.
οὐ γὰρ λόγοισι τὸν βίον σπουδάζομεν
λαμπρὸν ποιεῖσθαι μᾶλλον ἢ τοῖς δρωμένοις.
δείκνυμι δ'. ὧν γὰρ ὤμοσ', οὐκ ἐψευσάμην
οὐδέν σε, πρέσβυ. τάσδε γὰρ πάρειμ' ἄγων
ζώσας, ἀκραιφνεῖς τῶν κατηπειλημένων.
χὤπως μὲν ὁ ἀγὼν ᾑρέθη, τί δεῖ μάτην
κομπεῖν, ἅ γ' εἴσει καὐτὸς ἐκ ταύταιν ξυνών;
λόγος δ', ὃς ἐμπέπτωκεν ἀρτίως ἐμοὶ
στείχοντι δεῦρο, συμβαλοῦ γνώμην· ἐπεὶ
σμικρὸς μὲν εἰπεῖν, ἄξιος δὲ θαυμάσαι.
πρᾶγος δ' ἀτίζειν οὐδὲν ἄνθρωπον χρεών.

ΟΙΔΙΠΟΥΣ.

τί δ' ἔστι, τέκνον Αἰγέως; δίδασκέ με,
ὡς μὴ εἰδότ' αὐτὸν μηδὲν, ὧν σὺ πυνθάνῃ.

ΘΗΣΕΥΣ.

Φασίν τιν' ἡμῖν ἄνδρα, σοὶ μὲν ἔμπολιν
οὐκ ὄντα, συγγενῆ δὲ, προσπεσόντα πως
βωμῷ καθῆσθαι τῷ Ποσειδῶνος, παρ' ᾧ
θύων ἔκυρον, ἡνίχ' ὡρμώμην ἐγώ.

ΟΙΔΙΠΟΥΣ.

ποδαπόν; τί προσχρῄζοντα τῷ θακήματι;

ΘΗΣΕΥΣ.

οὐκ οἶδα πλὴν ἕν. σοῦ γὰρ, ὡς λέγουσί μοι,
βραχύν τιν' αἰτεῖ μῦθον, οὐκ ὄγκου πλέων.

ΟΙΔΙΠΟΥΣ.

ποῖόν τιν'; οὐ γὰρ ἥδ' ἕδρα σμικροῦ λόγου.

ΘΗΣΕΥΣ.

σοί φασιν αὐτὸν ἐς λόγους ἐλθεῖν μολόντ'
αἰτεῖν, ἀπελθεῖν τ' ἀσφαλῶς τῆς δεῦρ' ὁδοῦ.

ΟΙΔΙΠΟΥΣ.

τίς δῆτ' ἂν εἴη τήνδ' ὁ προσθακῶν ἕδραν;

ΘΗΣΕΥΣ.

ὅρα κατ' Ἄργος εἴ τις ὑμῖν ἐγγενὴς
ἔσθ', ὅστις ἄν σου τοῦτο προσχρῄζοι τυχεῖν.

ΟΙΔΙΠΟΥΣ.

ὦ φίλτατ', ἐπίσχες οὗπερ εἶ.

ΘΗΣΕΥΣ.

τί δ' ἔστι σοι;

ΟΙΔΙΠΟΥΣ.

μή μου δεηθῇς.

ΘΗΣΕΥΣ.

πράγματος ποίου; λέγε.

ΟΙΔΙΠΟΥΣ.

ἔξοιδ' ἀκούων τῶνδ', ὃς ἔσθ' ὁ προστάτης.

ΘΗΣΕΥΣ.

καὶ τίς ποτ' ἐστὶν, ὃν ἂν ἐγὼ ψέξαιμί τι;

ΟΙΔΙΠΟΥΣ.

παῖς οὑμὸς, ὦναξ, στυγνὸς, οὗ λόγων ἐγὼ
ἄλγιστ' ἂν ἀνδρῶν ἐξανασχοίμην κλύων.

ΘΗΣΕΥΣ.

τί δ'; οὐκ ἀκούειν ἐστὶ, καὶ μὴ δρᾶν, ἃ μὴ
χρῄζεις; τί σοι τοῦτ' ἐστὶ λυπηρὸν κλύειν;

ΟΙΔΙΠΟΥΣ.

ἔχθιστον, ὦναξ, φθέγμα τοῦθ' ἥκει πατρί·
καὶ μή μ' ἀνάγκῃ προσβάλῃς τάδ' εἰκάθειν.

ΘΗΣΕΥΣ.

ἀλλ' εἰ τὸ θάκημ' ἐξαναγκάζει, σκόπει,
μή σοι πρόνοι' ᾖ τοῦ θεοῦ φυλακτέα.

ΑΝΤΙΓΟΝΗ.

πάτερ, πιθοῦ μοι, κεἰ νέα παραινέσω.
τὸν ἄνδρ' ἔασον τόνδε τῇ θ' αὐτοῦ φρενὶ
χάριν παρασχεῖν, τῷ θεῷ θ' ἃ βούλεται·
καὶ νῷν ὕπεικε τὸν κασίγνητον μολεῖν.
οὐ γάρ σε, θάρσει, πρὸς βίαν παρασπάσει
γνώμης, ἃ μή σοι ξυμφέροντα λέξεται.
λόγων δ' ἀκοῦσαι τίς βλάβη; τά τοι καλῶς
εὑρημέν' ἔργα τῷ λόγῳ μηνύεται.
ἔφυσας αὐτόν· ὥστε μηδὲ δρῶντά σε
τὰ τῶν κάκιστα δυσσεβεστάτων, πάτερ,
θέμις, σέ γ' εἶναι, κεῖνον ἀντιδρᾷν κακῶς.
ἀλλ' ἔα 'υτόν. εἰσὶ χἀτέροις γοναὶ κακαὶ,
καὶ θυμὸς ὀξύς. ἀλλὰ νουθετούμενοι
φίλων ἐπῳδαῖς, ἐξεπᾴδονται φύσιν.
σὺ δ' εἰς ἐκεῖνα μὴ τανῦν ἀποσκόπει
πατρῷα καὶ μητρῷα πήμαθ', ἅπαθες·
κἂν κεῖνα λεύσσῃς, οἶδ' ἐγὼ γνώσει κακοῦ
θυμοῦ τελευτὴν, ὡς κακὴ προσγίγνεται.
ἔχεις γὰρ οὐχὶ βαιὰ τἀνθυμήματα,
τῶν σῶν ἀδέρκτων ὀμμάτων τητώμενος.
ἀλλ' ἡμὶν εἶκε. λιπαρεῖν γὰρ οὐ καλὸν
δίκαια προσχρῄζουσιν, οὐδ' αὐτὸν μὲν εὖ
πάσχειν, παθόντα δ' οὐκ ἐπίστασθαι τίνειν.

ΟΙΔΙΠΟΥΣ.

τέκνον, βαρεῖαν ἡδονὴν νικᾶτ' ἐμὲ,
λέγοντες· ἔστω δ' οὖν ὅπως ὑμῖν φίλον.
μόνον, ξέν', εἴπερ κεῖνος ὧδ' ἐλεύσεται,
μηδεὶς κρατείτω τῆς ἐμῆς ψυχῆς ποτέ.

ΘΗΣΕΥΣ.

ἅπαξ τὰ τοιαῦτ', οὐχὶ δὶς, χρήζω κλύειν,
ὦ πρέσβυ. κομπεῖν δ' οὐχὶ βούλομαι· σὺ δὲ
σῶς ἴσθ', ἐάν περ κἀμέ τις σώζῃ θεῶν.

ΧΟΡΟΣ.

Ὅστις τοῦ πλέονος μέρους στροφή.
χρήζει, τοῦ μετρίου παρεὶς,
ζώειν, σκαιοσύναν φυλάσσων
ἐν ἐμοὶ κατάδηλος ἔσται.
ἐπεὶ πολλὰ μὲν αἱ μακραὶ
ἁμέραι κατέθεντο δὴ
λύπας ἐγγυτέρω· τὰ τέρπον-
τα δ' οὐκ ἂν ἴδοις, ὁπό-
τι γ' ἄν τις ἐς πλέον πέσῃ
τοῦ θέλοντος, οὐδ' ἔπι κόρος
ἰσοτέλεστος Ἄϊδος,
ὅτε Μοῖρ' ἀνυμέναιος,
ἄλυρος, ἄχορος, ἀναπέφηνε,
θάνατος ἐς τελευτάν.
μὴ φῦναι τὸν ἅπαντα νι- ἀντιστρ.
κᾷ λόγον· τὸ δ', ἐπὴν φανῇ,
βῆναι κεῖθεν ὅθεν περ ἥκει,
πολὺ δεύτερον, ὡς τάχιστα.

ὡς εὖτ' ἂν τὸ νέον παρῇ
κούφας ἀφροσύνας φέρον,
τίς πλαγχθῆ πολύμοχθος ἔξω;
τίς οὐ καμάτων ἔνι;
φόνοι, στάσεις, ἔρις, μάχαι,
καὶ φθόνος· τό τε κατάμεμπτον
ἐπιλέλογχε πύματον
ἀκρατὲς, ἀπροσόμιλον,
γῆρας ἄφιλον, ἵνα πρόπαντα
κακὰ κακῶν ξυνοικεῖ.
ἐν ᾧ τλάμων ὅδ', οὐκ ἐγὼ μόνος,
πάντοθεν βόρειος ὥς τις ἀκτὰ
κυματοπλὴξ χειμερία κλονεῖται,
ὣς καὶ τόνδε κατάκρας
δειναὶ κυματοαγεῖς
ἆται κλονέουσιν ἀεὶ ξυνοῦσαι·
αἱ μὲν ἀπ' ἀελίου δυσμᾶν,
αἱ δ' ἀνατέλλοντος,
αἱ δ' ἀνὰ μέσσαν ἀκτῖν',
αἱ δὲ νυχίαν ἀπὸ ῥιπᾶν.

ΑΝΤΙΓΟΝΗ.

Καὶ μὴν ὅδ' ἡμῖν, ὡς ἔοικεν, ὁ ξένος
ἀνδρῶν γε μοῦνος, ὦ πάτερ, δι' ὀμμάτων
ἀστακτὶ λείβων δάκρυον ὧδ' ὁδοιπορεῖ.

ΟΙΔΙΠΟΥΣ.

τίς οὗτος;

ΑΝΤΙΓΟΝΗ.

ὅνπερ καὶ πάλαι κατείχομεν

γνώμη, πάρεστι δεῦρο Πολυνείκης ὅδε.

ΠΟΛΥΝΕΙΚΗΣ.

οἴμοι, τί δράσω; πότερα τἀμαυτοῦ κακὰ
πρόσθεν δακρύσω, παῖδες, ἢ τὰ τοῦδ' ὁρῶν
πατρὸς γέροντος; ὃν ξένης ἐπὶ χθονὸς
ξὺν σφῷν ἐφεύρηκ' ἐνθάδ' ἐκβεβλημένον,
ἐσθῆτι σὺν τοιᾷδε, τῆς ὁ δυσφιλὴς
γέρων γέροντι συγκατῴκηκεν πίνος,
πλευρὰν μαραίνων, κρατὶ δ' ὀμματοστερεῖ
κόμη δι' αὔρας ἀκτένιστος ἄσσεται·
ἀδελφὰ δ', ὡς ἔοικε, τούτοισιν φορεῖ
τὰ τῆς ταλαίνης νηδύος θρεπτήρια.
ἀγὼ πανώλης ὄψ' ἄγαν ἐκμανθάνω·
καὶ μαρτυρῶ κάκιστος ἀνθρώπων τροφαῖς
ταῖς σαῖσιν ἥκειν· τοῦτο μὴ 'ξ ἄλλων πύθῃ.
ἀλλ' ἔστι γὰρ καὶ Ζηνὶ σύνθακος θρόνων
Αἰδὼς ἐπ' ἔργοις πᾶσι, καὶ πρὸς σοί, πάτερ,
παρασταθήτω. τῶν γὰρ ἡμαρτημένων
ἄκη μὲν ἔστι, προσφορὰ δ' οὐκ ἔστ' ἔτι.
τί σιγᾷς;
φώνησον, ὦ πάτερ, τι· μή μ' ἀποστραφῇς.
οὐδ' ἀνταμείβῃ μ' οὐδέν; ἀλλ' ἀτιμάσας
πέμψεις, ἄναυδος, οὐδ' ἃ μηνίεις φράσας;
ὦ σπέρματ' ἀνδρὸς τοῦδ', ἐμαὶ δ' ὁμαίμονες,
πειράσατ' ἀλλ' ὑμεῖς γε κινῆσαι πατρὸς
τὸ δυσπρόσοιστον κἀπροσήγορον στόμα·
ὡς μή μ' ἄτιμον, τοῦ θεοῦ γε προστάτην,
οὕτως ἀφῇ γε, μηδὲν ἀντειπὼν ἔπος.

ΑΝΤΙΓΟΝΗ.

λέγ', ὦ ταλαίπωρ', αὐτὸς ὧν χρεία πάρει.
τὰ πολλὰ γάρ τοι ῥήματ' ἢ τέρψαντά τι,
ἢ δυσχεράναντ', ἢ κατοικτίσαντά πως,
παρέσχε φωνὴν τοῖς ἀφωνήτοις τινά.

ΠΟΛΥΝΕΙΚΗΣ.

ἀλλ' ἐξερῶ· καλῶς γὰρ ἐξηγῇ σύ μοι·
πρῶτον μὲν αὐτὸν τὸν θεὸν ποιούμενος
ἀρωγὸν, ἔνθεν μ' ὧδ' ἀνέστησεν μολεῖν
ὁ τῆσδε τῆς γῆς κοίρανος, διδοὺς ἐμοὶ
λέξαι τ' ἀκοῦσαί τ' ἀσφαλεῖ ξὺν ἐξόδῳ.
καὶ ταῦτ' ἀφ' ὑμῶν, ὦ ξένοι, βουλήσομαι,
καὶ ταῖνδ' ἀδελφαῖν, καὶ πατρὸς κυρεῖν ἐμοί.
ἃ δ' ἦλθον, ἤδη σοι θέλω λέξαι, πάτερ.
γῆς ἐκ πατρῴας ἐξελήλαμαι φυγὰς,
τοῖς σοῖς πανάρχοις οὕνεκ' ἐνθακεῖν θρόνοις
γονῇ πεφυκὼς ἠξίουν γεραιτέρᾳ.
ἀνθ' ὧν μ' Ετεοκλῆς, ὢν φύσει νεώτερος,
γῆς ἐξέωσεν, οὔτε νικήσας λόγῳ,
οὔτ' εἰς ἔλεγχον χειρὸς οὔτ' ἔργου μολὼν,
πόλιν δὲ πείσας. ὧν ἐγὼ μάλιστα μὲν
τὴν σὴν Ερινὺν αἰτίαν εἶναι λέγω·
ἔπειτα κἀπὸ μαντέων ταύτῃ κλύω.
ἐπεὶ γὰρ ἦλθον Αργος ἐς τὸ Δωρικὸν,
λαβὼν Αδραστον πενθερὸν, ξυνωμότας
ἔστησ' ἐμαυτῷ, γῆς ὅσοιπερ Απίας
πρῶτοι καλοῦνται, καὶ τετίμηνται δορὶ,
ὅπως τὸν ἑπτάλογχον ἐς Θήβας στόλον

ξὺν τοῖσδ' ἀγείρας, ἢ θάνοιμι πανδίκως,
ἢ τοὺς τάδ' ἐκπράξαντας ἐκβάλοιμι γῆς.
εἶεν. τί δῆτα νῦν ἀφιγμένος κυρῶ;
σοὶ προστροπαίους, ὦ πάτερ, λιτὰς ἔχων,
αὐτός γ' ἐμαυτοῦ, ξυμμάχων τε τῶν ἐμῶν,
οἳ νῦν ξὺν ἑπτὰ τάξεσι, ξὺν ἑπτά τε
λόγχαις, τὸ Θήβης πεδίον ἀμφεστᾶσι πᾶν·
οἷος δορύσσους Ἀμφιάρεως, τὰ πρῶτα μὲν
δορὶ κρατύνων, πρῶτα δ' οἰωνῶν ὁδοῖς·
ὁ δεύτερος δ' Αἰτωλὸς Οἰνέως τόκος
Τυδεύς· τρίτος δ' Ἐτέοκλος Ἀργεῖος γεγώς·
τέταρτον Ἱππομέδοντ' ἀπέστειλεν πατὴρ
Ταλαός· ὁ πέμπτος δ' εὔχεται κατασκαφῇ
Καπανεὺς τὸ Θήβης ἄστυ δῃώσειν τάχα·
ἕκτος δὲ Παρθενοπαῖος Ἀρκὰς ὄρνυται,
ἐπώνυμος τῆς πρόσθεν ἀδμήτης χρόνῳ
μητρὸς, λοχευθεὶς πιστὸς Ἀταλάντης γόνος·
ἐγὼ δ' ὁ σὸς, καὶ μὴ σὸς, ἀλλὰ τοῦ κακοῦ
πότμου φυτευθεὶς, σός γέ τοι καλούμενος,
ἄγω τὸν Ἄργους ἄφοβον ἐς Θήβας στρατόν.
οἵ σ' ἀντὶ παίδων τῶνδε καὶ ψυχῆς, πάτερ,
ἱκετεύομεν ξύμπαντες ἐξαιτούμενοι,
μῆνιν βαρεῖαν εἰκάθειν ὁρμωμένῳ
τῷδ' ἀνδρὶ τοῦ 'μοῦ πρὸς κασιγνήτου τίσιν,
ὅς μ' ἐξέωσε, κἀπεσύλησεν πάτρας.
εἰ γάρ τι πιστὸν ἐστὶν ἐκ χρηστηρίων,
οἷς ἂν σὺ προσθῇ, τοῖσδ' ἔφασκ' εἶναι κράτος.
πρός νύν σε κρηνῶν, πρὸς θεῶν ὁμογνίων,

αὐτῷ πιθέσθαι καὶ παρεικαθεῖν, ἐπεὶ
πτωχοὶ μὲν ἡμεῖς, καὶ ξένοι, ξένος δὲ σύ·
ἄλλους δὲ θωπεύοντες οἰκοῦμεν σύ τε
κἀγὼ, τὸν αὐτὸν δαίμον' ἐξειληχότες.
ὁ δ' ἐν δόμοις τύραννος, ὢ τάλας ἐγὼ,
κοινῇ καθ' ἡμῶν ἐγγελῶν ἁβρύνεται·
ὃν, εἰ σὺ τῇ 'μῇ ξυμπαραστήσει φρενὶ,
βραχεῖ ξὺν ὄγκῳ καὶ χρόνῳ διασκεδῶ.
ὥστ' ἐν δόμοισι τοῖσι σοῖς στήσω σ' ἄγων,
στήσω δ' ἐμαυτὸν, κεῖνον ἐκβαλὼν βίᾳ.
καὶ ταῦτα, σοῦ μὲν ξυνθέλοντος, ἔστι μοι
κομπεῖν· ἄνευ σοῦ δ', οὐδὲ σωθῆναι σθένω.

ΧΟΡΟΣ.

τὸν ἄνδρα, τοῦ πέμψαντος οὕνεκ', Οἰδίπου,
εἰπὼν ὁποῖα ξύμφορ', ἔκπεμψαι πάλιν.

ΟΙΔΙΠΟΥΣ.

ἀλλ' εἰ μὲν, ἄνδρες, τῆσδ' ὁ δημοῦχος χθονὸς
μὴ 'τύγχαν' αὐτὸν δεῦρο προσπέμψας ἐμοὶ
Θησεὺς, δικαιῶν ὥστ' ἐμοῦ κλύειν λόγους,
οὐδ' ἄν ποτ' ὀμφῆς τῆς ἐμῆς ἐπῄσθετο·
νῦν δ' ἀξιωθεὶς εἶσι, κἀκούσας γ' ἐμοῦ
τοιαῦθ', ἃ τὸν τοῦδ' οὔ ποτ' εὐφρανεῖ βίον.
ὅς γ', ὦ κάκιστε, σκῆπτρα καὶ θρόνους ἔχων,
ἃ νῦν ὁ σὸς ξύναιμος ἐν Θήβαις ἔχει,
τὸν αὐτὸς αὑτοῦ πατέρα τόνδ' ἀπήλασας,
κἄθηκας ἄπολιν, καὶ στολὰς ταύτας φορεῖν,
ἃς νῦν δακρύεις εἰσορῶν, ὅτ' ἐν πόνῳ
ταὐτῷ βεβηκὼς τυγχάνεις κακῶν ἐμοί.

οὐ κλαυστὰ δ' ἐστὶν, ἀλλ' ἐμοὶ μὲν οἰστέα
τάδ', ἕως περ ἂν ζῶ σοῦ φονέως μεμνημένος.
σὺ γάρ με μόχθῳ τῷδ' ἔθηκας ἔντροφον,
σύ μ' ἐξέωσας· ἐκ σέθεν δ' ἀλώμενος
ἄλλους ἐπαιτῶ τὸν καθ' ἡμέραν βίον.
εἰ δ' ἐξέφυσα τάσδε μὴ 'μαυτῷ τροφοὺς
τὰς παῖδας, ἦ τ' ἂν οὐκ ἂν ἦν, τὸ σὸν μέρος·
νῦν δ' αἵδ' ἔμ' ἐκσώζουσιν, αἵδ' ἐμαὶ τροφοὶ,
αἵδ' ἄνδρες, οὐ γυναῖκες, εἰς τὸ συμπονεῖν·
ὑμεῖς δ' ἀπ' ἄλλου, κοὐκ ἐμοῦ, πεφύκατον.
τοιγάρ σ' ὁ δαίμων εἰσορᾷ μὲν οὔ τι πω
ὡς αὐτίκ', εἴπερ οἵδε κινοῦνται λόχοι
πρὸς ἄστυ Θήβης. οὐ γὰρ ἐσθ' ὅπως πόλιν
κείνην ἐρείψεις· ἀλλὰ πρόσθεν αἵματι
πεσεῖ μιανθεὶς, χὠ ξύναιμος ἐξ ἴσου.
τοιάσδ' ἀρὰς σφῷν πρόσθε τ' ἐξανῆκ' ἐγὼ,
νῦν τ' ἀνακαλοῦμαι ξυμμάχους ἐλθεῖν ἐμοὶ,
ἵν' ἀξιῶτον τοὺς φυτεύσαντας σέβειν,
καὶ μὴ 'ξατιμάζητον, εἰ τυφλοῦ πατρὸς
τοιώδ' ἔφυτον. αἵδε γὰρ τάδ' οὐκ ἔδρων.
τοιγὰρ τὸ σὸν θάκημα καὶ τοὺς σοὺς θρόνους
κρατοῦσιν, εἴπερ ἐστὶν ἡ παλαίφατος
Δίκη ξύνεδρος Ζηνὸς ἀρχαίοις νόμοις.
σὺ δ' ἔρρ' ἀπόπτυστός τε, κἀπάτωρ ἐμοῦ,
κακῶν κάκιστε, τάσδε συλλαβὼν ἀρὰς,
ἃς σοι καλοῦμαι, μήτε γῆς ἐμφυλίου
δορὶ κρατῆσαι, μήτε νοστῆσαί ποτε
τὸ κοῖλον Ἄργος, ἀλλὰ συγγενεῖ χερὶ

θανεῖν, κτανεῖν θ' ὑφ' οὗπερ ἐξελήλασαι.
τοιαῦτ' ἀρῶμαι, καὶ καλῶ τοῦ Ταρτάρου
στυγνὸν πατρῷον Ἔρεβος, ὥς σ' ἀποικίσῃ·
καλῶ δὲ τάσδε δαίμονας· καλῶ δ' Ἄρη,
τὸν σφῷν τὸ δεινὸν μῖσος ἐμβεβληκότα.
καὶ ταῦτ' ἀκούσας στεῖχε, κἀξάγγελλ' ἰὼν
καὶ πᾶσι Καδμείοισι, τοῖς σαυτοῦ θ' ἅμα
πιστοῖσι συμμάχοισιν, οὕνεκ' Οἰδίπους
τοιαῦτ' ἔνειμε παισὶ τοῖς αὑτοῦ γέρα.

ΧΟΡΟΣ.

Πολύνεικες, οὔτε ταῖς παρελθούσαις ὁδοῖς
ξυνήδομαί σοι· νῦν τ' ἴθ' ὡς τάχος πάλιν.

ΠΟΛΥΝΕΙΚΗΣ.

οἴμοι κελεύθου, τῆς τ' ἐμῆς δυσπραξίας,
οἴμοι δ' ἑταίρων· οἷον ἆρ' ὁδοῦ τέλος
Ἄργους ἀφωρμήθημεν, ὦ τάλας ἐγώ;
τοιοῦτον, οἷον οὐδὲ φωνῆσαί τινι
ἔξεσθ' ἑταίρων, οὐδ' ἀποστρέψαι πάλιν,
ἀλλ' ὄντ' ἄναυδον τῇδε συγκῦρσαι τύχῃ.
ὦ τοῦδ' ὅμαιμοι παῖδες, ἀλλ' ὑμεῖς, ἐπεὶ
τὰ σκληρὰ πατρὸς κλύετε τοῦδ' ἀρωμένου,
μή τοί με, πρὸς θεῶν, σφῷν ἐάν γ' αἱ τοῦδ' ἀραὶ
πατρὸς τελῶνται, καί τις ὑμῖν ἐς δόμους
νόστος γένηται, μή μ' ἀτιμάσητέ γε,
ἀλλ' ἐν τάφοισι θέσθε κἀν κτερίσμασι.
καὶ σφῷν ὁ νῦν ἔπαινος, ὃν κομίζετον
τοῦδ' ἀνδρὸς, οἷς πονεῖτον, οὐκ ἐλάσσονα
ἔτ' ἄλλον οἴσει τῆς ἐμῆς ὑπουργίας.

ΑΝΤΙΓΟΝΗ.

Πολύνεικες, ἱκετεύω σε πεισθῆναί τί μοι.

ΠΟΛΥΝΕΙΚΗΣ.

ὦ φιλτάτη, τὸ ποῖον, Ἀντιγόνη; λέγε.

ΑΝΤΙΓΟΝΗ.

στρέψαι στράτευμ' ἐς Ἄργος ὡς τάχιστά γε,
καὶ μὴ σέ τ' αὐτὸν καὶ πόλιν διεργάσῃ.

ΠΟΛΥΝΕΙΚΗΣ.

ἀλλ' οὐχ οἷόν τε. πῶς γὰρ αὖθις ἂν πάλιν
στράτευμ' ἄγοιμι ταυτὸν, εἰσάπαξ τρέσας;

ΑΝΤΙΓΟΝΗ.

τί δ' αὖθις, ὦ παῖ, δεῖ σε θυμοῦσθαι; τί σοι
πάτραν κατασκάψαντι κέρδος ἔρχεται;

ΠΟΛΥΝΕΙΚΗΣ.

αἰσχρὸν τὸ φεύγειν, καὶ τὸ πρεσβεύοντ' ἐμὲ
οὕτω γελᾶσθαι τοῦ κασιγνήτου πάρα.

ΑΝΤΙΓΟΝΗ.

ὁρᾷς τὰ τοῦδ' οὖν ὡς εἰς ὀρθὸν ἐκφέρεις
μαντεύμαθ', ὃς σφῷν θάνατον ἐξ ἀμφοῖν θροεῖ;

ΠΟΛΥΝΕΙΚΗΣ.

χρῄζει γάρ· ἡμῖν δ' οὐχὶ συγχωρητέα.

ΑΝΤΙΓΟΝΗ.

οἴμοι τάλαινα· τίς δὲ τολμήσει κλύων
τὰ τοῦδ' ἕπεσθαι τἀνδρὸς, οἷ' ἐθέσπισεν;

ΠΟΛΥΝΕΙΚΗΣ.

οὐδ' ἀγγελοῦμεν φλαῦρ'· ἐπεὶ στρατηλάτου
χρηστοῦ, τὰ κρείσσω, μηδὲ τἀνδεᾶ λέγειν.

ΑΝΤΙΓΟΝΗ.

οὕτως ἄρ', ὦ παῖ, ταῦτά σοι δεδογμένα;

ΠΟΛΥΝΕΙΚΗΣ.

καὶ μή μ᾽ ἐπίσχῃς γ᾽· ἀλλ᾽ ἐμοὶ μὲν ἥδ᾽ ὁδὸς
ἔσται μέλουσα δύσποτμός τε καὶ κακὴ
πρὸς τοῦδε πατρὸς, τῶν τε τοῦδ᾽ Ἐρινύων.
σφῷν δ᾽ εὐοδοίη Ζεὺς, τάδ᾽ εἰ τελεῖτέ μοι
θανόντ᾽· ἐπεὶ οὔ μοι ζῶντί γ᾽ αὖθις ἕξετον.
μέθεσθε δ᾽ ἤδη, χαίρετόν τ᾽. οὐ γάρ μ᾽ ἔτι
βλέποντ᾽ ἐσόψεσθ᾽ αὖθις.

ΑΝΤΙΓΟΝΗ.

ὢ τάλαιν᾽ ἐγώ.

ΠΟΛΥΝΕΙΚΗΣ.

μή τοι μ᾽ ὀδύρου.

ΑΝΤΙΓΟΝΗ.

καὶ τίς ἄν σ᾽ ὁρμώμενον
εἰς προῦπτον Ἅιδην οὐ καταστένοι, κάσι;

ΠΟΛΥΝΕΙΚΗΣ.

εἰ χρὴ, θανοῦμαι.

ΑΝΤΙΓΟΝΗ.

μὴ σύ γ᾽, ἀλλ᾽ ἐμοὶ πιθοῦ.

ΠΟΛΥΝΕΙΚΗΣ.

μὴ πεῖθ᾽ ἃ μὴ δεῖ.

ΑΝΤΙΓΟΝΗ.

δυστάλαινά τ᾽ ἆρ᾽ ἐγὼ,
εἴ σου στερηθῶ.

ΠΟΛΥΝΕΙΚΗΣ.

ταῦτα δ᾽ ἐν τῷ δαίμονι
καὶ τῇδε φῦναι χἀτέρᾳ. σφῷν δ᾽ οὖν ἐγὼ
θεοῖς ἀρῶμαι μή ποτ᾽ ἀντῆσαι κακόν.
ἀνάξιαι γὰρ πᾶσίν ἐστε δυστυχεῖν.

ΧΟΡΟΣ.

νέα τάδε νέοθεν ἦλθ' ἐμοὶ στροφὴ α'.
βαρύποτμα κακὰ
παρ' ἀλαοῦ ξένου,
εἴ τι μοῖρα μὴ κιχάνει.
μάτην γὰρ οὐδὲν ἀξίωμα δαιμόνων
ἔχω φράσαι.
ὁρᾷ, ὁρᾷ ταῦτ' ἀεὶ
χρόνος, ἐπεὶ μὲν ἕτερα
τάδε παρ' ἦμαρ αὖθις αὔξων ἄνω—
ἔκλυπεν αἰθὴρ, ὦ Ζεῦ.

ΟΙΔΙΠΟΥΣ.

ὦ τέκνα, τέκνα, πῶς ἂν, εἴ τις ἔντοπος,
τὸν πάντ' ἄριστον δεῦρο Θησέα πόροι;

ΑΝΤΙΓΟΝΗ.

πάτερ, τί δ' ἐστὶ τἀξίωμ', ἐφ' ᾧ καλεῖς;

ΟΙΔΙΠΟΥΣ.

Διὸς πτερωτὸς ἥδε μ' αὐτίκ' ἄξεται
βροντὴ πρὸς Ἅδην. ἀλλὰ πέμψαθ' ὡς τάχος.

ΧΟΡΟΣ.

ἴδε μάλα μέγας ἐρείπεται ἀντιστ. α'.
κτύπος ὅδ' ἄφατος
Διόβολος· ἐς ἄκραν
δεῖμ' ὑπῆλθε κρατὸς φόβαν.
ἔπτηξα θυμόν. οὐρανία γὰρ ἀστραπὴ
φλέγει πάλιν.
τί μὰν ἀφήσει τέλος;
δέδια δ'. οὐ γὰρ ἅλιον

ἀφορμᾷ ποτ', οὐδ' ἄνευ ξυμφορᾶς.
ὦ μέγας αἰθήρ, ὦ Ζεῦ.

ΟΙΔΙΠΟΥΣ.

ὦ παῖδες, ἥκει τῷδ' ἐπ' ἀνδρὶ θέσφατος
βίου τελευτή, κοὐκ ἔτ' ἔστ' ἀποστροφή.

ΑΝΤΙΓΟΝΗ.

πῶς οἶσθα; τῷ δὲ τοῦτο συμβαλὼν ἔχεις;

ΟΙΔΙΠΟΥΣ.

καλῶς κάτοιδ'. ἀλλ' ὡς τάχιστά μοι μολὼν
ἄνακτα χώρας τῆσδέ τις πορευσάτω.

ΧΟΡΟΣ.

ἔα, ἔα. ἀντιστρ. β'.
ἰδοὺ μάλ' αὖθις ἀμφίσταται
διαπρύσιος ὄτοβος.
ἵλαος, ὦ δαῖμον, ἵλαος, εἴ τι γᾷ
ματέρι τυγχάνεις ἀφεγγὲς φέρων.
ἐναισίου δὲ συντύχοιμι,
μηδ' ἄλαστον ἄνδρ' ἰδὼν,
ἀκερδῆ χάριν μετάσχοιμί πως.
Ζεῦ ἄνα, σοὶ φωνῶ.

ΟΙΔΙΠΟΥΣ.

ἆρ' ἐγγὺς ἀνήρ; ἆρ' ἔτ' ἐμψύχου, τέκνα,
κιχήσεταί μου καὶ κατορθοῦντος φρένα;

ΑΝΤΙΓΟΝΗ.

τί δ' ἂν θέλοις τὸ πιστὸν ἐμφῦναι φρενί;

ΟΙΔΙΠΟΥΣ.

ἀνθ' ὧν ἔπασχον εὖ, τελεσφόρον χάριν
δοῦναί σφιν, ἥνπερ τυγχάνων ὑπεσχόμην.

ΧΟΡΟΣ.

ἰού, ἰού. ἀντιστ. β'.
ἰὼ παῖ, βᾶθι, βᾶθ', εἴτ' ἄκραν
ἐπ' αἰγιαλὸν ἐναλίῳ
Ποσειδαωνίῳ θεῷ τυγχάνεις
βούθυτον ἑστίαν ἁγίζων, ἱκοῦ.
ὁ γὰρ ξένος σε καὶ πόλισμα
καὶ φίλους ἐπαξιοῖ
δικαίαν χάριν παρασχεῖν, παθών.
σπεῦσον, ἄισσ', ὦ 'ναξ.

ΘΗΣΕΥΣ.

τίς αὖ παρ' ὑμῶν κοινὸς ἠχεῖται κτύπος,
σαφὴς μὲν αὐτῶν, ἐμφανὴς δὲ τοῦ ξένου;
μή τις Διὸς κεραυνὸς, ἤ τις ὀμβρία
χάλαζ' ἐπιῤῥάξασα; πάντα γὰρ θεοῦ
τοιαῦτα χειμάζοντος εἰκάσαι πάρα.

ΟΙΔΙΠΟΥΣ.

ἄναξ, ποθοῦντι προὐφάνης, καί σοι θεῶν
τύχην τις ἐσθλὴν τῆσδ' ἔθηκε τῆς ὁδοῦ.

ΘΗΣΕΥΣ.

τί δ' ἐστὶν, ὦ παῖ Λαΐου, νέορτον αὖ;

ΟΙΔΙΠΟΥΣ.

ῥοπὴ βίου μοι. καί σ', ἅπερ ξυνῄνεσα,
θέλω, πόλιν τε τήνδε, μὴ ψεύσας θανεῖν.

ΘΗΣΕΥΣ.

ἐν τῷ δὲ κεῖσαι τοῦ μόρου τεκμηρίῳ;

ΟΙΔΙΠΟΥΣ.

αὐτοὶ θεοὶ κήρυκες ἀγγέλλουσί μοι,

ψεύδοντες οὐδὲν σημάτων προκειμένων.

ΘΗΣΕΥΣ.

πῶς εἶπας, ὦ γεραιέ, δηλοῦσθαι τάδε;

ΟΙΔΙΠΟΥΣ.

αἱ πολλὰ βρονταὶ διατελεῖς, τὰ πολλά τε
στράψαντα χειρὸς τῆς ἀνικήτου βέλη.

ΘΗΣΕΥΣ.

πείθεις με. πολλὰ γάρ σε θεσπίζονθ' ὁρῶ,
κοὐ ψευδόφημα. χὤ τι χρὴ ποιεῖν λέγε.

ΟΙΔΙΠΟΥΣ.

ἐγὼ διδάξω, τέκνον Αἰγέως, ἅ σοι
γήρως ἄλυπα τῇδε κείσεται πόλει.
χῶρον μὲν αὐτὸς αὐτίκ' ἐξηγήσομαι,
ἄθικτος ἡγητῆρος, οὗ με χρὴ θανεῖν.
τοῦτον δὲ φράζε μή ποτ' ἀνθρώπων τινὶ,
μήθ' οὗ κέκευθε, μήτ' ἐν οἷς κεῖται τόποις
ὥς σοι πρὸ πολλῶν ἀσπίδων, ἀλκὴν ὅδε,
δορός τ' ἐπακτοῦ, γειτόνων ἀεὶ τιθῇ.
ἃ δ' ἐξάγιστα, μηδὲ κινεῖται λόγῳ,
αὐτὸς μαθήσει, κεῖσ' ὅταν μόλῃς μόνος·
ὡς οὔτ' ἂν ἀστῶν τῶνδ' ἂν ἐξείποιμί τῳ,
οὔτ' ἂν τέκνοισι τοῖς ἐμοῖς, στέργων ὅμως.
ἀλλ' αὐτὸς αἰεὶ σῷζε, χὤταν εἰς τέλος
τοῦ ζῆν ἀφικνῇ, τῷ προφερτάτῳ μόνῳ
σήμαιν'· ὁ δ' αἰεὶ τῷ 'πιόντι δεικνύτω.
χ' οὕτως ἀδῆον τήνδ' ἐνοικήσεις πόλιν
Σπαρτῶν ἀπ' ἀνδρῶν. αἱ δὲ μυρίαι πόλεις,
κἂν εὖ τις οἰκῇ, ῥᾳδίως καθύβρισαν.

θεοὶ γὰρ εὖ μὲν, ὀψὲ δ' εἰσορῶσ', ὅταν
τὰ θεῖ' ἀφείς τις εἰς τὸ μαίνεσθαι τραπῇ·
ὃ μὴ σὺ, τέκνον Αἰγέως, βούλου παθεῖν.
τὰ μὲν τοιαῦτ' οὖν εἰδότ' ἐκδιδάσκομεν.
χῶρον δ', ἐπείγει γάρ με τοὐκ θεοῦ παρὸν,
στείχωμεν ἤδη, μηδέ γ' ἐντρεπώμεθα.
ὦ παῖδες, ὧδ' ἕπεσθ'. ἐγὼ γὰρ ἡγεμὼν
σφῷν αὖ πέφασμαι καινὸς, ὥσπερ σφὼ πατρί.
χωρεῖτε, καὶ μὴ ψαύετ', ἀλλ' ἐᾶτ' ἐμὲ
αὐτὸν τὸν ἱερὸν τύμβον ἐξευρεῖν, ἵνα
μοῖρ' ἀνδρὶ τῷδε τῇδε κρυφθῆναι χθονί.
τῇδ', ὧδε τῇδε βᾶτε. τῇδε γάρ μ' ἄγει
Ἑρμῆς ὁ πομπὸς, ἥ τε νερτέρα θεός.
ὦ φῶς ἀφεγγὲς, πρόσθε πού ποτ' ἦσθ' ἐμόν·
νῦν δ' ἔσχατόν σου τοὐμὸν ἅπτεται δέμας.
ἤδη γὰρ ἕρπω, τὸν τελευταῖον βίον
κρύψων παρ' Ἅιδην. ἀλλὰ, φίλτατε ξένων,
αὐτός τε, χώρα θ' ἥδε, πρόσπολοί τε σοὶ,
εὐδαίμονες γένοισθε· κἀπ' εὐπραξίᾳ
μέμνησθ' ἐμοῦ θανόντος εὐτυχεῖς ἀεί.

ΧΟΡΟΣ.

Εἰ θέμις ἐστί μοι τὰν ἀφανῆ θεὸν
καὶ σὲ λιταῖς σεβίζειν,
ἐννυχίων ἄναξ,
Αἰδωνεῦ, Αἰδωνεῦ . . . . .
λίσσομαι μήτ' ἐπίπονα,
μήτ' ἐπὶ βαρυαχεῖ
ξένον ἐξανύσαι

μόρῳ τὰν παγκευθῆ κάτω
νεκρῶν πλάκα, καὶ Στύγιον
δόμον. πολλῶν γὰρ ἂν καὶ μάταν
πημάτων ἱκνουμένων,
πάλιν σε δαίμων δίκαιος αὔξοι.
ὦ χθόνιαι θεαὶ, σῶμά τ' ἀνικάτου
θηρὸς, ὃν ἐν πύλαισι
φασὶ πολυξέστοις
εὐνᾶσθαι, κνυζᾶσθαί τ' ἐξ ἄντρων,
ἀδάματον φύλακ' Ἀΐδα.
λόγος αἰὲν ἀνέχει
. . . .
ὅν, ὦ Γᾶς παῖ καὶ Ταρτάρου,
κατεύχομαι ἐν καθαρῷ
βῆναι ὁρμωμένῳ νερτέρας
τῷ ξένῳ νεκρῶν πλάκας.
σέ τοι κικλήσκω τὸν αἰὲν ἄϋπνον.

ΑΓΓΕΛΟΣ.

Ἄνδρες πολῖται, ξυντομωτάτως μὲν ἂν
τύχοιμι λέξας Οἰδίπουν ὀλωλότα·
ἃ δ' ἦν τὰ πραχθέντ', οὔθ' ὁ μῦθος ἐν βραχεῖ
φράσαι πάρεστιν, οὔτε τἄργ' ὅσ' ἦν ἐκεῖ.

ΧΟΡΟΣ.

ὄλωλε γὰρ δύστηνος;

ΑΓΓΕΛΟΣ.

ὡς λελοιπότα
κεῖνον τὸν αἰεὶ βίοτον ἐξεπίστασο.

ΧΟΡΟΣ.

πῶς; ἆρα θείᾳ κἀπόνῳ τάλας τύχῃ;

ΑΓΓΕΛΟΣ.

τοῦτ' ἐστὶν ἤδη κἀποθαυμάσαι πρέπον.
ὡς μὲν γὰρ ἐνθένδ' εἷρπε, καὶ σύ που παρὼν
ἔξοισθ', ὑφηγητῆρος οὐδενὸς φίλων,
ἀλλ' αὐτὸς ἡμῖν πᾶσιν ἐξηγούμενος.
ἐπεὶ δ' ἀφῖκτο τὸν καταῤῥάκτην ὀδὸν
χαλκοῖς βάθροισι γῆθεν ἐῤῥιζωμένον,
ἔστη κελεύθων ἐν πολυσχίστων μιᾷ,
κοίλου πέλας κρατῆρος, οὗ τὰ Θησέως
Περίθου τε κεῖται πίστ' ἀεὶ ξυνθήματα·
ἀφ' οὗ μέσος στὰς, τοῦ τε Θορικίου πέτρου,
κοίλης τ' ἀχέρδου, κἀπὸ λαΐνου τάφου,
'καθέζετ'· εἶτ' ἔλυσε δυσπινεῖς στολάς.
κἄπειτ' ἀΰσας παῖδας, ἠνώγει ῥυτῶν
ὑδάτων ἐνεγκεῖν λουτρὰ καὶ χοὰς ποθεν·
τὼ δ' εὐχλόου Δήμητρος εἰς ἐπόψιον
πάγον μολοῦσα, τάσδ' ἐπιστολὰς πατρὶ
ταχεῖ 'πόρευσαν ξὺν χρόνῳ, λουτροῖς τέ νιν
ἐσθῆτί τ' ἐξήσκησαν, ᾗ νομίζεται.
ἐπεὶ δὲ παντὸς εἶχε δρῶντος ἡδονὴν,
κοὐκ ἦν ἔτ' ἀργὸν οὐδὲν ὧν ἐφίετο,
'κτύπησε μὲν Ζεὺς χθόνιος, αἱ δὲ παρθένοι
'ρίγησαν, ὡς ἤκουσαν· ἐς δὲ γούνατα
πατρὸς πεσοῦσαι 'κλαιον, οὐδ' ἀνίεσαν
στέρνων ἀραγμοὺς, οὐδὲ παμμήκεις γόους.
ὁ δ', ὡς ἀκούει φθόγγον ἐξαίφνης πικρὸν,
πτύξας ἐπ' αὐταῖς χεῖρας, εἶπεν· Ω τέκνα,
οὐκ ἔστ' ἔθ' ὑμῖν τῇδ' ἐν ἡμέρᾳ πατήρ.

ὄλωλε γὰρ δὴ πάντα τἀμά, κοὐκ ἔτι
τὴν δυσπόνητον ἕξετ' ἀμφ' ἐμοὶ τροφήν·
σκληρὰν μὲν, οἶδα, παῖδες. ἀλλ' ἓν γὰρ μόνον
τὰ πάντα λύει ταῦτ' ἔπος μοχθήματα.
τὸ γὰρ φιλεῖν οὐκ ἔστιν ἐξ ὅτου πλέον
ἢ τοῦδε τἀνδρὸς ἔσχεθ', οὗ τητώμεναι
τὸν λοιπὸν ἤδη βίοτον εὖ διάξετον. —
τοιαῦτ' ἐπ' ἀλλήλοισιν ἀμφικείμενοι
λύγδην ἔκλαιον πάντες. ὡς δὲ πρὸς τέλος
γόων ἀφίκοντ', οὐδέ τ' ὀρώρει βοή,
ἦν μὲν σιωπή· φθέγμα δ' ἐξαίφνης τινὸς
θώϋξεν αὐτόν, ὥστε πάντας ὀρθίας
στῆσαι φόβῳ δείσαντας ἐξαίφνης τρίχας.
καλεῖ γὰρ αὐτὸν πολλὰ πολλαχῇ θεός·
Ὦ οὗτος, οὗτος, Οἰδίπους, τί μέλλομεν
χωρεῖν; πάλαι δὴ τἀπὸ σοῦ βραδύνεται. —
ὁ δ', ὡς ἐπῄσθετ' ἐκ θεοῦ καλούμενος,
αὐδᾷ μολεῖν οἱ γῆς ἄνακτα Θησέα.
κἀπεὶ προσῆλθεν, εἶπεν· Ὦ φίλον κάρα,
δός μοι χερὸς σῆς πίστιν ἀρχαίαν τέκνοις,
ὑμεῖς τε, παῖδες, τῷδε· καὶ καταίνεσον
μή ποτε προδώσειν τάσδ' ἑκών, τελεῖν δ' ὅσ' ἂν
μέλλῃς φρονῶν εὖ ξυμφέροντ' αὐταῖς ἀεί. —
ὁ δ', ὡς ἀνὴρ γενναῖος, οὐκ οἴκτου μέτα
κατῄνεσεν τάδ' ὅρκιος δράσειν ξένῳ.
ὅπως δὲ ταῦτ' ἔδρασεν, εὐθὺς Οἰδίπους
ψαύσας ἀφαυραῖς χερσὶν ὧν παίδων, λέγει·
Ὦ παῖδε, τλάσας χρὴ τὸ γενναῖον φρενὶ

χωρεῖν

χωρεῖν τόπων ἐκ τῶνδε, μηδ', ἃ μὴ θέμις,
λεύσσειν δικαιοῦν, μηδὲ φωνούντων κλύειν.
ἀλλ' ἕρπεθ' ὡς τάχιστα· πλὴν ὁ κύριος
Θησεὺς παρέστω μανθάνων τὰ δρώμενα. —
τοσαῦτα φωνήσαντος εἰσηκούσαμεν
ξύμπαντες· ἀστακτὶ δὲ σὺν ταῖς παρθένοις
στένοντες ὡμαρτοῦμεν. ὡς δ' ἀπήλθομεν,
χρόνῳ βραχεῖ στραφέντες, ἐξαπείδομεν
τὸν ἄνδρα, τὸν μὲν οὐδαμοῦ παρόντ' ἔτι,
ἄνακτα δ' αὐτὸν ὀμμάτων ἐπίσκιον
χεῖρ' ἀντέχοντα κρατὸς, ὡς δεινοῦ τινὸς
φόβου φανέντος, οὐδ' ἀνασχετοῦ βλέπειν.
ἔπειτα μέντοι βαιὸν, οὐδὲ σὺν χρόνῳ,
ὁρῶμεν αὐτὸν γῆν τε προσκυνοῦνθ' ἅμα,
καὶ τὸν θεῶν Ὄλυμπον ἐν ταὐτῷ λόγῳ.
μόρῳ δ' ὁποίῳ κεῖνος ὤλετ', οὐδ' ἂν εἷς
θνητῶν φράσειε, πλὴν τὸ Θησέως κάρα.
οὐ γάρ τις αὐτὸν οὔτε πυρφόρος θεοῦ
κεραυνὸς ἐξέπραξεν, οὔτε ποντία
θύελλα κινηθεῖσα τῷ τότ' ἐν χρόνῳ·
ἀλλ' ἤ τις ἐκ θεῶν πομπὸς, ἢ τὸ νερτέρων
εὔνουν διαστὰν γῆς ἀλάμπετον βάθρον.
ἀνὴρ γὰρ οὐ στενακτὸς, οὐδὲ σὺν νόσοις
ἀλγεινὸς ἐξεπέμπετ', ἀλλ', εἴ τις βροτῶν,
θαυμαστός. εἰ δὲ μὴ δοκῶ φρονῶν λέγειν,
οὐκ ἂν παρείμην οἷσι μὴ δοκῶ φρονεῖν.

ΧΟΡΟΣ.

ποῦ δ' αἵ τε παῖδες, χ' οἱ προπέμψαντες φίλων;

ΑΓΓΕΛΟΣ.

αἵδ' οὐχ ἑκάς. γόων γὰρ οὐκ ἀσήμονες
φθόγγοι σφε σημαίνουσι δεῦρ' ὁρμωμένας.

ΑΝΤΙΓΟΝΗ.

αἶ, αἶ. φεῦ, 'στιν, ἔστι νῷν δὴ στροφὴ α΄.
οὐ τὸ μὲν, ἄλλο δὲ μὴ, πατρὸς ἔμφυτον
ἄλαστον αἷμα δυσμόροιν στενάζειν,
ᾧ τινι τὸν πολὺν
ἄλλοτε μὲν πόνον ἔμπεδον εἴχομεν,
ἐν πυμάτῳ δ' ἀλόγιστα παροίσομεν
ἰδόντε καὶ παθούσα.

ΧΟΡΟΣ.

τί δ' ἔστιν;

ΑΝΤΙΓΟΝΗ.

οὐκ ἔστιν μὲν εἰκάσαι, φίλοι.

ΧΟΡΟΣ.

βέβηκεν;

ΑΝΤΙΓΟΝΗ.

ὡς μάλιστ' ἂν ἐν πόθῳ λάβοις.
τί γάρ; ὅτῳ μήτ' Ἄρης, μήτε
πόντος ἀντέκυρσεν, ἄσκο-
ποι δὲ πλάκες ἔμαρψαν ἐν ἀφα-
νεῖ τινι μόρῳ φαινόμεναι.
τάλαινα· νῷν δ' ὀλεθρία
νὺξ ἐπ' ὄμμασιν βέβηκε.
πῶς γὰρ ἤ τιν' ἀπίαν γᾶν, ἢ
πόντιον κλύδων' ἀλώμεναι, βίου
δύσοιστον ἕξομεν τροφάν;

ΙΣΜΗΝΗ.

οὐ κάτοιδα. στροφὴ β'.
κατά με φόνιος Ἀΐδας ἕλοι
πατρὶ ξυνθανεῖν γεραιῷ
τάλαιναν· ὡς ἔμοιγ' ὁ μέλ-
λων βίος οὐ βιωτός.

ΧΟΡΟΣ.

ὦ διδύμα τέκνων ἀρίστα,
τὸ φέρον ἐκ θεοῦ καλῶς
χρὴ φέρειν, μηδ' ἄγαν φλέγεσθον·
οὔ τοι κατάμεμπτα.

ΑΝΤΙΓΟΝΗ.

πόθος καὶ κακῶν ἄρ' ἦν τις. ἀντιστ. α'.
καὶ γὰρ ὃ μηδαμὰ δὴ φίλον, ἦν φίλον,
ὁπότε γε καὶ τὸν ἐν χεροῖν κατεῖχον.
ὦ πάτερ, ὦ φίλος,
ὦ τὸν ἀεὶ κατὰ γᾶς σκότον εἱμένος,
οὐδὲ γέρων ἀφίλητος ἐμοί ποτε,
καὶ τᾷδε μὴ κυρήσεις.

ΧΟΡΟΣ.

ἔπραξεν οὖν —

ΑΝΤΙΓΟΝΗ.

ἔπραξεν οἷον ἤθελε.

ΧΟΡΟΣ.

τὸ ποῖον;

ΑΝΤΙΓΟΝΗ.

ἇς ἔχρῃζε γᾶς ἐπὶ ξένας
ἔθανε· κοίταν δ' ἔχει νέρθεν

ἀσκίαστον αἰὼν. οὐδὲ
πένθος ἔλιπ' ἄκλαυστον. ἀεὶ
γὰρ ὄμμα σε τόδ', ὦ πάτερ, ἐμὸν
στένει δακρύον· οὐδ' ἔχω
πῶς με χρὴ τὸ σὸν τάλαινα
ἀφανίσαι τοσόνδ' ἄχος. ἰὼ, μὴ
γᾶς ἐπὶ ξένας θανεῖν ἔχρῃζες, ἀλλ'
ἔρημος ἔθανες ὧδ' ἐμοί.

ΙΣΜΗΝΗ.

ὦ τάλαινα, ἀντιστ. β'.
τίς ἄρα με πότμος αὖθις ὧδ'
ἔρημος, ἄπορος, ἐπιμένει,
σέ τ', ὦ φίλα . . . . .
πατέρος ὧδ' ἐρήμας;

ΧΟΡΟΣ.

ἀλλ' ἐπεὶ ὀλβίως γ' ἔλυσε
τὸ τέλος, ὦ φίλαι, βίου,
λήγετον τοῦδ' ἄχους, κακῶν γὰρ
οὐδεὶς δυσάλωτος.

ἈΝΤΙΓΟΝΗ.

πάλιν, φίλα, συθῶμεν. στροφὴ γ'.

ΙΣΜΗΝΗ.

ὡς τί ῥέξωμεν;

ΑΝΤΙΓΟΝΗ.

ἵμερος ἔχει με —

ΙΣΜΗΝΗ.

τίς;

ΑΝΤΙΓΟΝΗ.

τὰν χθόνιον ἑστίαν ἰδεῖν —

ΙΣΜΗΝΗ.

τίνος;

ΑΝΤΙΓΟΝΗ.

πατρός. τάλαιν' ἐγώ.

ΙΣΜΗΝΗ.

θέμις δὲ πῶς τάδ' ἐστί; μῶν οὐχ ὁρᾷς —

ΑΝΤΙΓΟΝΗ.

τί τόδ' ἐπέπληξας;

ΙΣΜΗΝΗ.

καὶ τόδ', ὡς —

ΑΝΤΙΓΟΝΗ.

τί τόδε μάλ' αὖθις . . . . .

ΙΣΜΗΝΗ.

. . . .
ἄταφος ἔπιτνε, δίχα τε παντός.

ΑΝΤΙΓΟΝΗ.

ἄγε με, καὶ τότ' ἐνάριξον.

ΙΣΜΗΝΗ.

αἶ αἶ, δυστάλαινα. ποῦ δῆτ'
αὖθις ὧδ' ἔρημος, ἄπορος
αἰῶνα τλάμων ἕξω;

ΧΟΡΟΣ.

φίλαι, τρέσητε μηδέν.

ΑΝΤΙΓΟΝΗ.

ἀλλὰ ποῖ φύγω;

ΧΟΡΟΣ.

καὶ πάρος ἀπεφύγετον
σφῷν τὸ μὴ πιτνεῖν κακῶς.

ΑΝΤΙΓΟΝΗ.

Φρονῶ—

ΧΟΡΟΣ.

τί δῆθ᾽ ὑπερνοεῖς;

ΑΝΤΙΓΟΝΗ.

ὅπως μολούμεθ᾽ ἐς δόμους οὐκ ἔχω.

ΧΟΡΟΣ.

μηδέ γε μάτευε. μόγος ἔχει—

ΑΝΤΙΓΟΝΗ.

καὶ πάρος· ἐπεὶ . . . . .
τοτὲ μὲν πέρα, τοτὲ δ᾽ ὕπερθεν.

ΧΟΡΟΣ.

μέγ᾽ ἄρα πέλαγος ἐλάχετόν τι.

ΑΝΤΙΓΟΝΗ.

ναὶ, ναί.

ΧΟΡΟΣ.

ξύμφημι καὐτός.

ΑΝΤΙΓΟΝΗ.

φεῦ, φεῦ· ποῖ μόλωμεν, ὦ Ζεῦ;
ἐλπίδων γὰρ ἐς τίν᾽ ἡμᾶς
δαίμων τανῦν γ᾽ ἐλαύνει;

ΘΗΣΕΥΣ.

παύετε θρῆνον, παῖδες. ἐν οἷς γὰρ
χάρις ἡ χθονία ξύν γ᾽ ἀπόκειται,
πενθεῖν οὐ χρή· νέμεσις γάρ.

ΑΝΤΙΓΟΝΗ.

ὦ τέκνον Αἰγέως, προσπίτνομέν σοι.

ΘΗΣΕΥΣ.

τίνος, ὦ παῖδες, χρείας ἀνύσαι;

ΑΝΤΙΓΟΝΗ.

τύμβον θέλομεν
προσιδεῖν αὐταὶ πατρὸς ἡμετέρου.

ΘΗΣΕΥΣ.

ἀλλ' οὐ θεμιτὸν κεῖσ' ἐστὶ μολεῖν.

ΑΝΤΙΓΟΝΗ.

πῶς εἶπας, ἄναξ, κοίραν' Ἀθηνῶν;

ΘΗΣΕΥΣ.

ὦ παῖδες, ἀπεῖπεν ἐμοὶ κεῖνος,
μήτε πελάζειν ἐς τούσδε τόπους,
μήτ' ἐπιφωνεῖν μηδένα θνητῶν
θήκην ἱεράν, ἣν κεῖνος ἔχει.
καὶ ταῦτά μ' ἔφη πράσσοντα, καλῶς
χώραν ἕξειν αἰὲν ἄλυπον.
ταῦτ' οὖν ἔκλυε δαίμων ἡμῶν,
χὠ πάντ' ἀΐων Διὸς Ὅρκος.

ΑΝΤΙΓΟΝΗ.

ἀλλ' εἰ τάδ' ἔχει κατὰ νοῦν κείνῳ,
ταῦτ' ἂν ἀπαρκοῖ· Θήβας δ' ἡμᾶς
τὰς Ὠγυγίους πέμψον, ἐάν πως
διακωλύσωμεν ἰόντα φόνον
τοῖσιν ὁμαίμοις.

ΘΗΣΕΥΣ.

δράσω καὶ τάδε, καὶ πάντα γ' ὅσ' ἂν

μέλλω πράσσειν πρόσφορά θ' ὑμῖν,
καὶ τῷ κατὰ γῆς, ὃς νέον ἔῤῥει,
πρὸς χάριν. οὐ γάρ δεῖ μ' ἀποκάμνειν.

ΧΟΡΟΣ.

ἀλλ' ἀποπαύετε, μήτ' ἐπὶ πλείω
θρῆνον ἐγείρετε.
πάντως γὰρ ἔχει τάδε κῦρος.

ΤΕΛΟΣ

ΤΟΥ ΕΠΙ ΚΟΛΩΝΩ ΟΙΔΙΠΟΔΟΣ.

ΣΟΦΟΚΛΕΟΥΣ

Η Λ Ε Κ Τ Ρ Α.

ΥΠΟΘΕΣΙΣ ΗΛΕΚΤΡΑΣ.

Ὑπόκειται ὧδε τροφεὺς, δεικνὺς Ὀρέστῃ τὰ ἐν Ἄργει. μικρὸν γὰρ ὄντα αὐτὸν κλέψασα Ἠλέκτρα, ἡνίκα ὁ πατὴρ ἐσφάζετο, δέδωκε τῷ τροφεῖ, δείσασα μὴ καὶ αὐτὸν ἀνέλωσιν. ὁ δὲ ὑπεξέθετο αὐτὸν εἰς Φωκίδα πρὸς τὸν Στρόφιον· νῦν δὲ μετὰ εἴκοσιν ἔτη ἐπανιὼν σὺν αὐτῷ πρὸς τὸ Ἄργος, δείκνυσιν αὐτῷ τὰ ἐν Ἄργει.

Ἡ σκηνὴ τοῦ δράματος ὑπόκειται ἐν Ἄργει. ὁ δὲ Χορὸς συνέστηκεν ἐξ ἐπιχωρίων παρθένων. προλογίζει δὲ ὁ παιδαγωγὸς Ὀρέστου.

ΤΑ ΤΟΥ ΔΡΑΜΑΤΟΣ ΠΡΟΣΩΠΑ.

ΠΑΙΔΑΓΩΓΟΣ.
ΟΡΕΣΤΗΣ.
ΗΛΕΚΤΡΑ.
ΧΟΡΟΣ.
ΧΡΥΣΟΘΕΜΙΣ.
ΚΛΥΤΑΙΜΝΗΣΤΡΑ.
ΑΙΓΙΣΘΟΣ.

ΣΟΦΟΚΛΕΟΥΣ ΗΛΕΚΤΡΑ.

ΠΑΙΔΑΓΩΓΟΣ.

Ὦ τοῦ στρατηγήσαντος ἐν Τροίᾳ ποτὲ
Ἀγαμέμνονος παῖ, νῦν ἐκεῖν᾽ ἔξεστί σοι
παρόντι λεύσσειν, ὧν πρόθυμος ἦσθ᾽ ἀεί.
τόδε γὰρ παλαιὸν Ἄργος, οὑπόθεις· τόδε,
τῆς οἰστροπλῆγος ἄλσος Ἰνάχου κόρης·
αὕτη δ᾽, Ὀρέστα, τοῦ λυκοκτόνου θεοῦ
ἀγορὰ Λύκειος· οὑξ ἀριστερᾶς δ᾽ ὅδε,
Ἥρας ὁ κλεινὸς ναός· οἷ δ᾽ ἱκάνομεν,
φάσκειν Μυκήνας τὰς πολυχρύσους ὁρᾶν,
πολύφθορόν τε δῶμα Πελοπιδῶν τόδε,
ὅθεν σε πατρὸς ἐκ φόνων ἐγώ ποτε,
πρὸς σῆς ὁμαίμου καὶ κασιγνήτης λαβὼν,
ἤνεγκα, κἀξέσωσα, κἀξεθρεψάμην
τοσόνδ᾽ ἐς ἥβης, πατρὶ τιμωρὸν φόνου.
νῦν οὖν, Ὀρέστα, καὶ σὺ φίλτατε ξένων
Πυλάδη, τί χρὴ δρᾶν ἐν τάχει βουλευτέον·
ὡς ἡμὶν ἤδη λαμπρὸν ἡλίου σέλας
ἑῷα κινεῖ φθέγματ᾽ ὀρνίθων σαφῆ.
μέλαινά τ᾽ ἄστρων ἐκλέλοιπεν εὐφρόνη.
πρὶν οὖν τιν᾽ ἀνδρῶν ἐξοδοιπορεῖν στέγης,
ξυνάπτετον λόγοισιν· ὡς ἐνταῦθ᾽ ἐμὲν,
ἵν᾽ οὐκ ἔτ᾽ ὀκνεῖν καιρὸς, ἀλλ᾽ ἔργων ἀκμή.

ΟΡΕΣΤΗΣ.

ὦ φίλτατ' ἀνδρῶν προσπόλων, ὥς μοι σαφῆ
σημεῖα φαίνεις ἐσθλὸς εἰς ἡμᾶς γεγώς.
ὥσπερ γὰρ ἵππος εὐγενής, κἂν ᾖ γέρων,
ἐν τοῖσι δεινοῖς θυμὸν οὐκ ἀπώλεσεν,
ἀλλ' ὀρθὸν οὖς ἵστησιν· ὡσαύτως δὲ σὺ
ἡμᾶς τ' ὀτρύνεις, καὐτὸς ἐν πρώτοις ἕπῃ.
τοιγὰρ τὰ μὲν δόξαντα δηλώσω· σὺ δὲ
ὀξεῖαν ἀκοὴν τοῖς ἐμοῖς λόγοις διδούς,
εἰ μή τι καιροῦ τυγχάνω, μεθάρμοσον.
ἐγὼ γὰρ ἡνίχ' ἱκόμην τὸ Πυθικὸν
μαντεῖον, ὡς μάθοιμ' ὅτῳ τρόπῳ πατρὸς
δίκας ἀροίμην τῶν φονευσάντων πάρα,
χρῇ μοι τοιαῦθ' ὁ Φοῖβος, ὧν πεύσει τάχα·
ἄσκευον αὐτὸν ἀσπίδων τε καὶ στρατοῦ,
δόλοισι κλέψαι χειρὸς ἐνδίκους σφαγάς.
ὅτ' οὖν τοιόνδε χρησμὸν εἰσηκούσαμεν,
σὺ μὲν μολών, ὅταν σε καιρὸς εἰσάγῃ,
δόμων ἔσω τῶνδ', ἴσθι πᾶν τὸ δρώμενον,
ὅπως ἂν εἰδὼς ἡμὶν ἀγγείλῃς σαφῆ.
οὐ γάρ σε μὴ γήρᾳ τε καὶ χρόνῳ μακρῷ
γνῶσ', οὐδ' ὑποπτεύσουσιν ὧδ' ἠνθισμένον.
λόγῳ δὲ χρῶ τοιῷδ', ὅτι ξένος μὲν εἶ
Φωκεύς, παρ' ἀνδρὸς Φανοτέως ἥκων· ὁ γὰρ
μέγιστος αὐτοῖς τυγχάνει δορυξένων.
ἄγγελλε δ' ὅρκον προστιθείς, ὅθ' οὕνεκα
τέθνηκ' Ὀρέστης ἐξ ἀναγκαίας τύχης,
ἄθλοισι Πυθικοῖσιν ἐκ τροχηλάτων

δίφρων κυλισθείς· ὧδ᾽ ὁ μῦθος ἱστάτω.
ἡμεῖς δὲ πατρὸς τύμβον, ὡς ἐφίετο,
λοιβαῖσι πρῶτον καὶ καρατόμοις χλιδαῖς
στέψαντες, εἶτ᾽ ἄψορρον ἥξομεν πάλιν,
τύπωμα χαλκόπλευρον ἠρμένοι χεροῖν.
ὃ καὶ σὺ θάμνοις οἶσθά που κεκρυμμένον,
ὅπως λόγῳ κλέπτοντες, ἡδεῖαν φάτιν
φέρωμεν αὐτοῖς, τοὐμὸν ὡς ἔρρει δέμας
φλογιστὸν ἤδη καὶ κατηνθρακωμένον.
τί γάρ με λυπεῖ τοῦθ᾽, ὅταν λόγῳ θανὼν
ἔργοισι σωθῶ, κἀξενέγκωμαι κλέος;
δοκῶ μὲν οὐδὲν ῥῆμα σὺν κέρδει κακόν.
ἤδη γὰρ εἶδον πολλάκις καὶ τοὺς σοφοὺς
λόγῳ μάτην θνήσκοντας· εἶθ᾽, ὅταν δόμους
ἔλθωσιν αὖθις, ἐκτετίμηνται πλέον.
ὡς κἄμ᾽ ἐπαυχῶ τῆσδε τῆς φήμης ἄπο
δεδορκότ᾽, ἐχθροῖς, ἄστρον ὣς, λάμψειν ἔτι.
ἀλλ᾽, ὦ πατρῴα γῆ, θεοί τ᾽ ἐγχώριοι,
δέξασθέ μ᾽ εὐτυχοῦντα ταῖσδε ταῖς ὁδοῖς,
σύ τ᾽, ὦ πατρῷον δῶμα· σοῦ γὰρ ἔρχομαι
δίκῃ καθαρτὴς, πρὸς θεῶν ὡρμημένος·
καὶ μή μ᾽ ἄτιμον τῆσδ᾽ ἀποστείλητε γῆς,
ἀλλ᾽ ἀρχέπλουτον καὶ καταστάτην δόμων.
εἴρηκα μέν νυν ταῦτα· σοὶ δ᾽ ἤδη, γέρον,
τὸ σὸν μελέσθω βάντι φρουρῆσαι χρέος.
νὼ δ᾽ ἔξιμεν. καιρὸς γὰρ, ὅσπερ ἀνδράσι
μέγιστος ἔργου παντὸς ἐστ᾽ ἐπιστάτης.

ΗΛΕΚΤΡΑ.

ἰώ μοι μοι δύστηνος.

ΠΑΙΔΑΓΩΓΟΣ.

καὶ μὴν θυρῶν ἔδοξα προσπόλων τινὸς
ὑποστενούσης ἔνδον αἰσθέσθαι, τέκνον.

ΟΡΕΣΤΗΣ.

ἆρ' ἐστὶν ἡ δύστηνος Ἠλέκτρα; θέλεις
μείνωμεν αὐτοῦ, κἀνακούσωμεν γόων;

ΠΑΙΔΑΓΩΓΟΣ.

ἥκιστα. μηδὲν πρόσθεν, ἢ τὰ Λοξίου,
πειρώμεθ' ἔρδειν, κἀπὸ τῶνδ' ἀρχηγετεῖν,
πατρὸς χέοντες λουτρά. ταῦτα γὰρ φέρει
νίκην τ' ἐφ' ἡμῖν καὶ κράτος τῶν δρωμένων.

ΗΛΕΚΤΡΑ.

Ὦ φάος ἁγνὸν, καὶ γῆς
ἰσόμοιρος ἀὴρ, ὥς μοι
πολλὰς μὲν θρήνων ᾠδὰς,
πολλὰς δ' ἀντήρεις ᾔσθου
στέρνων πλαγὰς αἱμασσομένων,
ὁπόταν δνοφερὰ νὺξ ὑπολειφθῇ·
τὰ δὲ παννυχίδων, ἤδη στυγεραὶ
ξυνίσασ' εὐναὶ μογερῶν οἴκων,
ὅσα τὸν δύστηνον ἐμὸν θρηνῶ
πατέρ', ὃν κατὰ μὲν βάρβαρον αἶαν
φοίνιος Ἄρης οὐκ ἐξένισεν.
μήτηρ δ' ἡ 'μὴ χὠ κοινολεχὴς
Αἴγισθος, ὅπως δρῦν ὑλοτόμοι,
σχίζουσι κάρα φονίῳ πελέκει.

κοὐδεὶς τούτων οἶκτος ἀπ' ἄλλης
ἢ 'μοῦ φέρεται, σοῦ, πάτερ, οὕτως
αἰκῶς οἰκτρῶς τε θανόντος.
ἀλλ' οὐ μὲν δὴ λήξω θρήνων,
στυγερῶν τε γόων, ἔς τ' ἂν
λεύσσω παμφεγγεῖς ἄστρων
ῥιπὰς, λεύσσω δὲ τόδ' ἦμαρ,
μὴ οὐ, τεκνολέτειρ' ὥς τις ἀηδὼν,
ἐπὶ κωκυτῷ, τῶνδε πατρῴων
πρὸ θυρῶν, ἠχὼ πᾶσι προφωνεῖν.
ὦ δῶμ' Ἀΐδου καὶ Περσεφόνης,
ὦ χθόνι' Ἑρμῆ, καὶ πότνι' Ἀρὰ,
σεμναί τε θεῶν
παῖδες Ἐριννύες, αἳ τοὺς
ἀδίκως θνήσκοντας ὁρᾶτε,
τοὺς τὰς εὐνὰς ὑποκλεπτομένους,
ἔλθετ', ἀρήξατε, τίσασθε πατρὸς
φόνον ἡμετέρου,
κἀμοὶ τὸν ἐμὸν πέμψατ' ἀδελφόν.
μούνη γὰρ ἄγειν οὐκ ἔτι σωκῶ
λύπης ἀντίρροπον ἄχθος.

ΧΟΡΟΣ.

Ω παῖ, παῖ δυστανοτάτας — στροφὴ α'.
Ηλέκτρα ματρὸς, τίν' ἀεὶ
τάκεις ὧδ' ἀκόρεστον οἰμωγὰν,
τὸν πάλαι ἐκ δολερᾶς ἀθεωτάτας
ματρὸς ἁλόντ' ἀπάταις Ἀγαμέμνονα,
κακᾷ τε χειρὶ πρόδοτον; ὡς

ὁ τάδε πορὼν
ὄλοιτ᾽, εἴ μοι θέμις τάδ᾽ αὐδᾶν.

ΗΛΕΚΤΡΑ.

γενέθλα γενναίων τοκέων,
ἥκετ᾽ ἐμῶν καμάτων παραμύθιον.
οἶδά τε καὶ ξυνίημι τάδ᾽, οὔ τί με
φυγγάνει, οὐδ᾽ ἐθέλω προλιπεῖν τόδε,
μὴ οὐ τὸν ἐμὸν στοναχεῖν πατέρ᾽ ἄθλιον.
ἀλλ᾽, ὦ παντοίας φιλότητος ἀμειβόμεναι χάριν,
ἐᾶτέ μ᾽ ὧδ᾽ ἀλύειν,
αἶ αἶ, ἱκνοῦμαι.

ΧΟΡΟΣ.

ἀλλ᾽ οὔ τοι τόν γ᾽ ἐξ Ἀΐδα ἀΐδαϊ. c.
παγκοίνου λίμνας πατέρ᾽ ἀν-
στάσεις, οὔτε γόοις, οὔτε λιταῖς.
ἀλλ᾽ ἀπὸ τῶν μετρίων ἐπ᾽ ἀμήχανον
ἄλγος, αἰεὶ στενάχουσα διόλλυσαι.
ἐν οἷς ἀνάλυσίς ἐστιν οὐ-
δεμία κακῶν.
τί μοι τῶν δυσφόρων ἐφίῃ.

ΗΛΕΚΤΡΑ.

νήπιος, ὅστις τῶν οἰκτρῶς
οἰχομένων γονέων ἐπιλάθεται.
ἀλλ᾽ ἐμέ γ᾽ ἁ στονόεσσ᾽ ἄραρε φρένας,
ἃ Ἴτυν, αἰὲν Ἴτυν γ᾽ ὀλοφύρεται,
ὄρνις ἀτυζομένα, Διὸς ἄγγελος.
ἰὼ παντλάμων Νιόβα, σέ, σ᾽ ἔγωγε νέμω θεόν,
ἅ τ᾽ ἐν τάφῳ πετραίῳ
αἰεὶ δακρύεις.

ΧΟΡΟΣ.

οὔ τοι σοὶ μούνᾳ, τέκνον, Ἀντιστρ. β'.
ἄχος ἐφάνη βροτῶν,
πρὸς ὅ τι σὺ τῶν ἔνδον εἶ περισσά,
οἷς ὁμόθεν εἶ καὶ γονᾷ ξύναιμος,
οἵα Χρυσόθεμις
ζώει καὶ Ἰφιάνασσα,
κρυπτᾷ τ' ἀχέων ἐν ἥβᾳ,
ὄλβιον ὃν ἁ κλεινὰ
γᾶ ποτὲ Μυκηναίων
δέξεται εὐπατρίδαν, Διὸς εὔφρονι
βήματι μολόντα τάνδε γᾶν Ὀρέσταν.

ΗΛΕΚΤΡΑ.

ὅν γ' ἔγωγ' ἀκάματα
προσμένουσ', ἄτεκνος
τάλαιν', ἀνύμφευτος αἰὲν οἰχνῶ,
δάκρυσι μυδαλέα, τὸν ἀνήνυτον
οἶτον ἔχουσα κακῶν· ὁ δὲ λάθεται
ὧν τ' ἔπαθ', ὧν τ' ἐδάη. τί γὰρ οὐκ ἐμοὶ
ἔρχεται ἀγγελίας ἀπατώμενον;
ἀεὶ μὲν γὰρ ποθεῖ·
ποθῶν δ' οὐκ ἀξιοῖ φανῆναι.

ΧΟΡΟΣ.

θάρσει μοι, θάρσει, τέκνον. ἀντιστ. β'.
ἔστι μέγας ἐν οὐρανῷ
Ζεύς, ὃς ἐφορᾷ πάντα, καὶ κρατύνει·
ᾧ τὸν ὑπεραλγῆ χόλον νέμουσα,
μήθ' οἷς ἐχθαίρεις

ὑπεράχθεο, μήτ' ἐπιλάθου.
χρόνος γὰρ εὐμαρὴς θεός.
οὔτε γὰρ ὁ τὰν Κρῖσαν
βούνομον ἔχων ἀκτὰν
παῖς Ἀγαμεμνονίδας ἀπερίτροπος,
οὔθ' ὁ παρὰ τὸν Ἀχέροντα θεὸς ἀνάσσων.

ΗΛΕΚΤΡΑ.

ἀλλ' ἐμὲ μὲν ὁ πολὺς
ἀπολέλοιπεν ἤδη
βίοτος ἀνέλπιστος, οὐδ' ἔτ' ἀρκῶ·
ἅτις ἄνευ τοκέων κατατάκομαι,
ἇς φίλος οὔ τις ἀνὴρ ὑπερίσταται.
ἀλλ', ἁπερεί τις ἔποικος ἀναξία,
οἰκονομῶ θαλάμους πατρὸς, ὧδε μὲν
ἀεικεῖ σὺν στολᾷ,
κεναῖς δ' ἐφίσταμαι τραπέζαις.

ΧΟΡΟΣ.

οἰκτρὰ μὲν νόστοις αὐδὰ, ἀντιστρ. γ'.
οἰκτρὰ δ' ἐν κοίταις πατρῴαις,
ὅτε σοι παγχάλκων ἀνταία
γενύων ὡρμάθη πλαγά.
δόλος ἦν ὁ φράσας, ἔρος ὁ κτείνας,
δεινὰν δεινῶς προφυτεύσαντες
μορφὰν, εἴτ' οὖν θεὸς, εἴτε βροτῶν
ἦν ὁ ταῦτα πράσσων.

ΗΛΕΚΤΡΑ.

ὦ πασᾶν κείνα πλέον ἁμέρα
ἐλθοῦσ' ἐχθίστα δή μοι·

ὦ νὺξ, ὦ δείπνων ἀῤῥήτων
ἔκπαγλ' ἄχθη·
τοὺς ἐμὸς ἴδε πατὴρ
θανάτους αἰκεῖς διδύμαιν χειροῖν,
αἳ τὸν ἐμὸν εἷλον βίον
πρόδοτον, αἵ μ' ἀπώλεσαν·
οἷς θεὸς ὁ μέγας Ὀλύμπιος
ποίνιμα πάθεα παθεῖν πόροι·
μηδέ ποτ' ἀγλαΐας ἀπονναίατο,
τοιάδ' ἀνύσαντες ἔργα.

ΧΟΡΟΣ.

φράζου, μὴ πόρσω φωνεῖν. ἀντιστ. γ΄.
οὐ γνώμαν ἴσχεις, ἐξ οἵων
τὰ παρόντ' οἰκείας εἰς ἄτας
ἐμπίπτεις οὕτως αἰκῶς;
πολὺ γάρ τι κακῶν ὑπερεκτήσω,
σᾷ δυσθύμῳ τίκτουσ' αἰεὶ
ψυχᾷ πολέμους. τὰ δὲ, τοῖς δυνατοῖς
οὐκ ἐριστὰ πλάθειν.

ΗΛΕΚΤΡΑ.

δεινοῖς ἠναγκάσθην, δεινοῖς·
ἔξοιδ', οὐ λάθει μ' ὀργά.
ἀλλ', ἐν γὰρ δεινοῖς, οὐ σχήσω
ταύτας ἄτας,
ὄφρα με βίος ἔχῃ.
τίνι γάρ ποτ' ἂν, ὦ φιλία γενέθλα,
πρόσφορον ἀκούσαιμ' ἔπος;
τίνι φρονοῦντι καίρια;

ἄνετέ μ᾽, ἄνετε παράγοροι.
τάδε γὰρ ἄλυτα κεκλήσεται·
οὐδέποτ᾽ ἐκ καμάτων ἀποπαύσομαι
ἀνάριθμος ὧδε θρήνων.

ΧΟΡΟΣ.

ἀλλ᾽ οὖν εὐνοίᾳ γ᾽ αὐδῶ, ἐπῳδός.
μάτηρ ὡσεί τις πιστὰ,
μὴ τίκτειν σ᾽ ἄταν ἄταις.

ΗΛΕΚΤΡΑ.

καὶ τί μέτρον κακότητος ἔφυ; φέρε,
πῶς ἐπὶ τοῖς φθιμένοις ἀμελεῖν καλόν;
ἐν τίνι τοῦτ᾽ ἔβλαστ᾽ ἀνθρώπων;
μήτ᾽ εἴην ἔντιμος τούτοις·
μήτ᾽, εἴ τῳ πρόσκειμαι χρηστῷ,
ξυνναίοιμ᾽ εὔκηλος, γονέων
ἐκτίμους ἴσχουσα πτέρυγας
ὀξυτόνων γόων.
εἰ γὰρ ὁ μὲν θανὼν
γᾶ τε καὶ οὐδὲν ὢν
κείσεται τάλας,
οἱ δὲ μὴ πάλιν
δώσουσιν ἀντιφόνους δίκας,
ἔρροι τ᾽ ἂν αἰδὼς, ἁπάντων τ᾽
εὐσέβεια θνατῶν.

ΧΟΡΟΣ.

ἐγὼ μὲν, ὦ παῖ, καὶ τὸ σὸν σπεύδουσ᾽ ἅμα,
καὶ τοὐμὸν αὐτῆς, ἦλθον· εἰ δὲ μὴ καλῶς
λέγω, σὺ νίκα. σοὶ γὰρ ἑψόμεσθ᾽ ἅμα.

ΗΛΕΚΤΡΑ.

αἰσχύνομαι μὲν, ὦ γυναῖκες, εἰ δοκῶ
πολλοῖσι θρήνοις δυσφορεῖν ὑμῖν ἄγαν.
ἀλλ', ἡ βία γὰρ ταῦτ' ἀναγκάζει με δρᾷν,
ξύγγνωτε. πῶς γὰρ ἥ τις εὐγενὴς γυνὴ,
πατρῷ' ὁρῶσα πήματ', οὐ δρῴη τάδ' ἂν,
ἅγω κατ' ἦμαρ καὶ κατ' εὐφρόνην ἀεὶ
θάλλοντα μᾶλλον ἢ καταφθίνονθ' ὁρῶ;
ᾗ πρῶτα μὲν τὰ μητρὸς, ἥ μ' ἐγείνατο,
ἔχθιστα συμβέβηκεν· εἶτα δώμασιν
ἐν τοῖς ἐμαυτῆς, τοῖς φονεῦσι τοῦ πατρὸς
ξύνειμι, κἀκ τῶνδ' ἄρχομαι, κἀκ τῶνδ' ἐμοὶ
λαβεῖν θ' ὁμοίως καὶ τὸ τητᾶσθαι πέλει.
ἔπειτα ποίας ἡμέρας δοκεῖς μ' ἄγειν,
ὅταν θρόνοις Αἴγισθον ἐνθακοῦντ' ἴδω
τοῖσιν πατρῴοις; εἰσίδω δ' ἐσθήματα
φοροῦντ' ἐκείνῳ ταυτὰ, καὶ παρεστίους
σπένδοντα λοιβὰς, ἔνθ' ἐκεῖνον ὤλεσεν;
ἴδω δὲ τούτων τὴν τελευταίαν ὕβριν,
τὸν αὐτοέντην ἡμὶν ἐν κοίτῃ πατρὸς
ξὺν τῇ ταλαίνῃ μητρὶ, μητέρ' εἰ χρεὼν
ταύτην προσαυδᾷν τῷδε συγκοιμωμένην;
ἡδ' ὧδε τλήμων, ὥστε τῷ μιάστορι
ξύνεστ', Ἐρινὺν οὔ τιν' ἐκφοβουμένη·
ἀλλ', ὥσπερ ἐγγελῶσα τοῖς ποιουμένοις,
εὑροῦσ' ἐκείνην ἡμέραν, ἐν ᾗ τότε
πατέρα τὸν ἀμὸν ἐκ δόλου κατέκτανε,
ταύτῃ χοροὺς ἵστησι, καὶ μηλοσφαγεῖ

θύουσιν ἔμμην' ἱερὰ τοῖς σωτηρίοις.
ἐγὼ δ' ὁρῶσ' ἡ δύσμορος κατὰ στέγας
κλαίω, τέτηκα, κἀπικωκύω πατρὸς
τὴν δυστάλαιναν δαῖτ' ἐπωνομασμένην,
αὐτὴ πρὸς αὐτήν· οὐδὲ γὰρ κλαῦσαι πάρα
τοσόνδ', ὅσον μοι θυμὸς ἡδονὴν φέρει.
αὕτη γὰρ ἡ λόγοισι γενναία γυνὴ
φωνοῦσα, τοιάδ' ἐξονειδίζει κακά·
Ὦ δύσθεον μίσημα, σοὶ μόνῃ πατὴρ
τέθνηκεν; ἄλλος δ' οὔ τις ἐν πένθει βροτῶν;
κακῶς ὄλοιο, μηδέ σ' ἐκ γόων ποτὲ
τῶν νῦν ἀπαλλάξειαν οἱ κάτω θεοί.—
τάδ' ἐξυβρίζει. πλὴν ὅταν κλύῃ τινὸς
ἥξοντ' Ὀρέστην, τηνικαῦτα δ' ἐμμανὴς
βοᾷ παραστᾶσ'· Οὐ σύ μοι τῶνδ' αἰτία;
οὐ σὸν τόδ' ἐστὶ τοὔργον, ἥ τις ἐκ χερῶν
κλέψασ' Ὀρέστην τῶν ἐμῶν ὑπεξέθου;
ἀλλ' ἴσθι τοι τισοῦσά γ' ἀξίαν δίκην.—
τοιαῦθ' ὑλακτεῖ· ξὺν δ' ἐποτρύνει πέλας
ὁ κλεινὸς αὐτῇ ταῦτα νυμφίος παρών,
ὁ πάντ' ἄναλκις οὗτος, ἡ πᾶσα βλάβη,
ὁ σὺν γυναιξὶ τὰς μάχας ποιούμενος.
ἐγὼ δ' Ὀρέστην τῶνδε προσμένουσ' ἀεὶ
παυστῆρ' ἐφήξειν, ἡ τάλαιν' ἀπόλλυμαι.
μέλλων γὰρ αἰεὶ δρᾶν τι, τὰς οὔσας τ' ἐμοῦ
καὶ τὰς ἀπούσας ἐλπίδας διέφθορεν.
ἐν οὖν τοιούτοις οὔτε σωφρονεῖν, φίλαι,
οὔτ' εὐσεβεῖν πάρεστιν· ἀλλ' ἐν τοῖς κακοῖς

πολλή γ' ἀνάγκη κἀπιτηδεύειν κακά.

ΧΟΡΟΣ.

Φέρ' εἰπέ, πότερον ὄντος Αἰγίσθου πέλας
λέγεις τάδ' ἡμῖν, ἢ βεβῶτος ἐκ δόμων;

ΗΛΕΚΤΡΑ.

ἢ κάρτα. μὴ δόκει μ' ἄν, εἴπερ ἦν πέλας,
θυραῖον οἰχνεῖν· νῦν δ' ἀγροῖσι τυγχάνει.

ΧΟΡΟΣ.

ἢ κἂν ἐγὼ θαρσοῦσα μᾶλλον ἐς λόγους
τοὺς σοὺς ἱκοίμην, εἴπερ ὧδε ταῦτ' ἔχει.

ΗΛΕΚΤΡΑ.

ὡς νῦν ἀπόντος, ἱστόρει τί σοι φίλον.

ΧΟΡΟΣ.

καὶ δή σ' ἐρωτῶ, τοῦ κασιγνήτου τί φής·
ἥξοντος, ἢ μέλλοντος; εἰδέναι θέλω.

ΗΛΕΚΤΡΑ.

φησίν γε· φάσκων δ', οὐδὲν ὧν λέγει ποιεῖ.

ΧΟΡΟΣ.

φιλεῖ γὰρ ὀκνεῖν πρᾶγμ' ἀνὴρ πράσσων μέγα.

ΗΛΕΚΤΡΑ.

καὶ μὴν ἔγωγ' ἔσωσ' ἐκεῖνον οὐκ ὄκνῳ.

ΧΟΡΟΣ.

θάρσει· πέφυκεν ἐσθλός, ὥστ' ἀρκεῖν φίλοις.

ΗΛΕΚΤΡΑ.

πέποιθ', ἐπεί τ' ἂν οὐ μακρὰν ἔζων ἐγώ.

ΧΟΡΟΣ.

μὴ νῦν ἔτ' εἴπῃς μηδέν· ὡς δόμων ὁρῶ
τὴν σὴν ὅμαιμον, ἐκ πατρὸς ταὐτοῦ φύσιν,

Χρυσόθεμιν, ἔκ τε μητρὸς, ἐντάφια χεροῖν
φέρουσαν, οἷα τοῖς κάτω νομίζεται.

ΧΡΥΣΟΘΕΜΙΣ.

τίν' αὖ σὺ τήνδε πρὸς θυρῶνος ἐξόδοις
ἐλθοῦσα φωνεῖς, ὦ κασιγνήτη, φάτιν;
κοὐδ' ἐν χρόνῳ μακρῷ διδαχθῆναι θέλεις
θυμῷ ματαίῳ μὴ χαρίζεσθαι κενά;
καί τοι τοσοῦτόν γ' οἶδα κἀμαυτὴν, ὅτι
ἀλγῶ 'πὶ τοῖς παροῦσιν· ὥστ' ἂν, εἰ σθένος
λάβοιμι, δηλώσαιμ' ἂν οἷ' αὐτοῖς φρονῶ.
νῦν δ' ἐν κακοῖς μοι πλεῖν ὑφειμένῃ δοκεῖ,
καὶ μὴ δοκεῖν μὲν δρᾶν τι, πημαίνειν δὲ μή.
τοιαῦτα δ' ἄλλα καὶ σὲ βούλομαι ποιεῖν.
καί τοι τὸ μὲν δίκαιον, οὐχ ᾗ 'γὼ λέγω,
ἀλλ' ᾗ σὺ κρίνεις. εἰ δ' ἐλευθέραν με δεῖ
ζῆν, τῶν κρατούντων ἐστὶ πάντ' ἀκουστέα.

ΗΛΕΚΤΡΑ.

δεινόν γέ σ' οὖσαν πατρὸς, οὗ σὺ παῖς ἔφυς,
κείνου λελῆσθαι, τῆς δὲ τικτούσης μέλειν.
ἅπαντα γάρ σοι τἀμὰ νουθετήματα
κείνης διδακτὰ, κοὐδὲν ἐκ σαυτῆς λέγεις.
ἐπεί θ' ἑλοῦ γε θάτερ', ἢ φρονεῖν κακῶς,
ἢ τῶν φίλων φρονοῦσα μὴ μνήμην ἔχειν·
ἥ τις λέγεις μὲν ἀρτίως, ὡς εἰ λάβοις
σθένος, τὸ τούτων μῖσος ἐκδείξειας ἄν·
ἐμοῦ δὲ πατρὶ πάντα τιμωρουμένης,
οὔτε ξυνέρδεις, τήν τε δρῶσαν ἐκτρέπεις.
οὐ ταῦτα πρὸς κακοῖσι δειλίαν ἔχει;

ἐπεὶ δίδαξον, ἢ μάθ' ἐξ ἐμοῦ, τί μοι
κέρδος γένοιτ' ἂν τῶνδε ληξάσῃ γόων.
οὐ ζῶ; κακῶς μὲν, οἶδ'· ἐπαρκούντως δ' ἐμοί.
λυπῶ δὲ τούτους, ὥστε τῷ τεθνηκότι
τιμὰς προσάπτειν, εἴ τις ἔστ' ἐκεῖ χάρις.
σὺ δ' ἡμὶν ἡ μισοῦσα, μισεῖς μὲν λόγῳ,
ἔργῳ δὲ τοῖς φονεῦσι τοῦ πατρὸς ξύνει.
ἐγὼ μὲν οὖν οὐκ ἄν ποτ', οὐδ' εἴ μοι τὰ σὰ
μέλλοι τις οἴσειν δῶρ', ἐφ' οἷσι νῦν χλιδᾷς,
τούτοις ὑπεικάθοιμι· σοὶ δὲ πλουσία
τράπεζα κείσθω, καὶ περιῤῥείτω βίος.
ἐμοὶ γὰρ ἔστω τοὐμὲ μὴ λυπεῖν μόνον
βόσκημα· τῆς σῆς δ' οὐκ ἐρῶ τιμῆς τυχεῖν.
οὐδ' ἂν σὺ, σώφρων γ' οὖσα. νῦν δ' ἐξὸν πατρὸς
πάντων ἀρίστου παῖδα κεκλῆσθαι, καλοῦ
τῆς μητρός. οὕτω γὰρ φανεῖ πλείστοις κακὴ,
θανόντα πατέρα καὶ φίλους προδοῦσα σούς.

ΧΟΡΟΣ.

μηδὲν πρὸς ὀργὴν, πρὸς θεῶν. ὡς τοῖς λόγοις
ἔνεστιν ἀμφοῖν κέρδος, εἰ σὺ μὲν μάθοις
τοῖς τῆσδε χρῆσθαι, τοῖς δὲ σοῖς αὕτη πάλιν.

ΧΡΥΣΟΘΕΜΙΣ.

ἐγὼ μὲν, ὦ γυναῖκες, ἠθάς εἰμί πως
τῶν τῆσδε μύθων· κοὐδ' ἂν ἐμνήσθην ποτὲ,
εἰ μὴ κακὸν μέγιστον εἰς αὐτὴν ἰὸν
ἤκουσ', ὃ ταύτην τῶν μακρῶν σχήσει γόων.

ΗΛΕΚΤΡΑ.

φέρ', εἰπὲ δὴ τὸ δεινόν. εἰ γὰρ τῶνδ' ἐμοὶ

μεῖζόν τι λέξεις, οὐκ ἂν ἀντείποιμ᾽ ἔτι.

ΧΡΥΣΟΘΕΜΙΣ.

ἀλλ᾽ ἐξερῶ σοι πᾶν, ὅσον κάτοιδ᾽ ἐγώ.
μέλλουσι γάρ σ᾽, εἰ τῶνδε μὴ λήξεις γόων,
ἐνταῦθα πέμψειν, ἔνθα μή ποθ᾽ ἡλίου
φέγγος προσόψει· ζῶσα δ᾽ ἐν κατηρεφεῖ
στέγῃ, χθονὸς τῆσδ᾽ ἐκτὸς, ὑμνήσεις κακά.
πρὸς ταῦτα φράζου, κἀμὲ μή ποθ᾽ ὕστερον
παθοῦσα μέμψῃ. νῦν γὰρ ἐν καλῷ φρονεῖν.

ΗΛΕΚΤΡΑ.

ἦ ταῦτα δή με καὶ βεβούλευνται ποιεῖν;

ΧΡΥΣΟΘΕΜΙΣ.

μάλισθ᾽· ὅταν περ οἴκαδ᾽ Αἴγισθος μόλῃ.

ΗΛΕΚΤΡΑ.

ἀλλ᾽ ἐξίκοιτο τοῦδέ γ᾽ οὕνεκ᾽ ἐν τάχει.

ΧΡΥΣΟΘΕΜΙΣ.

τίν᾽, ὦ τάλαινα, τόνδ᾽ ἐπηράσω λόγον;

ΗΛΕΚΤΡΑ.

ἐλθεῖν ἐκεῖνον, εἴ τι τῶνδε δρᾶν νοεῖ.

ΧΡΥΣΟΘΕΜΙΣ.

ὅπως πάθῃς τί χρῆμα; ποῦ ποτ᾽ εἶ φρενῶν;

ΗΛΕΚΤΡΑ.

ὅπως ἀφ᾽ ὑμῶν ὡς προσωτάτ᾽ ἐκφύγω.

ΧΡΥΣΟΘΕΜΙΣ.

βίου δὲ τοῦ παρόντος οὐ μνείαν ἔχεις;

ΗΛΕΚΤΡΑ.

καλὸς γὰρ οὑμὸς βίοτος, ὥστε θαυμάσαι.

ΧΡΥΣΟΘΕΜΙΣ.
ἀλλ' ἦν ἂν, εἰ σύ γ' εὖ φρονεῖν ἠπίστασο.
ΗΛΕΚΤΡΑ.
μή μ' ἐκδίδασκε τοῖς φίλοις εἶναι κακήν.
ΧΡΥΣΟΘΕΜΙΣ.
ἀλλ' οὐ διδάσκω· τοῖς κρατοῦσι δ' εἰκάθειν.
ΗΛΕΚΤΡΑ.
σὺ ταῦτα θώπευ'· οὐκ ἐμοὺς τρόπους λέγεις.
ΧΡΥΣΟΘΕΜΙΣ.
καλόν γε μέν τοι μὴ 'ξ ἀβουλίας πεσεῖν.
ΗΛΕΚΤΡΑ.
πεσούμεθ', εἰ χρὴ, πατρὶ τιμωρούμενοι.
ΧΡΥΣΟΘΕΜΙΣ.
πατὴρ δὲ τούτων, οἶδα, συγγνώμην ἔχει.
ΗΛΕΚΤΡΑ.
ταῦτ' ἐστὶ τἄπη πρὸς κακῶν ἐπαινέσαι.
ΧΡΥΣΟΘΕΜΙΣ.
σὺ δ' οὐχὶ πείσει καὶ ξυναινέσεις ἐμοί;
ΗΛΕΚΤΡΑ.
οὐ δῆτα. μή πω νοῦ τοσόνδ' εἴην κενή.
ΧΡΥΣΟΘΕΜΙΣ.
χωρήσομαί τ' ἄρ', εἴπερ ἐστάλην ὁδοῦ.
ΗΛΕΚΤΡΑ.
ποῖ δ' ἐμπορεύῃ; τῷ φέρεις τάδ' ἔμπυρα;
ΧΡΥΣΟΘΕΜΙΣ.
μήτηρ με πέμπει πατρὶ τυμβεῦσαι χοάς.
ΗΛΕΚΤΡΑ.
πῶς εἶπας; ἦ τῷ δυσμενεστάτῳ βροτῶν;

ΧΡΥΣΟΘΕΜΙΣ.

ὃν ἔκταν' αὐτῇ. τοῦτο γὰρ λέξαι θέλεις.

ΗΛΕΚΤΡΑ.

ἐκ τοῦ φίλων πεισθεῖσα; τῷ τοῦτ' ἤρεσεν;

ΧΡΥΣΟΘΕΜΙΣ.

ἐκ δείματός του νυκτέρου, δοκεῖν ἐμοί.

ΗΛΕΚΤΡΑ.

ὦ θεοὶ πατρῷοι, ξυγγένεσθέ γ' ἀλλὰ νῦν.

ΧΡΥΣΟΘΕΜΙΣ.

ἔχεις τι θάρσος τοῦδε τοῦ τάρβους πέρι;

ΗΛΕΚΤΡΑ.

εἴ μοι λέγοις τὴν ὄψιν, εἴποιμ' ἂν τότε.

ΧΡΥΣΟΘΕΜΙΣ.

ἀλλ' οὐ κάτοιδα, πλὴν ἐπὶ σμικρὸν φράσαι.

ΗΛΕΚΤΡΑ.

λέγ' ἀλλὰ τοῦτο. πολλά τοι σμικροὶ λόγοι.
ἔσφηλαν ἤδη, καὶ κατώρθωσαν βροτούς.

ΧΡΥΣΟΘΕΜΙΣ.

λόγος τις αὐτήν ἐστιν εἰσιδεῖν πατρὸς
τοῦ σοῦ τε κἀμοῦ δευτέραν ὁμιλίαν
ἐλθόντος ἐς φῶς· εἶτα τόνδ' ἐφέστιον
πῆξαι λαβόντα σκῆπτρον οὗφόρει ποτὲ
αὐτὸς, τανῦν δ' Αἴγισθος· ἔκ τε τοῦδ' ἄνω
βλαστεῖν βρύοντα θαλλὸν, ᾧ κατάσκιον
πᾶσαν γενέσθαι τὴν Μυκηναίων χθόνα.
τοιαῦτά του παρόντος, ἡνίχ' Ἡλίῳ
δείκνυσι τοὔναρ, ἔκλυον ἐξηγουμένου.
πλείω δὲ τούτων οὐ κάτοιδα, πλὴν ὅτι

πέμπει μ' ἐκείνη τοῦδε τοῦ φόβου χάριν.
πρός νυν θεῶν σε λίσσομαι τῶν ἐγγενῶν,
ἐμοὶ πιθέσθαι, μηδ' ἀβουλίᾳ πεσεῖν.
εἰ γάρ μ' ἀπώσει, ξὺν κακῷ μέτει πάλιν.

ΗΛΕΚΤΡΑ.

ἀλλ', ὦ φίλη, τούτων μὲν, ὧν ἔχεις χεροῖν,
τύμβῳ προσάψῃς μηδέν. οὐ γάρ σοι θέμις,
οὐδ' ὅσιον, ἐχθρᾶς ἀπὸ γυναικὸς ἱστάναι
κτερίσματ', οὐδὲ λουτρὰ προσφέρειν πατρί.
ἀλλ' ἢ πνοαῖσιν, ἢ βαθυσκαφεῖ κόνει
κρύψον νιν, ἔνθα μή ποτ' εἰς εὐνὴν πατρὸς
τούτων πρόσεισι μηδέν· ἀλλ', ὅταν θάνῃ,
κειμήλι' αὐτῇ ταῦτα σωζέσθω κάτω.
ἀρχὴν δ' ἂν, εἰ μὴ τλημονεστάτη γυνὴ
πασῶν ἔβλαστε, τάσδε δυσμενεῖς χοὰς
οὐκ ἄν ποθ', ὅν γ' ἔκτεινε, τῷδ' ἐπέστεφε.
σκέψαι γὰρ, εἴ σοι προσφιλῶς αὐτῇ δοκεῖ
γέρα τάδ' οὑν τάφοισι δέξασθαι νέκυς,
ὑφ' ἧς θανὼν ἄτιμος, ὥστε δυσμενὴς,
ἐμασχαλίσθη, κἀπὶ λουτροῖσιν κάρᾳ
κηλῖδας ἐξέμαξεν. ἆρα μὴ δοκεῖς
λυτήρι' αὐτῇ ταῦτα τοῦ φόνου φέρειν;
οὐκ ἔστιν. ἀλλὰ ταῦτα μὲν μέθες· σὺ δὲ
τεμοῦσα κρατὸς βοστρύχων ἄκρας φόβας,
κἀμοῦ ταλαίνης, σμικρὰ μὲν τάδ', ἀλλ' ὅμως
ἃ 'χω, δὸς αὐτῷ τήνδε λιπαρῆ τρίχα,
καὶ ζῶμα τοὐμὸν, οὐ χλιδαῖς ἠσκημένον.
αἰτοῦ δὲ προσπίτνουσα, γῆθεν εὐμενῆ

ἡμῖν ἀρωγὸν αὐτὸν εἰς ἐχθροὺς μολεῖν·
καὶ παῖδ' Ὀρέστην ἐξ ὑπερτέρας χερὸς
ἐχθροῖσιν αὐτοῦ ζῶντ' ἐπεμβῆναι ποδί,
ὅπως τὸ λοιπὸν αὐτὸν ἀφνεωτέραις
χερσὶ στέφωμεν, ἢ τανῦν δωρούμεθα.
οἶμαι μὲν οὖν, οἶμαί τι κἀκείνῳ μέλον
πέμψαι τάδ' αὐτῇ δυσπρόσοπτ' ὀνείρατα.
ὅμως δ', ἀδελφή, σοί θ' ὑπούργησον τάδε
ἐμοί τ' ἀρωγά, τῷ τε φιλτάτῳ βροτῶν
πάντων, ἐν Ἅδου κειμένῳ κοινῷ πατρί.

ΧΟΡΟΣ.

πρὸς εὐσέβειαν ἡ κόρη λέγει· σὺ δέ,
εἰ σωφρονήσεις, ὦ φίλη, δράσεις τάδε.

ΧΡΥΣΟΘΕΜΙΣ.

δράσω. τὸ γὰρ δίκαιον οὐκ ἔχει λόγον
δυοῖν ἐρίζειν, ἀλλ' ἐπισπεύδειν τὸ δρᾶν.
πειρωμένῃ δὲ τῶνδε τῶν ἔργων ἐμοὶ
σιγὴ παρ' ὑμῶν, πρὸς θεῶν, ἔστω, φίλαι·
ὡς εἰ τάδ' ἡ τεκοῦσα πεύσεται, πικρὰν
δοκῶ με πεῖραν τήνδε τολμήσειν ἔτι.

ΧΟΡΟΣ.

Εἰ μὴ 'γὼ παράφρων στροφή.
μάντις ἔφυν, καὶ γνώμας
λειπομένα σοφᾶς,
εἶσιν ἁ πρόμαντις
Δίκα, δίκαια φερομένα
χεροῖν κράτη· μέτεισιν, ὦ
τέκνον, οὐ μακροῦ χρόνου.

ὕπεστι

ὕπεστί μοι θράσος,
ἁδυπνόων κλύουσαν
ἀρτίως ὀνειράτων.
οὐ γάρ ποτ' ἀμναστεῖ γ' ὁ φύσας
Ἑλλάνων ἄναξ,
οὐδ' ἁ παλαιὰ χαλκόπληκτος
ἀμφάκης γένυς,
ἅ νιν κατέπεφνεν αἰ-
σχίσταις ἐν αἰκίαις.
ἥξει καὶ πολύπους [illegible]
καὶ πολύχειρ, ἁ δεινοῖς
κρυπτομένα λόχοις,
χαλκόπους Ἐρινύς.
ἄλεκτρ' ἄνυμφα γὰρ ἐπέβα
μιαιφόνων γάμων ἁμιλ-
λήμαθ', οἷσιν οὐ θέμις.
πρὸ τῶνδέ τοί μ' ἔχει,
μήποτε, μήποθ' ἡμῖν
ἀψεγὲς πελᾶν τέρας
τοῖς δρῶσι καὶ συνδρῶσιν. ἤ τοι
μαντεῖαι βροτῶν
οὐκ εἰσὶν ἐν δεινοῖς ὀνείροις,
οὐδ' ἐν θεσφάτοις,
εἰ μὴ τόδε φάσμα νυκ-
τὸς εὖ κατασχήσει.
ὦ Πέλοπος ἁ πρόσθεν ἱππικός.
πολύπονος ἱππεία,
ὡς ἔμολες αἰανὴ

τᾶδε γᾶ.
εὖτε γὰρ ὁ ποντισθεὶς
Μυρτίλος ἐκοιμάθη,
παγχρύσων δίφρων
δυστάνοις αἰκίαις
πρόρριζος ἐκριφθεὶς,
οὔ τις πω
ἔλιπεν ἐκ τοῦδ' οἴκου
πολύπονος αἰκία.

ΚΛΥΤΑΙΜΝΗΣΤΡΑ.

Ἀνειμένη μὲν, ὡς ἔοικας, αὖ στρέφῃ.
οὐ γὰρ πάρεστ' Αἴγισθος, ὅς σ' ἐπεῖχ' ἀεὶ
μή τοι θυραίαν γ' οὖσαν αἰσχύνειν φίλους·
νῦν δ', ὡς ἄπεστ' ἐκεῖνος, οὐδὲν ἐντρέπῃ
ἐμοῦ γε. καίτοι πολλὰ πρὸς πολλούς με δὴ
ἐξεῖπας, ὡς θρασεῖα, καὶ πέρα δίκης
ἄρχω καθυβρίζουσα καὶ σὲ καὶ τὰ σά.
ἐγὼ δ' ὕβριν μὲν οὐκ ἔχω· κακῶς δέ σε
λέγω, κακῶς κλύουσα πρὸς σέθεν θαμά.
πατὴρ γὰρ, οὐδὲν ἄλλο σοὶ πρόσχημ' ἀεὶ,
ὡς ἐξ ἐμοῦ τέθνηκεν. ἐξ ἐμοῦ· καλῶς
ἔξοιδα· τῶνδ' ἄρνησις οὐκ ἔνεστί μοι.
ἡ γὰρ Δίκη νιν εἷλεν, οὐκ ἐγὼ μόνη,
ᾗ χρῆν σ' ἀρήγειν, εἰ φρονοῦσ' ἐτύγχανες·
ἐπεὶ πατὴρ οὗτος σὸς, ὃν θρηνεῖς ἀεὶ,
τὴν σὴν ὅμαιμον μοῦνος Ἑλλήνων ἔτλη
θῦσαι θεοῖσιν, οὐκ ἴσον καμὼν ἐμοὶ
λύπης, ὅτ' ἔσπειρ', ὥσπερ ἡ τίκτουσ' ἐγώ.

εἶεν· δίδαξον δή με τοῦ χάριν τίνων
ἔθυσεν αὐτήν. πότερον Ἀργείων ἐρεῖς;
ἀλλ' οὐ μετῆν αὐτοῖσι τήν γ' ἐμὴν κτανεῖν.
ἀλλ' ἀντ' ἀδελφοῦ δῆτα Μενέλεω; κτανὼν
τἄμ', οὐκ ἔμελλε τῶνδ' ἐμοὶ δώσειν δίκην;
πότερον ἐκείνῳ παῖδες οὐκ ἦσαν διπλοῖ,
οὓς τῆσδε μᾶλλον εἰκὸς ἦν θνήσκειν, πατρὸς
καὶ μητρὸς ὄντας, ἧς ὁ πλοῦς ὅδ' ἦν χάριν;
ἢ τῶν ἐμῶν Ἅιδης τιν' ἵμερον τέκνων,
ἢ τῶν ἐκείνης, ἔσχε δαίσασθαι πλέον;
ἢ τῷ πανώλει πατρὶ τῶν μὲν ἐξ ἐμοῦ
παίδων πόθος παρεῖτο, Μενέλεω δ' ἐνῆν;
οὐ ταῦτ' ἀβούλου καὶ κακοῦ γνώμην πατρός;
δοκῶ μὲν, εἰ καὶ σῆς δίχα γνώμης λέγω.
φαίη δ' ἂν ἡ θανοῦσά γ', εἰ φωνὴν λάβοι.
ἐγὼ μὲν οὖν οὐκ εἰμὶ τοῖς πεπραγμένοις
δύσθυμος· εἰ δέ σοι δοκῶ φρονεῖν κακῶς,
γνώμην δικαίαν σχοῦσα, τοὺς πέλας ψέγε.

ΗΛΕΚΤΡΑ.

ἐρεῖς μὲν οὐχὶ νῦν γ' ἐμ', ὡς ἄρξασά τι
λυπηρὸν, εἶτα σοῦ τάδ' ἐξήκουσ' ὕπο·
ἀλλ' ἢν ἐφῇς μοι, τοῦ τεθνηκότος γ' ὕπερ
λέξαιμ' ἂν ὀρθῶς, τῆς κασιγνήτης θ' ὁμοῦ.

ΚΛΥΤΑΙΜΝΗΣΤΡΑ.

καὶ μὴν ἐφίημ'· εἰ δ' ἔμ' ὧδ' ἀεὶ λόγους
ἐξῆρχες, οὐκ ἂν ἦσθα λυπηρὰ κλύειν.

ΗΛΕΚΤΡΑ.

καὶ δὴ λέγω σοι. πατέρα φῂς κτεῖναι. τίς ἂν

τούτου λόγος γένοιτ' ἂν αἰσχίων ἔτι,
εἴτ' οὖν δικαίως, εἴτε μή; λέξω δέ σοι
ὡς οὐ δίκῃ γ' ἔκτεινας· ἀλλά σ' ἔσπασε
πειθὼ κακοῦ πρὸς ἀνδρὸς, ᾧ τανῦν ξύνει,
ἐροῦ δὲ τὴν κυναγὸν Ἄρτεμιν, τίνος
ποινῆς τὰ πολλὰ πνεύματ' ἔσχ' ἐν Αὐλίδι·
ἢ 'γὼ φράσω· κείνης γὰρ οὐ θέμις μαθεῖν.
πατήρ ποθ' οὑμὸς, ὡς ἐγὼ κλύω, θεᾶς
παίζων κατ' ἄλσος, ἐξεκίνησεν ποδοῖν
στικτὸν κεράστην ἔλαφον, οὗ κατὰ σφαγὰς
ἐκκομπάσας, ἔπος τι τυγχάνει βαλών.
κἀκ τοῦδε μηνίσασα Λητῴα κόρη
κατεῖχ' Ἀχαιοὺς, ὡς πατὴρ ἀντίσταθμον
τοῦ θηρὸς ἐκθύσειε τὴν αὑτοῦ κόρην.
ὧδ' ἦν τὰ κείνης θύματ'· οὐ γὰρ ἦν λύσις
ἄλλη στρατῷ πρὸς οἶκον, οὐδ' εἰς Ἴλιον.
ἀνθ' ὧν βιασθεὶς πολλὰ, κἀντιβὰς, μόλις
ἔθυσεν αὐτὴν, οὐχὶ Μενέλεω χάριν.
εἰ δ' οὖν, ἐρῶ γὰρ καὶ τὸ σὸν, κεῖνον θέλων
ἐπωφελῆσαι, ταῦτ' ἔδρα, τούτου θανεῖν
χρῆν αὐτὸν οὕνεκ' ἐκ σέθεν; ποίῳ νόμῳ;
ὅρα, τιθεῖσα τόνδε τὸν νόμον βροτοῖς,
μὴ πῆμα σαυτῇ καὶ μετάγνοιαν τιθῇς.
εἰ γὰρ κτενοῦμεν ἄλλον ἀντ' ἄλλου, σύ τοι
πρώτη θάνοις ἂν, εἰ δίκης γε τυγχάνοις.
ἀλλ' εἰσόρα, μὴ σκῆψιν οὐκ οὖσαν τιθῇς.
εἰ γὰρ θέλεις, δίδαξον ἀνθ' ὅτου τανῦν
αἴσχιστα πάντων ἔργα δρῶσα τυγχάνεις,

ἥτις ξυνεύδεις τῷ παλαμναίῳ, μεθ' οὗ
πατέρα τὸν ἁμὸν πρόσθεν ἐξαπώλεσας,
καὶ παιδοποιεῖς· τοὺς δὲ πρόσθεν εὐσεβεῖς
κἀξ εὐσεβῶν βλαστόντας ἐκβαλοῦσ' ἔχεις.
πῶς ταῦτ' ἐπαινέσαιμ' ἄν; ἢ καὶ τοῦτ' ἐρεῖς,
ὡς τῆς θυγατρὸς ἀντίποινα λαμβάνεις;
αἰσχρῶς δ', ἐάν περ καὶ λέγης. οὐ γὰρ καλὸν
ἐχθροῖς γαμεῖσθαι, τῆς θυγατρὸς οὕνεκα.
ἀλλ' οὐ γὰρ οὐδὲ νουθετεῖν ἔξεστί σε,
ἣ πᾶσαν ἱεῖς γλῶσσαν, ὡς τὴν μητέρα
κακοστομοῦμεν. καί σ' ἔγωγε δεσπότιν,
ἢ μητέρ' οὐκ ἔλασσον, εἰς ἡμᾶς νέμω,
ἣ ζῶ βίον μοχθηρὸν, ἔκ τε σοῦ κακοῖς
πολλοῖς ἀεὶ ξυνοῦσα, τοῦ τε συννόμου.
ὁ δ' ἄλλος ἔξω, χεῖρα σὴν μόλις φυγὼν,
τλήμων Ὀρέστης δυστυχῆ τρίβει βίον·
ὃν πολλὰ δή με σοὶ τρέφειν μιάστορα
ἐπῃτιάσω· καὶ τόδ', εἴπερ ἔσθενον,
ἔδρων ἄν, εὖ τοῦτ' ἴσθι. τοῦδέ γ' οὕνεκα
κήρυσσέ μ' εἰς ἅπαντας, εἴτε χρὴ κακὴν,
εἴτε στόμαργον, εἴτ' ἀναιδείας πλέαν.
εἰ γὰρ πέφυκα τῶνδε τῶν ἔργων ἴδρις,
σχεδόν τι τὴν σὴν οὐ καταισχύνω φύσιν.

ΧΟΡΟΣ.

ὁρῶ μένος πνέουσαν· εἰ δὲ σὺν δίκῃ
ξύνεστι, τοῦδε φροντίδ' οὐκ ἔτ' εἰσορῶ.

ΚΛΥΤΑΙΜΝΗΣΤΡΑ.

ποίας δ' ἐμοὶ δεῖ πρός γε τήνδε φροντίδος,

ἥτις τοιαῦτα τὴν τεκοῦσαν ὕβρισε,
καὶ ταῦτα τηλικοῦτος; ἆρ' οὔ σοι δοκεῖ
χωρεῖν ἂν εἰς πᾶν ἔργον αἰσχύνης ἄτερ;

ΗΛΕΚΤΡΑ.

εὖ νῦν ἐπίστω τῶνδ' ἐμ' αἰσχύνην ἔχειν,
καὶ μὴ δοκῶ σοι· μανθάνω δ' ὁθ' οὕνεκα
ἔξωρα πράσσω, κοὐκ ἐμοὶ προσεικότα.
ἀλλ' ἡ γὰρ ἐκ σοῦ δυσμένεια, καὶ τὰ σὰ
ἔργ' ἐξαναγκάζει με ταῦτα δρᾶν βίᾳ.
αἰσχροῖς γὰρ αἰσχρὰ πράγματ' ἐκδιδάσκεται.

ΚΛΥΤΑΙΜΝΗΣΤΡΑ.

ὦ θρέμμ' ἀναιδὲς, ἦ σ' ἐγὼ, καὶ τἄμ' ἔπη,
καὶ τἄργα τἀμὰ πόλλ' ἄγαν λέγειν ποιεῖ;

ΗΛΕΚΤΡΑ.

σύ τοι λέγεις νιν, οὐκ ἐγώ. σὺ γὰρ ποιεῖς
τοὔργον· τὰ δ' ἔργα τοὺς λόγους εὑρίσκεται.

ΚΛΥΤΑΙΜΝΗΣΤΡΑ.

ἀλλ', οὐ μὰ τὴν δέσποιναν Ἄρτεμιν, θράσους
τοῦδ' οὐκ ἀλύξεις, εὖτ' ἂν Αἴγισθος μόλῃ.

ΗΛΕΚΤΡΑ.

ὁρᾷς; πρὸς ὀργὴν ἐκφέρῃ, μεθεῖσά μοι
λέγειν ἃ χρῄζοιμ'· οὐδ' ἐπίστασαι κλύειν.

ΚΛΥΤΑΙΜΝΗΣΤΡΑ.

οὔκουν ἐάσεις οὐδ' ὑπ' εὐφήμου βοῆς
θῦσαί μ', ἐπειδὴ σοί γ' ἐφῆκα πᾶν λέγειν;

ΗΛΕΚΤΡΑ.

ἐῶ, κελεύω, θῦε· μηδ' ἐπαιτιῶ
τοὐμὸν στόμ', ὡς οὐκ ἂν πέρα λέξαιμ' ἔτι.

ΚΛΥΤΑΙΜΝΗΣΤΡΑ.

ἔπαιρε δὴ σὺ θύμαθ', ἡ παροῦσά μοι,
πάγκαρπ', ἄνακτι τῷδ' ὅπως λυτηρίους
εὐχὰς ἀνάσχω δειμάτων, ὧν νῦν ἔχω.
κλύοις ἂν ἤδη, Φοῖβε προστατήριε,
κεκρυμμένην μου βάξιν. οὐ γὰρ ἐν φίλοις
ὁ μῦθος, οὐδὲ πᾶν ἀναπτύξαι πρέπει
πρὸς φῶς, παρούσης τῆσδε πλησίας ἐμοί·
μὴ ξὺν φθόνῳ τε καὶ πολυγλώσσῳ βοῇ
σπείρῃ ματαίαν βάξιν ἐς πᾶσαν πόλιν.
ἀλλ' ὧδ' ἄκουε. τῇδε γὰρ κἀγὼ φράσω.
ἃ γὰρ προσεῖδον νυκτὶ τῇδε φάσματα
δισσῶν ὀνείρων, ταῦτά μοι, Λύκει' ἄναξ,
εἰ μὲν πέφηνεν ἐσθλά, δὸς τελεσφόρα·
εἰ δ' ἐχθρά, τοῖς ἐχθροῖσιν ἔμπαλιν μέθες.
καὶ μή, με πλούτου τοῦ παρόντος εἴ τινες
δόλοισι βουλεύουσιν ἐκβαλεῖν, ἐφῇς.
ἀλλ' ὧδέ μ' αἰὲν ζῶσαν ἀβλαβεῖ βίῳ,
δόμους Ἀτρειδῶν σκῆπτρά τ' ἀμφέπειν τάδε,
φίλοισί τε ξυνοῦσαν, οἷς ξύνειμι νῦν,
εὐημεροῦσαν, καὶ τέκνων ὅσων ἐμοὶ
δύσνοια μὴ πρόσεστιν, ἢ λύπη πικρά.
ταῦτ', ὦ Λύκει' Ἄπολλον, ἵλεως κλύων,
δὸς πᾶσιν ἡμῖν, ὥσπερ ἐξαιτούμεθα·
τὰ δ' ἄλλα πάντα, καὶ σιωπώσης ἐμοῦ,
ἐπαξιῶ σε δαίμον' ὄντ' ἐξειδέναι.
τοὺς ἐκ Διὸς γὰρ εἰκός ἐστι πάνθ' ὁρᾶν.

ΠΑΙΔΑΓΩΓΟΣ.

ξέναι γυναῖκες, πῶς ἂν εἰδείην σαφῶς,
εἰ τοῦ τυράννου δώματ' Αἰγίσθου τάδε;

ΧΟΡΟΣ.

τάδ' ἐστὶν, ὦ ξέν'. αὐτὸς ᾔκασας καλῶς.

ΠΑΙΔΑΓΩΓΟΣ.

ἦ καὶ δάμαρτα τήνδ' ἐπεικάζων κυρῶ
κείνου; πρέπει γὰρ ὡς τύραννος εἰσορᾷν.

ΧΟΡΟΣ.

μάλιστα πάντων. ἥδε σοι κείνη πάρα.

ΠΑΙΔΑΓΩΓΟΣ.

ὦ χαῖρ' ἄνασσα. σοὶ φέρων ἥκω λόγους
ἡδεῖς, φίλου παρ' ἀνδρὸς, Αἰγίσθῳ θ' ὁμοῦ.

ΚΛΥΤΑΙΜΝΗΣΤΡΑ.

ἐδεξάμην τὸ ῥηθέν· εἰδέναι δέ σου
πρώτιστα χρῄζω, τίς σ' ἀπέστειλε βροτῶν.

ΠΑΙΔΑΓΩΓΟΣ.

Φανοτεὺς ὁ Φωκεὺς, πρᾶγμα πορσύνων μέγα.

ΚΛΥΤΑΙΜΝΗΣΤΡΑ.

τὸ ποῖον, ὦ ξέν'; εἰπέ. παρὰ φίλου γὰρ ὢν
ἀνδρὸς, σάφ' οἶδα, προσφιλεῖς λέξεις λόγους.

ΠΑΙΔΑΓΩΓΟΣ.

τέθνηκ' Ὀρέστης. ἐν βραχεῖ ξυνθεὶς λέγω.

ΗΛΕΚΤΡΑ.

οἲ 'γὼ τάλαιν', ὄλωλα τῇδ' ἐν ἡμέρᾳ.

ΚΛΥΤΑΙΜΝΗΣΤΡΑ.

τί φῄς, τί φῄς, ὦ ξεῖνε; μὴ ταύτης κλύε.

ΠΑΙΔΑΓΩΓΟΣ.

θανόντ' Ορέστην νῦν τε καὶ τότ' ἐννέπω.

ΗΛΕΚΤΡΑ.

ἀπωλόμην δύστηνος. οὐδέν εἰμ' ἔτι.

ΚΛΥΤΑΙΜΝΗΣΤΡΑ.

σὺ μὲν τὰ σαυτῆς πράσσ'· ἐμοὶ δὲ σύ, ξένε,
τἀληθὲς εἰπὲ, τῷ τρόπῳ διόλλυται;

ΠΑΙΔΑΓΩΓΟΣ.

κἀπεμπόμην πρὸς ταῦτα, καὶ τὸ πᾶν φράσω.
κεῖνος γὰρ ἐλθὼν εἰς τὸ κλεινὸν Ελλάδος
πρόσχημ' ἀγῶνος, Δελφικῶν ἄθλων χάριν,
ὅτ' ᾔσθετ' ἀνδρὸς ὀρθίων κηρυγμάτων
δρόμον προκηρύξαντος, οὗ πρώτη κρίσις,
εἰσῆλθε λαμπρὸς, πᾶσι τοῖς ἐκεῖ σέβας·
δρόμου δ' ἰσώσας τῇ 'φέσει τὰ τέρματα,
νίκης ἔχων ἐξῆλθε πάντιμον γέρας.
χὤπως μὲν ἐν πολλοῖσι παῦρά σοι λέγω,
οὐκ οἶδα τοιοῦδ' ἀνδρὸς ἔργα καὶ κράτη.
ἓν δ' ἴσθ'. ὅσων γὰρ εἰσεκήρυξαν βραβῆς
δρόμων διαύλων πένταθλ', ἃ νομίζεται,
τούτων ἐνεγκὼν πάντα τἀπινίκια
ὠλβίζετ', Αργεῖος μὲν ἀνακαλούμενος,
ὄνομα δ' Ορέστης, τοῦ τὸ κλεινὸν Ελλάδος
Αγαμέμνονος στράτευμ' ἀγείραντός ποτε.
καὶ ταῦτα μὲν τοιαῦθ'· ὅταν δέ τις θεῶν
βλάπτῃ, δύναιτ' ἂν οὐδ' ἂν ἰσχύων φυγεῖν.
κεῖνος γὰρ ἄλλης ἡμέρας, ὅθ' ἱππικῶν
ἦν, ἡλίου τέλλοντος, ὠκύπους ἀγὼν,

εἰσῆλθε πολλῶν ἁρματηλατῶν μέτα.
εἷς ἦν Ἀχαιός, εἷς ἀπὸ Σπάρτης, δύο
Λίβυες ζυγωτῶν ἁρμάτων ἐπιστάται·
κἀκεῖνος ἐν τούτοισι, Θεσσαλὰς ἔχων
ἵππους, ὁ πέμπτος· ἕκτος ἐξ Αἰτωλίας
ξανθαῖσι πώλοις· ἕβδομος Μάγνης ἀνήρ·
ὁ δ' ὄγδοος, λεύκιππος, Αἰνιὰν γένος·
ἔνατος, Ἀθηνῶν τῶν θεοδμήτων ἄπο·
Βοιωτὸς ἄλλος, δέκατον ἐκπληρῶν ὄχον.
στάντες δ', ὅθ' αὐτοὺς οἱ τεταγμένοι βραβῆς
κλήροις ἔπηλαν, καὶ κατέστησαν δίφρους,
χαλκῆς ὑπαὶ σάλπιγγος ᾖξαν· οἱ δ' ἅμα
ἵπποις ὁμοκλήσαντες, ἡνίας χεροῖν
ἔσεισαν· ἐν δὲ πᾶς ἐμεστώθη δρόμος
κτύπου κροτητῶν ἁρμάτων· κόνις δ' ἄνω
φορεῖθ'· ὁμοῦ δὲ πάντες ἀναμεμιγμένοι
φείδοντο κέντρων οὐδέν, ὡς ὑπερβάλοι
χνόας τις αὐτῶν, καὶ φρυάγμαθ' ἱππικά.
ὁμοῦ γὰρ ἀμφὶ νῶτα καὶ τροχῶν βάσεις
ἤφριζον, εἰσέβαλλον ἱππικαὶ πνοαί.
κεῖνος δ' ὑπ' αὐτὴν ἐσχάτην στήλην ἔχων,
ἔχριμπτ' ἀεὶ σύριγγα, δεξιόν τ' ἀνεὶς
σειραῖον ἵππον, εἶργε τὸν προσκείμενον.
καὶ πρὶν μὲν ὀρθοὶ πάντες ἔστασαν δίφροι·
ἔπειτα δ' Αἰνιᾶνος ἀνδρὸς ἄστομοι
πῶλοι βίᾳ φέρουσιν, ἐκ δ' ὑποστροφῆς
τελοῦντες ἕκτον ἕβδομόν τ' ἤδη δρόμον,
μέτωπα συμπαίουσι Βαρκαίοις ὄχοις·

κἀντεῦθεν ἄλλος ἄλλον, ἐξ ἑνὸς κακοῦ,
ἔθραυε, κἀνέπιπτε· πᾶν δ᾽ ἐπίμπλατο
ναυαγίων Κρισαῖον ἱππικῶν πέδον.
γνοὺς δ᾽ οὑξ Ἀθηνῶν δεινὸς ἡνιοστρόφος
ἔξω παρασπᾷ, κἀνακωχεύει, παρεὶς
κλύδων᾽ ἔφιππον ἐν μέσῳ κυκώμενον.
ἤλαυνε δ᾽ ἔσχατος μὲν, ὑστέρας ἔχων
πώλους Ὀρέστης, τῷ τέλει πίστιν φέρων.
ὁ δ᾽ ὡς ὁρᾷ μόνον νιν ἐλλελειμμένον,
ὀξὺν δι᾽ ὤτων κέλαδον ἐνσείσας θοαῖς
πώλοις, διώκει· κἀξισώσαντε ζυγὰ
ἠλαυνέτην, τότ᾽ ἄλλος, ἄλλοθ᾽ ἅτερος
κάρα προβάλλων ἱππικῶν ὀχημάτων.
καὶ τοὺς μὲν ἄλλους πάντας ἀσφαλεῖς δρόμους
ὠρθοῦθ᾽ ὁ τλήμων ὀρθὸς ἐξ ὀρθῶν δίφρων·
ἔπειτα λύων ἡνίαν ἀριστερὰν
κάμπτοντος ἵππου, λανθάνει στήλην ἄκραν
παίσας· ἔθραυσε δ᾽ ἄξονος μέσας χνόας,
κἀξ ἀντύγων ὤλισθε· σὺν δ᾽ ἑλίσσεται
τμητοῖς ἱμᾶσι· τοῦ δὲ πίπτοντος πέδῳ
πῶλοι διεσπάρησαν ἐς μέσον δρόμον.
στρατὸς δ᾽, ὅπως ὁρᾷ νιν ἐκπεπτωκότα
δίφρων, ἀνωλόλυξε τὸν νεανίαν,
οἷ᾽ ἔργα δράσας οἷα λαγχάνει κακὰ,
φορούμενος πρὸς οὖδας, ἄλλοτ᾽ οὐρανῷ
σκέλη προφαίνων· ἕς τε νιν διφρηλάται,
μόλις κατασχεθόντες ἱππικὸν δρόμον,
ἔλυσαν αἱματηρὸν, ὥστε μηδένα

γνῶναι φίλων ἰδόντ᾽ ἂν ἄθλιον δέμας.
καί νιν πυρᾷ κέαντες εὐθὺς, ἐν βραχεῖ
χαλκῷ μέγιστον σῶμα δειλαίας σποδοῦ
φέρουσιν ἄνδρες Φωκέων τεταγμένοι,
ὅπως πατρῴας τύμβον ἐκλάχοι χθονός.
τοιαῦτά τοι ταῦτ᾽ ἐστὶν, ὡς μὲν ἐν λόγοις,
ἀλγεινὰ, τοῖς δ᾽ ἰδοῦσιν, οἵπερ εἴδομεν,
μέγιστα πάντων ὧν ὄπωπ᾽ ἐγὼ κακῶν.

ΧΟΡΟΣ.

φεῦ, φεῦ· τὸ πᾶν δὴ δεσπόταισι τοῖς πάλαι
πρόῤῥιζον, ὡς ἔοικεν, ἔφθαρται γένος.

ΚΛΥΤΑΙΜΝΗΣΤΡΑ.

ὦ Ζεῦ, τί ταῦτα; πότερον εὐτυχῆ λέγω,
ἢ δεινὰ μὲν, κέρδη δέ; λυπηρῶς δ᾽ ἔχει,
εἰ τοῖς ἐμαυτῆς τὸν βίον σώζω κακοῖς.

ΠΑΙΔΑΓΩΓΟΣ.

τί δ᾽ ὧδ᾽ ἀθυμεῖς, ὦ γύναι, τῷ νῦν λόγῳ;

ΚΛΥΤΑΙΜΝΗΣΤΡΑ.

δεινὸν τὸ τίκτειν ἐστίν· οὐδὲ καὶ κακῶς
πάσχοντι μῖσος ὧν τέκῃ προσγίγνεται.

ΠΑΙΔΑΓΩΓΟΣ.

μάτην ἄρ᾽ ἡμεῖς, ὡς ἔοικεν, ἥκομεν.

ΚΛΥΤΑΙΜΝΗΣΤΡΑ.

οὔ τοι μάτην γε. πῶς γὰρ ἂν μάτην λέγοις;
εἴ μοι θανόντος πίστ᾽ ἔχων τεκμήρια
προσῆλθες, ὅστις τῆς ἐμῆς ψυχῆς γεγὼς,
μαστῶν ἀποστὰς καὶ τροφῆς ἐμῆς, φυγὰς
ἀπεξενοῦτο· κἀμ᾽, ἐπεὶ τῆσδε χθονὸς

ἐξῆλθεν, οὐκ ἔτ' εἶδεν· ἐγκαλῶν δ' ἐμοὶ
φόνους πατρῴους, δείν' ἐπηπείλει τελεῖν·
ὥστ' οὔτε νυκτὸς ὕπνον, οὔτ' ἐξ ἡμέρας,
ἐμὲ στεγάζειν ἡδύν· ἀλλ' ὁ προστατῶν
χρόνος διῆγέ μ' αἰὲν ὡς θανουμένην.
νῦν δ', (ἡμέρᾳ γὰρ τῇδ' ἀπήλλαγμαι φόβου
πρὸς τῆσδ', ἐκείνου θ'· ἥδε γὰρ μείζων βλάβη
ξύνοικος ἦν μοι, τοὐμὸν ἐκπίνουσ' ἀεὶ
ψυχῆς ἄκρατον αἷμα.) νῦν ἕκηλά που,
τῶν τῆσδ' ἀπειλῶν οὕνεχ', ἡμερεύσομεν.

ΗΛΕΚΤΡΑ.

οἴ μοι τάλαινα· νῦν γὰρ οἰμῶξαι πάρα,
Ὀρέστα, τὴν σὴν ξυμφοράν, ὅθ' ὧδ' ἔχων
πρὸς τῆσδ' ὑβρίζῃ μητρός. ἆρ' ἔχει καλῶς;

ΚΛΥΤΑΙΜΝΗΣΤΡΑ.

οὔ τοι σύ· κεῖνος δ', ὡς ἔχει, καλῶς ἔχει.

ΗΛΕΚΤΡΑ.

ἄκουε, Νέμεσι τοῦ θανόντος ἀρτίως.

ΚΛΥΤΑΙΜΝΗΣΤΡΑ.

ἤκουσεν ὧν δεῖ, κἀπεκύρωσεν καλῶς.

ΗΛΕΚΤΡΑ.

ὕβριζε. νῦν γὰρ εὐτυχοῦσα τυγχάνεις.

ΚΛΥΤΑΙΜΝΗΣΤΡΑ.

οὔκουν Ὀρέστης καὶ σὺ παύσετον τάδε.

ΗΛΕΚΤΡΑ.

πεπαύμεθ' ἡμεῖς, οὐχ ὅπως σε παύσομεν.

ΚΛΥΤΑΙΜΝΗΣΤΡΑ.

πολλῶν ἂν ἥκοις, ὦ ξέν', ἄξιος τυχεῖν,

εἰ τήνδ' ἔπαυσας τῆς πολυγλώσσου βοῆς.

ΠΑΙΔΑΓΩΓΟΣ.

οὔκουν ἀποστείχοιμ' ἄν, εἰ τάδ' εὖ κυρεῖ.

ΚΛΥΤΑΙΜΝΗΣΤΡΑ.

ἥκιστ'· ἐπείπερ οὔτ' ἐμοῦ καταξίως
πράξειας, οὔτε τοῦ πορεύσαντος ξένου.
ἀλλ' εἴσιθ' εἴσω· τήνδε δ' ἔκτοσθεν βοᾶν
ἔα τά θ' αὑτῆς, καὶ τὰ τῶν φίλων κακά.

ΗΛΕΚΤΡΑ.

ἆρ' ὑμὶν ὡς ἀλγοῦσα κὠδυνωμένη
δεινῶς δακρῦσαι κἀπικωκῦσαι δοκεῖ
τὸν υἱὸν ἡ δύστηνος ὧδ' ὀλωλότα;
ἀλλ' ἐγγελῶσα φροῦδος. ὦ τάλαιν' ἐγώ·
Ὀρέστα φίλταθ', ὥς μ' ἀπώλεσας θανών.
ἀποσπάσας γὰρ τῆς ἐμῆς οἴχῃ φρενὸς,
αἵ μοι μόναι παρῆσαν ἐλπίδων ἔτι,
σὲ πατρὸς ἥξειν ζῶντα τιμωρόν ποτε,
κἀμοῦ ταλαίνης. νῦν δὲ ποῖ με χρὴ μολεῖν;
μόνη γάρ εἰμι, σοῦ τ' ἀπεστερημένη,
καὶ πατρός. ἢ δὴ δεῖ με δουλεύειν πάλιν
ἐν τοῖσιν ἐχθίστοισιν ἀνθρώπων ἐμοὶ,
φονεῦσι πατρός. ἆρά μοι καλῶς ἔχει;
ἀλλ' οὔ τι μὴν ἔγωγε τοῦ λοιποῦ χρόνου
ξύνοικος ἔσσομ'· ἀλλὰ τῇδε πρὸς πύλῃ
παρεῖσ' ἐμαυτὴν, ἄφιλος αὐανῶ βίον.
πρὸς ταῦτα, καινέτω τις, εἰ βαρύνεται,
τῶν ἔνδον ὄντων· ὡς χάρις μὲν, ἢν θάνω,
λύπη δ', ἐὰν ζῶ· τοῦ βίου δ' οὐδεὶς πόθος.

ποῦ ποτε κεραυνοὶ Διός, ἢ στροφὴ α'.
ποῦ φαέθων
Ἅλιος, εἰ ταῦτ' ἐφορῶντες
κρύπτουσιν ἕκηλοι;
ἒ, ἔ· αἶ, αἶ.

ΧΟΡΟΣ.

ὦ παῖ, τί δακρύεις;

ΗΛΕΚΤΡΑ.

φεῦ.

ΧΟΡΟΣ.

μηδὲν μέγ' ἀΰσῃς.

ΗΛΕΚΤΡΑ.

ἀπολεῖς.

ΧΟΡΟΣ.

πῶς;

ΗΛΕΚΤΡΑ.

εἰ τῶν φανερῶς οἰχομένων εἰς
Ἀΐδαν ἐλπίδ' ὑποίσεις, κατ' ἐμοῦ
τακομένας μᾶλλον ἐπεμβάσει.

ΧΟΡΟΣ.

οἶδα γὰρ ἄνακτ' Ἀμφιάρεων ἀντιστ. α'.
χρυσοδέτοις
ἕρκεσι κρυφθέντα γυναικῶν·
καὶ νῦν ὑπὸ γαίας —

ΗΛΕΚΤΡΑ.

ἒ, ἔ· ἰώ.

ΧΟΡΟΣ.

πάμψυχος ἀνάσσει.

ΗΛΕΚΤΡΑ.

φεῦ.

ΧΟΡΟΣ.

φεῦ δῆτ᾽· ὀλοὰ γάρ.

ΗΛΕΚΤΡΑ.

ἐδάμη —

ΧΟΡΟΣ.

ναί.

ΗΛΕΚΤΡΑ.

οἶδ᾽, οἶδ᾽· ἐφάνη γὰρ μελέτωρ ἀμ-
φὶ τὸν ἐν πένθει· ἐμοὶ δ᾽ οὔ τις ἔτ᾽ ἔσθ᾽·
ὃς γὰρ ἔτ᾽ ἦν, φροῦδος ἀναρπασθείς.

ΧΟΡΟΣ.

δειλαία δειλαίων κυρεῖς. στροφὴ β΄.

ΗΛΕΚΤΡΑ.

κἀγὼ τοῦδ᾽ ἴστωρ, ὑπερίστωρ,
πανσύρτῳ παμμήνῳ πολλῶν
δεινῶν τε στυγνῶν τ᾽ ἀχέων.

ΧΟΡΟΣ.

εἴδομεν ἃ θροεῖς.

ΗΛΕΚΤΡΑ.

μή μέ νυν μηκέτι
παραγάγῃς, ἵν᾽ οὐ —

ΧΟΡΟΣ.

τί φῄς;

ΗΛΕΚΤΡΑ.

πάρεισιν ἐλπίδων
ἔτι κοινοτόκων
εὐπατριδᾶν τ᾽ ἀρωγοί.

ΧΟΡΟΣ.

ΧΟΡΟΣ.

πᾶσι θνατοῖς ἔφυ μόρος. ἀντιστ. β'.

ΗΛΕΚΤΡΑ.

ἦ καὶ χαλαργοῖς ἐν ἁμίλλαις
οὕτως, ὡς κείνῳ δυστάνῳ,
τμητοῖς ὁλκοῖς ἐγκύρσαι;

ΧΟΡΟΣ.

ἄσκοπος ἁ λώβα.

ΗΛΕΚΤΡΑ.

πῶς γὰρ οὔκ; εἰ ξένος
ἄτερ ἐμᾶν χερῶν —

ΧΟΡΟΣ.

παπαῖ.

ΗΛΕΚΤΡΑ.

κέκευθεν, οὔτε του
τάφου ἀντιάσας,
οὔτε γόων παρ' ἡμῶν.

ΧΡΥΣΟΘΕΜΙΣ.

Ὑφ' ἡδονῆς σοι, φιλτάτη, διώκομαι,
τὸ κόσμιον μεθεῖσα, σὺν τάχει μολεῖν.
Φέρω γὰρ ἡδονάς τε, κἀνάπαυλαν ὧν
πάροιθεν εἶχες καὶ κατέστενες κακῶν.

ΗΛΕΚΤΡΑ.

πόθεν δ' ἂν εὕροις τῶν ἐμῶν σὺ πημάτων
ἄρηξιν, οἷς ἴασιν οὐκ ἔνεστ' ἰδεῖν;

ΧΡΥΣΟΘΕΜΙΣ.

πάρεστ' Ὀρέστης ἡμίν, ἴσθι τοῦτ' ἐμοῦ
κλύουσ', ἐναργῶς, ὥσπερ εἰσορᾷς ἐμέ.

ΗΛΕΚΤΡΑ.

ἀλλ' ἦ μέμηνας, ὦ τάλαινα, κἀπὶ τοῖς
σαυτῆς κακοῖσι, κἀπὶ τοῖς ἐμοῖς γελᾷς;

ΧΡΥΣΟΘΕΜΙΣ.

μὰ τὴν πατρῴαν ἑστίαν, ἀλλ' οὐχ ὕβρει
λέγω τάδ', ἀλλ' ἐκεῖνον ὡς παρόντα νῷν.

ΗΛΕΚΤΡΑ.

οἴμοι τάλαινα· καὶ τίνος βροτῶν λόγον
τόνδ' εἰσακούσασ', ὧδε πιστεύεις ἄγαν;

ΧΡΥΣΟΘΕΜΙΣ.

ἐγὼ μὲν ἐξ ἐμοῦ τε κοὐκ ἄλλου, σαφῆ
σημεῖ' ἰδοῦσα, τῷδε πιστεύω λόγῳ.

ΗΛΕΚΤΡΑ.

τίν', ὦ τάλαιν', ἰδοῦσα πίστιν; ἐς τί μοι
βλέψασα, θάλπῃ τῷδ' ἀνηκέστῳ πυρί;

ΧΡΥΣΟΘΕΜΙΣ.

πρός νυν θεῶν, ἄκουσον, ὡς μαθοῦσ' ἐμοῦ,
τὸ λοιπὸν ἢ φρονοῦσαν, ἢ μώραν λέγῃς.

ΗΛΕΚΤΡΑ.

σὺ δ' οὖν λέγ', εἴ σοι τῷ λόγῳ τις ἡδονή.

ΧΡΥΣΟΘΕΜΙΣ.

καὶ δὴ λέγω σοι πᾶν, ὅσον κατειδόμην.
ἐπεὶ γὰρ ἦλθον πατρὸς ἀρχαῖον τάφον,
ὁρῶ κολώνης ἐξ ἄκρας νεορρύτους
πηγὰς γάλακτος, καὶ περιστεφῆ κύκλῳ
πάντων ὅσ' ἔστιν ἀνθέων θήκην πατρός.
ἰδοῦσα δ' ἔσχον θαῦμα, καὶ περισκοπῶ,
μή πού τις ἡμῖν ἐγγὺς ἐγχρίμπτῃ βροτῶν.

ὡς δ᾽ ἐν γαλήνῃ πάντ᾽ ἐδερκόμην τόπον,
τύμβου προσεῖρπον ἆσσον· ἐσχάτης δ᾽ ὁρῶ
πυρᾶς νεωρῆ βόστρυχον τετμημένον·
κεὐθὺς τάλαιν᾽ ὡς εἶδον, ἐμπαίει τί μοι
ψυχῇ ξύνηθες ὄμμα, φιλτάτου βροτῶν
πάντων Ὀρέστου τοῦθ᾽ ὁρᾶν τεκμήριον·
καὶ χερσὶ βαστάσασα, δυσφημῶ μὲν οὔ,
χαρᾷ δὲ πίμπλημ᾽ εὐθὺς ὄμμα δακρύων.
καὶ νῦν θ᾽ ὁμοίως καὶ τότ᾽ ἐξεπίσταμαι,
μή του τόδ᾽ ἀγλάϊσμα, πλὴν κείνου, μολεῖν.
τῷ γὰρ προσήκει, πλήν γ᾽ ἐμοῦ καὶ σοῦ, τόδε;
κἀγὼ μὲν οὐκ ἔδρασα, τοῦτ᾽ ἐπίσταμαι,
οὐδ᾽ αὖ σύ. πῶς γάρ; ᾗ γε μηδὲ πρὸς θεοὺς
ἔξεστ᾽ ἀκλαύστῳ τῆσδ᾽ ἀποστῆναι στέγης.
ἀλλ᾽ οὐδὲ μὲν δὴ μητρὸς οὔθ᾽ ὁ νοῦς φιλεῖ
τοιαῦτα πράσσειν, οὔτε δρῶσ᾽ ἐλάνθαν᾽ ἄν·
ἀλλ᾽ ἔστ᾽ Ὀρέστου ταῦτα τἀπιτίμια.
ἄγ᾽, ὦ φίλη, θάρσυνε. τοῖς αὐτοῖσί τοι
οὐχ ωὑτὸς αἰεὶ δαιμόνων παραστατεῖ.
νῷν δ᾽ ἦν τὰ πρόσθεν στυγνός· ἡ δὲ νῦν ἴσως
πολλῶν ὑπάρξει κῦρος ἡμέρα καλῶν.

ΗΛΕΚΤΡΑ.

φεῦ τῆς ἀνοίας. ὥς σ᾽ ἐποικτείρω πάλαι.

ΧΡΥΣΟΘΕΜΙΣ.

τί δ᾽ ἔστιν; οὐ πρὸς ἡδονὴν λέγω τάδε;

ΗΛΕΚΤΡΑ.

οὐκ οἶσθ᾽ ὅποι γῆς οὐδ᾽ ὅποι γνώμης φέρῃ.

ΧΡΥΣΟΘΕΜΙΣ.

πῶς δ' οὐκ ἐγὼ κάτοιδ', ἅ γ' εἶδον ἐμφανῶς;

ΗΛΕΚΤΡΑ.

τέθνηκεν, ὦ τάλαινα· τἀκείνου δέ σοι
σωτήρι' ἔρρει· μηδὲν ἐς κεῖνόν γ' ὅρα.

ΧΡΥΣΟΘΕΜΙΣ.

οἴ μοι τάλαινα· τοῦ τάδ' ἤκουσας βροτῶν;

ΗΛΕΚΤΡΑ.

τοῦ πλησίον παρόντος, ἡνίκ' ὤλλυτο.

ΧΡΥΣΟΘΕΜΙΣ.

καὶ ποῦ 'στιν οὗτος; θαῦμά τοι μ' ὑπέρχεται.

ΗΛΕΚΤΡΑ.

κατ' οἶκον, ἡδὺς, οὐδὲ μητρὶ δυσχερής.

ΧΡΥΣΟΘΕΜΙΣ.

οἴ μοι τάλαινα. τοῦ γὰρ ἀνθρώπων ποτ' ἦν
τὰ πολλὰ πατρὸς πρὸς τάφον κτερίσματα;

ΗΛΕΚΤΡΑ.

οἶμαι μάλιστ' ἔγωγε τοῦ τεθνηκότος
μνημεῖ' Ὀρέστου ταῦτα προσθεῖναί τινα.

ΧΡΥΣΟΘΕΜΙΣ.

ὢ δυστυχής. ἐγὼ δὲ σὺν χαρᾷ λόγους
τοιούσδ' ἔχουσ' ἔσπευδον, οὐκ εἰδυῖ' ἄρα
ἵν' ἦμεν ἄτης· ἀλλὰ νῦν, ὅθ' ἱκόμην,
τά τ' ὄντα πρόσθεν, ἄλλα θ' εὑρίσκω κακά.

ΗΛΕΚΤΡΑ.

οὕτως ἔχει σοι ταῦτ'· ἐὰν δ' ἐμοὶ πίθῃ,
τῆς νῦν παρούσης πημονῆς λύσεις βάρος.

ΧΡΥΣΟΘΕΜΙΣ.

ἢ τοὺς θανόντας ἐξαναστήσω ποτέ;

ΗΛΕΚΤΡΑ.

οὐκ ἔσθ' ὅ γ' εἶπον· οὐ γὰρ ὧδ' ἄφρων ἔφυν.

ΧΡΥΣΟΘΕΜΙΣ.

τί γὰρ κελεύεις, ὧν ἐγὼ φερέγγυος;

ΗΛΕΚΤΡΑ.

τλῆναί σε δρῶσαν ἅ 'ν ἐγὼ παραινέσω.

ΧΡΥΣΟΘΕΜΙΣ.

ἀλλ' εἴ τις ὠφέλειά γ', οὐκ ἀπώσομαι.

ΗΛΕΚΤΡΑ.

ὅρα, πόνου τοι χωρὶς οὐδὲν εὐτυχεῖ.

ΧΡΥΣΟΘΕΜΙΣ.

ὁρῶ. ξυνοίσω πᾶν ὅσονπερ ἂν σθένω.

ΗΛΕΚΤΡΑ.

ἄκουε δὴ νῦν, ᾗ βεβούλευμαι τελεῖν.
παρουσίαν μὲν οἶσθα καὶ σύ που φίλων
ὡς οὔ τις ἡμῖν ἐστιν, ἀλλ' Ἅιδης λαβὼν
ἀπεστέρηκε, καὶ μόνα λελείμμεθον.
ἔγωγ', ἕως μὲν τὸν κασίγνητον βίῳ
θάλλοντά γ' εἰσήκουον, εἶχον ἐλπίδας,
φόνου ποτ' αὐτὸν πράκτορ' ἵξεσθαι πατρός·
νῦν δ' ἡνίκ' οὐκ ἔτ' ἐστίν, εἰς σὲ δὴ βλέπω,
ὅπως τὸν αὐτόχειρα πατρῴου φόνου
ξὺν τῇδ' ἀδελφῇ μὴ κατοκνήσεις κτανεῖν
Αἴγισθον. οὐδὲν γάρ σε δεῖ κρύπτειν μ' ἔτι.
ποῖ γὰρ μενεῖς ῥᾴθυμος; ἐς τίν' ἐλπίδων
βλέψασ' ἔτ' ὀρθήν; ᾗ πάρεστι μὲν στένειν

πλούτου πατρῴου κτῆσιν ἐστερημένη,
πάρεστι δ' ἀλγεῖν, ἐς τοσόνδε τοῦ χρόνου
ἄλεκτρα γηράσκουσαν ἀνυμέναιά τε.
καὶ τῶνδε μέν τοι μηκέτ' ἐλπίσῃς ὅπως
τεύξῃ ποτ'. οὐ γὰρ ὧδ' ἄβουλός ἐστ' ἀνὴρ
Αἴγισθος, ὥστε σόν ποτ' ἢ κἀμὸν γένος
βλαστεῖν ἐᾶσαι, πημονὴν αὐτῷ σαφῆ.
ἀλλ' ἢν ἐπίσπῃ τοῖς ἐμοῖς βουλεύμασι,
πρῶτον μὲν εὐσέβειαν ἐκ πατρὸς κάτω
θανόντος οἴσει, τοῦ κασιγνήτου θ' ἅμα·
ἔπειτα δ', ὥσπερ ἐξέφυς, ἐλευθέρα
καλῇ τὸ λοιπὸν, καὶ γάμων ἐπαξίων
τεύξῃ. φιλεῖ γὰρ πρὸς τὰ χρηστὰ πᾶς ὁρᾷν.
λόγων γε μὴν εὔκλειαν οὐχ ὁρᾷς ὅσην
σαυτῇ τε κἀμοὶ προσβαλεῖς πεισθεῖσ' ἐμοί;
τίς γάρ ποτ' ἀστῶν ἢ ξένων ἡμᾶς ἰδὼν
τοιοῖσδ' ἐπαίνοις οὐχὶ δεξιώσεται;
Ἴδεσθε τώδε τὼ κασιγνήτω, φίλοι,
ὣ τὸν πατρῷον οἶκον ἐξεσωσάτην,
ὣ τοῖσιν ἐχθροῖς εὖ βεβηκόσιν ποτὲ,
ψυχῆς ἀφειδήσαντε, προὐστήτην φόνου.
τούτω φιλεῖν χρή, τώδε χρὴ πάντας σέβειν·
τώδ' ἔν θ' ἑορταῖς, ἔν τε πανδήμῳ πόλει
τιμᾶν ἅπαντας, οὕνεκ' ἀνδρείας, χρεών. —
τοιαῦτά τοι νὼ πᾶς τις ἐξερεῖ βροτῶν,
ζώσαιν θανούσαιν θ' ὥστε μὴ 'κλιπεῖν κλέος.
ἀλλ', ὦ φίλη, πείσθητι, συμπόνει πατρί,
ξύγκαμν' ἀδελφῷ, παῦσον ἐκ κακῶν ἐμέ,

παῦσον δὲ σαυτὴν, τοῦτο γιγνώσκουσ', ὅτι
ΖΗΝ ΑΙΣΧΡΟΝ ΑΙΣΧΡΩΣ ΤΟΙΣ ΚΑΛΩΣ ΠΕΦΥΚΟΣΙΝ.

ΧΟΡΟΣ.

ἐν τοῖς τοιούτοις ἐστὶν ἡ προμηθία
καὶ τῷ λέγοντι, καὶ κλύοντι σύμμαχος.

ΧΡΥΣΟΘΕΜΙΣ.

καὶ πρίν γε φωνεῖν, ὦ γυναῖκες, εἰ φρενῶν
ἐτύγχαν' αὕτη μὴ κακῶν, ἐσώζετ' ἂν
τὴν εὐλάβειαν, ὥσπερ οὐχὶ σώζεται.
ποῖ γάρ ποτ' ἐμβλέψασα, τοιοῦτον θράσος
αὐτή θ' ὁπλίζῃ, κἄμ' ὑπηρετεῖν καλεῖς;
οὐκ εἰσορᾷς; γυνὴ μὲν, οὐκ ἀνὴρ ἔφυς·
σθένεις δ' ἔλασσον τῶν ἐναντίων χερί.
δαίμων δὲ τοῖς μὲν εὐτυχὴς καθ' ἡμέραν,
ἡμῖν δ' ἀπορρεῖ, κἀπὶ μηδὲν ἔρχεται.
τίς οὖν, τοιοῦτον ἄνδρα βουλεύων ἑλεῖν,
ἄλυπος ἄτης ἐξαπαλλαχθήσεται;
ὅρα, κακῶς πράσσοντε μὴ μείζω κακὰ
κτησώμεθ', εἴ τις τούσδ' ἀκούσεται λόγους.
λύει γὰρ ἡμᾶς οὐδὲν, οὐδ' ἐπωφελεῖ,
βάξιν καλὴν λαβόντε, δυσκλεῶς θανεῖν.
οὐ γὰρ θανεῖν ἔχθιστον, ἀλλ' ὅταν θανεῖν
χρῄζων τις, εἶτα μηδὲ τοῦτ' ἔχῃ λαβεῖν.
ἀλλ' ἀντιάζω, πρὶν πανωλέθρους τὸ πᾶν
ἡμᾶς τ' ὀλέσθαι, κἀξερημῶσαι γένος,
κατάσχες ὀργήν. καὶ τὰ μὲν λελεγμένα
ἄρρητ' ἐγώ σοι κἀτελῆ φυλάξομαι·
αὐτὴ δὲ νοῦν σχὲς ἀλλὰ τῷ χρόνῳ ποτέ,

σθένουσα μηδὲν, τοῖς κρατοῦσιν εἰκάθειν.

ΧΟΡΟΣ.

πείθου. προνοίας οὐδὲν ἀνθρώποις ἔφυ
κέρδος λαβεῖν ἄμεινον, οὐδὲ νοῦ σοφοῦ.

ΗΛΕΚΤΡΑ.

ἀπροσδόκητον οὐδὲν εἴρηκας· καλῶς δὲ
ᾔδη σ' ἀπορρίψουσαν ἁπηγγελλόμην.
ἀλλ' αὐτόχειρί μοι, μόνῃ τε δραστέον
τοὔργον τόδ'· οὐ γὰρ δὴ κενόν γ' ἀφήσομεν.

ΧΡΥΣΟΘΕΜΙΣ.

φεῦ·
εἴθ' ὤφελες τοιάδε τὴν γνώμην, πατρὸς
θνήσκοντος, εἶναι· πᾶν γὰρ ἂν κατειργάσω.

ΗΛΕΚΤΡΑ.

ἀλλ' ἦν φύσιν γε, τὸν δὲ νοῦν ἥσσων τότε.

ΧΡΥΣΟΘΕΜΙΣ.

ἄσκει τοιαύτη νοῦν δι' αἰῶνος μένειν.

ΗΛΕΚΤΡΑ.

ὡς οὐχὶ συνδράσουσα νουθετεῖς τάδε.

ΧΡΥΣΟΘΕΜΙΣ.

εἰκὸς γὰρ ἐγχειροῦντα καὶ πράσσειν κακῶς.

ΗΛΕΚΤΡΑ.

ζηλῶ σε τοῦ νοῦ, τῆς δὲ δειλίας στυγῶ.

ΧΡΥΣΟΘΕΜΙΣ.

ἀνέξομαι κλύουσα, χὤταν εὖ λέγῃς.

ΗΛΕΚΤΡΑ.

ἀλλ' οὔ ποτ' ἐξ ἐμοῦ γε μὴ πάθῃς τόδε.

ΧΡΥΣΟΘΕΜΙΣ.

μακρὸς τὸ κρῖναι ταῦτα χὠ λοιπὸς χρόνος.

ΗΛΕΚΤΡΑ.

ἄπελθε. σοὶ γὰρ ὠφέλησις οὐκ ἔνι.

ΧΡΥΣΟΘΕΜΙΣ.

ἔνεστιν· ἀλλὰ σοὶ μάθησις οὐ πάρα.

ΗΛΕΚΤΡΑ.

ἐλθοῦσα μητρὶ ταῦτα πάντ' ἔξειπε σῇ.

ΧΡΥΣΟΘΕΜΙΣ.

οὐδ' αὖ τοσοῦτον ἔχθος ἐχθαίρω σ' ἐγώ.

ΗΛΕΚΤΡΑ.

ἀλλ' οὖν ἐπίστω γ' οἷ μ' ἀτιμίας ἄγεις.

ΧΡΥΣΟΘΕΜΙΣ.

ἀτιμίας μὲν οὔ, προμηθίας δὲ σοῦ.

ΗΛΕΚΤΡΑ.

τῷ σῷ δικαίῳ δῆτ' ἐπισπέσθαι με δεῖ;

ΧΡΥΣΟΘΕΜΙΣ.

ὅταν γὰρ εὖ φρονῇς, τόθ' ἡγήσει σὺ νῷν.

ΗΛΕΚΤΡΑ.

ἦ δεινὸν, εὖ λέγουσαν ἐξαμαρτάνειν.

ΧΡΥΣΟΘΕΜΙΣ.

εἴρηκας ὀρθῶς, ᾧ σὺ πρόσκεισαι κακῷ.

ΗΛΕΚΤΡΑ.

τί δ'; οὐ δοκῶ σοι ταῦτα σὺν δίκῃ λέγειν;

ΧΡΥΣΟΘΕΜΙΣ.

ἀλλ' ἔστιν, ἔνθα χ' ἡ δίκη βλάβην φέρει.

ΗΛΕΚΤΡΑ.

τούτοις ἐγὼ ζῆν τοῖς νόμοις οὐ βούλομαι.

ΧΡΥΣΟΘΕΜΙΣ.

ἀλλ' εἰ ποιήσεις ταῦτ', ἐπαινέσεις ἐμέ.

ΗΛΕΚΤΡΑ.

καὶ μὴν ποιήσω γ', οὐδὲν ἐκπλαγεῖσά σε.

ΧΡΥΣΟΘΕΜΙΣ.

καὶ τοῦτ' ἀληθὲς, οὐδὲ βουλεύσει πάλιν;

ΗΛΕΚΤΡΑ.

βουλῆς γὰρ ἐστιν οὐδὲν ἔχθιον κακῆς.

ΧΡΥΣΟΘΕΜΙΣ.

φρονεῖν ἔοικας οὐδὲν, ὧν ἐγὼ λέγω.

ΗΛΕΚΤΡΑ.

πάλαι δέδοκται ταῦτα, κοὐ νεωστί μοι.

ΧΡΥΣΟΘΕΜΙΣ.

ἄπειμι τοίνυν. οὔτε γὰρ σὺ τἄμ' ἔπη
τολμᾷς ἐπαινεῖν, οὔτ' ἐγὼ τοὺς σοὺς τρόπους.

ΗΛΕΚΤΡΑ.

ἀλλ' εἴσιθ'. οὔ σοι μὴ μεθέψομαί ποτε,
οὐδ' ἢν σφόδρ' ἱμείρουσα τυγχάνῃς· ἐπεὶ
πολλῆς ἀνοίας καὶ τὸ θηρᾶσθαι κενά.

ΧΡΥΣΟΘΕΜΙΣ.

ἀλλ' εἰ σεαυτῇ τυγχάνεις δοκοῦσά τι
φρονεῖν, φρόνει τοιαῦθ'. ὅταν γὰρ ἐν κακοῖς
ἤδη βεβήκῃς, τἄμ' ἐπαινέσεις ἔπη.

ΧΟΡΟΣ.

Τί τοὺς ἄνωθεν φρονιμωτάτους — στροφὴ α'.
οἰωνοὺς ἐσορώμενοι
τροφᾶς κηδομένους, ἀφ' ὧν τε
βλαστῶσιν, ἀφ' ὧν τ' ὄνασιν εὕρω-

σι, τάσδ' οὐκ ἐπ' ἴσας τελοῦμεν;
ἀλλ', οὐ τὰν Διὸς ἀστραπὰν
καὶ τὰν οὐρανίαν Θέμιν,
δαρὸν οὐκ ἀπόνητοι.
ὦ χθονία βροτοῖσι φάμα,
κατά μοι βόασον οἰκτρὰν
ὄπα τοῖς ἔνερθ' Ἀτρείδαις,
ἀχόρευτα φέρουσ' ὀνείδη·
ὅτι σφὶν ἤδη τὰ μὲν ἐκ δόμων ἀντιστ. α'.
νοσεῖ· τὰ δὲ πρὸς τέκνων
διπλῆ φύλοπις οὐκ ἔτ' ἐξι-
σοῦται φιλοτασίῳ διαίτᾳ.
πρόδοτος δὲ μόνα σαλεύει
Ἠλέκτρα, τὸν ἀεὶ, πατρὸς
δειλαία, στενάχουσ', ὅπως
ἁ πανόδυρτος ἀηδὼν,
οὔτε τι τοῦ θανεῖν προμηθὴς,
τό τε μὴ βλέπειν ἑτοίμα,
διδύμαν ἑλοῦσ' ἐρινύν.
τίς ἂν εὔπατρις ὧδε βλάστοι;
οὐδεὶς τῶν ἀγαθῶν, ζῶν κακῶς, στροφὴ β'.
εὔκλειαν αἰσχῦναι θέλει
νώνυμος, ὦ παῖ, παῖ,
ὡς καὶ σὺ πάγκλαυτον αἰ-
ῶνα κοινὸν εἵλου,
τὸ μὴ καλὸν καθοπλίσασα,
δύο φέρειν ἐν ἑνὶ λόγῳ,
σοφά τ' ἀρίστα τε παῖς κεκλῆσθαι.

ζῴης μοι καθύπερθεν χερὶ, ἀντιστ. β'.
πλούτῳ τε, τῶν ἐχθρῶν, ὅσον
νῦν ὑπὸ χεῖρα ναίεις·
ἐπεί σ' ἐφεύρηκα μοί-
ρᾳ μὲν οὐκ ἐν ἐσθλᾷ
βεβῶσαν· ἃ δὲ μέγιστ' ἔβλαστε
νόμιμα, τῶνδε φερομέναν
ἄριστα τᾷ Διὸς εὐσεβείᾳ.

ΟΡΕΣΤΗΣ.

Αρ', ὦ γυναῖκες, ὀρθά τ' εἰσηκούσαμεν,
ὀρθῶς θ' ὁδοιποροῦμεν ἔνθα χρῄζομεν;

ΧΟΡΟΣ.

τί δ' ἐξερευνᾷς, καὶ τί βουληθεὶς πάρει;

ΟΡΕΣΤΗΣ.

Αἴγισθον, ἔνθ' ᾤκηκεν, ἱστορῶ πάλαι.

ΧΟΡΟΣ.

ἀλλ' εὖ θ' ἱκάνεις, χὠ φράσας ἀζήμιος.

ΟΡΕΣΤΗΣ.

τίς οὖν ἂν ὑμῶν τοῖς ἔσω φράσειεν ἂν
ἡμῶν ποθεινὴν κοινόπουν παρουσίαν;

ΧΟΡΟΣ.

ἥδ', εἰ τὸν ἄγχιστόν γε κηρύσσειν χρεών.

ΟΡΕΣΤΗΣ.

ἴθ', ὦ γύναι, δήλωσον εἰσελθοῦσ' ὅτι
Φωκῆς ματεύουσ' ἄνδρες Αἴγισθόν τινες.

ΗΛΕΚΤΡΑ.

οἴ μοι τάλαιν'. οὐ δή ποθ' ἧς ἠκούσαμεν
φήμης φέροντες ἐμφανῆ τεκμήρια;

ΟΡΕΣΤΗΣ.

οὐκ οἶδα τὴν σὴν κληδόν'· ἀλλ' ἐμοὶ γέρων
ἐφεῖτ' Ὀρέστου Στρόφιος ἀγγεῖλαι πέρι.

ΗΛΕΚΤΡΑ.

τί δ' ἔστιν, ὦ ξέν'; ὥς μ' ὑπέρχεται φόβος.

ΟΡΕΣΤΗΣ.

φέροντες αὐτοῦ μικρὰ λείψαν' ἐν βραχεῖ
τεύχει θανόντος, ὡς ὁρᾷς, κομίζομεν.

ΗΛΕΚΤΡΑ.

οἱ ἐγὼ τάλαινα, τοῦτ' ἐκεῖν' ἤδη σαφές.
πρόχειρον ἄχθος, ὡς ἔοικε, δέρκομαι.

ΟΡΕΣΤΗΣ.

εἴπερ τι κλαίεις τῶν Ὀρεστείων κακῶν,
τόδ' ἄγγος ἴσθι σῶμα τοὐκείνου στέγον.

ΗΛΕΚΤΡΑ.

ὦ ξεῖνε, δός νυν, πρὸς θεῶν, εἴπερ τόδε
κέκευθεν αὐτὸν τεῦχος, ἐς χεῖρας λαβεῖν,
ὅπως ἐμαυτὴν καὶ γένος τὸ πᾶν ὁμοῦ
ξὺν τῇδε κλαύσω κἀποδύρομαι σποδῷ.

ΟΡΕΣΤΗΣ.

δόθ', ἥτις ἐστὶ, προσφέροντες. οὐ γὰρ ὡς
ἐν δυσμενείᾳ γ' οὖσ' ἐπαιτεῖται τάδε·
ἀλλ' ἢ φίλων τις, ἢ πρὸς αἵματος φύσιν.

ΗΛΕΚΤΡΑ.

ὦ φιλτάτου μνημεῖον ἀνθρώπων ἐμοὶ,
ψυχῆς Ὀρέστου λοιπὸν, ὥς σ' ἀπ' ἐλπίδων,
οὐχ ὧνπερ ἐξέπεμπον, εἰσεδεξάμην.
νῦν μὲν γὰρ οὐδὲν ὄντα βαστάζω χεροῖν·

δόμων δέ σ', ὦ παῖ, λαμπρὸν ἐξέπεμψ' ἐγώ.
ὡς ὤφελον πάροιθεν ἐκλιπεῖν βίον,
πρὶν ἐς ξένην σε γαῖαν ἐκπέμψαι, χεροῖν
κλέψασα τοῖνδε, κἀνασώσασθαι φόνου.
ὅπως θανὼν ἔκεισο τῇ τόθ' ἡμέρᾳ,
τύμβου πατρῴου κοινὸν εἰληχὼς μέρος.
νῦν δ' ἐκτὸς οἴκων, κἀπὶ γῆς ἄλλης φυγάς,
κακῶς ἀπώλου, σῆς κασιγνήτης δίχα·
κοὔτ' ἐν φίλῃσι χερσὶν ἡ τάλαιν' ἐγὼ
λουτροῖς ἐκόσμησ', οὔτε παμφλέκτου πυρὸς
ἀνειλόμην, ὡς εἰκός, ἄθλιον βάρος.
ἀλλ' ἐν ξένῃσι χερσὶ κηδευθεὶς τάλας,
σμικρὸς προσήκεις ὄγκος ἐν σμικρῷ κύτει.
οἴ μοι τάλαινα τῆς ἐμῆς πάλαι τροφῆς
ἀνωφελήτου, τὴν ἐγὼ θάμ' ἀμφὶ σοὶ
πόνῳ γλυκεῖ παρέσχον. οὔτε γάρ ποτε
μητρὸς σύ γ' ἦσθα μᾶλλον ἢ κἀμοῦ φίλος·
οὔθ' οἱ κατ' οἶκον ἦσαν, ἀλλ' ἐγὼ τροφός·
ἐγὼ δ' ἀδελφὴ σοὶ προσηυδώμην ἀεί.
νῦν δ' ἐκλέλοιπε ταῦτ' ἐν ἡμέρᾳ μιᾷ
θανόντα σὺν σοί. πάντα γὰρ ξυναρπάσας,
θύελλ' ὅπως, βέβηκας. οἴχεται πατήρ·
τέθνηκ' ἐγώ σοι· φροῦδος αὐτὸς εἶ θανών·
γελῶσι δ' ἐχθροί· μαίνεται δ' ὑφ' ἡδονῆς
μήτηρ ἀμήτωρ, ἧς ἐμοὶ σὺ πολλάκις
φήμας λάθρα προὔπεμπες, ὡς φανούμενος
τιμωρὸς αὐτός. ἀλλὰ ταῦθ' ὁ δυστυχὴς
δαίμων ὁ σός τε κἀμὸς ἐξαφείλετο,

ὅς σ' ὧδ' ἐμοὶ προὔπεμψεν, ἀντὶ φιλτάτης
μορφῆς, σποδόν τε καὶ σκιὰν ἀνωφελῆ.
οἴ μοι μοι.
ὦ δέμας οἰκτρόν. φεῦ, φεῦ.
ὦ δεινοτάτας, οἴ μοι μοι,
πεμφθεὶς κελεύθους, φίλταθ', ὥς μ' ἀπώλεσας·
ἀπώλεσας δῆτ', ὦ κασίγνητον κάρα.
τοιγὰρ σὺ δέξαι μ' ἐς τὸ σὸν τόδε στέγος,
τὴν μηδέν, εἰς τὸ μηδέν, ὡς ξὺν σοὶ κάτω
ναίω τὸ λοιπόν. καὶ γὰρ ἡνίκ' ἦσθ' ἄνω,
ξὺν σοὶ μετεῖχον τῶν ἴσων· καὶ νῦν ποθῶ
τοῦ σοῦ θανοῦσα μὴ 'πολείπεσθαι τάφου.
τοὺς γὰρ θανόντας οὐχ ὁρῶ λυπουμένους.

ΧΟΡΟΣ.

θνητοῦ πέφυκας πατρός, Ἠλέκτρα, φρόνει·
θνητὸς δ' Ὀρέστης· ὥστε μὴ λίαν στένε.
πᾶσιν γὰρ ἡμῖν τοῦτ' ὀφείλεται παθεῖν.

ΟΡΕΣΤΗΣ.

φεῦ, φεῦ. τί λέξω; ποῖ λόγων ἀμηχανῶν
ἔλθω; κρατεῖν γὰρ οὐκ ἔτι γλώσσης σθένω.

ΗΛΕΚΤΡΑ.

τί δ' ἴσχεις ἄλγος; πρὸς τί τοῦτ' εἰπὼν κυρεῖς;

ΟΡΕΣΤΗΣ.

ἦ σὸν τὸ κλεινὸν εἶδος Ἠλέκτρας τόδε;

ΗΛΕΚΤΡΑ.

τόδ' ἔστ' ἐκεῖνο, καὶ μάλ' ἀθλίως ἔχον.

ΟΡΕΣΤΗΣ.

οἴ μοι ταλαίνης ἆρα τῆσδε συμφορᾶς.

ΗΛΕΚΤΡΑ.

τί δή ποτ', ὦ ξέν', ἀμφ' ἐμοὶ στένεις τάδε;

ΟΡΕΣΤΗΣ.

ὦ σῶμ' ἀτίμως κἀθέως ἐφθαρμένον.

ΗΛΕΚΤΡΑ.

οὔ τοι ποτ' ἄλλην ἢ 'μὲ δυσφημεῖς, ξένε.

ΟΡΕΣΤΗΣ.

φεῦ τῆς ἀνύμφου δυσμόρου τε σῆς τροφῆς.

ΗΛΕΚΤΡΑ.

τί δή ποτ', ὦ ξέν', ὧδ' ἐπισκοπῶν στένεις;

ΟΡΕΣΤΗΣ.

ὡς οὐκ ἄρ' ἤδη τῶν ἐμῶν οὐδὲν κακῶν.

ΗΛΕΚΤΡΑ.

ἐν τῷ διέγνως τοῦτο τῶν εἰρημένων;

ΟΡΕΣΤΗΣ.

ὁρῶν σε πολλοῖς ἐμπρέπουσαν ἄλγεσι.

ΗΛΕΚΤΡΑ.

καὶ μὴν ὁρᾷς γε παῦρα τῶν ἐμῶν κακῶν.

ΟΡΕΣΤΗΣ.

καὶ πῶς γένοιτ' ἂν τῶνδ' ἔτ' ἐχθίω βλέπειν;

ΗΛΕΚΤΡΑ.

Ὅθ' οὕνεκ' εἰμὶ τοῖς φονεῦσι σύντροφος.

ΟΡΕΣΤΗΣ.

τοῖς τοῦ; πόθεν τοῦτ' ἐξεσήμηνας κακόν;

ΗΛΕΚΤΡΑ.

τοῖς πατρός. εἶτα τοῖσδε δουλεύω βίᾳ.

ΟΡΕΣΤΗΣ.

τίς γάρ σ' ἀνάγκῃ τῇδε προτρέπει βροτῶν;

ΗΛΕΚΤΡΑ.

μήτηρ καλεῖται· μητρὶ δ' οὐδὲν ἐξισοῖ.

ΟΡΕΣΤΗΣ.

τί δρῶσα; πότερα χερσὶν, ἢ λύμῃ βίου;

ΗΛΕΚΤΡΑ.

καὶ χερσὶ, καὶ λύμαισι, καὶ πᾶσιν κακοῖς.

ΟΡΕΣΤΗΣ.

οὔθ' οὑπαρήξων, οὔθ' ὁ κωλύσων πάρα;

ΗΛΕΚΤΡΑ.

οὐ δῆθ'. ὃς ἦν γάρ μοι, σὺ προὔθηκας σποδόν.

ΟΡΕΣΤΗΣ.

ὦ δύσποτμ', ὡς ὁρῶν σ' ἐποικτείρω πάλαι.

ΗΛΕΚΤΡΑ.

μόνος βροτῶν νυν ἴσθ' ἐποικτείρας ποτέ.

ΟΡΕΣΤΗΣ.

μόνος γὰρ ἥκω τοῖσι σοῖς ἀλγῶν κακοῖς.

ΗΛΕΚΤΡΑ.

οὐ δή ποθ' ἡμῖν ξυγγενὴς ἥκεις ποθέν;

ΟΡΕΣΤΗΣ.

ἐγὼ φράσαιμ' ἂν, εἰ τὸ τῶνδ' εὔνουν πάρα.

ΗΛΕΚΤΡΑ.

ἀλλ' ἔστιν εὔνουν, ὥστε πρὸς πιστὰς ἐρεῖς.

ΟΡΕΣΤΗΣ.

μέθες τόδ' ἄγγος νῦν, ὅπως τὸ πᾶν μάθῃς.

ΗΛΕΚΤΡΑ.

μὴ δῆτα, πρὸς θεῶν, τοῦτό μ' ἐργάσῃ, ξένε.

ΟΡΕΣΤΗΣ.

πιθοῦ λέγοντι, κοὐχ ἁμαρτήσει ποτέ.

ΗΛΕΚΤΡΑ.

μή, πρὸς γενείου, μὴ 'ξέλῃ τὰ φίλτατα.

ΟΡΕΣΤΗΣ.

οὔ φημ' ἐάσειν.

ΗΛΕΚΤΡΑ.

ὦ τάλαιν' ἐγὼ σέθεν,
Ορέστα, τῆς σῆς εἰ στερήσομαι ταφῆς.

ΟΡΕΣΤΗΣ.

εὔφημα φώνει. πρὸς δίκης γὰρ οὐ στένεις.

ΗΛΕΚΤΡΑ.

πῶς τὸν θανόντ' ἀδελφὸν οὐ δίκῃ στένω;

ΟΡΕΣΤΗΣ.

οὔ σοι προσήκει τήνδε προσφωνεῖν φάτιν.

ΗΛΕΚΤΡΑ.

οὕτως ἄτιμός εἰμι τοῦ τεθνηκότος;

ΟΡΕΣΤΗΣ.

ἄτιμος οὐδενὸς σύ· τοῦτο δ' οὐχὶ σόν.

ΗΛΕΚΤΡΑ.

εἴπερ γ' Ορέστου σῶμα βαστάζω τόδε.

ΟΡΕΣΤΗΣ.

ἀλλ' οὐκ Ορέστου, πλὴν λόγῳ γ' ἠσκημένον.

ΗΛΕΚΤΡΑ.

ποῦ δ' ἔστ' ἐκείνου τοῦ ταλαιπώρου τάφος;

ΟΡΕΣΤΗΣ.

οὐκ ἔστι. τοῦ γὰρ ζῶντος οὐκ ἔστιν τάφος.

ΗΛΕΚΤΡΑ.

πῶς εἶπας, ὦ παῖ;

ΟΡΕΣΤΗΣ.

ψεῦδος οὐδὲν ὧν λέγω.

ΗΛΕΚΤΡΑ.

ἦ ζῇ γὰρ ἁνήρ;

ΟΡΕΣΤΗΣ.

εἴπερ ἔμψυχός γ' ἐγώ.

ΗΛΕΚΤΡΑ.

ἦ γὰρ σὺ κεῖνος;

ΟΡΕΣΤΗΣ.

τήνδε προσβλέψασ' ἐμοῦ
σφραγῖδα πατρὸς, ἔκμαθ' εἰ σαφῆ λέγω.

ΗΛΕΚΤΡΑ.

ὦ φίλτατον φῶς.

ΟΡΕΣΤΗΣ.

φίλτατον, ξυμμαρτυρῶ.

ΗΛΕΚΤΡΑ.

ὦ φθέγμ', ἀφίκου;

ΟΡΕΣΤΗΣ.

μηκέτ' ἄλλοθεν πύθῃ.

ΗΛΕΚΤΡΑ.

ἔχω σε χερσίν;

ΟΡΕΣΤΗΣ.

ὡς τὰ λοίπ' ἔχοις ἀεί.

ΗΛΕΚΤΡΑ.

ὦ φίλταται γυναῖκες, ὦ πολίτιδες,
ὁρᾶτ' Ὀρέστην τόνδε, μηχαναῖσι μὲν
θανόντα, νῦν δὲ μηχαναῖς σεσωσμένον.

ΧΟΡΟΣ.

ὁρῶμεν, ὦ παῖ, κἀπὶ συμφοραῖσί μοι
γεγηθὸς ἕρπει δάκρυον ὀμμάτων ἄπο.

ΗΛΕΚΤΡΑ.

ἰὼ γοναί, στροφὴ α'.
γοναὶ σωμάτων ἐμοὶ φιλτάτων,
ἐμόλετ' ἀρτίως,
ἐφεύρετ', ἤλθετ', εἴδεθ' οὓς ἐχρῄζετε.

ΟΡΕΣΤΗΣ.

πάρεσμεν· ἀλλὰ σῖγ' ἔχουσα πρόσμενε.

ΗΛΕΚΤΡΑ.

τί δ' ἔστι;

ΟΡΕΣΤΗΣ.

σιγᾶν ἄμεινον, μή τις ἔνδοθεν κλύῃ.

ΗΛΕΚΤΡΑ.

ἀλλ', οὐ μὰ τὰν γ' ἀδμήταν αἰὲν Ἄρτεμιν, στροφὴ β'.
τόδε μὲν οὔ ποτ' ἀξιώσω τρέσαι,
περισσὸν ἄχθος ἔνδον
γυναικῶν ὂν αἰεί.

ΟΡΕΣΤΗΣ.

ὅρα γε μὲν δὴ κἀν γυναιξὶν ὡς Ἄρης
ἔνεστιν· εὖ δ' ἔξοισθα πειραθεῖσά που.

ΗΛΕΚΤΡΑ.

ὀτοτοτοῖ στροφὴ γ'.
ἀνέφελον ἐπέβαλες
οὔ ποτε καταλύσιμον,
οὐδέ ποτε λησόμενον
. . . .
ἁμέτερον
οἷον ἔφυ κακόν.

ΟΡΕΣΤΗΣ.

ἔξοιδα καὶ ταῦτ'· ἀλλ' ὅταν παρουσία
φράζῃ, τότ' ἔργων τῶνδε μεμνῆσθαι χρεών.

ΗΛΕΚΤΡΑ.

ὁ πᾶς ἐμοὶ ἀντιστ. α'.
ὁ πᾶς ἂν πρέποι παρὼν ἐννέπειν
τάδε δίκᾳ χρόνος.
μόλις γὰρ ἔσχον νῦν ἐλεύθερον στόμα.

ΟΡΕΣΤΗΣ.

ξύμφημι κἀγώ. τοιγαροῦν σώζου τόδε.

ΗΛΕΚΤΡΑ.

τί δρῶσα;

ΟΡΕΣΤΗΣ.

οὗ μὴ 'στι καιρὸς, μὴ μακρὰν βούλου λέγειν.

ΗΛΕΚΤΡΑ.

τίς οὖν ἂν ἀξίαν γε, σοῦ πεφηνότος, ἀντιστ. β'.
μεταβάλοιτ' ἂν ὧδε σιγὰν λόγων;
ἐπεί σε νῦν ἀφράστως
ἀέλπτως τ' ἐσεῖδον.

ΟΡΕΣΤΗΣ.

τότ' εἶδες, ὅτε θεοί μ' ἐπώτρυναν μολεῖν.

. . . .

ΗΛΕΚΤΡΑ.

. . . . ἀντιστ. γ'.
ἔφρασας ὑπερτέραν
τᾶς πάρος ἔτι χάριτος,
εἴ σε θεὸς ἐπῶρσεν
ἁμέτερα πρὸς μέλαθρα·
δαιμόνιον
αὐτὸ τίθημ' ἐγώ.

ΟΡΕΣΤΗΣ.

τὰ μὲν, σ' ὀκνῶ χαίρουσαν εἰργάθειν· τὰ δὲ,
δέδοικα λίαν ἡδονῇ νικωμένην.

ΗΛΕΚΤΡΑ.

ἰὼ χρόνῳ μακρῷ φιλτάταν ὁδὸν
ἐπαξιώσας ὧδ' ἐμοὶ φανῆναι,
μή τοι, πολύστονον ὧδ' ἰδὼν, —

ΟΡΕΣΤΗΣ.

τί μὴ ποιήσω;

ΗΛΕΚΤΡΑ.

μή μ' ἀποστερήσῃς
τῶν σῶν προσώπων ἡδονὰν μεθέσθαι.

ΟΡΕΣΤΗΣ.

ἦ κάρτα κἂν ἄλλοισι θυμοίμην ἰδών.

ΗΛΕΚΤΡΑ.

ξυναινεῖς;

ΟΡΕΣΤΗΣ.

τί μὴ οὔ;

ΗΛΕΚΤΡΑ.

ὦ φίλαι, ἔκλυον ἂν
ἐγὼ οὐδ' ἂν ἤλπισ' αὐδάν.
ἔσχον ὀργὰν ἄναυδον,
οὐδὲ σὺν βοᾷ κλύουσα τάλαινα.
νῦν δ' ἔχω σε· προὐφάνης δὲ
φιλτάταν ἔχων πρόσοψιν,
ἃς ἐγὼ οὐδ' ἂν ἐν κακοῖς λαθοίμαν.

ΟΡΕΣΤΗΣ.

τὰ μὲν περισσεύοντα τῶν λόγων ἄφες,

καὶ μήτε μήτηρ ὡς κακὴ δίδασκ' ἐμὲ,
μήθ' ὡς πατρῴαν κτῆσιν Αἴγισθος δόμων
ἀντλεῖ, τὰ δ' ἐκχεῖ, τὰ δὲ διασπείρει μάτην.
χρόνου γὰρ ἄν σοι καιρὸν ἐξείργοι λόγος.
ἃ δ' ἁρμόσει μοι τῷ παρόντι νῦν χρόνῳ,
σήμαιν', ὅπου φανέντες, ἢ κεκρυμμένοι,
γελῶντας ἐχθροὺς παύσομεν τῇ νῦν ὁδῷ.
οὕτως δ', ὅπως μήτηρ σε μὴ 'πιγνώσεται
φαιδρῷ προσώπῳ, νῷν ἐπελθόντοιν δόμους·
ἀλλ' ὡς ἐπ' ἄτῃ τῇ μάτην λελεγμένῃ
στέναζ'. ὅταν γὰρ εὐτυχήσωμεν, τότε
χαίρειν παρέσται, καὶ γελᾶν ἐλευθέρως.

ΗΛΕΚΤΡΑ.

ἀλλ', ὦ κασίγνηθ', ὧδ' ὅπως καὶ σοὶ φίλον,
καὶ τοὐμὸν ἔσται τῇδ'· ἐπεὶ τὰς ἡδονὰς,
πρὸς σοῦ λαβοῦσα, κοὐκ ἐμὰς, ἐκτησάμην.
κοὐδ' ἄν σε λυπήσασα βουλοίμην βραχὺ
αὐτὴ μέγ' εὑρεῖν κέρδος. οὐ γὰρ ἂν καλῶς
ὑπηρετοίμην τῷ παρόντι δαίμονι.
ἀλλ' οἶσθα μὲν τἀνθένδε, πῶς γὰρ οὔ; κλύων
ὅθ' οὕνεκ' Αἴγισθος μὲν οὐ κατὰ στέγας,
μήτηρ δ' ἐν οἴκοις· ἣν σὺ μὴ δείσῃς ποθ', ὡς
γέλωτι φαιδρὸν τοὐμὸν ὄψεται κάρα.
μῖσός τε γὰρ παλαιὸν ἐντέτηκ' ἐμοί·
κἀπεί σ' ἐσεῖδον, οὔ ποτ' ἐκλήξω χαρᾶς
δακρυῤῥοοῦσα. πῶς γὰρ ἂν λήξαιμ' ἐγὼ,
ἥ τις μιᾷ σε τῇδ' ὁδῷ θανόντα τε
καὶ ζῶντ' ἐσεῖδον; εἴργασαι δ' ἔμ' ἄσκοπα·

ὥστ᾽, εἰ πατήρ μοι ζῶν ἵκοιτο, μηκέτ᾽ ἂν
τέρας νομίζειν αὐτὸ, πιστεύειν δ᾽ ὁρᾶν.
ὅτ᾽ οὖν τοιαύτην ἡμὶν ἐξήκεις ὁδὸν,
ἄρχ᾽ αὐτὸς, ὥς σοι θυμός. ὡς ἐγὼ μόνη
οὐκ ἂν δυοῖν ἥμαρτον. ἢ γὰρ ἂν καλῶς
ἔσωσ᾽ ἐμαυτὴν, ἢ καλῶς ἀπωλόμην.

ΟΡΕΣΤΗΣ.

σιγᾷν ἐπήνεσ᾽· ὡς ἐπ᾽ ἐξόδῳ κλύω
τῶν ἔνδοθεν χωροῦντος.

ΗΛΕΚΤΡΑ.

εἴσιτ᾽, ὦ ξένοι,
ἄλλως τε καὶ φέροντες οἷ᾽ ἂν οὔτε τις
δόμων ἀπώσαιτ᾽, οὔτ᾽ ἂν ἡσθείη λαβών.

ΠΑΙΔΑΓΩΓΟΣ.

ὦ πλεῖστα μῶροι καὶ φρενῶν τητώμενοι,
πότερα παρ᾽ οὐδὲν τοῦ βίου κήδεσθ᾽ ἔτι,
ἢ νοῦς ἔνεστιν οὔ τις ὑμῖν ἐγγενὴς,
ὅτ᾽ οὐ παρ᾽ αὐτοῖς, ἀλλ᾽ ἐν αὐτοῖσιν κακοῖς
τοῖσιν μεγίστοις ὄντες οὐ γιγνώσκετε;
ἀλλ᾽ εἰ σταθμοῖσι τοῖσδε μὴ ᾽κύρουν ἐγὼ
πάλαι φυλάσσων, ἦν ἂν ὑμῖν ἐν δόμοις
τὰ δρώμεν᾽ ὑμῶν πρόσθεν ἢ τὰ σώματα·
νῦν δ᾽ εὐλάβειαν τῶνδε προὐθέμην ἐγώ.
καὶ νῦν ἀπαλλαχθέντες τῶν μακρῶν λόγων,
καὶ τῆς ἀπλήστου τῆσδε σὺν χαρᾷ βοῆς,
εἴσω παρέλθεθ᾽, ὡς τὸ μὲν μέλλειν, κακὸν
ἐν τοῖς τοιούτοις ἔστ᾽, ἀπηλλάχθαι δ᾽ ἀκμή.

ΟΡΕΣΤΗΣ.

πῶς οὖν ἔχει τἀντεῦθεν εἰσιόντι μοι;

ΠΑΙΔΑΓΩΓΟΣ.

καλῶς. ὑπάρχει γάρ σε μὴ γνῶναί τινα.

ΟΡΕΣΤΗΣ.

ἤγγειλας, ὡς ἔοικεν, ὡς τεθνηκότα.

ΠΑΙΔΑΓΩΓΟΣ.

εἷς τῶν ἐν Ἅιδου μάνθαν' ἐνθάδ' ὢν ἀνήρ.

ΟΡΕΣΤΗΣ.

χαίρουσιν οὖν τούτοισιν; ἢ τίνες λόγοι;

ΠΑΙΔΑΓΩΓΟΣ.

τελουμένων, εἴποιμ' ἄν· ὡς δὲ νῦν ἔχει,
καλῶς τὰ κείνων πάντα, καὶ τὰ μὴ καλῶς.

ΗΛΕΚΤΡΑ.

τίς οὗτος ἐστ', ἀδελφέ; πρὸς θεῶν, φράσον.

ΟΡΕΣΤΗΣ.

οὐχὶ ξυνιεῖς;

ΗΛΕΚΤΡΑ.

οὐδέ γ' ἐς θυμὸν φέρω.

ΟΡΕΣΤΗΣ.

οὐκ οἶσθ' ὅτῳ μ' ἔδωκας ἐς χεῖράς ποτε;

ΗΛΕΚΤΡΑ.

ποίῳ; τί φωνεῖς;

ΟΡΕΣΤΗΣ.

οὗ τὸ Φωκέων πέδον
ὑπεξεπέμφθην, σῇ προμηθίᾳ, χεροῖν.

ΗΛΕΚΤΡΑ.

ἦ κεῖνος οὗτος, ὅν ποτ' ἐκ πολλῶν ἐγὼ

μόνον προσεῖδες πιστὸν ἐν πατρὸς φόνῳ;

ΟΡΕΣΤΗΣ.

ὅδ' ἐστί. μή μ' ἔλεγχε πλείοσιν λόγοις.

ΗΛΕΚΤΡΑ.

ὦ φίλτατον φῶς, ὦ μόνος σωτὴρ δόμων
Ἀγαμέμνονος, πῶς ἦλθες; ἦ σὺ κεῖνος εἶ,
ὃς τόνδε κἄμ' ἔσωσας ἐκ πολλῶν πόνων;
ὦ φίλταται μὲν χεῖρες, ἥδιστον δ' ἔχων
ποδῶν ὑπηρέτημα· πῶς οὕτω πάλαι
ξυνών μ' ἔληθες, οὐδ' ἔφαινες; ἀλλ' ἐμὲ
λόγοις ἀπώλλυς, ἔργ' ἔχων ἥδιστ' ἐμοί.
χαῖρ', ὦ πάτερ. πατέρα γὰρ εἰσορᾶν δοκῶ.
χαῖρ'. ἴσθι δ' ὡς μάλιστά σ' ἀνθρώπων ἐγὼ
ἤχθηρα, κἀφίλησ' ἐν ἡμέρᾳ μιᾷ.

ΠΑΙΔΑΓΩΓΟΣ.

ἀρκεῖν δοκεῖ μοι. τοὺς γὰρ ἐν μέσῳ λόγους
πολλαὶ κυκλοῦσι νύκτες ἡμέραι τ' ἴσαι,
αἳ ταῦτά σοι δείξουσιν, Ἠλέκτρα, σαφῆ.
σφῷν δ' ἐννέπω γε τοῖν παρεστώτοιν, ὅτι
νῦν καιρὸς ἔρδειν· νῦν Κλυταιμνήστρα μόνη·
νῦν οὔ τις ἀνδρῶν ἔνδον· εἰ δ' ἐφέξετον,
φροντίζεθ' ὡς τούτοις τε καὶ σοφωτέροις
ἄλλοισι τούτων πλείοσιν μαχούμενοι.

ΟΡΕΣΤΗΣ.

οὐκ ἂν μακρῶν ἔθ' ἡμὶν οὐδὲν ἂν λόγων,
Πυλάδη, τόδ' εἴη τοὔργον· ἀλλ' ὅσον τάχος
χωρεῖν ἔσω, πατρῷα προσκύσανθ' ἕδη
θεῶν, ὅσοιπερ πρόπυλα ναίουσιν τάδε.

ΗΛΕΚΤΡΑ.

ἄναξ Ἄπολλον, ἵλεως αὐτοῖν κλύε,
ἐμοῦ τε πρὸς τούτοισιν, ἥ σε πολλὰ δὴ,
ἀφ' ὧν ἔχοιμι, λιπαρεῖ προὔστην χερί.
νῦν δ', ὦ Λύκει' Ἄπολλον, ἐξ οἵων ἔχω,
αἰτῶ, προπίτνω, λίσσομαι· γενοῦ πρόφρων
ἡμῖν ἀρωγὸς τῶνδε τῶν βουλευμάτων,
καὶ δεῖξον ἀνθρώποισι τἀπιτίμια
τῆς δυσσεβείας οἷα δωροῦνται θεοί.

ΧΟΡΟΣ.

Ἴδεθ' ὅπη προνέμεται — στροφή.
τὸ δυσέριστον αἷμα φυσῶν Ἄρης.
βεβᾶσιν ἄρτι δωμάτων ὑπόστεγοι
μετάδρομοι κακῶν πανουργημάτων
ἄφυκτοι κύνες,
ὥστ' οὐ μακρὰν ἔτ' ἀμμένει
τοὐμὸν φρενῶν ὄνειρον αἰωρούμενον.
παράγεται γὰρ ἐνέρων — ἀντιστρ.
δολιόπους ἀρωγὸς εἴσω στέγας,
ἀρχαιόπλουτα πατρὸς εἰς ἑδώλια,
νεακόνητον αἷμα χειροῖν ἔχων·
ὁ Μαίας δὲ παῖς
Ἑρμῆς σφ' ἄγει, δόλον σκότῳ
κρύψας, πρὸς αὐτὸ τέρμα, κοὐκ ἔτ' ἀμμένει.

ΗΛΕΚΤΡΑ.

Ὦ φίλταται γυναῖκες, ὥνδρες αὐτίκα
τελοῦσι τοὔργον· ἀλλὰ σῖγα πρόσμενε.

ΧΟΡΟΣ.

πῶς δή; τί νῦν πράσσουσιν;

ΗΛΕΚΤΡΑ.

ἡ μὲν ἐς τάφον
λέβητα κοσμεῖ, τὼ δ' ἐφέστατον πέλας.

ΧΟΡΟΣ.

σὺ δ' ἐκτὸς ᾖξας πρὸς τί;

ΗΛΕΚΤΡΑ.

φρουρήσουσ' ὅπως
Αἴγισθος ἡμᾶς μὴ λάθῃ μολὼν ἔσω.

ΚΛΥΤΑΙΜΝΗΣΤΡΑ.

αἶ αἶ αἶ αἶ. ἰὼ στέγαι
φίλων ἔρημοι, τῶν δ' ἀπολλύντων πλέαι.

ΗΛΕΚΤΡΑ.

βοᾷ τις ἔνδον. οὐκ ἀκούετ', ὦ φίλαι;

ΧΟΡΟΣ.

ἤκουσ' ἀνήκουστα ἡμιχ. α'.
δύστανος, ὥστε φρῖξαι.

ΚΛΥΤΑΙΜΝΗΣΤΡΑ.

οἴμοι τάλαιν'. Αἴγισθε, ποῦ ποτ' ὢν κυρεῖς;

ΗΛΕΚΤΡΑ.

ἰδοὺ μάλ' αὖ θροεῖ τις.

ΚΛΥΤΑΙΜΝΗΣΤΡΑ.

ὦ τέκνον, τέκνον,
οἴκτειρε τὴν τεκοῦσαν.

ΗΛΕΚΤΡΑ.

ἀλλ' οὐκ ἐκ σέθεν
ᾠκτείρεθ' οὗτος, οὐδ' ὁ γεννήσας πατήρ.

ΧΟΡΟΣ.

ὦ πόλις, ὦ γενεὰ τάλαινα· νῦν σε στροφὴ β'.
μοῖρα καθημερία φθίνει, φθίνει.

ΚΛΥΤΑΙΜΝΗΣΤΡΑ.

ὤ μοι πέπληγμαι.

ΗΛΕΚΤΡΑ.

παῖσον, εἰ σθένεις, διπλῆν.

ΚΛΥΤΑΙΜΝΗΣΤΡΑ.

ὤ μοι μάλ' αὖθις.

ΗΛΕΚΤΡΑ.

εἰ γὰρ Αἰγίσθῳ θ' ὁμοῦ.

ΧΟΡΟΣ.

τελοῦσ' ἀραί· ζῶσιν οἱ στροφὴ γ'.
γᾶς ὕπαι κείμενοι.
πολύῤῥυτον γὰρ αἷμ' ὑπεξ-
αιροῦσι τῶν κτανόντων
οἱ πάλαι θανόντες.

ΗΛΕΚΤΡΑ.

καὶ μὴν πάρεισιν οἵδε· φοινία δὲ χεὶρ
στάζει θυηλῆς Ἄρεος. οὐδ' ἔχω λέγειν,
Ὀρέστα, πῶς κυρεῖ.

ΟΡΕΣΤΗΣ.

τά γ' ἐν δόμοισι μὲν,
καλῶς, Ἀπόλλων εἰ καλῶς ἐθέσπισε.
τέθνηκεν ἡ τάλαινα. μηκέτ' ἐκφοβοῦ
μητρῷον ὥς σε λῆμ' ἀτιμάσει ποτέ.

ΧΟΡΟΣ.

παύσασθε. λεύσσω γὰρ σύστ. α'.
Αἴγισθον ἐκ προδήλου.

ΗΛΕΚΤΡΑ.

ὦ παῖδες, οὐκ ἄψορρον;

ΟΡΕΣΤΗΣ.

εἰσορᾶτέ που
τὸν ἄνδρ' ἐφ' ἡμῖν;

ΗΛΕΚΤΡΑ.

οὗτος ἐκ προαστίου
χωρεῖ γεγηθὼς . . . .
. . . .

ΧΟΡΟΣ.

βᾶτε κατ' ἀντιθύρων ὅσον τάχιστα. ἀντιστ. β.
νῦν τὰ πρὶν εὖ θέμενοι, τάδ' ὡς πάλιν—

ΟΡΕΣΤΗΣ.

θάρσει· τελοῦμεν, ἧ νοεῖς.

ΗΛΕΚΤΡΑ.

ἔπειγέ νυν.

ΟΡΕΣΤΗΣ.

καὶ δὴ βέβηκα.

ΗΛΕΚΤΡΑ.

τἀνθάδ' ἂν μέλοιτ' ἐμοί.

ΧΟΡΟΣ.

δι' ὠτὸς ἂν παῦρά γ' ὡς ἀντιστ. γ.
ἠπίως ἐννέπειν
πρὸς ἄνδρα τόνδε συμφέροι,
λαθραῖον ὡς ὀρούσῃ
πρὸς δίκας ἀγῶνα.

ΑΙΓΙΣΘΟΣ.

τίς οἶδεν ὑμῶν, ποῦ ποθ' οἱ Φωκῆς ξένοι,
οὕς φασ' Ὀρέστην ἡμὶν ἀγγεῖλαι βίον
λελοιπόθ' ἱππικοῖσιν ἐν ναυαγίοις;

σέ τοι, σὲ κρίνω, ναὶ σέ, τὴν ἐν τῷ πάρος
χρόνῳ θρασεῖαν· ὡς μάλιστά σοι μέλειν
οἶμαι, μάλιστα δ' ἂν κατειδυῖαν φράσαι.

ΗΛΕΚΤΡΑ.

ἔξοιδα. πῶς γὰρ οὐχί; συμφορᾶς γὰρ ἂν
ἔξωθεν εἴην τῶν ἐμῶν τῆς φιλτάτης.

ΑΙΓΙΣΘΟΣ.

ποῦ δῆτ' ἂν εἶεν οἱ ξένοι; δίδασκέ με.

ΗΛΕΚΤΡΑ.

ἔνδον. φίλης γὰρ προξένου κατήνυσαν.

ΑΙΓΙΣΘΟΣ.

ἦ καὶ θανόντ' ἤγγειλαν ὡς ἐτητύμως;

ΗΛΕΚΤΡΑ.

οὐκ· ἀλλὰ κἀπέδειξαν, οὐ λόγῳ μόνον.

ΑΙΓΙΣΘΟΣ.

πάρεστ' ἄρ' ἡμῖν, ὥστε κἀμφανῆ μαθεῖν.

ΗΛΕΚΤΡΑ.

πάρεστι δῆτα, καὶ μάλ' ἄζηλος θέα.

ΑΙΓΙΣΘΟΣ.

ἦ πολλὰ χαίρειν μ' εἶπας, οὐκ εἰωθότως.

ΗΛΕΚΤΡΑ.

χαίροις ἄν, εἴ σοι χαρτὰ τυγχάνει τάδε.

ΑΙΓΙΣΘΟΣ.

σιγᾶν ἄνωγα, κἀναδεικνύναι πύλας
πᾶσιν Μυκηναίοισιν Ἀργείοις θ' ὁρᾶν,
ὡς, εἴ τις αὐτῶν ἐλπίσιν κεναῖς πάρος
ἐξῄρετ' ἀνδρὸς τοῦδε, νῦν ὁρῶν νεκρὸν,
στόμια δέχηται τἀμὰ, μηδὲ πρὸς βίαν,
ἐμοῦ κολαστοῦ προστυχὼν, φύσῃ φρένας.

ΗΛΕΚΤΡΑ.

καὶ δὴ τελεῖται τἀπ' ἐμοῦ. τῷ γὰρ χρόνῳ
νοῦν ἔσχον, ὥστε συμφέρειν τοῖς κρείσσοσι.

ΑΙΓΙΣΘΟΣ.

ὦ Ζεῦ, δέδορκα φάσμ', ἄνευ φθόνου μὲν, οὐ
πεπτωκός· εἰ δ' ἔπεστι Νέμεσις, οὐ λέγω.
χαλᾶτε πᾶν κάλυμμ' ἀπ' ὀφθαλμῶν, ὅπως
τὸ συγγενές τοι κἀπ' ἐμοῦ θρήνων τύχῃ.

ΟΡΕΣΤΗΣ.

αὐτὸς σὺ βάσταζ'. οὐκ ἐμὸν τόδ', ἀλλὰ σὸν,
τὸ ταῦθ' ὁρᾶν τε, καὶ προσηγορεῖν φίλως.

ΑΙΓΙΣΘΟΣ.

ἀλλ' εὖ παραινεῖς, κἀπιπείσομαι· σὺ δὲ,
εἴ που κατ' οἶκόν μοι Κλυταιμνήστρα, κάλει.

ΟΡΕΣΤΗΣ.

αὕτη πέλας σοῦ. μηκέτ' ἄλλοσε σκόπει.

ΑΙΓΙΣΘΟΣ.

οἴμοι, τί λεύσσω;

ΟΡΕΣΤΗΣ.

τίνα φοβῇ; τίν' ἀγνοεῖς;

ΑΙΓΙΣΘΟΣ.

τίνων ποτ' ἀνδρῶν ἐν μέσοις ἀρκυστάτοις
πέπτωχ' ὁ τλήμων;

ΟΡΕΣΤΗΣ.

οὐ γὰρ αἰσθάνῃ πάλαι
ζῶντας θανοῦσιν οὕνεκ' ἀνταυδᾷς ἴσα;

ΑΙΓΙΣΘΟΣ.

οἴμοι, ξυνῆκα τοὔπος. οὐ γὰρ ἔσθ' ὅπως
ὅδ' οὐκ Ὀρέστης ἔσθ', ὁ προσφωνῶν ἐμέ.

ΟΡΕΣΤΗΣ.

ΟΡΕΣΤΗΣ.

καὶ μάντις ὢν ἄριστος, ἐσφάλλου πάλαι.

ΑΙΓΙΣΘΟΣ.

ὄλωλα δὴ δείλαιος. ἀλλ' ἐμοὶ πάρες
κἂν σμικρὸν εἰπεῖν.

ΗΛΕΚΤΡΑ.

μὴ πέρα λέγειν ἔα,
πρὸς θεῶν, ἀδελφὲ, μηδὲ μηκύνειν λόγους.
τί γὰρ βροτῶν ἂν ξὺν κακοῖς μεμιγμένων
θνήσκειν ὁ μέλλων τοῦ χρόνου κέρδος φέροι;
ἀλλ' ὡς τάχιστα κτεῖνε, καὶ κτανὼν πρόθες
ταφεῦσιν, ὧν τόνδ' εἰκός ἐστι τυγχάνειν,
ἄποπτον ἡμῶν. ὡς ἐμοὶ τόδ' ἂν κακῶν
μόνον γένοιτο τῶν πάλαι λυτήριον.

ΟΡΕΣΤΗΣ.

χωροῖς ἂν εἴσω ξὺν τάχει. λόγων γὰρ οὐ
νῦν ἐστὶν ἁγὼν, ἀλλὰ σῆς ψυχῆς πέρι.

ΑΙΓΙΣΘΟΣ.

τί δ' ἐς δόμους ἄγεις με; πῶς, τόδ' εἰ καλὸν
τοὔργον, σκότου δεῖ, κοὐ πρόχειρος εἶ κτανεῖν;

ΟΡΕΣΤΗΣ.

μὴ τάσσε· χώρει δ' ἔνθαπερ κατέκτανες
πατέρα τὸν ἀμὸν, ὡς ἂν ἐν ταὐτῷ θάνῃς.

ΑΙΓΙΣΘΟΣ.

ἦ πᾶσ' ἀνάγκη τήνδε τὴν στέγην ἰδεῖν
τά τ' ὄντα καὶ μέλλοντα Πελοπιδῶν κακά;

ΟΡΕΣΤΗΣ.

τὰ γοῦν σ'· ἐγώ σοι μάντις εἰμὶ τῶνδ' ἄκρος.

ΑΙΓΙΣΘΟΣ.

ἀλλ' οὐ πατρῴαν τὴν τέχνην ἐκόμπασας.

ΟΡΕΣΤΗΣ.

πόλλ' ἀντιφωνεῖς, ἡ δ' ὁδὸς βραδύνεται.
ἀλλ' ἕρφ'.

ΑΙΓΙΣΘΟΣ.

ὑφηγοῦ.

ΟΡΕΣΤΗΣ.

σοὶ βαδιστέον πάρος.

ΑΙΓΙΣΘΟΣ.

ἦ μὴ φύγω σε;

ΟΡΕΣΤΗΣ.

μὴ μὲν οὖν καθ' ἡδονὴν
θάνῃς· φυλάξαι δεῖ με τοῦτό σοι πικρόν.
χρῆν δ' εὐθὺς εἶναι τήνδε τοῖς πᾶσιν δίκην,
ὅστις πέρα πράσσειν γε τῶν νόμων θέλει,
κτείνειν. τὸ γὰρ πανοῦργον οὐκ ἂν ἦν πολύ.

ΧΟΡΟΣ.

ὦ σπέρμ' Ἀτρέως, ὡς πολλὰ παθὸν
δι' ἐλευθερίας μόλις ἐξῆλθες,
τῇ νῦν ὁρμῇ τελεωθέν.

ΤΕΛΟΣ ΗΛΕΚΤΡΑΣ.

SOPHOCLIS
ŒDIPUS REX.

DRAMATIS PERSONÆ.

OEDIPUS.

SACERDOS.

CREON.

CHORUS THEBANORUM SENUM.

TIRESIAS.

JOCASTE.

NUNTIUS.

FAMULUS LAII.

INTERNUNTIUS.

SOPHOCLIS
ŒDIPUS REX.

OEDIPUS. O filii, veteris Cadmi nova progenies, curnam hic mihi ſedetis, velamenta præferentes manibus? Urbe vero tota thure incenſo fumat, flebilique pæanum cantu ac gemitu omnia reſonant. Quæ ego quum cenſerem non ex alio nunciante mihi cognoſcenda eſſe, ipſe huc prodii, ille omnium ſermone celebratus Oedipus. Age vero eloquere tu, ſenex, quippe quem par eſt pro hiſce fari, quæ cauſa eſt, cur hic ſupplices ſedetis? numquid metuentes, cupienteſve? maximo enim opere vobis opitulari volo: namque immiſericors utique eſſem, niſi me commoveret tam lugubris ſupplicatio.

SACERDOS. At ô patriæ meæ rector Oedipe, vides quidem nos, quales adſidemus aris tuis: illi quidem nondum valentes procul volare: illi vero ſenio graves ſacerdotes, Jovis quidem ego: denique hæc juvenum lecta manus: reliqua autem multitudo ſupplices gerens ramos in foro conſidet, Palladiſque ad gemina delubra, & Iſmenii Apollinis fatidicum focum. Namque, ut ipſe vides, ingenti fluctu quaſſatur civitas, nec poteſt amplius merſum æſtu ſanguineo extollere caput, eadem ipſa conſumta lue, qua frugiferi areſcunt folliculi terræ, tabeſcunt boum armenta, pereunt immaturis partubus fetus mulierum. Quin dira ingruens face Peſtis, Dearum teterrima, exagitat urbem, vaſtatque Cadmi domum: ſuſpiriis & lamentis diteſcit ater Orcus. Jam vero tuas conſedimus ad fores, ego puerique iſti, haud utique parem te Diis cenſentes, ſed, ſi quos vita terat ancipites caſus, aut iratum invehat numen, primarium in his conſilio virum: qui adventu tuo in Cadmeam urbem, eam a tributo vindicaſti, quod pendebamus immiti vati; tametſi nihil hujus rei a nobis compereras, nec fueras edoctus: ſed ſola numinis adjutus ope diceris crederisque nostram erexisse vitam. Nunc ergo, fortissime Oedipe, rogamus te hice omnes ad te supplices conversi, opem ut aliquam invenias nobis, sive Dei alicujus edoctus oraculo, sive hominis cujuspiam monitu. Usu enim peritis video felici quoque eventu consilia maxime vigere. Age, vir optime, in pristinum statum restitue urbem; age prospice: quandoquidem te nunc hæc civitas servatorem suum nuncupat ob priora merita; auspiciorum vero tuorum neutiquam meminerimus, si prius a te erecti corruamus denuo. Itaque restauratam urbem in tuto colloca, & qui fausto prius omine rem nobis restituisti, sis nunc similis tui. Nam si perrexeris dominari huic urbi, plenam viris, quam vacuam, regere pulchrius est. Quippe nihil est neque arx neque navis, si vasta sit, nec a viris habitetur.

OEDIPUS. O miserabiles pueri, nota, non ignota mihi, precatum advenistis. Prorsus enim scio morbo laborare vos omnes; quumque dolore conficiamini, non tamen quisquam est, cui ista magis quam mihi doleant. Vestrûm enim unusquisque suo tantum adstringitur dolore, alieni doloris expers: at animus meus & urbis, & meam, & vestram vicem gemit. Proinde haud somno sopitum me excitastis: sed scitote multum me jam flevisse, multasque vias iniisse, diductis quoquoversum cogitationibus. Quam vero mecum sedulo considerando unicam reperi medicinam, eam adhibui. Quippe Menœcei filium, Creontem, adfinem meum, ad Pythia misi Apollinis delubra sciscitatum, quonam vel facto vel dicto urbem hanc liberare possim. Jamque computantem quotus hic dies est ex quo abiit, subit sollicitudo, quid rerum agat. Causam enim nullam video, cur diutius absit, quam postulat mandati ratio. At quando venerit, tum ego improbus sim, ni exsequar omnia quæ præceperit Deus.

SACERDOS. Et recte tu quidem dicis: namque hi jam Creontem advenire mihi significant.

OEDIPUS. O rex Apollo, utinam ille ita felici sorte veniat, ut hilari vultu adest.

SACERDOS. At, ut videtur, lætus est. Alioqui non ita caput cinctus veniret frugiferæ lauri ramo.

OEDIPUS. Statim sciemus: prope enim satis adest, audire ut nos possit. O rex, mi adfinis, nate Menœcei, quod nobis adfers responsum Dei?

CREON. Bonum. Nam quæ etiam difficilia sunt, si modo recta via perducantur ad exitum, omnia dico prospera fore.

OEDIPUS. Quid hoc sermonis est? Neque enim fiduciam, neque adeo metum hisce ex dictis capio.

CREON. Si istis vis adstantibus audire, paratus sum loqui; sin minus, ire intro.

OEDIPUS. Coram omnibus eloquere. Magis enim horum me conficit dolor, quam meæmet ipsius vitæ cura.

CREON. Dicam quæ audivi a Deo. Dilucide jubet nos rex Apollo, piaculum, quod scilicet intra hanc urbem nutritur, exterminare, neque inexpiabile alere.

OEDIPUS. Qualem adhibeamus expiationem? Quodnam calamitatis genus est?

CREON. Extra fines abigentes, vel necem rursus nece plectentes: sanguis enim effusus hanc exagitat urbem.

OEDIPUS. Nam quis homo est, cujus cædem significat?

CREON. Fuit nobis, ô Rex, urbis hujus olim dominator Laïus, antequam tu ad regni clavum accederes.

OEDIPUS. Audire memini: sed virum nunquam vidi.

CREON. Hujus extincti jam mandat aperte Apollo, ut quosdam auctores cædis puniamus.

OEDIPUS. Ubi gentium illi sunt? ubi deprehendetur vestigium aliquod veteris sceleris, quo nulla ducat conjectura?

CREON. Hac ipsa in urbe dixit. Quod quæritur, id invenire est: at effugit, quod negligitur.

OEDIPUS. Sed dic mihi, utrum in urbe, an ruri, an vero peregrina in regione Laïus interfectus fuerit.

CREON. Profectus, ad consulendum oraculum, ut aiebat, domum amplius non rediit, ex quo abiit semel.

OEDIPUS. Nec nuntius quispiam, nec comes itineris conspexit, unde aliquis rem, uti gesta est, possit exquirere?

CREON. Periere omnes præter unum, nescio quem, qui metu aufugit, quæque vidit, eorum nihil nisi unum referre potuit.

OEDIPUS. Quidnam id est? Ex uno enim multa investigari possint, si parvum initium spei capiamus.

CREON. Latronum ait occurrisse validam manum, horumque numero oppressum periisse.

OEDIPUS. Sed latro, nisi oblato ab aliquo cive præmio incitatus fuisset, qui eo processisset audaciæ?

CREON. Sic erat suspicio: sed Laïo exstincto nullus in malis vindex exortus est.

OEDIPUS. Quid vero mali obstitit, rege sic interemto, ne fieret inquisitio?

CREON. Perplexa vates Sphinx, quæ ante pedes erant, omissis incertis, dispicere nos adegit.

OEDIPUS. At ab initio hæc ego repetita proferam in lucem. Digne enim Apollo, digne etiam tu pro mortuo rege curam hanc suscepistis. Quocirca me quoque adjutorem justum videbitis, urbis hujus, divinique simul oraculi propugnatorem. Non enim remotiorum amicorum gratia, sed meapte causa hoc amovebo scelus. Quicunque enim illum occidit, forsitan is eadem audacia in me grassaretur. Illi ergo dum opitulor, mihi ipsi prosum. At quam celerrime vos quidem pueri e sedibus surgite, sublatis his supplicibus ramis: Cadmi vero populum huc in concionem vocet aliquis. Quippe omnia experiar: Deo enim auspice aut felices erimus, aut pessum ibimus.

SACERDOS. Surgamus, ô pueri: horum etenim causa huc venimus, quæ hic edicit. Qui vero has sortes misit Apollo, simul servator nobis adsit, morbumque depellat.

CHORUS. O Jovis dulcisona dictio, qualis tandem opulentis a Delphis nobiles adiisti Thebas? Distrahor animo trepido, metu palpitans, (Medice, Delie, Pæan!) circa te veritus, quid mihi vel jam, vel volventibus rursus anni tempestatibus, conficies rei. Dic mihi aurea Spei progenies, Fama immortalis. Filia Jovis, Immortalis Minerva, primam te invocanti cum terricola sorore Diana, quæ in fori umbitu glorioso insidet throno, & procul jaculante Phœbo, eheu! tres vos adeste mihi, malorum depulsores. Quandoquidem exortæ prius in urbe calamitatis exterminastis noxium incendium, nunc quoque suppetias venite. Eheu! Eheu! Namque mala innumera fero: ægrotat mihi universus populus, nec suppetit consilii vis, quo quis mederi queat: neque enim maturescunt inclytæ terræ fruges: nec parturientes mulieres lacrimosos dolores perferunt: alium super alium videas, præpetis instar alitis, ocius igne indefesso, ruentem ad litus inferi Ditis, quorum innumeris funeribus civitas exhauritur: jacet in solo cadaveribus pleno turba indefleta: nuptæ, canæque matres, ad omnes aras aliæ alibi prostratæ, supplici ululatu gemitibusque finem tristium malorum petunt: ferveut iterati pæanes, flebilisque simul gemituum sonus. Quaprópter ó Jovis aurea formosaque filia, mitte auxilium, Martemque pestiferum, qui nunc depositis ferreis armis urit me maximo clamore irruens, retrogrado cursu fugere coge patria mea extorrem, sive in immensum thalamum Amphitrites, sive ad litus inhospitale Thracii sali. Nam si quid reliqui nox fecit, id insequens absumit dies. Martem illum, inquam, ó coruscorum fulgurum potens Jupiter, tuo confice fulmine. Utinam, ó Rex Lycee, tela tua invicta ab aureo arcu distribueres, ad opem ferendam directa, & igneas Diana faces, quibus Lyceos montes percurrit! aureaque decorum mitra invoco, cognominem hujus urbis, purpureum Bacchum Euïum, Mænadum comitem, ut veniat lucida comburens tæda, contra infamem hunc inter Deos Deum.

OEDIPUS. Audio quid roges: uti rogas autem, si velis dictis meis auscultare, & huic morbo succurrere, remedium consequaris & levamen malorum. Eloquar vero, ut qui nunc primum hæc audio, alienusque sim a re gesta. Neque enim investigando multum ipse promoverem, qui nullum indicium habeo. Nunc autem vobis Cadmeis civibus, quos inter censeor ego novissimus, omnibus hæc edico. Quicunque vestrûm novit quonam ab homine Laïus Labdaci filius interfectus fuit, hunc jubeo, ut rem omnem indicet mihi: etiam si metus eum cohibeat, tacendoque cogitet crimen a se amoliri, indicet tamen: patietur enim nihil aliud acerbi, quam ut ex hac urbe abeat incolumis. Si vero quis alium peregrina ex regione novit auctorem cædis, ne sileat: mercedem enim persolvam ei, accedetque insuper gratia. Sin autem tacebitis, & aliquis vel amico metuens, vel sibi ipsi, rejecerit hæc mea dicta, quid deinde facturus sim percipitote. Hominem hunc, quisquis ille sit, edico ne quis terræ hujus incola, quæ regitur imperio meo, excipiat hospitio, neque adloquatur, neque in Deûm supplicationibus vel sacrificiis participem admittat, nec lustrali adspergat aqua: arceant vero a laribus omnes, ut qui piaculum sit nobis, uti Pythicæ sortes Dei modo declararunt mihi. Hoc igitur pacto & Deo, & peremto viro opitulor. Exsecror autem latentem cædis auctorem, sive is solus, sive pluribus adjutus facinus commiserit, ut malus male communis expers juris absumat vitam. Quin imprecor etiam, si in ipsius mei nescientis ædibus conversetur, ut patiatur eadem, quæ his modo imprecatus sum. Vobis autem omnia ista ut exsequamini præcipio, mei ipsius gratia, tum Dei, regionisque hujus, sic sterilitate & numinis ira afflictæ. Neque enim vos, etsi Deus non jusserat, sic inexpiatum linquere decebat scelus, fortissimo viro, eodemque Rege interemto; sed penitus inquirere oportebat. Nunc vero auctor sum ipse quoque, qui & regnum obtineo, quod obtinuit ille antea, qui & ejus conjugem habeo consortem procreandæ sobolis, & communes cum eo liberos, si felici fuisset auctus prole, suscepissem. Nunc autem in illius caput mala ingruit fortuna. Quapropter ego pro illo tanquam pro meo patre propugnabo, & omnia experiar, ut deprehendam peremtorem filii Labdaci, Polydorique & Cadmi, vetustique Agenoris. Qui autem his meis mandatis non paruerint, iis precor Deos, ne fruges terra proferat ullas, neve mulieres pariant sobolem; sed eadem, qua nunc affligimur, intereant lue, vel alia etiam acerbiore. Vobis autem ceteris Cadmi posteris, quicunque ista adprobatis, precor, ut sit adjutrix Justitia, & omnes semper læti adsint Dei.

CHORUS. Ut me exsecratione hac obligasti, sic tibi, Rex, respondebo: neque enim ipse peremi, nec qui peremerit indicare possum: sed quæstionem hanc explicare debebat qui eam proposuit Apollo, quis tandem ille sit, qui scelus commisit.

OEDIPUS. Justa quidem dicis: sed cogere Deos nemo unquam possit, ut quæ nolint faciant.

CHORUS. Secunda ab his dicam, quæ usui esse mihi videntur.

OEDIPUS. Vel tertia, si quæ habes, ne omittas dicere.

CHORUS. Regem Tiresiam scio eadem, quæ rex Apollo, videre, a quo si quis exquirat, ô rex, rem explorare possit certissime.

OEDIPUS. Sed ne hoc quidem neglexi! misi enim Creontis monitu viros, qui eum arcessant, duos, eumque nondum adesse jampridem miror.

CHORUS. Enimvero cetera quæ vulgo feruntur, nihili sunt, & inanes rumores.

OEDIPUS. Quænam illa sunt? quodlibet enim dictum perpendo.

CHORUS. Occisus dictus fuit a quibusdam viatoribus.

OEDIPUS. Audivi & ego: sed qui adfuerit, quum occideretur, testis nullus adhuc adparuit.

CHORUS. Sed nisi prorsus timoris est expers, quum tuas tam diras audierit imprecationes, eas non sustinebit.

OEDIPUS. Qui scelus patrare non timet, is verba minus metuit.

CHORUS. Sed adest qui eum redarguet: hi enim divinum vatem jam huc adducunt, cui veritas ingenita est mortalium soli.

OEDIPUS. O qui omnia perspicis animo, fanda & nefanda, cœlestiaque & terrestria, Tiresia, etiamsi non vides, sentis tamen, quali conflictatur morbo civitas, cujus te patronum & sospitatorem, ô rex, unicum invenimus. Apollo enim, si forte id jam non audisti ab hisce nuntiis qui te huc deduxerunt, per legatos quos consultum miseramus, responsum nobis remisit, liberationem unam fore hujus morbi, si peremtores Laïi compertos neci dederimus, aut in exsilium abegerimus. Tu ergo ne quid invideas, sive augurii, sive quam aliam divinationis tenes rationem; libera te ipsum & civitatem, libera me etiam, exsolve piaculum omne, defuncti regis contractum nece. Ex te enim pendet nostra salus: haud vero labor est ullus homini præclarior, quam prodesse aliis, quantum queat habeatque.

TIRESIAS. Heu, heu! sapere, quam grave est, ubi sapere non expedit! atqui hoc probe mihi cognitum, modo non recordatus sum; si enim meminissem, neutiquam huc venissem.

OEDIPUS. Quid rei est? ut tristis advenisti!

TIRESIAS. Dimitte me domum: facillime enim tuumque tu, & ego perferam meum, si mihi parueris.

OEDIPUS. Nec justum est quod dicis, nec opportunum huic urbi, quæ te aluit, si quod tibi hac de re compertum est reticere cogitas.

TIRESIAS. Intelligo enim ne te quidem quod e re sit loqui; quod ne mihi quoque accidat, cavebo.

CHORUS. Ne, per Deos obsecro, quæ nota sunt tibi, renuas proferre, quandoquidem nos omnes quotquot adsumus te supplices veneramur.

TIRESIAS. Omnes enim deſipitis : ego vero neutiquam mente condita expromam, ne tua patefaciam mala.

OEDIPUS. Quid ais? quæ ſcis, non proferes? ſed cogitas nos prodere, civitatemque funditus perdere?

TIRESIAS. Ego neque me ipſum, neque te dolore adficiam. Quid hæc fruſtra ſciſcitaris? non enim ex me audies.

OEDIPUS. Non, ô malorum peſſime (etenim vel ſaxo iram movere tu queas) aliquando dices? ſed ita rigidus pervicaxque videberis?

TIRESIAS. Mores tu meos vituperas; eos vero ignoras quibus ipſe moratus es, & me culpas tamen.

OEDIPUS. Quis enim ad iram non concitetur, talia dicta audiens, quibus tu civitatem hanc contumelia adficis?

TIRESIAS. Palam enim ſponte ſua fient, licet ego tegam ſilentio.

OEDIPUS. Ergo quæ manifeſta futura ſunt & te mihi par eſt dicere.

TIRESIAS. Nihil amplius dicam: proinde, ſi lubet, prorumpe ad iram vel ſæviſſimam.

OEDIPUS. Atqui nihil ſane omittam, ut ira incendor, eorum quæ ſentio: ſcito enim te videri mihi adjutorem fuiſſe hujus ſceleris, patratoremque, niſi quod propria manu non occidiſti: niſi autem oculis captus eſſes, & facinus hoc tuum ſolius eſſe dicerem.

TIRESIAS. Itane vero? at ego te jubeo edicto illo ſtare, quod modo promulgaſti, & ab hac ipſa die neminem horum adfari, neque me, ut qui impius ſis pollutorque hujus urbis.

OEDIPUS. Siccine impudenter emiſiſti hoc verbum, & forte ſperas te impune evaſurum?

TIRESIAS. Evaſi: vim enim veritatis habeo.

OEDIPUS. A quo edoctus? non enim ex arte tua habes.

TIRESIAS. A te: tu enim me nolentem impuliſti dicere.

OEDIPUS. Quidnam? dic rurſus, ut melius intelligam.

TIRESIAS. Non intellexti antea? aut ſermonemne meum tentas?

OEDIPUS. Non ita, ut cognitum dicere queam. Quin dic iterum.

TIRESIAS. Viri te peremtorem eſſe dico, illum quem reperire cupis.

OEDIPUS. At non impune bis convicia dixeris.

TIRESIAS. Vin' ergo & alia dicam, ut iraſcare magis?

OEDIPUS. Quantum quidem vis: nam frustra dicetur.

TIRESIAS. Inscium te aio cum carissimis turpissime consuescere, nec cernere quibus es in malis.

OEDIPUS. An impune hæc te semper dicturum putas?

TIRESIAS. Siquidem est aliquid veritatis robur.

OEDIPUS. Est sane, nisi tibi: tibi autem nullum est, quoniam cæcus & auribus, & mente, oculisque es.

TIRESIAS. Tu miser quidem es, hæc mihi exprobrans, quæ tibi nemo non horum mox exprobrabit.

OEDIPUS. Continua in nocte versaris, ita ut nec me, nec alium qui lucem videat, lædere possis.

TIRESIAS. Lædere ne quidem te cogito: non enim per me fatale tibi est cadere, siquidem sufficit Apollo, cui horum pœnas exigere curæ est.

OEDIPUS. Tuane, an Creontis hæc sunt commenta?

TIRESIAS. Creon tibi nulla mali causa; sed ipse tu tibi.

OEDIPUS. O divitiæ, & regnum, arsque ceteras superans artes ad vitæ felicitatem, quantum vobis invidiæ subest, siquidem propter hoc imperium, quod mihi civitas ultro traditum, non expetitum detulit in manus, Creon ille fidus, ille ab initio amicus, clam mihi struit insidias, & ejicere me studet, subornato hoc præstigiatore, fraudum consutore, versuto, circulatore, qui ad lucrum solummodo cernit, ad artem vero cæcus est! Nam dic age, ubinam tu certus es vates? Cur non, quando hic erat perplexi carminis inventrix canis, ambages exsolvens cives hos liberasti? Atqui illud ænigma non cujusvis hominis erat interpretari, sed divinatione opus erat, quam neque ab augurio, nec a Deorum aliquo notam habere visus es: at ille ego adveniens, qui nihil sciebam, illam compescui, mentis acie adsecutus, non ab alitibus edoctus: quem videlicet tu conaris ejicere, sperans Creontis solio te adstaturum proxime. At tuo cum maximo malo videris mihi tuque, & qui hæc confinxit, piacula ex urbe pulsurus: & nisi te senecta delirare crederem, damno tuo cognosceres, quam male sentias.

CHORUS. Quantum quidem conjicimus, & hujus verba, tuaque, Oedipe, iracundiæ calore elata videntur. His autem non est opus, sed considerare, quomodo Dei oraculum optime expediamus.

TIRESIAS. Etsi regnum obtines, æquum tamen mihi jus dictis tuis paria referre: hoc enim ego etiam polleo. Namque tibi nequaquam subditus vivo, sed Apollini; quocirca nec Creonte patrono opus mihi erit. Dico autem, quoniam mihi cæcitatem exprobrasti, tu etiamsi cernis oculis, non tamen vides quibus es in malis, nec ubi habitas, nec quibuscum converseris domi. Nostin' ex quibus natus es? immo latet te hostem esse te tuorum, quique apud inferos sunt, quique in terra superne: & te utrinque impetentes maternæ paternæque terribiles diræ exigent aliquando ex hac urbe, nunc quidem recte videntem, tum vero cæcum. Quo autem non pervenient ejulatus tui? Quis Cithæron questus tuos brevi non recinet, quum conscius factus fueris hymenæi, cujus in importunam stationem domi tuæ appulisti, secunda navigatione usus? aliorumque malorum non vides agmen, quæ tibi tuisque liberis paria erunt. Proinde & Creontem & meum os conviciis proscinde: mortalium enim nemo est qui fœdioribus exemplis quam tu, peribit unquam.

OEDIPUS. Hæccine, quæso, ex isto audire quispiam sustineat? non in malam crucem abis? non ocius? non retro hisce ab ædibus conversum te abripis?

TIRESIAS. Ne quidem ipse venissem, nisi tu vocasses.

OEDIPUS. Non enim te stulte locuturum noveram: alioqui nunquam te domum meam arcessivissem.

TIRESIAS. Equidem ita sum comparatus, tibi quidem ut videtur, stultus; parentibus vero, qui te genuerunt, sapiens.

OEDIPUS. Quibus? mane: quis me, sodes, genuit mortalium?

TIRESIAS. Hæc dies te gignet, eademque te perdet.

OEDIPUS. Ut omnia perplexa nimis & obscura loqueris!

TIRESIAS. Non vero tu talia optimus es expedire?

OEDIPUS. Talia exprobres mihi licet, unde me magnum extitisse invenies.

TIRESIAS. Atqui ea ipsa te perdidit prosperitas.

OEDIPUS. Sed si hanc civitatem sospitavi, nihil moror.

TIRESIAS. Abibo igitur: tuque puer abduc me.

OEDIPUS. Abducat sane: nam præsens, quod propositum est nobis negotium impedis: procul autem amotus, non eris molestus amplius.

TIRESIAS. Abibo, ſed poſtquam ea dixero, quorum gratia hac veni, dignitatem tuam nequaquam veritus: non enim vita mea in tua manu eſt. Dico autem tibi; vir ille, quem dudum quæris, minitans & edicta proclamans de cæde Laii, is præſens adeſt, verbo quidem peregrinus & advena, deinde vero indigena Thebanus adparebit; nec lætabitur hoc caſu: cæcus enim ex vidente, & egenus ex divite factus, in peregrinam terram, baculo viam prætentans, proficiſcetur: palam autem fiet ſuorum ipſius liberorum fratrem ſimul & patrem eum eſſe, mulieriſque, ex qua natus eſt, filium & maritum, patris vero participem lecti & occiſorem: atque hæc, domum ingreſſus, exquire, & ſi me falſum deprehendes, tunc dicas nihil me divinando ſapere.

CHORUS. Quis ille eſt, quem fatidica edixit Delphica rupes maxime infandum facinus ſanguineis perpetraſſe manibus? tempus eſt, ut pernicibus equis citatior fugam capeſſat: armatus enim in illum incurrit igne & fulguribus Jovis filius: terribileſque una ſequuntur inevitabiles Diræ. Illuſtris enim nuper emiſſa eſt nivoſo e Parnaſo dictio, latitantem ut quiſque virum inveſtiget: namque agreſtibus abdit ſe ſilvis, antraque ſubit & rupes, ut taurus, & miſer miſero pede ſolitarius vagatur, edita terræ ex umbilico oracula ut effugiat: illa vero ſemper vigentia circumvolant. Vehementer quidem me conturbat peritus augur, vaticinio nec addentem, nec dementem fidem; quid autem dicam incertus hæreo, dubiaque ſpe pendeo, nihil congruum videns nec in præſentibus nec in præteritis factis. Haud enim unquam nec antea nec nunc audivi ſimultatem interceſſiſſe Labdacidis cum filio Polybi, unde conjecturam faciens explorem, an propter vatis evulgatum reſponſum, contra Oedipodem Labdacidis auxilium laturus ſim, ultionemque cædis obſcuræ ſuſcepturus. Atqui prudentes ſunt ſane Jupiter & Apollo, mortaliumque facta norunt: ſed inter homines vatem plus, quam ego, intelligere, judicio non conſtat certo: eſt ut virum vir anteverrat ſapientia: verum equidem nunquam, prius quam videro dictum eventu comprobatum, eos damnaverim, qui fidem illi derogant. Omnium enim in conſpectu Oedipo ſe obtulit olim alata virgo, ſapienſque ille viſus eſt, certamque civitati tulit ſalutem: quapropter judicio meo nunquam cenſebitur pravus.

CREON. O cives: ut audivi res atrocissimas de me prædicare regem Oedipum, huc me contuli, intolerabili pressus dolore. Si enim in hac præsente calamitate putet sibi a me vel dictis vel factis damnum aliquod illatum fuisse, non mihi vitæ longioris esse possit cupido, tali notato crimine: non enim ad leve malum injuria hujus sermonis tendit, sed ad maximum, si malus quidem in civitate, malus etiam a te ceterisque amicis perhibebor.

CHORUS. At prodiit, opinor, hoc convicium forsitan ira expressum potius, quam mentis ex sententia.

CREON. Undenam vero apparuit, vatem meis consiliis obsecutum falsa locutum fuisse?

CHORUS. Sic quidem dictum fuit; at nescio quo argumento.

CREON. Oculisne rectis, rectaque mente hoc me insimulavit crimine?

CHORUS. Nescio: quæ enim faciunt principes non inspicio: sed eccum, ipse jam egreditur foras.

OEDIPUS. Heus tu, quid huc venisti? tantane es audacia atque impudentia, ut meam ad domum veneris, qui palam me perimis, regnique mei manifestus es prædo? Age dic, per Deos obtestor, perspectane in me timiditate aut dementia, ista molitus es? an forte sperasti me dolos non persensurum quibus me clam adoriris, aut, si sensissem, non ulturum? Annon insanus est iste tuus conatus, sine populi consensu amicorumque ope regnum aucupari, quod populi favore opibusque solet obtineri?

CREON. Scin' quid agas? pro hisce tuis dictis paria vicissim audi; quumque rem cognoveris, ipse judicato.

OEDIPUS. Tu quidem disertus es: at ego te neutiquam lubens audierim, quippe quem infensum mihi molestumque deprehendi.

CREON. Hoc ipsum ergo a me primum audi, uti comparatum esse dicam.

OEDIPUS. Hoc ipsum ne mihi dicas, te malum non esse.

CREON. Si quidem putas quid boni esse pervicaciam absque sana mente, non recte sapis.

OEDIPUS. Tu vero si putas injuriæ quam adfini feceris non daturum te pœnas, non recte sapis.

CREON.

CREON. Justum est quod dicis; fateor: sed quænam sit ea injuria, qua te læsum fuisse ais, doce me.

OEDIPUS. Persuasistin' mihi, an non, oportere me per nuntium aliquem vatem illum venerandum arcessere?

CREON. Et nunc quidem in eadem sum sententia.

OEDIPUS. Quantum jam temporis, quæso, ex quo Laïus —

CREON. Quid eum fecisse dices? haud enim in mentem mihi venit, quo tendat sermo tuus.

OEDIPUS. E medio sublatus est exitiali manu?

CREON. Longa & antiqua numerari possent tempora.

OEDIPUS. Tunc temporis vatesne ille hanc profitebatur artem?

CREON. Æque sapiens, & honore habitus pari.

OEDIPUS. Numquid mei meminit tunc temporis?

CREON. Minime: saltem numquam me præsente.

OEDIPUS. At nullam inquisitionem de mortuo habuistis?

CREON. Habuimus, & quidni? sed nihil comperimus.

OEDIPUS. Cur ergo tunc ille sapiens non eadem hæc dixit, quæ nunc dicit de me?

CREON. Nescio: de iis enim quæ non intelligo taceo.

OEDIPUS. Saltem factum tuum nosti, dicesque, si prudens es satis.

CREON. Quid illud est? si enim sciam, non negabo.

OEDIPUS. Vatem, nisi tecum congressus fuisset, numquam me dicturum fuisse auctorem cædis Laïi.

CREON. An hoc ille dicat, ipse tu nosti: ego autem te percontari cupio itidem ut tu me modo.

OEDIPUS. Percontare; non enim umquam Laïi occisor arguar.

CREON. Age ergo, anne meam sororem conjugem habes?

OEDIPUS. Non est ut istud quod quæris negem.

CREON. Et regnas pariter cum ea, parique frueris agri portione?

OEDIPUS. Quæ voluerit, a me consequitur omnia.

CREON. Nonne vobis duobus tertius ego æqualis?

OEDIPUS. Hic porro tandem malus adpares amicus.

CREON. Haud sine dices, si tu, ut ego, rationem subducere velis. Considera hoc primum, an quemquam putes regnare malle cum terroribus, quam sine metu dormire, si potentiam obtineat

obtineat eamdem. Ego sane neque ipse cupio rex esse magis, quam quæ regis sunt facere, nec alius, quisquis modestus esse novit. Nam nunc quidem a te omnia absque metu consequor; at si ipse rex essem, multa invitus facerem. Qui mihi ergo regnum dulcius esse possit quam principatus securus & potentia? nondum adeo animi falsus sum, ut alia quam utilitati conjuncta expetam bona. Nunc omnibus oblector, nunc me quisque amplectitur: nunc qui abs te aliquid cupiunt, precatorem me advocant: ut enim cujusvis voti compotes fiant, in manu mea est. Cur, obsecro, regnum captarem, omissis his commodis? Mens recta sapiens prava consilia numquam agitaverit Sed nec me eorum quæ tu dicis ulla incessit cupido, nec, si quis operam suam conferret, id umquam sustinerem aggredi. Atque horum tibi documenta dabo: ac primo quidem Delphos profectus exquire an tibi oraculum accurate renuntiaverim; tum vero si me cum aruspice consilii quid communicasse deprehenderis, occidas me, non simplice, sed gemino, meo tuoque damnatum calculo. Non enim justum est neque malos temere censeri bonos, neque bonos malos. Sed enim fidelem amicum ejicere, haud minus grave esse dico, quam si quis suam projiciat vitam, quam maxime diligit. At cum tempore scies hæc certo: nam tempus solum, qui vir bonus sit, ostendit; malum vero vel una die cognoveris.

CHORUS. Recte hæc dicta esse fateberis, ô Rex, si caves ne labaris: tuti non sunt qui subita ineunt consilia.

OEDIPUS. Ubi quis celer est insidias clam struere, & me celeriter consilium capere oportet: si enim quietus manebo, ille sua confecerit, mea autem erunt frustranea.

CREON. Quid igitur postulas? an me ex urbe pellere?

OEDIPUS. Minime. Mori, non exsulare te volo.

CREON. Fiet; sed postquam ostenderis quid in me sit tanto hoc tuo odio dignum.

OEDIPUS. Ut non cessurus mihi neque obtemperaturus dicis?

CREON. Video enim te non bene sapere.

OEDIPUS. Sapio certe in rem meam.

CREON. At æqualiter in meam sapere debes.

OEDIPUS. At malus es.

CREON. Quid, si rem non intelligas?

OEDIPUS. Nihilo tamen minus imperabo.

CREON. At non prava imperantis —

OEDIPUS. O civitas, civitas!

CREON. Sed particeps ego etiam sum hujus civitatis: non tua solius est.

CHORUS. Desinite, reges: eccam enim opportune vobis video foras egredientem Jocasten, cujus opera rixam hanc componi oportet.

JOCASTE. Quid inconsultum hoc, ô miseri, jurgium suscitastis, nec erubescitis, urbe tam graviter laborante, privata movere mala? non tu abis domum, tuque, Creon, tuas ad ædes? non cavebitis ne ex re nihili maximum producatis dolorem?

CREON. Soror, atrocia mihi Oedipus tuus maritus facere parat, e duobus malis alterum eligens, aut ex urbe pellere, aut prehensum occidere.

OEDIPUS. Fateor: namque eum, uxor, deprehendi malis artibus damnum mihi inferentem.

CREON. Ne vita jam fruar, sed diris devotus peream, si tibi quid feci ex iis, quæ me fecisse criminaris.

JOCASTE. O per Deos, crede ista, Oedipe, maxime quidem jusjurandum, cujus testes Deos advocat, reveritus, tum vero me quoque, & hosce qui adsunt tibi.

CHORUS. Obtempera volens prudensque, ô rex, obsecro.

OEDIPUS. Qua in re, quæso, vis me tibi morem gerere?

CHORUS. Hunc neque olim dementem, nunc autem juramenti sanctitate munitum, reverere.

OEDIPUS. Scin' vero quid petis?

CHORUS. Scio.

OEDIPUS. Declara mihi ergo quod cogitas.

CHORUS. Ut amicum, qui se jurisjurandi religione obstrinxit, incerti criminis reum ne peragas, causa haud cognita.

OEDIPUS. Hoc jam scito, te, quum hoc cupis, nihil minus cupere mihi quam mortem aut exsilium.

CHORUS. Minime sane; Deorum omnium principem Deum Solem attestor. Sed Diis hominibusque invisus, pessimis exemplis peream, ſi quidquam hujus cogito. At mihi infelici animum excruciat patriæ calamitas, acerbiorque fiet miſeria, ſi prioribus malis iſta accedant a vobis orta.

OEDIPUS. Abeat igitur ille, etiamſi me funditus perire oporteat, aut contemtum omnibus vi ex hac urbe ejici. Tua enim, non illius, miſerabili oratione commoveor. At ille, ubicumque fuerit, odio habebitur.

CREON. Gravate quidem & ingratiis tuis te cedere manifeſtum eſt: at quum ira deferbuerit, tu te ipſum oderis. Talia enim ingenia ſibi ipſis merito ſunt ſane quam moleſta.

OEDIPUS. Quin igitur me dimittis, ac foras abis?

CREON. Abibo, durum te & injuſtum expertus, hiſce vero juſtus habitus.

CHORUS. Mulier, quid ceſſas hunc intro abducere?

JOCASTE. Poſtquam cognovero quid iſtud ſit jurgii.

CHORUS. Coorta eſt incerta ſuſpicio de ſermonibus: mordet autem animum vel falſa criminatio.

JOCASTE. Ipſisne ab ambobus?

CHORUS. Scilicet.

JOCASTE. Et quis erat ſermo?

CHORUS. Satis mihi quidem, ſatis, in hac civitatis calamitate, videtur, ubi deſiit contentio, ibi ſubſiſtere.

OEDIPUS. Viden' quo progrediare, tametſi vir es bonus, quum cor meum frangis & hebetas?

CHORUS. O rex, dixi quidem non ſemel tantum, ſcito me inſipientem, omnisque expertem conſilii merito habitum iri, ſi me abs te ſegregem, qui caram meam patriam, e calamitatis fluctibus emergere non valentem, proſpero curſu direxiſti: ita nunc quoque, ſi potes, in tranquillum nos deducito.

JOCASTE. Per Deos dic mihi quoque, ô rex, cujus rei gratia tantam iram conceperis.

OEDIPUS. Dicam: tibi enim a me major quam ab iſtis habetur reverentia: ob Creontem, qualia in me machinatus eſt.

JOCASTE. Dic, ſi aperti criminis poſtulans litem ei moves.

OEDIPUS. Occiſorem me eſſe dicit Laii.

JOCASTE. An ut qui id ipse compererit, an ut qui audierit ex alio?

OEDIPUS. Immo vatem scelestum immittens, quippe quem sciat numquam sibi temperare quo minus quidquid in mentem venerit impudenter effutiat.

JOCASTE. At tu, omissa omni de istis, quæ dicere instituisti, cura, monitis meis, quæso, animum adverte, & disce mortalem esse neminem, qui divinandi artem vel minimum adtingat. Quod quidem exemplis tibi confirmabo, remque in pauca conferam. Laio enim oraculum editum fuit olim, haud dicam Apolline ab ipso, sed ab ejus famulis, illi in fatis esse, ut a filio qui ex me illoque natus foret, occideretur. Atque illum quidem peregrini latrones, ut fama est, interfecerunt olim in trivio: puer autem ut natus est, vix tres intercesserunt dies, atque illum pater, articulis pedum ligatis, projiciendum famulis mandavit in avio monte. Et ibi Apollo effectum non dedit, neo ut ille occisor fieret patris, nec ut Laïus acerba, quam a filio metuebat, nece absumeretur. Talia tamen præfinierant fatidicæ dictiones, quarum tu rationem nullam habeas: si quam enim rem Deus investigari voluerit, ipse illam facile manifestaverit.

OEDIPUS. Quam mihi, ô mulier, istis auditis, fluctuat animus, pectusque concutitur metu!

JOCASTE. Quanam rursus cura sollicitatus hoc dicis?

OEDIPUS. Videor abs te audiisse Laïum occisum fuisse in trivio.

JOCASTE. Scilicet ita ferebatur, necdum hæc fama desiit.

OEDIPUS. Et ubi est locus, in quo casus ille accidit?

JOCASTE. Phocis quidem vocatur terra: scissa autem via in unum a Delphis & a Daulia coit.

OEDIPUS. Quamdiu vero est, ex quo ista facta sunt?

JOCASTE. Paulo ante quam hujus urbis regnum adeptus es, civitati hæc renuntiata sunt.

OEDIPUS. O Jupiter, quid me facere decrevisti?

JOCASTE. Quæ hæc tibi cura animum mordet, Oedipe?

OEDIPUS. Nondum percontare: verum dic mihi, qua forma fuit Laïus, qua tunc erat ætate?

JOCASTE. Procero fuit corpore, tumque caput ei prima canitie signabatur: forma autem tibi non admodum dissimilis erat.

OEDIPUS. Væ mihi misero! meipsum, ut videtur, atrocibus exsecrationibus objeci modo insciens.

JOCASTE. Quid ais, obsecro? timeo sane te intuens, ô rex.

OEDIPUS. Nimis male formido, ne oculatus ille sit vates: monstrabis autem clarius, si unum adhuc dixeris.

JOCASTE. Paveo equidem; tamen quæ rogabis, si sciam, dicam.

OEDIPUS. Faciebatne cum paucis comitibus iter, an magna satellitum manu, ut viri solent principes?

JOCASTE. Quinque erant simul omnes, & inter hos præco: rheda autem una Laïum vehebat.

OEDIPUS. Heu, heu! hæc jam perspicua sunt: sed quis fuit, quæso, conjux, qui vobis hæc facta retulit?

JOCASTE. Unus e famulis, qui solus evasit incolumis.

OEDIPUS. Adestne nunc domi?

JOCASTE. Minime vero: nam ex quo inde rediit, & regnum te vidit potiri, Laïumque mortuum, impense me obsecravit, mea prensa manu, ut rus se mitterem ad pascendos greges, quo urbis hujus a conspectu esset quam remotissimus. Adeoque illum ablegavi: dignus enim erat ille servus qui vel majus hoc auferret beneficium.

OEDIPUS. Qui fieri possit, ut nobis quam celerrime se rursus exhibeat?

JOCASTE. Res in promtu est: sed qua gratia hoc expetis?

OEDIPUS. Metuo, mulier, ne multa nimis dicta sint mihi, ob quæ eum cernere volo.

JOCASTE. Sed veniet ille quidem: interea vero digna videor esse, cui ea concredas, quæ te male habent, ô rex.

OEDIPUS. Nec hoc tibi denegabo, quum in tantam exspectationem sim erectus: cui enim potiori indicarem quam tibi, quandoquidem talis mihi fortuna contigit?

Mihi pater quidem erat Polybus Corinthius, mater autem Merope Dorica; habebarque inter Corinthios cives vir maximus, antequam casus mihi talis accidit, dignus quidem admiratione, non tamen tanta, quantam mihi injecit, solicitudine. Namque in convivio vir quidam plus potus nothum me subdititiumque patri vocat inter pocula. Idque ego ægre ferens, ea ipsa die vix me continui: postridie vero matrem patremque conveni, remque ex illis quæsivi: at illi audito hoc probro, indignatione exarserunt contra eum qui dictum emiserat. Et ego quidem eorum sermone delectabar; tamen urebat me semper hoc dictum; alta enim mente infixum hærebat. Proinde clam patre & matre proficiscor Delphos: & me quidem Apollo dimisit sine ullo responso ad ea quorum gratia veneram, alia autem misera & atrocia & luctuosa aperte prædixit, fore ut matri concumberem, sobolemque odiosam & intolerabilem hominibus producerem in lucem, patremque, qui me genuisset, occiderem. Et ego, his auditis, Corinthiæ terræ valedicens, solisque ex astris posthac conjecturam facturus, quam longe ab ea recessissem, fugere decrevi, donec eo pervenirem, ubi numquam scelera & dedecora admittere possem, quæ tristia præmonstrarent oracula. Iter autem faciens, adeo locos illos ipsos, ubi regem hunc periisse dicis: tibique, uxor, verum eloquar. Quum iter pergerem prope illud trivium, ibi obviam mihi simul venere præcoque & vir, qualem tu ais, equis juncta rheda vectus: & e via me rectorque rhedæ & ipse senex submovere voluerunt: tunc ego aurigam, qui me trudebat, percutio iratus: at senex, ubi me videt prope vehiculum incedentem, observans, medium caput duplici stimulo mihi ferit. Non quidem par tulit pari relatum; sed confestim scipione percussus ab hac manu, supinus media ex rheda statim devolvitur: perimo quoque universos simul. Si autem ignoto illi viro aliquid cum Laïo commune est, quis me est miserior? quisnam esse possit magis invisus Diis? quem nulli hospitum neque civium licet domo recipere, neque adloqui; sed ab ædibus pellere jubentur: atque alius nemo fuit, quam ego, qui mihimet diras has imprecatus sum. Torum autem mortui meis ipsius manibus contamino, per quas periit. Nonne sceleratus sum? nonne totus impuratus? quandoquidem exsulare me oportet, mihique exsulanti nec meos fas est videre, nec in patriam pedem ferre; aut matri meæ connubio jungi me oportet, & patrem occidere Polybum, qui me genuit & educavit. Nonne qui ab immiti dæmone hæc mihi destinata judicaret, recte sentiret? Ne, quæso, ne, ô Deorum sancta numina, videam hunc diem; sed prius ex mortalium oculis evanescam, quam contigisse mihi videam casum tam fœdæ labis.

CHORUS. Hæc quidem nobis, ô rex, tristia sunt: sed donec rem ex præsente cognoveris, ne desperes.

OEDIPUS. Id reliquum sane est adhuc mihi spei, pastorem illum ut exspectem solum.

JOCASTE. Ubi vero aderit, qui fies confidentior?

OEDIPUS. Hoc te docebo: si enim comperietur dicere eadem quæ tu, tunc ego crimen omne effugero.

JOCASTE. Quid vero ex me audisti, in quo momenti sit tantum?

OEDIPUS. Illum dicebas retulisse, Laïum a latronibus occisum fuisse. Quod si nunc quoque eumdem dicet numerum, haud sane eum ego occidi: non enim fieri potest ut unus quilibet pro pluribus habeatur. Sed si virum unum solum dicet, tunc manifestum erit facinus illud ad me vergere.

JOCASTE. At scito rem ab illo sic nuntiatam fuisse, nec fas est ei quod semel dixit mutare. Civitas enim tota hæc audiit, non ego sola. Porro a priore si quid deflecteret sermone, non tamen Laïi cædem certo ut debuit, congruenterque oraculo contigisse ostenderet, siquidem eum Apollo declaravit gnati mei manu periturum omnino. Atqui eum misellus ille neutiquam occidit, sed ipse interiit prior. Quocirca vaticiniorum gratia neque huc neque rursus illuc respexerim.

OEDIPUS. Recte putas: attamen mitte aliquem, qui rure arcessat operarium, & ne omiseris.

JOCASTE. Mittam ocius: sed eamus intro: nihil enim faciam, nisi quod tibi gratum fuerit.

CHORUS. Utinam perpetua mihi contingat felicitas, venerandam servanti sanctitatem verbis & factis omnibus, de quibus propositæ sunt leges sublimes, cœlesti in æthere genitæ, quarum Olympus pater est solus, neque eas mortale genus hominum peperit, neque sane umquam oblivio delebit. Magnus in his inest Deus, neque senio marcescit. Regalis fastus Injuriam parit: rex, ubi temere multis se exsatiavit, quæ nec opportuna nec utilia sunt, illum Injuria summo & abrupto in fastigio impositum, in exitium impellit, unde frustra conatur aufugere. Quod autem urbi salutare futurum est consilium, hoc ne irritum fieri sinat, Deum oro: Deo non desinam umquam præside niti. Si quis autem factis dictisve insolenter se gerit, ultricem Justitiam non veritus, nec Divûm sedes venerans, male ille pereat, luatque pœnas infaustarum delitiarum, si justis non studebit lucris, nec ab impiis abstinebit factis, aut non tangendis manus inferet demens. Quis enim umquam vir istis deditus ab animo stimulos conscientiæ arcere poterit? Namque si hæc impia facta honorem inveniunt, quid me juvat sacris interesse choris? Non amplius ibo ad sacrum terræ umbilicum venerandi gratia, nec ad delubrum quod est Abis, nec Olympiam, nisi hæc oracula omnibus mortalibus probabuntur. Sed ô qui imperas, si rite vocaris omnium rector, Jupiter, ne hæc lateant te tuumque immortale semper regnum. Res enim eo redit, ut spernant oracula olim Laïo reddita, nec eis amplius fidem adhibeant: nuspiam Apollo splendet honoribus; pessum eunt divina.

JOCASTE. O urbis hujus principes, in mentem mihi venit Deorum adire templa, sumtis in manus hisce velamentis & thure. Nimis enim suspenso animo quarumque curarum æstu fluctuat Oedipus, nec, ut cordatum virum decet, nova ex veteribus colligit; sed cuivis se dat, si modo terrores nuntiet. Quando igitur admonendo nihil promoveo, ad te, ô Lycee Apollo, qui proximus ædibus nostris accolis, supplex venio hisce cum muneribus, ut piam aliquam solutionem des mali: nam torpemus jam omnes, perculsum illum cernentes, ut gubernatorem navis.

NUNTIUS. Num a vobis, hospites, discere queam, ubi regis sit Oedipi domus? Quin magis ipse ubi sit dicite, si scitis.

CHORUS. Hæ sunt quidem illius ædes, & ipse intus, ô hospes: mulier autem hæcce liberorum ejus mater.

NUNTIUS. Utinam & ipsa beata sit, & cum beatis usque versetur, illius quum sit perfecta conjux!

JOCASTE. Idem tibi contingat, hospes! dignus enim es bona ob verba: sed dic qua gratia venisti & quid nuntiaturus.

NUNTIUS. Bona domuique & marito tuo, mulier.

JOCASTE. Quænam illa sunt? & unde nobis advenis?

NUNTIUS. E Corintho: quod autem dicturus sum, gratum tibi fore opinor: quidni enim? tamen & forsan dolebis.

JOCASTE. Quid rei est? quænam sic duplicem vim obtinet?

NUNTIUS. Regem creabunt Oedipum terræ Isthmiæ incolæ, ut illic ferebatur.

JOCASTE. Quid vero? annon senex Polybus regno potitur adhuc?

NUNTIUS. Non sane, quandoquidem illum mors in sepulcrum condidit.

JOCASTE. Quid narras? an mortuus est Polybus?

NUNTIUS. Si non vera dico, mori non recuso.

JOCASTE. Famula, quid cessas introire, & hæc quam celerrime hero dicere? O Deorum oracula ubi estis? hunc virum ne occideret metuens olim Oedipus e patria profugit: & nunc ille fato suo interiit, nec ab Oedipo omnino.

OEDIPUS. O carissimum conjugis Jocastæ caput, quid me foras huc evocasti?

JOCASTE. Audi hunc virum, & quum audieris, considera veneranda quo redierunt Dei oracula.

OEDIPUS. At hic quis est tandem? & quid adfert mihi?

JOCASTE. Venit e Corintho, patrem tuum nuntiaturus non amplius vivere Polybum, sed mortuum esse.

OEDIPUS. Quid dicis, hospes? tu ipse mihi rem significa.

NUNTIUS. Si hoc primum oportet me diserte dicere, pro certo scias, eum vita cum morte commutata ad plures abiisse.

OEDIPUS. Dolusne eum sustulit, an in morbum incidit?

NUNTIUS. Senilia corpora leve momentum sternere leto solet.

OEDIPUS. Morbo, ut videtur, absumtus est miser.

NUNTIUS. Ita sane, & longo, quod vivendo emensus est, tempore.

OEDIPUS. Vah, vah! quid ergo, uxor, respiciat aliquis fatidicas Delphis aras, aut in aëre clangentes alites, quibus auctoribus ego peremturus eram patrem meum? Ille vero exstinctus conditus est sub terra: at ego qui hic sum ensem in eum non strinxi; nisi forte mei desiderio contabuit, adeoque sic a me occisus dici possit. Ergo jacet apud inferos Polybus, abstulitque secum quæcunque edita fuerant nullius pretii oracula.

JOCASTE. Annon ego ista tibi prædixi pridem?

OEDIPUS. Dicebas quidem; at ego metu transversus agebar.

JOCASTE. Ne ergo quicquam horum posthac in animum inducas.

OEDIPUS. Qui vero thalamum matris vereri desistam?

JOCASTE. Quid metuat homo, quum res humanas omnes verset Fortuna, nullius autem rei providentia certa sit? optimum est temere vivere, ut quisque possit. Tu vero ne metuas cum matre congressus: multi enim jam in somniis homines sibi visi sunt cum matre corpus miscere. Sed ista qui nihili esse ducit, facillime vitam agit.

OEDIPUS. Recte hæc omnia tibi dicta forent, nisi viveret adhuc mater mea: at quando superest, quamvis recte loquaris, fieri non potest quin timeam.

JOCASTE. Atqui magnum argumentum est sepulcrum patris.

OEDIPUS. Magnum, intelligo: attamen dum vivit illa, est cur metuam.

NUNTIUS. Quæso, quænam est illa mulier, quæ vobis terrorem injicit?

OEDIPUS. Merope, ô senex, quæ cum Polybo nupta fuit.

NUNTIUS. Quid est autem cur illam metuatis?

OEDIPUS. Divinum oraculum, ô hospes, idque horribile.

NUNTIUS. Potestne dici, an nefas est quemvis alium scire?

OEDIPUS. Maxime: dixit enim Apollo olim me cum mea ipsius matre concubiturum, & sanguinem paternum manibus meis hausturum. Quapropter jam olim a Corintho procul habitare cœpi: feliciter sane; sed tamen parentum conspectu frui suavissimum est.

NUNTIUS. Numnam istorum ob metum illinc abiisti exsul?

OEDIPUS. Tum etiam ut patris ne fierem occisor, senex.

NUNTIUS. Quidni ergo te, ô rex, ab hoc timore libero, siquidem benevolo erga te sum animo?

OEDIPUS. Sane condignam tibi referrem gratiam.

NUNTIUS. Atqui haud maxime ob caussam veni, ut, ubi domum reversus fueris, aliquid mihi facias boni.

OEDIPUS. At numquam parentes meos conveniam.

NUNTIUS. O fili, manifeste apparet, te nescire quod agis.

OEDIPUS. Quomodo, ô senex? per Deos doce me.

NUNTIUS. Si horum gratia a domo refugis.

OEDIPUS. Metuo utique ne mihi Apollo evadat veridicus.

NUNTIUS. Num ne quid piaculi a parentibus contrahas?

OEDIPUS. Hoc ipſum, ſenex, hoc me ſemper territat.

NUNTIUS. Noſtin', amabo, nullam eſſe cur timeas cauſſam?

OEDIPUS. Quidni vero, ſiquidem his parentibus natus ſum?

NUNTIUS. Quia genere tibi nullo modo conjunctus fuit Polybus.

OEDIPUS. Quid narras? annon Polybus me genuit?

NUNTIUS. Tantumdem ut ego, & nihilo magis.

OEDIPUS. At quomodo genuiſſe & non genuiſſe idem ſit?

NUNTIUS. At neque te genuit ille, nec ego.

OEDIPUS. Quare igitur filium me nominabat ſuum?

NUNTIUS. Quia te olim a manibus meis dono acceperat; hoc ſcias.

OEDIPUS. Et adeo dilexit acceptum ab aliena manu?

NUNTIUS. Scilicet quia dudum carebat liberis.

OEDIPUS. Tu vero emtum me aliunde, an genitum ex te ei dediſti?

NUNTIUS. Inventum nemoroſis Cithæronis in receſſibus.

OEDIPUS. Quanam vero gratia locos illos adibas?

NUNTIUS. Ibi montanis gregibus præfectus eram.

OEDIPUS. Paſtor itaque eras mercenarius, erraticam vitam degens.

NUNTIUS. Tuus quidem, ô nate, ſervator illo tempore.

OEDIPUS. Quid mihi in illa calamitate acciderat mali, quum me ſuſtuliſti?

NUNTIUS. Id articuli pedum tuorum indicare poſſint.

OEDIPUS. Hei mihi! quid hoc vetus commemoras malum?

NUNTIUS. Vinctos loro trajecto ſolvi tuos pedes.

OEDIPUS. Monumenta ſane illa nactus ſum, quibus non eſt quod glorier.

NUNTIUS. Ita ut ab hoc caſu nomen ſortitus ſis, quod habes.

OEDIPUS. O per Deos, patriſne an matris juſſu expoſitus ſui? dic mihi.

NUNTIUS. Neſcio: qui te dedit mihi, melius hoc noverit.

OEDIPUS. An ergo ab alio me accepiſti, nec ipſe inveniſti?

NUNTIUS. Non; ſed paſtor alius tradidit mihi.

OEDIPUS. Quis ille? potin' es mihi hoc declarare?

NUNTIUS. Quidam ex familia Laii dicebatur eſſe.

OEDIPUS. An ejus, qui hujus urbis rex olim fuit?

NUNTIUS. Maxime: hujus viri ille erat pastor.

OEDIPUS. An vivit ille adhuc, ut videre eum queam?

NUNTIUS. Id vos hujus urbis incolæ optime scire potestis.

OEDIPUS. Vestrûmne aliquis est, qui hic adestis, qui pastorem illum noverit, quem hic memorat, seu ruri eum, seu hic in urbe conspicatus? Indicate; nam hæc retegi tempus postulat.

CHORUS. Arbitror equidem neminem alium esse, quam rusticum illum, quem tu modo cupiebas videre: verum hoc omnium optime Jocasta dixerit.

OEDIPUS. Uxor, cogitasne illum quem modo venire jussimus, eundem esse quem hic dicit?

JOCASTE. Quis autem, quem dixit? ne sis folicitus, temereque dicta ne meminisse velis.

OEDIPUS. Nequaquam fiet, ut, quum ego ceperim indicia tanta, manifestum non reddam quibus ex parentibus ortus sim.

JOCASTE. Ne, per Deos, si qua tibi vitæ tuæ cura est, hoc exquiras. Satis sit me afflictam esse.

OEDIPUS. Bono animo es: tu enim, etsi a tertia inde usque matre apparuero tripliciter servus, nihilo deterior eris.

JOCASTE. Tamen obtempera mihi, obsecro: ne hoc facias.

OEDIPUS. Non obtemperabo, quin ista exquiram certo.

JOCASTE. Atqui benevolo erga te animo, quæ optima sunt, tibi suadeo.

OEDIPUS. Sed optima illa dudum mihi molesta sunt.

JOCASTE. O infauste, utinam numquam rescisces, qui sis!

OEDIPUS. Ocius mihi aliquis pastorem huc adducat: hanc autem sinite opulento gaudere genere.

JOCASTE. Heu, heu, miser! hoc enim solum est, quo te nunc compellem, nec quidquam aliud a me posthac audies.

CHORUS. Quid, Oedipe, sic uxor abiit, acri concita dolore? metuo ne ex hoc silentio erumpat mala.

OEDIPUS. Quidquid volet, erumpat: at ego natales meos, etiamsi obscuri sint, cognoscere volam. Illam, quippe quæ, ut mulier, spiritus altos gerit, pudet forte ignobilis generis mei. Ego vero me

Fortunæ filium esse ratus, quæ mihi prospera est, infamiæ non subibo notam. Hac enim matre natus sum; cognati autem menses parvis me magnisque distinxerunt rebus. Tali autem quum sim origine, fieri non potest, ut adeo diversus deprehendar, ut natales meos investigasse nolim.

CHORUS. Si quid ego conjectura auguror, nec me fallit animus, non te, Cithæron, Olympum testor, non te latebit, simul ac crastina dies splendidum extollet jubar, ut te venerabimur tamquam popularem & altorem & parentem Oedipi, choreisque celebrabere nostris, ob beneficium quo reges meos affeceris. Ista tibi, malorum depulsor Apollo, ista sint placita! Quis te, fili, quis te genuit immortalium? num qua Nympha cum Pane montivago congressa, aut cum Apolline? gaudet enim hic etiam nemorosis jugis. An te Cyllenes rex, an Bacchus summos qui colit montes, accepit inventum ab aliqua Nympharum Heliconiadum, quicum ludere solet?

OEDIPUS. Si me par est, ô senex, conjecturam facere de homine, cui nihil umquam mecum fuit commercii, quem quærimus dudum, pastorem videre mihi videor. Congruit enim senilis ætas; huicque viro æqualis est: maxime vero eos, à quibus adducitur, ut famulos meos agnosco. Sed tu certius hoc noveris, qui forte pastorem illum antea videris.

CHORUS. Novi scilicet, certa res est. Nam vir fuit Laïo, si quis alius, fidus, ut pastorem decet.

OEDIPUS. Te primum rogo, Corinthie hospes, num hunc dicis?

NUNTIUS. Hunc ipsum, quem intueris.

OEDIPUS. Heus tu senex, adspice me contra oculis, & responde mihi ad ea quæ te rogabo. Tune eras olim Laïi?

FAMULUS. Servus eram, non emtus, sed domi educatus verna.

OEDIPUS. Quodnam procurabas opus, quodve fuit tuum vitæ genus?

FAMULUS. Greges pascendo maximam vitæ partem transegi.

OEDIPUS. Quænam incolebas maxime loca?

FAMULUS. Modo Cithæronem, modo vicinos saltus.

OEDIPUS. Meministin' ergo hunc virum illic cognovisse?

FAMULUS. Quid rei agentem? ecquem mihi refers virum?

OEDIPUS. Huncce, qui adest. Aut aliquid cum eo habuisse commercii?

FAMULUS. Non ita, ut subito possim memoriter dicere.

NUNTIUS. Neque hoc mirum est, here. Sed quæ excidere, jam ei clare in memoriam reducam. Nam satis scio illum meminisse, quando in Cithæronis locis, ubi ille duos, ego unum pascebam gregem, conversatus est mecum tres totos menses a vere adulto ad Arcturi occasum; hieme autem jam imminente, meam ego in casam pecus coëgi, ille autem in Laii stabula. Ecquid eorum quæ dico, sic factum est, anne?

FAMULUS. Vera dicis, etsi a longo tempore.

NUNTIUS. Age, dic jam: meministine, te puerum mihi tunc quemdam dedisse, quem educarem ut peculiarem mihi?

FAMULUS. Quid est? quamobrem tu istuc inquiris?

NUNTIUS. Hic ipse est, amice, qui tunc erat puer.

FAMULUS. I in malam crucem. Quin taces?

OEDIPUS. Ah, virum hunc ne castiga, senex: tua enim magis, quam illius, dicta castigatore egent.

FAMULUS. Quid vero, optime here, peccavi?

OEDIPUS. Quia de puero nihil indicas, quem ille inquirit.

FAMULUS. Nescit enim quod dicit, & temere ista movet.

OEDIPUS. Tu bona cum gratia non dices, sed malo hercle tuo dices.

FAMULUS. Ne, per Deos obsecro, senem me verberato.

OEDIPUS. Non aliquis ocius retortas tergo manus hujus ligabit?

FAMULUS. Infelix ego! sed quare? quid nosse vis?

OEDIPUS. Puerumne huic dedisti, de quo ille inquirit?

FAMULUS. Dedi. Utinam vero periissem hac ipsa die!

OEDIPUS. At eo res tibi redibit, nisi verum dixeris.

FAMULUS. Multo etiam magis, si dixero, peribo.

OEDIPUS. Vir hic, ut videtur, moras quærit.

FAMULUS. Haud sane ego: nam dudum dixi me dedisse.

OEDIPUS. Unde acceptum? tuumne, an cujusvis alius?

FAMULUS. Haud equidem meum dedi: sed a quodam acceperam.

OEDIPUS. Quonam ab cive hujus urbis, & a qua domo?

FAMULUS. Ne, per Deos, ne, here, plura sciscitare.

OEDIPUS. Periisti, si hæc iterum te rogabo.

FAMULUS. Ergo quidam erat ex familia Laii.

OEDIPUS. Num servus, aut quis erat ex illius genere?

FAMULUS. Væ mihi! jam eo res rediit, ut horrendum malum mihi dicendum sit.

OEDIPUS. Et mihi audiendum: attamen audire certum est.

FAMULUS. Illius quidem profecto filius dicebatur esse: quæ vero domi est tua uxor optime dixerit, ut se hæc habeant.

OEDIPUS. An ergo ipsa tibi puerum tradidit?

FAMULUS. Scilicet, ô rex.

OEDIPUS. Qua gratia?

FAMULUS. Ut eum interficerem.

OEDIPUS. Ipsane, quæ pepererat, misera?

FAMULUS. Tristium oraculorum metu.

OEDIPUS. Quorumnam?

FAMULUS. Daturum eum neci suos parentes prædictum fuerat.

OEDIPUS. Cur igitur huic seni puerum tu dedisti?

FAMULUS. Miseritus, here; & quia illum credidi in aliam regionem, unde ipse erat, ablaturum puerum: at ille malo ad maxima servavit. Si enim is es, quem hic dicit, scito te infelicem esse.

OEDIPUS. Hei, hei! omnia jam evadent manifesta. O lux, ultimum te nunc videam! qui aperte natus sum e quibus non oportuit, cumque quibus non oportet, consuesco, & quos non oportuit interfeci.

CHORUS. Heu, genera mortalium, quam vos, quamdiu vivitis, eodem in loco, quo nihil, numero! Quis enim, quis homo plus felicitatis obtinet, quam quantum opinione concipit? eamque quum concepit, tamen corruit. Tuum igitur exemplum habens, tuam fortunam, tuam, inquam, ô infelix Oedipe, mortalium neminem beatum prædico; qui mira ingenii solertia ad summum felicitatis culmen evectus es; ô Jupiter! qui perempta curvis unguibus rapace virgine, perplexi carminis vate, contra civium cædes propugnaculum patriæ meæ exstitisti, unde rex meus vocaris, & maximos honores adeptus es, magnis in Thebis imperium obtinens. Nunc autem, ut audio, quis te miserior? quis in ærumnis, quis immani

in

in nova æque demersus vitæ vicissitudine? O inclytum Oedipi caput! cui unus & idem suffecit portus, quo filius & pater & sponsus exciperetis. Quomodo, quo tandem modo paterni te sulci ferre silentio potuere tam diu? Invitum te deprehendit omnia cernens tempus: damnat inauspicatas pridem nuptias genitoris simul & geniti. O Laii progenies, utinam te, utinam vidissem numquam! te enim vehementer deploro magnis ejulatibus. Ut vera tamen dicam, recepique spiritum per te, & per te sopivi meos oculos.

INTERNUNTIUS. O hujus urbis dignitate principes, qualia facinora audietis? qualia & videbitis? quantumque haurietis luctum, siquidem serio adhuc vobis curæ est Labdacidarum domus? Credo enim neque Istrum, nec Phasin abluere atque expiare posse flagitia quæ in hac domo latent, quæque mox in lucem proferentur, sponte, nec ullo cogente, admissa. Malorum vero ea maxime dolent, quæ ultro arcessuntur.

CHORUS. Deest quidem nihil, quin acerbissima sint, quæ prius rescivimus: ad illa vero quid ultra nuntias?

INTERNUNTIUS. Ut paucissimis & ego dicam, & vos intelligatis, interiit divum Jocastæ caput.

CHORUS. O multipliciter miseram! quænam illi caussa mortis fuit?

INTERNUNTIUS. Sibimet ipsa. E factis autem quod maxime doleret, abest: non enim rem datur cernere. Tamen, quantum ego memoria teneo, audies illius miseræ casus acerbos.

Ut enim flagrans ira intra vestibulum se abripuit, recta contendit ad geniales thalamos, comas lacerans utraque manu: ubi autem intro concessit, occlusis foribus, invocavit Laium jampridem mortuum, antiquorum congressuum memoriam repetens, unde is ortus, a quo periisset ipse, se matrem relinquens suopte filio infandis nuptiis parituram liberos; deploravitque lectum, ubi duplici flagitio ex marito maritum, liberosque ex liberis peperisset. Quo vero deinde modo perierit, nescio. Clamore enim magno irrupit Oedipus, ob quem non licuit illius inspectare casum: sed in ipsum huc illuc cursitantem oculos intendimus. Impetu enim ferebatur, nos rogans ut gladium sibi daremus, & ubi conjugem non-conjugem, maternumque inveniret geminum arvum suique & liberorum. Furenti autem indicavit Deus nescio quis; nullus enim dixit homo eorum qui aderamus illi. Tum ille horribiliter exclamans, recta, tamquam si viam quis praemonstraret, geminas fores insultat calcibus, funditusque evellit cava claustra, atque in cubiculum irruit, ubi demum conspeximus pensilem mulierem, tortilibus suspendiis implicitam. Ille vero ubi eam videt, horrendum infremens miser, suspensam restim expedit. Sed postquam misera humi prostrata jacuit, visu horribilia consecuta sunt. Namque avulsis ab illius stola aureis fibulis quibus subnexa erat, illas attollens oculorum orbes sibi confodit, talia dicens: *illos neutiquam visuros nec quae passus esset, nec quae patrasset mala, sed tenebris mersos in posterum, quos non oporteat, visuros, quosque cuperet ipse, non agnituros.* Talia dum imprecatur, ingeminat plagas elevatis palpebris: simulque cruentae pupulae genas rigabant: nec rarae lenti sanguinis destillabant guttae, sed ater lacrymarum imber cruoris mistus grandinibus effluebat. Atque ista a duobus, non ab uno tantum, exorta sunt mala, sed viri & uxoris commista calamitas. Antiqua autem felicitas olim quidem vero nomine felicitas appellabatur; at nunc hac ipsa die in gemitus, in noxam, in mortem, in dedecus conversa est: malorum quotquot sunt omnium nomina, nullum hic abest.

CHORUS. Nunc autem miser ille quo in malo versatur?

INTERNUNTIUS. Clamat ut claustra relaxentur, atque ostendat aliquis omnibus Cadmi civibus illum patris occisorem, illum matris — impia loquens, nec a me referenda: quippe qui certus sit semet ex hac terra ejicere, nec amplius manere domi, quibus ipse se devovit, diris obnoxius. Auxilio utique & ductore aliquo indiget: nam vis doloris major est, quam quae tolerari possit. Ostendet autem & tibi: hujus enim januae panduntur claustra: moxque spectaculum videbis ejusmodi, quod vel hosti misericordiam moveat.

CHORUS. O atrox adspectu clades! ô atrocissima omnium, quas mihi videre umquam contigit! Quis te, ô miser, invasit furor? quis Deus majora maximis malis tuae infelici sorti adjecit? heu, heu, infelix! Verum ne quidem intueri te possum, multa licet cupiam fcifcitari, multa audire, multaque videre; talem mihi horrorem incutis.

OEDIPUS. Hei, hei, hei, hei, heu, heu miser ego! ubi terrarum feror infelix? vox mihi quonam avolat in auras fublata? ô fortuna quonam evafifti?

CHORUS. In horrendam calamitatem, auditu & vifu trucem.

OEDIPUS. O tenebrarum quibus me condidi caligo deteftabilis, ut me involvis infinita, infuperabilis, & immedicabilis! hei mihi, hei mihi iterum! quam acres præfentium dolorum pungunt me fimul aculei, & præteritorum malorum memoria!

CHORUS. Nec fane mirum eft, tot in malis duplicem te luctum & duplicia ferre mala.

OEDIPUS. Io amice! Tu quidem conftanti adhuc fide mihi famularis; fuftines enim adhuc me cæcum curare. Vah! quippe me non lates; fed clare agnofco, quamvis tenebris obvolutus, tuam vocem tamen.

CHORUS. O quam dira molitus es! quomodo fuftinuifti fic oculos corrumpere? quis te impulit Deorum?

OEDIPUS. Apollo, amici, Apollo is fuit, qui mala confecit mea, qui mihi hunc acerbum invexit cafum. In oculos involavit mihi nemo; at ipfe ego infelix eos confodi. Quid enim attinebat me videre, cui quidem videnti nihil erat vifu fuave?

CHORUS. Ita eft, quemadmodum tu dicis.

OEDIPUS. Quid tandem, quæfo, amici, fupereft mihi, quod aut videre, aut amare, aut cujus adfatus accipere cum voluptate poffim? Abducite me ex his locis quam celerrime, abducite, amici, peftem maximam, diris caput devotiffimum, mortaliumque omnium inviliffimum Diis.

CHORUS. Infelix ob iftum animum & calamitatem pariter! quam vellem numquam adgnoviffes qui fis!

OEDIPUS. Pereat, quicumque is fuit, qui projecto mihi filveftribus in pafcuis fæva pedum folvit vincula, & a morte me liberatum fervavit, nulla cum mea gratia! fi enim tum periiffem, non effem amicis & mihi tanti doloris caufa.

CHORUS. Id factum & ego vellem.

OEDIPUS. Tunc neque patris peremtor exstitissem, nec sponsus dicerer illius a qua natus sum. Nunc vero miser sum, impiorum filius, sobolem suscepi ex ea quæ me ipsum peperit: denique si quid usquam pejus est malo malum, id sortitus est Oedipus.

CHORUS. Nescio quomodo tua laudem consilia: præstantius enim foret tibi non omnino esse, quam cæcum vivere.

OEDIPUS. Ista quidem non optima ratione sic confecta esse, ne mihi demonstrare contende, neque consule amplius. Nescio etenim, si videns inferos adiissem, quibus oculis patrem coram intueri sustinuissem, quibus adeo miseram matrem, quos in duos atrociora admisi scelera, quam quæ suspendio lui possint. At, quæso, jucundumne dices futurum fuisse mihi liberorum adspectum, eo quo progeniti sunt modo, in lucem editorum? haud sane oculis meis umquam. Nec urbem intueri possim, nec mœnia, nec Deorum sacra delubra, quibus miserrimus ego, solus virorum, qui Thebis versantur, me ipsum pulcherrime privavi, ipse prædicans ab omnibus expellendum esse impium illum, quem Dii ipsi impurum declarassent, & Laii natum semine. Quam ego scelerum meorum labem quum ipse palam revelassem, rectisne oculis hosce intueri poteram? minime sane: sed & auditus fontes, sonique per aures meatus si possent obstrui, non temperassem sic etiam obturare miserum meum corpus, ut cæcus simul & surdus essem: quippe sensu carere dulce est in malis. Io Cithæron, quare me suscepisti? cur non acceptum statim me peremisti, ut numquam hominibus palam facerem unde natus essem? O Polybe & Corinthe, & paterna, ut dicta es, antiqua domus, qualem me pulchritudinis speciem malorum obductam ulceri enutriistis! nunc enim & ipse malus, & ex malis natus deprehendor. O trivium, & abdita convallis, saltusque, & angustiæ in trium viarum compito, quæ paternum meum sanguinem meis ipsius a manibus bibistis, ecquid mei meministis adhuc, quale facinus apud vos patrarim, qualisque deinde, postquam huc veni, commiserim rursus? O nuptiæ, nuptiæ, genuistis nos, & postquam genuistis, remisistis idem semen, & in lucem edidistis patres, fratres, liberos, sanguinem cognatum, sponsas, uxores, matresque, & quotquot inter homines turpissima censentur flagitia.

Sed, quandoquidem loqui haud fas est, quæ factu turpia sunt, per Deos obsecro, quam celerrime me alicubi extra urbem occultate, vel occidite, vel in mare abjicite, ubi non amplius me videatis. Ite, miserum virum ne dedignemini manu contingere; obtemperate, ne formidetis: mea enim mala nullus valet præter me ferre mortalium.

CHORUS. At eccum ad ea quæ petis commodum advenit Creon, penes quem est & facere & consulere, siquidem solus relictus est tui loco hujus urbis custos.

OEDIPUS. Hei mihi! quonam sermone eum compellabo? quæ mihi apud eum merito fides esse possit, qui prius in eum omnimodis repertus sum injurius?

CREON. Non ut derisor, Oedipe, veni, nec ut quidquam tibi exprobrem priorum tuarum calamitatum. Sed si mortalium non veremini genus, saltem supremi Solis omnium altricem flammam vereamini, ne tale piaculum sic apertum exhibeatis, quod neque terra, nec cœlestis imber, neque lux ipsa perferet. Sed quam celerrime hunc intro abducite. Cognatos enim cognatorum mala maxime videre, solosque audire, fas & æquum postulant.

OEDIPUS. Per Deos, quandoquidem meam de te opinionem fefellisti, qui vir optimus veneris ad me virum pessimum, obtempera mihi: e re enim tua, non e mea, loquar.

CREON. Et quidnam est, quod me tam enixe petis?

OEDIPUS. Ejice me ex hac terra, quam ocissime, ut sim ubi mortalium neminem possim adloqui.

CREON. Fecissem utique, ne nescias, nisi prius a Deo exquirere vellem, quid facto opus sit.

OEDIPUS. At illius omnis patet dictio, nempe oportere parricidam me impiumque perimere.

CREON. Sic quidem ista dicta sunt: attamen, ut præsens est rerum status, melius est quærere quid sit faciendum.

OEDIPUS. Itane ergo de infelici homine Deum consuletis?

CREON. Etenim præsens tua fortuna fidem Deo conciliare possit.

OEDIPUS. Tibi vero mando, teque adhortor, ut eam quæ intus jacet, ut tibi videbitur, sepeliri cures: hoc enim te tuis officium præſtare decet. Me vero non eſt ut poſtulet paterna hæc urbs viventem incolam habere: ſed ſine me habitare in montibus, ubi meus dicitur Cithæron ille, quem viventi mihi proprium ſepulchrum mater conſtituit & pater, ut, ſicut illi morti me deſtinaverunt, moriar. Quamquam ſatis certe ſcio, me neque morbo, neque alio quovis modo periturum fuiſſe: non enim umquam morti jam traditus, ereptus liberatuſque fuiſſem, niſi ad aliquod atrox malum eſſem reſervatus. Sed fatum meum quo ire cœpit, eat. Liberorum autem meorum, marium quidem ne mihi, Creon, curam ſuſcipe: viri ſunt: proinde, ubicumque futuri ſint, victus penuria non laborabunt: at infelices miſerandaſque meas filias, quibus numquam ſeorſum a me menſa adpoſita fuit; ſed quodcunque ego adtingebam cibi, ejus & illæ partem accipiebant ſemper, has tibi curæ eſſe volo: maximeque te rogo, ut mihi permittas manibus meis eas contingere, earumque coram deplorare infortunia. Age, permitte, ô rex, age, ô generoſa ſtirpe edite; manibus ſi contingam, ita tenere eas mihi videbor, ut quum viſu fruerer. Quid dicam? anne cariſſimas filias audio fletus fundentes, meique miſeritus Creon dulciſſima mihi miſit ſobolis meæ pignora? Verumne dico?

CREON. Dicis profecto: ipſe enim ego hæc tibi præbeo, ſciens quam dudum hujus oblectamenti deſiderio tenearis.

OEDIPUS. At tibi proſpera omnia eveniant, & te ſtudium ob hoc Deus melius cuſtodiat quam me! O filiæ, ubinam eſtis? huc adeſte, venite ad haſce meas fraternas manus, quæ genitoris veſtri nitentes prius oculos, ita uti nunc videtis, concinnarunt: qui vobis, ô gnatæ, re nec viſa nec cognita, genitor exſtiti unde ipſe genitus fueram. Enimvero vos deploro, tametſi intueri non poſſum, cogitans quam acerba futura ſit vita, quæ vobis inter homines degenda ſupereſt. Quos enim civium adibitis cœtus, quæ feſta, unde non ipſæ vice ſpectaculi defletæ domum reverſuræ ſitis? Aſt ubi jam ad nubilem veneritis ætatem, quis ille erit, quis audebit, ô gnatæ, tot & tanta ſuſcipere dedecora, quæ generi inhærent meo, parentibus veſtris vobiſque ſimul exitialia? Quid enim malorum abeſt? patrem pater veſter peremit ſuum; corpus miſcuit cum matre, unde ipſe ſatus erat, & ex iiſdem ſuſcepit vos, unde ipſe natus est. Hæc audietis probra. Itane vos quisquam ducet domum? nemo futurus est, ô gnatæ; sed videlicet incultas vos innuptasque vagari necesse erit. At, ô fili Menœcei, quandoquidem solus tu illis relictus es pater, (nos etenim, qui genuimus, ambo periimus) ne eas patiare mendicas, conjugii expertes, huc illuc errantes, quum tuæ cognatæ sint; nec pari eas mecum premi calamitate velis: at miserere earum, quas tantillas vides, omnique destitutas præsidio, præterquam quod ad te adtinet. Adnue, ô generose, daque fidem manu. Vos autem, ô filiæ, si per ætatem intelligere possetis, multis commonerem: nunc vero hoc a me votum habete, ut, ubicumque opportunum erit, transigatis ævum, vitæque meliorem sortem nanciscamini, quam qui vos genuit pater.

CREON. Satis est. Nam quo te luctus abripit? Quin intra domum.

OEDIPUS. Parendum est, etsi jucundum non est quod jubes.

CREON. Omnia enim tempestiva pulchra sunt.

OEDIPUS. Scin ergo qua conditione ibo?

CREON. Dices, tuncque sciam, quum audiero.

OEDIPUS. Ut terræ hujus finibus procul me extermines.

CREON. Quod a me petis, in Deo situm est.

OEDIPUS. At Deis, si quis alius, invisus sum ego.

CREON. Proinde consequeris id ociter.

OEDIPUS. Verumne dicis?

CREON. Quippini? quod enim non sentio, haud loqui soleo temere.

OEDIPUS. Jam ergo me hinc abduc.

CREON. Vade igitur amissis puellis.

OEDIPUS. Ne quæso illas a me divelle.

CREON. Ne obtinere cuncta postules: nam quæ obtinuisti antehac, non tibi in commodum vitæ cesserunt.

CHORUS. O patriæ Thebæ incolæ, adſpicite; hic Oedipus qui fama celebrata ſolvit ænigmata, optimuſque vir fuit, qui non favorem civium nec fortunas reſpexit, in quantam procellam diræ calamitatis incidit. Quare obſervans donec ſupremum illum diem videris, neminem qui mortalis natus ſit beatum prædices, priuſquam vitæ terminum tranſierit, nihil triſte paſſus.

FINIS OEDIPI REGIS.

SOPHOCLIS

ŒDIPUS COLONEUS.

DRAMATIS PERSONÆ.

OEDIPUS.

ANTIGONE.

HOSPES.

CHORUS ATTICORUM SENUM.

ISMENE.

THESEUS.

CREON.

POLYNICES.

NUNTIUS.

SOPHOCLIS
ŒDIPUS COLONEUS.

OEDIPUS. Cæci fenis filia Antigone, quænam ad loca, quorumve hominum ad urbem pervenimus? Quis erronem Oedipum hodie exiguis excipiet donis, modicum petentem, & adhuc modico minus accipientem, eoque tamen contentum? Namque me ærumnæ, & longa ætas, tertioque loco generofa animi indoles hæc boni docent confulere. Sed, ô filia, fi quem hominem vides vel profana in exedra fedentem, vel facro in luco, fifte me & colloca, ut percontemur quo tandem in loco fimus. Peregrini enim venimus, ut a civibus edocti, quod facto opus fit, exfequamur.

ANTIGONE. O calamitofe pater Oedipe, turres quæ cingunt oppidum, quantum videre licet, procul funt: locus autem hic facer eft, ut manifeftis ex indiciis colligo, quippe qui lauro, olea & vitibus crebris confitus eft; intus vero frequentes lufciniæ dulces ore fundunt fonos. Huc confide in hoc rudi faxo; longiorem enim quam pro fene confecifti viam.

OEDIPUS. Colloca nunc me & cuftodi cæcum.

ANTIGONE. Satis longa confuetudine adfuevi hoc facere, ut me moneri opus non fit.

OEDIPUS. Potefne, quæfo, certum me facere, quo loco conftiterimus.

ANTIGONE. Athenas quidem novi; fed locum hunc ignoro. Illud enim nobis dixit rogatus quivis viator. Sed quis hic locus fit, vifne ut progreffa exquiram?

OEDIPUS. Admodum, filia; idque maxime, num fit habitabilis.

ANTIGONE. Atqui habitatus eft. Sed abire me non opus effe arbitror: eccum enim virum prope nos video.

OEDIPUS. Accedentemne huc & festinantem?

ANTIGONE. Quin jam præsentem. Itaque quidquid e re tua videbitur, proloquere; nam vir adest, quem dixi.

OEDIPUS. O hospes, postquam ex hac audivi, quæ pro me & pro se videt, te opportunum advenire speculatorem, qui ea nobis expedias, de quibus incerti sumus —

HOSPES. Priusquam plura sciscitaris, ex ista sede abi: nam tenes locum, quo intrare nefas est.

OEDIPUS. Quis ergo locus est? Cui Deorum sacer est?

HOSPES. Quem neque tangere, nec habitare fas est. Terribiles enim eum tenent Deæ, Terræ & Erebi filiæ.

OEDIPUS. Quasnam, audito venerando nomine, invocaverim?

HOSPES. Omnia cernentes Eumenidas eas appellare solet hic populus: sed alia alibi placent.

OEDIPUS. Utinam ergo propitiæ me accipiant! quippe ex hoc loco non excessero umquam.

HOSPES. Quid hoc rei est?

OEDIPUS. Signum ad fortunas meas pertinens.

HOSPES. Haud sane privatim te ex hoc loco abigere ausim: sed re ad cives delata rogabo quid facto opus sit.

OEDIPUS. At per Deos te obsecro, hospes, ne me talem mendicum ita despicatui habeas, ut nolis mihi declarare, quæ te enixe rogo.

HOSPES. Significa quid velis; non enim a me contemtus eris.

OEDIPUS. Quis hic locus est, obsecro, in quo constitimus?

HOSPES. Quæ quidem ego scio, ex me audies omnia. Locus hic quidem totus sacer est; tenet autem eum verendus Neptunus, & ignifer Deus Titan Prometheus; quodque nunc calcas solum, id terræ hujus appellatur æreum limen, Athenarum firmamentum: at vicina arva equestrem Colonum præsidem suum gloriantur esse, atque ex eo communi nomine omnes appellati sunt. Hæc ita sunt, ut dico, hospes, non fama magis quam ipso usu nota.

OEDIPUS. Numnam hisce in locis habitant homines aliqui?

HOSPES. Certe, & quidem ab hoc deo nomen habentes.

OEDIPUS. Regnumne quispiam hic tenet, an penes multitudinem imperium est?

HOSPES. Hæc loca a rege, qui urbi præest, gubernantur.

OEDIPUS. Is vero quisnam est, qui jure & viribus dominatur?

HOSPES. Theseus vocatur, Ægei, qui ante eum regnavit, filius.

OEDIPUS. An ergo aliquis ex vobis nuntius ad eum ire velit?

HOSPES. Nuntiaturusne aliquid, an effecturus ut huc se conferat?

OEDIPUS. Ut parvo pro beneficio magnum lucrum auferat.

HOSPES. Et quid opis ab homine cæco adferri possit?

OEDIPUS. Quæ dicturi sumus, cæca non sunt, sed omnia clara & perspicua.

HOSPES. Scin', hospes, quomodo ab errore tibi caveas? si quidem es, ut videtur, generosus, præter calamitatem tuam. Istic mane, ubi adparuisti, donec ego popularibus hujus pagi, non urbis incolis, hæc nuntiem: illi enim decernent, utrum oporteat te manere, an hinc abscedere.

OEDIPUS. O filia, anne abiit jam hospes?

ANTIGONE. Abiit. Proinde omnia tibi, pater, liberum est otiose proloqui: nam ego sola adsum.

OEDIPUS. O venerandæ, terribiles adspectu Deæ, quandoquidem vestra est prima hujus terræ sedes ad quam diverti, ne Apollini & mihi sitis iniquæ. Is enim, quum multas illas mihi prænuntiaret calamitates, hanc prædixit post longum tempus requiem malorum fore, ubi, quum venissem in fatalem mihi regionem, apud venerandas Deas sede & hospitio exciperer, ibi me finiturum esse ærumnosam vitam, cum lucro quidem eorum qui me reciperent, cum damno vero eorum qui me ejecissent. Vitæ autem exitum promisit significatum iri mihi vel terræ motu, vel tonitru, vel fulgure: Enimvero haud dubie intelligo, me ad hunc lucum prospero a vobis augurio adductum fuisse, vobisque viæ ducibus: alioquin haud umquam iter sic temere faciens, in vos primas incidissem, sobrius in sobrias, atque in hac veneranda rudi sede consedissem. Quare mihi demum, ô Deæ, juxta Apollinis responsa concedite, ut quocunque modo vitam finiam; nisi forte non satis malorum habere videor, qui perpetuis conflictor ærumnis, iisque maximis quas humana ſors ferat. Agite, ô dulces filiæ antiqui Erebi, age, ô quæ magna a Pallade nomen habes, Athenarum nobiliſſima civitas; miſereat vos hujus miſerrimæ umbræ Oedipi: non enim hoc meum priſtinum corpus eſt.

ANTIGONE. Sile. Ecce enim huc veniunt ætate quidam provecti viri, inſpecturi ubi ſedeas.

OEDIPUS. Silebo: tu vero me duc ex via & abſconde in luco, donec audiero quoſnam hi conferent ſermones: nam in explorando ineſt cautio eorum quæ agenda ſunt.

CHORUS. Diſpice: quiſnam erat? ubi moratur? quonam evaſit ex hoc loco erumpens, ille omnium maxime inſatiabilis? Videſne eum? inſpice, inclama ubique. Profecto vagus quis eſt externus ille ſenex. Alioquin inacceſſum lucum haud ſubiiſſet hunc indomitarum virginum, quas nomine compellare veremur, quaſque præterimus averſis oculis, compreſſa voce, tacite nobiſcum bene ominata cogitantes. Nunc vero aliquem veniſſe ferunt, nihil iſta reverentem, quem ego circumſpectans per omne nemus nondum poſſum videre, ſicubi deliteſcit.

OEDIPUS. Ille ego adſum: nam, ut ajunt, voce video.

CHORUS. Vah, vah! gravis adſpectu, gravis & auditu.

OEDIPUS. Ne me, obſecro, pro legum contemtore habeatis.

CHORUS. Jupiter propulſator! Quiſnam hic eſt ſenex?

OEDIPUS. Haud ſane felicitatis præcipuam ſortem nactus, ô terræ hujus præſides: & hoc re ipſa oſtendo. Alioqui non ſic alienis oculis greſſus meos regerem, nec grandis parvo niterer fulcro.

CHORUS. Hei, hei! Cæcus ergo es, infelix, & ſenex, ut conjicere eſt. Sed haud ſane, quantum per me licebit, his notam addes, ob quam diris devovearis. Tranſis enim, tranſis. Sed ne irruas in taciturnum hunc herbidum lucum, ubi crater aquæ liquati mellis latice miſcetur. Quare, infelix hoſpes, diligenter cave: retrocede, abi. Procul jam a limite intro te penetraſti. Audiſne, ô ærumnoſe mendice? ſi quid me vis, ſermoneſque mecum miſcere cupis, e ſacro primum loco egredere, &, ubi fas eſt omnibus, loquere; prius vero tempera me adfari.

OEDIPUS. O gnata, quo me convertam?

ANTIGONE. O pater, civium moribus congrua facere nos decet, cedentes, ut oportet, nec invitos.

OEDIPUS. Adprehende igitur me.

ANTIGONE. Adprehendo autem.

OEDIPUS. O hospites, ne, quaeso, injuria adficiar, quum, vobis ut obtemperem, hinc abscessero.

CHORUS. Haud sane te quisquam, ô senex, ex isto, quo consistimus, loco invitum abducet.

OEDIPUS. Ulteriusne igitur adhuc progrediar?

CHORUS. Procede longius.

OEDIPUS. Adhucne?

CHORUS. Promove, puella, ulterius; tu enim quantum velimus intelligis.

ANTIGONE. Sequere hac, sequere, ut potes, infirmo pede, pater, quo te duco. Peregrinus peregrina in terra sustine, ô miser, quod civitas odiosum ducit, idem & tu odisse, atque colere quod ipsa colit.

OEDIPUS. Duc me ergo, filia, ut pie nos gerentes dicamus vicissim & audiamus, & necessitati ne reluctemur.

CHORUS. Istic consiste, nec ultra hoc limen amplius pedem promove.

OEDIPUS. Siccine?

CHORUS. Satis est, inquam.

OEDIPUS. Num sedebo?

CHORUS. Oblique in summo lapide recumbe, modice te inclinans.

ANTIGONE. Pater, hoc meum officium est, hei mihi! placide gressus tuos dirigere. Senile corpus in caram meam manum inclina.

OEDIPUS. Heu infelicem calamitatem!

CHORUS. O miser, quandoquidem mihi nunc obtemperas, dic, quis te genuit mortalium, quis tam aerumnosus duceris? quanam te patria ortum esse audiam?

OEDIPUS. O hospites, extorris sum. Sed ne —

CHORUS. Quid est quod renuis, senex?

OEDIPUS. Ne, quæso, me roges qui sim, nec ultra perge inquirere.

CHORUS. Quid hoc rei est?

OEDIPUS. Calamitosum genus.

CHORUS. Narra, quæso —

OEDIPUS. Hei mihi! filia, quid dicam?

CHORUS. Quo generatus es semine: paternum nomen ede, hospes.

OEDIPUS. Hei mihi! quid agam, filia? heu!

ANTIGONE. Dic, siquidem ad incitas redactus es.

OEDIPUS. Atqui dicam. Haud enim celare possum.

CHORUS. Diu cunctamini: age, properate.

OEDIPUS. Nostisne Laïi quamdam progeniem?

CHORUS. Vah, vah!

OEDIPUS. Genusque Labdacidarum?

CHORUS. Pro Jupiter!

OEDIPUS. Infelicem Oedipum?

CHORUS. Tune ergo ille es?

OEDIPUS. Ne quem dictis ex meis metum concipe.

CHORUS. Vah, vah!

OEDIPUS. Infelix ego!

CHORUS. Vah, vah!

OEDIPUS. O filia, quid nobis actutum fiet?

CHORUS. Excedite, abite ex hac regione.

OEDIPUS. Sed quæ prius promisisti, qui efficies?

CHORUS. Neminem ultio divina manet, qui malum malo rependit: fraus pro fraude retributa auctori pro gratia dolorem refert. Tu vero sedes has linquens, quam ocissime te ex terra mea abripe, ne quod ultra civitati meæ negotium facessas.

ANTIGONE. At, ô verecundi hospites, quandoquidem senem hunc meum patrem non sustinuistis audire, facta memorantem haud sponte admissa, saltem obsecro, infelicem me miseramini, quæ pro meo patre supplico, non cæcis vos intuens oculis, tamquam si vestro e sanguine prognata essem, ut vos miseri reverentia moveat. In vobis, haud secus ac in Deo, spes nostræ resident. Sed agite,

adnuite

adnuite insperatum beneficium. Per ego te, si quid tibi ex animo carum est, obtestor, seu proles est, seu uxor, sive possessio, sive Deus. Non enim, quantumvis inquirendo, reperias hominem, qui, si Deus trahat, possit effugere.

CHORUS. At scito, filia Oedipi, nos vestra calamitate moveri, ut tui pariter hujusque nos misereat: sed Deorum iram timentes nihil eorum, quæ tibi modo diximus, mutare possumus.

OEDIPUS. Quid præclara, quæso, prodest existimatio, quidve famæ egregiæ decus, quam facta non comprobant? siquidem Athenas aiunt esse religiosissimas, unamque omnium civitatum hospitem malis adflictum servare, unamque opem ferre posse. Mihi vero ubinam ista sunt; qui, postquam me ex ista sede submovistis, me expellitis, solius ob metum nominis? non enim me ipsum, neque facta mea metuitis. Nam quod ad facta adtinet, sunt illa, satis hoc certo scio, sunt potius hominis injuriam passi, quam inferentis, siquidem fas mihi sit vera tibi dicere de matre & patre, quorum caussa me abhorres. Quomodo enim malus ingenio dici possim, qui injuriam ante passus, feci vicissim? adeo ut si sciens fecissem, ne sic quidem censerer malus. Nunc vero imprudens eo, quo veni, delatus sum: a quibus vero passus sum ante, illi scientes me perdiderunt. Quapropter implorans per Deos obtestor vos, hospites, ut me priore excitastis e sede, ita servate; & ne, Diis honorem habentes, tamen Deos nihili facere videamini: sed credite eos respicere, si quis inter mortales pius est, respicere quoque impios, scelestumque hominem neminem umquam effugium invenisse. Tu Deorum caussa felicium Athenarum splendorem ne obscura, factis impiis subserviens: sed ut me supplicem fide tua fretum accepisti, libera me & conserva: neque, meum caput adspectu fœdum intuens, contumelia me adficias. Venio enim sacer piusque, & commoda civibus hisce ferens: quum autem aderit quis auctoritatem habens, qui princeps vester est, tum audies ex me omnia pernosces; at interea ne, quæso, in me sis injurius.

CHORUS. Necesse est, ô senex, ut mihi religionem incutiant consilia tua: haud enim parum in iis esse momenti sermo tuus indicat. Sed mihi satis erit, si terræ hujus moderatoribus declarabuntur.

OEDIPUS. At ubi est regionis hujus rex, hospites?

CHORUS. Paternam urbem habitat. At qui me huc evocavit speculator, cum etiam vocaturus abiit.

OEDIPUS. Ecquam putatis cæci hominis illum curam aut respectum habiturum, ut huc se conferre non gravetur.

CHORUS. Admodum, ubi tuum nomen audierit.

OEDIPUS. Quis vero est, qui hoc ei nuntiabit?

CHORUS. Longa via est: multa autem viatorum dicta solent dispergi, quibus ille auditis, me vide, aderit. Multa enim, ô senex, tui nominis fama ubique dimanavit, ut, licet remissiori gradu soleat incedere, tuo audito nomine celeriter adventurus sit.

OEDIPUS. Sed fortunatus veniat suæque ipsius urbi, & mihi! Quis enim bonus non est sibi ipsi amicus?

ANTIGONE. O Jupiter! quid dicam? quid cogitem, pater?

OEDIPUS. Quid rei est, cara Antigone?

ANTIGONE. Mulierem video prope ad nos venientem, procero equo vectam, cui faciem obumbrat impositus capiti Thessalicus galerus. An ea est? an non est? an fallor animo? & aio, & nego, nec quid credam certum est. Perii! non alia est: permulcet me blandus accedentis adspectus, manifestumque facit solius Ismenes hoc esse caput.

OEDIPUS. Quid dixti, nata?

ANTIGONE. Filiam tuam, meamque me videre sororem. Sed loquentem eam actutum adgnosces.

ISMENE. O gemina patris & sororis dulcissima mihi adloquia, quam ægre vos repertos nunc præ dolore ægre adspicio!

OEDIPUS. Venistine, ô filia?

ISMENE. O pater miserabilis adspectu!

OEDIPUS. O fata mecum ex eodem sanguine!

ISMENE. O miserrimum genus!

OEDIPUS. Adesne tandem filia?

ISMENE. Non quidem sine meo labore.

OEDIPUS. Amplectere me, filia.

ISMENE. Amplector simul duos.

OEDIPUS. O hancce & me, —.

ISMENE. Infelicemque me tertiam!

OEDIPUS. Cur autem venisti, filia?

ISMENE. De te folicita, pater.

OEDIPUS. Meine defiderio?

ISMENE. Et ut nuntium ipfa tibi adferrem veni cum unico hoc ex famulis fideli.

OEDIPUS. Tui autem adolefcentes fratres quid nunc agitant?

ISMENE. Quod agunt, agunt: verum atroci verfantur in periculo.

OEDIPUS. Quam prorfus illi ad Ægyptias leges ingenium conformatum habent & vivendi modum! Ibi enim viri intus fedent telam texentes: uxores vero foris quæ ad victum pertinent procurant identidem. Sic ex vobis, ô filiæ, quos par erat mei curam fufcipere, hi domi defident, ut innuptæ puellæ: vos vero illorum vice propter me infelicem ærumnas perpetimini. Et hæc quidem ex quo pueritiam egreffa eft, firmitafque acceffit corpori, femper mecum infelix oberrans, fenem me ducit, fæpe quidem per afperas filvas jejuna audipefque vagans, fæpe etiam imbres folifque ardores perpeffa, pofthabetque commoda quibus domi frui poterat, ut pater ne victu careat. Tu vero, ô filia, antea quidem domo egreffa, clam Thebanis, patri renuntiafti quæcumque de me edita fuerant oracula; cuftofque mei fidelis extitifti, quo tempore patria e terra expulfus fum. Nunc vero quem rurfus nuntium, Ifmene, patri adfers? quæ tibi fuit domo proficifcendi cauffa? utique enim haud vacua venis, fatis hoc fcio: vereor ne mihi pavorem nunties aliquem.

ISMENE. Ego quodcunque laboris pertuli, pater, dum inveftigarem quonam in loco verfareris, narrare fuperfedebo: nolo enim male bis affici, ærumnas ferendo, eafque rurfus memorando. Sed quæ infelices inter tuos filios exorta funt mala, ea nuntiatum veni. Prius enim in una confenferant voluntate, Creonti folium concedere, nec inquinare urbem, fecum reputantes veterem generis labem, qualis tuam occupaverit calamitofam domum. Nunc autem a nefcio quo Deo immiffa, vel fcelefto ex animo orta miferrimos inceffit atrox contentio, uter principatu regioque potiretur imperio. Ac minor quidem natu priorem ætate Polynicen throno submotum patria ejecit. Ille vero, ut vulgo apud nos fertur, Argos profectus exsul, adfinitatem comparat novam, sociamque amicorum sibi adjungit manum: ratus scilicet Argivos ultionem suam suscipientes Cadmi solum continuo occupaturos, seque ab illis ad astra sublatum iri. Atque hæc, ô pater, haud nudis modo ventilantur sermonibus, sed re ipsa geruntur: tuorum vero laborum si qua Dii miserituri sunt, prænoscere nequeo.

OEDIPUS. Anne ergo umquam opinata es, Deos mei curam aliquam ita habituros, ut salutem consequar aliquando?

ISMENE. Admodum, pater, editis nuper oraculis freta.

OEDIPUS. Quænam illa sunt? quid futurum significant, filia?

ISMENE. Fore aliquando, ut salutis suæ caussa te illinc homines mortuum vivumque expetant.

OEDIPUS. Quis vero ab homine ita, ut ego sum, male adfecto juvari possit?

ISMENE. In te situm esse illorum robur fatidicæ sortes confirmant.

OEDIPUS. Quando amplius non sum, tunc ergo vir insignis fio.

ISMENE. Nunc enim Dii te erigunt; prius autem perdiderunt.

OEDIPUS. Senem vero erigere frivolum est, qui juvenis concidit.

ISMENE. Atqui scito Creontem idcirco tibi mox adfuturum.

OEDIPUS. Quid facere cogitat, ô filia? rem mihi declara.

ISMENE. Prope terram Thebanam te collocaturi sunt, ut habeant te quidem in sua potestate, tu vero ne fines terræ intrare possis.

OEDIPUS. At quæ foris jacentis utilitas erit?

ISMENE. Tumulus tuus in peregrino solo illis erit gravis.

OEDIPUS. Vel sine Dei monitu hoc quivis per se facile intelligat.

ISMENE. Ob hanc igitur caussam te, prope terræ suæ fines locatum, nec ubi tui juris sis, adserere sibi gestiunt.

OEDIPUS. An etiam humo Thebana me contegent?

ISMENE. Sed hoc cognatæ cædis non sinit piaculum, pater.

OEDIPUS. Ergo me numquam in sua potestate habebunt.

ISMENE. Ergo hoc erit aliquando Cadmeis grave.

OEDIPUS. Quonam eveniente, ô filia, caſu?

ISMENE. Tua ex ira, quando tumulo inſiſtent tuo.

OEDIPUS. Quæ dicis autem, a quo audita renuntias, filia?

ISMENE. A legatis Delphos conſultum miſſis.

OEDIPUS. Et hæc propter me eventura eſſe Apollo confirmavit?

ISMENE. Sic aiunt qui Delphis Thebas reverſi ſunt.

OEDIPUS. Alteruterne hæc audivit meorum filiorum?

ISMENE. Uterque pariter, & norunt probe.

OEDIPUS. Itane, his auditis, ſceleſtiſſimi illi regni cupidinem mei deſiderio præponunt?

ISMENE. Doleo equidem hæc audiens, fero tamen.

OEDIPUS. At illis Dii neque fatalis hujus contentionis faces exſtinguant, & penes me ſit iſtius pugnæ exitus, quam nunc conſerere parant, invicem in ſe arma inferentes: ut neque qui ſceptra ſoliumque nunc tenet, iis potiatur amplius, nec qui in exſilium pulſus eſt, urbe recipiatur denuo; qui quidem parentem me ſuum, quum ignominoſe adeo patria ejicerer, nec retinuerunt, nec tutati ſunt; ſed iis adnuentibus domo & fortunis everſus expulſus fui, atque exſul renuntiatus. At forte dicas hanc mihi cupienti gratiam tum fuiſſe a civibus, ut par erat, conceſſam. Haud ſane ſe ita res habet. Nam ſtatim primo die, quum indignatione flagraret mihi animus, morique dulciſſimum eſſet mihi & lapidibus obrui, nemo comparuit, qui iſtam mihi expleret cupiditatem: quum vero temporis lapſu jam omnis dolor mollitus eſſet, animadvertiſſemque iræ exæſtuantis impetu acerbiores me, quam pro delictis, pœnas de me ſumſiſſe, tunc demum me civitas quidem longo poſt tempore e finibus invitum ejecit; illi vero, patris pulchra ſoboles, patri quum poſſent opem ferre, id præſtare renuerunt: ſed, quia ne verbulo quidem cauſſam meam tueri adgreſſi ſunt, extorris illis & mendicus vagor. At ex hiſce virginibus, quantum illis per ſexum licet, victum paratum habeo, & ſecuram ſedem, & dulcia liberorum miniſteria. Illi autem, patre poſtpoſito, maluerunt thronos & ſceptra regere, imperioque potiri urbis. Sed numquam me auxiliatorem habebunt, nec umquam Cadmei hujus regni lætum percipient fructum. Hoc ego novi, hujusque oracula audiens, simulque reputans mecum vetera responsa, quæ mihi olim effecta dedit Apollo. Proinde Creontem mittant, qui me arcessat, vel si quis alius in urbe pollet viribus: si enim vos, ô hospites, cum his venerandis populi vestri præsidibus Deabus, auxilio mihi velitis adesse, huic quidem urbi magnum sospitatorem comparabitis, meis autem inimicis malum.

CHORUS. Profecto dignus es, Oedipe, tuque, & virgines hæ, misericordia. Quoniam vero hac oratione te servatorem huic urbi polliceris, quæ in rem tuam sint, de iis admonitum te volo.

OEDIPUS. O carissime, interpres mihi sis omnia facere parato.

CHORUS. Statue igitur piaculare sacrum Deabus hisce, ad quas primum venisti, & quarum calcasti solum.

OEDIPUS. Quibus modis, ô hospites? docete me.

CHORUS. Primum quidem sacra perenni ex fonte adfer libamina, puras admovens manus.

OEDIPUS. Quid vero, quando purum laticem hausero?

CHORUS. Crateres sunt, artificis periti opus, quorum capita geminasque ansas cingito.

OEDIPUS. Frondene an lana? aut quonam modo?

CHORUS. Ovis juvenculæ lana recens detonsa involvens.

OEDIPUS. Esto: quod vero reliquum, qui me expedire convenit?

CHORUS. Libationes fundere ad orientem solem conversum.

OEDIPUS. An hisce fundam, quas modo dicebas, hydriis?

CHORUS. Ternos quidem liba latices: novissimum vero cratera totum effunde.

OEDIPUS. Quonam hunc replebo liquore? hoc quoque me doce.

CHORUS. Aqua mulsa: temetum ne addito.

OEDIPUS. At ubi hoc libamine herbida terra rigata fuerit, quid tum?

CHORUS. Ter novem positis ab utraque manu ramis oleæ, his supplica precibus.

OEDIPUS. Hæc audire gestio; maxima enim sunt.

CHORUS. Ut eas vocamus Eumenidas, benivolo ut animo supplicem accipiant sospitentque, tu quidem ipse pete, aut si quis alius pro te, secrete & submisse loquens, non elata voce; deinde abi, nec respice. Et hæc si feceris, audacter tibi adstitero: alias metuerem, ô hospes, tibi.

OEDIPUS. Auditisne, ô filiæ, hosce hospites hujus loci incolas?

ANTIGONE. Audivimus quidem: proinde quod facto opus est impera.

OEDIPUS. Obire equidem hæc non possum; impedior enim duplici malo debilitate & cæcitate; vestrûm autem altera illuc se conferens ista administret. Animam enim vel unam, æque ac mille, piacula hæc perficere posse arbitror, si benivola adsit. Quare agite, ocius incipite; modo me solum ne linquite: haud enim possem desertus ingredi, carensque duce.

ISMENE. At ego sacra hæc peractura ibo: locum vero, ubi necessaria omnia inveniam, noscere volo.

CHORUS. In ulteriori hujus luci parte: si qua autem re indigebis, est, qui dicet, incola.

ISMENE. Illuc ergo pergam: tu vero, Antigona, patrem hic serva. Parentibus enim si quis impenditur labor, molestus ille videri non debet.

CHORUS. Grave quidem est sopitum jamdiu malum, ô hospes, excitare; tamen audire cupio —

OEDIPUS. Quidnam?

CHORUS. Miserandum inexplicabilem istum dolorem, quo conflictaris.

OEDIPUS. Ne, per hospitalitatem tuam quæso, ista retegas. Turpia mihi contigerunt facta.

CHORUS. Late diffusam & nondum desinentem cupio, hospes, famam recte cognoscere.

OEDIPUS. Hei mihi!

CHORUS. Morem gere mihi, obsecro.

OEDIPUS. Heu, heu!

CHORUS. Obtempera: etenim ego, quantum tu vis, facilem me præbeo.

OEDIPUS. Sustinui pessima, hospites, sustinui; at sane invitus, testis mihi sit Deus. Horum nihil sponte admissum fuit.

CHORUS. Sed quonam auctore?

OEDIPUS. Nefario in toro civitas me inscium nuptiarum irretivit noxa.

CHORUS. Matrisne, ut audio, nefandum torum implesti?

OEDIPUS. Hei mihi! Mors quidem est hæc audire, ô hospes: hæ autem duæ ex me —

CHORUS. Quid ais?

OEDIPUS. Filiæ, duæ autem noxæ —

CHORUS. Pro Jupiter!

OEDIPUS. Communis matris editæ sunt partu.

CHORUS. Tuæ sunt ergo filiæ, simulque patris sorores sui.

OEDIPUS. Eheu!

CHORUS. Eheu sane. Infinitorum reciprocationes malorum passus es.

OEDIPUS. Gravissima passus sum nec obliviscenda.

CHORUS. Fecisti —

OEDIPUS. Non feci.

CHORUS. Quid ita?

OEDIPUS. Donum accepi, quod ut in me miserrimum conferret civitas, utinam numquam promeritus fuissem.

CHORUS. Miser, quid ergo? patrastine cædem —

OEDIPUS. Quidnam id est? quid sciscitaris?

CHORUS. Patris?

OEDIPUS. Papæ! alterum refricas vulnus.

CHORUS. Interfecisti —

OEDIPUS. Interfeci. Sed est mihi —

CHORUS. Quid, quæso?

OEDIPUS. Justa quædam caussa.

CHORUS. Quidum?

OEDIPUS. Declarabo tibi. Etenim inscius occidi & perdidi: lege autem purus, imprudens hanc noxam subii.

CHORUS. Atqui eccum nobis rex adest Ægei filius Theseus, fama tua accitus.

THESEUS. Quum ex multorum sermone mihi dudum innotuerit, cruentis vulneribus tibi confossos fuisse oculos, facile te, ô fili

Laii, agnosco; quumque huc iter faciens de te audierim, eo certius nunc scio te coram mihi adesse. Habitus enim tuus, tuaque miseranda facies, satis indicant qui sis: tuique miseritus percontari te volo, infelix Oedipe, quidnam a civitate & a me supplici prece petitum venisti, tuque ipse, & hæc tua infelix comes. Expone quid velis: rem enim admodum difficilem dixeris, quam tibi præstare recusarem. Enimvero memini, me hospitem, ut tu nunc es, peregrino in solo educatum fuisse; plurimaque, postquam viribus adolevit ætas, certamina extra patriam obii, periculis objectans caput: ideo neminem, hospes qui sit, ut tu nunc es, aversabor, quin operam ad ejus salutem conferam. Scio enim hominem me esse, nihiloque certiorem mihi esse, quam tibi, crastinæ lucis usuram.

OEDIPUS. Theseu, tua generositas brevi sermone emicuit, ut paucis tantum mihi verbis opus sit. Tu enim ipse dixisti, qui sim, & quo patre genitus, quaque ex terra venerim, ita ut nihil mihi supersit dicendum, quam quid velim, & sic oratio tota peracta est.

THESEUS. Id ipsum jam expone, ut liquido sciam.

OEDIPUS. Dono tibi daturus venio meum miserum corpus, adspectu non æstimandum: at potior est ex eo utilitas, quam formæ species.

THESEUS. Quid autem lucri te adferre prædicas?

OEDIPUS. Tempore suo id rescies: nondum cognoscere licet.

THESEUS. Quando ergo palam fiet commodum ex te oriundum?

OEDIPUS. Quum ego mortuus fuero, & tu me sepeliveris.

THESEUS. Postrema vitæ postulas; quæ vero media sunt, vel oblivione præteris, vel nihili facis.

OEDIPUS. Quippe media illa eodem mihi conferuntur.

THESEUS. At sane exigua est, quam petis, gratia.

OEDIPUS. Vide tamen: non parvum, non utique, certamen hoc erit.

THESEUS. Tuisne liberis, an dicis mihi?

OEDIPUS. Illi ut in patriam revertar cogere me volunt.

THESEUS. At si id cupiunt, ne tibi quidem exsulare honestum est.

OEDIPUS. At ne quidem illi patriam habitare, quando ipse postulabam, permiserunt mihi.

THESEUS. O demens, damnosum est iræ indulgere, siquis versatur in malis.

OEDIPUS. Ubi me audieris, tunc admone: nunc vero desine.

THESEUS. Doce: non enim, nisi re cognita, me decet loqui.

OEDIPUS. Sustinui, Theseu, atrocia super malis mala.

THESEUS. Num veterem illam generis labem innuis?

OEDIPUS. Minime; quandoquidem ista totius Græciæ sermonibus celebrantur.

THESEUS. Quonam ergo graviori, quam pro humana sorte, laboras malo?

OEDIPUS. Sic res habet mihi. Patria mea expulsus sum a meis ipsius filiis; nec umquam mihi concessum redire, utpote parricidæ.

THESEUS. Cur, quæso, te arcesserent, si tibi seorsum habitandum esset?

OEDIPUS. Eo adigit illos divinum oraculum.

THESEUS. Cujusnam mali metum incutiunt Deûm responsa?

OEDIPUS. Nempe in fatis esse, ut ab hujus terræ cædantur incolis.

THESEUS. At qui futurum est, ut rupto fœdere mutuis certemus odiis?

OEDIPUS. O carissima Ægei proles, Diis solis datur non senescere, nec mori quidem umquam: cetera autem omnia miscet cunctorum domitor Tempus. Absumitur enim vigor terræ, absumitur & corporis, peritque fides, succrescitque perfidia: nec eadem semper adspirat aura nec inter amicos, nec civitati erga civitatem. His enim nunc quidem, illis vero, interjecto tempore, jucunda sunt amara, rursusque amica. Sic Thebarum etsi nunc, servato tecum fœdere, res in tranquillo sint, infinitum tamen procedens tempus noctes diesque gignit infinitas, in quibus præsentem concordiam, pactamque junctis dextris fidem, leves ob caussas dissipabunt: ubi leto sopitum humoque conditum meum corpus, ossaque olim frigida calidum eorum sanguinem bibent; si modo Jupiter est Jupiter, & Jovis filius Apollo verax. Verum, haud enim jucundum est tacendas res effari, fine me iis immorari, a quibus orfus fum; promiffis tuis modo maneas, fidemque ferves: nec umquam dices Oedipum inutilem loci hujus incolam te accepiffe, fi quidem Dii me non fefellerint.

CHORUS. O Rex, jamdudum hic vir hæc & talia commoda huic terræ præftiturum fe prædicat.

THESEUS. Quis, quæfo, benivolentia non complectatur talem virum, cui primum quidem hofpitalis apud nos ara femper communis eft? Deinde fupplex Dearum ingreffus, terræque huic & mihi tributum haud exiguum pendit. Quorum ego religione motus, numquam ejus repudiabo gratiam; contra autem in hac terra fedem ei præhebo. Sive hic fuave eft, hofpiti manere, tibi eum tuendum committam; five fuave eft mecum ire, horum utro voles, per me licet, utere, Oedipe; fic enim tibi opem feram.

OEDIPUS. O Jupiter, talibus viris dignam rependas gratiam!

THESEUS. Quid ergo vis? domumne meam abire?

OEDIPUS. Utinam fas effet mihi! at hic eft locus —

THESEUS. In quo quid es facturus? non enim obfiftam.

OEDIPUS. In quo eos fuperabo, qui me ejecerunt.

THESEUS. Uberem prædicas fructum tuæ apud nos manfionis.

OEDIPUS. Si quidem promiffis tuis ftas, dum hæc præftitero.

THESEUS. Mea quidem cauffa confide: numquam te prodam.

OEDIPUS. Haud equidem te juramento, ut infidum, adligabo.

THESEUS. Haud enim fic plus, quam nudo promiffo ferres.

OEDIPUS. Quomodo igitur facies?

THESEUS. Cujufnam te rei maxime tenet metus?

OEDIPUS. Venient viri —

THESEUS. At iftis curæ hoc erit.

OEDIPUS. Vide, fi me relinquis —

THESEUS. Ne me quid facto opus fit doce.

OEDIPUS. Timenti ita neceffe eft.

THESEUS. At meum cor non timet.

OEDIPUS. Nefcis quas minas —

THESEUS. Scio equidem te neminem hominem hinc abducturum ingratiis meis. Multas quidem minas, multaque inania verba ira solet proferre; sed quando mens ad se redit, evanidæ abeunt minaciæ. Sic illis, etiamsi forte eo processerunt ferociæ, ut atrocissima quæque minitarentur circa tuam reductionem, longum videbitur, sat scio, nec navigabile, quod huc venientibus emetiendum erit pelagus. Bono igitur te esse animo, vel absque mea providentia, æquum esse censeo, si te huc deduxit Apollo: tamen etiam me absente, scio tutelam tibi fore nomen meum, ne qua lædaris injuria.

CHORUS. Optimam, hospes, equis gaudentis hujus regionis in sedem venisti, candidum Colonum, ubi viridantibus in vallibus maxime frequens querulos fundit modos canora luscinia, nigricantem incolens hederam, sacramque Dei frondosam silvam, multiplici pullulantem fructu, solis inaccessam radiis, tutamque ab omnibus hiemis ventis, ubi bacchans semper Dionysus inambulat, divinarum nutricium comitante cœtu. At cœlesti rore viret in dies semper pulchris conspicuus corymbis narcissus, antiquum magnarum Dearum coronamentum, auricolorque crocus; nec perennes agrum pererrantes deficiunt fontes Ilissi fluentorum: sed continuus ille quotidie labitur per arva, imbre limpido fecundans gremium terræ: neque Musarum chori regionem hanc perosi sunt, neque etiam aureas habenas tractans Venus. Est autem hic arbor, qualem nec in Asia terra, nec in magna Dorum insula usquam audivi crescere, humana non satum manu germen, sponte sua enatum, hostilibus armis terrorem injiciens, quod hac in terra maxime pullulat, glaucæ liberûm nutricis folium oleæ: quod quidem neque nunc quisquam, neque olim imperans excscindet, manu vastans: semper enim intentus oculus Morii Jovis illud tuetur, & cæsiis oculis Minerva. Sed & aliud decus hujus metropolis memorare valeo, munus egregium prævalidi Dei, maximam gloriandi materiam, quod equis præstat & navibus. Tu enim eam, ô Saturnia proles, rex Neptune, eo gloriæ evexisti, instituto in his primum regionibus more frenis equos regendi: apta vero remo palmula, manibus in mare porrecta salit, quinquaginta Nerei filiarum comes.

ANTIGONE. O maximis laudibus celebrata terra, nunc inclytam illam famam re comprobare decet.

OEDIPUS. Quid novi est, ô filia?

ANTIGONE. Eccum propius ad nos accedit Creon, non sine satellibus, pater.

OEDIPUS. O carissimi senes, ex vobis mihi nunc certa adpareat salus.

CHORUS. Confide, aderit: etsi enim senex sum, tamen hujus terræ non consenuit robur.

CREON. Viri indigenæ hujus terræ incolæ, vestro ex vultu video, subitum vos aliquem metum concepisse meum ob adventum: ne me timete, maledicisque parcite vocibus. Venio enim, non ut vi quidquam facturus; quandoquidem senex sum, scio autem ad urbem me venire præpotentem, si qua alia Græciæ. Sed tantæ quum fini ætatis profectus sum, virum hunc persuasurus ad Cadmeam terram me sequi, non unius missu, sed civibus ab omnibus jussus, quia me, ob communionem sanguinis, magis quam quemquam alium in civitate luctus adtingit illius calamitatum. At, ô ærumnose Oedipe, auscultans mihi, redi domum: universus te populus Thebanus, ut fas est piumque, vocat, &, ut qui maxime, ego, quo magis, nisi longe omnium sim pessimus, doleo tuas ob ærumnas; calamitosum te videns, hospitem, erronem semper & mendicum, victuque egentem unica ductum a ministra; quam, ô miser ego! numquam opinatus essem in tam indignam fœdamque sortem dejectum iri, quo nunc dejecta est, dum te tuumque caput semper curat mendicato cibo, tam grandis, nuptiarum expers, & cujuslibet exposita contumeliis. Ecquid miserandum probrum, ô me infelicem! in te conjeci, meque, & totum genus? Verum, haud enim mihi datur, quæ manifesta sunt, celare, age, per ego te Deos patrios obtestor, Oedipe, ea tu absconde, sponte tua urbem domumque paternam repetens; & huic urbi amanter valedicito: promerita est enim: at patria merito plus colatur, quæ te aluit olim.

OEDIPUS. O ad omnia audax, & e quolibet justo sermone machinas producens subdolas, quid hisce me tentas, denuoque capere me vis, quibus maxime dolerem captus? Ante etenim mihi malis domesticis laboranti, quum volupe esset mihi in exsilium ejici, noluisti volenti conferre hanc gratiam: at ubi ira exsaturatus quievi, vitamque domi agere dulce fuit mihi, tum expulisti & ejecisti; neque tibi tum sanguinis illa conjunctio ullo caritatis sensu tenuit animum. Nunc etiam rursus, quando vides urbemque hanc benivole me amplecti, & gentem totam, conaris me avellere, aspera verbis mollibus loquens. Quamquam quænam hæc voluptas est invitos amare? ut si quis tibi enixe flagitanti quod cupias consequi, nihil concedat, nec opem ferre velit; expletum autem animum habenti, quorum eguisses, tunc donet, quum gratia oblata nullam parit gratiam, an inani ex dono voluptatem capias? Atqui talia tu mihi offers, verbis quidem bona, sed ipsa re mala. Declarabo autem & hisce, ut te improbum esse ostendam. Venis abductum me, non ut domum reducas, sed ut ad confinia me loces, quo urbs tibi sit immunis a cladibus, quæ ab hac terra impendent. Hæc autem non consequeris; sed te ista manent, illic semper habitans injuriarum mearum ultrix Furia, regionis pernicies. Filiis autem meis terræ meæ tantum sortiri fas est, quantum satis sit immoriendis. An non melius quam tu res Thebarum nosse videor? multo quidem, quanto certiores auctores habeo, Apollinemque, & ipsum Jovem, qui illius pater est. Tu vero huc venisti subdole conficta dicturus multo cum acumine; sed hoc ex sermone mala auferes plura quam commoda. Verum, quandoquidem certo scio te mihi ista non persuasurum, abi, nosque sine hic vivere. Non enim male, ne sic quidem, vivemus, si ita vivere nos juvat.

CREON. Num putas ex hoc tuo consilio majus mihi, quam tibi ipsi, damnum imminere?

OEDIPUS. Mihi quidem jucundissimum est, si tu neque me persuadere potes, nec hosce qui adsunt.

CREON. O miser, ne longum quidem tempus docuit te sapere, sed in senectute etiam noxium te dementia facit.

OEDIPUS. Lingua tu acer es: at probum esse neminem ego censeo, qui ex omni caussa recte velit dicere.

CREON. Aliud est multa loqui; aliud, opportuna.

OEDIPUS. Quam tu breviter hæc, sed opportune dicis!

CREON. Haud sane, si cui eadem est mens, quæ tibi.

OEDIPUS. Abi, dicam enim horum etiam nomine, neque me observa, hortans ubi habitare me oporteat.

CREON. Anteftor hos, non te, qualibus nunc verbis refpondes amicis. Si te umquam cepero —

OEDIPUS. Et quis me invitis his adjutoribus capiat?

CREON. Certe tu, etiamsi non capiaris, dolebis tamen.

OEDIPUS. Nam quid te moliri hæ minæ indicant?

CREON. Natarum tuarum alteram quidem modo abreptam ablegavi, alteram autem mox abducam.

OEDIPUS. Hei mihi!

CREON. At mox habebis, quod plores magis.

OEDIPUS. Filiamne meam habes?

CREON. Et hanc habebo haud longum poft tempus.

OEDIPUS. O hofpites, quid facturi eftis? an me prodetis, an abigetis fceleftum hunc ex hac terra?

CHORUS. Faceffe, hofpes, hinc ocius: non enim in præfentia quæ facis jufta funt, nec quæ fecifti antea.

CREON. (*ad Satellites*) Vos hanc jam abducite, fi fponte non ibit.

ANTIGONE. Hei mihi miferæ, quo fugiam? quod auxilium deorum implorabo, aut hominum?

CHORUS. Quid agis, hofpes?

CREON. Non adtingam hunc virum, fed iftam, quæ mea eft.

OEDIPUS. O terræ hujus principes!

CHORUS. O hofpes, injufte facis.

CREON. Jufte.

CHORUS. Qui jufte?

CREON. Meos abduco.

ANTIGONE. O civitas!

CHORUS. Quid agis, hofpes? non amittes? mox manum meam experieris.

CREON. Abftine manum.

CHORUS. Non equidem a te, fi iftæc moliris.

OEDIPUS. Civitati enim vim infers, fi quid me lædis.

CHORUS. Nonne tibi hæc prædixeram?

CREON. Dimitte manibus puellam ocius.

CHORUS. Ne impera, quæ imperare fas non est tibi.

CREON. Dimittere te jubeo.

CHORUS. Et ego te abire. Progredimini huc, adeste, adeste, incolæ; violatur civitas, violatur civitas mea. Progredimini huc mihi.

ANTIGONE. Abstrahor infelix, ô hospites, hospites.

OEDIPUS. Ubinam es mihi, filia?

ANTIGONE. Vi coacta abeo.

OEDIPUS. Manus, ô nata, mihi porrige.

ANTIGONE. At non valeo.

CREON. *(ad Satellites)* Quin, vos, istam abducitis?

OEDIPUS. O miser ego, miser!

CREON. Non amplius posthac hisce scipionibus nixus ambulabis. Sed quoniam vincere vis patriamque tuam, & amicos, a quibus ego jussus, tametsi rex sum, hæc facio, age vince. Olim enim, sat scio, intelliges, te & nunc in te male consulere, & antea itidem male consuluisse, invitis amicis, iræ indulgentem, quæ tibi semper exitialis est.

CHORUS. Subsiste hic, hospes.

CREON. Edico ne quis adtingat.

CHORUS. Haud sane te abire sinam, virginibus illis privatus.

CREON. Ergo statim efficies ut majus aliquid civitati tuæ sit vindicandum: non enim his solis injiciam manus.

CHORUS. Sed quo te vertes?

CREON. Hunc correptum abducam.

CHORUS. Mirum quid narras.

CREON. Quod tamen mox peractum erit, nisi me rex terræ hujus prohibeat.

OEDIPUS. O vocem impudentem! Numnam tu me tanges?

CREON. Jubeo te tacere.

OEDIPUS. Enimvero ne me hujus loci præsides Deæ obmutescere velint priusquam te his adhuc onerem diris, qui mihi, ô scelestissime, oculis jampridem capto solum, quo regebar, oculum vi abripis:

abripis: quare & te ipsum & genus tuum Deorum cuncta cernens Sol det vitam talem, qualem ego, exigere in senectute.

CREON. Videtisne hæc, terræ hujus incolæ?

OEDIPUS. Vident & me & te; atque intelligunt factis me læsum verbis te ulcisti.

CREON. Haud sane cohibebo iram; sed vi abducam hunc, licet solus sim, & ætate tardus.

OEDIPUS. O me miserum!

CHORUS. Quanta huc audacia venisti, hospes, si putas te hæc effecturum!

CREON. Puto.

CHORUS. Hanc igitur non amplius censeam civitatem esse.

CREON. Justa in caussa parvus etiam magnum vincit.

OEDIPUS. Auditis quæ loquitur.

CHORUS. Quæ vero non perficiet.

CREON. Jupiter hoc sciat: tu vero arbiter non eris.

CHORUS. Non hæc injuria est?

CREON. Injuria; sed ferenda.

CHORUS. O populus omnis, ô terræ principes, adeste propere, adeste; namque ultra fas jam transeunt.

THESEUS. Quis hic clamor est? quid rei? quemnam ob metum sacrificantem me ad aras marino Deo inhibetis, hujus Coloni præsidi? dicite, ut rem omnem sciam, qua gratia huc celerius prorupi, quam pedibus gratum erat.

OEDIPUS. O carissime, adgnovi enim vocem tuam, passus sum atrocia ab hoc viro modo.

THESEUS. Quænam illa sunt? quis tibi fecit injuriam? effare.

OEDIPUS. Hicce, quem cernis, Creon geminas filias, quod unicum supererat vitæ meæ subsidium, a me avulsit.

THESEUS. Quid ais?

OEDIPUS. Quæ passus sum audisti.

THESEUS. Quin ergo e ministris quispiam abit quam citissime aras ad illas, omnem coacturus populum, peditem, equitemque, ut, sacris relictis, effusis habenis properent eum in locum, ubi duplex euntibus via in unam maxime coit, ne transeant puellæ, nec ego deridiculus fiam huicce hospiti, vi superatus? abi, ut jussi, ocius. Hunc autem ego, si iræ indulgerem, qua dignus est, incolumem e manu mea non dimitterem: nunc autem quas ipse leges huc intulit, iisdem, non aliis tenebitur. Non enim umquam hisce ex oris abibis, nisi prius illas huc reductas palam mihi stiteris; quandoquidem & me, iisque quibus prognatus es, & patria tua indignum facinus adgressus es; quippe qui æqui servantem ingressus civitatem, nihilque nisi ex lege facientem, tamen spretis iis penes quos est hujus loci publica auctoritas, sic violenter irruis, abducisque quæcunque vis, tibique per vim subjicis. Et mihi urbem esse putasti vacuam viris, aut domino servientem alicui, & me hominem esse nihili. Quamquam te Thebæ non docuerunt esse malum; non enim solent injustos viros educare: nec te adprobarent, si rescirent te meaque & divina spoliare, vi abducentem miseros supplices. Haud quidem sane, tuam ingressus terram, ne si caussas haberem omnium justissimas, abstraherem abduceremve quemquam, absque regis, quisquis ille esset, arbitrio; sed scirem, quo se modo hospes inter cives gerere oporteat. Tu vero tuam ipsius patriam, haud tali dignam probro, dedecoras; & te longa ætas senem simul reddit, & mente vacuum. Dixi quidem jam ante, nuncque iterum dico, puellas ut quis huc reducat quam celerrime, nisi inquilinus hujus loci fieri per vim atque ingratiis tuis non refugis. Atque hæc tibi ex animo pariter & lingua dico.

CHORUS. Vides quo loco res tibi sit, hospes? Nam reputanti a quibus natus sis, justus esse videris; mala autem patrasse deprehenderis.

CREON. Equidem neque viris vacuam, neque consilii expertem hanc civitatem putans, ut tu rere, ô nate Ægei, ista molitus sum; sed quia sciebam neminem horum fore civium, qui tanto erga consanguineos meos accendatur studio, ut vel meis ingratiis eos alere velit. Noram præterea hominem parricidam & scelere pollutum ab iis receptum non iri, nec qui incestis ex nuptiis liberos procreasse compertus sit. Talem illis in Areopago senatum indigenam esse noram, prudentia insignem, qui non sinit hujusmodi errones in hac urbe conversari. Quorum quidem fiducia hanc prædam capere aggressus sum: nec sic tamen fecissem, nisi mihi ipsi, generique meo diras hic acerbas imprecatus esset: quapropter injuria lacessitus, hanc æquum censui rependere vicem. Ira enim non consenescit; sola morte restinguitur; mortuique soli nullo tentantur dolore. Proinde quodcunque libuerit facies, quandoquidem me solitudo, tametsi justa dico, parvum reddit. Attamen, qualiacumque futura sint tua facta, etsi hac ætate sum, par conabor referre.

OEDIPUS. O impudentem audaciam! utrum proscindere putas, mene senem, an te ipsum hisce conviciis? qui mihi cædes & nuptias, calamitatesque ore exprobas improbo, quas ego miser tuli invitus: Diis enim ita visum est, iratis forte generi nostro veterem ob aliquam culpam. Me enim ipsum haud quidquam mali commeruisse arguas, qua gratia hæc in me meosque admiserim flagitia. Nam doce me, sodes, si quo oraculi responso prædictum fuit patri, peremtum illum iri a filio, quo jure mihi hoc exprobres, qui nec a patre tunc satus, nec a matre conceptus, nec dum generatus eram. Si vero natus infelix, ut ego natus sum, cum patre conserui manus, eumque occidi, nec quod facinus admitterem, nec in quem, sciens; qui mihi quod imprudens nec consulto feci juste vertas crimini? Ecquid vero non te pudet, perdite, matris meæ, quæ tua fuerit soror, de nuptiis cogere me loqui? quæ quales fuerint, mox dicam: rem enim silentio non premam, quum tu impium hunc sermonem exorsus sis. Peperit enim me, peperit (heu quantum est mali!) ignarum ignara: materque eadem mea deinde liberos, suimetipsius probrum, peperit mihi. Verum unum saltem hoc mihi constat, te quidem ultro meque & illam his urgere conviciis: ego autem eam invitus duxi, invitusque hæc loquor. Sed ne quidem ob has nuptias malus perhibebor, neque ob eam, quam mihi objectas usque, cædem paternam, acerbe exprobrans. Unum enim mihi responde solum quod te interrogo. Si quis te, justum illum, subito hic invadens perimere conaretur, quæreresne utrum pater is esset, qui te vellet occidere, an vero statim ulciscereris? sane existimo, si quidem vitam amas, improbum ulciscereris, neque quid justum considerares. Talia quidem & ipse incidi in mala, Deis ducentibus; quibus ne animam quidem patris, si revivificat, contrariis dicturam esse opinor. At tu, haud enim probus es, sed omnia dictu honesta putans, fanda infandaque, talia mihi coram his exprobras? & tibi Thesei nomen adulari decorum videtur, Athenarumque urbem, ut quæ præclaris habitetur incolis. Nec tamen, quum sic multa laudas, hoc meminisiti, urbem hanc, si qua alia deos novit honoribus colere, religione omnes antecellere; unde tu supplicem me senemque furto conaris ipsum abducere captivum, raptisque filiabus meis aufugere. Quorum ego nunc gratia hasce Deas invocans rogo, & precibus supplico, ut adsint mihi auxilio, quo discas qualibus a viris hæc custoditur urbs.

CHORUS. Bonus est hic hospes, ô rex; sed exitialis premit eum calamitas, quæ vindice digna est.

THESEUS. Verborum satis est: nam illi quidem raptores properant: nos vero, qui injuria adfecti sumus, hic stamus.

CREON. Quid, quæso, imbecillo homini, ut faciat, imperas?

THESEUS. Ut illam ingrediaris viam, meque eo deducas: ut, sicubi in his locis virgines, nostras hospitas, detines, ipse mihi eas exhibeas: si vero aufugerunt raptores, non est quod laboremus: alii enim sunt, qui contento cursu eos persequuntur, quos quod ex hac terra effugerint, numquam illi Diis vota persolvent. Sed præi: adgnosce vero, ut tenens teneris ipse, utque venantem te cepit fortuna: dolo enim malo quæsita stabilia non manent. Neque cujusvis alius hac in re utéris opera: quippe ex ea quam nunc ostendis audacia satis intelligo, te nequaquam viris armisque destitutum ad tantam injuriam inferendam accessisse; sed præsidium est aliquod, cui tu fidens hæc patrasti. Hoc vero dispicere me oportet, nec committere, ut hæc civitas uni succumbat viro. Numquid hæc intelligis? an frustra tibi dicta putas quæque nunc audis, & quæ audisti, quum ista machinareris?

CREON. Nihil hic mihi dices, quod refellere valeam: domi vero & nos sciemus quid facto opus sit.

THESEUS. Abi modo, & minare quantumvis. Tu vero nobis, Oedipe, quietus hic mane, & confide, me, nisi prius moriar, non desiturum, priusquam tuarum te compotem filiarum fecero.

OEDIPUS. Bene ſit tibi, Theſeu, cum ob animum generoſum, tum ob hanc erga nos juſtam providentiam.

CHORUS. Utinam illic adeſſem, ubi concurrentes infeſtis armis viri ferriſtrepum Martem miſcebunt, vel ad Apollinea litora, vel ad illa lampadibus fulgentia, ubi verendis ſacris mortales excolunt Venerandæ Deæ, quarum aurea clavis linguas etiam coërcet miniſtrorum Eumolpidarum: ibi puto bellicoſum Theſea in geminas innuptas ſorores cito incurſurum pugna haud impari, his in regionibus. An uſque ad occiduum petræ nivalis jugum campeſtribus ex Oeæ paſcuis, concitatis equis & curribus, fuga contendent? adparebit terribilis adcolarum Mars, terribile quoque Theſid rum robur. Cunctis enim ex frenis fulgor emicat; omneſque properant ornatos phaleris equos conſcendere, qui equeſtrem colunt Minervam, marinumque terram ambientem Rheæ carum filium. Remne gerunt, an cunctantur? Quam præſagit mihi animus mox redditum iri virginem acerba paſſam, acerbiſque impetitam injuriis a conſanguineis! Conficiet, conficiet aliquid hodie Jupiter. Vates ſum felicium præliorum. Utinam, ceu velox columba præpeti concitæ volatu, ætheriam in nubem ſublatus, ipſorum certaminum viſu expleam oculos meos! O qui omnia cernis, Jupiter Deorum rex ſumme, tribuas hujus terræ rectoribus, ut triumphali robore expeditionem hanc, partaque præda, conficiant; tuque, veneranda virgo, Pallas Minerva, nec non venatorem Apollinem, ſororemque maculoſos ſectantem celeripedes cervos, obſecro geminam opem ferentes adſint huic urbi & civibus.

O vage hoſpes, ſpeculatorem me haud dices falſo augurari: eccas enim puellas video prope huc rurſus ſe conferentes.

OEDIPUS. Ubi, ubi? quid ais? quid dixti?

ANTIGONE. O pater, pater, quis Deorum tibi præſtet, ut fortiſſimum videas virum, qui nos huc remiſit tibi?

OEDIPUS. O filia, anne adeſtis?

ANTIGONE. Quippe manus hæ nos Theſei ſervarunt, fidorumque comitum.

OEDIPUS. Accedite, ó filia, ad patrem, & ſinite me veſtra, quæ neutiquam reditura ſperaveram, contingere corpora.

ANTIGONE. Quod petis, consequêris; nobis enim cupita gratia est.

OEDIPUS. Ubi, quæso, ubi estis?

ANTIGONE. En una ambæ accedimus.

OEDIPUS. O carissima germina!

ANTIGONE. Genitori quidquid genuit carum.

OEDIPUS. O fulcra viri —

ANTIGONE. Infelicis sane infelicia!

OEDIPUS. Carissima teneo pignora; neque adhuc omnium ero miserrimus, si moriar, vobis adsistentibus mihi. Applicaminor mihi, ô filia, utrumque ad latus; adhærete genitori, finemque imponite solitariæ & miseræ vagationi, ad quam modo redactus eram: & mihi quæ gesta sunt narrate paucissimis: nam vos, id ætatis, brevis decet sermo.

ANTIGONE. Hic est qui nos servavit: hunc audire oportet, pater; & sic tibi brevis erit mea oratio.

OEDIPUS. O hospes, ne mirere quod animo meo morem nimis geram, si liberis meis insperato redditis produco sermonem. Quod enim ex illis gaudium capio, id tuum esse scio & a nemine alio ortum: tu enim eas servasti, nec quisquam alius mortalium. Proinde digna tibi, ut opto, præmia Dii ferant, Ipsique & huic civitati; quandoquidem apud vos hominum solos pietatem inveni, & æquitatem, verbaque fallere nescia. Hæc autem expertus, hisce sermonibus gratum testor animum: habeo enim, quæ habeo, per te, nec quemquam alium: & mihi manum, ô rex, porrige dextram, ut tangam, exosculerque, si fas, tuum caput. Quamquam quid dico? quomodo infelix ego attingere postulem virum, cui nulla suscepta est flagitii macula? haud sane faciam, nec, si concedere velis, sinam. Soli enim mortalium, quos usus edocuit, harum ærumnarum oneri adjutando pares sunt. Tu vero isthinc mihi salve, & in posterum mei curam gerito juste, ut fecisti hodie.

THESEUS. Neque si longiori usus es sermone, lætitia adfectus ob receptas hasce tuas filias, demiror, neque si, me posthabito, priores eas adlocutus es: nihil enim horum nobis grave est. Non enim sermonibus studemus inclarescere magis quam factis. Idque re ipsa ostendo. Quæ enim juratus promisi tibi, senex, horum nihil est in quo fidem non exsolverim. Quippe has tibi adduco salvas, illæsasque omnibus quæ minitabatur Creon. At hoc certamine quomodo victoria parta fuerit, quorsum attinet jactabundum me narrare, quæ quidem ipse ex his, quibuscum versaris, rescies. Sed rem, quæ mihi modo huc venienti renuntiata est, animum adverte, siquidem, parva licet dictu, digna tamen admiratione est. Rem vero nullam negligere hominem decet.

OEDIPUS. Quid rei est, fili Ægei? doce me, ut qui sciam eorum nihil, quæ tu audiisti.

THESEUS. Aiunt virum quemdam, haud quidem ejusdem tecum consortem civitatis, cognatum vero, supplicem nobis ad aram Neptuni sedere, ad quam sacra faciebam, quum tumultu hic orto excitatus fui.

OEDIPUS. Cujatem esse aiunt, quidve petentem hac supplicatione?

THESEUS. Haud scio, nisi unum: a te enim, ut narrant mihi, exiguum expetit officium, nec plenum negotii.

OEDIPUS. Quodnam? haud enim parvum quid minatur hæc sessio.

THESEUS. Illum postulare aiunt, ut sibi liceat ad te accedere & tecum colloqui, tum tuto abire, nihilque mali passum, quod huc venerit.

OEDIPUS. Quisnam esse possit, qui sic supplex sedet?

THESEUS. Vide, num Argis quis vobis cognatus sit, qui hoc a te velit consequi.

OEDIPUS. O carissime, ne ultra progredere.

THESEUS. Quid vero est tibi?

OEDIPUS. Ne me obsecra.

THESEUS. Quarum super re? dic mihi.

OEDIPUS. Sat scio, his auditis, quis ille sit, qui ad aram sedet.

THESEUS. Et quis tandem est, quem dignum reprehensione judicem?

OEDIPUS. Filius meus, ô rex, odium, cujus ego sermones ex omnibus maximo cum dolore sustinerem audire.

THESEUS. Quid vero? non tibi audire licet, quæque nolis, non facere? cur audire tibi sic molestum est?

OEDIPUS. Invisissima, ô rex, vox illa patris accidit aures, & ne me eo redigas, ut invitus hæc tibi concedam.

THESEUS. Sed id si flagitat supplex ad aram sedentis habitus, vide an non Dei religio tibi servanda sit.

ANTIGONE. Pater, obtempera mihi, tametsi adolescentula te moneo. Virum hunc sine suo ipsius animo obsequi, & Deo, sicut cupit; & nobis concede ut frater veniat. Non enim te, confide, invitum a sententia absterrebunt, quæ ille tibi non commoda dixerit. Verba autem audiisse, quid nocuerit? sane consilia recte cogitata verbis declarantur. Genuisti illum: quare, etiamsi erga te sceleftissime se gesserit, ne tibi quidem fas est male illi rependere: sed missum eum fac. Sunt & aliis mali liberi, & ira acris; sed amicorum blandis adloquiis moniti, mulcentur deliniunturque. Tu vero ne nunc mala illa respectes, quæ passus es ob commissa in patrem matremque piacula; quamquam si illa penitus inspicias, cognosces, sat scio, quam malus sit iræ impotentis exitus. Habes enim hujus rei haud leve argumentum, quod effossis oculis lumine orbatus es. Verum nobis cede: non enim diu decet obsecrare, qui justa petunt, neque ipsum te par est beneficium accepisse, & acceptum nescire rependere.

OEDIPUS. Nata, vincitis me vestra oratione, ut vobis morem geram in re mihi permolesta: sit igitur, ut vobis placet. Tantum, hospes, si quidem ille huc venerit, ne quis vitam meam in sua potestate habeat.

THESEUS. Hæc semel dixisse satis est: bis audire nolo, senex. Nec libet gloriari; tu tamen salvum te tamdiu scito, dum me Deus quis servabit.

CHORUS. Quisquis longiorem vitæ sortem, mediocri haud contentus, adpetit, ille sinistri esse ingenii, me judice, censebitur: quandoquidem longi sæpe dies tristes curas propius admovent; læta vero non facile videas illi contingere, quem immodicam delapsum in cupiditatem, ne morte quidem impendente, capit satietas; quando senectus hymenæi, citharæ & chorearum expers adparuerit, & ad extremum ipsa more. Natum non esse, sortes vincit alias omnes: proxima autem est, ubi quis in lucem editus fuerit, eodem redire, unde venit, quam ocissime. Nam simul ac juventas adest stultas levitates adferens, quis effugit multiplices labores? quae non miseria adest? caedes, seditiones, lites, pugnae, & invidia: tandem supervenit, odiosa, viribus defecta, morosa senectus, amicis orba, ubi omnia mala malorum pejora cohabitant: in qua infelix hic, non ego solus, Boreale velut litus undique fluctibus hiemeque quatitur; sic & hunc a vertice insurgentes calamitatum fluctus adsiduis quatiunt procellis; hae quidem a solis occasu; illae vero ab ortu, aliae quum sol medio ex orbe spargit radios, aliae nocturnis splendentibus astris.

ANTIGONE. Atqui eccum nobis, ut videtur, pater, gradum huc confert hospes ille incomitatus, ora rigans lacrimis.

OEDIPUS. Quis is est?

ANTIGONE. Quem & olim cogitabamus, ipse hic Polynices adest.

POLYNICES. Hei mihi! quid faciam? an mea ipsius mala prius deflebo, puellae, an quae hujus video patris senis? quem peregrina in terra vobiscum inveni hic ejectum, cum veste tali, cujus inamabilis squalor senili adhaerens corpori, membra situ tabefacit; & in capite oculis orbo impexa coma ventis diffunditur: hisque, ut videtur, consimilia habet miseri ventris alimenta. Quae quidem sero nimis cognosco perditissimus ego; & testor me pessimum omnium huc venire, qui, ne te victus deficeret, providere debuerunt: hoc ex aliis ne quaeras. Sed Jovis etiam adsidet solio Pudor omnibus in factis; tibi quoque, pater, adsistat. Horum enim quae peccavimus remedium quidem est; at ea exprobrare nihil amplius adtinet. Quid taces? loquere aliquid, ô pater; ne me aversaris. Nihilne mihi respondes? sed contemtum ita dimittes, nihil locutus, ne declarata quidem irae tuae caussa? O viri hujus progenies, meaeque sorores, at vos saltem conamini movere patris morosum os & haud affabile, ut ne spretum me Dei supplicem ita dimittat absque ullo responso.

ANTIGONE. Dic, ô miser, ipse qua gratia veneris. Plerumque enim sermo vel oblectationem aliquam, vel offensionem ferens, aut ad misericordiam movens, vel obstinate silentibus vocem aliquam exprimit.

POLYNICES. Ergo eloquar; probe enim tu me commones; primum quidem ipsum hunc Deum orans, ut sit adjutor, cujus ex ara me huc venire excitavit hujus terræ rex, a quo data mihi venia dicendique & audiendi tuto cum commeatu: hæcque ut a vobis, hospites, mihi contingant, & ab hisce sororibus, patreque, impense cupio. Cujus autem gratia venerim, jam tibi volo dicere, pater. Patrio e solo expulsus sum in exsilium, quia regio in tuo throno sedere volui pro meo jure, ut qui natu sim major. Quapropter me natu minor Eteocles ex urbe pepulit, non ut qui rationum momentis caussam vicerit, nec qui se manu factisve meliorem me esse ostenderit, sed persuasis civibus. Quorum equidem caussam in Erinnyn maxime confero, tuarum dirarum testem: quam opinionem confirmant etiam vatum responsa. Postquam enim veni Argos ad Doricum, Adrastum adeptus socerum, conjuratos socios adjunxi mihi, terræ quicumque Apiæ principes cluent, florentque bellica laude, ut, septemgemino exercitu contra Thebas cum his coacto, vel justa pugna moriar, vel horum auctores malorum e terra ejiciam. Sed hactenus ista. Cur tandem huc me contuli? Dicam. Tibi supplices, ô pater, preces admoturus, mei ipsius caussa, sociorumque meorum; qui septem numero totidem nunc agminibus urbem Thebanam obsidione cingunt: qualis bellicosus Amphiaraus, armis qui primas obtinet, primasque auspiciis: secundus Aetolus est Oenei filius Tydeus: tertius Eteoclus Argivo cretus patre: quartum Hippomedonta misit pater Talaus: quintus Capaneus gloriatur suffossam Thebarum urbem statim se vastaturum: sextus Parthenopæus Arcas concitus fertur, nomine referens diu servatam olim matri virginitatem, Atalantæ partu editum se probans: ego vero tuus, vel, si nevis, irati Genii filius, attamen tuus vocatus, duco intrepidum Argivorum ad Thebas exercitum: qui te per hasce tuas filias & tuam vitam, pater, obtestamur supplici petentes prece, ut iram gravem mihi remittas, fratris injuriam ulcisci properanti, qui me expulit, patriaque spoliavit. Si quæ enim fides est oraculis, utris tu accesseris, horum victoriam fore prædixit Deus. Per nunc te fontes, perque cognatis jura dantes Deos, rogo obsequaris, & remittas iram: quandoquidem mendicus ego & hospes, tuque hospes etiam; alios autem observantes peregrina in terra degimus tuque & ego, eamdem fortunam sortiti. At is domi regno potitus, ô miser ego, utrumque nostrûm pariter irridens, molliter vivit: quem, si tu consilia mea adjuvabis, facili negotio brevique tempore dissipabo: sicque in domum tuam te restituam, restituamque me ipsum, illo per vim ejecto. Et hæc, si tua voluntas accesserit, gloriari mihi licet; at sine te ne sospitari quidem valeo.

CHORUS. Huic viro, illius qui misit caussa, Oedipe, quodcunque tibi expedire videbitur responde, eumque sic dimitte.

OEDIPUS. At nisi terræ hujus rex Theseus illum huc misisset, a me responsum ut ferret postulans, haud sane, viri, vocem ille umquam meam audiret: nunc vero is honor ei habebitur, abibitque auditis ex me talibus, quæ numquam ejus vitæ lætitiam adferent. Qui, ô scelestissime, sceptra & solium quum tenebas, quæ nunc tuus frater Thebis tenet, tuum ipse patrem hunc expulisti, patriaque extorrem fecisti, eòque redegisti, ut hac indueretur veste, quam nunc intuens lacrimas, quando in easdem miserias conjectus es. Hæc vero deploranda mihi non sunt, sed ferenda, quamdiu viventi mihi sedebit animo parricidæ tui memoria. Tu enim in has ærumnas me detrusisti; tu me expulisti; tua quoque opera vagus ab aliis mendico quotidianum victum. Quod si non hasce genuissem mihi nutricias filias, haud sane superessem amplius, tua quidem caussa: nunc autem hæ me servant, meæ sunt hæ altrices; hæ viri sunt, non feminæ, adjuvandis meis ærumnis: tu vero fraterque tuus ex alio, non ex me, nati estis. Quapropter te Deus intuetur, nondum tamen qualem mox, siquidem hæc moventur agmina contra Thebarum urbem. Non enim est, ut oppidum illud evertas; sed prius sanguine concides fœdatus, simulque frater tuus. Has ego vobis diras & antea imprecatus sum, nuncque eas rursus invoco, ut auxilio adsint mihi, quo justum esse intelligatis, parentes revereri, neque eos afficiatis contumelia, quod, tales quum sitis, caecum habeatis patrem. Hoc enim istae non fecerunt. Itaque tuam sedem tuosque thronos dirae illae occupabunt, siquidem prisca dea Justitia Jovis adhuc adsidet solio, veteres servans leges. Tu vero in malam rem abi, exsecratus abdicatusque patri, scelestorum scelestissime, hasque tecum aufer diras, quas tibi imprecor, ut neque terra patria bello potiaris, nec redeas umquam cavum ad Argos; sed cognata manu cadas, occidasque eum a quo ejectus es. Haec tibi imprecor, & invoco odiosum Erebum, Tartari tutelarem Deum, ut te illuc habitaturum deducat: has quoque Deas invoco, simulque Martem, qui vobis atrocis illius odii furorem injecit. Atque haec quum audieris abi, atque hinc digressus renuntia Cadmeisque cunctis, & tuis simul fidelibus sociis, tales Oedipum filiis suis rependisse gratias.

CHORUS. Polynices, haud tibi gratulor ob susceptum huc iter; at nunc rursus abi, quam potes celerrime.

POLYNICES. Hei mihi! heu infelix iter, quam mihi cessit male! heu socios meos! huncine ergo ut nancisceremur finem ab Argis movimus? ô me calamitosum! talem quidem, qualem neque renuntiare cuiquam liceat sociorum, nec fas pedem referre; sed tacitum oportet me in hunc casum incurrere. Sed vos, ô germanae hujus viri filiae, quandoquidem diras, quibus me defixit hic pater, audiistis, ne me tamen, per Deos obsecro, si quando imprecationes istae exitum sortitae fuerint, vobisque contingat aliqua domum redire, ne me inhonoratum patiamini, sed sepultura afficite, sepulcroque sollemnia mittite. Sicque vobis ad istam laudem, quam ab hoc viro pium ob laborem reportatis, alia non minor accedet ob officium mihi praestitum.

ANTIGONE. Polynices, obsecro te, morem mihi gere.

POLYNICES. Qua in re? dic, ô carissima Antigone.

ANTIGONE. Quamprimum ad Argos converte retro exercitum, & ne te ipsum civitatemque perditum eas.

POLYNICES. Sed fieri hoc nequit. Qui enim rursus easdem cogere possim copias, si semel timore correptus fugero?

ANTIGONE. Quid vero necesse est, ô fili, impotenti iræ iterum te indulgere? Quid te juvabit patriam evertisse?

POLYNICES. Fugere turpe est, meque priorem ætate ita irrideri a fratre.

ANTIGONE. Viden' ergo, ut ipse hujus viri oracula ad exitum perducere properas, quibus vobis necem mutuam prænuntiat?

POLYNICES. Vaticinatur enim quæ futura sunt; quo minus inter nos gratia reconcilianda est.

ANTIGONE. Hei mihi miseræ! Quis vero audebit te sequi, quum audiet qualia vir hicce ediderit oracula?

POLYNICES. Adversa non renuntiabimus: boni enim ducis est læta proferre, at infausta silentio premere.

ANTIGONE. Siccine ergo, ô fili, hæc tibi decreta sunt?

POLYNICES. Ne me retineas: namque curæ mihi erit hoc iter conficere, quamvis infaustum & perniciosum, propter hunc patrem, ejusque Erinnyas. Vobis autem prospera omnia adnuat Jupiter, si mihi mortuo illa quæ rogo confeceritis; vivo enim non erit amplius quod præstare possitis. Jam vero dimittite me, & valete; non enim aura vescentem videbitis me posthac.

ANTIGONE. O me miseram!

POLYNICES. Ne, quæso, me luge.

ANTIGONE. Et quis ruentem te ad præsens letum non lugeat, frater?

POLYNICES. Moriar, si fatale est.

ANTIGONE. Ne tu hoc velis; sed mihi obsequere.

POLYNICES. Ne suadeas, quæ non decet.

ANTIGONE Atqui miserrima ego, si te privabor.

POLYNICES. Fortuna decernet, utro hæc casura sint modo. At Deos precor, vobis ut nihil umquam eveniat mali: indignæ enim estis omnino quovis infortunio.

CHORUS. Novum sane & mirandum mihi acciderit, si infelices casus, quos prædixit lumine cassus senex, vis fati ad exitum non perducat: nullum enim divinum decretum habeo, quod frustra editum dicere queam; videt, videt illa semper tempus: quandoquidem & prius destinata huic viro infortunia novis incrementis in dies cumulans — Insonuit æther, ô Jupiter! ·

OEDIPUS. O natæ, natæ, utinam, siquis hic adest incola, huc mihi optimum Thesea arcessat!

ANTIGONE. Pater, quid rei est, quod illum advocas?

OEDIPUS. Jovis hoc alatum fulmen ad Orcum me ducet illico. Verum agite, mittite quam primum.

CHORUS. En fragor ingens intonat, fulmina torquente infandum in modum Jove: summi verticis comam horror erigit; animum sternit pavor: rursus enim cœleste fulgur coruscat. Quemnam portendit eventum? exhorreo: haud enim umquam emicat temere, nec absque novo quopiam casu. O magnus æther! ô Jupiter!

OEDIPUS. O natæ, adest huic viro fatalis vitæ exitus, nec amplius est effugium.

ANTIGONE. Qui scis? qua ex re istud conjicis?

OEDIPUS. Pulchre novi: sed quam celerrime profectus aliquis regem hujus terræ mihi adducat.

CHORUS. Heu, heu! ecce iterum circumtonat horrisonus fragor. Propitius esto, Deus, propitius mihi, si quid infaustum huic meæ altrici terræ affers. Utinam cum pio converser; nec, quod scelestum virum viderim, malam gratiam reportem! Jupiter rex, te invoco.

OEDIPUS. An prope adest vir? num adhuc spirantem, filiæ, inveniet me & compotem mentis?

ANTIGONE. Quid habes, quod illius fidei concredas?

OEDIPUS. Accepto pro beneficio plenam ei gratiam rependere volo, quam pollicitus sum.

CHORUS. Eho, eho, ô fili, ades, ades, etsi forte ad aram extremo in litore positam marinum Deum Neptunum placas, veni. Ille enim hospes tibi, civitatique & amicis dignam cupit gratiam rependere pro acceptis beneficiis. Propera, citato cursu veni, ô rex.

THESEUS. Quis iterum a vobis communis resonat clamor, clarus quidem vestrûm, manifestus & hospitis? Numquid Jovis fulmen, aut rupto nimbo præcipitavit grando? Deo enim tempestatem ciente, omnia hujusmodi exspectanda sunt.

OEDIPUS. O rex, optatus advenis; & tibi Deorum aliquis secundavit hoc iter.

THESEUS. Quid vero, ô nate Laïi, rursus exortum novi?

OEDIPUS. Vita mihi ad exitum inclinat; & antequam moriar, promissorum tibi huicque civitati fidem liberare volo.

THESEUS. Undenam proximi interitus capis præsagium?

OEDIPUS. Ipsi mihi denuntiant Dei, numquam fallentibus propositis signis.

THESEUS. Quomodo ais, ô senex, hoc tibi aperiri?

OEDIPUS. Audita sæpius continua tonitrua, crebraque me commonent invicta manu contorta tela.

THESEUS. Fidem mihi facis; nam multa te vaticinari intelligo, eaque non falsa. Proinde quid facto opus sit declara.

OEDIPUS. Ego docebo, ô nate Aegei, quæ rata tuæ urbi nullo consenescent ævo. Ad locum enim ipse mox præibo, nemine manu ducente, ubi me oportet mori. Eum autem indica mortalium nemini, nec ubi latet, nec in qua situs est regione; ut is tibi multorum vice clipeorum, externorumque subsidio arcessitorum militum, contra vicinos sit semper præsidio. Quæ vero arcana sunt, nec palam proferenda, solus tu disces, ubi illuc veneris. Nam neque civium horum ulli dixero, neque filiabus meis, etsi eas diligo. Sed tu solus ea recondita serva, quumque ad finem vitæ perveneris, illi tantum aperi, qui summæ imperii præfuturus sit; ille vero deinceps, continenterque omnes qui regnaturi sunt, quisque suo successori indicet. Et sic urbem hanc habitabis Thebanis inexpugnabilem. Quippe civitates innumeræ, licet bene institutæ, facile eo declinant, ut aliis injurias inferant. Dii enim acute quidem, at tarde intuentur, quum quis spreta numinis religione ad furorem vertitur; quod ne tibi accidat, ô nate Aegei, cave sedulo. Sed quid ego hæc scientem edoceam? Locum vero, urget enim me præsens a Deo fatum, adeamus jam, nec quidquam extimescamus. O filiæ, hac sequimini: ego enim dux vobis vicissim fio novus, ut ipsæ antea duces eratis patri. Ingredimini, & ne me attingite, sed sinite solum me invenire sacrum tumulum, ubi fatale est me hac terra condi. Hac pergite, hac inquam: hac enim me ducit Mercurius animarum deductor, & inferna Dea. O lux, cujus splendore careo, mihi quidem antea te frui licuit: at nunc ultimum te contingit corpus meum. Jam enim abeo supremum vitæ diem conditurus apud Orcum. At, ô carissime hospitum, ipseque & hæc terra, tuoque parentes imperio, fortunati sitis, & in rebus prosperis estote memores mei mortui, felicitate fruentes perpetua.

CHORUS. Si fas est mihi tenebrarum potentem Deam, & te precibus venerari, rex Manium Aidoneu, precor, ut nec laboriosa, nec dura morte defunctus hospes, subeat infera mortuorum arva, quo genus hominum conditur omne. Multa enim nec merita mala postquam te invaserunt, æquum sit, ut te vicissim fortuna benigne respiciat. O infernæ Deæ, invictaque belua, quam ad postes cubare aiunt, & ex antro continuos ululatus ciere, indomitum Orci custodem .... quem, ô Terræ Tartarique progenies, precor ut placide occurras hospiti properanti ad infernas Manium lacunas: te inquam appello, te semper insomnem.

NUNTIUS. O cives, quam brevissimis verbis dixero, vobis renuntians occidisse Oedipum: at quæ gesta, quoque modo singula peracta sunt, haud facile est brevibus expedire.

CHORUS. Numnam periit infelix ille?

NUNTIUS. Senilem vitam eum reliquisse scias.

CHORUS. Quomodo? num divina ope, facilique casu?

NUNTIUS. Hoc quidem jam admiratione dignum est. Quo enim modo hinc abiit, & tu, qui aderas, nosti, nemine amicorum ductore, sed ipse nos omnes ducens. Ubi vero pervenit abruptæ ad voraginis limen, æreis fundamentis ima in terra suffultum, constitit in una ex viis quæ in compitum coëunt, prope cavum specum, ubi Thesei Pirithoique manent fidorum semper fœderum monumenta: cujus loci, Thoriciæque petræ, cavæque silvestris piri, & lapidei tumuli in medio consedit: deinde exuit squalidas vestes: tum advocatis filiabus, jussit alicunde sibi adferrent vivæ aquæ lavacra & libamina: illæ autem frugiferæ Cereris in conspicuum collem profectæ, patris ea mandata celeriter exsequuntur, ipsumque lavacris de more & veste exornant. Quum autem omni peracto lætus esset officio, nec erat quidquam infectum eorum quæ mandaverat,

daverat, Intonuit quidem Jupiter inferus, auditoque fragore metu diriguerunt virgines: tum patris ad genua prolapsæ, lacrimas fudere, neque intermiserunt planctus, longosque gemitus. Ille vero, ut sonum derepente audiit acerbum, amplexus eas lacertis, dixit: *O filiæ, non amplius est vobis hac in die pater; periere enim omnia mea, nec amplius laboriosam habebitis mei alendi curam: duram quidem eam fuisse novi, filiæ; sed enim una hæc res mollit quidquid id est molestiæ: nam nemo est, qui vos majore, quam ego, prosecutus sit amore, quo jam orbatæ, quod superest ævi bene exigetis.* Hunc ad modum se invicem amplexi flebant omnes crebris singultibus. Ubi autem lugere desierunt, imo corde dolorem prementes, erat quidem silentium, quum subito exaudita vox quædam illum vocavit, cujus metu percussis cunctis subito adrectæ steterunt comæ: multum enim multisque modis vocabat eum Deus: *Heus, heus, Oedipe, quid cunctamur ire? jampridem tu in mora es.* Ille vero simulac sensit se a Deo vocari, jubet ad se venire terræ regem Thesea, qui ubi accessit, dixit: *O carum caput, da mei caussa dextræ tuæ pristinum pignus filiabus meis, vosque vicissim, ô natæ, huic date: atque fidem tuam obstringe, te numquam eas sponte proditurum, sed effecturum semper quæcunque mente benivola ex usu earum fore cognosces.* Ille vero absque lamentis, ut vir generosus, juramento promisit hospiti se illa præstiturum. Quæ quum is fecisset, protinus Oedipus invalidis manibus amplexus filias, ait: *O natæ, generoso animo huic necessitati parentes oportet vos hisce ex locis abire, neque, quæ nefas, postulare ut videatis, & non audienda ut audiatis: at abite quam celerrime: adsit tantum Theseus, qui summæ rerum præest, ut omnem eventum videat.* Talia loquentem exaudivimus simul omnes: largoque fletu rigantes ora gementesque una cum puellis abscessimus: nec dudum abieramus, quum respicientes vidimus eum quidem virum nullibi amplius adesse, ipsum autem regem obtenta capiti manu oculos tegentem, tamquam terribili aliqua objecta specie, cujus visum sustinere non posset. Denique haud longo post tempore videmus eum terram simul adorantem, eademque prece Olympum, Deorum sedem, invocantem. At quo fato ille obierit, ne unus quidem mortalium dixerit, præter

Thefea. Neque enim illum Jovis igniferum fulmen confecit, neque marina quæpiam procella, tunc temporis coorta; fed aut Deorum aliquis eum deduxit, aut ima dehifcens tellus benigne eum excepit Manium caligine. Haud enim vir ille gemebundus, nec morbi doloribus exhauftus occidit, fed, fi quis alius mortalium, dignus admiratione. Hæc autem quum dicam, fi cui videar minus fana effe mente, qui de me ita fentiunt, iis haud facile concefferim.

CHORUS. Ubi vero funt puellæ, quique eas deduxerunt amici?

NUNTIUS. Illæ non longe abfunt: clarus enim lamentorum fonus huc eas accedentes indicat.

ANTIGONE. Ah, ah, heu! adeft, adeft nobis jam, non ut hoc folum, abfque alia calamitate, lugeamus, nos infelices lucem haufiffe fcelefto patris fatu, cujus gratia conftanti animo multas variafque pertulimus ærumnas: ad extremum inenarrabilium malorum fpeciem inducemus, quæ vidimus & paffæ fumus.

CHORUS. Quidnam id eft?

ANTIGONE. Ne cogitatione quidem id affequi licet, amici.

CHORUS. Obiitne?

ANTIGONE. Ita quidem, ut tu maxime interire velles. Quid enim? utpote quem nec Mars, nec pontus fuftulit; fed caliginofæ hiatu terræ apertæ lacunæ eum abforpferunt incomperto leti genere. Me miferam! nobis autem exitialis nox oculis oboritur. Qui enim peregrina aliqua in ora, aut mari tumido vagantes, difficilem nancifcemur victum?

ISMENE. Nefcio. Utinam me fanguinolentus Orcus rapiat, unaque cum fene patre miferam morte obruat: mihi enim quæ fupereft vita non eft vitalis.

CHORUS. O geminæ filiarum optimæ, quod fors fert, æquo animo ferendum; ne nimium incendite luctum: fors veftra nemini contemnenda.

ANTIGONE. Ergo malorum aliquod eft defiderium! Quod enim nequaquam jucundum videri poffit, id tum jucundum erat, quando illum manibus amplectebar. O pater, ô care pater, ô qui æternis fub terra tenebris involutus es, nec, quum fenilem ducebas vitam, inamatus umquam fuifti mihi, nec eris pofthac.

CHORUS. Perfecit igitur —

ANTIGONE. Perfecit quod voluit.

CHORUS. Quale id est?

ANTIGONE. Qua cupiit, hospita in terra mortuus est, opertumque perenni umbra sub humo cubile habet: nec luctum reliquit indefletum. Namque te semper, ô pater, hic meus oculus lacrimis plorat stillantibus; neque scio misera, quomodo queam tam acerbum tui desiderium abolere. Heu! peregrino in solo non debuisses mori; verum ita mihi etiam desertus mortuus es.

ISMENE. O misera! quæ me fortuna jam manet ita desertam, omniumque egenam, teque, ô cara . . . . sic patre orbatas?

CHORUS. Sed quandoquidem ultimum saltem vitæ diem feliciter composuit, desinite lugere, ô caræ; miseriarum enim nemo immunis est.

ANTIGONE. Retro abscedamus, soror.

ISMENE. Quidnam facturæ?

ANTIGONE. Desiderium me cepit —

ISMENE. Quodnam?

ANTIGONE. Inferam domum videndi —

ISMENE. Cujus?

ANTIGONE. Patris. Heu me miseram!

ISMENE. Qui vero fas sit eo accedere? nonne vides —

ANTIGONE. Quid ita increpas?

ISMENE. Et hoc, ut —

ANTIGONE. Quid me rursus absterres?

ISMENE. Insepultus obiit, & ab omni conspectu segregatus est.

ANTIGONE. Duc me eo, ibique me interfice.

ISMENE. Hei mihi miserrimæ! ubinam, quæso, posthac desertæ, consiliique inops, vitam ærumnosa exigam?

CHORUS. Amicæ, ne quid metuatis.

ANTIGONE. At quo fugiam?

CHORUS. Jam antea effugistis, ut ne quid mali accideret vobis.

ANTIGONE. Cogito —

CHORUS. Quid tandem versas animo?

ANTIGONE. Quomodo domum redeamus, plane ignoro.

CHORUS. Ne hoc quidem sollicite inquire: laboriosum est —

ANTIGONE. Et antea fuit; siquidem graves nos semper urgent ærumnæ, modo quidem ultra, modo supra modum.

CHORUS. Vasto sane pelago jactamini.

ANTIGONE. Vasto utique.

CHORUS. Id quoque ego fateor.

ANTIGONE. Heu, heu! quo ibimus, ô Jupiter? ad quam enim spem nos Deus nunc impellit?

THESEUS. Parcite lugere, puellæ: nam quibus mors exoptata contigit, eos deflere non decet: haud enim fas est.

ANTIGONE. O nate Aegei, ad tua accidimus genua.

THESEUS. Quid vobis, ô puellæ, vultis a me fieri?

ANTIGONE. Tumulum patris nostri contueri cupimus.

THESEUS. At fas non est eo accedere.

ANTIGONE. Quid ais, ô rex, Athenarum dominator?

THESEUS. O puellæ, interdixit mihi ille, ne quis hos adeat locos, neve compellet quisquam mortalium sacrum sepulcrum, quo conditus latet. Quæ si observarem, dixit me terram hanc prospere semper habiturum incolumem. Horum itaque nobis conscius est Deus, &, quod omnia exaudit, Jusjurandum Jovis.

ANTIGONE. At hæc si illi placent, iis nos acquiescere par est. Nos autem Thebas deduc Ogygias, si qua forte fratribus imminentem necem prohibere possimus.

THESEUS. Faciam & hæc, & quæcunque alia vobis utilia, eique grata facere possim, quem nuper mortuum terra recondit. Non enim defatigari me decet.

CHORUS. Sed jam quiescite, nec ultra lamentis indulgete. Omnia enim hæc omnino sunt rata.

FINIS OEDIPI COLONEI.

SOPHOCLIS

ELECTRA.

DRAMATIS PERSONÆ.

PÆDAGOGUS.

ORESTES.

ELECTRA.

CHORUS VIRGINUM ARGIVARUM.

CHRYSOTHEMIS.

CLYTÆMNESTRA.

ÆGISTHUS.

SOPHOCLIS ELECTRA:

PÆDAGOGUS. O ductoris exercitus olim ad Trojam Agamemnonis fili, nunc coram intueri tibi licet illa, quorum fuisti semper cupidus. Hoc enim vetus illud Argos est, quod desiderare solebas: hic locus est œstro percitæ Inachi puellæ: porro, mi Oreste, hoc Lyceum forum est lupicidæ Dei; ad lævam inclytum hoc est Junonis templum: quo vero pervenimus, crede te Mycenas opulentas cernere, exitialemque Pelopidarum domum, unde te olim e paterna cæde ereptum, traditumque mihi a germana tua sorore abstuli, & servavi, & educavi huc usque ætatis, paternæ necis ultorem. Nunc igitur, Oreste, tuque hospitum carissime, Pylade, quid facto opus sit ocius deliberandum. Namque jam nobis lucidum solis jubar matutinos excitat alitum cantus claros, nigraque noctis occidere astra. Priusquam igitur hominum quisquam foras egrediatur, conferenda sunt consilia: nam in eo sumus, ubi segnitiæ nihil est amplius loci, sed properato opus est.

ORESTES. O famulorum carissime, quam certa mihi indicia exhibes benivoli in nos animi! Quemadmodum enim generosus equus, etsi jam consenuit, in periculo tamen non deficit animo, sed aures arrigit, sic & tu nosque incitas, & ipse inter primos sequeris. Proinde quæ decrevi tibi exponam: tu vero acutis auribus dicta mea hauriens, si quid a re aberro, corrige. Ego enim postquam Delphicum adii oraculum, ut discerem quonam modo pœnas sumerem patris ab occisoribus, hoc mihi responsum edidit Apollo, quod jam audies: *Solum me, nec armorum, nec exercitus instructum apparatu, clam ex insidiis meritam inferre manu necem.* Quoniam igitur tale oraculum audivimus, tu quidem, ubi te inducet temporis opportunitas, has ædes ingressus, fac rescifcas quidquid intus agitur, ut cognitis omnibus, certa nobis renunties. Neutiquam enim te senecta adeo immutatum post tam longum tempus adgnoscent, aut suspectum habebunt. Sermone autem tali utere, *hospitem te quidem Phocensem esse, missum a Phanoteo viro;* namque is summus est illis amicus: nuntia vero, jurejurando fidem dictis adstruens, *occisse fatis Orestem violenta morte, rapido curru delapsum Pythico in certamine.* Hæc summa sit orationis tuæ. Nos vero quum primum patri, uti jussit Apollo, intulerimus libamina, & tonsas vertice comas tumulo imposuerimus, huc revertemur, manibus ferentes æream urnam, quam scis & ipse in virgultis alicubi nobis abditam, ut falIaci sermone deceptis lætum adferamus nuntium, *periisse meum corpus, crematum jam & in cineres redactum.* Quid enim hoc mihi doleat, quando verbis mortuus re ipsa vivam, gloriamque reportabo? censeo enim rumorem nullum malum esse, qui lucrum adferat. Quippe jam sæpius vidi etiam sapientes, mortuos falso dictos, qui quum domum rediere, magis honorati fuerunt. Ita & me confido ex hac fama viventem, ut sidus, obfulsurum posthac inimicis meis. At ô patria terra, Diique indigetes, excipite me fausto omine reducem, tuque ô paterna domus: venio enim a Diis impulsus, ut repetendis scelerum pœnis te expiem: neque me inhonoratum dimittite ex hac terra; sed efficite, ut avitas opes possidens stator fiam domus. Et hæc quidem hactenus. Tibi vero jam, senex, curæ sit eunti tuum ut exsequaris munus: nos vero exibimus: occasio enim adest, quæ hominum cœptis omnibus optima est adjutrix.

ELECTRA. Hei mihi miseræ!

PÆDAGOGUS. Et quidem visus sum famularum aliquam suspirantem intra ædes audire, ô fili.

ORESTES. Num misera est Electra? vis hic maneamus, & lamenta audiamus?

PÆDAGOGUS. Minime. Rebus aliis omnibus posthabitis, Apollinis jussa conemur exsequi: hisce præverti decet, patrique inferias facere: ista enim victoriam nobis conferent, cœptorumque felicem exitum.

ELECTRA. O lux pura, terramque amblens spatiis æqualibus aër, quam multos sensisti meos lamentorum lessus, crebrosque adversi pectoris planctus cruentos, quum nox tenebrosa recessit! At quid longis noctibus agam, novit jam invisus torus ærumnosæ domus, quantopere miserum meum lugeam patrem, quem in barbara terra non Mars cruento excepit hospitio; sed mater mea, thalamique consors Ægisthus, ut quercum solent lignarii, ita illius diffidere caput cruenta securi. Nec quemquam, præter me, horum miseret, te, ô pater, tam fœda, tamque miserabili nece exstincto. At vero numquam desinam lugere, acerbosque fletus edere, dum rutilantia videbo siderum lumina, hancque videbo lucem; sed, ut luscinia pullis orbata, ante fores harum paternarum ædium ejulans acutos omnibus sonos profundam. O domus Orci & Proserpinæ, ô terrestris Mercuri, & verenda Imprecatio, vosque ô severæ Deorum filiæ Erinnyes, quæ injusta nece peremtos respicitis, quæ furtivis stupris alienos violantes thalamos, adeste, opem ferte, ulciscimini patris cædem nostri, & mihi meum mittite fratrem: sola enim amplius sufferre non valeo mœroris ingravescens onus.

CHORUS. Heu filia, filia audacissimæ Electra matris, quid te semper ita maceras inexpletum lugens illum olim dolosis impiæ matris artibus captum, scelerateque proditum manui Agamemnonem? Utinam pereat, qui ista patravit, si mihi hæc optare fas est?

ELECTRA. Generosæ stirpis soboles, venitis labores meos lenituræ: novi quidem & intelligo ista, nec eorum quidquam me fugit: haud tamen desinam miserum patrem meum lugere. Sed, ô benivolentiæ omnigenam quæ rependitis gratiam, sinite me desperatas spes meas sic deplorare, eheu, eheu, obsecro.

CHORUS. At tamen nec lamentis nec precibus patrem tuum excitabis ex Orci communi palude: sed luctus excedens modum, mœrori concedis ineluctabili, semperque gemens is te perditum. Cur, quæso, sortem cupis tam intolerabilem, in qua tamen malorum tuorum nulla est solutio?

ELECTRA. Non mentis est sanæ, qui miserabili morte exstinctorum parentum obliviscitur. Sed animo meo complacita est avis gemebunda, Jovis nuntia, quæ Ityn, semper Ityn luget. O omnibus modis miserrima Niobe, te, te equidem pro Dea colo, quæ saxeo in sepulchro semper lacrimas.

CHORUS. Atqui, ô filia, haud tibi mortalium soli accidit calamitas, quam non æquo toleras animo, ut illi intus tui consanguinei ortu eodem prognati, nec ita te geris, ut Chrysothemis & Iphianassa, occulteque ille juventutem agens & dolens simul, quem felicem aliquando inclytæ Mycenæ excipient paterno clarum genere, propitio Jovis ductu in hanc urbem reversum Oresten.

ELECTRA. Quem ego scilicet indefinenter exspectans, sine liberis infelix, innupta, perpetim obambulo, lacrimis madens, inexhaustas ærumnas ferens: ille vero obliviscitur acceptique a me beneficii, mandatorumque quæ ei misi. Quid enim non mihi venit falsi de eo nuntii? Namque semper quidem cupit: cupiens vero non dignatur umquam venire.

CHORUS. Confide mihi, confide, filia: est magnus in cælo Jupiter, qui inspicit omnia & gubernat: cui acerbiorem committens iram, neque inimicis nimium succenseas, neque tamen non memineris. Tempus enim facilis est Deus. Nam nec qui nunc pascuis abundantem Crisæam habitat oram filius Agamemnonis numquam reflectet pedem, neque Deus ipse qui apud Acheruntem imperat.

ELECTRA. Sed mihi jam magna peracta pars vitæ spes irritas foventi, neque amplius obfirmare queo, quæ parentibus orbata contabesco, quam nullus amicus tuetur; sed tamquam inquilina quæpiam nullius pretii, vitam dego patris in thalamis, sic quidem sordida amicta veste; vacuis autem adsisto mensis.

CHORUS. Luctuosa sane fuit illa vox, quæ reditum nuntiavit: luctuosa etiam illa patris in thalamo edita, quando æreæ securis adversus incussus est ictus. Dolus excogitavit, Cupido occidit, horrenda sævis in animis concepta prius sceleris forma; sive Deus, sive mortalium quis erat, qui illud patravit.

ELECTRA. O omnium quas vidi, longe acerbissima dies! O nox, ô cœnæ nefandæ horrenda calamitas, qua pater meus oppressus fuit, fœde necatus a geminis manibus, quæ vitam quoque meam proditam eripuere, quæ me funditus perdidere; quibus Jupiter magnus Olympius pares calamitates immittat; neque umquam illis bene sit, qui talia perpetrarunt facinora!

CHORUS. Animum adverte, parce plura loqui. Non cogitas, quali e statu quales in ærumnas sponte tua incidis adeo indigne? magno enim cumulo tute mala tua auges, anxio tuo animo semper gignens rixas. Atqui cum potentioribus jurgio contendere haud conducibile est.

ELECTRA. Eo me compulit malorum atrocitas: scio, nec me meus latet impetus animi. Sed, quid enim agam malis obruta? non temperabo his querelis licet damnosis mihi, dum vita mihi suppetet. A quo enim umquam, cara progenies, audire possim dictum aliquod conveniens mihi? a quo opportuna cogitante? Mittite, mittite me consolari. Hic enim luctus numquam solvetur, nec umquam præ dolore cessabo fletus sine numero fundere.

CHORUS. Atqui benivolentia adducta ista dico, ut fida mater tibi consulens, ne malum malis accumules.

ELECTRA. At quis modus meæ adflictionis? cedo, qui honestum fuerit mortuorum curam abjicere? ubinam homo est eo ingenio natus? Neque sim apud tales honorata, neque, si cui nubam fortunato viro, cum eo habitem tranquilla, immemor debiti parentibus honoris, impetumque cohibens acutorum gemituum. Nam ille si mortuus jacebit terra insensilis, nec aliud quidquam; hi vero si non dabunt pœnas, cædem cæde luentes, peribit pudor, & omnis simul apud mortales pietas.

CHORUS. Ego equidem, ô filia, tua gratia, meaque simul ipsius huc veni: si quid minus recte suadeo, tu vince; tibi enim obsequemur.

ELECTRA. Pudet me quidem, ô mulieres, quod ob adsiduos fletus videar vobis nimium impotenti esse animo: verum ignoscite; eo enim me adigit necessitas. Nam qui generosa mulier non itidem lugeat, paterna cernens infortunia? quæ ego interdiu & noctu semper magis pullulare quam marcescere video. Cui primum a matre quæ me genuit omnia inimicissima contigere: deinde mea ipsius in domo cum patris occisoribus conversor, horumque sub imperio sum,

& horum ex arbitrio pendet, accipiamne aliquid an careAm ego. Porro quales me dies agere putas, quando paterno in folio Ægifthum federe video, quando & video iifdem quibus ille indutum veftibus, ftantemque ad focum Diis fundere libamina, quorum in confpectu illum trucidavit? Denique quando horum video extremam contumeliam; occiforem nobis in lecto patris cum perdita matre, matrem fi fas eft eam appellare, quæ cum ifto cubet. Illius vero adeo vefana confidentia eft, ut cum piaculari confuefcat viro, Deorum vindictam nullam reformidans: verum tamquam gaudens patrato fcelere, redeunte fingulis menfibus optato illo die, quo olim patrem meum ex infidiis interfecit, hoc ipfo choros celebrat, immolatque hoftias Diis fervatoribus. At ego hæc mifera confpicans in tectis ploro, contabefco & mecum tacita lugeo infelices illas epulas patris dictas nomine. Neque enim palam lamentari licet quantum volupe eft animo. Namque hæc verbo tenus generofa mater, alto clamore talibus me increpat probris: *O Diis mihique invifa, foline tibi mortuus eft pater? nullufne alius mortalium in luctu eft? Male pereas, neque te vel inferi Dei ab his fletibus liberent umquam!* his me conviciis inceffit. At fi quando aliquem audit dicere venturum Oreftem, tum furore percita inclamat adftans: *Non tu mihi horum cauffa es? Nonne tuum hoc eft factum, quæ manibus ex meis fubductum Oreftem alendum alio clam emififti? fed fcito te dignas horum daturum pœnas.* Talia latrat, illamque fimul ad ea inftigat prope adftans inclytus fponfus, ille prorfus imbellis, mera illa noxa, qui mulieribus ftipatus pugnas viris conferit. Ego vero Oreftis adventum femper exfpectans, his malis finem qui ftatuat, mifera interibi pereo: dum enim ille femper molitur aliquid, nihil tamen promovens, præfentefque mihi & futuras fpes corrupit omnes. Talibus ergo in ærumnis neque modefte agere, amicæ, neque pietatem colere facile eft; fed qui in malis verfatur femper, neceffe eft prorfus ftudia ut fectetur confimilia.

CHORUS. Age dic, dum tu ita nobifcum loqueris, eftne Ægifthus domi, an foras abiit?

ELECTRA. Abiit fane: ne credas, fi domi effet, licuiffe mihi foras prodire. Nunc vero ruri eft.

CHORUS. Confidentius ergo tecum sermones miscebo, siquidem ita factum est.

ELECTRA. Ille quidem abest: proinde, si quid vis, sciscitare.

CHORUS. Et primum quidem te rogo, de fratre quid censes: venturusne est, an cunctatur adhuc? hoc scire cupio.

ELECTRA. Dicit quidem; sed dictis facta non suppetunt.

CHORUS. Solet enim cunctari qui rem arduam molitur.

ELECTRA. Atqui ego ipsum nequaquam cunctata servavi.

CHORUS. Bono es animo: generosa est indole, adeoque amicis opem feret.

ELECTRA. Ita *fore* confido: alioqui non tamdiu vixissem.

CHORUS. Ne quid amplius dixeris: nam video ex ædibus tuam sororem patre eodem prognatam & matre eadem, Chrysothemin, inferias ferentem, quales inferis dari solent.

CHRYSOTHEMIS. Quem tu rursus ante vestibuli fores progressa, ô soror, cies clamorem? nec te longum tempus docere potest, ut ne iræ vesanæ frustra indulgeas? sane conscia sum ipsa mihi, quam doleam præsenti rerum nostrarum statu; adeo ut, si vires suppeterent mihi, ostenderem quo sim erga illos animo. Nunc vero malis circumventa, subductis velis navigare consultum censeo; nec putare me magnum quid facere, quum ne lædam quidem. Sed & te vellem idem quoque facere; tametsi justum non est te ita agere ut ego suadeo, sed ut ipsa rectum esse judicas; tamen si libera debeo vivere, dominantibus omnino parendum est.

ELECTRA. Atqui indignum est te eo prognatam patre, cujus filia es, illius esse oblitam, matris autem curam habere. Omnia enim tua ista dicta, quibus me commones, tibi ab illa suggesta sunt, nec quidquam ex te ipsa dicis. Sin autem, elige horum alterutrum, vel ut desipere credaris, vel recte sapiens amicos deserere: quæ modo aiebas, te, si suppeterent vires, tuum erga illos odium ostensuram esse; mihi vero, quum omnia experiar ut patrem ulciscar, nec te sociam addis, etiamque ne quid inceptem dehortaris. Nonne sic præter alia mala, timiditatis etiam in crimen incurris? alioquin doce me, vel ipsa disce ex me, quidnam lucri factura sim, si horum luctuum desinam. Nonne vivo? male quidem, haud nescio;

ita tamen, ut sufficiat mihi. At illis molesta sum, ita ut exinde mortuo patri honorem tribuam, si qua horum apud inferos gratia est. Tu vero, quæ odisse ais, verbis quidem odisti; re autem ipsa cum patris occisoribus facis. At ego numquam, ne quidem si mihi quis præmia tua illa adferret, quibus nunc delectaris, his me subderem: tibi vero lauta adponatur mensa, victusque abunde adfluat. Enimvero solum hoc me sustentet, quod illis molesta sim; tuos autem honores nequaquam consequi cupio. Nec cuperes etiam tu, si sana esses mente. Nunc autem quum tibi liceat patris omnium optimi filiam dici, matris filia dicitor; ita enim quamplurimis videberis mala, quæ mortuum patrem & amicos prodis tuos.

CHORUS. Ne quid iracundius, per Deos obsecro: nam dictis utriusque fructus inest, si tu quidem discas istius uti recte, & hæc rursus tuis.

CHRYSOTHEMIS. Dudum equidem, ô mulieres, adsueta sum istiusmodi hujus dictis: & ne meminissem quidem umquam, nisi maximum malum ei imminere audissem, quod eam perpetuis his reprimet a luctibus.

ELECTRA. Age ergo, expedi quid sit hoc tam grave malum: nam si mihi majus quid hisce dixeris, haud amplius obloquar.

CHRYSOTHEMIS. Atqui quodcumque hujus rei novi, id omne enarrabo tibi. Decreverunt enim te, nisi horum lamentorum desinas, eo ablegare, ubi numquam amplius solis jubar adspicies: viva autem in tenebroso specu procul ab hac urbe convicia fundes. Quamobrem adverte animum; nec umquam posthac malo accepto culpam in me conferas: nunc enim tempori sanum consilium capere potes.

ELECTRA. Istanc, quæso, serio destinant in me facere?

CHRYSOTHEMIS. Maxime, simulac Ægisthus domum redierit.

ELECTRA. Utinam hac quidem gratia redeat ocius!

CHRYSOTHEMIS. Quid tibi, ô misera, ultro imprecaris?

ELECTRA. Illum venire, si quid horum facere cogitat.

CHRYSOTHEMIS. Ecquid mali ut patiaris? Satin' sana es?

ELECTRA. Ut a vobis aufugiam quam longissime.

CHRYSOTHEMIS. Vitæ autem præsentis non tibi subit cogitatio?

ELECTRA. Pulchra scilicet vita mea est: mirum ni eam tueri velim.

CHRYSOTHEMIS. At pulchra esset, si tu recte sapere nosses.

ELECTRA. Ne me doceas amicis esse perfidam.

CHRYSOTHEMIS. Ego vero id non doceo; sed dominantibus ut morem geras.

ELECTRA. Tu hujusmodi dictis assentare: meum haud narras ingenium.

CHRYSOTHEMIS. Atqui pulchrum est tamen, non cadere præ temeritate.

ELECTRA. Cademus, si sic oportet, patrem vindicantes.

CHRYSOTHEMIS. At horum, sat scio, pater ipse nobis dat veniam.

ELECTRA. Ignavorum est hujusmodi dicta probare.

CHRYSOTHEMIS. Tu vero non auscultabis neque consenties mihi?

ELECTRA. Minime sane: ne sim adeo mentis inops.

CHRYSOTHEMIS. Pergam igitur eo quo iter institui.

ELECTRA. Quorsum autem vadis? cui fers ista sacra?

CHRYSOTHEMIS, Mater me mittit, ut patris ad tumulum inferias feram.

ELECTRA. Quid ais? An mortalium invisissimo?

CHRYSOTHEMIS. Quem ipsa occidit. Hoc enim vis dicere.

ELECTRA. Quonam ab amico persuasa? cui hoc placuit?

CHRYSOTHEMIS. Ex pavore quodam nocturno, ut mihi videtur.

ELECTRA. O Dii patrii, adeste nunc, quæso, maxime.

CHRYSOTHEMIS. Numquid fiduciæ tibi adfert hic pavor?

ELECTRA. Si mihi insomnium narraveris, tum tibi illud dicam.

CHRYSOTHEMIS. Sed paullum est quod hac de re dicere possim.

ELECTRA. Illud dic saltem: sane dicta paucula sæpe jam prostraverunt, vel erexerunt homines.

CHRYSOTHEMIS. Fertur illam vidisse patrem tuum ac meum rursus in auras emersum: deinde illum in domo versantem cepisse sceptrum, quod gestabat olim ipse, nunc autem gerit Ægisthus, illudque in terram defixisse, atque ex eo in altum succrevisse germirantem ramum, quo obumbrata fuerit tota Mycenarum terra. Hæc sic exponi audivi a quodam qui præsens adfuit, quum illa Soli somnium narraret. Plura vero his non novi, nisi quod eo me illa misit ob conceptum ex hoc insomnio timorem. Per ego te patrios Deos obsecro igitur, ut mihi auscultes, neque per imprudentiam pessum eas. Nam si me nunc repelles, postea malo coacta me revocabis.

ELECTRA. At, ô cara, horum quidem, quæ portas manibus, tumulo admoveris nihil. Non enim tibi fas nec pium, a muliere adeo inimica inferias offerre patri, aut libamina fundere: sed vel projice ventis, vel alte effossa in terra conde, unde numquam ad tumulum patris horum accedat quidquam: at donec moriatur, thesaurus ei iste sub terra adservetur. Omnino enim, nisi hæc audacissima mulier omnium nata foret, numquam invisos hosce inferiarum honores illius, quem ipsa occidit, tumulo destinasset. Enimvero perpende, an tibi ipsi videatur tumulo conditus mortuus munera hæc libenter accepturus ab ipsa, a qua indignis modis occisus, extremis membris, ut hostis, truncatus est, quæque purificationis vice maculas abstersit illius capite. Num censes his quæ fert cædem illi expiari posse? Nequaquam fieri potest. Proinde hæc quidem omitte; tu vero præcide capitis extremos cincinnos tui, meique miseræ, illique da, parva hæc quidem, qualia tamen habeo, supplices has comas, & cingulum meum nulla expolitum arte. Pronis autem supplex genibus ora, ut propitius ex inferis veniat, opem nobis contra hostes laturus; utque filius Orestes validiore manu hostes adortus, vivus ipse jacentes conculcet pede; quo ipsius tumulum posthac ditioribus quam nunc manibus ornemus donis. Puto equidem, puto aliquid jam ipsum agitare animo, adeoque illi immisisse horrenda hæc visu insomnia. Verum, soror, hisce subservi, quæ tibique & mihi cedunt vindictæ, ut & mortalium omnium carissimo, qui apud Inferos est, communi patri.

CHORUS. Pie virgo loquitur: proinde, si sapis, ô cara, illi obtemperabis.

CHRYSOTHEMIS. Faciam, ut jubet: nam de re justa haud consentaneum est duos contendere, sed maturare factum. Hæc autem quum

quum adgredior, per Deos quæso, amicæ, silentium mihi præstate; namque si hæc mater mea resciverit, haud sine magno meo malo credo istuc inceptum me ausuram esse.

CHORUS. Nisi ego vates sum stulta, atque sana destituta mente, veniet Justitia sui prænuntia, justum adferens manibus robur: pœnas repetet, ô filia, quamprimum. Modo subit mihi ea fiducia, postquam audivi gratum de insomnio nuncium. Haud enim immemor est genitor tuus, Græcorum rex, neque vetus illa ferro cusa anceps bipennis, quæ illum occidit fœdissimis cum contumeliis. Multipes veniet & multimanus horrendis abdita latebris æripes Erinnys. Scelestarum enim & cæde pollutarum nuptiarum ambitio eos incessit, quos conjungi nefas erat. Idcirco confido istud quod nobis obtigit portentum nullo, nullo pacto innoxium fore sceleris auctoribus & sociis. Profecto mortalibus divinatio nulla est in diris insomniis nec in oraculis, nisi hoc nocturnum spectrum bene nobis cesserit. O laboriosa aurigatio quondam Pelopis, quam luctuosa exstitisti huic terræ! ex quo enim in mare præceps datus Myrtilus interiit, aureis e curribus diram per contumeliam magno impete ejectus, nulla umquam destitit ab hac domo ærumnosa calamitas.

CLYTÆMNESTRA. Soluta, ut videris, evagaris rursus: non enim adest Ægisthus, qui te cohibere solet, ne foras prodiens infames cognatos tuos: nunc vero, quia ille abest, nihil revereris me. Et sane multa ad multos dixisti de me, ut petulans sim, & præter fas & æquum prior te tuosque contumeliis adoriar. Atqui haud equidem proclivi sum ad contumeliam ingenio: male autem tibi dico, male audiens abs te sæpius: scilicet patrem tuum, nullus enim tibi alius est jurgiorum prætextus, a me occisum fuisse: a me quidem; pulchre id scio; nec cur negem ulla caussa est: namque illum Justitia sustulit, haud ego sola, cui decebat te opitulari, si sana mente fuisses: quandoquidem pater ille tuus, quem lugere non desinis, germanam tuam sororem solus Græcorum ausus est immolare Diis, tametsi parem ille non sustinuit laborem gignendo, sicut ego parturiendo. Sed esto: tu vero me doce cujus gratia illam mactavit. Argivorumne dices? At nullum erat illis jus meam occidendi. Sed propter fratrem, credo, Menelaum? occisis meis, nonne debuit ob hæc mihi pœnas dare? non ipsi Menelao liberi erant gemini, quos potius quam meam mori consentaneum erat, patre & matre genitos, quorum caussa suscepta erat illa expeditio? Orcumne major incesserat cupido meos, quam illius, liberos devorandi? an perditissimo patri exstinctus erat amor erga liberos ex me susceptos, & vigebat erga liberos Menelai? Non hæc inconsulti ac malevoli sunt patris? sic censeo quidem, etiamsi aliter tu sentis: idem quoque diceret mortua filia, si posset loqui. Quocirca me sane eorum quæ feci haud piget: tu vero, si minus recte sapere tibi videor, rem æquo judicio perpendens, culpam in alios confer.

ELECTRA. Nunc quidem haud dices, te amaris dictis a me provocatam ista mihi regessisse: sed si veniam concedes mihi, & pro mortuo simulque pro sorore, ut par est, tibi respondebo.

CLYTÆMNESTRA. Age, permitto: verum si me semper simili verborum exordio adfata fuisses, neutiquam fuisses auditu molesta.

ELECTRA. Ergo tibi dico. Patrem ais te occidisse; quo quid turpius dici umquam potest, seu jure id feceris, sive injuria? Dicam vero tibi, nullo te jure occidisse; sed eo te induxit suasus improbi viri, quicum nunc habitas. Interroga autem venatricem Dianam, cujus delicti pœnas reposcens classem adversis flatibus detinuit in Aulide: vel tibi dicam ego; ex illa enim sciscitari non fas est. Pater meus olim, ut ego accepi, quum in Dianæ luco luderet, excitatum cervum distinctum maculis, cornibusque insignem, cursu adsecutus est, cujus in cæde se efferens superbum nescio quid emisit verbum: & inde irata Latoa virgo detinuit Achivos, ut pater multæ loco pro fera suam ipsius mactaret filiam. Hoc illa mactata est modo: non enim alio pacto expediri poterat exercitus vel domum, vel ad Ilium. Quapropter conatus multa, & reluctans, ægre tandem illam immolavit, non ut Menelai iniret gratiam. Si vero, dicam enim etiam quod e re tua sit, fratris juvandi studio hoc fecit, ideone interfici eum oportuit a te? Qua lege? Vide, si legem hanc statuas hominibus, ne tibi ipsi damnum arcessas & pœnitentiam. Si enim alium pro alio trucidabimus, tu ipsa prima morieris, siquidem merita consequaris præmia; sed vide ne falsam caussam prætexas. Doce me enim, nisi grave est, qua nunc gratia quæ factu sunt longe turpissima facis, quippe quæ viro abominando consuescis, cujus ope patrem meum olim enecasti, & procreandis liberis das operam, priores vero legitimos, & ex legitimis natos ejicis. Qui talia adprobare possim? An etiam hoc dices, te istoc pacto filiæ mortem ulcisci? turpe sane id, etiamsi dixeris. Non enim honestum est inimicis nubere, filiæ caussa. Sed ne quidem monere te licet, quæ statim clamas matrem me conviciis exagitare. Atqui dominam te haud minus quam matrem habeo, quæ vitam dego ærumnosam perpetuis in malis, quibus me vexas, tuque contubernalisque tuus. At ille alius, qui vix manum tuam effugit, miser Orestes, infelicem terit vitam, quem sæpe me tibi educare occisorem criminata es: & hoc quidem si potuissem, fecissem sane, id certo scias. Quocirca prædica me apud omnes improbam esse, vel maledicam, vel, si mavis, plenam impudentiæ: si enim his vitiis sum obnoxia, haud multum ab indole tua degener, non ero tibi dedecori.

CHORUS. Spirantem iram video; at video neminem, cui curæ sit perpendere jure ne illa an injuria irascatur.

CLYTÆMNESTRA. Quid ego nam vero res istius curem, quæ contumeliosis adeo verbis parentem incessit, idque jam eo provecta ætatis? An tibi non videtur omni projecto pudore quodvis ausura facinus?

ELECTRA. Et nunc quidem, ne nescias, horum me pudet, etsi tibi secus videtur; intelligoque quam ætati meæ incongrua sint, quamque me parum deceant, quæ facio: sed tuum erga me odium, tuaque facta eo me adigunt ingratiis meis: a turpibus enim turpia docentur.

CLYTÆMNESTRA. O bestia impudens, an ego te, & mea dicta, & facta mea maledicere cogunt?

ELECTRA. Tu ipsa maledicis, non ego: quippe tu patras facta; facta autem facile verba inveniunt.

CLYTÆMNESTRA. Ita me sospitet Diana, ut pœnas hujus audaciæ dabis, simul ac Ægisthus domum redierit.

ELECTRA. Viden? nunc ira incenderis, postquam mihi permisisti dicere quæ vellem, nec potis es audire.

CLYTÆMNESTRA. Non ergo male ominatis parcens clamoribus sines me tranquille Diis sacra facere, quoniam semel tibi permisi omnia loqui?

ELECTRA. Sino, jubeo, sacrifica, neque posthac os meum incusa; nihil enim ultra loquar.

CLYTÆMNESTRA. Adfer jam tu, quæ ades famula, omnigenûm fructuum libamina, quo vota huic Deo fundam discutiendis terroribus, quibus nunc agitor. Audi jam, Apollo Tutelaris, secretam meam precem: non enim inter amicos sermo est, neque omnia palam revelare convenit, prope hac adstante mihi; ne odio concitata, petulanti cum clamore per totam urbem inanes disseminet rumores: sed sic accipe, ut occultis verbis tibi dicam. Nempe hac nocte oblata ancipitis insomnii spectra, hæc mihi, Lycee Rex, si fausta quidem visa sunt, fac rata; sin adversa, inimicis ea transmitte retro: & ne, si qui struunt insidias, ut me præsentibus opibus evertant, id fieri sinas: sed sic me semper incolumem colentem vitam, Atridarum domum sceptraque hæc regere concede, prosperaque fortuna utentem amicorum frui consuetudine, quibuscum nunc conversor, liberorumque, qui mihi non volunt male, nec odio molesti sunt. Hæc, ô Lycee Apollo, propitius audiens, da nobis omnibus, quemadmodum exposcimus. Cetera vero omnia, etiam me tacente, existimo te, qui Divus es, pulchre nosse. Jove enim prognatos consentaneum est omnia videre.

PÆDAGOGUS. Mulieres hospites, qui certo sciam, an hæc sit regis Ægisthi domus?

CHORUS. Hæc est, ô hospes; ipse conjecisti probe.

PÆDAGOGUS. An etiam recte conjicio hanc esse illius uxorem? Nam reginæ similis est.

CHORUS. Maxime: hæc ipsa tibi adest.

PÆDAGOGUS. Salve ô regina: tibi & Ægistho ferens advenio jucundum nuntium a viro amico.

CLYTÆMNESTRA. Amplector dictum: discere autem a te primum cupio, quis te misit hominum.

PÆDAGOGUS. Vir Phanoteus ex Phocide, rem magni momenti significans.

CLYTÆMNESTRA. Quidnam, hospes? dic: missus enim ab amico, amica, sat scio, dicturus es verba.

PÆDAGOGUS. Mortuus est Orestes: rem in pauca confero.

ELECTRA. Heu me miseram! perii hodie.

CLYTÆMNESTRA. Quid ais, quid ais, hospes? ne hanc audi.

PÆDAGOGUS. Periisse Oresten dico nunc, ut & prius.

ELECTRA. Occidi misera penitus: amplius jam nulla sum.

CLYTÆMNESTRA. Tu rem tuam age: tu vero, hospes, verum dic mihi, quo periit modo.

PÆDAGOGUS. Atqui hac gratia missus sum, remque tibi omnem enarrabo. Quum enim ille venisset ad nobilissimum Græciæ conventum, Delphicos propter ludos, simulac audivit clara præconis voce cursum indici, quo primum contendi solet, ingressus est splendidus, omnibusque qui aderant admirandus: emenso autem tanta celeritate stadio, ut inter carceres & metam vix aliquid spatii esse videretur, egressus est, summum victoriæ decus auferens: atque ut multa paucis complectar, non alius viri talia novi facta, nec tale robur. Unum autem scito: quorumcumque enim cursuum diaulorum a ludorum arbitris indicta fuere pro more certamina, horum omnium victor maximo plausu renuntiatus est, beatus ab omnibus prædicatus, Argivus quidem proclamatus, nomine autem Orestes, Agamemnonis filius, illius qui inclytum olim Græciæ congregavit exercitum. Et hæc quidem ita sunt: si vero Deus quis præpediat, ne præstans quidem robore effugere possit. Ille enim postero die, quum oriente sole committendum esset velox equestre certamen, ingressus est cum multis aurigis. Unus erat Achivus, unus e Sparta, duo Libyes docti quadrijuges currus regere, quintus ipse Thessalos ducens equos, sextus ex Aetolia cum flavis equis, septimus vir Magnesius, octavus albis cum equis Aenian genere, nonus ab Athenis divinitus conditis, denique Bœotius, decem curruum complens numerum. Stantes autem, ubi unicuique delecti ludorum præsides ductis sortibus locum assignaverant, quoque collocarant ordine, simul ac tuba signum dedit, eruperunt, increpitantes equos, habenasque quassantes manibus; totum completum erat stadium strepitu crepitantium curruum, pulvis in altum glomerabatur; una omnes inter se commisti, stimulis haud parcebant, ut alter alterius rotas frementesque equos præverteret: namque conserti equi ulii aliorum aurigarum in terga rotarumque orbitas spumam fervidosque fundebant flatus. Ille autem sub ultimam metam jam currum agens, propius propiusque admovebat modiolum rotæ, funalique ad dextram equo habenas laxans, sinistrum cohibebat. Et hac quidem tenus recti omnes steterunt currus: deinde vero Aenianis viri contumaces durique oris equi currum vi auferunt, & ex adverso, quum sextus jam septimusque conficeretur cursus, frontes impingunt Libyssis quadrigis: atque inde uno ex malo alius alium confringit & superincidit: totus vero repletus est curulibus naufragiis Crisæus campus. Quod ubi conspexit Atheniensis callidus auriga, extra orbitam deflectit, & frena inhibet, dum prætervehitur equestrem procellam in medio æstuantem. Interea Orestes postremus omnium ultimo loco equos agebat, in fine certam spem victoriæ ponens: qui simul ac vidit Atheniensem illum solum relictum, velocium equorum auribus incutiens acutum flagelli sonum, insequitur: & æquatis jugis ambo ferebantur, modo hic, modo ille equorum capitibus antevertens alterius quadrigam. Et reliquos quidem omnes cursus tuto exegerat infelix Orestes stans recto in curru: deinde remittens habenas flectentis sinistrorsum equi, imprudens in metam extimam impingit, fractoque rotæ modiolo, e curru volvitur, implicaturque loris: illo autem in terram prolapso, dissipati sunt equi medium per stadium. Cœtus ut vidit illum excussum curru, deploravit claris lamentis adolescentis vicem, quibus rebus gestis, quæ sortiretur mala, raptatus modo per solum, modo cœlum versus crura protendens, donec ipsum aurigæ, vix tandem cohibito equorum cursu, solverunt cruore fœdatum adeo, amicorum ut nemo miserabile videns corpus umquam adgnosceret. Et ipsum rogo impositum cremarunt illico, parvaque in urna permagni corporis miserabilem cinerem Phocenses delecti viri huc adferunt, ut patria in terra tumuletur. Ista sunt quæ dicenda habui, relatu quidem tristia, spectantibus vero, quotquot spectavimus, gravissima omnium quæ umquam vidi mala.

CHORUS. Heu heu! totum ergo priscorum dominorum radicitus, ut videtur, interiit genus.

CLYTÆMNESTRA. O Jupiter! qui ista accipiam? feliciane dicam, an atrocia quidem, lucrosa tamen? triste vero est, quod vitam conservo meis ipsius malis.

PÆDAGOGUS. Quid ita, mulier, audito hoc casu, angeris animo?

CLYTÆMNESTRA. Peperisse, magnam vim habet: mater enim ne quidem injuria adfecta prolem suam odisse potest.

PÆDAGOGUS. Frustra igitur, ut videtur, huc venimus.

CLYTÆMNESTRA. Minime quidem frustra: quomodo enim frustra dixeris? siquidem ades certa mihi adferens de illius morte indicia, qui ex me prognatus, ab uberibus meis & educatione mea se segregans, exsul peregrinam vitam egit: neque me, postquam ex hac terra abiit, umquam vidit: accusansque me paternæ cædis, atrocia interminatus est, ita ut nec noctu nec interdiu dulcem somnum ceperim: sed nullum tempus sperare poteram, quod imminentis necis metu vacuum esset. Nunc vero, (hac enim die liberor periculo, nihil ut timeam posthac ab ista illoque: ista enim acerbior erat pestis, una mecum habitans, meum exhauriens semper animæ merum sanguinem), nunc tranquillam, saltem quod ad istius adtinet minas, vitam transigemus.

ELECTRA. Hei mihi miseræ! nunc enim adest, cur deplorem, Oresta, tuam vicem, quando in cinerem redactus, contumeliis insuper ab hac matre afficeris. Num sic bene agitur?

CLYTÆMNESTRA. Haud sane tecum: sed cum illo, ut habet, bene actum est.

ELECTRA. Audi ultrix Nemesis illius qui modo interiit.

CLYTÆMNESTRA. Audiit quos oportuit, eorumque vota rata fecit pulchre.

ELECTRA. Insulta; nunc enim felix es.

CLYTÆMNESTRA. Non ergo Orestes & tu felicitatem hanc delebitis.

ELECTRA. Nos ipsi deleti sumus, nedum te possimus delere.

CLYTÆMNESTRA. Multa dignus esses, hospes, ferre præmia, si hujus petulantes clamores compescuisses.

PÆDAGOGUS. Abibo igitur, siquidem hæc recte habent.

CLYTÆMNESTRA. Non facies: neque enim hoc me dignum esset, neque illo qui te misit hospite: sed ingredere, istam vero foris clamare sine suasque ipsius & amicorum miserias.

ELECTRA. Num vobis ut dolens & mœsta graviter lacrimare & lamentari impia videtur filium miserabili exstinctum leto? sed irridens intro se abripuit. O me miseram! Oresta carissime, ut me tua perdidisti morte! Avulsisti enim ex animo meo quidquid mihi reliquum erat spei, fore ut vivus venires aliquando ultor patris meique miseræ. Nunc vero quo me convertam? sola enim sum, teque orba & patre. Sane oportet me servire denuo inter inimicissimos hominum, patris mei occisores. An tolerabilis hæc mea fortuna est? Equidem vero nequaquam cum illis posthac his in ædibus habitabo; sed hic ante ostium prostrata, amicis destituta, contabescam. Quod si cui eorum qui intus sunt ægre erit, occidat licet: gratum enim erit mihi, si moriar: dolor autem, si vivam: quippe nulla mihi vitæ cupido est. Ubi tandem sunt Jovis fulmina, aut ubi lucidus Sol, si hæc intuentes iram tranquilli comprimunt? he, he, heu, heu!

CHORUS. Filia, quid lacrimas?

ELECTRA. Heu!

CHORUS. Ne quid gravius dicas.

ELECTRA. Enecas.

CHORUS. Quidum?

ELECTRA. Si de iis qui manifeste ad Orcum abierunt spem importuna suggeres, in me dolore jam tabidam, magis insultabis.

CHORUS. Novi enim regem Amphiaraum auro nexis mulierum retibus obrutum; qui nunc tamen sub terra —

ELECTRA. He, he, heu!

CHORUS. Immortalis imperat.

ELECTRA. Heu!

CHORUS. Luctuosa sane ista sunt. Perditissima enim mulier —

ELECTRA. Sceleris pœnas dedit.

CHORUS. Planissime.

ELECTRA. Scio, scio: exortus est enim aliquis, cui curæ fuit cædem ulcisci: mihi vero nemo superest amplius: quem enim habebam vindicem, is evanuit fato abreptus.

CHORUS. Omnium es infeliciſſima.

ELECTRA. Et ego hoc ſatis ſuperque ſcio in hac colluvie & diuturnitate multorum graviſſimorum maximeque odioſorum dolorum.

CHORUS. Juſtas eſſe ſcimus tuas querelas.

ELECTRA. Ne me ergo, ne me amplius ſoleris, ubi nulla —

CHORUS. Quid ais?

ELECTRA. Spes ſupereſt auxilii a nobili germano.

CHORUS. Hominibus omnibus fato deſtinatum eſt mori.

ELECTRA. An etiam in celeripedum equorum certaminibus, ut miſero illi contigit, implicari loris?

CHORUS. Improviſa calamitas.

ELECTRA. Quippini? ſi peregrina in terra ſine meis manibus —

CHORUS. Papæ!

ELECTRA. Conditus eſt urna, neque ſepulcri, neque lamentorum a nobis honorem ſortitus.

CHRYSOTHEMIS. Præ gaudio ad te, ô cariſſima, propero, omiſſo decoro, ut citius veniam: læta enim adfero, requiemque malorum, quibus gravabaris & ingemiſcebas antea.

ELECTRA. Unde autem invenias tu meorum malorum levamen, quibus medelam nullam videre licet?

CHRYSOTHEMIS. Adeſt nobis Oreſtes, certum hoc ſcias te ex me audire, ita manifeſtus, ut me nunc intueris.

ELECTRA. Num inſanis, ô miſera, & tuis ipſius malis, meiſque irrides?

CHRYSOTHEMIS. Patrios penates adjuro, haud ſane joco iſta dico, ſed vere adfirmo illum adeſſe.

ELECTRA. Hei mihi miſeræ! Et quonam ex homine nuntium hunc audiiſti, cujus fide tam facile credis?

CHRYSOTHEMIS. Equidem ex me ipſa, non ex alio, certa ſigna quum viderim, huic rei habeo fidem.

ELECTRA. Quodnam, miſera, conſpicata argumentum, quidnam, quæſo, intuita incaluiſti tam flagranti atque inſanabili lætitia?

CHRYSOTHEMIS. Per Deos ergo audi, ut, re cognita, deinde vel ſapere me, vel deſipere dicas.

ELECTRA. Fare ergo, ſiquidem id tibi volupe eſt.

CHRYSOTHEMIS. Atque edepol tibi omnia dicam quæcumque vidi. Nam simul ac veni patris ad vetus bustum, conspicor tumulo ex summo recens fusos lactis latices, & ornatum undique sepulcrum patris omni florum genere: quod quum video, admirans circumspicio, ne quis se mihi homo obviam obferat. Ubi vero in tranquillo omnem vidi locum, tumulum accessi propius, & summo in busto conspicor recens desectas comas; simulque ut adspexi misera, perculit animum illico familiaris facies, tamquam si hominum omnium carissimi Orestæ hoc viderem indicium: & manibus tollens, vocem quidem compressi, lacrimis autem præ gaudio rigavi ora. Nuncque ut prius perinde mihi compertum est a nemine hæc munera quam ab illo oblata esse: cui enim hoc præterquam mihi vel tibi convenit? atqui non tuli ego has inferias; satis hoc certo scio; neque adeo tu: qui enim potuisses? cui quidem vel Diis supplicatum exire ex hac domo non licet impune. Sed neque matri talia facere in mentem venire solet, nec, si fecisset, hoc nos fugeret. Verum sunt Orestæ hi procul dubio honores. Age, ô cara, confide: non sane eadem semper iidem fortuna utuntur: nobis quidem antea adversa erat: sed forte hæc dies multorum erit bonorum auspicium.

ELECTRA. O dementiam! ut me jampridem miseret tui!

CHRYSOTHEMIS. Quid est? an quæ dico non grata sunt tibi?

ELECTRA. Nescis quo terrarum, nec quo cogitationum ferare.

CHRYSOTHEMIS. Qui vero nesciam, quæ vidi egomet clare?

ELECTRA. Mortuus est, ô misera; & ab illo tibi sperata salus periit: ne amplius ad illum respicias.

CHRYSOTHEMIS. Hei mihi miseræ! Ex quo hæc audisti mortalium?

ELECTRA. A quodam qui aderat, quum periret ille.

CHRYSOTHEMIS. Ubinam is est? Profecto subit hæc mirari.

ELECTRA. Intus, jucundus, neque matri molestus.

CHRYSOTHEMIS. Hei mihi miseræ! cujusnam ergo hominum erant multæ illæ ad patris tumulum inferiæ?

ELECTRA. Opinor equidem maxime ab ignoto aliquo adpositæ fuisse ista mortui Orestæ monimenta.

CHRYSOTHEMIS. O me infelicem, quæ gaudio concita lætum huc ferens nuntium properabam, ignara scilicet, qua essem in calamitate! Nunc vero, ubi veni, prioresque, aliasque insuper reperio miserias.

ELECTRA. Ita hæc se tibi habent. Si vero mihi auscultabis, præsentis mali onere nos levabis.

CHRYSOTHEMIS. Num, quæso, mortuos resuscitabo?

ELECTRA. Non istuc est quod dixi: haud enim demens sum adeo.

CHRYSOTHEMIS. Quid igitur jubes, quod ego præstare valeam?

ELECTRA. Ut quod monebo audeas exsequi.

CHRYSOTHEMIS. Atqui, siquidem ex usu erit, non detrectabo.

ELECTRA. Vide; sine labore nihil prospere cedit.

CHRYSOTHEMIS. Video; conferam quidquid potero.

ELECTRA. Nunc igitur audi, quo pacto rem conficere decreverim. Tu quidem ipsa scis amicorum auxilium ut nobis nullum sit; sed Orcus eos abripiens nos orbavit, solæque relictæ sumus. Ego equidem quamdiu fratrem in medio esse audivi florentem ætate, spem habui, venturum eum aliquando paternæ cædis ultorem: nunc vero, quando non est amplius, ad te respicio, ut qui propria manu patri necem intulit, hunc mecum ne dubites occidere; nihil enim exinde me tibi reticere fas est. Quousque enim conquiesces? quam spem respectas adhuc firmam? cui adest quidem copia lugendi, paternis opibus dejectæ, adest & mærendi copia, quippe quæ tamdiu consenescis expers nuptiarum: nec sane speres te cuiquam nupturam aliquando: haud enim adeo vir inops est consilii Ægisthus, ut luculento cum suo damno tuam umquam vel meam succrescere sinat sobolem. Verum si consiliis meis obsecuta fueris, primum quidem pietatis laudem a mortuo patre, simulque a fratre reportabis: deinde autem, ut libera nata es, ita libera in posterum diceris, & nuptias te dignas nanciscere? solet enim unusquisque ad honesta respicere. Famæ vero non vides quantam celebritatem tibique & mihi conciliatura sis, si parueris mihi? Quis enim vel civis vel hospes conspicatus olim nos non prosequetur talibus laudibus? *Videte has duas sorores, amici, quæ paternam do-*

mum conservarunt, quæ vitæ haud parcentes suæ, inimicis olim summis opibus pollentibus mortem obtulere: has amare decet, has decet omnes venerari, has in Deorum festis inque civium conventibus honorare omnes decet, propter virilem virtutem. Talia de nobis quilibet homo dicet, ut dum vivamus, postque mortem etiam, nostra numquam deficiat gloria. At, ô cara, obtempera, patri fer auxilium, adjuva fratrem, libera ex malis me, libera te ipsam quoque, hoc expendens, quam TURPE GENEROSIS VIVERE TURPITER.

CHORUS. In talibus rebus prudentia & dicenti & audienti utilis est.

CHRYSOTHEMIS. Immo antequam locuta esset, ô mulieres, si mens illi non læva fuisset, prudentiæ rationem habuisset, quam ab illa prorsus abjici videtis. Quo enim, quæso, respiciens & ipsa ad tam audax facinus accingere, & me subsidio advocas? Nonne vides? mulier quidem, non vir, es: adversariis autem longe es inferior viribus; quorum quidem fortuna in dies felicior, nostra autem minor fit, & ad nihil redit. Quis igitur talem virum opprimere sine maximo suo malo adgredietur? Vide, ne male jam adfectæ, majora nanciscamur mala, si quis istos sermones audierit. Nihil enim nobis profuerit, nec ulli erit adjumento, gloriosam adeptas famam indignis modis periisse. Haud enim mori tristissimum est, at quum mori quis cupiens, ne hoc quidem valeat adsequi. Quare te supplex oro, priusquam nos funditus pereamus, vasteturque genus omne nostrum, iram cohibe: & quæ dixisti, pro indictis & irritis habebo, secretaque servabo. Tu vero saltem nunc sero sapere incipe, & disce, nullis ipsa prædita viribus, potentioribus cedere.

CHORUS. Obtempera: nihil hominibus utilius contingere potest prudentia & mente sana.

ELECTRA. Inexspectatum nihil dixisti: pulchre enim noram, te consilia mea repudiaturam esse; sed mea solius manu peragendum est hoc opus: nequaquam enim id irritum dimittemus.

CHRYSOTHEMIS. Vah! utinam tali fuisses animo tunc quum pater interficeretur! rem enim omnem confecisses.

ELECTRA. Eram quidem natura talis, sed animo tunc imbecilliore.

CHRYSOTHEMIS. Da operam ut eumdem semper serves animum.

ELECTRA. Ut quæ non adjutura sis, ista me mones.

CHRYSOTHEMIS. Mali enim incepti par est consimilem esse exitum.

ELECTRA. Laudo tuam prudentiam, sed timiditatem odi.

CHRYSOTHEMIS. Libenter te audiam, etiam quando mihi bene dices.

ELECTRA. Sed ex me quidem id numquam consequeris.

CHRYSOTHEMIS. Sat longum restat tempus, quod hæc dijudicet.

ELECTRA. Abi: in te enim nihil est auxilii.

CHRYSOTHEMIS. Inest: tibi vero deest docilis animus.

ELECTRA. I, matri hæc omnia enarra tuæ.

CHRYSOTHEMIS. Nondum tanto in te incensa sum odio.

ELECTRA. Scias tu tamen, quo me infamiæ adducis.

CHRYSOTHEMIS. Non quidem infamiæ, sed providentiæ, ut tibi ipsi caveas.

ELECTRA. Ergone, quod tibi justum videtur, sequi me oportet?

CHRYSOTHEMIS. Quippe quum recte sapies, tum nobis præibis.

ELECTRA. Mirum est profecto bene dicentem perverse facere.

CHRYSOTHEMIS. Quo tu laboras morbo, plane elocuta es.

ELECTRA. Quid ergo? An hæc ego tibi parum recte dicere videor?

CHRYSOTHEMIS. At enim quæ recta sunt nonnumquam nocent.

ELECTRA. Has ego juxta leges nolo vivere.

CHRYSOTHEMIS. Sed si ita ages, postmodo laudabis me.

ELECTRA. Equidem agam, terricula tua nihil moror.

CHRYSOTHEMIS. Etiamne hoc certum, neque consilium mutabis?

ELECTRA. Consilio enim nihil est odiosius malo.

CHRYSOTHEMIS. Intelligere videris nihil eorum quæ loquor.

ELECTRA. Olim decreta sunt hæc mihi, non nuper.

CHRYSOTHEMIS. Abibo igitur: neque enim tu mea dicta sustines probare, neque ego tuos mores.

ELECTRA. Quin abi domum. Non ego tibi, ne impensius quidem cupienti, comes futura sum umquam. Nam magna dementia est, venari id quod nusquam sit.

CHRYSOTHEMIS. At si tibi ipsi sapere videris, talia licet sapias: verum ubi in mala jam incideris, mea probabis dicta.

CHORUS. Cur, obsecro, quum superne involantes aves cordatissimas videamus earum victui prospicere, a quibus prognatæ sunt & educatæ, non idem & nos agimus? At ita ut Jovis fulmina sunt, & est cœleste numen Justitiæ, non diu ab illis malum aberit. O terram subiens mortalium Fama, miserabilem vocem increpa defunctis Atridis, illætabilia nuntians opprobria: ut jam illis res domesticæ afflictæ sunt, utque diversis abreptæ studiis filiæ dissident, nec amplius componuntur amico convictu: prodita vero ac sola Electra vicem patris dolens perpetuo jactatur in luctu, ut semper flebilis luscinia, nullam vitæ curam habens, quin & mori parata, dummodo geminas opprimat furias. Usquamne alia tali animo reperiri possit nobili nata genere? Rebus in adversis nemo generosus nobilitatem suam dedecorare sustinet, nec committere ut fama nominis intereat: quare & tibi, ô filia, complacitum est perpetuo in luctu vivere communis calamitatis, ut profligato scelere, duplicem laudem eodem consilio consequaris, sapiensque dici, simulque optima filia. Utinam vivas mihi, superesque manu & opibus inimicos tantum, quantum nunc ab illis opprimeris! nam te iniquis fatis exerceri video, tametsi sanctissimas, quæ apud homines vigent, leges optime omnium coluisse perhiberis, tua erga Jovem pietate.

ORESTES. Num, ô mulieres, recte accepimus, recteque eo, quo volumus, ingredimur via?

CHORUS. Quid quæris, aut quid cupiens huc venisti?

ORESTES. Ægisthum, ubi habitet, quæro dudum.

CHORUS. Atqui recte venis, quique monstravit, culpa caret.

ORESTES. Quæ igitur vestrûm intro renuntiabit nostram, qui huc una advenimus, exoptatam præsentiam?

CHORUS. Ista, siquidem proximam genere nuntium hunc ferre decet.

ORESTES. I, mulier, dic ingressa, Phocenses quosdam viros quærere Ægisthum.

ELECTRA. Hei mihi miseræ! num, quæso, illius, quam audivimus, famæ certa adfertis indicia?

ORESTES. Nescio quam prædicas famam: sed senex me Strophius quædam de Oreste nuntiare jussit.

ELECTRA. Quid est vero, hospes? ut me incessit timor!

ORESTES. Mortui illius exiguas reliquias in parvo, ut vides, vasculo adferimus.

ELECTRA. Heu me miseram! Illud ipsum jam certum est: manifestum, ut videtur, dolorem cerno.

ORESTES. Si quid Orestis commoveris casu, hoc vasculo scito corpus ipsius conditum esse.

ELECTRA. Da mihi ergo, per Deos obsecro, ô hospes, in manus vasculum hoc sumere, siquidem eo ille reconditus est, ut me ipsam, totumque una genus, cum hoc lamenter & defleam cinere.

ORESTES. Quæcumque sit tandem, huic date adferentes: non enim hoc inimico animo expetit: sed ut ex amicis aliqua vel sanguine conjunctis.

ELECTRA. O carissimi hominum mihi monimentum, animæ Orestis quod superest unicum, quam longe dissimili spe te recipio, ac emiseram! Nunc enim te evanidum gesto manibus; domo te vero, ô fili, splendidum emisi. O utinam mihi prius defecisset vita, quam te in peregrinam terram emitterem, manibusque subductum hisce servarem a cæde, ut illa ipsa die peremtus jaceres, communis cum patre tumuli partem sortitus! Nunc vero domo extorris, exsul alieno in solo male periisti, tua procul sorore; neque ego te infelix meis manibus lavi, neque e rogo, ut decuit, abstuli miserabile onus: sed peregrinis funeratus manibus infelix, parvum advenis pondus in parvo vasculo. O misera ego! ô inutilia quondam mea alimenta, quæ ego sæpius tibi dulci labore præbui! neque enim umquam matri fuisti carior quam mihi; nec quisquam alius erat ex familia, sed ego nutrix tua eram, tu me sororem compellabas semper. Jam vero defecerunt hæc una die exstincta tecum: omnia enim moriens simul abripuisti, velut procella. Periit pater: ego tibi sum mortua: tu ipse nullus es: rident autem inimici, insanitque præ gaudio mater impia, cujus tu mihi, per missos clam nuntios, sæpe significasti ultorem te venturum. Sed hæc prorsus evertit infelix fortuna tuaque & mea; quæ te huc deduxit, pro carissima forma, cineremque & umbram inutilem. Hei mihi! ô corpus miserandum, eheu! ô infaustum iter, hei mihi! quo ablegatus es, carissime! ut me perdidisti! perdidisti, inquam, ô germanum caput. Quocirca me recipe sub hoc tuum tectum, me quæ nulla sum, ad id quod nihil est, ut tecum apud inferos habitem posthac. Etenim quando apud superos eras, tecum fruebar pari sorte, & nunc quoque mortua tui tumuli particeps fieri cupio. Mortuos enim dolore conflictari non video.

CHORUS. Mortali patre nata es, Electra, hoc cogita: mortalis etiam Orestes erat: quare nimios luctus compesce: omnibus enim nobis idem necesse est pati.

ORESTES. Heu, heu! Quid dicam, quo me vertam, nescius quid exordiar loqui? linguæ enim amplius temperare non possum.

ELECTRA. Quis te sollicitat dolor? quamobrem hoc dicis?

ORESTES. Num tua nam inclyta est illa Electræ species?

ELECTRA. Illa ipsa est, & misere admodum habita.

ORESTES. Heu infelicem oppido hanc calamitatem!

ELECTRA. Cur, quæso, hospes, mea caussa ita ingemiscis?

ORESTES. O corpus indigne atque impie deformatum!

ELECTRA, Non aliam sane dudum quam me deploras, hospes.

ORESTES. Heu tuam innuptam & calamitosam vitam!

ELECTRA. Quidnam, amabo, hospes, ita me intuens gemis?

ORESTES. Quam nihil meorum adeo noveram malorum!

ELECTRA. Quibus ex dictis nostris comperisti ea?

ORESTES. Videns te manifeste multis oppressam doloribus.

ELECTRA. Atqui pauca sane vides meorum malorum.

ORESTES. Et quomodo aliquis acerbiora hisce videre possit?

ELECTRA. Quia cogor cohabitare interfectoribus —

ORESTES. Cujusnam? Quid istuc significas mali?

ELECTRA. Patris. Deinde his servio ingratiis meis.

ORESTES. Quis te in hanc necessitatem compulit mortalium?

ELECTRA. Mater vocatur, nihil autem maternum habet.

ORESTES. Quid agendo? manusne violentas inferendo, an fraudo victu?

ELECTRA.

ELECTRA. Et vi, & fame, & omni malorum genere.

ORESTES. Neque qui opem ferat, nec qui prohibeat adest?

ELECTRA. Nemo sane. Qui enim mihi unicus erat, hujus tu protulisti cinerem.

ORESTES. O te infelicem! ut te intuens dudum miseror!

ELECTRA. Solum te mortalium esse scito, quem umquam mei miseritum sit.

ORESTES. Solus enim advenio tuis dolens malis.

ELECTRA. An nobis cognatus alicunde venis, obsecro?

ORESTES. Dicam, si has benevolentes adesse sciam.

ELECTRA. At sunt benevolæ: proinde coram fidelibus dixeris.

ORESTES. Amitte ergo hoc vasculum, ut omnia cognoscas.

ELECTRA. Ne, quæso, per Deos, hoc mihi facias, hospes.

ORESTES. Dictis meis obtempera, nec peccabis umquam.

ELECTRA. Ne, per mentum tuum, ne auferas carissima.

ORESTES. Non te hoc retinere sinam.

ELECTRA. O me miseram ob te, Oresta, si hoc sepulcro privabor tuo!

ORESTES. Bona verba, quæso: immerito enim lamentaris.

ELECTRA. Egon' immerito lamentor, ob mortuum fratrem?

ORESTES. Non te decet ista loqui.

ELECTRA. Itane mortuo contemtui habeor?

ORESTES. Nemini tu es contemtui: sed hoc quod tenes, nihil ad te pertinet.

ELECTRA. Quidni? si quidem Orestis hoc porto corpus.

ORESTES. At enim Orestis hoc non est, nisi verbis subornatum.

ELECTRA. Ubinam est ergo infelicis illius sepulcrum?

ORESTES. Nusquam. Viventis enim sepulcrum nullum est.

ELECTRA. Quid ais, adolescens?

ORESTES. Nihil equidem falsi dico.

ELECTRA. Num ergo vivit ille?

ORESTES. Siquidem mihi anima inest.

ELECTRA. Num ergo tu ille es?

ORESTES. Hoc intuita patris mei sigillum, pernosce an vera dicam.

ELECTRA. O carissima lux!

ORESTES. Carissima, & ipse testor.

ELECTRA. O vox, advenisti?

ORESTES. Ne aliunde amplius sciscitare.

ELECTRA. Teneone te manibus?

ORESTES. Sic in posterum teneas semper!

ELECTRA. O carissimae mulieres, ô cives optimae, videte Oresten hunc, mortuum quidem modo vafris commentis, nunc vero eadem arte sospitem.

CHORUS. Videmus, ô filia, & prae gaudio tam felicis eventus lacrimae nobis ex oculis erumpunt.

ELECTRA. Io suboles corporis mihi carissimi, venisti tandem, reperisti, adspexisti quos maxime cupiebas.

ORESTES. Adsumus; sed tacita opperire.

ELECTRA. Quid vero est?

ORESTES. Tacere melius erit, ne quis intus exaudiat.

ELECTRA. At enim, ita me juvet casta semper Diana, numquam metuendum existimabo inutile illud domi semper desidens mulierum pondus.

ORESTES. Videsis tamen, ut mulieribus etiam martius est animus: pulchre hoc nosti experta olim.

ELECTRA. Atattate! mentionem haud obscuram injicis mali, quod nobis exortum est, numquam solubilis, nec umquam delebilis.

ORESTES. Novi haec quoque: sed quum tempus monuerit, tum harum rerum meminisse oportebit.

ELECTRA. Quodvis mihi, quodvis nunc idoneum fuerit tempus ista merito conqueri: vix enim nunc tandem mihi concessum est libere loqui.

ORESTES. Adsentior tibi, quare facito ut hoc conserves.

ELECTRA. Quid agendo?

ORESTES. Ubi non opportunum est, noli prolixe dicere.

ELECTRA. Qui autem, te mihi in conspectum dato, aequum putem silentio sermonem commutare, quando te nunc ex improviso & praeter spem intueor?

ORESTES. Tum me vidisti, quum me Dii impulerunt venire.

ELECTRA. Quod nunc commemoras, majore me multo perfundit lætitia, siquidem te Deus incitavit ut nostram venires ad domum. Equidem divinum hoc esse censeo.

ORESTES. Nolim quidem lætitiam tuam cohibere; tamen valde timeo ne nimium animo indulgeas.

ELECTRA. O qui longo post tempore, gratissimo confecto itinere, sic dignatus es te mihi in conspectum dare, ne me ita luctuosam videns —

ORESTES. Quid ego non faciam?

ELECTRA. Ne me prohibeas adspectus tui voluptate perfrui.

ORESTES. Immo valde irascerer, si qui te alii prohibere vellent.

ELECTRA. Adprobas ergo?

ORESTES. Quippini?

ELECTRA. O amicæ, audivi quem ego numquam sperassem nuntium: vocem præclusit stupor, nec audito acerbo casu misera ejulatum erumpere potui: nunc vero teneo te; adparuisti gratissimum habens adspectum, cujus ego, ne si maximis verser in malis, obliviscar umquam.

ORESTES. Supervacuos nunc mitte sermones, & neque me doce mater quam improba sit, nec ut paternis opibus exhauriat domum Ægisthus, easque profundat ac temere dissipet: temporis enim opportunitatem excluserit inutilis sermo. Quæ vero mihi apta erunt in præsens tempus, ea expone, nempe ubinam locorum aut adparentes, aut delitentes, ridentes inimicos adventu hoc nostro opprimamus. Cave autem, ne, nobis ingressis domum, hilari vultu matri te prodas gavisam: sed tamquam ob casum, qui falso nuntiatus est, ingemisce. Quum enim res nobis feliciter processerit, tunc gaudere licebit & ridere libere.

ELECTRA. At, ô frater, utcumque tibi complacitum erit, ita morem tibi geram: namque hac voluptate fruor a te accepta, non propria mihi: neque tibi ausim cum maximo meo emolumento vel tantillum molesta esse; non enim recte sic subservirem præsenti, qui favet, Deo. Tu vero nosti quæ hic sunt: quidni enim? quum audieris Ægisthum domo abesse, intus vero adesse matrem, quam tu neutiquam vereare, ne risu hilarem videat vultum meum: odium enim vetus penitus mihi infixum inhæret; & postquam te adspexi, numquam desinam præ gaudio lacrimas effundere. Qui enim temperare a lacrimis mihi queam, quæ te uno hoc tuo adventu mortuumque & vivum adspexi? fecisti autem mihi ne speranda quidem; ita ut, si pater mihi vivus redeat, neutiquam id in prodigii loco habitura sim, sed creditura protinus me ipsum videre. Quando igitur ad hunc modum nobis advenisti, ipse rem auspicare, ut tibi animus est: nam ego sola si fuissem, non utrobique proposito excidissem; aut enim præclare me liberassem, aut præclare occubuissem.

ORESTES. Tacere jubeo; nam quempiam e domo exire audio.

ELECTRA. Ite intro, hospites; præsertim quum ea adferatis, quæ neque domo quis repellat, neque cum voluptate admittat.

PÆDAGOGUS. O nimium stolidi atque vecordes, an de salute nihil amplius soliciti estis, aut ratio inest vobis nulla ingenita, qui vos, non propinquos malorum esse, sed malis in ipsis, iisque gravissimis, versari non animadvertitis? sed nisi dudum ego fores hasce servarem, prius intus conatus vestri quam corpora apparerent. Sed nunc hæc ego providi: quare jam omissis longioribus sermonibus, istisque immodicis lætis clamoribus, ite intro: nam cunctari in tali negotio malum est: urget autem occasio rei gerendæ.

ORESTES. Quomodo ergo ingressu mihi comparatum erit quod superest negotii?

PÆDAGOGUS. Pulchre: commodum enim contingit, ut te nemo noscat.

ORESTES. Nuntiasti videlicet me esse mortuum.

PÆDAGOGUS. Scito te illic jam unum esse de Orci incolis.

ORESTES. Gaudentne igitur hoc nuntio, aut quid aiunt?

PÆDAGOGUS. Rebus confectis, narrabo: ut autem nunc est, bene se habent illorum omnia, etiam illa quæ non bene.

ELECTRA. Quis hic est, frater? Dic mihi, per Deos obsecro.

ORESTES. Non cognoscis?

ELECTRA. Ne in mentem quidem venit.

ORESTES. Ignoras cui me in manus tradidisti olim?

ELECTRA. Cui? quid narras?

ORESTES. Cujus manibus Phocensem in terram clam delatus sum tua providentia.

ELECTRA. An hic ille est, quem olim ex multis ego solum inveni fidum, pater quum daretur neci?

ORESTES. Hic est; ne me pluribus verbis roga.

ELECTRA. O lux jucundissima, ô unice servator domus Agamemnoniæ, quomodo huc venisti? an tu ille es, qui hunc & me servasti a multis malis? ô carissimæ manus, tuque gratissimum habens pedum ministerium, quare jampridem, quum adesses, me fallebas, nec te indicabas, facta habens dulcissima mihi? Salve, ô pater! patrem enim videre videor: salve. Scias vero te unum omnium hominum maxime mihi odio & amori fuisse una hac die.

PÆDAGOGUS. Satis esse censeo: multæ enim volvuntur noctes diesque totidem, quibus tibi, Electra, omnia declarare licebit quæ interea gesta sunt: vobis autem, Oresta Pyladeque, edico nunc tempus esse rem aggrediendi; nunc Clytæmnestra sola, nunc nemo virorum intus: si vero differetis, cogitate & cum his, & prudentioribus aliis, iisque pluribus, vos dimicaturos.

ORESTES. Non hic longo sermone amplius, Pylade, opus est, sed quam ocissime ire intro, salutatis prius Deorum patriorum simulacris, qui huic vestibulo præsunt.

ELECTRA. O Rex Apollo, propitius illos audi, meque simul cum his, quæ sæpe tibi cum donis, ut sors mea ferebat, supplices tetendi manus: nunc autem, ô Lycee Apollo, cum verbis, quæ sola habeo, supplex ad te venio, peto, precor, adsis nobis benivolus hujus cœpti adjutor, & ostende mortalibus præmia impietati qualia tribuant Dii.

CHORUS. Videte quo prorumpit sanguinem spirans ineluctabilis Mars. Subeunt jam tecta domus ultores immanium scelerum, inevitabiles canes: quare non amplius longa erit mora, & quod mihi animus vaticinatus est, eventus comprobabit. Namque furtivo pede penetrat domum, antiquarum opum paternas in sedes, manium vindex, recens acutum gladium manibus tenens: Majæ vero filius Mercurius illum deducit ad ipsum finem, fraudem tenebris obtegens, nec amplius moratur.

ELECTRA. O carissimæ mulieres, viri actutum opus exsequentur: age silentio opperiminor.

CHORUS. Quomodo, obsecro? quid nunc agunt?

ELECTRA. Illa quidem in funebrem cœnam lebetem instruit: isti vero prope adstant.

CHORUS. At tu quid exisli foras?

ELECTRA. Observatura ne imprudentibus nobis Ægisthus ingrediatur domum.

CLYTÆMNESTRA. Heu, heu! ô tecta amicis deserta, plenaque interfectoribus!

ELECTRA, Clamat intus aliquis: nonne audistis, amicæ?

CHORUS. Non audienda infelix audivi, & tota horreo.

CLYTÆMNESTRA. Hei mihi miseræ! Ægisthe, ubi tandem es?

ELECTRA. Ecce iterum exclamat quispiam.

CLYTÆMNESTRA. O nate, nate, miserere matris.

ELECTRA. At tu neque hujus olim miserita es, nec, qui genuit, patris.

CHORUS. O civitas, ô genus miserum, nunc te hujus diei fatum prorsus opprimit.

CLYTÆMNESTRA. Hei mihi! percussa sum.

ELECTRA. Iterum, si potes, feri.

CLYTÆMNESTRA. Hei mihi, rursum!

ELECTRA. Utinam & Ægistho simul!

CHORUS. Perficiuntur imprecationes: vivunt ii quos humus tegit: multo enim occisorum sanguine cædem ulciscuntur dudum peremti.

ELECTRA. Sed prodeunt jam illi, cæsa Marti victima, cruore respersi manus: verum, Oresta, nescio ut res se habeat.

ORESTES. Intus quidem recte, si modo Apollo recte vaticinatus est. Occubuit misera illa, nec est ut metuas amplius, ne te matris protervitas afficiat contumelia.

CHORUS. Silete: video enim Ægisthum perspicue.

ELECTRA. O juvenes, non retro ibitis?

ORESTES. Videtisne forte virum contra nos conferentem gradum?

ELECTRA. Eccum, ex suburbio venit lætus . . .

CHORUS. Ocius corripite vos in vestibulum: prioribus modo feliciter peractis, ita hæc rursus —

ORESTES. Confide: effecta dabimus, ut cupis.

ELECTRA. Age propera.

ORESTES. Ecce vado.

ELECTRA. Quæ hic agenda sunt, curæ erunt mihi.

CHORUS. Huic viro pauca & quam lenissima verba in aures instillare expediat, ut imprudens ruat in occultum ultionis certamen.

ÆGISTHUS. Quis vestrum novit, ubinam sint Phocenses hospites, quos ferunt nobis nuntiasse, Orestem vita decessisse equestribus in naufragiis? Te sane, te percontor, te inquam, semper antea contumacem: nam id tibi maxime curæ esse opinor, teque ut gnaram maxime posse dicere.

ELECTRA. Novi. Qui enim nesciam? nam sic fugeret me casus, quo nihil rerum mearum magis animum meum commovet.

ÆGISTHUS. Ubinam ergo sunt hospites? doce me.

ELECTRA. Intus: amicam enim apud hospitam diversantur.

ÆGISTHUS. Quid? Satin' certo mortuum illum nuntiarunt?

ELECTRA. Immo re ipsa palam fecerunt, non verbis modo.

ÆGISTHUS. Licet ergo nobis manifestis ex signis rem cognoscere.

ELECTRA. Licet profecto, spectaculumque intueri perquam miserabile.

ÆGISTHUS. Magnum sane, præter morem tuum, mihi narras gaudium.

ELECTRA. Gaude, si tibi læta hæc accidunt.

ÆGISTHUS. Silere jubeo, & pandi fores, ut conspiciat Mycenensium Argivorumque omnis multitudo, ut si quis eorum antea elatus fuisset inani spe reditus illius viri, nunc mortuum eum intuens, frena accipiat mea, atque ultro ad sana consilia redeat, non vi coactus, meque castigatorem expertus.

ELECTRA. Fit hoc quidem à me: tandem enim sapere didici, & me potentioribus accommodare.

ÆGISTHUS. O Jupiter! rem video, dicto absit invidia, quæ pulchre & feliciter cecidit: sin adest Nemesis, indictum volo. Velamentum omne removete ab oculis, ut lamentis etiam meis cognatio debitum consequatur honorem.

ORESTES. Tu ipse auferto; non meum hoc, sed tuum officium est, hasce reliquias intueri, & compellare familiariter.

ÆGISTHUS. Recte quidem mones, tibique morem geram: tu vero voca mihi Clytæmnestram, sicubi domi est.

ORESTES. Ecce ipsa prope te est: ne jam aliorsum specta.

ÆGISTHUS. Væ mihi! Quid video?

ORESTES. Quem times? quem non agnoscis?

ÆGISTHUS. Quorumnam hominum in medios casses miser incidi?

ORESTES. Non enim sentis, ut dudum vivos, quasi mortuos adloqueris?

ÆGISTHUS. Hei mihi! dictum intelligo. Non enim fieri potest, ut hic non sit Orestes, qui me adloquitur.

ORESTES. Etsi optimus es vates, dudum tamen falsus es.

ÆGISTHUS. Perii profecto miser: sed mihi permitte pauca saltem fari.

ELECTRA. Ne, per Deos quæso, frater, sinas eum ulterius loqui, nec longos producere sermones. Quid enim homo coopertus miseriis & morti destinatus brevi mora lucri ferat? sed quam celerrime eum interfice, interfectumque propone pollinctoribus, quos dignus est nancisci, longe a nostro conspectu. Namque unicum hoc mihi veterum malorum fuerit remedium.

ORESTES. I intro propere: haud enim nunc sermonum certamen est, sed de tuo capite.

ÆGISTHUS. Nam cur intro me ducis? si factu pulchrum est quod agis, quid tenebris opus? Quin statim interficis?

ORESTES. Noli jubere; sed eo vade, ubi patrem meum occidisti, ut in eodem loco moriaris.

ÆGISTHUS. Ecquid omnino necesse est hanc domum adspicere præsentiaque & futura Pelopidarum infortunia?

ORESTES. Tua certe; ego vates tibi sum hac in re verissimus.

ÆGISTHUS. Atqui haud paternam hanc artem jactitas.

ORESTES. Multum obſtrepis, nec interea promoves gradum, perge igitur.

ÆGISTHUS. I præ.

ORESTES. Te præire oportet.

ÆGISTHUS. Num times ne te fugiam?

ORESTES. Immo ne pro lubitu tuo moriaris, curare me decet, ut ne hac acerbitate mors tua careat. Par autem erat præſentem eſſe pœnam omnibus, qui plus poſſe vellent ſe quam leges, ut occiderentur: ita non creſceret improbitas.

CHORUS. O genus Atrei, quam multas poſt calamitates in libertatem perveniſti hoc tandem itinere?

FINIS ELECTRÆ.

NOTÆ IN OEDIPUM REGEM.

ARGUMENTI METRICI. V. 11. Legitur vulgo soloece ὅπως πύθηται. In uno cod. a prima manu πύθοιτο. Scripserat auctor ὅπως πύθοιτο, Tragico ipso præeunte v. 71.

V. penult. Aldus e codd. dedit:

διπταῖς τε χερσὶν ἐξανάλωσεν κόρας.

Turnebus vero juxta Triclinium:

διπταῖσι χερσὶν ἐξετύφλωσεν κόρας.

In hoc prava est utraque scriptura, quod *geminarum manuum* mentionem inducat, ubi res ipsa *geminos* flagitat *oculos*: ἐξανάλωσε χερσὶ διπτὰς κόρας. Ducem hic etiam habebat Grammaticus Sophoclem in Antig. 52. διπλᾶς ὄψεις ἀράξας αὐτὸς αὐτουργῷ χερί. In uno codice reperi:

κόρας κατεκτείλωσεν αὐτὰς ὀμμάτων
πόρπαξι δεινῶς ὑπερεχθεὶς τοῦ πάθους.

In quibus videor latentem deprehendisse sinceram lectionem:

πόρπαισι διπτὰς ἐξανάλωσεν κόρας.

Hoc scribere debuit Grammaticus ex ipso Dramate 1268. Euripides Phœniss. 59.

χρυσηλάτοις πόρπαισιν αἱμάξας κόρας.

Apud eumdem Polymestor in Hecuba 1155.

ἐμῶν γὰρ ὀμμάτων,
πόρπας λαβοῦσαι, τὰς ταλαιπώρους κόρας
κεντοῦσιν.

Nihil est igitur, quo in dubium vocari possit πόρπαισι. Quod ad ἐξετύφλωσεν adtinet, glossema est a Triclinio inepte genuino verbo substitutum. Vide Valckenarium ad Phœniss. p. 223.

Disquisitionem quæ sequitur de inscriptione Dramatis ad fidem codd. dedi, rejectis putidis nugis recentissimi nescio cujus Græculi. Latinam versionem subjungere inutile duxi. Facile intelligit quicumque primoribus labris græcum sermonem gustarit, *quosdam fuisse qui* ŒDIPUM PRIOREM, *non* REGEM *drama hoc inscripserint, habita ratione tam temporis, quo fuit editum, quam rerum in eo exhibitarum.* Quippe diu ante alterum Œdipum, quem Sophocles extrema in senectute fecit, in scenam inducta fuit hæc fabula; & Colonum adiit Œdipus longo tempore postquam se ipsum exæcaverat.

DRAMATIS V. 2. Τίνας ἕδρας τάσδε θοάζετε; id est διὰ τί προθακεῖτε τασδε τὰς ἕδρας; τί προσκαθίζετε ταύταις ταῖς ἕδραις; Vide Œd. Col. 1160. 1166.

3. ἐξεστεμμένοι. Male interpres, coronati. Vertere poterat, instructi. Non coronis erant redimiti; sed manibus ferebant ramos oleæ lana obvolutos, qui Græcis στέμματα vocantur. Sic Chryses Iliadis initio:

στέμματ᾽ ἔχων ἐν χερσὶν, ἑκηβόλου Ἀπόλλωνος
χρυσέῳ ἀνὰ σκήπτρῳ.

Infra 913. rami isti supplicatorii στέφη appellantur.

10. τίνι τρόπῳ. quare, quamobrem? Vide Marklandum ad Euripidis Supplices, 147.

11. στέρξαντες. Sic unus e Regiis codd. quam lectionem agnoscit Scholiastes, male expositam per παθόντες. στέργειν hic valet petere, cupere, orare, ut Œd. Col. 1094.

12. δυσάλγητος. Gallice insensible. Vide Fragm. Inc. XXXI.

16. βωμοῖσι τοῖς σοῖς. Non aris tibi dicatis; sed aris pro foribus tuarum ædium positis. Veterum hic mos notus. Plautus Curcul. I. 1. 71.

Nunc ara Veneris, hæc est ante horum fores.

Lenonis erat domus, quem consentaneum erat Venerem pro tutelari Dea colere. At plerumque ante ædes Apollinis erant aræ τοῦ Ἀγυιέως. Confer in Vesp. 875. γεῖτον Ἀγυιεῦ τοὐμοῦ προθύρου. Plautus Bacchid. II. 1.

Saluto te, vicine Apollo, qui ædibus
propinquus nostris accolis, veneroque te.

Vide El. 637. 1375. Eurip. Phœniss. 281. 640.

18. ἱερῆς. Atticismum a librariis sæpe obliteratum restitui. In Eurip. Supp. 666. legendum e duobus codd.

ἱππότας δ᾽ ἱερῆς ἦσαν ἀνθωπλισμένοι

non, ut vulgo, ἱππεῖς. In Phœnissis 1236. 1255. optimi codicis auctoritate reposuimus ἀριστῆς. In Aj. 189. recte Turnebus edidit βασιλῆς, quod in v. 390. adsumi non debebat: sed in El. 690. 709. Attica forma βραβῆς omnino reponenda erat. — ᾔδειν. Sic scriptum oportuit, non, ut vulgo, ἠΐδειν. Bene Valckenarius in Phœniss. 952. edidit, σὺ γὰρ ᾔδεις. Eustath. ad Iliad. Σ. pag. 1166. ὃ γὰρ ἐν ἡλικίᾳ γυναικῶν αἱ παρθένοι, τοῦτο ἐν ἀνδρείῳ ἠΐθεοι, οἱ ὡραῖοι, φασὶ, γάμου, καὶ μηδέπω γεγαμηκότες. ὡς δὲ καὶ τρισυλλάβως ᾔθεος λέγεται ὁ ἠΐθεος, προσεγράφειν τοῦ ι, Διονύσιος Λύκιος φησί. καὶ ἔστι, φασὶν, Ἀττικόν. λέγεται δὲ καὶ ἐπὶ παρθένου τὸ ἠΐθεος, καὶ χρῆσις φέρεται εἰς τοῦτο αὕτη·

Εἰ μὴ πέρα δεύτερα τὸ σπαῖς ᾔθεος.

28. σκήψας. gl. ἐπισκήψας, βαρέως ἐμπεσών.

29. δῶμα Καδμεῖον. Sic plerique codd. & Scholiastes, ut mox ἄστυ Καδμεῖον. Vulgo utrobique Καδμείων.

31. ἰσούμενόν σε. gl. ἴσον. σύνταξις δὲ πρὸς τὸ κρίνοντες.

33. In συμφοραῖς βίου intellige quidquid sponte sua hominibus in vita evenire solet; ταῖς συντυχίαις, τοῖς συναντήμασι: in δαιμόνων ξυναλλαγαῖς, quidquid numen Deorum invehit praeter solitum, quidquid fit Deorum interventu. Posterius minus bene interpretatur auctor veteris glossae, καταλλαγαῖς, φιλιώσεσιν. Infra 960. Oedipus quaerit num Polybus mortuus fuerit νόσου ξυναλλαγῇ, morbi interventu. In Oed. Col. 410. ποίας φανείσης ξυναλλαγῆς; cujusnam interventu? ut recte explicat Scholiastes. Ad πρῶτον glossa: ἤγουν ἐν τῷ εὑρεῖν μηχανὴν καὶ ἀπαλλαγὴν αὐτῶν.

44. τοῖσιν ἐμπείροισι. gl. τοῖς ἐν πείρᾳ πολλῇ γεγονόσι. τὰς ξυμφοράς, τὰ τέλη. ζώσας, ἀσφαλεῖς, ἀδιαπτώτως. Perperam hunc locum accepit Triclinius, cui frustra patrocinatur Toupius Cur. nov. in Suidam p. 60. ὡς τοῖς ἐν πείρᾳ γεγονόσι καὶ συνετοῖς καὶ τὰς συντυχίας, ἤγουν τὰς ἀποβάσεις τῶν βουλευμάτων ὁρῶ μάλιστα ζώσας καὶ οὐκ ἀπολλυμένας.

58. γνωτὰ κοὐκ ἄγνωτα. Sic apud Homerum Iliad. Z. 333.

Ἕκτορ, ἐπεί με κατ' αἶσαν ἐνείκεσας, οὐδ' ὑπὲρ αἶσαν.

ad quem versum Eustathius p. 645. ἐπαινετὸν ὁ λόγος ἔχει τὸν κατ' ἦθος ἀλληθισμόν [?]. ὅτι ὅμοιον παρὰ τῷ φιλομήρῳ Σοφοκλεῖ τό, γνωτὰ κοὐκ ἄγνωτά μοι. καὶ τό, νοῦς οὐδὲ μητρὶ δυσχερής. καὶ τό, οὔτε τι τοῦ μὴ θανεῖν προμηθής τό τε μὴ βλέπειν ἑτοίμη. Duo postrema exempla in Electra sunt 929. 1078. Addere poterat ex Ajace 289. ἄκλητος, οὔθ' ὑπ' ἀγγέλων κληθείς.

67. πλάνοις. Sic B. & Schol. recte ex Atticorum usu. Eurip. Hippol. 284. φρενῶν πλάνον. Helena 541. οὐδ' ἀγύμναστον πλάνοις. 757. πόσον χρόνον πόντου 'πὶ νώτοις ἄλλον ἐφθείρου πλάνον; Idem in Stobaeo Grotii p. 105. πλάνος τε καρδίας προσίσταται. Vide Oed. Col. 1114. Phil. 758.

70. ἐμαυτοῦ γαμβρόν. Graecis γαμβροὶ appellantur quicunque per nuptias adfinitate juncti sunt; generi, soceri, uxoris fratres, sororum mariti: quo postremo sensu, vel etiam generaliori accipiendum in Sarpedonis oratione, qua Hectorem objurgat Il. E. 474.

φῆς που ἄτερ λαῶν πόλιν ἑξέμεν, ἠδ' ἐπικούρων,
οἶος σὺν γαμβροῖσι κασιγνήτοισί τε σοῖσι.

ad quem locum Eustathius p. 572. γαμβροὶ οὖν μὲν οἱ κοινῶς οὕτω καλούμενοι. ἡ δὲ τραγῳδία ἐν τῷ, κηδεύσας καλοῖς γαμβροῖς, τοὺς πενθεροὺς δηλοῖ, ὡς καὶ αὐτοὺς κατὰ γαμικὸν ἐκδόντας [?] συνάλλαγμα. καὶ ὁ παρὰ Σοφοκλεῖ δὲ Οἰδίπους γαμβρὸν ἑαυτοῦ τὸν τῆς Ἰοκάστης ἀδελφὸν Κρέοντα λέγει, ὡς ἐξ ἐπιγαμβρίας συνῆπτο [?], ἀλλαχοῦ μέν τοι πενθερόν [?], κηδεμόνα [?], αὐτὸν λέγει ἐν τῷ, ἄναξ ἐμὸν κήδευμα. Sic nominis πενθερὸς late diffunditur significatio. Vide Lexicon. Sororis maritum notat apud Eurip. Elect. 1295.

79. οἵδε γ' — Sic recte B. & Schol. Perperam a librariis mutatum fuit in οἵδε τι, quia prius τ' in εἰς καλὸν σύ τ' εἶπας, acceperant pro τι. At valet τοι. ἀλλά τοι καλῶς εἶπας σύ· οἵδε γε ἀρτίως — Istud γε, ut sæpe alias, valet γάρ. Præcedentia enim confirmat.

80. εἰ γάρ, utinam. gl. εἴθε δή. Librorum omnium lectio est ἐν τύχῃ γέ τῳ, quam adgnoscit Eustathius p. 1154. & alibi: & retineri poterat. Nihilominus certissima mihi videtur, ut elegantissima est, Marklandi emendatio in nota ad Eurip. Suppl. 1145. τώς, cui respondet in proximo versu ὥσπερ. Sic in Aj. 840. ὥσπερ — τώς. In Æschyli S. Th. 485. ὡς δ' ὑπέραυχα βάζουσιν — τώς νιν Ζεὺς ἐπίδοι κοταίνων. Ibid. 639. τώς, sine relato ὥς, cujus vicem sustinent verba τὸν αὐτὸν τρόπον. — σωτήρ nomen est substantivum pro adjectivo positum, cujus rei apud Poetas, non Atticos solum, sed quoscumque exempla passim obvia. Vide quæ notavi ad Apollonii βοτῆρα κύκλον Argon. IV. 1249. ὕδωρ ἀέρα σωκέων legitur in Hesiodi Ἔργοις 174. Plurima exempla collegit Eustathius ad Odyss. Δ. p. 1484.

82. οὐ γὰρ ἂν κάρα. Coronati enim soli domum redibant, quibus lætæ sortes obtigerant. Quocirca bene in scholio additum ἐπί τινι αἰσίῳ. Quibus vero vel tristia nuntiata fuerant, vel domum repetentibus adversi aliquid acciderat, ii coronas deponebant. Theseus apud Euripidem Hippol. 813. audito uxoris leto:

τί δῆτα τοῖσδ' ἀνέστεμμαι κάρα
πλεκτοῖσι φύλλοις, δυστυχὴς θεωρὸς ὤν;

Fabius Pictor legatus a Delphis Romam reversus in senatu dicit apud Livium XXIII. 11. *Se jussum ab templi antistite, sicut coronatus laurea corona & oraculum adiisset, & rem divinam fecisset, ita coronatum navim ascendere, nec ante deponere eam, quam Romam pervenisset.*

85. ἐμὸν κήδευμα, pro ἐμὸς κηδεστής. Sic Eurip. Orest. 479.

ὦ χαῖρε καὶ σύ, Μενέλεως, κήδευμ' ἐμόν.

1237. ὦ ξυγγένεια πατρὸς ἐμοῦ. & Phœniss. 298.

ὦ ξυγγένεια τῶν Ἀγήνορος τέκνων.

pro ὦ ξυγγενής. Et sic sæpe res pro persona, seu, ut barbare loquuntur, abstractum pro concreto ponitur. Infra 128. τυραννίδος οὕτω πεσούσης, pro τυράννου οὕτω πεσόντος. De hoc schemate plura ad Antig. 756.

87. τὰ δύσφορ'. Sic codd. omnes, quod diversimode in glossis exponitur: τὰ δυσοίστως σχέτλια. τὰ δυσχερῆ, ἤγουν ἡ ζήτησις τοῦ φονέως. Sic

etiam legit Scholiastes, apud quem τὸ διόρθωμα nihil aliud est quam interpretamentum.

101. ὡς τόδ' αἷμα χειμάζον πόλιν. Optima est docti viri apud Heathium emendatio. Libri omnes τόδ' αἷμα. Verum nondum facta mentio caedis definitae alicujus personae: proinde ex indole linguae dici debuit ὡς αἷμα χειμάζον πόλιν: non vero αἷμα τόδε, quum nihil praecesserit ad quod istud τόδε referri possit. Acute vidit eruditus Britannus τόδε in τόνδε mutandum. Accusativus ὡς αἷμα χειμάζον absolute positus pro genitivo, schema est Atticis scriptoribus perquam familiare. Aristophanes in deperdita fabula:

αἰβοῖ, τὸ εἰρέσιον λυθὲν,
τὰ κάρυα μὲν 'ξέπιπτεν.

ubi, sive nominativus, sive accusativus est, positus est pro τοῦ εἰρεσιώνου λυθέντος. Vide Gregorium de Dial. Att. VII. XXXV. LXXX. Kusterum ad Comici Plutum 277. & quae notavimus ad Ranas 1437.

110. τὸ ζητούμενον ἁλωτόν. Terent. Heaut. IV. 2. 8.

Nihil tam difficile 'st, quin quaerendo investigari possiet.

120. ἐξεύροι. gl. ἀντὶ τοῦ μηχανὴν δοίη.

134. πρὸ τοῦ θανόντος. Sic A. D. T. Glossa in primo ὑπὲρ, ὡς πρόμαχος ὑπέρμαχος. Perperam in impressis πρὸς τοῦ.

138. ἀποσκεδῶ. Attica futuri forma pro ἀποσκεδάσω, de qua vide quae notavi ad Comici Ranas 298. In Vespis 229.

ἐάν περ ἐγὼ λίθους ἔχω,
πολλῶν δικαστῶν σφηκιὰν ἀποσκεδῶ.

Æschylus Prom. 25.

πάχνην δ' ἑῴαν ἥλιος σκεδᾷ πάλιν.

ubi σκεδᾷ non praesens est pro futuro, sed purum putum futurum. In Eurip. Phoeniss. 616. ἐξολῶ. In Œd. Col. 406. κατασκιῶσι verae futura sunt formae contractae, pro ἐξολέσω & κατασκιάσουσι. Nihil apud Atticos Poetas frequentius.

142. βάθρων ἵστασθε. gl. ἀνίστασθε, ἀνάστητε ἀπὸ τῶν καθεδρῶν. Sedebant enim ad aram pro supplicum more. Vide Œd. Col. 1159.

153. ἐκτέταμαι. Sic libri omnes. Gl. ἴσως ἐντρόμως, ἢ μετέωρος. Quod pertinet quidem ad ἐκπέταμαι, quomodo Poëtam scripsisse olim opinatus sum. Sic Antig. 1307. ἀνέπταν φόβῳ. Eurip. Suppl. 89. ὡς φόβος μ' ἀναπτεροῖ. Sed nihil mutandum. ἐκτέταμαι Triclinius recte exponit e veteribus scholiis, quibus integrioribus usus est, quam erant in exemplari a Jano Lascare edito. Eodem sensu ἐκτέταμαι accipiendum videtur, quo παρατέταται apud Comicum in Nubibus 213. ubi rusticus ait, Euboeam ab Athe-

nicensibus duce Pericle vexatam fuisse: *ὑπὸ γὰρ ὑμῶν παρετάθη καὶ Περικλέους*. Inest his verbis cruciatus notio.

155. *ἀζόμενος*. gl. *εὐλαβούμενος*, *φοβούμενος*. recte. Hoc sensu *ἄζεσθαι* est apud Homerum Il. Ξ. 261.

ἄζετο γάρ, μὴ Νυκτὶ θοῇ ἀποθύμια ἕρδοι.

Locum in Aldina editione bene interpunctum non intellexit Johnsonus. Nulla hic est interrogatio, cujus signum post *χρέος* poni non debuit: *ἐκπέπληγμαι φοβούμενος τί ἐξανύσεις*.

159. *κεκλομένῳ*. Sic Aldus & codd. plerique. Si qui *κεκλόμενος* habent, in his altera lectio quam sequimur, superscripta. Refertur ad proximum *μοι*. *προφάνητέ μοι κεκλομένῳ*. Eustathius p. 714. extrema *κεκλόμενος* tuetur: *ἢ γὰρ καὶ ἐκεῖ λείπει τὸ εἰμί, ἢ τὸ κεκλόμενος ἀντὶ τοῦ κέκλημαι* [illegible]. Hac ratione quodvis sermonis vitium defendi possit.

161. *εὔκλεα*. Male vulgo *εὐκλεᾶ*. Utraque forma proba est: sed posteriorem hic loci respuit metri lex. Vide Eustathium p. 1516. initio.

167. *ὦ πόποι*. gl. *ἀντὶ τοῦ φεῦ. διὰ μέσου*.

179. *οὐδ' ἔνι φροντίδος ἔγχος*. gl. *οὐδὲ ἔνεστι μηχανῆς*, *ἐπινοίας δύναμις*.

172. *ἔκγονα κλυτᾶς χθονός*. In uno cod. reperi *κλυτὰ χθονός*, quod haud deterius est. Cum his Sophocleis P. Victorius Var. Lect. XV. 20. Pacuvii verba ex Duloreste comparat, a Nonio servata: *Nec grandiri frugum fetum posse, nec mitescere*. Nempe arbitrabantur olim Deos hominibus iratos ob aliquod impium facinus, fructibus terræ obesse, fetumque animantium perdere, donec placarentur, expiato scelere.

174. *ἰηίων*. gl. *θρηνητικῶν*. Eurip. Phœniss. 1046. *ἰάλεμοι ἐστέναζον οἴκοις ἰήιον βοάν, ἰήιον μέλος*. — *ἀνέχουσι*. gl. *ἄνεσιν ἔχουσιν*, *ἀναπαύονται*.

190. *νηλέα*. Neutrum plurale adverbii vice. Gl. *νηλέως*. *νηλέα δὲ καὶ ἀνοίκτως ἐκ παραλλήλου*.

184. *ἀκτὰν παραβώμιον*. Aldus *ἄλλαν παραβώμιον*, ut alii codd. habent: in aliis divisum *παρὰ βώμιον*. Menda est in *ἄλλαν*, quam egregia conjectura sustulit Musgravius ad Eurip. Heracl. 44.

186. *ἐπιστεναχοῦσι*. Perperam vulgo *ἐπιστενάχουσι*. Legitimæ formæ sunt *στενάχω* & *στεναχέω*.

187. *ὅμαυλος*. gl. *συμμιγής*.

189. *εὐῶπα*. vocativus a recto *εὐώπης*.

191. *ἄχαλκος ἀσπίδων*. gl. *ἄοπλος συμμαχικῶν ὅπλων*. Sic in El. 36. *ἄσκευον ἀσπίδων καὶ στρατοῦ*. In Aj. 321. *ἀψόφητος ὀξέων κωκυμάτων*. Eurip. Phœniss. *ἄπεπλος φαρέων λευκῶν*. ad quem locum vide Valckenarium pag. 115.

193. *παλίσσυτον δράμημα νωτίσαι*. gl. *παλινδρομῆσαι*. Supplendum est

δὸς,

θεόν, quod in glossa etiam notatum. Est autem hæc ellipsis in precibus maxime sollemnis. Vide Comicum Thesmoph. 286. Ran. 886. quo quidem intellecto liquet copulam τε in v. 190. neutiquam delendam esse.

194. πάτρας ἄπουρον. gl. τῆς πατρίδος τῆς ἐμῆς δηλαδὴ μακράν. Sic membr. & tres alii codd. cum Aldina editione; optime sane. Altera lectio ἔπουρον plane mendosa est.

204. ἀγκυλᾶν. Genitivus pluralis nominis ἀγκύλη. Glossa in membr. τὰ τόξα λέγει.

212. Μαινάδων ὁμόστολον. Sic liquide in duobus codicibus. Mendose reliqui, μονόστολον. Glossæ: ὁμοδίαιτον. σύμμαχον, συνοδοιπόρον.

221. μὴ οὐκ in unam syllabam coalescunt, quod tironibus etiam notum. In B. scriptum μὴ ὐκ, supra 13. μὴ ὐ: & sic ubicumque simili elisioni locus est: quemadmodum & scribi & efferri volebat Marklandus. Glossa: ἐπεὶ οὐκ ἔχω τι σημεῖον.

227. ἐπίκλημα, κατέγκλημα, κατηγορία. Sic infra 529. Passim ἐπικαλεῖν pro ἐγκαλεῖν occurrit.

228. Post αὐτὸς καθ' αὑτοῦ supplendum σημαινέτω, λεγέτω ὅμως, quod ex serie orationis intelligitur. Sic etiam in glossa.

229. ἄπεισιν. gl. ἀπελεύσεται.

232. τελῶ. gl. τελέσω, δώσω. Forma futuri Attica, de qua supra ad v. 138. Sic infra 418 ἐλᾷ, ἐλάσει.

234. ἀπώσει. Enotatam ex uno e Britannis codd. probam lectionem reperi in T. & Augustano. Reliqui cum impressis soloece ἀπώσῃ.

235. ἐκ τῶνδε. μετὰ ταῦτα, dehinc, postea. Sophocli valde frequentatum.

240. Quid sit χέρνιβας νέμειν docebit Athenæus, cujus hæc sunt verba L. IX. p. 409. Ἔστι δὲ ΧΕΡΝΙΨ ὕδωρ, εἰς ὃ ἀπέβαπτον δαλὸν ἐκ τοῦ βωμοῦ λαμβάνοντες, ἐφ' οὗ τὴν θυσίαν ἐπετέλουν· καὶ τούτῳ περιρραίνοντες τοὺς παρόντας ἥγνιζον.

250. γένοιτο μὴ οὐ ξυνειδότος. Sic optime Marklandus ad Eurip. Suppl. 390. Vulgo legitur prorsus absurde ἐν τοῖς ἐμοῖς γένοιτ' ἐμοῦ συνειδότος. At nulla caussa erat, cur quidquam imprecaretur interfectori, quem ipse comperisset secum domi suæ habitare: illum statim expellere poterat, aut quovis supplicio multare. Quod sequitur παθεῖν, ad interfectorem spectat, si quis forte in Œdipi domo nescientis versetur; non ad ipsum Œdipum, ut inepte somniarunt interpretes.

259. νῦν δέ γ' ἐπικυρῶ τ' ἐγώ. Sic liquido scriptum in D. Ceteri codd. ut Aldus, νῦν δ' ἐπικυρῶ τ' ἐγώ, labante versu. Haud male emendaverat Heathius, νῦν δ' ἄρ' ἐπικυρῶ —

264. τοῦδ' ὡσπερεὶ τοὐμοῦ πατρός. Sic recte eruditus Britannus. Codd. & Aldus τάδ'.

267. τῷ Λαβδακείῳ παιδὶ, Πολυδώρου τε. Hoc exemplo bis utitur Eustathius ad illustrandas similes apud Homerum constructiones. ad B. 54.

Νεστορέῃ παρὰ νηῒ Πυλοιγενέος βασιλῆος.

& E. 741.

Ἐν δέ τε Γοργείη κεφαλὴ δεινοῖο πελώρου.

ad quem versum ita commentator p. 601. τὸ Γοργείη κεφαλὴ δεινοῖο πελώρου, ὅμοιόν ἐστι τῷ, Νεστορέῃ παρὰ νηῒ Πυλοιγενέος βασιλῆος. ὡς γὰρ ἐκεῖνο τῇ τοῦ κτητικοῦ ἀναλύσει εὐθετοῦται εἰς σύνταξιν, οὕτω καὶ τοῦτο. τὸ γὰρ Νεστορέῃ ἀναλυθὲν εἰς τὸ, τῇ τοῦ Νέστορος, εὖ ἔχει πρὸς τὸ εἰπεῖν, παρὰ τῇ Νέστορος βασιλῆος νηΐ. οὕτω δὲ καὶ τὸ, Γοργείη κεφαλὴ δεινοῖο πελώρου, λέγει κατ' ἀνάλυσιν ὅτι ἡ κεφαλὴ τῆς Γοργοῦς, τοῦ δεινοῦ πελώρου. ὁμοίως καὶ τὸ (Antig. 1135.) Θηβαίας ἐπισκοποῦντ' ἀγυιάς, τὰν ἐκ πασᾶν τιμᾷς, μεταποιηθὲν ἀναλυτικῶς εὐθετοῦται εἰς τὸ, τὰς τῆς Θήβης ἀγυιὰς, ἣν ἐπέκεινα πασῶν πόλεων τιμᾷς. ἐκεῖνο μέν τοι καὶ ἄλλως παραδέχεται. δύναται γὰρ εἶναι τὸ Θηβαίας, ἀντὶ τοῦ Θήβης, ἵνα ᾖ ὥσπερ σελήνη σεληναίη, οὕτω καὶ Θήβη Θηβαίη, αὐτὴ ἡ Θήβη. ὅμοιον δὲ πρὸς τὸ Γοργείη κεφαλὴ δεινοῖο πελώρου, καὶ ἐκ τῶν Σοφοκλέους τὸ, Λαβδακείῳ παιδὶ Πολυδώρου τε καὶ Κάδμου καὶ Ἀγήνορος. καὶ ἐκεῖ γὰρ εὔοδος ἡ σύνταξις δι' ἀναλύσεως τοῦ Λαβδακείῳ παιδὶ, ἵνα ᾖ τῷ παιδὶ τοῦ Λαβδάκου, καὶ τῶν ἑξῆς.

271. μήτ' οὖν γυναικῶν παῖδας. Est cui hic legendum esse videtur γυναῖκα vel γυναῖκας. Sed fallitur. θεοὺς cohaeret cum εὔχομαι, non vero cum ἀνιέναι, *Deos precor, a Diis peto*, μήτε γῆν ἀνιέναι αὐτοῖς ἄροτόν τινα, μήτε γυναικῶν παῖδας. Verbum ἀνιέναι mulierum partubus seorsum applicari non posset, qui e terra non gignuntur. Sed nihil frequentius schemate, quo verbum uni rei proprium pluribus adhibetur. Extrinsecus aliud verbum ex analogia adsumendum, quod fetui mulierum conveniat, αὔξειν, τρέφειν, siquidem terra παμβῶτις, κουροτρόφος appellatur. Homerus Odyss. Γ. 289.

λιγέων δ' ἀνέμων ἐπ' ἀϋτμένα χεῦε
κύματά τε τροφόεντα.

ad quem locum Eustathius p. 1468. ἐν τῷ, ἀϋτμένα χεύας κύματά τε τροφόεντα, οὐ προσυπακουστέον ἀπὸ κοινοῦ τὸ χεύας καὶ ἐπὶ τῶν κυμάτων, ἀλλ' ἐξ ἀναλόγου νοητέον τὸ ἐγείρας, ἢ κορυθώσας. οὕτω καὶ ἐπὶ τοῦ, σῖτον καὶ οἶνον ἔδοσαν, ἡ ἀκολουθία τὴν τοῦ πίνειν μετοχὴν ἔξωθεν τῷ οἴνῳ καλεῖ, ὡς τοῦ ἔδοσαν τῷ σίτῳ προσαρμόζοντος. τοιούτου δὲ σχήματος καὶ τό, κτυπὸν ἐλεύσσομεν καὶ φθογγήν. φθογγὴ γὰρ οὐ λεύσσεται πάντως, ἀλλ' ἐξακούεται. ὡς χρῆται καὶ ἐνταῦθα, ὅτι κτυπὸν ἐλεύσσομεν καὶ φθογγὴν ἠκούομεν, ὁ καὶ στείχειν τὸ τῆς οἰκίας ἀφελὼς ὁ γεωργός. Hujus idiotismi, cujus tamen exempla apud utriusque linguæ scriptores passim obvia, ignoratio vel doctis fraudi fuit. Cave credas quidpiam deesse in hac phrasi Æschinis contra Timarchum: μὴ γὰρ ὑπ' ἐμοῦ λεγόμενον, ἀλλὰ γιγνόμενον τὸ πρᾶγμα νομίσαθ' ὁρᾶν. Ad quem locum Reiskius p. 161. *Post λεγόμενον videtur ἀκούειν deesse.* Negatur: non magis ibi deest, quam in hoc Æschyli versu Prom. 21.

ἵν' οὔτε φωνὴν, οὔτε του μορφὴν βροτῶν
ὄψει.

Plura de hoc schemate dicemus ad El. 435.

276. ὥσπερ μ' ἀραῖον ἔλαβες. Eustathius p. 1809. legit ὥσπερ μ' ἀραίων εἶλες, exponitque ὥσπερ με εἷλες διὰ τῆς ἀρᾶς.

277. ἔχω. gl. δύναμαι.

278. τὸ δὲ ζήτημα. Nominativus solutus; non vero qui vice genitivi est, & Latinorum ablativo absoluto respondet; sed per *Quod attinet* explicandum. Vide Valckenarium ad Phœniss. pag. 102. Aliter hic locus expediri etiam potest, sublata distinctione post ζήτημα, ut constructio sit: ἂν δὲ τοῦ πέμψαντος Φοίβου τόδε τὸ ζήτημα, εἰπεῖν, ὅστις εἴργασταί ποτε. Vel adhuc, transposita sequenti distinctione, ἂν δὲ τοῦ πέμψαντος Φοίβου τὸ ζήτημα, εἰπεῖν, ὅστις ποτε εἴργασταί τόδε. Prima ratio omnium videtur optima.

281. οὐδ' ἂν εἷς δύναιτ' ἀνήρ. Sic duo codd. recte, ut jam legendum esse monuerat Koenius ad libellum de Dialectis p. 23. Ceteri codd. ut impressi, soloece, οὐδ' εἷς δύναιτ' — Initio versus male codd. & impressi ἄν: quæ frequens est in libris menda. Vide Marklandum ad Suppl. 364.

284. ταὔθ' ὁρῶντ'· Id est τὰ αὐτά, ut recte scriptum & expositum reperi in uno cod. Perperam vulgo ταῦθ'.

286. σκοπῶν. gl. ζητῶν, ἐρευνῶν. & 291. σκοπῶ, ἐξετάζω.

290. κωφά. gl. ἀνωφέλητα. — παλαιά, σαθρά.

295. Glossa: τὰς σὰς ἀκούων τοιάσδε κατάρας οὐχ ὑπομενεῖ στῆ φυλάττων.

297. ἐξελέγξων. gl. ὁ φανερώσων αὐτόν. Aldus ἐξελέγχων, ut est in B. T. Ceteri futurum habent.

305. εἰ καὶ μὴ 'βλέπεις. Sic recte Valckenarius ad Phœniss. pag. 320. quod confirmat codd. glossa, μὴ ὁρῶν, tametsi in iis etiam scriptum μὴ βλέπεις.

310. σὺ δ' οὖν. Sic Aldus & codd. omnes. Perperam Triclinius οὖν mutavit in οὐ, putans forte negationem cum φθονήσῃς requiri, quæ jam adest in geminato μήτε.

311. *μαντικῆς ὁδόν.* gl. *μέθοδον.* Frequens usus nominis *ὁδὸς* pro *meditatione.* Vide indicem nostrum in Aristophanem, Euripidem Hec. 734. Phœn. 922. Hippol. 291. 394. Heracl. 237.

314. *ἐν σοὶ ἐσμεν. in te sumus.* Id est, *in te omnis posita est spes nostra.*

318. *διώλεσα.* gl. *ἐπελαθόμην.* recte. Ut *σώζειν* sæpe adhibetur pro *tenere memoria*, sic *διολλύειν* adhibetur pro *oblivisci.* Vide quæ notavi ad Eurip. Bacchas 732. & Hippol. 391. Nimis scecte locum hunc vertit Johnsonus. *οὐ γὰρ ἂν δεῦρ' ἱκόμην. alioquin huc non venissem:* nempe *εἰ ἐσωζόμην αὐτά: εἰ μὴ ἐπελαθόμην.* Qui popularem suum merito castigat Jo. Burton, eo non fuit perspicacior. Locus hic, si quis alius, sanus est.

328. *ἐγὼ δ' οὐ μή ποτε τἄμ' ἐξενείπω.* Sic ex indole linguæ legendum est. Vulgata lectione nihil mendosius: *ἐγὼ δ' οὐ μή ποτε τἄμ' ὡς ἂν εἴπω.* Ex his apud omnes constat nullum sensum elici posse, in quibus nulla quidem est legitimæ constructionis forma. *οὐ μὴ* cum futuro indicativi vel aoristo 2 subjunctivi construitur. Perspicuus est sensus: *οὐ μή ποτε εἴπω τἀμά, ἤγουν τὴν ἐμὴν μαντείαν, ὡς ἂν μὴ ἐκφανίσω, ἤγουν φανερὰ ποιήσω τὰ σὰ κακά.* Sic recte glossa: unde non aliter scripsisse Tragicum liquet, ac edidimus, *οὐ μή ποτε τἄμ' ἐξενείπω.* Bicompositi verbi, librariorum errore perquam sollemni, exciderant præpositiones. *ἐνέπω* apud Tragicos frequens est, quo in verbo liquida geminari solet, metri lege plerumque id flagitante. Eustathius ad Odyss. p. 1381. *τὸ δὲ ἔννεπε πλεονασμὸν ἔχει τοῦ ἑνὸς ν. καὶ ἄλλον ἐξ ὧν πολλαχοῦ τὸ ἐνέπω δι' ἑνὸς ν ἐκφέρεται, ἀπὸ τῆς ἐν προθέσεως καὶ τοῦ ἔπω, ἐξ οὗ καὶ τὸ ἔπος.* Verbo *ἐξενέπω* usi sunt Pindarus Olymp. VIII. 26. Apollonius I. 764. Dionysius Perieg. 556. Apud Eurip. Bacchis 1255. occurrit aliud bicompositum [illegible] haud magis apud Tragicos obvium quam *ἐξενέπω.* utrumque legitimum est & extra omnem suspicionem.

332. *ἐγὼ οὔτ' ἐμαυτόν.* Sic præter Athenæum L. X. p. 453. unus e nostris codd. indubie, & alter a prima manu. Reliqui *ἐγώ τ' ἐμαυτόν*, cum glossa, *ἀπὸ κοινοῦ τὸ οὐ.* Passim occurrit *ἐγὼ οὐ* disyllabum, ut Oed. Col. 939. Antig. 458. apud Comicum Lys. 284. 876. Ran. 33. Vesp. 416. Equit. 340. Cujusvis etiam vocis ω finale cum sequente *οὐ* in unam syllabam coalescit, ut in Lysistr. 1171.

οὐ τὼ σιώ, οὐχὶ πάντα γ', ὦ λυσσάνα.

Similiter ω ει coalescunt, ut in Philoct. 585. *ἐγώ εἰμ' Ἀτρείδαις δυσμενής.* & Vesp. 1224.

ἐγὼ εἴσομαι. καὶ δὴ γάρ εἰμ' ἐγὼ Κλέων.

335. *ὀργάνειας.* gl. *εἰς ὀργὴν κινήσειας.* Sic libri omnes, adstipulante Eustathio ad Iliad. p. 792. *ὀργῶ ὀργαίνω. οἷον, σὺ γὰρ ὀργαίνειν καλόν,*

παρὰ Σοφοκλεῖ, (Trach. 552.) παρ' ᾧ καὶ τὸ, καὶ γὰρ ἂν πέτρου φύσιν σύ γ' ὀργάνειας. Hemsterhusio, viro summo, legendum videbatur ὀργάσειας, ab ὀργάζειν, *quamlibet materiam subigere, macerare, mollire*. Conjecturam protulit Ruhnkenius ad Timaei lexicon p. 129. elegantem quidem, nec tamen usquequaque certam.

336. ἄτεγκτος. gl. σκληρὸς, ἀμείλικτος. ἀτελεύτητος, ἄπρακτος, ἀνηνυτής. Eustathius p. 441. ἀτελεύτητος παρὰ Σοφοκλεῖ, καὶ τὸν μὴ τελευτὴν ἐπάγοντα τοῖς ζητουμένοις δηλοῖ ἐν τῷ, ἄτεγκτος κἀτελεύτητος ΦΑΝΕΙ. Et sic quidem apud eum legitur φανεῖ, non φανῇ. Qua occasione moneo Atticam terminationem secundae personae passivae & mediae formae me ubique in futuris reposuisse; nec forte doctiorum reprehensionem effugero, quod idem in reliquis temporibus non fecerim, ut in Aristophane. Quod ad futura attinet, haud pauca supersunt in impressis nostris libris hujus Atticismi vestigia, librariorum inconstantia, quibus cordi fuisse videtur nulli parcere. Infra 1295. εἰσόψει. El. 381. προσείσει. Trach. 199. ὄψει. Eurip. Androm. 709. θήσει. Bacchis 782. σώσει. & alia permulta. In Aj. 195. D. praesens στηρίζει exhibet. In Eurip. Iphig. T. 493. λυπεῖ scriptum olim fuisse pro λυπῇ Marklandus evicit. Vide Valckenarium ad Phoeniss. p. 216.

337. τὴν σὴν δ' ὁμοῦ ναίουσαν. Argutatur Eustathius ad Iliad. p. 755. ambiguum hic statuens esse sensum, quo aliud Tiresias innuit ac dicere videtur. δοκεῖ μὲν λέγειν ὁ Τειρεσίας, ὅτι τὴν σὴν ὀργὴν οὐ κατεῖδες, τὴν σύμφυτόν σοι. ἀληθῶς δὲ λέγει, ὅτι τὴν σὴν ἄλοχον οὐκ οἶδας, ἤγουν τὴν μητέρα σου, ᾗ συμβιοῖς. ὅπερ ὁ ποιητὴς ἐμφῆναι, εἶπε τὸ ὁμοῦ ναίουσαν, ὃ ταυτόν ἐστι τῷ ἐμμένουσαν.

341. ἥξει. gl. παραγενήσεται, φανήσεται.

315. ὡς ὀργῆς ἔχω. gl. ὡς διάκειμαι ἕνεκα ὀργῆς. alia: ὡς δυνατός εἰμι ὀργισθῆναι. Neutraliter adhiberi ἔχω cum genitivo ostendi ad Comici Lysistr. 173.

350. ἄληθες; gl. εἰρωνικῶς. Vide quae notavimus ad Comici Ran. 840.

351. ᾧπερ προεῖπας. sic omnino legendum. Supra 223. ὑμῖν προφωνῶ. Mendose in libris προσεῖπας, frequenti librariorum errore in verbis cum πρὸ & πρὸς compositis. Sic in Eurip. Hippol. 499. προσάγειν pro προάγειν male scriptum fuit: in Comici Concion. 31. προσιόντων pro προϊόντων.

355. καί που. Sic scribendum. Encliticum hic est που, non adverbium loci *quo*, ut male vertit Johnson.

358. προὐτρέψω. gl. παρώρμησας.

360. ἢ 'κπειρᾷ λέγων; Aldus & codd. ἢ 'κπειρᾷ λέγειν; Glossa in aliis, δοκιμάζεις καὶ ἐλέγχεις. In D. εἰς πεῖραν λόγων προτρέπῃ. In hoc cod. le-

gisse videtur λέγων nescio quis olim, qui margini adscripsit, ἐκ λέγω; Corruptam esse lectionem constat, unde nullus exoritur sensus. Heathius conjecit ἢ 'κπειρῶν λέγεις, vel ἢ 'κπειρᾷς λέγων. Neutrum mihi placet: nec fere magis, quod dedi, etsi illis probabilius sit: *aut sermonemne meum tentas? id est, experirisne an iterum eadem tibi sim dicturus?* Nullus dubito, quin Sophocles scripserit plano & perspicuo sensu:

οὐχὶ ξυνῆκας; πρὸς τί μ' ἐκπειρᾷ πάλιν;

361. οὐχ ὥστε γ' εἰπεῖν γνωστόν. Ad priorem partem interrogationis respondet Oedipus, οὐχὶ ξυνῆκας; scilicet ξυνῆκα μὲν, ἀλλ' οὐχ οὕτως, ὥστε εἰπεῖν ἐγνωσμένον, ἴσως ξυνῆκα. Ineptissime vertit Johnson.

362. οὗ refertur ad φονέα, licet proxime praecedat τἀνδρός. Quæ ex vocum structura suboritur aliquid ambiguitatis. Mallem fere legi: φονέα σε φημὶ τοῦτον, οὗ ζητεῖς κυρεῖν. Sic infra 449. τὸν ἄνδρα τοῦτον, ὃν πάλαι ζητεῖς.

363. πημονάς. gl. λοιδορίας.

365. ὡς μάτην. gl. ἐπεὶ ἀκαίρως.

366. σὺν τοῖς φιλτάτοις. Plurali numero unam matrem innuit. Sic infra 1184. Oedipus ait, ξὺν οἷς τ' οὐ χρῆν μ' ὁμιλῶν, οὕς τέ μ' οὐκ ἔδει κτανών: quorum hoc ad solum patrem, superius ad solam matrem refertur. Est hoc schema Tragicis valde usitatum, de quo videndus Gatakerus opp. T. I. p. 351.

374. μιᾶς τρέφῃ πρὸς νυκτός. id est, μία σε νὺξ τρέφει. gl. ἀεὶ ἐν τῷ σκότει διατρίβεις, qui verus est horum verborum sensus. Nemo ignorat quantum frequentet Sophocles verbum τρέφειν sensu τοῦ ἔχειν, qua de re videndi Casaubonus ad Athen. p. 549. & Valckenarius ad Hippol. 364. Quæ sequuntur, eorum vera est expositio in scholiis priore loco proposita; altera nauci non est. Male Aldus βλέψαι, errore typothetæ, ut videtur; nam hoc in nullo cod. reperi, ne quidem in T. qui βλάψαι recte habet. Planum, ut opinor, & facilem sensum reddidi; unde ad id quod Oedipus dixit, nemo jam non intelligit, quid Tiresias respondere debuerit. Sequentium versuum absurda sententia est, tam in Græcis, ubi vulgo leguntur, quam in Johnsoni versione. Nempe Tiresias plane contrarium dicit illius, quod dicere debuit: οὐ γάρ με μοῖρα πρός γε σοῦ πεσεῖν. Immo οὐ γάρ σε μοῖρα πρός γ' ἐμοῦ πεσεῖν. In illis γὰρ refertur ad suppressam sententiæ partem, facile supplendam: οὐδ' ἄν σε βλάψαιμ'· οὐ γὰρ μοῖρά ἐστι σὲ πρὸς ἐμοῦ πεσεῖν. Facile, imperitis describentibus librariis, pronomina commutari potuerunt. τάδ' ἐκπρᾶξαι. gl. τάδε τιμωρῆσαι. Quid vero? *Scelus, cujus auctorem investigas, quodque te ipsum patrasse ignoras.* Obscure loquitur Tiresias, ita ut quod in

cogitet, non statim adsequi possit Oedipus: sed nobis, qui legimus, perspicua est sententia, modo ulcus lectionis sanetur. Jam olim vitium inolevit, quod ne subodorati quidem sunt veteres critici: recentiores autem interpretes prorsus caecutierunt.

390. ἐπεί, *alioqui*, *si secus est*. gl. εἰ δὲ μή, ἄγε εἰπέ.

391. ῥαψῳδὸς κύων. Dirissima quaeque monstra *canes* appellant Graeci poetae. Eurip. Herc. Fur. 1277.

τήν τ' ἀμφίκρανον καὶ παλιμβλαστῆ κύνα
ὕδραν φονεύσας.

Harpyias Apollonius II. 289. appellat μεγάλοιο Διὸς κύνας. Erinnyes in Electra 1397. μετάδρομοι κακῶν πανουργημάτων ἄφυκτοι κύνες.

402. ἀγηλατήσειν. gl. ἐμὲ ἐλάσειν, ὃν λέγεις φονέα εἶναι. Plerisque in codd. ut in Aldina edit. tenui spiritu notatur. At melius asperatur. Eustathius ad Odys. A. p. 1704. τὸ ἀγηλατεῖν παρὰ Σοφοκλεῖ. ἐκεῖθεν μέντοι καὶ ἐλαύνεται παρὰ τὸ ἄγος. Sequentibus haud leniora audit Tiresias a Pentheo apud Euripid. in Bacchis 254.

εἰ μή σε γῆρας πολιὸν ἐξερρύετο,
καθῆσ' ἂν ἐν Βάκχαισι δέσμιος μέσαις
τελετὰς πονηρὰς εἰσάγων.

411. Vide P. Victorii Var. Lect. VII. 22.

413. σὺ, καὶ δέδορκας, κοὐ βλέπεις ἵν' εἶ κακοῦ. Volgo σὺ καὶ δέδορκας κοὐ βλέπεις. In uno cod. reperi σὺ καὶ δεδορκὼς κοὐ βλέπεις. Unde lectionem concinnavi quam dedi, altera, ni fallor, meliorem. Sic in Aj. 85.

ἐγὼ σκοτώσω βλέφαρα καὶ δεδορκότα.

418. δεινόπους. gl. φοβερὰ τὴν ἐπιδρομήν.

425. ὅσ' ἐξισώσει. Sic recte Marklandus ad Suppl. 594. Volgo ἅ σ' ἐξισώσει σοί τε καὶ τοῖς σοῖς τέκνοις. Intelligerem quidem ἅ σ' ἐξισώσει τοῖς σοῖς τέκνοις. Verum ἅ σ' ἐξισώσει σοι absurdum mihi videtur. ἐξισώσει hic neutrum est, ut παρισώσῃ apud Comicum in Vespis 565.

426. τοὐμὸν στόμα. gl. τοὺς ἐμοὺς λόγους. στόμα apud Tragicos saepissime *sermonem* significat. Sic infra 671. τὸ σὸν ἐποικτείρω στόμα ἐλεινόν. id est, τοὺς σοὺς λόγους ἐλέους ἀξίους.

433. ᾔδη. Sic E a prima manu. Reliqui codd. & Aldus contra Atticorum morem, ᾔδειν. Vide doctos viros, quos laudavimus ad Comici Nub. 329. Attica haec forma saepe a librariis, saepius ab editoribus obliterata fuit. In Oed. Col. 944. ubi Aldus ad codd. fidem ediderat ᾔδη, Turnebus reposuit ᾔδειν. In Trach. 988. Aldus edidit ἐξῄδης, quod Turnebus etiam mutavit in ἐξῄδεις. Nos genuinam formam constanter retinemus.

434. ἐστειλάμην. gl. μετεστειλάμην. Simplex pro composito. στέλλειν & στέλλεσθαι hoc sensu frequentat Sophocles. Vide infra 860. Oed. Col. 298. Antig. 165. Phil. 60. 495.

436. ἔμφρονες. gl. φρόνιμοι. Sic codd. omnes veteres & Aldus. Triclinius inepte scripsit εὔφρονες, quod Turnebus prætulit, & ex ejus editione in subsequentes permanavit.

438. φύσει σε. gl. δείξει σε, ὅθεν ἐγεννήθης.

439. ἄγαν αἰνικτά. Sic Aldus & codd. omnes ante Triclinium, qui γε inseruit imperite. Ultima in ἄγαν longa est. Vide quæ notavimus ad Comici Nubes 199. & 1120.

442. τύχη. gl. αὕτη ἡ εὐδοκίμησις.

445. τά γ' ἐμποδὼν ὀχλεῖς. Minus bene Aldus & Turnebus cum plerisque codd. σύ γ' ἐμποδών. In E. superscripta nostra lectio: γρ. τάγ'. & hoc unicum B. in textu exhibet. τὰ ἐμποδὼν, τὰ ἐν ποσὶ, τὰ προκείμενα, ut recte explicat Thomas M. excitato versu ex Eurip. Phœniss. 718.

ἃ δ' ἐμποδὼν μάλιστα, ταῦθ' ἥκω φράσων.

ὀχλεῖς. gl. ταράττεις, συνθλίβεις, περισπᾷς.

448. πρόσωπον. gl. ἀξίωμα. — οὐ γάρ ἐσθ' ὅπου, ut Aj. 1069. ad quem locum vide scholia minora. Sic codd. omnes, nec ulla est ratio cur mutetur ὅπου in ὅπως.

456. σκήπτρῳ προδεικνύς. Intellige τῷ βακτηρίῳ προδεικνὺς ἑαυτῷ τὴν ὁδόν. Ineptissime hæc verba interpretatur Scholiastes — ἐμπορεύσεται. gl. ἀντὶ τοῦ πορεύσεται. Compositum hoc pro simplici frequentat Sophocles. Vide El. 405. Fr. Inc. LIV. Inde ἔμπορος viator, Oed. Col. 25. 303. & ξυνέμπορος Trach. 318. ἔμπορος occurrit etiam hoc sensu apud Eurip. Alcest. 1020.

457. ξυνών. gl. συνυπάρχων. ὢν ἐμοῦ ἀδελφὸς καὶ πατήρ.

460. ὁμόσπορος. gl. ὁμόγαμος.

465. ἄρρητ' ἀρρήτων, *maxime infanda*: ut in El. 849. δειλαία δειλαίων *miserrima*: & alicubi ἔσχατ' ἐσχάτων κακά, *mala plusquam maxima*.

467. Quintus hic strophæ versus, qui cum quinto antistrophæ ejusdem moduli esse debet, ei, uti vulgo leguntur, neutiquam par est. Sic eos exhibet Aldina editio:

ὥρα νιν ἀελλοπόδων ἵππων.
φοιτᾷ γὰρ ὑπ' ἀγρίαν ὕλαν.

In prioris versiculi proposita scriptura consentiunt codd. omnes: in altero solus T. diversi quid habet; φοιτᾷ γὰρ ὑπαὶ ἀγρίαν ὕλαν. Voci ὑπαὶ superscripta Triclinii nota, διὰ τὸ μέτρον. Quod Turnebus dedit, ὑπὸ ἀγρίαν, id unde habeat nescio. Sane deterius est. Vitii expertem versiculum praepostera cura contaminavi, mendosumque intactum reliqui. Parum me movet Hesychii interpretum censura: certo certius est Sophoclem reliquisse:

ὥρα νιν ἀελλάδων ἵππων.
φοιτᾷ γὰρ ὑπ' ἀγρίαν ὕλαν.

Et sic oratio longe fit altidior. Quem enim non offendat ἀελλοπόδων πόδα? Si quis tamen me invito prioris versiculi lectionem vulgatam retinere velit, is ut antistrophicum ex emendatione mea legat, omnino necesse erit.

472. ἀπλάκητοι. Codd. veteres omnes, ut Aldus, ἀναμπλάκητοι. Triclinius & Scholiastes ἀναπλάκητοι. Ad metri rationem legendum omnino ἀπλάκητοι, quae vox exstat Trach. 120.

492. Aldus & codd. omnes veteres, ἔμαθον πρὸς ὅτου δὴ βασάνῳ, omissa voce, quae ad versus integritatem requiritur. Eam in veteribus scholiis deprehendere mihi visus sum. Versus

χρησάμενος δὴ βασάνῳ

examussim antistrophico congruit,

πτερόεσσ' ἦλθε κόρα.

Eurip. Jon. 361.

ποίῳ τοῦτ' ἔγνω χρωμένη τεκμηρίῳ;

Verbum rei aptissimum est, quod e texto in commentarium migrasse opinor. In fine praec. v. male Aldus cum plerisque codd. ἔγωγε. Recte scriptum elisa ultima vocali ἔγωγ' in C.

506. μεμφομένων ἂν καταφαίην. Id est οὐκ ἂν καταφαίην τῶν μεμφομένων τὸν μάντιν. *Non contradicerem illis, qui vatem incusarint, flocci fecerint.* Hesych. καταφᾶναι, κατειπεῖν.

516. Aldus & codd. plerique πρός τ' ἐμοῦ, quod glossatoribus & Triclinio valet πρός τι ἐμοῦ. id est, εἰ νομίζει πεπονθέναι τι πρὸς ἐμοῦ. Sed praeterquam quod indefinitum τι non sic collocari solet, numquam, nisi me memoria fallit, eliditur. In T. scriptum a prima manu πρός γ' ἐμοῦ, ut Turnebus edidit, quod verum est. Locutionem φέρειν εἴς τι illustrat Marklandus ad Suppl. 295. Gl. φέρει. ἀποφέρει, ἔρχεται.

533. τοσόνδ' ἔχεις τόλμης πρόσωπον. ἤγουν οὕτω θρασὺς καὶ ἀναιδὴς εἶ.

534. τοῦδε τἀνδρός. id est ἐμοῦ. Saepe ἀνὴρ ὅδε nihil aliud valet quam *ego* δεικτικῶς, ut apud Latinos Comicos *hic homo.* Sic in Trach. 305. Dejanira se ipsam indicat his verbis, τῆσδέ γε ζώσης ἔτι, *me adhuc vivente.*

538. ἢ ὡς οὐ γνωριοῖμι. Ista non amplius ad verbum ἰδὼν referri possunt, sed aliud ex analogia adsumendum est, ὑπολαβών, ἐλπίζων.

539. οὐκ ἀλεξοίμην μαθών. ἤγουν καὶ, εἰ μάθοιμι, οὐ δυνηθείην ἀπώσασθαι, ἀμύνεσθαι.

543. οἶσθ' ὡς ποίησον. Perperam Aldus & codd. ποιήσον. Jamdudum ποίησον scribendum monuit Canterus Nov. Lect. VIII. 5. ubi aliam emendationem superioris versus 533. proponit, merito explosam. Atticis Poëtis familiaris hæc formula. Vide Eurip. Hec. 225. Helen. 323. 1253. Heracl. 452. Jon. 1039. & notam nostram ad Comici Aves 54.

555. ὡς χρείη. Aldus ὡς χρεία. Cod. August. ὡς χρή. Reliqui omnes ὡς χρῆ' ἢ, quæ omnes scripturæ perinde mendosæ sunt. Vide Dawesii Miscell. Crit. p. 332. & quæ notavimus ad Comici Lysistr. 113.

557. ἔθ' ωὑτός εἰμι. Codd. & Aldus ἔτ' αὐτός. gl. ὁ αὐτός. Bene quidem ad sensum: sed αὐτὸς absque articulo non valet idem, quod falso contendit Abreschius Diluc. Thucyd. p. 737. ὁ αὐτὸς Attice scribitur ωὑτὸς, ut ὁ ἀνὴρ ἁνήρ. & sic emendate codd. & Aldus exhibent in Phil. 521.

τότ' οὐκ ἔθ' ωὑτὸς τοῖς λόγοις τούτοις φανῇς.

Vide Valckenarium ad Phœniss. p. 340.

561. μακροὶ παλαιοί τ'. gl. ἐπὶ πολὺ διήκοντες καὶ πάλαι ἀρξάμενοι.

566. ἔρευναν ἔσχετε. gl. ζήτησιν ἐποιήσατε.

570. τὸ σὸν δέ γ'. Sic recte in membr. ut Turnebus edidit. At Aldus & quidam codd. τοσόνδε γ', cum glossa τοσοῦτον.

574. εἰ μὲν λέγει τάδ' ὁ μάντις, αὐτὸς σὺ οἶδας. Seq. v. ταὔθ', id est κατὰ τὰ αὐτά. Vulgo male rursus exhibetur ταῦθ', ut supra 284.

583. Versus hic recte expositus est in scholiis quæ sub Triclinii nomine feruntur: ineptissime eum verterat Johnsonus. Eurip. Med. 871.

ἐγὼ δ' ἐμαυτῷ διὰ λόγων ἀφικόμην.

587. Haud dissimili argumento Hippolytus apud Euripidem patri crimen purgat, cujus a noverca falso insimulatus fuerat:

ἀλλ' ὡς τυραννεῖν ἡδὺ τοῖσι σώφροσιν.
ἥκιστά γ', εἰ μὴ τὰς φρένας διέφθορε
θνητῶν, ὅσοισιν ἁνδάνει, μοναρχία.
ἐγὼ δ' ἀγῶνας μὲν κρατεῖν Ἑλληνικοὺς
πρῶτος θέλοιμ' ἄν· ἐν πόλει δὲ δεύτερος
ξὺν τοῖς ἀρίστοις εὐτυχεῖν ἀεὶ φίλοις.
πράσσειν γὰρ εὖ πάρεστι. κίνδυνος δ' ἀπὼν
κρείσσω δίδωσι τῆς τυραννίδος χάριν.

588. τύραννα δρᾶν. gl. βασιλικὰ ποιεῖν, καὶ μὴ βασιλεὺς εἶναι, ὥσπερ αὐτὸς ἔχω νῦν. Primitivum pro possessivo, ut alicubi dixit noster, τὸ γὰρ γέρασμα βασιλέως. Hæc etiam nimis absurde vertit Johnsonus. Vide P. Victorii Var. Lect. VI. 4.

598. τὸ γὰρ τυχεῖν ἅπαντα, ἐστὶν αὐτοῖς ἐνταῦθα, ἤγουν ἐν ἐμοί. *omnia quae cupiunt ut consequantur, in me positum esse intelligunt.* τυγχάνω cum quarto casu construitur. Vide quae notavimus ad Eurip. Med. 759. Exempla passim obvia.

601. ἐραστὴς τῆσδε τῆς γνώμης. Sic libri omnes. Eruditos Britannos nuper incessit libido litem huic lectioni obmovere, postquam lis in mentem venit, a Creontis sententia & scopo alienum esse dicere, se hujus consilii ἐραστὴν non esse, quum negare debuisset se illius esse πλάστην vel ῥάπτην. Verum quod ad sensum, perinde est. Nam qui dicit se nullo alicujus rei amore teneri, is certe significat, se nihil inceptare, quo rem illam consequatur. Tum phrasis elegantior est, inque primis Sophoclea. Frequentat enim noster verbum ἐρᾷν, nomen ἔρως, *pro cupere, optare, cujusvis rei cupiditate.* Vide Oed. Col. 436. 512. Aj. 967. Phil. 651. 660. Temerariae sunt istae conjecturae. Voces τῆσδε τῆς γνώμης, quas glossa exponit τούτου τοῦ λογισμοῦ, non spectant crimen Creonti objectum communicati cum Tiresia consilii conferendae in Oedipum noxae caedis Laii; sed regnandi ambitionem. Infra v. 664. ubi Chorus ait, Φρόνησιν εἰ τάνδ' ἔχω, eodem sensu dicere posset, ταύτης τῆς γνώμης εἰ ἐραστὴς ἔφυν. Hic autem Creon dicere poterat, ἀλλ' οὔτε τήνδε τὴν φρόνησιν ἔχω. Eodem redeunt diversae illae loquutiones.

605. Impressi: ταῦτ'. ἀλλ' ἐάν με — In hac scriptura ταῦτ' ad τὰ χρησθέντα refertur. In membr. scriptum τοῦτ' ἀλλ' ἐάν με — gl. συνδεσμὸς ἀντὶ συνδεσμοῦ. In C. τοῦτ' ἀλλ' — cum eadem glossa. In D. ταῦτ' ἀλλ' — gl. ταῦτα δὲ, σύνδεσμος ἀντὶ συνδέσμου. Ex his quod verum est me selegisse opinor. Ad ταῦτα μὲν, quod praecessit, refertur τοῦτο ἀλλὰ.

606. πᾶν ἐλευθεροῖ στόμα. Sensus horum verborum dilucidatus est in minoribus scholiis. στόμα hic, ut centies alibi *sermonem* significat. πᾶν ἐλευθεροῖ στόμα, idem est ac κατὰ πάντα ἐλευθεροστομεῖ. Aeschylus Prom. 180. ἄγαν δ' ἐλευθεροστομεῖς.

608. χωρίς. gl. μακρὰν ἄνευ αἰτίας. Alia, μάτην.

609. μάτην. gl. ἀνεξετάστως.

624. οἷόν ἐστι τὸ φθονεῖν. Optime hoc exponit glossa in B. ὡς ἐστὶν ὁ ἐμὸς πρὸς σὲ φθόνος. *quum primum ostenderis, quae mea sit erga te invidia.* Sic vertere debebam.

626. τὸ γοῦν ἐμόν. Glossa supplet, συμφέρον εὖ φρονῶ. Ἀλλὰ καὶ τὸ ἐμὸν συμφέρον ἐξίσου δεῖ φρονεῖν σε.

629. ξυνιῆς. In quatuor codd. ut in Aldina edit. ξυνίεις, imo perperam notato. ἰεῖς secunda est praesentis: ἵεις imperfecti. Antiqua forma est ἰέω, ut τιθέω, a librariis saepe obliterata. In D. T. scriptum ξυνίεις forma vulgari, ut Turnebus edidit. Legitur apud Homerum Il. K. 121.

πολλάκι γὰρ μεθιεῖ τε καὶ οὐκ ἐθέλει πονέεσθαι.

Z. 523.

ἀλλὰ ἑκὼν μεθιεῖς τε καὶ οὐκ ἐθέλεις —

Librarii cujusdam levitas intrusit μεθίεις in Odyſſ. Δ. 372. ubi ad superiorum normam ſcribendum:

ἦε ἑκὼν μεθιεῖς, καὶ τέρπεαι ἄλγεα πάσχων.

Iliad. E. 880.

ἀλλ' ἀνιεῖς, ἐπεὶ αὐτὸς ἐγείναο παῖδ' ἀΐδηλον.

In omnibus iſtis locis tonus etiam perperam notatus. Accurata ſcriptura eſt in Heſychii gloſſa: συνιεῖ, νοεῖ. At duo tempora confundit in gloſſa, μεθίει. ἀμελεῖ, ἀφίησιν. a ξυνίω præſens eſt imperativi ξυνίει Homero frequentatum. Formam adgnoſcit auctor Etymol. M. p. 612. l. 7. συνιῶ σύν. καὶ ὁ παρατατικός, συνίουν. ὁ δὲ δεύτερος ἀόριστος, σύνιον καὶ ξύνιον. Pertinet obſervatio ad Homeri verſum Il. A. 273.

καὶ μέν μευ βουλέων ξύνιον, πείθοντό τε μύθῳ.

El. 596. ἣ πᾶσαν ἵης γλῶσσαν. Ibi tres codd. & Aldus ἵῃς: reliqui ἵης. 1347. οὐχὶ ξυνιεῖς. Quatuor codd. & Aldus ξυνίῃς. Eadem varietas aliis in locis deprehenditur: nos ubicumque rectam ſcribendi normam ſequimur. Ridicule Euſtathius cum alibi, tum p. 1500. l. 52. ἵῃς, μεθίῃς, τίθῃς de tempore præſenti dici ait κατὰ ἐναλλαγὴν χρόνου.

629. Creontis ſermonem abrumpit Oedipus: ſententiam ille abſoluturus erat, ὑπεικτέον, vel ſimile quid.

630. In tribus codd. μέτεστι τῆσδ᾽ · οὐχὶ σοὶ — In T. emendate

κἀμοὶ πόλεως μέτεστιν, οὐχὶ σοὶ μόνῳ.

Hanc lectionem in margine edit. Turnebi jam notatam Aldinæ præferri debuiſſe adgnoſco. Longe melius meo judicio πόλεως abſolute, quam πόλεως τῆσδε.

631. ὑμῶν. Sic Aldus & codd. veteres. Turnebus e Triclinio ἡμῶν.

637. Al. gl. περιμένω. Aldinam lectionem hujus verſus, quam exhibuimus, confirmant codd. optimi & vetuſtiſſimi.

640. δυοῖν ἀποκρίνας κακοῖν. Utrum e duobus malis rex elegerit, non dicit Creon; ſed boni ominis, ut videtur, gratia, obſcure ſignificat, quod ſupra Oedipus aperte dixit: θνήσκειν, οὐ φυγεῖν σε βούλομαι. Abſolutus eſt ſermo, nec quidquam extrinſecus ſupplendum. Ceterum obſervanda rara ſynalœphe in δυοῖν, quod hic monoſyllabum eſt.

643. τοὐμὸν σῶμα, id eſt με. Eurip. Alceſt. 647.

οὐκ ἦσθ' ἄρ' ὀρθῶς τοῦδε σώματος πατήρ.

Id eſt ἐμὸς πατήρ. Ad quem locum alia citantur ex Heracl. exempla.

653. ἐν ὅρκῳ μέγαν. Magna erat apud veteres jurisjurandi religio,

quique ea se obstrinxisset, nefas erat illi fidem negare. Apud Euripidem Hippolyto, qui Deos innocentiæ suæ testes advocaverat, Chorus ait v. 1047.

> ἀρκοῦσαν εἶπας αἰτίας ἀποστροφὴν,
> ὅρκους παρασχὼν, πίστιν οὐ σμικρὰν, θεῶν.

656. τὸν ἐναγῆ. gl. ἐνταῦθα τὸν καθαρὸν φησιν. Alia, ἐναγὴς, ὁ θαυμαστός. — σὺν ἀφανεῖ λόγῳ. gl. σὺν ἀνεξετάστῳ ὑπολήψει. Importune insertam a Triclinio particulam γε nullus adgnoscit veterum codd. βαλεῖν. Aldus & veteres codd. ἐκβαλεῖν, quod compositum retinent etiam in expositione hujus loci vulgata scholia. At Suidas, qui ea descripsit in ἐναγὴς, simplex habet βαλεῖν, quod metri ratio verum esse arguit. Legisse videtur antiquus interpres λέγων ἄτιμον βαλεῖν, quod minime procedit. Constructio est, ἐμβαλεῖν αἰτίᾳ σὺν ἀφανεῖ λόγῳ ἄτιμον.

660. οὐ τὸν — pro οὐ μὰ τὸν — Sæpissime μὰ sic supprimitur, ut infra 1088. Antig. 758. El. 1063. Eurip. Jon. 883.

> ἀλλ' οὐ, τὸ Διὸς πολύαστρον ἕδος,
> οὐκ ἔτι κρύψω λέχος.

661. Vox θεὸν in Aldina & veteribus aliquot codd. perperam omissa est. Adgnoscunt eam alii præter T.

668. κακὰ προσάψει. Sic Aldus & codd. omnes veteres. Glossæ: συναφθήσεται, συνελεύσεται. Inepte Triclinius προσάψειεν. Digestus est autem hic versus in Membr. ut eum exhibui: trimeter est jambicus catal. Nihil hic vidit metrorum scrutator Heathius.

674. περάσῃς. gl. διαπεράσῃς, εἰς πέρας ἔλθῃς.

680. Glossæ: κομίζειν, γνοῦσα τίς ἐστιν ἡ κατέχουσα αὐτοὺς τύχη, ἤγουν ἡ μάχη.

684. Aldus, καὶ τίς ἦν ὁ λόγος, pessum dato metro. In D. καὶ τίς ὁ λόγος, omisso ἦν, quod in fine versus poni debebat.

686. φαίνετ'. Sic in D. ad metri rationem recte. Aldus φαίνεται.

688. παριείς. gl. ἐκλύων. καταμαλθάσσων, ἄθυμον ποιῶν.

690. Gl. ἴσθι δὲ διαῤῥήδην με παράφρονα, ἄπορον ἐπὶ τὰ φρονητὰ, ἐάν σε παραλογίζωμαι, ὅστις τὴν ἐμὴν φίλην γῆν ἐν πόνοις ἀμηχανοῦσαν εὐώδωσας.

696. Οὔρισας. Sic metro & sententia flagitante legendum, ut tribus in locis Eustathius ostendit a poëta scriptum fuisse. Ad Il. H. p. 661. ἐκ δὲ τοῦ ῥηθέντος οὔρου, καὶ ῥῆμα οὐρίζειν, τὸ ἐξ οὐρίων πλέειν, ὅθεν καὶ Σοφοκλῆς ἐν τῷ, κατ' ὀρθὸν οὔρισας. Et sic rursus p. 1382. Ad Odyss. autem p. 1452. οὐρίζειν, τὸ ἀποκαθιστᾶν εἰς οὖρον, ὥς φασιν οἱ παλαιοί. καὶ κατουρίζειν, ῥῆμα τραγικῶς. Jam olim mendam correxerat H. Stephanus Thesauri T. II. col. 1497. οὐρέω significat *mingere*. Ab οὖρος,

secundum ventum significante nec οὖρος derivatur, nec προπομπος, aut quodvis aliud compositum. Vide quæ notavimus ad Comici Ran. 94.

697. τανῦν τι πομπὸς, εἰ δύναιο, γένου. Sic omnino scribendus hic versus, ut cum Strophico 668. quadret. In Aldina, τανῦν τ' εὔπομπος, εἰ δύναιο, γενοῦ. Codd. quidam τανῦν δ' — In solo T. γένοιο.

699. στήσας ἔχεις. gl. ἔστησας. Ut paullo infra βεβουλευκὼς ἔχω pro ἐπιβεβούλευκα. Vide Fr. inc. LXXXV. & Valckenarium ad Phœniss. p. 268. ἱστάναι μῆνιν, nihil aliud est quam μηνίειν, quemadmodum Tragici dicunt ἱστάναι βοὴν pro βοᾶν. Nugatur Græculus in minoribus scholiis.

701. Κρέοντος. gl. ἕνεκα, quod hic subauditur, ut supra in ὅτου πράγματος.

716. ἐν τριπλαῖς. Codd. aliquot ἐν ἁπλαῖς, quo refertur explicatio in minoribus scholiis. Eadem varietas infra v. 730.

717. παιδὸς δὲ βλαστάς. *quod autem ad puerum attinet.* ἐνζεύξας νιν ἄρθρα ποδοῖν αὐτοῦ. Sic solent Græci poetæ accusativum pronominis vice genitivi jungere accusativo rei. Vide quæ notavimus ad Comici Pacem 1077. quod schema Latinis poetis haud inusitatum. Aen. X. 697.

Sed Latagum saxo atque ingenti fragmine montis
occupat os faciemque adversam.

722. πρὸς παιδὸς παθεῖν. In Aldina θανεῖν, cui voci in membr. superscripta prælata nobis lectio. Ex v. 713. repetita videtur vulgata.

725. χρείαν ἐρευνᾷ. Gl. in B. χρείαν ἐρεύνης παρέχων. Locus difficilis expeditu, quem alii depravatum, alii integrum judicant. In prolatis explicationibus acquiescendum mihi videtur; nisi quis malit ἂν pro ὧν legere: ὧν γὰρ ἂν θεὸς χρείαν ἐρευνᾷ. *quam enim rem Deus quærit*, id est, *indagari vult, eam ipse facile manifestam reddet.* χρεία, *res*, *negotium*, πρᾶξις. Hoc sensu occurrit infra 1435. Aj. 740. & aliis in locis.

728. ὑποστραφείς. gl. τῆς προτέρας ἐννοίας. Id est: ὑπὸ ποίας φροντίδος στραφεὶς ἀπὸ τῆς προτέρας ἐννοίας τοῦτο λέγεις;

731. οὐδέ πω λήξαντ' ἔχει. gl. οὔπω δὲ ἔληξαν.

740. φύσιν. gl. τὸν τοῦ σώματος ὄγκον. In fine seq. versus libri omnes habent ἔχων, ubi, si glossarum auctores audimus, subaudiendum ἦν vel ἐτύγχανε, quod prorsus est absonum. Φράζε τίνα φύσιν εἶχε ὁ Λάϊος, τίνα δ' ἀκμὴν ἥβης ἔχων ἐτύγχανε. Verbum εἶχε duobus substantivis sufficit; sed requiritur adverbium, quo quæstio ad definitum tempus restringatur. *Qua erat ætate TUNC, quando civitati renuntiatum fuit, eum in trivio occisum fuisse?*

747. βλέπων. gl. ἀληθής. ἀληθεύων, παρ' ὅσον ὁ τὰ ἀληθῆ λέγων, βλέπει· ὁ δὲ τὰ ψευδῆ, τυφλώττων ἐστί.

751. λοχίτας. gl. ὑπασπιστάς.

763. ἄξιος γὰρ ὅδε γ' ἀνήρ. Sic A. B. E. T. August. In C. D. ὅδ' ἀνήρ. Perperam Aldus ὢδ' ἀνήρ. Pejus adhuc Turnebus οἷ' ἀνήρ, quod inepte nuper quidam nugator tueri adgressus est.

766. πάρεστιν. gl. δυνατόν ἐστι τοῦτο. Vide Lexicon. ἐφίεσαι. gl. ἐπιθυμεῖς.

768. εἰσιδεῖν. gl. ἰδεῖν. ut εἰσορᾷν centies pro ὁρᾷν. Nempe composita sæpissime adhibentur pro simplicibus, præpositione nihil ad significandi vim conferente: & hæc maxime fuit caussa, cur tam sæpe librarii præpositiones verborum compositorum omitterent, quas sensui inutiles esse judicabant. Vide indicem nostrum in Comicum v. *Præpositiones.*

770. δυσφόρως ἔχοντ'. gl. βαρέως διακείμενα. Paullo infra δυσφόρως ἤγουν βαρέως, χαλεπῶς.

773. διὰ τύχης τοιᾶσδ' ἰών. *Quum hanc fortunam expertus sim:* seu potius, *quum in tali discrimine verser.* Διὰ τύχης ἰέναι idem est, quod ἐν τύχῃ εἶναι. Sic frequentant tragici δι' ὀδύνης βαίνειν, *in dolore esse, dolore adfici:* διὰ φόνου χωρεῖν, *necem intentare, dare:* διὰ πόθου, διὰ φόβου ἐλθεῖν, *desiderare, formidare.* Aliaque hujus generis multa.

781. βαρυνθείς. gl. χολωθείς. Rusticus apud Comicum in Nubibus 1363.

κἀγὼ μόλις μέν, ἀλλ' ὅμως ἠνεσχόμην τὸ πρῶτον·
ἔπειτα δ' —

791. χρείη. Aldus χρεῖ' ἦ, & sic pars codd. Alii χρεί' ἦ. Mendose, ut supra 555. Mirum est nullum exstare hodie veterem librum hujus mendæ expertem. Prava scriptura vel Eustathio fraudi fuit, qui ad Odyss. A. p. 1702. α longum quandoque elidi ostendere volens, in exemplum adfert τὸ ἐὰν χρεῖ' ἦ, ἤγουν εἰ χρεία ὑπάρχει. Aliquanto melius cum scholiaste nostro ad Oed. Col. 267. χρεῖα pro neutro plurali accepisset, quod tamen perinde falsum est.

792. δηλώσοιμ'. Aldus & codd. plerique δηλώσαιμ', quod etiam pro varia lectione superscriptum in duobus qui δηλώσαιμ' exhibent; estque hoc unice verum. De usu & notione futuri optativi vide Dawesii Miscell. crit. p. 103. Sic Eurip. Hippol. 1186.

ἦλθε γάρ τις ἄγγελος λέγων,
ὡς οὐκ ἔτ' ἐν γῇ τῇδ' ἀναστρέψοι πόδα
Ἱππόλυτος.

Et Androm. 78.

οὐδ' ἀμφὶ Πηλέως ἦλθεν, ὡς ἥξοι, φάτις;

795. Suidas in *Ἀστρονομία* — *Ἄστροις τεκμαίρεσθαι.* ἐπὶ τῶν μακρὰν καὶ ἔρημον ὁδὸν πορευομένων, καὶ ἄστροις σημειουμένων τὰς θέσεις τῶν πατρίδων.

797. χρησμῶν ὀνείδη. Aldus & codd. plerique veteres χρησμῶν γ' ὀνείδη. In D. omissa particula, ut opinor, melius.

805. πρὸς βίαν. gl. βιαίως.

806. τὸν τροχηλάτην. gl. τὸν ἡνίοχον.

807. δι' ὀργῆς, *iracunde*. Vide quæ notavimus ad Eurip. Bacchas 433.

808. μέσον κάρα. gl. κατὰ τὸ μέσον τῆς κεφαλῆς. Perperam vulgo hic locus interpunctus. Verba μέσον κάρα non pendent a τηρήσας, sed a suppressa præpositione κατά. Ordo est: τηρήσας, καθίκετό μου διπλοῖς κέντροις κατὰ μέσον κάρα. Sic etiam distinguit Gatakerus opp. T. I. p. 108. ubi μοι pro μου typothetæ error esse videtur. καθικνεῖσθαι sensu feriendi semper cum genitivo construitur.

810. ἴσην. gl. ἴσην δίκην ἀπέδωκεν, ἀντέτισεν.

811. ὕπτιος. gl. ἐπὶ τὰ μετάφρενα.

813. τῷ ξένῳ. gl. τῷ φονευθέντι, *homini illi, mihi incognito*. Gallice diceremus *cet inconnu*. Quippe Græci cujuscumque nomen vel ignorant, vel scientes reticent, illum ξένον appellant. Vide Dan. Heinsii Lect. Theocr. cap. XIV.

815. τοῦδέ γ' ἀνδρός. gl. ἐμοῦ: ut supra 534. & mox 829. ἐπ' ἀνδρὶ τῷδ', ἐπ' ἐμοί.

817. Notanda hypallage: ᾧ μὴ ξένων τινὰ ἔξεστι δέχεσθαι δόμοις, pro ὃν μή τινι ξένων ἔξεστι δόμοις δέχεσθαι. Aliter locum expedit Grammaticus in minoribus scholiis.

821. λέχη. gl. ἤγουν τὴν γυναῖκα.

824. μή 'στι. Sic liquido in B. & in August. Reliqui codd. & Aldus, impedita constructione, μήτ'. Et hoc etiam est in T. sed superscripta nostra lectione, quam exhibet margo edit. Turnebi.

825. ἐμβατεύειν πατρίδος. Oed. Col. 400. γῆς δὲ μὴ 'μβαίνῃ ὅρων. Pro ἐπεμβατεύειν & ἐπεμβαίνειν, quod postremum occurrit Oed. Col. 924. τῆς ἐπεμβαίνων χθονός.

833. κηλῖδα ξυμφορᾶς. Hypallage, scu ἀντίπτωσις: pro κηλῖδος ξυμφοράν. Sic El. 19. ἄστρων εὐφρόνη, pro ἄστρα εὐφρόνης. 758. μέγιστον σῶμα δειλαίας σποδοῦ, pro μεγίστου σώματος δειλαίαν σποδόν. Trach. 356. πόνων λατρεύματα, pro λατρευμάτων πόνοι.

838. προθυμία. gl. πρόθεσις. θάρσος. Alia: τί ἱκανῆ δρᾶσαι;

843. κατακτάνοιεν. Sic tres codd. inter quos T. recte. In impressis κατακτείνειαν.

845. εἷς γέ τις πολλοῖς ἴσος. Aldus & codd. εἷς γε τοῖς πολλοῖς, quod etiamsi nemini adhuc vitii suspectum fuisse viderim, confidenter tamen Græcum non esse pronuntio. Articulus hic nequiquam locum tueri potest, ubi πολλοῖς indefinite accipiendum. Diversa sunt πολλοί & οἱ πολλοί. τι, τω: τις, τοῖς passim commutantur. ἴσος. gl. ἰσάριθμος.

847.

847. εἰς ἐμὲ ῥέπον. Sic Aldus & codd. omnes veteres. Triclinius imperite, & ex eo Turnebus ἡμᾶς. Gloſſa: εἰς ἐμὲ ἀφορῶν. Comicus Pl. 51.

οὐκ ἔσθ' ὅπως ὁ χρησμὸς εἰς τοῦτο ῥέπει.

Ad quem verſum vide quæ notavimus.

849. ἐκβαλεῖν πάλιν. gl. μεταβαλεῖν. De poteſtate adverbii πάλιν vide Toupium ad Suidam III. p. 4.

860. στελοῦντα. gl. μετακαλεσόμενον, κομιούμενον, μεταστελοῦντα.

873. Ὕβρις φυτεύει τύραννον. Erit forte, cui videantur hæc verba per hypallagen explicanda, ut Eraſmo Schmidio viro doctiſſimo explicare libuit iſta Pindari Olymp. XIII.

ἐθέλοντι δ' ἀλέξειν ὕβριν, κόρου
ματέρα θρασύμυθον.

Quæ quidem interpretandi ratio hic aliquanto probabilior eſt: ἡ τύραννος ὕβριν φυτεύει. Quemadmodum Dionyſius apud Stobæum Floril. Tit. XLIII.

ἡ γὰρ τυραννὶς ἀδικίας μήτηρ ἔφυ.

874. ἢν ὑπερπλησθῇ. Perperam Aldus cum veteribus codd. εἰ, quod ſolœcum eſſet. Recte in T. ἤν. Mendam non vidit Grotius Floril. loco ſupra citato, ubi εἰ dedit, tametſi Stobæi ſcriptus liber habet ἢ depravatum ex ἤν.

877. ὤρουσέν νιν εἰς ἀνάγκαν. Pronomen, quod inſerui, non minus ad ſententiæ quam ad verſus integritatem neceſſarium eſt. Aldus & codd. omnes veteres ὤρουσεν εἰς ἀνάγκαν: quo modo verſus cum antithetico 867. non quadrat. Solus Triclinius ex conjectura ἀνώρουσεν, peſſime. ὤρουσεν hic tranſitivum eſt, ut præc. v. εἰσαναβᾶσ', cujus vice in D. gloſſema textum invaſit ἀναβιβάσασ'. Seq. v. Aldus & codd. omnes veteres ἔνθ' οὐ. Triclinius ἔνθ' οὐ —

879. πάλαισμα non hic notat *callidum conſilium & vafrum*, quo ſenſu fere adhibetur, ducta metaphora a pugilum artificio: ſed ſimpliciter *conatum ſuſcepti negotii abſolvendi*. Juſſerat Apollo, ut Laii occiſor inveſtigaretur. Ex Jocaſtæ verbis timere poterat Chorus ne ab hac inquiſitione rex deſiſteret, quod ne fieri ſinat Deum precatur. Non erat cur in definienda vocis poteſtate tantum hæſitarent interpretes, quam expoſitam habebant in gloſſis ab Ant. Francino ſcholiis addita.

883. ὑπέροπτα. gl. καταφρονητικῶς. Neutrum plurale vice adverbii.

893. ἔρξει. Aldus & codd. plerique ἔρξεται: quidam ἔξεται. Utrumque contra ſermonis proprietatem & metri rationem. Supra habuimus futurum medium ἔρξεται, *cohibebit ſe*, *abſtinebit*; itidemque ἕξεται poteſtate itidem media, *adplicabit ſe*: unde liquet hic activum ἔρξει poni

debuisse, hoc sensu: τίς ἀνὴρ ἔρξει ψυχᾶς βέλη ὥστε ἀμύνειν θυμῷ. Sed, ut dixi, habent alii codd. ἔξεται. Manifesto deprehenditur librariorum error, ex vicinis vocibus ortus, quarum alii aliam repetierunt. Heathii emendationem recepi: at nunc video scribi debuisse ἔξει, quod valet δυνήσεται, structura longe concinniori: τίς ἀνὴρ ἔξει ἀμύνειν θυμῷ ψυχᾶς βέλη; Absurda est Heathii hujus loci versio. Nihil aliud est quam *quis homo poterit arcere ab animo suo conscientiae stimulos?* Super. versu ἐν τοῖσδ' habent codd. omnes veteres cum Aldo. Turnebus e Triclinio dedit ἐν τούτοις.

911. χώρας ἄνακτες. Non soli reges, sed cujuscumque civitatis primores veteribus appellabantur ἄνακτες. Vide Eustathium a nobis laudatum in fragment. p. 31. in [illegible].

917. ἐστὶ τοῦ λέγοντος. Comicus Equit. 860. ὦ δαιμόνιε, μὴ τοῦ λέγοντος ἴσθι.

921. πόρῃς. Sic Aldus & vett. codd. plerique, etiam T. a prima manu, superscripta prava lectione πόροις, quam Turnebus praetulit. Supra v. 917. veterum librorum omnium lectio est ἢν φόβους λέγῃ. Triclinii libidini debetur εἰ λέγοι.

923. νεώς. gl. καταδυομένης. Ordo est: βλέποντες αὐτὸν, ὡς νεὼς κυβερνήτην ἐκπεπληγμένον.

930. παντελής. gl. τέκνα ἔχουσα. V. seq. αὔτως, ὡσαύτως.

935. παρὰ τίνος. Sic D. & Aldus. In aliis codd. πρὸς τίνος.

936. οὐξερῶ Attica crasis pro ὃ ἐξερῶ. Sic quatuor codd. & Aldus. Alii minus bene ὃ 'ξερῶ — τάχ' ἂν ἥδοιο μέν. Perperam Aldus distinxit τάχα, ἥδοιο μέν. In D. super μὲν scriptum ἄν, videlicet pro glossa. In aliis cod. ἥδοιο μ' ἄν. Hae librariorum turbae indicium dant genuinae lectionis, quam certissima emendatione reposui, τάχ' ἂν ἥδοιο. Abesse non potest particula ἄν, qua etiam vitatur insuavis hiatus. At in ἀσχάλλοις δ' ἴσως, e superioribus repetenda est. Bene glossa, ἀλγοίης δ' ἂν ἴσως.

939. οἱ 'πιχώριοι. Perperam in libris οὑπιχώριοι. Vide quae notavimus ad Comici Ran. 461. infra 1046. In D. T. emendate scriptum οἱ 'πιχώριοι, ubi reliqui codd. & Aldus, ut hic, mendosi sunt.

948. μὴ θάνοι. Sic ad syntaxeos normam legendum. Vulgo μὴ θάνῃ. In duobus e nostris codd. superscriptum θάνοι.

949. πρὸς τῆς τύχης. Sic recte Aldus & codd. veteres plerique. Gl. ἀπὸ φυσικοῦ θανάτου. Alii cum Triclinio ὑπὸ τῆς τύχης.

959. θανάσιμον βεβηκότα. Prius glossa exponunt per νεκρὸν ὄντα: alterum per ἀπελθόντα. In Trach. 874.

βέβηκε Δηάνειρα τὴν πανυστάτην
ὁδῶν ἁπασῶν.

Unde hic explicari possit per ellipsin: καὶ ἴσθ' ἐκεῖνον βεβηκότα θανάσιμον ὁδόν.

971. ξυλλαβών. Sic in duobus codd. Alii, ut vulgo, συλλαβών.

977. ᾧ τὰ τῆς τύχης κρατεῖ. Thucydides IV. 62. τὸ δὲ ἀτέκμαρτον τοῦ μέλλοντος ὡς ἐπὶ πλεῖστον κρατεῖ. Quod sequitur πρόνοια δ' ἐστὶν οὐδενὸς σαφής cum his Pindari Olymp. XII. comparari potest:

Σύμβολον δ' οὔπω τις ἐπιχθονίων
πιστὸν ἀμφὶ πράξιος ἐσ-
σομένας εὗρεν θεόθεν.

979. εἰκῇ. gl. ὡς ἔτυχε. ἁπλῶς καὶ ἀφροντίστως, καὶ μὴ πρ[illegible]λίας ὁρῶντα.

981. Ejusmodi somniorum caussam explicat Plato a Cicerone conversus L. I. de Divinatione cap. 29. *Quum dormientibus ea pars animi, quæ mentis & rationis sit particeps, sopita langueat: illa autem, in qua feritas quædam sit atque agrestis immanitas, quum sit immoderato immefacta potu atque pastu, exsultare eam in somno immoderateque jactari: itaque huic omnia visa objiciuntur, a mente ac ratione vacua: ut aut CUM MATRE CORPUS MISCERE videatur, aut cum quovis alio vel homine vel deo, sæpe bellua, atque etiam trucidare aliquem, & impie cruentari, multaque facere impure atque tætre, cum temeritate & imprudentia.*

993. ἢ οὐχὶ θεμιτόν. Aldus & codd. omnes ἢ οὐ θεμιτόν. In D. ἢ ο, quia duæ voculæ in unam coalescunt, quod monere etiam non supersedit Triclinius, ἢ οὐ. συνίζησις. Et sic quidem crurifragio laborat versus; nam falsum est quod ineptus ille Græculus præterea observavit, mediam in θεμιτὸν hic produci, quod in codice significatum linea super ι ducta, quod signum est productæ vocalis. Uno verbo ἢ οὐ, μὴ οὐ apud Atticos poetas semper sunt monosyllaba. Istud οὐχὶ millies apud Tragicos occurrit, & sæpius a librariis metra susque deque habentibus paragoge omissa fuit, ut in Eurip. Cyclope 204.

τί βακχιάζετ'; οὐχὶ Διόνυσος τάδε.

Vulgo legitur versu ruente, οὐ Διόνυσος. Hic scriptum oportuit ἢ οὐχί, ut Oed. Col. 360. μὴ οὐχὶ δεῖμ' ἐμοὶ φέρουσά τι.

1006. εὖ πράξαιμί τι. Sic Comicus Pl. 341. χρηστόν τι πράττειν. Pace 215. εἰ δ' αὖ τι πράξαιντ' ἀγαθόν. Eurip. Herc. Fur. 729. προσδόκα δέ, δρῶν κακῶς, κακόν τι πράξειν. His omnibus in exemplis, quorum similia passim obvia, πράττειν sensu τοῦ πάσχειν adhibetur.

1014. πρὸς δίκης. gl. μετὰ δίκης. *Jure, merito*, Sic El. 1211. πρὸς δίκης γὰρ οὐ στένεις.

1021. παῖδά μ' ὠνομάζετο. Sic libri omnes, absque ulla vitii suspeſtione. Marklandus ad Suppl. 749. emendat παῖδά μ' ὠνόμαζεν ἄν, quia ὠνομάζετο eſt *nominabatur*, non *nominabat*. Sed nodum in ſcirpo quærit. ὠνομάζετό με παῖδα, vi verbi reciproci plane idem eſt, quod ὠνόμαζέ με ἂν παῖδα. Sunt quidem verba apud Græcos, quæ non inveniuntur *hodie* in voce media: ſed *hodie* pauca admodum ſuperſunt Atticæ ſcenæ monumenta. Neſcimus quantum locutionibus, quæ dubiæ nobis videntur, accederet auctoritatis, ſi fabulas omnes ſcenicorum quotquot novimus, haberemus. Equidem nihil hic contra librorum fidem mutare velim.

10[illegible]όν γ' ὄνειδος σπαργάνων ἀνειλόμην. Euſtathius ad Il. P. p. 1097. verſum hunc laudat cum inſigni varietate, καλόν γ' ὄνειδος — quod vulgato ideo præferendum, quia his Oedipi verbis amara ſubeſt ironia, quæ inde acrior redditur. Senſum minime perſpectum habuerunt interpretes. σπαργάνων non pendet ex ſuppreſſa præpoſitione ἐκ, quod Scholiaſtes ſenſiſſe videtur: inepta eſt Johnſoni verſio; *atrox ſane dedecus cunabulorum pertuli.* σπάργανα ſunt *monumenta*, *crepundia*, ut bene Donatus ad Terentii Eunuchum IV. 6. 15. *MONUMENTA ſunt, quæ Græci dicunt γνωρίσματα καὶ σπάργανα.* Vide ad eum locum eruditam Frid. Lindenbruchii notam.

1037. Senſus hujus verſus bene expoſitus in minoribus ſcholiis.

1046. Aldus & codd. ἴδοιτ' ἄν. gl. ἤγουν εἰδεῖτε, quod lectionem noſtram confirmat εἰδεῖτ' ἄν. Optativus hic omnino requiritur. Verum in hujus formæ optativis frequens eſt librariorum lapſus, qui plerumque offenderunt ad contractionem Atticam εἶτον, εἴτην, εἶμεν, εἶτε, ſcenicis poetis noſtris ſolam uſitatam. In Comici Ran. 1448. codd. exhibebant εὐθείημεν ἂν contra metrum & ſermonis Attici uſum, ubi reponi debuit εὐθεῖμεν ἄν, amoto vulgatorum librorum ſolœciſmo εὐθῶμεν ἄν. Sic apud Eurip. Helen. 824. legitur εὐθείημεν ἄν: in eodem Dramate ἐνθεῖμεν ἄν: Herc. Fur. ἐμβαῖμεν ἄν. Græci ſermonis proprietatem ignorant, quicumque promiſcuum uſum eſſe credunt optativi & ſubjunctivi. εἰδῆτ' ἂν plane & putide hic ſolœcum eſſet, ut in Eurip. Medea 737. μεθῇς ἄν, quam Mureti conjecturam vir quidam doctus admittendam eſſe nuper contendebat pro vulgato μεθεῖς ἄν, quod quidem Muſgravio probari potuiſſe miror, quum ne Græcum quidem ſit. Verum lectionem revocavi, non ex conjectura, ut falſo objectum fuit, ſed ex fide Florent. editionis capitalibus literis excuſæ, μεθεῖ' ἄν. Eliſionis ſignum, ſeu apoſtrophum, in ſibilum mutaverat librariorum ſtupor, quod alibi etiam obſervatum. In Comici Ran. 437. legebatur αἴροις ἄν, pro αἴροι' ἄν: in Pl. 1140. membr. Reg. ὑφέλοις exhibens, ubi germaut usus linguae ἐθέλω' flagitat: In Philoct. 119. pro κεκλῇ' ἅμα, codd. dant κέκλην' ἅμα. Quod autem docti quidam viri statuerunt formam mediam verbi μαθέσθαι cum quarto casu legitime non construi, id merum commentum est, quod alibi confutavimus.

1048. κάτοιδε. gl. ἀντὶ τοῦ οἶδε. Compositum pro simplice, ut supra 854. ἔξοιδα, ἀντὶ τοῦ οἶδα.

1052. κἀμάτευες. Attica crasis pro καὶ ἐμάτευες. Hac in re saepe a librariis peccatum. Vide quae notavimus ad Comici Equites 269.

1054. νοεῖς. gl. συνάγεις τῷ νῷ, συμβιβάζεις.

1061. ἅλις νοσοῦσ' ἐγώ. Sic bene Scholiastes. Perperam codd. & Aldus νοσοῦσ' ἔχω. In Antig. 547. ἀρκέσω θνήσκουσ' ἐγώ.

1062. θάρσει. Male Aldus & codd. θάῤῥει. Vide Valckenarium ad Phoen. p. 22. — ἐκ τρίτης μητρὸς τρίδουλος. Vide Musgravium ad Eurip. Androm. 637. & confer Eustathium ad Iliad. Θ. p. 725. l. 19. — κακή. gl. δυσγενής.

1064. μὴ δρᾷ τάδε. Sic in tribus codd. cum glossa, μὴ ποίει. Reliqui cum Aldo μὴ δρᾶν. In scholiis minoribus corrige typographi σφάλμα: excudi volui, ut est in cod. ὅπως ἂν ἔχῃ. —

1069. ἐλθών. gl. ἀπελθών.

1073. Confer Antig. 1244. Trach. 813.

1074. ᾄξασα. Perperam Aldus ἀΐξασα, Turnebus ἀΐξασα. Atticis poëtis ᾄσσω, ᾆττω disyllaba sunt. Vide Valckenarium ad Phoen. p. 467. Glossa, ὁρμήσασα.

1075. ἀναῤῥήξῃ. Sic liquido D. E. cum uno e Britannicis. Reliqui cum Aldo soloece ἀναῤῥήξει. Particulae ὅπως μή, τὸ μή, cum aor. 1. subjunctivo formae vel activae vel mediae legitime non construuntur.

1077. σπέρμ' ἰδεῖν. gl. γένος γνῶναι.

1082. τῆς γάρ — Recte gl. ταύτης. Articulus ὁ pronominis vicem sustinet, pro οὗτος, quod quidem in feminino genere vitasse poëtas Atticos Marklandus credidisse videtur ad Suppl. p. 251. Sed falsum eum fuisse hic locus ostendit, & infra v. 1466. ταῖν μοι μέλεσθαι, id est τούτων.

1083. διώρισαν. gl. ἔταξαν.

1088. ἀπείρων. Sic Aldus & codd. quos vidi omnes. In plerisque glossa ἄπειρος. Mirum esset profecto ni futiles quaedam chartae reperirentur, in quibus glossa genuinae voci substituta fuisset. Vide lexicon in Ἀπείρων. Diversae formae sunt ἄπειρος & ἀπείρων, ut ὅμαιμος ὁμαίμων, aliaque multa.

1096. ἰήϊε σοι Φοῖβε. Pronomen venustae hic repetitum in nullo comparet libro, etsi necessarium est ad integritatem versus. Nihil verius observatione desideratissimi Valckenarii in egregio ad Phoenissas commentario p. 374. *Versus in choricis cantilenis corruperunt saepenumero librarii, dum voces omittunt, quae fuerant eadem repetendae. Hoc mendorum genus late patet.* Hujus librariorum socordiae exempla bene multa enotavimus ad Comicum. Vide supplementum notarum in Nubes 1443. & Indicem in *Repetendae voces a librariis saepe omissae.*

1099. ἄρα prima brevi scribendum: versus est trochaicus.

1100. Voculam σου ex probabili conjectura ab Heathio additam, non adgnoscunt codices. ὀρεσσιβάτα scriptum in E. T.

1102. θυγάτηρ non semper relative *filiam* significat, sed quandoque, ut hic, absolute *puellam*. Sic ἄλοχος supra 183. absolute *mulierem*. Utrumque observavit Musgravius ad Euripid. Helen. 1331. Androm. 1039. — τῷ γάρ, id est τούτῳ, τῷ Ἀπόλλωνι, cujus proxime praecessit mentio, quique passim Νόμιος appellatur. Perperam in glossis τῷ Πανί.

1109. αἷσι. Male Aldus et veteres codd. αἷς.

1111. πρέσβυ. Aldus, πρέσβεις, ut B. in textu, superscripta var. lect. γρ. πρέσβυ. In C. D. πρέσβυν cum gl. τὸν γηραιόν. Alii πρέσβυ & πρέσβεις habent, altero alteri superscripto. Harum lectionum unice vera est πρέσβυ, quod maxime ex eo perspicuum est, quod mox sequitur, σύ μου προὔχοις. Chorum quum adloquuntur tragicae personae, numero singulari haud minus saepe utuntur quam plurali, ut supra 658. 667. infra 1321. passimque in quibuscumque dramatibus. Hoc librarius quum minus perspexisset, πρέσβεις intulit. πρέσβυν absolute sine articulo, fere soloecum est.

1112. ἐν μακρῷ γήρᾳ ξυνᾴδει. Male haec acceperunt veteres magistri, qui supplebant, ἐν μακρῷ γήρᾳ ὢν συμφωνεῖ τῷ λόγῳ. Praepositio ἐν hic, ut saepe alias, abundat. Supra 821. Antig. 962. 1003. Phil. 1160. Ordo est: τῷ μακρῷ γήρᾳ ξυνᾴδει, καὶ ξύμμετρός ἐστιν ἀνδρὶ τῷδε, nempe τῷ Κορινθίῳ ἀγγέλῳ. Scribi etiam potuisset, nec forte deterius, τῷδε τἀνδρί, sublata distinctione post ξυνᾴδει.

1117. ἔγνωκα γάρ. Glossa in B. δέ. Nempe γὰρ pro δὲ hic poni docet. At in D. καὶ ante ἔγνωκα suppletum, ne otiosum γὰρ videatur. Nihil tale comminisci necesse est. αἰτιολογικὸν γὰρ praeponitur ob inversionem membrorum in phrasi: ταῦθ' ἴσθι αὐτὸν ἐκεῖνον ὁρῶν. ἔγνωκα γὰρ αὐτόν.

1133. ἐς ἔπαυλ'. Sic nostri codd. Vide Lexicon in ἐς pro ἐκ. — ἑκμήνους χρόνους, quem Attici una voce ἑξάμηνον appellabant, quique supra v. 754. οἰκεὺς dicitur. Vocem ἑξαμηνιαίας, quam quis forte putaverit a poeta hic adhibitam fuisse, ut Atticis insolitam damnant Thomas M. & Moeris.

1130. ἢ ξυναλλάξας τι πω. Sic liquido in D. Gl. ἢ συντυχὼν κατά τι. In membr. ἢ ξυνήλλαξας. Continuatio est praecedentis interrogationis: ἆρ' οἶσθα τοῦτον τὸν ἄνδρα τῇδέ που μαθών, ἢ ξυναλλάξας τι πω; Perperam in impressis ἤ.

1133. ἀγνῶτά νιν. gl. ἀντὶ τοῦ ἐπιλαθόμενον αὐτόν.

1136. ἐπλησίαζεν. Sic legendum esse meridiana luce clarius est: οἶδεν ὁ ποιμνίοις κατὰ τὸν Κιθαιρῶνα ἐπλησίαζεν ἐμοί — Codd. omnes & Aldus ἐπλησίαζον cum gl. συνανεστρεφόμην. Versus praecedens totus est διὰ μέσου, seu in parenthesi: supplendum vel οὖν, vel ἐπίσταμαι: nominativi sunt absoluti ὁ μὲν, ἐγὼ δ' —

1144. τοῦτο τὸ ἔπος, hanc rem. Hoc sensu ἔπος apud Homerum frequens.

1158. τοὔτυμον, justum, id est verum. Hesych. ἔτυμον, ἀληθές.

1160. ἐς τριβὰς ἐλᾷ, eodem sensu quo apud Comicum Acharn. 386. πορίζεις τριβάς. Neutiquam placet docti viri apud Heathium interpretatio, recta ad suspendium tendit. Alius Britannus pro τριβὰς legere mallet στροφάς, quam conjecturam sibi servare poterat.

1170. κἄγωγ' ἀκούειν. Perperam codd. & Aldus ἀκούων, manifesta menda. Duobus in locis Valckenario indicatis ad Phoenissas p. 140. hos versus citat Plutarchus, recte legens utrobique ἀκούειν, ut etiam legisse constat auctorem veteris glossae: καὶ ἐγὼ ἐπ' αὐτῷ εἰμὶ τῷ δεινῷ ἀκούειν.

1174. ὡς πρὸς τί χρείας. gl. ὡς ἐπὶ ποίᾳ χρείᾳ.

1175. δυστάνων κακῶν ὄκνῳ. Sic concinne in D. Tres codd. & Aldus δυστάνων γ' ὄκνῳ κακῶν. Idem in T. vocum ordo, omissa particula γε.

1178. ὡς ἄλλην χθόνα. Sic Aldus & codices omnes veteres. ὡς hic non valet εἰς, quandoquidem ab Atticis ea potestate non adhibetur, nisi rei animatae junctum. Sed est pro καθὰ, & subauditur εἰς ellipsi perquam frequenti: quemadmodum recte haec in glossis explicantur: καθὰ δοκῶν ἐκεῖνον ἀποίσειν τὸν παῖδα εἰς ἄλλην χθόνα, ἔνθεν αὐτὸς ἦν. Temere Triclinius veterem scripturam mutavit.

1186. Choricum hunc canticum in duas strophas & totidem antistrophas, undenûm singulas versuum, dividit Heathius: quod si absque ulla interpolatione fieri posset, libens admitterem. Sed eo minus a codicum fide discedere volui, quo minus intelligo, quid nostra intersit monostrophicane an antistrophica haec sint.

1194. λαβὼν αὐτός. Perperam vulgo αὐτός. Glossa supplet ὁ, ut sit ὁ αὐτός. Vid. not. ad v. 537. ἤμαρτεν codd. omnes habent. Typothetae errore in Aldina ἤμαρτον.

1209. In D. παιδὶ, πατρὶ, καὶ θαλαμηπόλῳ πεσεῖν.

1212. ἐδυνάθησαν. Sic B. cum gl. ἠδυνήθησαν. Vulgo ἐδυνάσθησαν.

1214. δικάζει. gl. καταδικάζει. Reddi poterat *ulciscitur*, *poenas repetit*. Vide quae notavimus ad Eurip. Med. 157.

1219. ἰαχαίων ἐκ στομάτων. Sic optime C. Nomen est adjectivum ἰαχαῖος ab ἰαχὴ derivatum. In D. ἀχέων. In reliquis ἰαχέων cum gl. φωνῶν.

1222. κατεκοίμισα. Sic liquido B. D. E. T. August. qua de scriptura ne dubitari possit, superscripta in duobus gl. ἀντὶ τοῦ κοίμισα διὰ τοῦ ι. In impressis κατεκοίμησα.

1234. ὁ μὲν τάχιστος. Operosum esset absque ullo fructu, si conjecturas omnes, quibus male feriati homines Sophoclis scripta emendare sibi visi sunt, recensere vellem. Quod permultas ne verbulo quidem attingam, nemo opinetur eas mihi incognitas esse. Sed futiles nugae sani ingenii lectoribus nihil nisi taedium adferrent. Quis unquam in animum inducet in hoc versu scriptum olim fuisse ὁ μὲν τ' ἄχιστος, vel ἴχιστος, quia nupero editori Britanno τάχιστος frigidum videtur? aliis hoc multis videtur inprimis opportunum. At quod non videtur solum, sed & pro certissimo haberi debet, istud est: *Atticorum poëtarum, quotquot fuerunt, nulli vocalem correptam fuisse ante literas κτ, vel, quod perinde est, χθ in eadem voce.* Frustra obmovetur Sam. Clarkius, qui de prosodia Homerica satis perite egit: sed quaecumque ille Homero licuisse ostendit, nihil ea ad scenae Atticae usum faciunt, cujus ex reliquiis vel unicum exemplum nemo conficere poterat; sed nec exstat, nec exstitit unquam. — εἰπεῖν τε καὶ μαθεῖν. gl. εἰς τὸ εἰπεῖν ἐμὲ ἀκούσαντι, καὶ εἰς τὸ μαθεῖν ὑμᾶς.

1242. ἵετ' εὐθύ. Sic recte C. In D. ἵετ' cum gl. ὥρμα — εὐθὺ, κατ' ὀρθόν. Sed in textu male εὐθύς. In impressis ἵετ' εὐθύ. Verbi ἵεμαι prima producitur in temporibus quae augmentum recipiunt. Sic in Antig. 432. ἱέμεθα prima longa. Vide quae notavimus ad Comici Concion. 36. Perperam spiritu aspero notatur in D. Eadem menda in Eurip. Suppl. 700. ubi scriptum oportuit:

ἀλλ' ἵετ' εὐθὺς, λάμπρ' ἀναφαίνουσ' ὅπλα.

1244. Glossa: ὅπως δὲ εἰσῆλθεν ἔσω, ἐπιρράξασα, ἤγουν κλείσασα, τὰς πύλας. Vide Eustathium ad Homeri locum quem citat Scholiastes p. 1318.

1246. σπερμάτων. gl. παίδων. τουτέστι τοῦ Οἰδίποδος.

1249. ἐγοᾶτο. Minus bene vulgo γοᾶτο absque augmento, quod Attici omittere non solent, nisi metri necessitate coacti. In B. scriptum 'γοᾶτο. Sed hic elisio non habet locum, quum praecedens versus in consonantem desinat.

1250. ἐξ ἀνδρὸς ἄνδρα. Sic D. T. Gl. ἐκ τοῦ Λαΐου τὸν Οἰδίποδα. Ceteri codd. & Aldus ἄνδρας, quod minus placet.

1256. γυναῖκά τε. gl. ὑπολείπει ἐξαιτῶν ἀπὸ κοινοῦ. Possis etiam extrinsecus arcessere verbum ex analogia: ἐξαιτῶν ἡμᾶς πορεῖν οἱ ἔγχος, καὶ ἐρευνῶν ὅπου κίχοι —

1260. ὑφηγητοῦ. Sic una voce codd. omnes, recte. Gl. ὁδηγοῦ. Perperam in impressis, ὑφ' ἡγητοῦ. Subauditur cognatum verbum, ὡς ὑφηγητοῦ τινὸς ὑφηγουμένου αὐτῷ. Sic supra 966. absolute ὧν ὑφηγητῶν. Et Œd. Col. 1588. ὑφηγητῆρος οὐδενὸς φίλων. scilicet παρόντος, vel ὑφηγουμένου.

1262. κλῇθρα. Aldus κλεῖθρα, ut hic etiam codd. Sed multis aliis in locis Atticam servant scripturam, quam in v. 1287. repræsentant Romana scholia.

1264. ἑώραις. In tribus codd. αἰώραις, proba quidem forma, sed quam metrum hic non admittit. Eustath. ad Iliad. Γ. p. 389. ἠερέθονται δὲ, κυρίως μὲν τὸ ἐν ἀέρι κρέμασθαι, ἐξ οὗ καὶ ἡ αἰώρα — ὅτι δὲ ἡ ἐκθλίψει ἑώρα καὶ ἀπὸ τοῦ ι ψιλοῦ ἔχει τὴν ἀρχὴν, ὡς δηλοῖ οὐ μόνον τὸ, Πλεκταῖς ἑώραις ἐμπεπλεγμένην, ἀλλὰ καὶ τὸ μετέωρος, ἕτερα ἐναγωνίζεσθαι.

1266. Aldus edidit: ἐπεὶ δὲ γῇ ἔκειθ' ὁ τλήμων, δεινὰ δ' ἦν τἀνθένδ' ὁρᾶν. quæ lectio depravatissima est. In B. ἐπεὶ δὲ γῇ ἔκειθ' ὁ τλήμων, superscripta glossa ἡ ἀθλία, quod ineptum est. Aliquanto melius in D. ἐπεὶ δὲ γῇ ἔκειτο τλήμων, eadem superscripta glossa ἡ ἀθλία. Quod sequitur membrum nulla particula connecti debet, saltem particula δὲ neutiquam, quæ adversativa est, nec hic locum habere potest. In solo T. pro varia lectione reperi δεινά γ' ἦν, quæ Triclinii emendatio esse videtur. Inutilis *soli*, γῆς mentio. Per se satis intelligitur, cadaver quod modo pensile conspectum fuit, simulac solutus vel abscissus fuit laqueus, decidisse, & humi jacuisse: verum ex linguæ indole vix abesse potest articulus ἡ. Ex γ' ἡ imperitus librarius eo facilius fecit γῇ, quod olim ι non subscribebatur, quod nec in ullo veterum codd. comparet, quos ad manum habeo. Eadem socordia concinnum verborum ordinem inverterunt, & ex ἔκειτο plerique fecerunt ἔκειθ' ὁ. Quantum fieri potuit caverunt tragici Poëtæ in senariis a concursu ejusdem vel similis soni vocalium in fine versus & sequentis initio. Non scripsisset Sophocles ἐπεὶ δὲ γῇ ἔκειτο τλήμων, quum scribere posset ἐπεὶ δὲ γῇ τλήμων ἔκειτο. Sed ex omni parte veram scripturam restituimus: ἐπεὶ δὲ γ' ἡ τλήμων ἔκειτο, δεινὰ τἀνθένδ' ἦν ὁρᾶν.

1271. οὐκ ὄψοιντο. Sic liquido vetustissimi & optimi e nostris codd. A. B. ut & T. ex Triclinii recensione, tametsi Turnebus edidit ὄψοιτο, nulla alterius lectionis facta mentione. Sane mihi non liquet plurale poetæ præferri debuisse; quum proxime sequantur duo verba pluralia ὄψοιντο, γνώσοιντο. Alias si primum solum esset, tam bonum esset ὄψοιτο, quam ὄψοιντο, siquidem a neutro plurali pendet ἄρθρα. Est autem οὐκ ὄψοιντό νιν οἷα ἔπασχεν, pro οὐκ ὄψοιντο οἷα αὐτὸς ἔπασχεν. Vide quæ notavimus ad Comici Concion. 1125. Græcis acceptum habent hoc schema Comici Latini, apud quos frequentissimum est. Sic Plautus Rud. II. 3. 59. *eum veretur, ne perierit.*

1274. ὀψοίαθ'. Quærit hic aliquis, qui Œdipi oculi, modo nihil visuri dicti, nunc dicantur visuri οὓς οὐκ ἔδει: quæ quum contraria sibi ac proinde absurda videantur, pro ὀψοίαθ' is reponit ὀσσοίαθ', quod quidem ego longe ineptissimum esse aio. Ut *cogitaret*, ut *imaginem sibi fingeret* Œdipus, minime necessarium erat, ut sibi foderet oculos. Nam Telemachus ὀσσόμενος πατέρ' ἐσθλὸν ἐνὶ φρεσὶ, cæcus non erat: acute vero, si quis alius, cernebat Jupiter ille, qui θνητοῖς ἀνθρώποισι κακ' ὄσσετο θυμῷ. Nisi quis invita Minerva criticam exerceat, antequam locum aliquem veteris poetæ emendare aggrediatur, verborum non singulorum solum vim ac potestatem, sed usum tropicum, idiotismos linguæ, & sensum universum perspexisse debet. Ut supra v. 419. βλέποντα σκότον, *cernentem caliginem* tantumdem valet ac *cernentem nihil*: ita hic ὄπτεσθαι ἐν σκότῳ, *videre in tenebris*, nihil aliud est, quam *non videre*. Dicit ergo Œdipus, oculos suos in posterum *visuros in tenebris* οὓς οὐκ ἔδει, *quos non oporteat*: quid vero? *eos* nempe, *quos non oporteat in tenebris videre*: id est, *eorum adspectu privatum iri*, *quos videre minime sit jucundum*: scilicet liberos suos.

1275. ἐφυμνῶν. ἄγαν δυσφημῶν. Eustath. ad Iliad. Ζ. p. 634.

1279. Aldus edidit: ὄμβρος χαλάζης αἱματοῦς ἐτέγγετο, sensu nullo aut pravo, & metro vacillante. In T. αἱματός τ' ἐτέγγετο. Illud τε fulciendo versui insertum, superscriptum est in E. a secunda manu. Ceteri codd. in Aldina lectione consentiunt. Aut verbi compositi præpositio excidit, & scribendum ἀπετέγγετο, quod prætuli: aut loco copulæ, quæ hic locum non habet, inseri debuit γε, ut v. 294.

ἀλλ' εἴ τι μὲν δὴ δείματός γ' ἔχει μέρος.

Ita hic legi poterat

ὄμβρος χαλάζῃς αἱματός γ' ἐτέγγετο.

Sed prius longe præfero. Est autem χαλάζῃς dativus pluralis, cujus ambiguitatem sustulit librarius membran. nostrarum, ι perspicue subscripto. Nihil hic intellexit auctor veteris glossæ, qui ὁμοῦ interpretatus est σωρηδόν. Immo valet σύν. Ordo est: αἷμα μέλας ὄμβρος ὁμοῦ χαλάζῃς *αἵματος ἐτέγγετο.* Diversa sunt *μέλας ὄμβρος*, humor ex oculis manans, & *χαλάζαι αἵματος*, grandines sanguinis, id est crebrae sanguinis guttae: opponuntur hae *ταῖς μυδώσαις φόνου σταγόσι*, quae minus quid significant: *Nec lentam tabi saniem emittebant, sed largissimo lacrimarum imbri mistae sanguinis grandines decidebant.* Venustum est hoc schema quo res augetur, minoris negatione. Sic in Aj. 628.

> οὐδ' οἰκτρᾶς γόον ὄρνιθος ἀηδοῦς
> ἥσει δύσμορος· ἀλλ' ὀ-
> ξυτόνους μὲν ᾠδὰς
> θρηνήσει —

1281. *συμμιγῆ κακά.* Sic libri omnes, non sine vitii suspicione. Vix dubito quin scripserit Tragicus *συμμιγῆ πάθη.*

1295. *εἰσόψει.* gl. *θεάσῃ.*

1296. *οἷον καὶ στυγοῦντ' ἐποικτίσαι.* gl. *καὶ τὸν μισοῦντα ἐλεῆσαι.* Eadem sententia in Aj. 924.

> ὡς καὶ παρ' ἐχθροῖς ἄξιος θρήνων τυχεῖν.

& in Tyrone Frag. XV.

> καίτοι ἀνοικτίρμων τις οἰκτείρειεν ἄν.

1299. *ὅσ' ἐγὼ προσέκυρσ' ἤδη.* Verbum *προσκύρω* fere solet cum tertio casu construi. Hic autem quartus adjungitur. Sic saepe composita verba casum adsciscunt quem regit vel simplex verbum, vel praepositio. Resolvenda phrasis ad hunc modum: *πρὸς ὅσα ἐγὼ ἤδη ἔκυρσα.* Hesych. *προσκύρει, προσεγγίζει.*

1301. *μακίστων.* Dorica *μάσσων μάκιστος* adhibent Tragici pro *μείζων μέγιστος.* Sic noster Phil. 849. Eurip. Hippol. 826. *τὸ μάκιστον ἐμῶν κακῶν.* Æschyl. Prom. 634.

> μή μου προκήδου μᾶσσον, ἢ ὡς ἐμοὶ γλυκύ.

Persis 438.

> λέξον τίν' αὖ φὴς τήνδε συμφορὰν στρατῷ
> ἐλθεῖν, κακῶν ῥέπουσαν ἐς τὰ μάσσονα.

Ibidem 705.

> πολλὰ μὲν γὰρ ἐκ θαλάσσης, πολλὰ δ' ἐκ χέρσου κακὰ
> γίγνεται θνητοῖς, ὁ μάσσων βίοτος ἢν ταθῇ πρόσω.

Ex his exemplis liquet veterem scripturam male immutatam fuisse a Triclinio, qui *μηκίστων* dedit, hosque versus foede interpolavit. Perperam in C. *μηκίστων*, eadem menda, quam sustulimus in Euripidis loco modo citato.

1303. *δύσταν'.* Perperam Aldus *δύστανος.* In seq. v. *δύναμαί σ' ἐθέλων* distincte exhibet B. In reliquis ut apud Aldum *σε θέλων.*

1310. *πέταται*. Aldus *διαπέταται*, sicque pars codd. Alii *διαπωτᾶται*. Unus E. *διέπταται*. Unice verum esse quod dedimus metri ratio arguit. Atticum autem *πέταται* praetulimus vulgari formae *πέτεται*. gl. *διέρχεται*.

1320. *φορεῖν*. Sic A. B. recte. Alii cum Aldo *φέρειν*. Vide Valckenarium ad Hippol. 316.

1324. Φεῦ in Aldina contra metri rationem geminatum est.

1330. Aldus edidit, ut in plurimis codd. scriptum est,

ὁ κακὰ τελῶν,
ἐμὰ τάδ' ἐμὰ πάθεα.

At in membr. & in C.

ὁ κακὰ κακὰ τελῶν
ἐμὰ τάδ' ἐμὰ πάθεα.

Vox *κακὰ* repeti debuit: eam alii librarii omiserunt, alii praepostere posuerunt.

1343. *τὸν ὄλεθρον μέγαν*. Codd. omnes, ne T. quidem excepto, dant, ut Aldus, *ὀλέθριον*. Quidam pro *μέγαν* habent *μέγα*. Turnebus recte *ὄλεθρον*.

1349. *ἀναγνῶναι ποτ' ἄν*. Sic plurimi codd. Aldus & membr. *ποτὲ* sine *ἄν*.

1351. *ἔλυσέ μ', ἀπό τε φόνου*. Aldus & codd. pars, omisso pronomine, quod hic supprimi non debet, *ἔλυσεν ἀπό* — In B. *ἔλυσ' ἔμ' ἀπό* — C. eam scripturam exhibet, quam repraesentavi. Verum sunt omnes itidem depravatae. Ut metri constet ratio, & hic versus antithetico suo 1331. congruat, scribendum *μ' ἔλυσ', ἀπό τε φόνου*. Sic quadrant duo versiculi, qui paeonici sunt:

κακὰ τάδ' ἐμὰ | πάθεα
μ' ἔλυσ' ἀπὸ | τε φόνου.

1375. *ἐφίμερος*. Non Aldus solum & codd. omnes habent, sed Turnebi etiam editio. In H. Stephani officina operarum incuria excusum fuit *ἐφείμερος*, quae menda in plerasque subsequentium editionum manavit.

1380. *τραφείς*. Perperam Johnsonus vertit *nutritus*: neque hoc verbo innuitur amor, quo Thebani Oedipum fovebant, quod anonymo Britanno in mentem venit. *τραφεὶς* valet *διατρίψας*, ut recte exponitur in glossa. Sic *τραφῶ*, *διαγαγεῖν*, *διατριβῶ* in Oed. Col. 361.

1385. *τούτους ὁρᾶν*, nempe *τοὺς Θηβαίους*. In D. T. *ταύτας*, ut Turnebus edidit.

1387. *οὐκ ἂν ἐσχόμην*. Perperam Aldus una voce *ἀνεσχόμην*, ut in veteribus plerisque codd. scriptum est. Alii *ἀπεσχόμην*. — *τὸ μὴ 'ποκλῇ-*

σαι. Haud minus bene scribi poterat sine elisione, ut est in D. τὸ μὴ ἀποκλεῖσαι. In unam syllabam coalescunt η α. Sed utro modo scribatur, perinde est. In nullo codice reperi τὸ μὴ οὐ 'ποκλεῖσαι, ut legendum esse sibi persuasit nuperus editor Pentalogiæ Jo. Burtoni, tamquam si in hac loquendi formula voces τὸ μὴ non negarent, nisi adjecta altera negatione οὐ. At tamen apud Comicum in Nubibus 1084. legitur:

ἕξει τινὰ γνώμην λέγειν, τὸ μὴ εὐρύπρωκτος εἶναι;

ubi si οὐ infarciatur, doceri vellem qui in pedes suos dividenda sit clausula τὸ μὴ οὐ εὐρύπρωκτος εἶναι. Permulti sunt versus, ubi salvo metro & euphonia, οὐ inseri posset in hac formula, quod tamen contra librorum fidem facere nolim. Antig. 27. 236. Æschyl. Prom. 235. ἐξερρυσάμην βροτοὺς

τοῦ μὴ διαρραισθέντας εἰς Ἅιδου μολεῖν.

Euripides Alcest. 705.

σὺ γοῦν ἀναιδῶς διεμάχου τὸ μὴ θανεῖν.

1392. ὡς ἔδειξα μή ποτε. Ut tertio ante hunc versu ἵν' ἂν valet ut essem, ita hic ὡς ἔδειξα μή ποτε, ne unquam ostenderem. ὡς enim hic valet ὅπως, ut recte expositum in glossa. Imperite Heathius particulam ἂν inserit. Vide quæ notavimus ad Æschyli Prom. 155. & Eurip. Phœnissas 214. Comicus in Conc. 151.

ἐβουλόμην μὲν ἕτερον ἂν τῶν ἠθάδων
λέγειν τὰ βέλτισθ', ἵν' ἐκαθήμην ἥσυχος.

Idem in Pace 135.

οὔκουν ἐχρῆν σε Πηγάσου ζεῦξαι πτερόν,
ὅπως ἐφαίνου τοῖς θεοῖς τραγικώτερος.

1394. πάτρια. gl. πατρῷα. De horum vocum differentia & usu promiscuo vide Luciani Interpretes ad Solœcistam p. 561.

1396. κάλλος κακῶν. gl. ἔξοχον τῶν κακῶν, ἤγουν περιφανὲς κακόν. Eustathius ad Iliad. P. pag. 1097. Παρασημειωτέον τό, κακῶν δέ τι ἕτερον ὄν, ἀντὶ τοῦ ὡς ἐν κακοῖς κάλλος. ἐντεῦθεν Σοφοκλῆς παραξένως ποιεῖ τὸν Οἰδίποδα λέγοντα περὶ αὐτοῦ, ὅτι κάλλος κακῶν ὕπουλον ἐξετράφη, ἀντὶ τοῦ ἐν κακοῖς μέγα καὶ περιφανές. εἴη δ' ἂν ὅμοιόν τι καὶ τό, καλόν γ' ἐντάφιον σπαργάνων ἀπωλόμην. Vereor ut hæc bene acceperit Eustathius. Equidem κακῶν mallem cum ὕπουλον jungere, ut sit οἷον ἄρ' ἐμὲ κάλλος ἐξεθρέψατε ὕπουλον κακῶν, id est ὑπὸ τὸ προφαινόμενον καλὸν κακὰ κρύπτον.

1402. ὑμῖν. gl. παρ' ὑμῶν.

1403. ὦ γάμοι, γάμοι. Hunc locum citat Longinus de Sublimitate XXIII. isto exemplo observationem illustrans, ὅτι ἔσθ' ὅπου προσπίπτει τὰ πληθυντικὰ μεγαλορρημονέστερα, καὶ αὐτῷ δοξοκομποῦντα τῷ ὄχλῳ τοῦ ἀριθμοῦ. — Deinde prolatis sex versibus addit: πάντα γὰρ ταῦτα, τὰ μὲν ἐν ὀνομασία ἐστὶν, Οἰδίπους, ἐπὶ δὲ θατέρου Ἰοκάστη. ἀλλ' ὅμως χωρὶς ὡς τὰ πληθυντικὰ ὁ ἀριθμὸς συμπλέκεται καὶ τὰς ἀτυχίας. Confer not. ad v. 366.

1405. ἀνεῖτε. Secunda pluralis aor. 2. ε in ει mutato, pro ἄνετε. Sic in tertia plurali occurrunt ἀνεῖσαν, καθεῖσαν, μεθεῖσαν, παρεῖσαν. In Eurip. Ione 1189. legendum ὡς δ' ἀνεῖσαν αὐλοί: ut in Bacchis 634. καθεῖσαν κόμας. Priore in loco perperam edidit Musgravius ἀνεῖσαν.

1414. μὴ δείσητε. Vide P. Victorii Var. Lect. V. 4.

1415. πλὴν γ' ἐμοῦ. Sic recte D. In reliquis libris media particula omissa, quam inserere amant Attici poetæ ante ε post syllabam longam in ν desinentem. πλήν γε frequentissimum est.

1422. Codd. alii οὐδ' ὡς γελαστής — οὐδ' ὡς ὀνειδιῶν. Alii οὐδ' — οὐ — Membr. Aldo consentiunt, quem sequimur.

1434. πρὸς σοῦ, οὐδ' ἐμοῦ. e re tua, non mea. *Dicam quæ tua magis quam mea intersit fieri.* Sic Trach. 479. δεῖ γὰρ καὶ τὸ πρὸς κείνου λέγειν. Comicus Vesp. 647. μὴ πρὸς ἐμοῦ λέγοντι. Lucianus T. I. pag. 255. ταῦτα μὲν ἅπαν ἀγαθὸν καὶ πρὸς ἐμοῦ λέγεις.

1438. ἔδρασ' ἄν, εὖ τοῦτ' ἴσθ' ἄν. Sic distinctum est in libris omnibus recte. Euripides Med. 940.

οὐκ οἶδ' ἄν, εἰ πείσαιμι· πειρᾶσθαι δὲ χρή.

Et Alcest. 48.

λαβὼν ἴθ'· οὐ γὰρ οἶδ' ἄν, εἰ πείσαιμί σε.

In his ἄν pertinet ad οἶδα, non ad εἰ.

1453. ζῶντα. Sic bene Toupius Cur. nov. in Suid. p. 103. Libri omnes mendose ζῶντε.

1454. οἵ μ' ἀπωλλύτην, *qui me perdere volebant.* Verba sæpe non tam actionem significant, quam consilium seu voluntatem agendi. In El. 320. πράσσοντ' Scholiastes exponit ἐπιχειροῦν πράττειν. In Œd. Col. 993. κτείνοι, *occidere velit.* In Comici Pace 212. ἐκείνων πολλάκις σπονδὰς ποιούντων, id est ποιεῖν ἐπιθυμούντων.

1459. ἀρσένων. Sic recte in B. D. E. T. Perperam in reliquis, ut in Aldina, ἀῤῥένων.

1466. ταῖν μοι μέλεσθαι. Sic bene scriptum in D. Glossa τούτων. Aldus & reliqui codd. mendose αἷν. Vide supra ad 1082.

1474. ἐκγόνοιν ἐμοῖν. Sic bene scriptum in B. Vulgo ἐγγόνοιν. gl. τῶν ἐμῶν παίδων. Vide quæ notavimus ad Comici Equites 786. & Valckenaer. ad Phœn. p. 390.

1477. τέρψιν, ἥ σ' εἶχεν πάλαι. Sic scriptum in B. E. T. August. In

A. D. ἐν εἴχες πάλαι, ut Aldus edidit. In C. nescio quid fuerit: in fine mutilus est & desinit in v. 1458. Turnebus edidit, ἐς εἴχες πάλαι. Aldi lectio nihil aliud est quam nostræ interpretatio.

1493. τίς οὗτος ἔσται, τίς παραρρίψει, τέκνα. In E. τίς οὗτος ἔσται γ', ὃς παραρρίψει, τέκνα. Pessime vertit Johnsonus, *Quis ille erit, qui ita abjiciet liberos?* τέκνα vocativus est, & παραρρίψαι neutraliter adhibitum, ut fere solet ἀναρρίπτειν, subaudito κίνδυνον.

1494. ἃ τοῖς ἐμοῖς ἔσται, γονεῦσιν σφῷν θ' ὁμοῦ δηλήματα. In impressis ἃ τοῖς ἐμοῖς γονεῦσιν ἔσται σφῷν θ' ὁμοῦ δηλήματα. Nec diversa est codd. scriptura. At ex ista lectione nullus rectus sensus elici potest. Quid enim sibi vult hæc Johnsoni versio? *quæ meis parentibus tuisque simul adhærent nocumenta.* Quorsum hic Œdipus mentionem faciat parentum suorum, quum sui met ipsius maxime meminisse debeat? Recte glossa, ἃ γονεῦσιν ὑμῶν καὶ ὑμῖν ὁμοῦ. Deinde cur futurum ἔσται de re quæ jam exsistit, & certissime cognita est? Interpres ex vi sententiæ *adhærent* non *adhærebunt* vertit. Poëtæ manum restituisse mihi videor, & sensum adsecutus fuisse: ἃ τοῖς ἐμοῖς ἔσται, nempe πράγμασι, vel ἐγγόνοις: γονεῦσι σφῷν θ' ὁμοῦ δηλήματα, pro γονέων καὶ σφῷν. Dativus pro genitivo, quod frequens est. Vide quæ notavi ad Eurip. Phœn. 85. Apollonium III. 862. Comici Thesmoph. 1054.

1502. φθαρῆναι male vertit Johnsonus *mori.* φθείρεσθαι significat πλανᾶσθαι, quod ipse Œdipus statim ostendit, quum quarto post versu subjicit μή σφε περιΐδῃς ἀλωμένας. Hoc sensu occurrit φθείρεσθαι apud Euripidem in Helenæ versu quem citavimus supra 67. In Electra 234.

οὐχ ἕνα νομίζων φθείρεται πόλεως νόμον.

& passim. Vide Abreschium ad Æschylum p. 207. & nos ad Comici Concion. 248.

1505. μή σφε περιΐδῃς. Certissima est Dawesii emendatio, quam vide Miscell. crit. p. 268. περιϊδεῖν est *spernere, negligere*, quod flagitat sententia. Depravate libri omnes παρίδῃς, claudicante versu, nec satis bene ad sententiam. Nihil frequentius apud quosvis scriptores Græcos verbis περιϊδεῖν, περιορᾶν, περιόψεσθαι. Exempla satis multa e Comico protulit Dawesius. In Lys. 1019. νῦν δ' οὖν σ' ἐγὼ οὐ περιόψομαι γυμνὸν ὄνθ' οὕτως. Lysias edit. Reiskii p. 145. αἰσχρὸν περιϊδεῖν οὕτως ἀνόμως καὶ βιαίως ὑβρισθέντα τὸν νεανίσκον. p. 163. μή με περιΐδητε ἐκ τῆς πατρίδος ἀδίκως ἐκπεσόντα. p. 184. μὴ περιΐδητε ἐπὶ τούτῳ γενόμενον.

1512. νῦν δὲ τοῦτ' εὔχεσθέ μοι. De veritate lectionis dubitandum non est, quam temere docti simul & indocti homines sollicitarunt conjecturis ne dignis quidem, quibus immorer; pessime autem reddiderunt interpretes. Tenendum quod in minoribus scholiis traditur, εὔχεσθε hic passive sumi. ἐν τ' εὔχεσθέ μοι, ταύτης τῆς εὐχῆς τυγχάνετε ἀπ' ἐμοῦ. Raro sic εὔχομαι adhibetur, nec forte alterum exemplum proferri possit. Sed novator, si quis alius, in verbis Sophocles, apud quem plurima occurrebant, ceteris omnibus poëtis indicta: & hæc ratio est cur tam multa ex eo enotarunt veteres Grammatici.

1517. οἶσθ' ἐφ' οἷς οὖν εἶμι. Sic scribendum. εἶμι hic valet πορεύσομαι. Codd. & impressi εἰμί. Glossa in B. supplet ἐνθυμήματα. In D. ἤγουν ἐφ' οἷς ἔχω τὴν ἐμὴν διάνοιαν. Prava scriptura falsæ interpretationi locum dedit. ἐπὶ cum dativo conditionem notat, ἐπὶ τούτοις, *hac lege*, *hac conditione*: ἐφ' οἷς, *qua lege*, *qua conditione*. Comicus in Pluto 1068. οὐκοῦν ἐπὶ τούτοις εἰσίω. Vide ibidem 1000. 1141. Lysistr. 251. Ran. 589.

1518. Perperam Aldus ἀπ' οἴκων, ut est in membr. a primo manu, superscripta sincera lectione: γρ. ἄποικον. Pars codicum male πέμψῃς.

1519. θεοῖς γ' ἔχθιστος. Sic membr. Mendose Aldus αὔχθιστος. Ceteri codd. γε omittunt.

1522. ταύτας. Sic codd. omnes. Perperam Aldus πάντας. Codd. aliquot ἕλῃς.

1524. Codd. omnes ultimos hos versus Choro adscribunt. Falso Scholiastes opinabatur eos ab Œdipo recitatos fuisse. λεύσσετ'. Male in B. D. λεύσετ'.

1525. ᾔδη. Male codd. & impressi ᾔδει. Vide Valckenarium ad Iliadis librum XXII. p. 55.

1528. Frequentissima apud Tragicos sententia. Euripides Androm. 100.

> χρὴ δ' οὔποτ' εἰπεῖν οὐδέν' ὄλβιον βροτῶν,
> πρὶν ἂν θανόντος τὴν τελευταίαν ἴδῃς,
> ὅπως περάσας ἡμέραν ἥξει κάτω.

Troades 513.

> τῶν δ' εὐδαιμόνων
> μηδένα νομίζετ' εὐτυχεῖν, πρὶν ἂν θάνῃ.

Vide Tyndarei fragmentum p. 31. Ovidius Metam. III. 135.

> Ultima semper
> exspectanda dies homini: dicique beatus
> ante obitum nemo supremaque funera debet.

Ausonius in ludo VII. Sapientum:

> Spectandum dico terminum vitæ prius,
> tum judicandum, si manet felicitas.

FINIS NOTARUM IN OEDIPUM REGEM.

NOTÆ IN OEDIPUM COLONEUM.

De loco cui nomen Κολωνός, videndus Meursius in Pagis Atticis, & Reliquorum Atticorum cap. VI. maxime vero Cicero in suavissimo exordio libri V. de Finibus, ubi *mollissimum carmen* appellat versus istos Oedipi requirentis quemnam in locum pervenisset.

V. 7. χὠ μακρὸς ξυνὼν χρόνος. Euphoniæ ergo vocum ordinem inverti. Legitur vulgo χὠ χρόνος ξυνὼν μακρός. Perperam in T. pro ξυνὼν, παρών.

11. ὡς πυθώμεσθα. Codd. & Aldus solœce, πυθοίμεσθα.

13. χ' ἃ ἂν ἀκούσωμεν. Membr. & Aldus copulam male omittunt.

19. κάμψον κῶλα, γέρον. *Sedere*, *quiescere*. Vide Aeschylum Prom. 32. 396. Apollonium Rhod. I. 1174.

23. ὅπου καθέσταμεν. Sic Vaticanus cod. teste Orvillio ad Charitonem p. 119. quod præferendum videtur codd. nostrorum & Aldi lectioni ὅποι, licet hoc non prorsus sit damnandum. Latet enim in verbo καθέσταμεν motus significatio. Sic in Eurip. Bacchis 190.

ποῖ δεῖ χορεύειν, ποῖ καθιστάναι πόδα;

25. Hunc versum membr. cum Aldo Antigonæ continuant: alii perperam Oedipo eum tribuunt. Libri omnes τοῦτον ἡμῖν mendose. Esset enim hoc pronomen ad χῶρον referendum, quod falsam efficeret sententiam. Quum enim locum nesciat qui sit, dicere non potest se de eo a quovis viatore certiorem factam fuisse. Proinde legendum cum Heathio τοῦτό γ', scilicet *Athenas haud longe abesse*.

27. εἴπερ γ' ἐστὶν ἐξοικήσιμος. Membr. & Aldus εἴπερ ἐστὶ γ' — Alii codd. particulam γε prorsus omittunt. Nescio quid somniabat auctor notæ ad hunc versum in nova editione Pentalogiæ Jo. Burton. In Aldina liquido excusum ἐξοικήσιμος. Proinde mirum non est a nullo editorum observatam fuisse lectionem quæ ibi non comparet. Si vero ἐνοικήσιμος in Aldina legeretur, operarum errori tribuendum id esset, nedum recipi deberet, contra metri legem, quæ pyrrichium pro jambo non admittit. Lectorum patientia abutuntur, qui talibus ineptiis molem librorum augent.

28. Aldus ut A. B. ἀλλ' ἐστὶ μὴν οἰκητός. In T. μὴν γ' — sed scribendum erat, ut edidimus, ἐστὶ μὴν —

31. ὡς ἁνὴρ ὅδε. In codd. ἀνὴρ, sine articulo, sollemni librariorum errore.

33. ἀκούων. Sic Aldus & veteres codd. Imperfectus est sermo ab hospite abruptus. Triclinius perperam ἀκούω.

36. πρὶν νῦν τὰ — Sic membr. & Aldus. In B. πρὶν ἄ. τὰ —

39. ἔμφοβοι. gl. ἅγναι αἱ φοβεραί.

40. Σκότου. In B. Σκότους.

41. Perperam vulgo post τίνων interrogationis signum positum, quod in fine versus poni debebat.

42. Vulgo legitur soloece, ὅ γ' ἐνθάδ' ἂν εἴποι λεὼς νιν. Optativus εἴποι absque particula ἂν hic stare non potest: est autem participium ὢν prorsus otiosum. Manifestus est librarii error. — νιν pro αὐτάς; a Scholiasta damnatur temere & imperite. Accusativus est utriusque numeri & trium generum. Vide Valckenarium ad Hippol. 1253.

44. τὸν ἱκέτην. Sic legendum, ut infra 284. 487. 1008. Aldus & codd. τόνδ' — Idem cum membr. ἵλεως mendose. In duobus aliis ἵλεω.

48. τί δρῶ. In B. T. τί δρᾶν. ut etiam Scholiastes legisse videtur: nec deterius est. Bonus ille hospes rem ad populares deferre vult ἐνδεικνύναι, ut sciat quid facto opus sit. Praegnans est phrasis: πρίν γ' ἂν ἐνδείξω τοῖς δημόταις, ὥστε βουλεύσασθαι αὐτοὺς τί δραστέον.

52. τίς ἔσθ' — Perperam in libris τίς δ' ἔσθ' —

57. χαλκόπους ὀδός. Perperam vulgo ὁδός. Vide Scholiastam ad v. 1590. & Lexicon in Ὀδός.

58. αἱ δὲ πλησίον γύαι. Sic recte B. T. In membr. ut in impressis perperam, οἱ δὲ πλησίοι γύαι.

59. τὸν ἱππότην. In libris τόνδ' ἱππότην perperam, eodem librariorum errore, quo supra 44. τόνδ' ἱκέτην. & 52. τίς δ' ἔσθ' —.

61. ὠνομασμένα. Mendose vulgo ὠνομασμένον, quod quidem membr. etiam exhibent a prima manu, sed superscripta nostra lectione.

71. καταρτύσων μολεῖν. Sic membr. & Aldus cum Suida in καταρτύσων. Perperam ceteri μόλοι, quod e fine praec. versus a stupido librario repetitum.

74. ὁρῶντα. Tropice, *caligine non obvoluta*, *perspicua*, ὁρώμενα. Sic saepe activam verbi formam pro passiva adhibet Sophocles, ut infra 1604. παντὸς δρῶντος, pro δρωμένου. Trachin. 196. τὸ ποθοῦν, pro τὸ ποθούμενον. Oed. T. 968. κεύθει, pro κεύθεται.

87. ἐξέχρη. gl. ἐμαντεύετο.

90. Σεμναὶ θεαί, κατ' εὐφημισμόν, αἱ Ἐρινύες, ὥσπερ αἱ αὐταὶ καὶ Εὐμενίδες ἐκαλοῦντο. ἦσαν δὲ τρεῖς. Σεμναὶ θεαί. οὕτως καλοῦσιν Ἀθηναῖοι τὰς Ἐρινύας. *Photii Lex. MS.*

91. κάμψειν. Membr. & Aldus κάμψαι. gl. καταλῦσαι, τελευτῆσαι.

92. οἰκήσαντα. Sic Aldus & codd. omnes. Turnebus edidit οἰκίσαντα.

94. παρηγύα. Perperam Aldus, ut membr. a prima manu, παρεγγύα.

97. Schol. MS. κατὰ λέξιν, φησὶν, ἐξ ὑμῶν ἐνταῦθα ἀφῖγμαι. πτερὸν γὰρ, τὴν πέτραν τῆς δεσποίνης, ἢ οἰωνόν. Aliud: Πτερὸν, ἢ οἰωνὸς, ἢ πέτρωσις τῆς ὑμῶν δεσποίνης.

99. πρώτοισιν ὑμῖν. Sic bene legitur apud Suidam in Νηφάλιος θυσία. Perperam in codd. nostris, ut in impressis ὑμῶν. Quin pejus adhuc in T. πρώτοισιν ὑμῶν.

101. ἀσκέπαρνον. gl. ἄξεστον, ἀκατασκεύαστον. ὡς καὶ ἄνω (19.) ἵζου, ἐπ' ἀξέστου πέτρου.

102. ἐμφάς. gl. μαντείας. — πέρανσιν, τελείωσιν.

111. οἵδε δή τινες — Sic B. T. In membr. οἵδε δή, ut Aldus edidit. χρόνῳ παλαιοί. gl. γέροντες.

113. κρύψον με πόδα pro πόδα μου. Vide ad Oed. T. 717.

121. λεύσσετε νιν; interrogative. Aldus & membr. λεύσσετ' αὐτόν. Alii λεύσσετ' αὐτόν. Perperam, ut ex antistrophico versu liquet.

122. προσφθέγγου. In B. T. προσπεύθου, quod haud deterius est.

134. λόγος οὐχ ἅζονθ'. Basis anapaestica, ut antistrophicus versus 166. λόγον εἴ τιν' ἔχεις. Unde liquet vitiosam esse vulgatam lectionem οὐδὲν ἅζονθ', quam adgnoscit tamen Eustathius p. 694. Triclinius inepte, sed salvo metro, οὐδὲν ἅγονθ'.

138. ὁρῶ. *Video*, id est *percipio*. Verbis videndi, quum sit is sensus omnium nobilissimus, reliquorum sensuum perceptiones declarantur. Sic Aeschylus S. Th. 103. κτύπον δέδορκα. Alexis Comicus apud Athenaeum p. 134. A.

> Τοῦτο γάρ νῦν ἐστί σοι
> ἐν ταῖς Ἀθήναις ταῖς καλαῖς ἐπιχώριον·
> ἅπαντες ὀρχοῦντ' εὐθὺς, ἂν οἴνου μόνον
> ὀσμὴν ἴδωσιν.

144. οὐ πάνυ μοίρας εὐδαιμονίσαι πρώτης. ἤγουν οὐ τῆς πρώτης μοίρας τῶν εὐδαιμονιζομένων. ἀλλὰ δηλαδὴ τῆς ἐσχάτης. Eustathius p. 479. ubi hujus schematis plurima exempla profert, quibus utitur Gatakerus Opp. T. I. p. 215.

153. ἀλλ' οὐ μὰν ἔν γ' ἐμοί. Sic Aldus & codd. veteres. Verum pro ἐμοὶ legendum ἐμῖν, ut metra congruant. Versus antithetici sunt:

> λεύσσετέ νιν; προσδέρκου.
> ἀλλ' οὐ μὰν ἔν γ' ἐμῖν.

161. τῷ, quocirca. Aldus & membr. τῶν. In B. τόν. utrumque mendosum.

167. Perperam in Aldina ἀπ' ἀβάτων ἀποβάς, metro corrupto.

172. κοὐκ ἄκοντας. Mendose in Aldina ἀκούοντας.

175. πιστεύσας. Vulgo σοὶ πιστεύσας. Pronomen a mala manu additum non adgnoscit B.

188. εὐσεβίας ἐπιβαίνοντες. Id est, interprete Eustathio p. 713. l. 31. εὐσεβοῦντες. Sic Euripidi, Hippol. 215. μανίας ἔποχος λόγος, est μανιώδης λόγος. — ἵν' ἄν, ὡς ἄν, ἕως ἄν cum subjunctivo passim obvia sunt, ut significantia. Pessime Turnebus εἴπωμεν, ἀκούσωμεν edidit, servato πολεμῶμεν. Ridicula est Britanni editoris conjectura ἵν' ἄπυ 'ειδῶς.

192. ἀντιπέτρου. gl. τοῦ ἰσοπέτρου χαλκοῦ. ἀντὶ πέτρας γὰρ χαλκοῦς ἦν.

195. ἐσθῶ. Pravam scripturam imprudens hic remanere passus sum. ἐσθῶ sedendi sensu nequidem græcum est. In membr. scriptum, ut Aldus excudi curavit, ἦ 'σθῶ, id est ἦ ἑσθῶ; gl. ἆρα καθεσθῶ; Alteram lectionem memorat Scholiastes, prava scriptura itidem obscuratam ἦ στῶ; Illud valet *an sedere debeo?* Hoc, *an stare debeo?* Alterutrum probum est: quod vero dedimus, nihil est. Posteriorem scripturam præ altera probat Scholiastes; meo quidem judicio, merito. Huic enim Chori responsio magis congruit: *sta vel saxi latus*, λέχριος, *de vite*, *submissis modice genibus saxo innitens.* Quippe his Chori verbis non sedere jubetur Oedipus. Johnsono præeunte hunc locum perperam converti.

201. πρόκλινον. Aldus & membr. προκλίνας. In B. προσκλίνας. In T. πρόσκλινον. Si προκλίνας legas, sensus erit suspensus, interpellante Oedipo; unde nihil video huic loco commodi aut venusti accedere.

205. τίν' ἂν σου πατρίδ' ἐκπυθοίμαν. Nemo non videt particulam ἂν tam sæpe a librariis omissam, necessario hic requiri, ut v. 41. 42. Solœcum est, quod vulgo legitur.

208. τί τοῦτ' ἀπεννέπεις γέρον; dimeter iambicus. Perperam Aldus & codd. τί δ'.

212. Versus est anapæsticus. Perperam Aldus & codd. τί τόδ'; — αὔδα in B. T. Choro tributum, recte.

214. γεγώνει. Sic Eustathius p. 709. l. 43. Verbum est barytonum. Vide Aeschylum Prom. 193. 790.

216. Versus est anapæsticus. Contra metri rationem, quin etiam frigide legitur vulgo τίνος ἐμόν.

217. ἐπ' ἔσχατα βαίνεις. Sic liquido scriptum in T. Ceteri μένεις, quod quidem facile erat emendatu. μ & β in antiquis codd. fere eandem habent formam: αι & ε passim confunduntur: hinc ortus error. μένεις scriptum fuit pro βαίνεις.

221. Οἰδιπόδαν. De hac forma vide Valckenarium ad Phoeniss. p. 306. Male in B. Οἰδίποδα.

226. Versus est anapaesticus. Recte in T. scriptum πόρσω. Ceteri cum Aldo contra metri rationem πρόσω. gl. πόῤῥω.

233. Basis anapaestica. Perperam Aldus σὺ δ' ἐκ τῶνδ' — addita inutili praepositione, ut supra 167.

235. χρεῖος ob metrum legendum. Perperam vulgo χρέος. In membr. autem versus digesti, ut eos exhibui.

238. γεραόν. In quibusdam exemplaribus diversa erat lectio ἀλαόν; quod Scholiastae observatum. Neutra carere voluit Triclinius.

242. Versus est anapaesticus. Insigni librariorum errore vulgo legitur οἰκτείραθ'. In Oed. T. 1508. ἀλλ' οἴκτειρον σφᾶς. Vide infra 556. Trach. 312. 855. 877. Passim hoc verbum occurrit.

243. τοῦ 'μοῦ. Aldus & membr. τοῦ μόνου, quod praeferri debebat — Pro οὐκ ἀλαοῖς, veteri lectione, eaque optima, Turnebus e Triclinio pessime dedit οὐ κἀλαοῖς. In codice syllabae κα superducta linea, qua ineptus ille Sophoclis interpolator significabat α produci, cujus prosodiae apud Atticos poëtas non unicum exstat exemplum.

247. Vulgo ἐν ὑμῖν γὰρ, ὡς θεῷ. A mala manu insertum fuit γὰρ, quod metro officit. Nec γὰρ in γε mutandum. ἀσύνδετα amat affectus. — ἐν ὑμῖν κείμεθα, ut Oed. T. 314. ἐν σοὶ ἐσμέν.

251. ἢ τέκνον, ἢ λέχος. Vulgo ἢ λόγος, sine ullo sensu. Ingeniosa conjectura Tragici manum certissime restituit Reiskius. λέχος, uxor.

252. βροτόν. Sic bene in T. Quod ceteri habent, βροτῶν metri lex respuit.

260. εἰ τάς γ' Ἀθήνας. Sic legendum, id est εἴ γε τὰς Ἀθήνας. Perperam in membr. ut Aldus edidit, τάς τ' —

261. τὸν κακούμενον ξένον. Perperam Turnebus e Triclinio dedit τὸν κακούμενον.

263. χρεῖν. Aldus χρεῖ' ἦ. Vide notas ad priorem Oed. 555. 791.

277. εἶτα τῶν θεῶν ὤραν ποιεῖσθε μηδαμῶς. Sic certissime emendo, facem praeferente Valckenario ad Herodotum p. 476. Quod librariis debemus, est depravatissimum. Aldus & membr. habent εἶτα τοὺς θεοὺς μοίραις ποιεῖσθε μηδαμῶς. B. T. cum Turnebo μοίρας. Neutra phrasis ex indole Graecae linguae est. ὤρα *curam* significat. Infra 386. ὤραν ἔχειν, *curam habere*: τῶν θεῶν ὤραν μηδαμῶς ποιεῖσθαι, *Deos nihili facere, spernere.* εἶτα inter participium & verbum vel abundat, vel, ut hic, per *tamen* redditur. Vide Koenium ad libellum de Dialectis p. 62.

286. τὸ δυσπρόσωπον, scribere potuit τὸ δυσπρόσοπτον, ut El. 460.

πίσυνος τοῦδ᾽ αὐτῇ δυσπορώτατ᾽ ὄντ᾽ ἐμά.

188. ὅπου δὲ κύριος. Sic recte T. Ceteri cum Aldo, ὅπου ὁ κύριος.

293. πολλή 'στ᾽ ἀνάγκη. Sic Suidas in Ταρβεῖν, quod alibi φοβεῖσθαι significat; hic vero, τιμᾶν. Membr. & Aldus, πολλή τ᾽ ἀνάγκη, quod accipiendum esset pro πολλή τοι. In B. T. πολλή γ᾽ ἀνάγκη.

294. βραχέσι. gl. συντόμοις.

298. ἔπεμψεν. Sic B. T. In membr. ut Aldus edidit, ἔπεμπεν.

300. κἀπόνως ἐλθεῖν πέλας. Sic recte Turnebus edidit ex metri lege. Aldus cum tribus codd. ἀπόνως τ᾽ ἐλθεῖν, claudicante versu.

307. καὶ βραδὺς ἕρπει. Scripti & impressi libri, καὶ βραδὺς εὕδει, quod longe ineptissimum est. Quis enim vel βραδὺς vel ταχὺς dormit? Hoc docere debebat auctor ille, qui vulgatam lectionem defendit; non vero exemplis probare, quod cuivis notissimum est, *dormientem quempiam e somno excitari posse.* Nec mihi soli istud εὕδει alienum visum est. Idem de eo sensisse video generosum apud Batavos virum, ingenii & doctrinae laude florentissimum, Ericum Hubertum van Eldik, qui alia conjectura, eaque non minus probabili, librarii errorem corrigit, καὶ βραδὺς σπεύδει. Glossa, εἰ ἀναπαυόμενος βραδύνει.

313. ἡλιοστερὴς κυνῆ πρόσωπα Θεσσαλίς νιν ἀμπίσχει. ὅ ἐστι, σκέπει τὸ αὐτῆς πρόσωπον κυνῇ σκιάζουσα τὸν ἥλιον, ὡς μὴ καταφλέγοιτο τὸ πρόσωπον. Eustathius p. 803. ubi perperam μιν legit, quod Tragicis insolitum.

319. φαιδρὰ γοῦν ἀπ᾽ ὀμμάτων. Minus eleganter in T. φαιδρὸν ἀπ᾽ ὀμμάτων. Non animadverterat Triclinius φαιδρὰ neutrum esse plurale pro adverbio. Pro σαίνει membr. & Aldus σημαίνει.

331. ὦ τῆσδε κἀμοῦ — Patris querelam intercipit Ismene, ipsiusque & sororis miseriae comitem se adjungens, sententiam absolvit, δυσμόρου τ᾽ ἐμοῦ τρίτης. Absurdissime vulgo Oedipus interrogat ὦ τῆσδε κἀμοῦ; respondente Ismene δυσμόρου δ᾽ ἐμοῦ τρίτης. Egregiam Marchlandi emendationem recepi, quem vide in Explicationibus Supplicibus subjectis p. 247. extrema. Aldus & membr. δυσμόρου δ᾽ ἐμῆς τρίτης.

333. καὶ λόγων αὐτάγγελος. Sic recte in T. Ceteri cum Aldo καὶ λόγοις τ᾽ αὐτάγγελος.

335. ποῦ. Male vulgo ποῖ. Subauditur verbum εἰσί, *sunt.* οἱ δὲ αὐθόμαιμοι νεανίαι ποῦ εἰσὶ τοῦ πονεῖν. Id est, ἐν ποίῳ τόπῳ εἰσίν; τί ποιοῦσιν;

336. δεινὰ τἀκείνοις τανῦν. Sic recte scriptum in B. T. Aldus edidit δεινὰ δ᾽ ἐν κείνοις τὰ νῦν. In membr. δεινὰ δ᾽ κείνοις. Scribere debuit librarius δ᾽ ἐκείνοις, ut est in Romana scholiorum editione. τανῦν una voce Atticum est pro νῦν.

349. νήλιπους τ' ἀλωμένη. In B. ἀνηλίπους ἀλωμένη. In T. ἀνηλίπους τ' ἀλωμένη. Veram lectionem esse credo ἀνήλιπός τ' ἀλωμένη, & ita edidisse vellem. Hanc formam adgnoscunt grammatici omnes: etymon vero accuratissime tradidit Theocriti enarrator ad Idyll. IV. 55. ΑΝΑΛΙΠΟΣ. ἤγουν ἀνυπόδητος. ἔλλιψ γάρ, τὸ ὑπόδημα, παρὰ τὸ ἐλίσσειν τὸν πόδα, ἐξ οὗ καὶ πέδιλον, τὸ ὑπόδημα. ἀνήλιπος δὲ, ὥσπερ ὁ μὴ ἐλίσσων τὸν πόδα.

362. ζητοῦσα τὴν σὴν, ποῦ κατοικοίη, τροφήν. Id est, ζητοῦσα ἔνθα που κατοικοίη ἡ σὴ τροφή. ἤγουν διατριβὴ, δίαιτα, διαγωγή. Lectionem quam dedimus, exhibent B. T. In membr. ποῦ κατοικοίη εἴρηται. Impressi autem, ποῦ κατοικοίης τροφήν.

367. ἦν ἔρως. Libri omnes ἦν ἔρις, quod series narrationis falsum esse ostendit, & a librario huc retractum fuit e v. 372. Acutissimi viri, Thomæ Tyrwhitt, cujus tot præclaræ exstant in Euripidem emendationes, conjecturam recepi, qua nihil certius mihi videtur. Sic ἔρως occurrit infra 436. Euripid. Phœniss. 631. Alcest. 1101. Suppl. 139. Iphig. A. 813. & passim. Vide notata ad prioris Oedipi v. 601.

371. κἀξ ἀλιτηρίου φρενός. Sic bene scriptum in T. Glossa, ἁμαρτωλοῦ, μιαρᾶς. In duobus aliis, ut in Suida, & ut Aldus edidit, κἀξ ἀλιτηροῦ φρενὸς, claudicante versu. Codicum auctoritate firmatam lectionem recepi, quam sinceram esse & genuinam affirmo. Nam in κἀξ consentiunt omnes; unus autem, ceteris hac in parte emendatior, dat ἀλιτηρίου. Quippe opinioni non accedo, Tragicos poetas numquam anapæstos in paribus senariorum sedibus adhibuisse. Non alium decantati hujus canonis fidejussorem cognosco præter Hephæstionem, qui tamen id non omnino asserit. Τὸ ἰαμβικὸν μέτρον δέχεται κατὰ μὲν τὰς περιττὰς χώρας ἴαμβον, τρίβραχυν, σπονδεῖον, δάκτυλον, καὶ ἀνάπαιστον· κατὰ δὲ τὰς ἀρτίας ἴαμβον, τρίβραχυν, καὶ ἀνάπαιστον· τοῦτο δὲ τὸν ἀνάπαιστον παρὰ μὲν τοῖς κωμικοῖς συνεχῶς· παρὰ δὲ τοῖς ἰαμβογράφοις καὶ τραγικοῖς ΣΠΑΝΙΩΤΕΡΟΝ. Satis est ad tuendam nostram lectionem, fateri Hephæstionem Tragicos nonnumquam, licet rarius, Comicorum licentia usos fuisse. Quod autem de veteribus jambographis ait, id falsum esse opinor. Unicum quod mihi occurrit exemplum, mendosum esse comperi, & certa conjectura in integrum restituo. Versus est in Simonidis lepidissimo carmine de mulierum ingeniis 43. ubi legebatur:

τὴν δ' ἔκ τε σποδιῆς καὶ παλιντριβέος ὄνου.

Nos autem non ita pridem edidimus:

τὴν δ' ἐκ σποδιῆς τε καὶ παλιντριβέος ὄνου.

Vox σποδιῆς glossema est. Scripserat antiquus ille Simonides:

τὴν δ' ἐκ τιφρῆς τε καὶ παλιντριβοῦς ὄπου.

Hesychius: τιφρὸν, σκολιὸν, φαῦλον, πολιόν. Quibus autem persuasum est anapaestum in pari loco senarii tragici ferendum non esse, iis egregie Toupius ad Suidam II. 168. emendasse videbitur,

νῦν δ' ἐκ θεῶν του κἀλιτηρίου φρενός.

374. Πολυνείκην. Aldus, ut in membr. scriptum est, edidit Πολυνείκη, quod, ut magis Atticum, retineri debebat. Jonicam terminationem accusativi εα Attici in η contrahunt. Sic apud Comicum Ἀντισθένη, Κλεισθένη, Σωκράτη.

377. πληθύων. In B. T. πληθύνων.

380. Aldus sic hos versus edidit:

ὡς αὐτίκ' Ἄργος ἢ τὸ Καδμείων πέδον
τιμῇ καθέξον, ἢ πρὸς οὐρανὸν βιβῶν.

In membr. scriptum Καδμείων & καθέξων. Postremum quidem recte omnino: nam Ἄργος, ad quod participium illud refertur, neutrum est. Sed tertius remanebat ulcus. Particulas disjunctivas ἢ, quas Scholiastes ridicule pro καὶ accipiendas esse ait, locum hic habere non possunt, quum duo membra sibi invicem non opponantur; quin vero alterum ex altero sequatur. Sed ille in hujus loci explicatione nihil nisi olias lippit. Palmam tamen stoliditatis sibi vindicat Johnsonus, cujus versionem vide sis. Prius ἢ mutari debuit in δή. ὡς δὴ *tanquam scilicet*, sensu ironico: posterius vero in καί. καὶ πρὸς οὐρανὸν βιβῶν, nempe αὐτόν, τὸν Πολυνείκη.

387. τοῖς νῦν γ' — Postrema particula in T. omissa.

390. εὐσοίας. Unice hoc verum superscriptum est in T. pro varia lectione. Ceteri, ut Aldus, male εὐνοίας. Vide lexicon.

393. ἀνήρ. *Vir*, κατ' ἐξοχήν. Sic apud Comicum Equit. 391.

ἀλλ' ὅμως οὗτος τοιοῦτος ὢν ἅπαντα τὸν βίον,
κᾆτ' ἀνὴρ ἔδοξεν εἶναι. — Ibid. 1254.

μέμνησ' ὅτι
ἀνὴρ γεγένημαι δι' ἐμέ.

395. ὃς νέος πέσῃ. Sic Aldus & codd. omnes: quo magis miror qui Turnebus ediderit πέσοι, quod soloecum est. Aeschylus S. Th. 319.

μοχθηρὸν, ὥσπερ ἄνδρας, ὃν πλάσῃ τύχης·

Ubi vide quae notavi. Idem in Jaculatricibus apud Plutarchum:

νέας γυναικὸς οὔ με μὴ λάθῃ φλέγων
ὀφθαλμὸς, ἥτις ἀνδρὸς ᾖ γεγευμένη.

Eurip. Med. 519.

ὦ Ζεῦ, τί δὴ χρυσοῦ μὲν, ὃς κίβδηλος ᾖ
τεκμήρι' ἀνθρώποισιν ὤπασας σαφῆ —

Noster in El. 770. — οὐδὲ καὶ κακῶς

πάσχοντι μῖσος ὧν τέκῃ προσγίγνεται.

His in exemplis, quibus alia multa addi possent, vides subjunctivum adhiberi, non optativum. φλαυρὸν in hoc versu, nec ἀδύνατον, nec χαλεπὸν significat; sed εὐτελὲς, *vile, futile.*

397. βαιοῦ, κοὐχὶ μυρίου. Reduplicatio, ut in priore Oedipo 58.

402. τύμβος δυστυχῶν. *Tumulus infelix*, id est, *tumulus in peregrina terra.* Pars enim quaedam felicitatis esse videbatur, si quis post mortem patrio conderetur solo. Sic quidem recte exponit Scholiastes. Heathius vero: *Illis quidem sepulcrum tuum, si eo frustrantur, grave est futurum.* Non satis video qui hic sensus e Graecis elici possit, etiamsi δυστυχῶν per enallagen accipiatur pro δυστυχοῦσι. Hoc si voluisset poëta, scribere poterat:

κείνοις ὁ τύμβος ἀτυχοῦσι σὸς βαρύς.

403. Perperam vulgo in fine hujus versus interrogationis signum positum. τις indefinitum est. *Me etiam mortuum illis infensum fore,* μάθοι, *si me non siverint in patria terra sepeliri, vel non monente Deo quivis facile intelligat.* Nulla hic interrogatio est, quod vel inde liquet, quod nulla subjicitur responsio.

405. μηδ' ἵν' ἂν σαυτοῦ κρατοῖς. Libri omnes κρατῇς soloece. ἵνα hic valet ὅπου, quod non intellexit Johnsonus, qui pessime vertit, *ne tui juris sis.* Sensum tamen expediverat Scholiastes: μηδὲ τιθέναι σε ὅπου κρατοῖς ἂν σαυτοῦ: *non vero te locare, ubi tui juris esse possis.*

406. κατασκιῶσι. gl. θάψουσι. Vide ad priorem Oedipum 138.

407. οὐ μὴ κρατήσωσιν. Soloece vulgo κρατήσουσιν, quod ne codicum quidem omnium auctoritas tutari possit. In T. vulgatae lectioni nostra superscripta. Vide ad priorem Oedipum 1075.

417. ἄμφω γ' — Sic B. T. In membr. & apud Aldum ἄμφω θ' —

421. μήτε τὴν πεπρωμένην. In membr. scriptum a prima manu μήτε τῶν πεπραγμένων. In B. T. perperam σφι. Rarius illud σφι, quod pronomen est duale tertiae personae, librarios turbavit. Eurip. Med. 401.

πικροὺς δ' ἐγώ σφι καὶ λυγροὺς θήσω γάμους.

429. οὐδ' ἤμυνον. Aldus, ut in membr. scriptum est, ἤμυνεν.

432. κατήνεσεν. Sic B. T. In membr. ut apud Aldum, depravate κατένευσεν.

443. ἀλλ' ἔπους σμικροῦ χάριν. Aldus & membr. ἔπους μικροῦ. In B. ἐπ' οὐ σμικροῦ. In T. ἀλλά που σμικροῦ χάριν. Facetus est Gallicus interpres, qui haec accepit de verbulo, quod Oedipo exciderat: *un mot*

qui m'est échappé fut pour eux un prétexte suffisant. Hoc autem verbulum imprecationes esse ariolatur, quibus Oedipus in priore dramate Laii occisorem devoverat a v. 236. ad 242. quo quidem nihil magis absonum excogitari poterat. Fieri potuit ut ob diras illas universus Thebanus populus Oedipum ex urbe vi ejiceret: πόλις βίᾳ ἤλαυνέ μ' ἐκ γῆς. Sed qui patris caussam suscipere debebant, potius quam eum verbulo defenderent, eum expelli passi sunt. Nihil aliud significant haec verba ἔπους σμικροῦ χάριν. Possis tamen cum Camerario interpretari, *ob rem parvi momenti, levem ob praetextum, propter levem offensionem.* Nam ἔπος saepe adhibetur pro πρᾶγμα, *res*, quod Heynio meo observatum fuit in Excursu XV. ad VI. Aeneidos.

452. τῶνδέ γε. Sic recte in B. T. In membr. ut apud Aldum τῶνδέ γε. Seq. v. concinnior videretur lectio ξυννοῶν τε τἀξ ἐμοῦ.

459. τῇδε τῇ πόλει. In B. T. τῇδε μὲν πόλει.

464. παραινέσαι. gl. ὑποθέσθαι.

466. ἰδ' ὡς. In Membr. ἰθ' ὡς.

472. εὔχειρος. gl. εὐτέχνου.

474. κρόκαισιν. Perperam in B. T. κρόκοισιν. Pejor lectio in hoc superscripta κρωσσοῖσιν.

475. νεοπόκῳ. Mendose in Aldina editione, ut in membr. νεοτόκῳ. In duobus aliis pessime, οἰὸς νεαρᾶς οἰοπόκῳ μαλλῷ λαβών. Quorum verborum ultimum ex frequenti librariorum lapsu in permutandis λαβὼν & βαλών. Heathio scribendum videtur οἰός γε νεαρᾶς, quia in postrema voce semper corripi ait mediam. Corripitur sane apud nostrum aliis in locis. At si produci eam nulla sinit analogia, malim cum Valckenario legere οἰὸς νεογνᾶς.

478. χέω τάδε. In B. T. τάς.

479. τρισσάς γε. Perperam Aldus & membr. τρισσάς τε.

491. θαρρῶν. Perperam Aldus & codd. θαρρῶν. — παραστάθείην. Sic emendate scriptum in B. Ceteri cum Aldo παραστάθείμην, quae forma ne graeca quidem est.

499. τάδ' ἐξήνυσαν. Sic omnino legendum cum Cantero Nov. Lect. V. 25. invitis etiam codd. qui in mendosa impressorum lectione consentiunt, quam inepte Scholiastes interpretatur.

504. Legitur vulgo, τὸν τόπον δ' ἵνα χρὴ 'σται μ' ἐφευρεῖν. In B. χρὴ 'σται μ' ἐφευρεῖν. Ceteri nihil variant. Absurda lectio. Nihil expedit Scholiastae explicatio, ad χρὴ 'σται tantum pertinens, eaque falsa. Etiamsi vera esset, remaneret adhuc vitium in ἐφευρεῖν, verbo activo, cui subdi debet nomen rei inveniendae. Perspicua est sententia ad quam revocanda

verba: *Locum autem, ubi res quibus usus est inveniam, hoc doceri volo*, τὸν τόπον δ' ἵνα χρῇ 'φευρεῖν, τοῦτο βούλομαι μαθεῖν. — τὰ χρεῖα, τὰ χρήσιμα. Nomen est adjectivum χρεῖος, *utilis*, quod alias etiam *indigum* notat, ut apud Eurip. Herc. Fur. vs. 1340.

511. ἐπεγείρειν. gl. ἀνακινεῖν.

515. ἀνοίξῃς. Sic libri omnes optime. In eadem perstat metaphora. Aperiuntur enim, ἀνοίγεται, id est, palam fiunt, quæ excitantur, ἃ ἐπεγείρεται. Vim verbi declarat Scholiastes: μὴ ἀναπτύξῃς μου τὰ ἀναιδῆ ἔργα. Cave verbum elegans cum ἀνοίξῃς commutes, quæ futilis est Gallici interpretis conjectura.

519. εἴρξον. Schol. ML ἤνεγκον πρόσδεξαι ὃ δηλονότι λέγω, καὶ μὴ ἀποσιωπήσῃς τὴν αἰτίαν εἰπεῖν.

525. κακᾷ μ' ἐν εὐνᾷ πόλις οὐδὲν ἴδριν. Vulgo κακᾷ μὲν εὐνᾷ πόλις οὐδὲν ἴδρις. Quod ad μὲν attinet, menda manifesta est: ἴδρις defendi possit.

528. ἔπλησας. Sic scriptum in B. Ceteri cum Aldo ἐπλήσω. In T. superscriptum ἔπλησαν, quod nihil aliud esse videtur quam nostræ lectionis depravatio.

531. δύο δ' ἄτα. Sic nuke in T. & in membr. a prima manu, superscripta Aldi lectione, γρ. ἄται.

534. σαί τ' ἄρ' εἰσ' — Sic membr. & Aldus. Id est σαί τε ἄρα. Bonam lectionem diversimode depravarunt librarii. In B. αὐτ' ἄρ εἰσίν. In T. αὐτάρ.εἰσίν.

537. Aldus hunc versum Oedipo tribuit, legens ἐπιστροφαί; sequens autem verbum ἔπαθες Choro. In nullo codice persona huic versui præfixa conspicitur, sed praecedenti continuatur, in A. T. Choro: in B. Oedipo, cui, ob personarum confusionem verba ἰὼ δῆτα tributa fuerant. In tribus verbo ἔπαθες præfixa est persona Chori. Has turbas composuimus, vera restituta lectione, ἐπιστροφαῖς, ut legendum esse jam viderat eruditus Britannus apud Heathium.

547. καὶ γὰρ ἄγνως ἐφόνευσα. Vulgo legitur nimis absurde, καὶ γὰρ ἄλλους ἐφόνευσα, quod non video qui juxta Heathii interpretationem significare possit, *Alios, ut putabam scilicet, non patrem*. Vere, ni fallor, emendat acutissimus Tyrwhittus, ἄγνως, *inscius*.

550. ἀποστελεῖς πάρα. Sic recte Turnebus edidit. Aldus & codd. mendose ἀποστελεῖ πάρα. — κατ' ἐμφανῆ τάν. gl. κατὰ τὴν προαγόρευσιν.

557. θέλω σ' ἔρεσθαι. Perperam Aldus, ut in membr. θέλω τι ἔρεσθαι.

565. ὥστε ξένον γ' ἂν οὐδέν' ὑπεκτραποίμην. Mendose in omnibus libris ξένον γὰρ — Nihil hic est intricati, nullum hyperbaton. Nihil aliud

erat quam turpis solœcismus facile eximendus. γὰρ alienum est a sententia, & ὑπεκθρηνώσιμον sine ἂν stare nequit. In membr. γὰρ est a secunda manu: scriptum primo fuerat γε. At certum est, si quid aliud, a poeta γ' ἂν relictum fuisse. Heathio fraudi fuit forte prava Tricliniana lectio in seq. v. μὴ σὺ συνταράξῃ σ' ἐπὶ — Pronomen σε inepte intrusum fuit: illud non adgnoscunt membr. nec Aldus. Hunc locum ob oculos habuisse videtur Virgilius, ubi Dido eadem humanitate, qua hic Theseus Oedipum, Trojanos excipit, Aen. I. 628.

Me quoque per multos similis fortuna labores
jactatam hac demum voluit consistere terra.
Non ignara mali miseris succurrere disco.

570. βραχέα μοι. In libris omnibus βραχέ' ἐμοί. Invenustus hiatus librariis, non Sophocli, placere potuit.

571. πάρεξ ἴτω. Membr. & Aldus παρὰ τοῦ. In B. T. παρ' ἔξ' ἴτω.

574. χὠ λόγος διέρχεται. Sic tres codd. In A. superscripta altera lectio διοίχεται, quam praetulit Aldus. Neutra satis mihi placet. Mallem διοίσεται, quod Hesychius exponit ἀπαλλάξεται. Et hoc genuinum esse opinor.

575. τοῦτ' αὐτὸ νῦν. Melius excudi debuisset αὐτὸ νυν, ut scriptum est in T. νυν hic valet δή.

577. σπουδαῖον. gl. περισπούδαστον, ἤγουν καλόν.

584. λῆστιν. In B. T. λῆσιν.

587. οὐ σμικρὸς, οὔκ, ἀγὼν ὅδε. In B. T. οὐ σμικρὸς γὰρ ἀγὼν ὅδε, metro pessum dato. Turnebus e conjectura, ut videtur, οὐ σμικρὸς ἐστ' ἀγὼν —

588. πότερα τὰ — In B. T. πότερα δὲ —

589. ἀναγκάζουσι. In B. T. ἀναγκάσουσι.

590. ἀλλ' εἰ θέλοιέν γ' — Sic Turnebus, omissa tamen postrema particula, quam Aldus & membr. exhibent, lectione in ceteris depravata, ἀλλ' εἰ θέλοντ' ἄν γ' — In B. T. ἀλλ' εἰ θέλοιντ' ἄν.

592. θυμὸς ἐν κακοῖς. Libri omnes δὲ inserunt, θυμὸς δ' ἐν κακοῖς. Importuna particula ejici poterat, etiamsi non accessisset Stobaei auctoritas, apud quem Floril. Tit. XX. versus sic legitur:

ὦ μῶρε, θυμὸς ἐν κακοῖς οὐ σύμφορον.

Nihil frequentius ellipsi nominis χρῆμα, qua adjectivum neutrum, cum substantivo diversi generis construitur. Sic in Aj. 580. κάρτα τοι φιλοίκτιστον γυνή. Proinde Stobaei σύμφορος recipi non debuit.

603. ἐξαναγκάσει. Perperam in B. T. ἐξαναγκάσαι.

604. [illegible]. In B. T. [illegible], quod ad πεμψαίατο referendum esset.

608. θεοῖσι γῆρας. In B. T. θεοῖς τὸ γῆρας, male. Tum codd. & impressi, οὐδὲ κατθανεῖν ποτε. Lectionem pretuli quam exhibet Philostratus in vita Apollonii p. 353. ubi versus hi citantur.

617. καλῶς τὰ πρὸς σέ. Menda manifesta in librorum omnium lectione καλῶς τε πρὸς σέ: quod Heathius inepte defendit. Crediderunt librarii articulum τὰ male repeti, quia τανῦν in praecedenti v. pro duabus vocibus accipiebant, quarum prior esset articulus: sed τανῦν Atticis una vox est, nihil aliud significans quam νῦν.

620. διασκεδῶσιν. διασκεδάσωσιν. Vide ad Oed. T. 138. ἐκ σμικροῦ λόγου. Inepte in B. T. ἐκ μακροῦ χρόνου. Melior lectio in T. alteri superscripta. In Membr. ἐκ σμικροῦ χρόνου. & supra γρ. λόγου.

630. γῇ τῇδ' ἀνὴρ ὅδ'. Perperam libri omnes γῇ τῇδ' ὅδ' ἀνήρ. Perduxerat me olim Valckenarii viri longe doctissimi auctoritas in eam opinionem, poetas Atticos pro lubitu primam in ἀνὴρ corripuisse vel produxisse, quod postmodo falsum esse comperi. Sophocles & Aristophanes nomen ἀνὴρ non aliter adhibuerunt quam prima brevi. Apud Euripidem in Phoenissis v. 1650 editionis Valckenarii duorum codicum ad fidem legi debebat ἄταφος ἀνὴρ ὅδ' — non vero ἄταφος ὅδ' ἀνήρ. Plurimi versus apud Comicum, in quibus hoc nomen occurrit, emendandi sunt.

632. ὅτῳ. Sic recte legitur apud Suidam in Δορύξενος. Sophoclis exemplaria scripta & impressa perperam habent ὅτου. In seq. v. lectione, κοινὴ παρ' ἡμῖν, cum Suida consentiunt membr. & Aldus. Inficeta est Triclinii lectio κοινή τ' ἄρ' ἡμῖν.

643. ἢ δόμους — Accentus in membr. & in Aldina perperam notatus, ἤ δόμους. In B. T. ἐς δόμους.

648. ἐμμενοῖ. In B. T. ἐμμένοι. Henr. Stephanus, nescio unde, ἐμμένοι.

649. οὔ σε μὴ προδῶ. Perperam Aldus προδῷ. Est prima persona aor. 2. qui cum particulis οὐ μὴ constructus potestatem futuri habet. τοῦδέ γ' ἀνδρὸς valet ἐμοῦ γε.

658. Aldus edidit:

πολλαὶ δ' ἀπειλαὶ, πολλὰ δὴ μάτην ἔπη
θυμῷ κατηπείλησαν —

Nec variant codd. nisi in interpunctione, quae in parte haud multum eis tribuendum est. Locus mendosus est, quod verissime decernit Toupius in Suidam III. 16. ubi legit

πολλοὶ δ' ἀπειλαῖς, πολλὰ δὴ μάτην ἔπη
θυμῷ κατηπείλησαν

Verius ego, ni fallor, & elegantius:

πολλὰς δ' ἀπειλὰς, πολλὰ δὴ μάτην ἔπη
θυμὸς κατηπείλησεν.

668. Plutarchus in Tractatu *An seni sit gerenda Resp.* Σοφοκλῆς δὲ λέγεται μὲν ὑπὸ τῶν υἱῶν παρανοίας δίκην φεύγων, ἀναγνῶναι τὴν ἐν Οἰδίποδι τῷ ἐπὶ Κολωνοῦ πάροδον, ἧς ἐστὶν ἀρχή,

Εὐίππου, ξένε, τᾶσδε χώρας
ἵκου τὰ κράτιστα γᾶς ἔπαυλα,
τὸν ἀργῆτα Κολωνόν,
ἔνθα λίγεια μινύρεται
θαμίζουσα μάλιστ' ἀηδὼν
χλωραῖς ὑπὸ βάσσαις.

θαυμαστοῦ δὲ τοῦ μέλους φανέντος, ὥσπερ ἐκ θεάτρου, τοῦ δικαστηρίου προπεμφθῆναι μετὰ κρότου καὶ βοῆς τῶν παρόντων.

671. *μινύρεται.* Aldus & membr. mendose *μύρεται.*

674. *ἀνέχουσα, colens, incolens.* Compositum pro simplici. Futilis est Scholiastæ explicatio.

676. *ἀνήνεμον, ἀνήνεμόν τε πάντων χειμώνων.* Ex Homero in Odyss. E. hæc adumbrata esse observat Eustathius p. 1547.

Τοὺς μὲν ἄρ' οὔτ' ἀνέμων διάει μένος ὑγρὸν ἀέντων,
οὔτ' αὖ ἥλιος φαέθων ἀκτῖσιν ἔβαλλεν,
οὔτ' ὄμβρος περάασκε διαμπερές.

681. *εὐφρονίας ὑπ' ἄχνας.* ὑπὸ τῆς δρόσου. Eustathius p. 492.

687. Ἰλισσοῦ. Hanc lectionem suppeditat Scholiastes, quæ ad geographicam rationem exacta verior videtur altera Κηφισοῦ.

689. *ἐπινίσσεται.* Aldus & Membr. *ἐπινίσεται.* Hoc verbum Reiskius censebat ad *πεδίας* referri.

692. *οὐδέ γ' ἁ χρυσάνιος.* Aldus & membr. *οὐδὲ χρυσάνιος.* In B. *οὐδ' ἁ χρυσάνιος.* Triclinius invenuste *οὐδ' αὖ ἁ χρυσάνιος.* Lectionem nostram ad metri & euphoniæ rationem concinnavimus.

697. Πέλοπος ποτὲ *βλαστόν.* Membr. & Aldus *πώποτε*, syllaba redundante.

700. *μέγιστα.* Sic recte scriptum in T. Gl. *μεγίστως.* Neutrum est plurale vice adverbii. Perperam Aldus *μεγίστᾳ*, quod metrum non admittit. Versus constat e duabus penthemimeribus Iambicis:

ὃ τᾷ | δε θάλ | λει | μέγισ | τα χώ | ρᾳ.

Idem est metrum versus 702.

τὸ μέν | τις οὔ | τε | νέος οὔ | τε γή | ρᾳ.

Quem sic in pedes suos divisi, ut quivis perspicere possit, Heathium falli, quum ait ad metri rationem legendam esse οὔτω νέος. Sive οὔτοι sive οὔτι legas, perinde sanus & integer est versus. Sed οὔτι flagitat sermonis indoles, & nititur codicum consensu. Perperam Aldus & A. B. οὔτε νεαρός.

703. χερί. Aldus & codd. contra metri rationem χειρί.

704. ὁ γὰρ εἰσαιὲν ὁρῶν κύκλος. Aldus & membr. ὁ γὰρ εἰσορῶν κύκλος. In duobus aliis, ὁ γὰρ εἰσαιὲν ὁρῶν — Ut metrum cum antistrophico versu congruat, legendum εἰσαιέν.

715. ταῖσδε κτίσας. Sic recte in T. a secunda manu. Ceteri & Aldus, ταῖσδ' ἔκτισας.

717. χερσὶ παραπτομένα πλάτα. Sic liquido in T. In duobus aliis, ut apud Aldum χερσὶ παραπτομένα. Restituta genuina lectione, nunc demum congruunt antithetici versus:

ὁ γὰρ εἰσ | αιὲν ὁ | ρῶν κύκλος.
εὖ παρα | πτομένα | πλάτα.

At non video qui congruerent, si ex Heathii sententia legeretur

εὖ παρα | πλομένα | πλάτα.

725. ἐξ ὑμῶν ἤδη φαίνοιτ' ἄν. *Nunc tempus est, quo mihi ex vobis apparere possit salus.* Sic exprimi debuit vis optativi potentialis. Non enim est optativus proprie dictus. Quippe is eam significationem habens a qua denominatur, id est votum enuntians, particulam ἂν numquam adsciscit. Vide quæ notavimus ad Comici Equites 400.

726. εἰ γέρων κυρῶ. Sic tres codd. Scholiastes legebat εἰ γέρων ἐγώ.

728. ἐγγενεῖς, id est αὐτόχθονες, quod sibi laudi maxime esse ducebant Athenienses. Libri omnes εὐγενεῖς, ex sollemni harum vocum permutatione.

731. ἣν μήτ' ὀκνεῖτε. Perperam in B. T. ἣν μήποτ' ὀκνεῖτε. At tres codd. recte μήτ' ἀφῆτ' — Male in impressis μήτ' ἀφεῖτ', contra scribendi canonem, quem rectissimum statuit Thomas in Μή. Scilicet cum imperativo construitur verborum præsentis temporis, μὴ τύπτε, non μὴ τύπτῃς: & cum subjunctivo verborum temporis indefiniti, ut in exemplo quod profert ex Aristide: μηδ' ἀπέχθου μὲν ὡς φίλον, πρὸς δὲ ὡς πολεμίους. Cui simillima est hujus versus constructio, μήτ' ὀκνεῖτε, μήτ' ἀφῆτε. Vide Indicem nostrum in Aristophanem in Μή.

735. τηλικόσδ' — Aldus & membr. τηλικόνδ'. In duobus aliis mendose τηλίκον, quod tamen alteram lectionem firmat. Sed τηλικόνδ' quia verum sit, nullus dubito. γέρων μὲν εἰμί, ἀλλὰ τηλικόνδε — ἐπεστάλην dant membr. Ceteri, ut Aldus, male ἀπεστάλην.

736. Καδμείων πέδον. Sic membr. In aliis libris Καδμεῖον.

737. ἀστῶν ὕπο. Sic B. T. recte. Alii ἀνδρῶν ὕπο.

739. τὰ τοῦδε πενθῶ πήματα πλεῖστον πόλεως. Sic scribendum pro πήματ', εἰ πλεῖστον. Mutatum ab aliquo qui metro frustra metuebat, sensum non curabat. *Markland* ad Suppl. 481. Sic etiam eruditus alius Britannus apud Heathium.

741. In duobus codd. Καδμεῖος, superscripta altera lectione Καδμείων, quæ præstat.

744. πλέον. Vulgo γέρον, quod nihil aliud est quam fartura, & versus fulcrum. Recte Eldikius in conjecturis mecum communicatis legit πλέον. ὅσῳ πλέον ἀλγῶ τοῖς σοῖς κακοῖς. — ἐκ δὲ τῶν. id est ἐκ δὲ τούτων, τῶν Καδμείων, ἐγὼ μάλιστα. Pessima est Turnebi lectio, quam tamen aliquanto tolerabiliorem dedit, quam eam in codd. invenerat, in quibus est:

ἐκ δὲ τῶν πάντων ἐγώ,
ὅσῳπερ εἰ μὴ πλεῖστον ἀνθρώπων ἔφυν,
μάλιστα δ' ἀλγῶ τοῖσι σοῖς κακοῖς γέρον.

Ex Aldina κάκιστος assumsit: in ceteris etiam poterat eam sequi, nisi Sophoclem, novitatis studio, prorsus interpolatum edere constituisset.

749. ἤδη δύσμορος. In B. T. ἤδ' ἡ δύσμορος.

757. κρύψον. Sic membr. & Aldus. Nescio quo sensu, nec quo auctore, Triclinius κύψον.

759. ἡ οἴκοι πόλις. id est *patria*.

769. Post hunc versum vulgo legitur inepte huc retractus versus 438. quem ex hoc loco ejiciendum esse jamdudum monuit Valckenarius ad Hippol. 1029.

775. καί τοι τίς αὕτη — interrogative. Sic liquido in B. T. ut legendum esse vidit Tyrwhittus. In aliis καίτοι τοσαύτη sensu nullo.

780. τοῦδ' ἂν ἡδονῆς. gl. χάριτος. In B. T. τοῦδέ γ' ἡδονῆς. Librarium offendit forte repetitio particulæ ἄν, quæ sic geminata millies occurrit.

785. πάραυλον. gl. ἀγχίστην.

786. τῆσδ' — Perperam libri omnes τῶνδ'. Supra 605. ὅτι σφ' ἀνάγκη τῇδε πληγῆναι χθονί. Aldus recte, ut membr. ἄνατος, quod compositum est ab ἄτη, βλάβη. Alii ἄναιτος.

790. τοιοῦτό γ' — Sic cum Valckenario lego. Vulgo τοιοῦτον.

792. ὅσῳπερ καὶ σαφεστέρων κλύω. Male in B. T. ἐκ σαφεστέρων. Verbum κλύω cum genitivo absque præpositione construitur, ut infra 1117. τοῦδε χρὴ κλύειν. El. 877. ἴσθι τοῦτ' ἐμοῦ κλύουσ'.

797. οἶδα γάρ σε ταῦτα μὴ πείθων. Nescio qua incogitantia pravam versionem priorum interpretum retinui. Vertendum erat: *Quandoquidem scio*

scio me tibi hæc non persuadere. Scilicet quæ tibi prædixi, & istud maxime, fore ut plus damni quam commodi percipias ex hoc tuo sermone.

808. καὶ τὸ τὰ καίρια. Tres codd. καὶ τὰ καίρια, ut in impressis. Aliquanto melius Suidas καὶ τὸ καίρια. At verum est καὶ τὸ τὰ καίρια, quod jam acute viderat Toupius Emendat. in Suidam III. 316. In membr. & in T. Scholion integerrime habet καὶ ἄλλο τὸ τὰ ἀναγκαῖα λέγειν, ut legitur etiam in Turnebi editione. Priorem articulum in Romana scholiorum editione omissum restituimus. Sequens versus, cujus in scriptura nihil variant codices, male affectus est. Legendum omnino cum Toupio:

ὡς δὴ σὺ βραχέα ταῦτα κἀν καιρῷ λέγεις.

Quam hæc tu breviter & opportune dicis! Adversativa particula δὲ prorsus aliena est.

813. πρός γε τοὺς φίλους. Sic recte B. T. in aliis πρὸς δὲ τοὺς — locus vulgo male interpunctus.

820. οἴμοι. Libri ὤμοι. Promiscue ista adhibentur. At ex Creontis responso perspicitur prius hic poni debuisse. οἴμοι — τάχα μᾶλλον οἰμώξεις. Sic in El. 788.

οἴμοι τάλαινα· νῦν γὰρ οἰμῶξαι πάρα.

825. οὔτε πρόσθεν εἴργασαι. Libri perperam οὔθ' ἃ πρόσθεν. Ortus error ex male accepta voce τανῦν, quæ nihil aliud est quam νῦν. οὔτε νῦν δίκαια πράσσεις, οὔτε πρόσθεν εἴργασαι. Sic infra 853. οὔτε νῦν καλὰ δρᾷς, οὔτε πρόσθεν εἰργάσω. In B. τανῦν scriptum una voce. Vide Kusium ad libellum de Dialectis p. 50.

831. ὦ γῆς ἄνακτες. Vide ad Oed. T. 911.

841. προβᾶθ' ὧδε, βᾶτε, βᾶτ' ἔντοποι. Ex antistrophico versu 884. perspicuum est sic legendum esse. In Aldina προβᾶθ' ὧδ', ἐμβᾶτε, βᾶτ' ἐντόπιοι.

844. ἀφέλκομαι δύστηνος. Sic T. Ceteri & Aldus ἀφέλκομ' ὦ δύστηνος.

849. ὁδοιπορήσεις. Sic emendate in B. T. Soloece vulgo ὁδοιπορήσῃς. Vide supra ad v. 408.

853. αὐτὸς αὑτόν. Sic B. T. In Membr. & in Aldina minus eleganter αὐτὸς σαυτόν. Tribus personis servit αὑτοῦ & valet ἐμαυτοῦ, σεαυτοῦ, ἑαυτοῦ. Infra 930. αἰσχύνεις πόλιν τὴν αὐτὸς αὑτοῦ. Trach. 451. εἰ δ' αὐτὸς αὑτὸν ὧδ' ἐπαίδευσας. Vide not. ad Comici Nubes 1455.

856. ἐπίσχες αὐτοῦ ξένε. *Hic resiste hospes.* Verba sunt Chori manum intendentis in Creontem. Meras nugas hic agit Heathius, cujus versio-

nem, *in eum manum injice*, non admittit Graeci sermonis proprietas. Ita codd. omnes Choro tribuunt recte.

857. ταῖσδε, ut paullo inferius ταύταιν μόναιν. Libri omnes τῶνδε.

858. ῥύσιον, proprie *pignus*, *quod aufertur ob rem debitam*. Eustathius ad Il. Λ. p. 877. τὰ δὲ ῥύσια δηλοῖ τὰ ἀντὶ τινῶν ῥυόμενα, ὅ ἐστιν ἐνεχύρα, καὶ ἀντὶ τῶν προημαρτημένων ἁρπαζόμενα. ὥστε ῥύσιον ἐλαύνειν, τὸ ἐνεχυράζειν καὶ λαμβάνειν ἀνθαρπάγματα ἤγουν ἐνέχυρα χρέους. Proinde μεῖζον ῥύσιον θήσεις πόλει significat, *facies, ut tuae civitati mox aliquod majus pignus a me auferendum sit: quippe non solas illas puellas vi abducam, sed alium etiam; quocirca major erit praeda, ob quam abactam civitas tua ultionem a me sumere velit, & mea virissim populari.* Tot verbis uti necesse habui, ut vim vocis ῥύσιον declararem, & sensum loci, quem neutiquam exprimit Johnsoni versio: *Majus igitur redemtionis pretium urbi statim constabit.*

863. ψαύσεις. Perperam Aldus & membr. ψαύεις.

865. Aldus & codd. θεῖεν μ' ἄφωνον τῆσδε γῆς, ἀρᾶς ἔτι. manifesto vitio. Neminem latere poterat librarii error saepissime observatus in permutatione literarum Τ Γ. Nihilque proclivius erat emendatione, qua facillime sanatur lectionis ulcus τῆσδε τῆς ἀρᾶς. Mihi tamen vix probabile visum hujusmodi mendam omnes invasuram fuisse codices, nisi aliquid reconditius olim scriptum fuisset, quod librarios turbasset, persuasique mihi Sophoclem reliquisse, θεῖεν μ' ἄφωνον σοί γε τῆσδ' ἀρᾶς ἔτι. Phrasis elegans est, sed paullo rarior, qualia sunt ista Comici: in Lysistr. 530. σοί γ', ὦ κατάρατε, σιωπῶ 'γώ; In Ranis 1134. ἐγὼ σιωπῶ τῷδ'; Et hoc quidem ipsum videtur Scholiastes interpretatus fuisse his verbis: μὴ ἄφωνος γενοίμην εἰς τὸ καταράσασθαί σε.

869. σύ τ' αὐτόν. Aldus & membr. mendose σὺ καὐτόν. In B. T. paullo melius σύ γ' αὐτόν. Copula hic desideratur, σέ τε αὐτόν, καὶ γένος τὸ σόν.

880. Versum hunc Stobaeus in excerpta sua retulit, Floril. Tit. XL sic interpolatum.

τοῖς τοι δικαίοις χὠ βραχὺς νικᾷ μέγαν.

882. Hic versus Senarius esse debet, ut is qui ei in strophe respondet 839. Clausula librariorum culpa deficit, quod & indicavit Triclinius hac nota λείπει. Putidum mihi videtur Burtoni supplementum, σὺ δ' αὖ ἄδικος, γέρον. Istud forte Sophoclis colorem magis referret: σὺ δ' οὐ βραδὺς ἔσει.

884. ἰὼ γᾶς πρόμοι. Sic Aldus & veteres codd. Copulam inseruit Triclinius inepte, ἰὼ γᾶς τε πρόμοι, ut versus cum strophico congru-

rat 841. in quo male legebat ἐνέπω, ubi nos recte edidimus ἔνεπε. — πρόμοι. gl. πρόμαχοι.

896. περῶντι ἤδη. Aldus cum duobus codd. περῶσι δή. Triclinius περῶσι δῆτα.

899. ὡς εἴδω. Sic B. T. recte. Vulgo ὡς ἴδω.

900. ἀπὸ ῥυτῆρος. Sic Aldus & codd. veteres. Soli Triclinio debetur ἀπαί. Vide ad Oed. T. 847. At sensum locutionis σπεύδειν ἀπὸ ῥυτῆρος bene exposuit. Significat *effusis habenis currere*, *& festinare*: exemplis eam illustravit P. Wesselingius observat. I. 30.

902. γέλως δ' ἐγὼ — Sic B. T. melius quam in membr. γέλως δ' ἐμοῦ.

907. νῦν δ' οὕσπερ — Perperam libri omnes ὥσπερ.

908. In B. T. τούτοισι κοὐκ ἄλλοισιν.

915. τὰ τῆσδε τῆς γῆς κύρι' — Male Aldus τὰ τῆσδε γῆς. Pejus in membr. τὰ τῆς γῆς. Integra lectio est in B. T.

916. ἄγεις θ' ἃ χρῄζεις καὶ παρίστασαι. Sic tres codd. ut Aldi & Turnebi editiones. Operarum errore, ut videtur, in Stephani editione excusum fuit ἄγεις τὰ χρῄζεις καὶ περίστασαι, quod in subsequentes fere omnes dimanavit: adeo parum curæ iis adhibitum fuit ab imperitis hominibus, qui ne paratis quidem subsidiis uti sciebant. Nam præter illas, quas memoravi, duas editiones, Suidas etiam in Παρίστασαι sinceram lectionem exhibet.

918. κἄμ' ἴσον. Sic in B. T. scriptum per crasin Atticam, melius quam vulgo καί μ' ἴσον.

919. οὐκ ἐπαίδευσαν κακόν. Pessime Johnsonus: *atqui te Thebæ non hoc docuerant malum*. παιδεύειν τινὰ σοφὸν, γενναῖον, κακὸν, eodem modo dicitur quo διδάσκειν. Vide Musgravium ad Eurip. El. 379. & Hemsterhusium ad Plutum p. 4.

922. βίᾳ pertinet ad ἄγοντα: non autem ad συλῶντα, multoque minus ad τῶν θεῶν. Pessime vulgo hic locus interpunctus.

928. ξένον. Aldus & codd. ξεῖνον.

930. πληθύων. In B. T. πληθύνων, ut supra 377.

940. οὔτ' ἄβουλον, ὡς σὺ φῄς. Nihil tale Theseus criminatus fuerat; cui Creon si stricte responsurus fuisset, dicere debuerat, οὔτι δούλων. Sed artificium hujus responsionis a Scholiasta jam fuit observatum.

942. αὐτοῖς ἐμαίου. Aldus & codd. mendose αὐτούς.

944. ᾔδη. Sic veteres codd. & Aldus. Turnebus e Triclinio male ᾔδειν. Vide notam ad Oed. T. 433. unde liquet quarto post hunc versu, libris etiam invitis, scribi debuisse ἐξῄδη.

946. ἀνόσιοι τέκνων. Scholion: παρόσον αὐτός ἐστι τέκνον μητέρα γεγαμηκώς. Hæc nota in Romana scholiorum editione non comparet. In T. præposita est scholio ad versum 939, quod hujus notæ tamquam continuatio est.

954. οὐδὲν ἐστι γῆρας ἄλλο. Sic ordinatæ voces in membr. Vulgo οὐδὲν γῆράς ἐστιν ἄλλο.

960. τοῦ καθυβρίζειν δοκεῖς τόδε; id est κατὰ τίνος δοκεῖς ὑβρίζειν τόδε;

966. αὐτόν, id est ἑαυτόν. Vide notam ad v. 853.

972. ὅς οὔ τι βλάστας πω. Aldus ὃς οὔτε βλάστας πω. In solo B. πω sine accentu scriptum. οὔ τι πω scribi debuit, ut 1370. haud infrequens est hæc particularum aggregatio.

981. στόμα hic *sermonem* significat. Vide ad Oed. T. 426.

985. ἀλλ' ἕν γ' ἄρ' οὖν. Minus bene vulgo ἓν γὰρ οὖν. In his particulis scribendis sæpe peccarunt librarii.

986. δυσστομεῖν. Perperam impressi δυστομεῖν. Codd. minus bene δυστομῖν. Scribendum δυσστομεῖν, ut δυσσεβής, δύσσυτον, aliaque similis compositionis.

1007. τιμαῖς σεβίζειν. Sic recte Turnebus. Codd. & Aldus τιμαῖς — ᾗδε τοῦθ' ὑπερφέρει. Sic membr. a prima manu. Vulgo τοῦδ' perperam. ὑπερφέρειν construitur cum dativo rei qua quis alios antecellit, vel cum accusativo adjuncta, vel subaudita, ut hic, præpositione κατά. ὑπερφέρει κατὰ τοῦτο. Mendose in Aldina τῇ δὲ τοῦδ' —

1009. αὐτόν τ' ἐχείρου. Male vulgo divisæ voces αὐτόν τε χειροῦ.

1014. αἱ δὲ συμφοραί. Sic tres codd. In impressis ξυμφοραί.

1018. ἀφαυρῷ, id est ἀσθενεῖ. Perperam in libris nostris ἀμαυρῷ, quæ voces & alibi commutatæ.

1019. πομπὸν δ' ἐμοί — Hanc scripturam sensus manifesto flagitat. Male in libris nostris πομπὸν δέ με.

1024. οὐ μή ποτε ἐπεύξονται. Sic legendum ad linguæ normam. οὐ μή, quod sæpe observavimus, cum futuro indicativo formæ activæ vel mediæ construitur. In B. T. ἐπεύξωνται a secunda manu: a prima, ut in membr. & apud Aldum ἐπεύχωνται, pejori menda: nam nihil tam apertum est, quam futurum tempus hic requiri. Eadem fere sententia mulier in Comici Thesmoph. 710. Mnesilocho ait:

> ἀλλ' οὐδ' ἄξεις ὅθεν ἥκεις,
> φαύλως τ' ἀποδρὰς οὐ λέξεις
> οἷον δράσας διέδυς ἔργον.

1028. τίς τάδ'. Sic B. T. Alii εἰς τόδ'. Sensus est, si quid video, perspicuus, qualem eum in versione expressi: *neque alium habebis*, qui tibi opituletur, εἰς τάδε, *in peragendis his meis mandatis.* ἄλλον Gallicus interpres, eo quo est acumine, ad nomen ἄλλῳ refert in præcedenti gnome; quæ relatio ut manifestior sit, conjicit legendum ἄλλο, sicque latine vertit: *non alium habebis dolum in hoc.*

Euge, euge, lepide! laudo commentum tuum.

1031. πιστός. id est πίσυνος, πεποιθώς. — ἕδρας τάδε. Sic rursus B. T. In aliis τόδε.

1039. πελασθείς. Aldus & membr. πλησθείς.

1043. προμαθίας Aldus & Turnebus ediderunt recte. Stephani operæ male excuderunt προμηθίας, quod in subsequentes editiones permanavit.

1049. σέμνα τέλη. Sic legendum. Male vulgo σεμναὶ, quo modo versus antistrophico non congruit.

1054. τὸν ἐγρεμάχαν. Diversa lectio scholiastæ memorata τὸν ὀρειβάταν, est in membran. & in Aldina editione.

1056. ἀδελφάς. Sic recte T. Alii ἀδελφεάς, ut Aldus, contra metri rationem.

1061. Οἰάτιδος. Hoc nomen diversimode Grammatici veteres accipiunt. Vide Lexicon. Scholiastæ explicatio probabilior videtur.

1064. Perperam vulgo post εἰλεῖται distinguunt — δεινὸς ὁ — Triclinius γε inseruit, ob metrum scilicet, quia in strophico versu σεμναὶ legebat.

1078. εὑροῦσαν πρὸς ὁμαίμων πάθη. Sic legendum: vulgo πρὸς αὐθομαιμόνων, syllaba redundante.

1085. ἰὼ θεῶν παντάρχα Ζεῦ. Aldus & duo codd. ἰὼ Ζεῦ πάνταρχε θεῶν. In T. ὦ Ζεῦ τε παντάρχα θεῶν.

1089. εὔαγρον τελεῶσαι λόχον. Aldus & codd. τελειῶσαι. Antithetici versus, ut eos edidimus, examussim quadrant. Asynarteti sunt e dactylica & jambica syzygia.

εὑροῦ | σαν πρὸς ὁ | μαίμων | πάθη.
εὔαγρ | ον τελε | ῶσαι | λόχον.

1094. στέργω, *rogo, oro, amanter precor.* Sic Latini verbo *amo* utuntur. Plautus Men. II. 3. 71. *Sed scin' quid te amabo, ut facias.* III. 3. 1.

Menæchme, amare te ait multum Erotium,
ut hoc nunc una opera ad aurificem deferas.

1099. Membr. & Aldus, ὦ πάτερ, ὦ πάτερ.

1105. σῶμα βαστάσαι δέμας. Sic Aldus & codd. veteres bene. In T. βαστάσαι τόδε, cum glossa θιγεῖν.

1109. δυσμόρου γε. Perperam libri omnes δυσμόρου τε.

1113. κἀναπαύσατον. Aldus & membr. minus bene κἀναπαύσετον. Pessime Triclinius πλευρὸν ἀμφὶ δεξιὸν ἐμφῦσα. Ad postremam vocem illius nota haec est, quam suo loco omisi: Τὸ ΕΜΦΥΣΑ, πρὸς τὴν μίαν τῶν παίδων νοητέον, ὅ᾽ ἐστι τὸ ΣΑ βραχὺ διὰ τὸ μέτρον, ἐπεὶ καὶ πρὸς τὴν μίαν τρέψας τὸν λόγον, λέγων· Ὦ παῖ, φύσαντι τόδε. εἰ δ᾽ ἐπὶ τῶν δυϊκῶς εἴπῃς, οὐκ ὀρθὸν ἔσται τὸ μέτρον. Sed merae nugae ista sunt, & disputatio περὶ καπνοῦ σκιᾶς. Vera lectio est ἐμφῦντε. In seq. v. membr. habent τοῦ πρόσθεν ἐρήμου — Mox κἀμοὶ dedi pro eo quod est in libris omnibus καί μοι.

1118. Vocula ὡς in Aldina perperam omissa.

1120. τέκν᾽ εἰ φανέντ᾽ ἄελπτα. Sic recte in B. T. In aliis τέκν᾽ ἐμφανέντ᾽ — τέκνα φανέντα accusativus est, vel, si mavis, nominativus absolutus. Vid. ad Oed. T. 101. ἄελπτα, neutrum plurale pro adverbio. Ordo est: εἰ μηκύνω λόγον, τῶν ἐμῶν τέκνων ἀέλπτως φανέντων.

1148. Hic versus sic in Aldina & in codd. legitur: χὥπως μὲν ἀγὼν οὗτος ᾑρέθη, τί δεῖ μάτην — prorsus ἄμετρος. Legendum:

χὥπως μὲν ὅδ᾽ ἀγὼν ᾑρέθη, τί δεῖ μάτην —

Voculae ὅδ᾽ superscriptum glossema οὗτος in versum irrepsit. Mihi olim, ut Heathio, legendum videbatur, χὥπως μὲν ὡγὼν ᾑρέθη — At magis blanditur postmodo nata conjectura.

1150. λόγον, τινα, πρᾶγμα: quod de ἴσως observavi supra 443. seu [illegible].

1153. οὐδὲν ἄνθρωπον. Perperam in libris οὐδέν᾽ ἀνθρώπων. Sensus est, ἄνθρωπος οὐδὲν πρᾶγμα ἀτίζειν δεῖ. Seu ἄνθρωπον ὄντα οὐδὲν πρᾶγος ἀτίζειν δεῖ. Vide Marklandum ad Suppl. 19.

1155. ὡς μὴ εἰδότ᾽ — η ει in unam syllabam coalescunt, ut η ω, η ου, η ω. Vide Antig. 263. 535. Trach. 321. Μὴ ante diphthongum aut vocalem longam cum ea coalescit, nunquam eliditur. Corrigendus Bentleius ad Menandrum p. 30.

1162. πλέων. Sic codd. In impressis πλέον, neglecto Atticismo, quem aliis in locis etiam restituimus. Vide Antig. 721. Aj. 1150. πλέως occurrit Phil. 1074. pluralis πλέῳ Aj. 1112.

1165. ἀπελθεῖν τ᾽ ἀσφαλῶς. Copulam a librariis omissam, quae salva constructione abesse non potest, bene reponit Heathius. Φασὶν αὐτὸν αἰτεῖν ἐλθεῖν μολόντα σοι ἐς λόγους, ΚΑΙ ἀπελθεῖν — Sic infra 1288. δοὺς ἐμοὶ, λέξαι τ᾽ ἀκοῦσαί τ᾽ ἀσφαλεῖ ξὺν ἐξόδῳ.

1169. ὦ φίλτατ᾽ ἐπίσχες οὗπερ εἶ. Haec est librorum omnium lectio, eaque optima, quam anapaesti in secunda sede metu alii aliter depravatum lverunt, temere omnes, partim vero imperitissime. His quæ observavi ad Eurip. Hecub. 532. ubi ostendi ἴσχες ne græcum quidem esse, addam in Menandri fragm. apud Stobæum, in Floril. Grotii p. 115. v. 2. ex auctoritate Regii cod. legendum esse:

τοῦ δέ γ' εὐτυχεῖν ἀεὶ
παράσχες αὐτὸν τοῖς ὁρῶσιν ἄξιον.

Quum Jo. Burton affirmantem viderem se *Florentinæ Editionis* auctoritate reposuisse ὦ φίλτατ' ἴσχες οὕτω εἰ, indagavi quænam illa esse posset Florentina Editio, cujus mihi nullum indicium dabat Fabricii Bibliotheca. Nullam tum aliam noveram præter illam, quam anno MDXXII. excuderunt heredes Phil. Juntæ, in qua liquido conspicitur nostra lectio ἐπίσχες: vixque mihi temperabam quin crederem notulam illam ab homine male sobrio scriptam fuisse. Tandem multo post tempore in notitiam meam venit, supellectilique meæ librariæ accessit alia Florentina Editio anni MDXLVII. in eadem Juntarum officina excusa, quæ revera lectionem a Burtono indicatam exhibet, ὦ φίλτατ' ἴσχες. Sed illius tanta non est auctoritas, ut barbarismum in Sophoclis poesin invehamus.

1178. ἂν δὲ ἐγὼ ψέξαιμί τι. Perperam codd. ἂν γ' ἐγὼ ψέξαιμί τι. Deterius impressi ψέξαιμί τοι. Particulam ἂν reposuimus, quæ salva constructionis lege abesse non potest.

1174. ἐξανασχοίμαν. Non vacat præpositio, cujus vim senties, si verba sic ordines: οὐκ ἐκ πάντων ἀνδρῶν ἄλγιστα ἐγὼ ἀνασχοίμαν ἂν κλύων λόγων.

1180. μή σοι. Sic tres codd. Perperam in impressis μή μοι.

1189. μηδὲ δρῶντα. Perperam in libris μήτε. Mendose etiam quæ sequuntur scripta τὰ τῶν κακίστων δυσσεβέστατα. Toupii emendationem, ut certissimam & elegantissimam, recepi, quam protulit ad Suidam II. 80. τὰ τῶν κάκιστα δυσσεβεστάτων. Neutrum est plurale κάκιστα, vice adverbii, ut supra 700 μέγιστα. Pro glossa superscriptum fuerat κακίστως, quod in κακίστων mutatum, textum invasit. In τί γ' εἶναι, eleganter abundat verbum, ut in τὸ νῦν εἶναι, ἑκὼν γε εἶναι. Vide auctorem libelli de Dialectis §. XXIX. de Dial. Attica, & Piersonum ad Mœridem p. 364.

1192. ἀλλ' ἔα 'υτόν. Sic scriptum oportuit pro ἀλλ' ἔα αὐτόν, *at missum eum fac*. Perperam in impressis & codd. ἀλλ' αὐτὸν, vel αὐτόν. De hoc loco egi ad Comici Ranas 1243. Parisinorum hominum quos ibi inout conjecturæ longe sunt futilissimæ, nec quibus refellendis immorer dignæ.

1196. ἅπαθες, una voce scribi debuit, e duabus conflata ἃ ἔπαθες. Fit crasis vocalium α ε in α, quod ideo producitur, ut κἀμὰ ex τὰ ἐμοί. ἅγὼ, ex ἃ ἐγώ. aliaque hujus generis infinita, quæ divisim excudi solent cum elisionis signo, male. Nulla in his est elisio, sed vocum coalitio. Mirum est Henr. Stephanum hic offendisse. In versu 361.

ἐγὼ τὰ μὲν παθήμαθ', ἅπαθον, πάτερ,

contra fidem editionum Aldi & Turnebi edidit ἃ ἔπαθον, ingrato hiatu, qualem in scena non ferebant Athenienses.

1197. Codd. & impressi habent πρὸς κεῖνα λύπης, quod sensu prorsus cassum, manifeste depravatum est. Reiskius conjecit πρὸς κεῖν' ἀνίης: Toupius, πρὸς κεῖν' ἰάσῃς. Absurde uterque. *Nam hæc si nihili facias, vel nam hæc si omittas*, plane contrarium est ejus quod sententia fert, quodque ex sermonis serie Antigonen cogitare liquet. Proclivis erat emendatio, literulam reponendo, quæ librariorum culpa exciderat: πρὸς κεῖνα λεύσσῃς. Id jamdudum ipse videram, & postmodo lubens comperi mecum sentire virum ingeniosum & perquam sagacem Thomam Tyrwhitt, cujus in schedis mecum benigne communicatis ista reperi: *Legendum λεύσσῃς. Sensus est: Ne respicias ad illas calamitates &c. Quas si illas species, intelliges &c.* At vero λεύσῃς scribendum in aoristo, non λεύσσῃς in præsenti.

1199. In codd. ut in impressis legitur ἔχεις γὰρ οὐ βίαια τἀνθυμήματα. Quod Johnsonus vertit: *Habes enim argumenta non per vim obtrusa.* Absurdam versionem ex absurdis Græcis & fœde corruptis nasci consentaneum erat. Locum depravatum esse vidit Heathius, sed nihil amplius: inepta est ejus conjectura, totaque quam dedit hujus loci versio, insicetissima est. Nos verissime poetæ manum restituimus:

ἔχεις γὰρ οὐχὶ βαιὰ τἀνθυμήματα.

Vide Lexicon in Βαιός. Inde orta depravatio, quod quum librarius οὐ pro οὐχὶ scripsisset, alius postmodo, ne titubaret versus, βίαια scripsit pro βαιά, de sententia minus quam de metro sollicitus. In οὐχὶ paragogen sæpe omiserunt librarii, quod observavi ad priorem Oedipum 993.

1210. σῶς ἴσθι — Sic bene Jos. Scaliger, teste Valckenario ad Hippol. 304. Subauditur participium, quicum imperativus ille ἴσθι fere jungi solet, ut in Oed. T. 1181. ἴσθι δύσποτμος γεγώς. Codd. & impressi σῶν ἴσθι — Inepta glossa in T. ἔχων σῶν ἐμέ.

1219. ὅπου γ' ἄν τις. Sic legendum metri gratia. Aldus ὅπου ἄν τις.

1225. Hanc sententiam antiquæ fabulæ Sileno tribuebant, qui quum a Mida captus esset, hoc ei muneris pro sua missione dedisse scribitur: docuisse regem, *non nasci homini longe optimum esse; proximum autem, quamprimum mori.* Ita Cicero Tuscul. I. 48. ad quem locum vide quæ collegit Jo. Davisius. Perperam in libris ἐπεὶ φανῇ.

1236. Eustathius ad Il. K. p. 790. χαλεπαίνοντος δὲ γήρως ἐπιφοιτᾶν τε φαίνεται, καὶ ὁποῖον δὲ ἐκδίδοται Σοφοκλῆς φράσας οὕτω. Ἀκρατὲς, ἀπροσόμιλον γῆρας, ἄφιλον, ἵνα, τουτέστιν ὅπου, πρόπαντα κακὰ κακῶν ξυνοικεῖ. ὧν ἓν λέγει, καὶ τὸ ἀπὸ τῶν οἰκείων ἀμελεῖσθαι τὸν γέροντα. ὁμοίως δὲ ΑΚΡΑΤΕΣ ἐκεῖνος γῆρας φησὶν, οὐ τὸ ἀκόλαστον, ἀλλὰ τὸ τοιοῦτον πάρετον, ὡς μὴ ἔχειν τὸν γέροντα κρατεῖν ἑαυτοῦ.

1259. γέρων πίνος. Sic legendum esse apud eruditos constat, non πόνος, quod codd. nostri juxta impressos exhibent. Infra 1597. ἔλυσε δυσπινεῖς στολάς. Hoc post alios monuit etiam Toupius, Addend. in Theocritum p. 394. ubi in sup. v. legendum esse statuit.

ἐσθῆτι σὺν τοιᾷδί γ', ἧς ὁ δυσφιλὴς —

Quia vulgatum τῆς ab Atticorum auribus alienum est. Scilicet ille legem Atticismi comprobatam volebat, quam condiderat Jo. Piersonus Verisimil. p. 74. Verum commentum hoc jamdudum merito explosum fuit. Attici poetæ articulum præpositivum vice articuli relativi, ὁ pro ὅς, τοὺς pro οὓς adhibent passim. Vide Marcklandum ad Suppl. 859. & nos ad Æschyli S. Th. 37. Persas 776. Tanta est apud Sophoclem exemplorum copia, ut res extra omnem dubitationem posita sit. Vide supra 304. 747. Oed. T. 1055. 1379. 1427. Antig. 1086. Trach. 47. 728. Phil. 14.

1263. θρεπτήρια. Hoc nomen plerumque mercedem altoribus debitam significat, hic vero, ipsa alimenta.

1264. ἄγαν ἐκμανθάνω. In B. T. inserta particula γε. Vide ad Oed. T. 439.

1266. ταῦτα μὴ 'ξ ἄλλων πύθῃ. Sic ex vi sententiæ legendum. Vulgo τἄλλα μὴ 'ξ ἄλλων πύθῃ. Aldus mendose πάθῃ, nullo addicente e nostris codd.

1270. προσφορά, *exprobratio*. Hanc vocem perperam interpretantur Scholiastes & Heathius.

1277. δυσπρόσοιστον. Perperam in B. T. δυσπρόσιτον.

1278. Quam dedimus ex Turnebo, horum versuum lectionem habent sine ulla varietate codd. omnes. Perperam Aldus, ὡς μήτ' ἄτιμον — οὕτως μ' ἀφῇ γε.

1282. κατοικτίσαντα, significatione transitiva, *misericordiam moventia*: ut δυσχεράναντα, *molestiam creantia*, *offendentia*. Pro τέρψαντα, Turnebus perperam e Triclinio τρέψαντα.

1287. τῆσδε τῆς γῆς. Aldus & membr. τᾶσδε γᾶς.

1300. ταύτῃ κλύω. Sic B. T. in aliis κλύων male. In T. diversa lectio adposita ταύτην, quod nihili est.

1301. Ἄργος Δωρικὸν est Peloponnesus, quam supra 696. appellat Δωρίδα νᾶσον, quæ & priscis incolis Ἀπία dicta fuit. Vide Eustathium ad Periegetam 419.

1305. ἐς Θήβας. Sic B. T. ut rursus 1325, quo posteriore loco ἐς membr. etiam habent.

1323. ἐγὼ δ' ὁ σός. Articulus hic ex indole linguæ adesse debet. Male in libris ἐγὼ δὲ σός.

1326. οἵ σ' ἀντὶ παίδων τῶνδε καὶ ψυχῆς ἱκετεύομεν. Pessime Johnsonus vertit: *qui te pro filiis horum & salute supplicamus.* ἀντὶ idem valet quod πρὸς in obtestationibus: & παίδων τῶνδε ad nullas alias personas referri potest, quam ad præsentes Oedipi filias: *per hasce tuas filias & tuam salutem.*

1329. Perperam in plurimis editionibus excusum video τοὐμοῦ πρὸς κασιγνήτου. Crasis est τοὐμοῦ ex τὸ ἐμοῦ. At cum elisione τοῦ 'μοῦ est τοῦ ἐμοῦ.

1333. πρὸς θεῶν ὁμογνίων. Eurip. Androm. 915.

ἀλλ' ἄντομαί σε, Δία καλοῦσ' ὁμόγνιον.

Vide Lexicon.

1337. ἐξειληχότες. Sic cum Valckenario lego, quem vide ad Hippolytum p. 251. Mendose in libris ἐξειληφότες.

1340. ξυμπαραστήσει. Turnebus ex Triclinio perperam dedit ξυμπαραστήσεις. Atticam formam, quam ubique reponimus, hic forte in codice suo repererat, pro qua Aldus dedit ξυμπαραστήσῃς. In membr. ξυμπαραστήσεις. Verbum activum est & transitivum συμπαριστάναι, quod extat apud Pindarum Olymp. VI. 72.

τᾷ μὲν ὁ Χρυσοκόμας πραΰμητίν τ' Ἐλευθὼ συμπαρέστασέν τε Μοίρας.

Hic vero neutra significatio obtinet, quæ soli formæ mediæ inest.

1341. ξὺν ὄγκῳ καὶ χρόνῳ. Sic B. T. & membr. a prima manu, superscripta altera lectione, quam Aldus prætulit, καὶ πόνῳ.

1347. ἐκπέμψαι. In B. superscriptum ἔκπεμψον, nescio utrum pro varia lectione, an pro interpretamento. Sane præstat ἔκπεμψαι, *dimitte a te.* Eadem est vis verbi medii in Eurip. Androm. 826.

τέκνον, πάλλευκα στέρνα, σύνδησαι πέπλοις.

Ubi in antiquissimo cod. scriptum σύνδησον, quod non aliter probari possit, quam si legatur σύνδησον πέπλους.

1348. τῆσδ' ὁ δημοῦχος. In omnibus libris, articulo perperam omisso, τῆσδε δημοῦχος.

1351. οὐδ' ἄν ποτ' — id est οὐδέ ποτ' ἄν — Male in libris οὔτ' ἄν, quod qui retinuerunt, accipere saltem debuerunt pro οὔ τοι ἄν.

1360. κλαυστά. Turnebus e Triclinio κλαυτά. Vide Lexicon in Ἄκλαυστος.

1361. Libri omnes τάδ', ὥσπερ ἂν ζῶ. Johnsonus inepte, *sed mihi ferenda, sicut vivo.* Quod in membr. glossæ loco superscriptum est, non significationem tantum particulæ declarat, sed ipsissima est Sophoclea lectio, ἕως ἄν. Legendum itaque τάδ', ἕωσπερ ἂν ζῶ — Numquam adhibuerunt Attici poetæ ὡς pro ἕως. Paucissima quæ in contrarium adferuntur exempla, mendosa sunt, & facillime in integrum restituuntur. Vide quæ notavimus ad Eurip. Phœn. 89.

1367. αἱ δ' ἐμαὶ τροφοί. Sic bene Aldus. In membr. τροφαί. In T. αἵδ' ἐμαὶ τροφαί. In B. ἐμαὶ τροφοί.

1368. τὸ συμπονεῖν. Sic tres codd. Aldus ξυμπονεῖν.

1370. εἰσορᾷ. Sic membr. & Aldus. In aliis νῦν ὁρᾷ.

1373. κείνην ἐρείψεις. Sic Turnebus nescio unde: in Aldina & tribus nostris codd. κείνην ἐρεῖ τις. Bona est emendatio.

1375. Occasionem priorum imprecationum Oedipi narrat Scholiastes, prolato testimonio ex parva Thebaide. Res aliter narrata erat in Epico Cyclo, cujus versus ad hanc historiam pertinentes servavit Athenæus L. XI. p. 465.

Αὐτὰρ ὁ διογενὴς ἥρως ξανθὸς Πολυνείκης,
πρῶτα μὲν Οἰδίποδι καλὴν παρέθηκε τράπεζαν
ἀργυρέην Κάδμοιο θεόφρονος. αὐτὰρ ἔπειτα
χρύσεον ἔμπλησεν καλὸν δέπας ἡδέος οἴνου.
αὐτὰρ ὅ γ' ὡς φράσθη παρακείμενα πατρὸς ἑοῖο
τιμήεντα γέρα, μέγα οἱ κακὸν ἔμπεσε θυμῷ.
αἶψα δὲ παισὶν ἑοῖσι μετ' ἀμφοτέροισιν ἐπ' ἀρὰς
ἀργαλέας ἠρᾶτο· θεὸν δ' οὐ λάνθαν' Ἐρινύν·
ὡς οὐχ οἱ πατρῷά γ' ἐνὶ φιλότητι δάσαιντο,
ἀμφοτέροισι δ' αἰεὶ εἶεν πόλεμοί τε μάχαι τε.

1379. τοιῶδ' ἔφυτον. Mendose in Aldina τοιῶδ' —

1382. Δίκη ξύνεδρος Ζηνός. Pindarus Olymp. VIII. 28. σώτειρα, Διὸς ξενίου πάρεδρος Θέμις. Ad quem locum vide Schmidii notam. Supra 1267. Αἰδὼς dicitur Jovis absidere solio.

1402. οὐδὲ φωνῆσαί τινι. Sic optime Tyrwhittus, eodem sensu quo Polynices ipse infra 1429. οὐδ' ἀγγελοῦμεν φλαῦρα. Mendose vulgo φωνῆσαί τινα.

1407. Aldus & membr. sic hunc versum exhibent:

μή τοί με πρὸς θεῶν σφῷν γ' ἂν αἱ τοῦδ' ἀραὶ —

In B. σφῷν γ' ἂν αἱ τοῦδ' ἀραί. Turnebus e Triclinio dedit, σφῷν ἂν *γ' αἱ τοῦδ' ἀραί.* Quæ lectiones perinde sunt mendosæ. *σφῷν* disyllabum Atticis poëtis prorsus inusitatum est. Verum lectionem minima mutatione restituimus, *σφῷν ἐάν γ' αἱ τοῦδ' ἀραί* — Pronomen *σφῷν* abundat, ut sæpe *μοι*, *σοι*. *Si vobis patris hujus diræ perficientur.* Id est, *si quando patris hujus diras eventu comprobatas videritis.*

1417. *εἰ τ' αὐτόν.* Perperam in omnibus libris *εἰ γ' αὐτόν.* Perpetua est harum particularum confusio. Initio seq. versus Aldus edidit *ἀλλ' οὐχ οἷόν γε* pro *οἷόν τε.* Ferri potuit v. 1310. *αὐτός γ' ἐμαυτοῦ.*

1418. Libri omnes solœce, *πῶς γὰρ αὖθις αὖ πάλιν στράτευμ' ἄγοιμι* — optativus potentialis particulam *ἂν* comitem requirit, & *πῶς* cum optativo sine *ἂν* græce non adhibetur. Tam putidum solœcismum nimis stolida patientia tulerunt Sophoclis editores. Vide Indicem nostrum in Aristophanem voce *ἄν*.

1424 *ἐς ὀρθὸν ἐκφέρεις.* Sic cum Tyrwhitto lego. *ὁρᾷς οὖν ὡς ἐς ὀρθὸν τὰ μαντεύματα τοῦδ', ὃς* — In libris *ἐκφέρει* sensu nullo aut pravo.

1426. *χρήζει*, *χρησμῳδεῖ.* Subscribi non debuit ι juxta auctorem Etymol. M. in *χρήζω.* Sed nescio an differentiam quam statuit veteres observarint. Verbum *χρήζω* ea significatione adhibet Euripides Helen. 524.

1443. *εἴ σου στερηθῶ.* Sic libri omnes. Nescio an, quia *στερηθῶ* futuri significatione hic adhibitum, tamquam *στερηθήσομαι*, particula *εἰ* locum obtinere possit. Aliàs certum est cum subjunctivo rite eam non construi. Melius legeretur *ἂν σου στερηθῶ.*

1445. *σφῷν μή ποτ' ἀντῆσαι κακόν.* Sic bene in T. In aliis *κακῶν.* Deterius in B. *μή ποτ' ἀντῆσαι κακῶν*, & ex emendatione, *μή ποτ' ἂν τύχοι.*

1455. Aldus & membr. *ἐπεὶ μὲν ἕτερα τάδε πήματ' αὖθις αὔξων ἄνω.* At in B. *τάδ' ἐπ' ἤματ' αὖθις*, quod depravatum videri possit e lectione quam e Scholiasta eruit Canterus Nov. Lect. VII. 11. *τάδε παρ' ἦμαρ αὖθις.* Forte verius esset *ταὐτ' ἐπ' ἤματ' αὖθις.*

1459. *δεῦρο Θησέα πέμψ.* Sic codd. omnes & ipse Triclinius. Imperite Turnebus versus sustentandi gratia *ἂν* inseruit, *Θησέ' ἂν πέμψ.* Scilicet ignorabat α finale accusativi nominum in *εὺς* apud Atticos semper produci. Vide Etymol. M. in *Βασιλεύς.* Suidam in *Ἀρέα.* Clarkium ad Il. A. 265.

1463. Male Aldus contra metri rationem *κτύπος ἄφατος ὅδε.* Male etiam seq. v. *ἐς δ' ἄκραν.* Languidum sermonem reddit istud *δὲ*, qui per asyndeta longe melius procedit. Versus est dimeter pæonicus brachycatal. Strophicum interpolavit Triclinius: παρά γ' ἀλαοῦ ξένου. Quæ facillima erat æquandorum metrorum ratio, eam non vidit hominis stupor.

1464. κτύπος Διόβολος. Eustathius ad Il. H. 479. Ἐκ τοῦ Ζεὺς σμερδαλέα κτυπέων, λαβὼν ὁ Σοφοκλῆς ἔφη τό, Μέγας κτύπος, ἄφατος, Διόβολος. ἐν οἷς δηλοῖ ἐκεῖνος, καὶ ὅτι βέλη Διός, οὐ μόνον κεραυνοί, καὶ τὰ τοιαῦτα, ἀλλὰ καὶ βρονταί. ὁμοίως καὶ τοὺς μεγάλους ὑετούς, καὶ μάλιστα τοὺς χειμερίους, τοιούτῳ λόγῳ δύσομβρα βέλη λέγει. (Antig. 358.)

1469. δέδια δ'. Sic recte T. & Turnebus ad metri rationem. Aldus perperam δέδια τόδ' —

1470. οὐδ' ἄνευ. Sic bene Heathius. Male in libris οὐκ ἄνευ.

1474. Et hunc versum pessime interpolavit Triclinius:

πῶς οἶσθα τοῦτο; τῷ δὲ συμβαλὼν ἔχεις;

1482. ἐναισίου δὲ συντύχοιμι. Sic Aldus & veteres codd. In T. ἐναισίῳ. Apud Suidam ἐναισίμῳ, in Kusteri editione: Mediolanensis habet ἐναισίῳ. Illud tuetur Toupius I. 133. sed ei nequaquam ausculto. Verbum compositum sæpissime casum adsciscit, quicum simplex construi solet. Vide quæ notavimus ad Eurip. Or. 1291. cujus rei aliud illico se offert exemplum: ἀκερδῆ χάριν μετάσχοιμι, pro ἀκερδέος χάριτος. Vel, si mavis, μετάσχοιμι positum est pro σχοίην, & συντύχοιμι pro τύχοιμι.

1496. ἐφ' ἵζυγος ὡνήρ; Perperam libri omnes contra metri & sermonis legem, ἀνήρ. Dixi supra vocem ἀνήρ non aliter a Sophocle adhibitam fuisse, quam priore correpta. Præterea ἀνήρ sine articulo hominem quemcumque significat, ut si gallice diceres *y a-t-il un homme près d'ici?* sed quando de viro definito sermo est, linguæ indoles articulum abesse non patitur. Olim voces plene, absque unius literæ elisione pingebantur. Ubicumque ad pronuntiandi rationem scribimus ὡνήρ, αὑτός, in antiquissimis Sophoclis exemplaribus exaratum fuerat Ο ΑΝΗΡ, Ο ΑΥΤΟΣ, pro quibus serioris ævi minus docti librarii, ista per crasin legenda esse ignorantes, exararunt ἀνήρ, αὐτός, omisso articulo, qui tamen in codd. nostris sæpissime glossæ loco adscriptus conspicitur. Quod autem dixi, certam & definitam personam non aliter nomine ἀνήρ indigetari, quam si ei adjungatur articulus, id verum esse nulla non ostendit pagina, ubi casus obliquos articulus semper comitatur, τὸν ἄνδρα, τἀνδρός, τἀνδρί. Sic passim τὸν αὐτόν, τοῖς αὐτοῖς, τοὺς αὐτοὺς reperias pro *eumdem, iisdem, eosdem*; numquam vero pronomen hoc sensu sine articulo. Quod in obliquis non admittitur, id in recto locum habere posse nemo sibi persuadebit. Optime in Eurip. Medea 769. Aldus ediderat οὗτος γὰρ ὡνήρ, quod retinere debebam, ut & ejusdem dramatis v. 687. edere, στείχει γὰρ ἁνήρ, καὶ τρίβων τὰ τοιάδε.

In Rheso 122. sinceram scripturam exhibet cod. Florentinus teste Valckenario ad Phoen. p. 274.

αἴθων γὰρ ἁνήρ, καὶ πεπύργωται θράσει.

Frequens est in Sophoclis exemplaribus haec menda, qua ne foedaretur haec editio, sedulo cavi.

1488. Hunc versum Aldus perperam Choro tribuit.

1490. ἥνπερ τυχὼν ὑπεσχόμην. Notanda hypallage, pro ἅνπερ ἔτυχον ὑποσχόμενος. Vide Eustathium ad Il. Δ. p. 505. & Koenium ad libellum de Dialectis p. 35.

1491. ἰού, ἰού. Has voces Triclinius addidit, ut antistrophe numero versuum par esset stropha.

1493. ἐπ' αἰγιαλόν. Sic bene Heathius. Libri omnes ἐπὶ γύαλα. Nec idcirco, ut nupero editori Parisino videtur, scribi debuit ἄκρον, quia αἰγιαλὸν generis est masculini. Nam ἄκραν non magis ad αἰγιαλὸν refertur, quam ad γύαλον, quod & ipsum generis est neutrius: sed ordo est, εἴτε ἄκραν βούθυτον ἑστίαν ἐπ' αἰγιαλὸν ἁγίζεις.

1496. Soloeca videtur oratio, ὁ ξένος ἐπαξιοῖ σε παρασχεῖν χάριν. Ex communi loquendi more dicere videtur debuisse, παρασχεῖν σοι καὶ πολίσματι καὶ φίλοις χάριν. Post ἐπαξιοῖ distinguendum est commate: ἐπαξιοῖ σε καὶ πόλισμα καὶ φίλους, ὧνπερ παθὼν παρασχεῖν δικαίαν χάριν. Perperam scripti & impressi libri παθών.

1458. σπεῦσον. Hanc vocem non adgnoscunt veteres codd. in quibus hic versus mancus cum strophico non congruit. Defectum supplevit Triclinius.

1506. τῆσδ' ἔθηκε τῆς ὁδοῦ. Sic voces ordinandas esse nemo non videre poterat. Inconcinne vulgo θῆκε τῆσδε τῆς ὁδοῦ. Attici rarissime augmentum omittunt, quo nulla hic poetam adigebat necessitas.

1514. αἱ πολλὰ βρονταὶ διατελεῖς. Sic tres codd. Male Aldus αἱ πολλαί. Nec melius Turnebus τὰ πολλά. Neutrum plurale πολλά, ut saepissime, adverbii vicem sustinet. Glossa recte κατὰ πολλά. Seq. v. ἀστράψαντα dedi ex emendatione Jo. Piersoni Verisimil. p. 139. Male vulgo ἀστρέψαντα.

1517. καὶ ψευδίζομαι. Perperam in B. T. ψευδίθυμα, quod mendose scriptum pro ψευδόμεθα; estque hoc glossema genuinae vocis.

1519. γήρως ἄλυπα, non significat ἄλυπα ἕως γήρως, ut perperam Scholiastes interpretatur, sed ὑπὸ γήρως μὴ λυπηθησόμενα: *quae senium numquam sentient, quae nullo consenescent aevo.* Sic bene accipit Heathius, & miror a quoquam aliter accipi potuisse.

1531. ἀφικνῇ. Sic membr. & Aldus. In aliis ἀφίκῃ.

1535. οἰκῇ, pro οἰκεῖ.

1560. λίσσομαι μή τ' ἐπίπονα. Sic recte codd. veteres & Aldus. ἐπίπονα neutrum plurale pro ἐπιπόνως. Versus dimeter est trochaicus catal. ad quam metri formam antistrophicus revocandus est.

1562. ἐξανύσαι. Vulgo ineptissime ἐκτανύσαι. Scholiastam ἐξανύσαι legisse, ex ejus explicatione perspicuum est: nec aliter scribere potuit Tragicus, qui ἀνύειν & composita eodem, quo hic modo, saepius usurpat. Antig. 805. τὸν παγκοίταν ὅθ' ὁρῶ θάλαμον τήνδ' Ἀντιγόνην ἀνύτουσαν. Aj. 606. κακὰν ἐλπίδ' ἔχων ἔτι με ποτ' ἀνύσειν τὸν ἀπότροπον ἀΐδηλον Ἅιδαν. Loquendi forma elliptica est: plene ἐξανύσαι ὁδὸν εἰς τὰν νεκρῶν πλάκα. Vide Marklandum ad Eurip. Supplices, ubi similis est locutio v. 1142. ποτανὰ δ' ἤνυσαν τὸν Ἅιδαν.

1571. κνυζεῖσθαι. Sic B. T. In aliis κνυζῆσθαι.

1572. Aldus edidit ἀδάμαστον φύλακα παρ' Ἀΐδᾳ. In B. ἀδαμάστος φύλακα παρ' Ἀΐδᾳ. Prope verum accedit Triclinii lectio, quam sprevit Turnebus, licet Aldina meliorem, ἀδάμαστον φύλακ' Ἀΐδᾳ. Legendum ad metri rationem ἀδάματον φύλακ' Ἀΐδᾳ. Sicque versus hic, ut strophicus, dimeter est trochaicus catalect.

1574. ὦ Γᾶς παῖ καὶ Ταρτάρου. Juxta Hesiodum Theogon. 306. natus erat Cerberus ex Echidna & Typhone. Initio versus ὦ referendum videtur ad personam quae in versu qui ante hunc excidit, invocabatur: tametsi ad ipsum etiam Cerberum referri potest.

1578. τὸν αἰὲν ἄϋπνον. Sic codd. veteres & Aldus, quod & postulat tam metri quam sententiae ratio. Cerberus enim invocatur, qui semper insomnis fuisse fingitur. Triclinius a sententia aberravit, sed metri rationem habuit legendo τὸν αἰὲν ὕπνον, quod ex mente Scholiastae interpretatur τὸν ἀεὶ κοιμώμενον θάνατον. Scholiastae lectionem αἰένυπνον adgnoscit Eustathius p. 1201. quae metro plane repugnat.

1581. οὔθ' ὁ μῦθος. Sic B. T. & membr. etiam a secunda manu. Primo scriptum fuit οὔ τῳ, ut Aldus edidit.

1589. ὑφηγητῆρος. Sic una voce in veteribus codd. scriptum. In T. ut in Aldina divisum ὑφ' ἡγητῆρος. Vide ad priorem Oedipum 1260.

1590. ὀδόν. Asperatur haec vox in veteribus codd. ut & apud Eustathium, qui hujus loci meminit p. 156. Ὅτι δὲ οὐδὸς παρὰ τὸ ὁδεύεσθαι, ὡς εἴρηται, γίνεται, δηλοῦσι καὶ παρὰ Σοφοκλεῖ ἐν Οἰδίποδι τῷ ἐπὶ Κολωνῷ πολλὰ τῶν ἀντιγράφων, ὁδὸν δίχα τοῦ υ γράφοντα τὸν οὐδὸν ἐν τῷ, Καταῤῥάκτην ὁδὸν χαλκοῖς βάθροισι γῆθεν ἐῤῥιζωμένον. Sed certum est eam tenuari debere. Vide Lexicon in Ὀδός.

1592. Κελεύθων ἐν πολυσχίστων μιᾷ. Perperam libri omnes πολυσχίστῳ.

1595. Corrupta est hujus loci in libris omnibus scriptura. Sic enim exhibuit Aldus:

ἐφ' οὗ μέσου στὰς, τοῦ τε Θορικίου πέτρου,
κοίλης τ' Ἀχέρδου, κἀπὸ λαΐνου τάφου
καθέζετ'. εἶτ' ἔδυσε δυσπινεῖς στολάς.

Quatuor hic indicantur puncta, quorum in medio substitit Oedipus, & desedit; κοῖλος κρατήρ, πέτρα Θορικία, κοίλη ἄχερδος, λάϊνος τάφος. Juxta vulgatam lectionem stetit Oedipus simul super quatuor his locis, quod absurdum est. Proinde nihil juvat Canteri emendatio legentis κἀπὶ λαΐνου τάφου. Quin legendum omnino:

ἀφ' οὗ μέσος στὰς, τοῦ τε Θορικίου πέτρου,
κοίλης τ' ἀχέρδου, κἀπὸ λαΐνου τάφου,
καθέζετ'· εἶτ' ἔλυσε δυσπινεῖς στολάς.

Ceteras Aldinae lectionis mendas jam sustulerant alii editores. καθέζετ' Turnebus dedit: ἔλυσε Stephano debetur. Utrumque repraesentant codd. nostri B. T. ΑΧΕΡΔΟΣ utrum nomen sit appellativum, an loci cujusdam proprium, sunt qui dubitent. Pirum Silvestrem significat, & κοίλη ἀχερδος sepem, αἱμασιὰν notare possit, qua locus ubi substitit Oedipus una ex parte claudebatur. Vide Eustathium p. 1749. l. 47. Locus inter Atticae pagos recensetur Ἀχερδοῦς, cujus gentile Ἀχερδούσιος. Sed illius patrius casus esset Ἀχερδοῦντος, non Ἀχέρδου. Suidas in Ἀχερδοῦς legit κἀπὸ λαΐνου τάφρου.

1600. τὼ δ'. Sic bene T. & Scholiastes: quod etiam in B. superscriptum vulgato τὰ — Perperam in impressis τώδ' — Cererem, quam hic epitheto εὔχλοον distinguit, Athenienses colebant Χλόης appellatione; hujus mentio apud Comicum in Lysistr. 835.

1606. ἐκτύπησε Ζεὺς χθόνιος. Eurip. Hippol. 1212.

ὅθεν τις ἠχὼ, χθόνιος ὡς βροντὴ Διὸς,
βαρὺν βρόμον μεθῆκε, φρικώδη κλύειν.

1619. Aldus edidit τὸν λοιπὸν ἕξω βίοτον διάξετον, metro ruente ob syllabae defectum: nec aliter scriptus est hic versus in tribus codd. Turnebus e conjectura, ut videtur, αὖ inseruit, quod nihili est. Recte Wesselingius Observat. p. 97. reponit εὖ. *Vult enim pater, filias, se misero liberatas, tandem felicius aevum acturas.* Verba sunt ipsius viri doctissimi. Sic autem ista cum praecedentibus cohaerent: κοὐκ ἔτι τὴν δυσπόνητον ἕξετ' ἀμφ' ἐμοὶ τροφήν. Wesselingio obloquitur nuperus Parisinus editor, qui quum αὖ tuetur, nulla auctoritate invectum, non animadvertit se nebulam pro Junone amplecti.

1622.

1622. οὐδέ τ' ὀρώρει βοή. Sic emendate scriptum in tribus codd. ut Aldus, Turnebus & Stephanus ediderunt. Prava lectio & prava distinctio recentiores editiones invasit, οὐδ' ἔτ' ὀρώρει βοή.

1624. θώϋξεν αὐτόν. Exemplum hic habemus omissi augmenti in aoristo, quod rarissimum est apud poëtas Atticos, nec tamen mendosum. Sic in Trach. 767.

ἱδρὼς ἀνῄει χρωτὶ, καὶ προσπτύσσεται.

Vide quæ notavimus ad Euripidis Androm. 955. Bacchas 1113. & ad Æschyli Persas 414. Ridicule Heathius legendum pronuntiat ἐθώϋξεν.

1639. ἀφαυραῖς χεροῖν. Male vulgo ἀμαυραῖς. Has voces jam supra commutatas vidimus v. 1018.

1640. τὸ γενναῖον. Subauditur κατά. Perperam in B. T. pro φρενὶ scriptum φέρειν.

1641. μηδ' ἃ μὴ θέμις. Sic legendum esse jam viderat Henr. Stephanus, qui ita scriptum esse in quibusdam codd. observavit. Id e nostris solus habet B. a secunda manu.

1651. χεῖρ' ἀντέχοντα κρατός. Male in B. T. ἔχοντα χεῖρα κρατός.

1662. γῆς ἀλάμπετον βάθρον. Codd. & impressi ἀλύπητον. Alteram lectionem Scholiastæ memoratam prætuli, cujus significatio huic loco aptior est. Nec qui regulis analogiæ repugnare vox ἀλάμπετος Piersono Verisimil. p. 165. videri potuerit, satis intelligo. Sane a verbo λάμπω derivatur ἀλαμπής; quod exstat Trachin. 691. unde ἀλάμπετος. Postremum hoc legitur in veteri epigrammate in Heraclitum apud Diogenem Laertium, & in Analectis nostris T. III. p. 659.

Μὴ ταχὺς Ἡρακλείτου ἐπ' ὀμφαλὸν εἴλεε βίβλον
τοὐφεσίου· μάλα τοι δύσβατος ἀτραπιτός.
ὀρφνὴ καὶ σκότος ἐστὶν ἀλάμπετον· ἢν δέ σε μύστης
εἰσαγάγῃ, φανεροῦ λαμπρότερ' ἠελίου.

Piersoni conjecturæ futiles sunt, nec referri dignæ.

1663. ὡνήρ. Perperam in libris ἀνήρ.

1674. εἴχομεν. Male contra metri anapæstici legem Aldus & codd. veteres ἔχομεν.

1676. ἰδόντε καὶ παθοῦσαι. Sic in B. T. In ceteris παθούσα, minus eleganter. At Sophoclem scripsisse opinor ἰδόντι καὶ παθόντι.

1678. Ista personis aliter dividi possent. In T. ita distributa sunt, ut ea exhibemus. In vett. codd. ut in Aldina versus 1679. & tres sequentes Choro tribuuntur. In membr. ex librarii oscitantia Chori persona linea inferius quam oportuit notata fuit, nempe ante versum 1672. qui versui 1679 subjectus est, quia in illo codice versus in singulis paginis per tres columnas digesti sunt in eadem transversa linea se invicem excipientes. Hanc personarum distinctionem secutus est in versione Vitus Winsemius; nostram Georgius Ratallerus. Erudito Britanno in nova editione Pentalogiæ Jo. Burtoni tertia placet: nempe βιῶναι absque interrogatione Antigonæ continuari, reliquamque versus partem cum quatuor sequentibus Choro tribui. — ἐν πόθῳ λαβοῦσ᾽. Sic cum Cantero legendum, vel, quod probabilius adhuc & elegantius, ὡς πόθῳ. In T. scriptum a prima manu εἰ πόθων. Ceteri cum impressis εἰ πόθῳ sine sensu. Ceterum quod in versione expressi nimis festinanter, nec satis cogitate ex Heathii notis adsumsi: insectum mihi nunc videtur. Sensum bene declaravit Scholiastes: ὡς μάλιστα ποθήσαις ἂν αὐτὸν μαθὼν βεβηκότα. *Ita quidem, ut tu lubentissime audias illum interiisse.* Sic omnia Antigonæ continuata optime procedunt.

1683. Versus dimeter est jambicus, ut antistrophicus 1710. Proinde τάλαινα non est in duali.

1688. Hic versus & quatuor sequentes in Aldina & veteribus codd. Antigonæ continuantur.

1693. Recte in Turnebi editione excusum, ὦ διδύμα τέκνω ἀρίστω. Nam hic duo adjectiva numero duali posita sunt, ut ex antistrophico versu 1720. liquet.

1694. τὸ φέρον. Temere sollicitatur hæc lectio ab eruditis viris, quibus legi placet τὸ παρόν. *Quod fors fert*, τὸ φέρον ἐκ θεοῦ. Sic Terentius Phorm. I. 2. 88.

Quod sors feret, feremus æquo animo.

Palladas in Epigr. Analectorum nostrorum T. II. p. 482.

Εἰ τὸ φέρον σε φέρει, φέρε καὶ φέρου.

Hic φέρον accipi debet pro φερόμενον, activum pro passivo, ut in exemplis quæ protulimus ad v. 74.

1695. In hunc & sequentem versum mala manus alienas voces infersit, quas ipsa metri ratio spurias esse ostendit. In Aldina & veteribus codd. legitur: φέρειν χρὴ, μηδ᾽ ἄγαν οὕτω φλέγεσθον. οὔ τοι κατάμεμπτ᾽ ἔβητον. Antistrophici autem versus in iisdem libris sic leguntur: λήγετε τοῦδ᾽ ἄχους. κακῶν γὰρ δυσάλωτος οὐδείς. In his legitima metri forma non aliter concinnari potest, quam, si rectis insititiis, ad hunc modum disponantur:

χρὴ φέρειν, μηδ᾽ ἄγαν φλέγεσθον·
οὔ τοι κατάμεμπτ᾽ ἔβητον.
λήγετον τοῦδ᾽ ἄχους, κακῶν γὰρ
οὐδεὶς δυσάλωτος.

1698. καὶ γὰρ ὃ μηδαμὰ δὴ φίλον, ἦν φίλον. Versus est dimeter anapaesticus, ut strophicus 1671. Proinde legi debet, ut eum exhibemus. In veteribus codd. καὶ γὰρ ὃ μηδαμῆ δὴ τὸ φίλον φίλον. In T. scriptum ὃ, & adposita inepta glossa, λίαν ἡδύς. In Aldina, καὶ γὰρ ὃ μηδαμῆ τὸ φίλον φίλον. Quibus in lectionibus nec metri nec sententiae habita ratio. De μηδαμὰ ultima brevi vide quae notavimus ad Æschyli Persas 429.

1703. καὶ τᾷδε μὴ κυρήσῃς. Perperam vulgo καὶ τάδε, metro & sententia reclamante: male etiam κυρήσης. Recte in T. τᾷδε cum glossa τῇδε: in membr. a prima manu κυρήσεις.

1704. ἔπραξεν οἷον ἤθελε. Sic in Aj. 967.

ὧν γὰρ ἠράσθη τυχεῖν,
ἐκτήσαθ' αὑτῷ, θάνατον, ὅνπερ ἤθελε.

1708. ἄκλαυστον. Sic bene membr. Vulgo ἄκλαυτον.

1710. δακρῦον. Triclinius nescio qua socordia dedit δακρύρροον. Intellexit versum esse dimetrum jambicum, sed non meminit observationis quam ipse fecit ad priorem Oedipum 1515.

1719. πατέρος. Libri omnes πατρός.

1725. In membr. ὡς τί ῥέξομεν. Quae scriptura si probetur, hic versiculus cum praecedenti in unum contribuendus, qui senarius erit; sicque duo primi antistrophes in unum coalescent:

Φίλαι, τρέσωμεν μηδέν. Ἀλλὰ ποῖ φύγω;

ὡς, ut finale significans saepe cum futuro indicativi construitur. Vide Eurip. Med. 1316. nostrae editionis. Alcest. 74. ubi juxta veteres libros omnes legendum:

στείχω δ' ἐπ' αὐτήν, ὡς κατάρξομαι ξίφει.

Androm. 717.

ἴτω τις αὐτόν, ὡς ἐγώ, καίπερ γέρων,
πλεκτὰς ἱμάντων στροφίδας ἐξανήσομαι.

Haud minus bona videtur ceterorum librorum lectio, ὡς τί ῥέξωμεν; sic supra 398. ὅπως τί δράσῃ.

1727. τὰν χθόνιαν. Sic B. T. recte. Vulgo τὰν χθονίαν.

1728. τάλαιν' ἐγώ. Perperam in libris ἔγωγε.

1737. Huic versui adposita fuit nota ἀντιστρ. γ'. quae inter operarum manus, quum formas versarent, excidit, me nesciente. Et hoc me fugit, quum minoris editionis specimen perlustravi.

1739. ἀπεφύγετον. Male in libris ἀπεφεύγετον.

1749. ἐλπίδων γὰρ ἐς τίν' ἡμᾶς. Sic legendum esse, tam structura quam metri ratio arguit. De se & sorore loquitur Antigone, ποῖ μόλωμεν.

Tum, quemadmodum strophicus 1735. versus hic trochaicus dimeter esse debet. Perperam in libris ἐλπίδων γὰρ ἐς τί με.

1751. παύετε θρῆνον. Sic in scholiis legitur, ut primus edidit Henr. Stephanus. Codd. παύστε θρῆνον. Hos versus male Choro tribui in libris cum Tyrwhitto & Heathio censeo. Vulgo claudicante versu ξυναπόκειται.

1754. προπίτνομεν. Male in veteribus codd. ut in Aldina, προσπίτνομεν, solemni librariorum errore in hac forma. πίτνω prima brevi frequenter adhibent Tragici, ubi metri lex syllabam longam verbi πίπτω non admittit.

1755. χρείας. Sic libri omnes, nemine reclamante. At legendum censeo χρείαν. τίνος χρείαν ἀνύσαι θέλοντες;

1758. Aldus & codd. omnes habent ἀλλ' οὐ θεμιτὸν κεῖσε μολεῖν. Turnebus σε inseruit. Melius nos κεῖσ' ἐστὶ μολεῖν.

1772. καὶ πάντα γ' ἔσ' ἄν. Aldus & membr. καὶ πάνθ' ἔσται ἄν. In B. καὶ πάνθ' ἔσ' ἄν.

FINIS NOTARUM IN OEDIPUM COLONEUM.

NOTÆ IN ELECTRAM.

V. 2. *ἐξεστί σοι παρόντι λεύσσειν, ὧν πρόθυμος ἦσθ' ἀεί.* Æschylus Choeph. 213.

ὡς ὄψιν ἥκεις, ὧνπερ ἐξηύχου πάλαι.

4. *τόδε γὰρ παλαιὸν Ἄργος, οὑπόθεις.* Sic scriptum in E. vere, ni fallor. *τόδε (δεικτικῶς) γὰρ παλαιὸν Ἄργος ἐστίν, ὃ ἐπόθεις.* Vulgo legitur *τὸ γὰρ* — & aliter distinguitur. In fine versus *τόδε* ad sequens pertinet *ἄλσος*. Accipi autem hic potest *Ἄργος*, pro regionis nomine: at probabilius est urbem indigetari, quam unam Tragici modo Argos, modo Mycenas promiscuo nomine appellare solent. Strabo p. 377. *διὰ δὲ τὴν ἐγγύτητα τὰς δύο πόλεις ὡς μίαν οἱ τραγικοὶ συνωνύμως προσαγορεύουσιν. Εὐριπίδης δὲ καὶ ἐν τῷ αὐτῷ δράματι, ποτὲ μὲν Μυκήνας καλῶν, ποτὲ δ' Ἄργος τὴν αὐτὴν πόλιν, καθάπερ ἐν Ἰφιγενείᾳ καὶ Ὀρέστῃ.* Infra v. 1459. *Μυκηναῖοι* & *Ἀργεῖοι* ejusdem urbis sunt incolæ.

9. Hunc locum imitatus est Heniochus Comicus apud Stobæum Floril. Grotii p. 169.

Τὸ χωρίον μὲν γὰρ τόδ' ἐστὶ πᾶν κύκλῳ
Ὀλυμπία· τηνδὶ δὲ τὴν σκηνὴν ἐκεῖ,
σκηνὴν ὁρᾶν θεωρικὴν νόμιζέ σε.

12. Eustathius ad Ιλ. Γ. 238. *αὐτοκασιγνήτω, τώ μοι μία γείνατο μήτηρ.* Ibi observat: *Ὅρα, ὅτι Ὁμήρου τοὺς κασιγνήτους ἑρμηνεύσαντος, Σοφοκλῆς τὸν ὅμαιμον ἐκφράζει ἐν τῷ, Πρὸς τῆς ὁμαίμου καὶ κασιγνήτης. φασὶ δὲ τοῦτο ἀκριβῶς, διὰ τὸ μὴ πάντα ὅμαιμον ἤδη καὶ κασίγνητον εἶναι. ὅμαιμοι γὰρ πολλαχοῦ, καὶ οἱ ἁπλῶς καθ' αἷμα, καὶ συγγενεῖς, ὡς δηλοῖ καὶ Λυκόφρων, ὁ καὶ αὐθομαίμους τοὺς τοῦ αὐτοῦ γένους εἰπών.*

19. Schema hujus versus infra ad v. 758. *ἀντίπτωσις* appellatur a Scholiasta. Vide ad Œd. T. 833.

21. *ξυναπτέον λόγους.* Sic scriptum in E. recte, ut legendum esse acute vidit Toupius ad Suidam I. 87. *Conferenda nobis sunt consilia:* non, *conferte consilia.* Quippe muta est Pyladis persona, quem jure speraremus mox locuturum, si dixisset senex *ξυνάπτετον λόγοισιν*, ut vulgo legitur. — *ὡς ἐνταῦθ' ἐμὲν* — Sic Aldus & membr. cum vetustissimis optimisque codd. Superscripta in quibusdam glossa *ἐσμέν*, quæ in aliis codd. librariorum stupore textum invasit. Primitivam formam *ἐμὲν* tuetur præter auctorem observationis, quam in minoribus scholiis edidi, Eustathius, cujus quæ-

dam huc pertinentia excerpam ex commentario in Odyss. Γ. p. 1457. τοῦ δὲ ἐστὶ πρωτότυπος κλίσις ἐκ τοῦ εἰμὶ, ἐμὲν, ἐτέ· καὶ ἄλλως μὲν προσθέσει τοῦ ι, εἰμὲν, εἰτέ· Δωρικῶς μέν τοι ἐσμὲν, ἐστέ. ἐκπέπτωκε δὲ καθ' Ἡρακλείδην τὸ ἐστέ. ὡς γὰρ οὐ λέγομεν διέπτωσε ὁ φασί, οὕτως οὐδὲ ἐτέ, ἐστέ — εἶτα ἐκθλίψει καὶ χρήσει τοῦ ἐμὲν, ἔθος γίνεται τὸ ἐσμὲν, λέγει ὅτι Ὅμηρος μὲν σὺν τῷ ι ἔφη, ἀπήμονες εἰμέν· τὸ δὲ ἀνάλογον παρὰ Καλλιμάχῳ ἐν τῷ Γρῆς ἐμέν· ἤγουν γρᾶες ἐσμέν. Ista, ut opinor, numquam legerat Rich. Dawesius, qui Miscell. crit. p. 281. ἐμὲν pro ἐσμὲν ne Jonibus quidem, nedum Atheniensibus, rite adhiberi potuisse negat. En tamen Callimachum hac forma in carmine usum, non alia dialecto, quam Jonica scripto. Verum primitivum ἐμὲν in quacumque dialecto, & quibuscumque poetis permissum fuisse constat. Quod autem idem Dawesius reponendum censebat, ὡς ἐνταῦθ' ἵμεν, merito Toupius ineptum esse affirmat. Sed fallitur ipse, quum ἐσμὲν legendum esse, & hujus vocis priorem corripi posse statuit; quod falsissimum est. Si quis Tragicorum & Comicorum quæ supersunt omnia legat & perlegat, non unicum exemplum incorruptæ fidei excitabit correptæ vocalis brevis ante consonantes σμ, στ, nec usquam reperiet ἐσμὲν prima brevi. Longa est nuperi Parisini editoris hanc in rem disputatio, odii plena, in qua quot verba, tot fere errores. Argumenta sumit ex poetarum depravatis versibus, quos dudum emendarunt peritiores critici. Aristophanis quos profert versus, ipsum eos dimetiri nescivisse, aut perperam legisse demonstravi in nota ad Thesmoph. 56. Philippidis, seu potius Philippi, senarium emendate scriptum dedimus in Gnomicis Græcis p. 200.

24. γεγώς. Participium pro infinitivo. Vide ad Aj. 472.

34. ἀροίμην futurum est optativi, cujus prima corripitur: in aoristo ἀραίμην producitur. De constructione futuri optativi vide Rich. Dawesium laudatum ad Œd. T. 792.

36. ἄσκευον ἀσπίδων. Vide ad Œd. T. 191.

43. μή σ' ὑποπτεύσουσιν. Sic codd. omnes, etiam is qui ad Triclinii recensionem scriptus est. In unico C. diphthongo ου superscriptum ω, pro variæ lectionis indicio; sed glossa ad probam directa, ὑποπτεύσουσι. In Aldina perperam excusum ὑποπλεύσουσιν, quæ menda in Juntina sublata fuit, reposito ὑποπτεύσουσιν. Primus Turnebus invexit ὑποπτεύσωσιν, genuinum id esse opinatus scilicet, quia præcedit verbum subjunctivi modi γνῶσι. Verum purum putum solœcismum esse ostendimus in nota ad Comici Lysistr. 704.

46. δορυξένων. Eustathius ad Homerum p. 405. Περὶ δὲ δορυξένου Πανσανίας φησὶν, ὅτι δορύξενος, ὁ ἐκ πολεμίου φίλος, καὶ ὁ προσξενῶν περὶ λύτρων,

οἱ ξενωθέντες τισί. Σοφοκλῆς δὲ ἐν τῷ, Ὁ γάρ, ἔτυχε οὗτος, μέγιστος αὐτοῖς τυγχάνει δορυξένων, ἢ παρακεχρῆται τῇ λέξει ποιητικώτερον· ἢ ἰδίως δορυξένους λέγει τοὺς τοῖς Φωκεῦσι τοῦ Ἀγαμέμνονος φιλωθέντας, ἵνα πολεμικῶς ἐχθραίνωσι τοῖς ἐκείνου παισίν· ὡς εἶναι οὕτω δορύξενον εἰπεῖν, καὶ τὸν χάριν δοριὸς, ἤτοι πολέμου, συμμαχικῶς ξενωθέντα ὑπό τινων. Posterior ratio haud valde probabilis est. Aliunde constat Tragicos nomine δορύξενος *hospitem* simpliciter significare. Sic Ægeus de Pittheo dicit in Euripidis Medea 688.

κἀμοί γε πάντων φίλτατος δορυξένων.

47. ἄγγελλε δὲ προστιθεὶς, ἀγγέλλων δηλαδὴ, ὅρκῳ. λέγεται δὲ ἀντιστρόφως ἀντὶ τοῦ, προστιθεὶς ὅρκον τῇ ἀγγελίᾳ. — ἐξ ἀναγκαίας τύχης. βιαίας. πάντα γὰρ τὰ ἐξ ἀνάγκης, βίαια. θάνατος, ἢ δουλεία, ἢ μετ' αἰχμαλωσίας. Vide ad Aj. 485.

52. λοιβαῖσι πρῶτον. Sic Aldus & Scholiastes cum duobus codd. In aliis λοιβαῖς τε πρῶτον.

57. φέρωμεν. Sic ex indole linguæ invitis librariis legendum. ἥξομεν πάλιν ὅπως φέρωμεν αὐτοῖς ἡδεῖαν φάτιν. Solœcum est quod vulgo legitur φέροιμεν. Particulæ ὡς, ὅπως, ἵνα, ut significantes, cum optativo non construuntur, nisi præcedat verbum temporis præteriti. Vide Dawesii Miscell. Crit. p. 82.

61. ῥῆμα κακὸν, *male ominatum dictum* recte interpretatur Desid. Heraldus ad Arnobium p. 151. editionis Parisinæ. Helenæ roganti apud Euripidem in cognomine dramate 1059.

βούλει λέγεσθαι, μὴ θανὼν, λόγῳ θανεῖν;

respondet Menelaus:

κακὸς μὲν ὄρνις· εἰ δὲ κερδανῶ λέγων,
ἕτοιμός εἰμι, μὴ θανὼν λόγῳ θανεῖν.

Nostri κακὸν ῥῆμα, idem est ac illius κακὸς ὄρνις. Proinde culpanda non est hæc sententia, ut illa quam e Tragico nostro profert Plutarchus:

τὸ κέρδος ἡδὺ, κἂν ἀπὸ ψευδῶν ἴῃ.

& ista Diphili apud Stobæum:

καιρῷ τεθέμενον ψεῦδος ὡς καρπὸν φέρει.

Confer nostrum in Æthiopibus I.

66. δεδορκότα, βλέποντα, id est ζῶντα. Perperam Eustathius p. 1259. extrema, participium hoc passivo sensu accipit: Σοφοκλῆς δὲ ἐν τῷ, ἐχθροῖς δεδορκότα λάμψειν ὡς ἄστρον, ἐπὶ τοῦ ὁραθῆναι παθητικῶς τὴν λέξιν τέθεικεν· ὡς τοῦ μέσου παρακειμένου ἐν τοῖς τοιούτοις ἐναμφοτερίζοντος.

73. γέρον. Sic membr. & plerique alii codd. In Aldina γέρων.

75. Pindarus Pyth. IX. 135. ὁ δὲ καιρὸς ὁμοίως παντὸς ἔχει κορυφάν.

83. πειρώμεθ' ἔρδειν. Perperam in impressis ἕρδειν cum spiritu aspero.

89. ἀντήρεις. gl. ἀντιτύπους.

96. οὐκ ἐξένισεν. Sic Scholiastes bene. Aldus & plerique codd. ἐξένισαν: in meo ἐξένισε.

102. αἰκῶς auctore Scholiasta reposui, apud quem perperam scriptum αἰκῶς, de quo videbimus infra ad v. 216. In Tragici exemplaribus deterior lectio obtinet, ἀδίκως. Ad αἰκῶς pertinet glossa in D. ἀναξίως.

104. ἔς τ' ἄν. gl. ἕως ἄν. Mirari subit nemini librario hic libuisse scribere ὡς ἄν. Vide ad Aj. 1117. & Philoct. 1330.

107. μὴ οὐ semper est monosyllabum. Inepte Triclinius harum vocularum priorem praecedenti versui contribuit, ut fieret dimeter acatalectus.

113. αἳ τοὺς — Sic Aldus & codd. omnes veteres. Triclinii stupor articulum αἳ ejecit, sine quo nec metrum, nec sententia constat. Heathius & Parisinus editor notarum suarum ad hunc locum operam compendi facere debebant. Non animadverterunt systema hoc anapaesticum minus regulare esse, quippe in quo praeter solita metra, basin, paroemiacum, & dimetrum acatalect. sint etiam dimetri brachycatal. plurimi, quales duo primi, decimus nonus, & hicce. Ut autem hos versus digessit Triclinius, ne versus quidem sunt:

σεμναί τε θεῶν παῖδες Ἐριννύες,
τοὺς ἀδίκως θνήσκοντας ὁρᾶτε.

claudicat uterque in ultimo pede, & posteriorem dehonestat caesura. In priore scribere saltem debebat graeculus Ἐρινύες, unico ν; nam si geminetur litera, secunda syllaba corripi nequit.

118. κἀμοί. Minus bene vulgo καί μοι.

121. δυστανοτάτας. Schol. ἐξωλεστάτης recte. Vide Musgravium ad Euripidis Herc. Fur. 1349.

123. ἀκόρετον. Aldus, metro reclamante, ἀκόρεστον. Illud est in membr. D. E. meo. Negat vocem esse graecam Heathius, perenditque ἀκόρεστον legi debere penultima vel brevi, vel pro brevi habita; utrumque falsissime. Nam ἀκόρετος, non minus quam ἀκόρητος & ἀκόρεστος dici, similium vocum analogia ostendit: tum certum est, si quid aliud in re metrica & critica, vocalem ante literas στ nullum poetam Atticum corripuisse. Verum in hoc loco facile est litem dirimere, admissa alia lectione, eaque sane quam eleganti, quam suppeditat cod. T. ubi sic in contextu liquido scriptum est, nullo diversae lectionis adposito indicio:

τάκεις ὧδ' ἀκόρεστ' οἰμωγάν.

Esset ἀκόρεστα neutrum plurale, vice adverbii, ut infra 164. ἀκάματα, in Oed. Col. 1560. ἐπίπονα, & in Aj. 197. ἀτάρβητα. Eligant eruditi utra lectio magis placeat. Ego plurium praestantiorumque codicum fidem haud invitus sequor.

124. τὸν Ἀγαμέμνονα. Pendet accusativus e nomine οἰμωγάν, casum verbi cognati regente. Vide ad Antig. 787. & Abreschium ad Æschylum pag. 57.

129. In Aldina legitur ὦ γένεθλα γενναίων πατέρων. Vocandi adverbium ὦ, quod libri omnes adgnoscunt, hic, ut infinitis aliis in locis, e glossa irrepsisse videtur. In aliis veteribus libris scriptum γένεθλα, in aliis γενέθλα, ut infra 226. In E. γένεθλα. [In T. sic versus legitur: ὦ γένεθλα γενναίων τοκέων. Voci γενναίων superscripta glossa διὰ τὸ μέτρον. Inepte. Est tamen hæc ipsissima lectio quam commendat Heathius, versumque dactylicum hephthemimerin esse ait, quod ei concedendum non est, nisi ostendat anapæstum in dactylico versu recipi. τοκέων meus exhibet in textu, & E. pro varia lectione, quam, ut magis poëticam, amplector; versumque sic lego:

γένεθλα γενναίων τοκέων.

cum antistrophico congruit:

νήπιος ὅστις τῶν οἰκτρῶς.

uterque dimeter est anapæsticus catalecticus, non qualis esse debet paræmiacus in regulari systemate, qui ante catalecticam syllabam anapæstum semper habet, sed quales multi reperiuntur in choricis canticis, quorum syllaba catalectica vel spondeo vel dactylo subjicitur.

131. ξυνίημι. Unicum hoc esse credo apud Sophoclem exemplum correptæ ι in verbo ἵημι, aut quoquam ejus composito. Sed idcirco suspecta non esse debet lectio, tum ob majorem in melicis licentiam, tum quia id alii Tragici sibi indulserunt etiam in senariis. Vide Æschylum S. Th. 495. Euripidem Iphig. T. 899. Hel. 1256. Sane proclive hic erat scribere:

οἶδά τε καὶ ξυνίημι τάδ' —

137. οὔ τοι τὸν πατέρ' ἀνστάσεις. Euripid. Alcest. 1007.

τόλμα δ'· οὐ γὰρ ἀνά-
ξεις ποτ' ἔνερθεν
κλαίων τοὺς φθιμένους ἄνω.

Ex Homero sumsit uterque, apud quem Achilles Priamo dicit Il. Ω. 550.

οὐ γάρ τι πρήξεις ἀκαχήμενος υἷος ἑῆος,
οὐδέ μιν ἀνστήσεις, πρὶν καὶ κακὸν ἄλλο πάθῃσθα.

Tædiosus essem, si Triclinii ineptias omnes memorare & refellere vellem. Codd. omnes veteres in secundo post hunc versu habent, ut Aldus, οὔτε γόοις οὔτε λιταῖς.

147. ἄραρε est aoristus secundus: nam in præterito medio secunda semper producitur.

148. Ἴτυν γ' ὀλοφύρεται. Omissa est in veteribus codd. particula, quam Triclinius recte ob metrum inseruit. ἀτυζομένα. gl. ταραττομένη.

150. σὺ, σ' ἔγωγε νέμω θεόν. Sic optime in membr. scriptum. Perperam vulgo σὲ δ' ἔγωγε —

152. Aldus & plerique codd. αἴ αἰ, δακρύεις. In meo αἰὲν, cum gl. ἀεί. Alteri lectioni in August. adposita nota γρ. αἰέν. Unde lego meliori sententia, αἰεὶ δακρύεις.

153. οὔτοι σοὶ μούνᾳ. Cicero Tuscul. III. 33. Ne illa quidem firmissima consolatio est, quamquam & usitata est, & sæpe prodest: *Non tibi hoc soli.* Sane frequentissima est apud Tragicos hæc mærentium consolatio. Euripides Med. 1016.

οὔ τοι μόνη σὺ σῶν ἀπεζύγης τέκνων.

Hippolyto 841.

οὐ σοὶ τάδ', ὦ 'ναξ, ἦλθε δὴ μόνῳ κακά·
πολλῶν μετ' ἄλλων δ' ὤλεσας κεδνὸν λέχος.

Alceſtide 423.

οὐ γάρ τι πρῶτος, οὐδὲ λοίσθιος βροτῶν,
γυναικὸς ἐσθλῆς ἤμπλακες.

Vide Valckenarii Diatr. Eurip. p. 179.

160. ὄλβιον ὃν ἁ κλεινὰ — Vulgo legitur ὄλβιος, & hic versus cum tribus sequentibus Electræ partibus contribuitur perquam absurdo errore. Si enim consideret Electra fratrem suum ita reversurum, ut his versibus declaratur, non ita mærore conficeretur, nec spem prope omnem abjiceret. Nihil magis alienum est a mente & opinione Electræ. Sunt ista revera Chori miseram virginem consolantis. Verum non ex sententia modo apparet, ineptissimam esse illam personarum divisionem, sed etiam ex eo quod totius chorici cantici œconomiæ adversatur. Quippe constat tribus strophis, totidem antistrophis, & epodo quod neutiquam perspexit stolidus ille Triclinius, cujus de Sophoclis metris somnia pro oraculis habuit Turnebus, & qui eum secuti sunt editores. Unaquæque stropha & antistropha inter Chorum & Electram ita divisa est, ut utrique personæ tot versus in stropha, quot in antistropha tribuantur. Hic in antistropha IX. postremi versus Electræ partibus cedunt, quæ in stropha IX versibus auctiores esse non debent. Egregia hæc restitutio acumini debetur ingeniosi mei amici Thomæ Tyrwhitti. Præterea ego non ὄλβιος, sed ὄλβιον legendum esse contendo. Felicitatis illa prædicatio non præsens tempus, sed futurum spectat. Ineptum esset ἄχιον ἐν κρυπτᾷ ἥβᾳ, ὄλβιος — Qui *mæret*, sane *beatus* non est: sed *quem olim beatum* — sensum diserte verso exprimit. Heathium, quid velit, nescio, ἄχιον *mærens*

praecedentibus contradicere affirmantem. Quin ἀεὶ ἄν, quod reponi vult, ineptum esse judico. ἀχέων legit etiam Eustathius, qui χρῆσιν hanc, ex memoria citatam, non inspecto libro, pessime interpretatur ad Homerum p. 440.

174. ἔτι μέγας ἐν οὐρανῷ. Sic libri omnes recte; nec quidquam ob metrum mutandum erat: versus est jambicus, ut secundus strophae. Pro chorio & jambo, hic est dactylus & anapaestus. In D. singulis versibus praefixa metri declaratio: huic versiculo adposita nota ἰαμβικόν. Nugatur Heathius, quum ait ἔτι prae suo ἔστι languere. Formula usitata est. Plautus Capt. II. 2. 63.

Est profecto deus, qui, quae nos gerimus, auditque & videt.

196. γενύων. Graecis γένυς dicitur cujusvis instrumenti ferrei acies. Hic & infra 485. ut Philoct. 1205. pro securi accipitur. Eadem tralatione γνάθος cuneo tribuitur ab Aeschylo in Prom. 64. σφηνὸς αὐθάδη γνάθον. Quin etiam igni rerum omnium edaci, in Choëph. 321. φρόνημα τοῦ θανόντος οὐ δαμάζει πυρὸς ἡ μαλερὰ γνάθος.

205. τοὺς ἐμὸς ἴδε πατήρ. Sic legendum, ut versus antistrophico congruat, ὄφρα με βίος ἔχῃ. Perperam vulgo εἶδε, quod ex glossa in textum migravit.

206. αἰκεῖς. Sic scribi debuit ex metri lege. Perperam vulgo ἀεικεῖς. Tum χειροῖν, non χεροῖν legendum. Versus est anapaesticus.

210. ποίνιμα. gl. ἀντίδικον ἔχοντα.

216. αἰκῶς. Perperam in libris ἀεικῶς, ut paulo ante ἀεικεῖς. Hesychius: αἰκῶς, ἀπρεπῶς, ὑβριστικῶς, χαλεπῶς. ἀπὸ τῆς αἰκίας.

220. Ovum ovo similius non est, quam hic versus antithetico. Est uterque dimeter trochaicus brachycatal. Perinde falsi sunt Heathius & Parisinus editor: ille πελάθειν legendum censet: hic versus antispasticos esse ait. Nimirum credidit Heathius primam in πλάθειν corripi, quod & auctore Barnesio affirmat in nota ad Euripidis Rhesum 14. verum fallitur. In illo Rhesi versu, ut & in 347. 914. 923 prima producitur. Sic etiam in Antipatri Sid. Epigr. XXIX.

αἰπολίμαν τάδ' ἔσεαν ἐν αἰγινομῆσι τεράμνοις
πλάθειν, οὐ θρυλοῦν ὄντας Ἐνυαλίου.

221. In Aldina & in veteribus codd. legitur: ἐν δεινοῖς ἠναγκάσθην, ἐν δεινοῖς. Geminata praepositio a mala manu est: ea sublata concinnus fit versus tetrameter dactylicus, antithetico suo par. Inepta est Tricliniі interpolatio, ἐν δεινοῖς ἠναγκάσθην δή.

225. ὄφρα με βίος ἔχῃ. Sic libri omnes veteres. Sane proclivius erat

in strophico versu 205. ἴδε pro εἶδε reponere, quam lectionem hujusce immutare, ut fecit Triclinius, ἔξω μ' ἔχῃ βίοτος.

226. τίνι γάρ ποτ' ἄν, ὦ φιλία γενέθλα.

Sic edidit Aldus, ut scriptum est in membr. & aliis omnibus codd. veteribus. Versus est dimeter anapæsticus. Proinde in strophico 206. vere emendavimus Heathius & ego:

θανάτους αἰκεῖς διδύμαιν χειροῖν.

Istis versiculis inauspicato medicam admovit manum Toupius ad Suidam II. 95. qui eos indiligenter tractavit, non inspecta ulla veteri editione. Saltem pro eo, quo erat, acumine, vidit αἰκεῖς legendum esse. Videat jam Parisinus editor, num fallantur, qui lectionem omnium probæ notæ librorum consensu nixam Triclinii næniis præferunt. Scripserat stolidus ille Græculus:

τίνι γάρ ποτ' ἄν, ὦ φίλα γενέθλα.

& in strophico versu:

θανάτους αἰκεῖς διδύμαιν χειροῖν.

Novus noster Triclinius ista, tamquam si e tripode edictata fuissent, venerabundus amplectitur; nihil ex conjectura mutari vetat, & αἰκεῖς per synizesin disyllabum esse pronuntiat. En sane dignum magistro discipulum!

227. πρόσφορον ἀκούσαιμ' ἔπος. Sic recte scriptum in membr. nonnullisque aliis, inter quos etiam est cod. a Triclinio recensitus, ita ut mendosa impressorum lectio ne illi quidem tribuenda sit. Culpa omnis in Turnebum conferenda, qui ex Aldina in suam nihil fere nisi depravationes traduxit. Ediderat Aldus, πρόσφορον ἀκοῦσαι μ' ἔπος, omni structuræ violata lege: hoc Turnebus bonæ codicis sui lectioni ἀκούσαιμ' prætulit. Poterat illud reponi e Suida etiam in καίρια.

248. δώσουσιν ἀντιφόνους δίκας. Dimeter jambicus, sic scriptus & declaratus in D. Perperam Aldus δώσουσ' —

250. εὐσέβεια θνατῶν. Versus dactylicus. Si cum Aldo legas εὐσέβεια, trochaicus erit. In præc. v. τ' ἄν valet τοι ἄν.

272. τὸν αὐθέντην. Hæc lectio scholiastæ memorata, vulgatæ αὐτοφόντην præferri digna erat. Vide Lexicon in Αὐθέντης.

273. ξὺν τῇ ταλαίνῃ μητρί. Idem hic significat ταλαίνῃ, ac secundo abhinc versu τλήμων.

278. τότε, olim. Vide notam ad Comici Lysistr. 1023.

281. ἔμμην' ἱερά, sacra quæ singulis mensibus fiunt, κατὰ μῆνα, ut Suidas recte exponit. At perperam glossa ἐπέτεια θύματα. Hesychius: ἐμμήνια, αἱ κατὰ μῆνα γινόμεναι θυσίαι.

301. ἡ πᾶσα βλάβη. Eadem locutio est in Philoct. 622. Sic ibidem 927. πᾶν δεῖμα.

309. πολλή γ' ἀνάγκη. Sic in E. At in membr. in quatuor aliis veteribus, & in Tricliniì recensione πολλή τ' ἀνάγκη, cum particula declaratione τοι.

322. ἀρκεῖν, ἐπαρκεῖν. Sic in Œd. Col. 262. Hesychius: ἀρκεῖ, ἐπαρκεῖ, βοηθεῖ.

346. ἐπεί θ' — Id est ἐπεί τοι. Perperam in Aldina ἔπειθ', quod valet ἔπειτα. — θάτερ'. Sic Aldus & veteres libri, id est θάτερα, Attice, ut πότερα pro πότερον. Triclinius imperite supposuit θάτερον. Scilicet anapaestum in pari sede tragici senarii non reformidabat.

363. Vulgo legitur:

ἐμοὶ γὰρ ἔστω τοὐμὲ μὴ λυπεῖν μόνον
βόσκημα.

Qua in lectione nullus inest sensus. Nam inde is elici non potest quem percommodum expressisse sibi videtur Heathius hac versione: *Id enim solum mihi pro cibo sit, ut ne me ipsa angam.* Sententia satis inepta graece sic exprimi debuisset, ἐμοὶ γὰρ ἔστω μόνον βόσκημα, τὸ ἐμὲ μὴ λυπεῖσθαι, vel τὸ ἐμὲ μὴ λυπεῖν ἐμαυτήν. Verbo activo λυπεῖν subjici debet persona in quam cadit actio, quae nisi expressa sit, tota phrasis nihil aliud quam griphus est. Heathio placet ἐμαυτὴν subintelligere: at secus videbantur auctori glossae in codd. superscriptae verbo λυπεῖν, τὸν θανόντα πατέρα. Quis dijudicabit, uter verius poetae mentem adsecutus sit? Perinde fallitur uterque. Haud temere eruditi viri lectionem hanc mendosam esse judicarunt, sed quod reponendum esse conjecerant τοὐμὲ μὴ λιπεῖν, vel μὴ 'λλιπεῖν, nimis abjectum est, & ab Electrae magnanimitate alienum. Unica vocula mutata sententiam restituimus:

ἐμοὶ γὰρ ἔστω τοὐμὲ σφε λυπεῖν μόνον
βόσκημα.

id enim solum mihi pro cibo sit, quod eos angam. Dixerat paulo supra λυπῶ δὲ τούτους. nec quidquam aliud cupit, quam ut pergere possit eis molesta esse.

364. τιμῆς τυχεῖν. In C. E. August. λαχεῖν. Haec verba saepe commutantur. Sane λαχεῖν cum genitivo construitur, idque fere ellipsi nominis μέρος: rarius, ubi nec hoc nomen, nec ullum aliud subintelligi potest, ut Œd. Col. 450.

ἀλλ' οὔ τι μὴ λάχωσι τοῦδε συμμάχου.

Sed plerumque cum accusativo construitur hoc verbum. Proinde τυχεῖν hic praetuli, & ex hoc loco in Antig. 699. edidi:

οὐχ ἅδε χρονίας ἀξία τιμᾶς τυχεῖν;

378. Ἐξερῶ σοι. Sic bene Aldus, unico adstipulante codice. In aliis τοι cum superscripta glossa σοι. Si genuinum esset τοι, pro δὴ accipi deberet: nam Doricum pronomen τοι Atticis poetis inusitatum est. Hae voculae saepissime permutantur, quod contigisse videbimus infra v. 871.

379. εἰ μὴ λήξεις. Sic codd. omnes, etiam Triclinianus; perperam in impressis λήξῃς.

381. προσόψει. Eustathius p. 1839. ubi de adverbiis ἐνταυθοῖ, ἐνταῦθα differit, hunc locum citans κατόψει legit.

382. ὑμνήσεις κακά. gl. θρηνήσεις τὰς δυστυχίας. Eustathius p. 634. τὸ ὑμνεῖν φαύλως ἐκλαμβάνεται ποτὲ κατὰ βαρεῖαν ἀντίφρασιν. Σοφοκλῆς· ὑμνήσεις κακά· ἤγουν ὑβρίσεις. καὶ ἐν Οἰδίποδι τῷ τυράννῳ (1275) τοιαῦτ' ἐφυμνῶν· ἤγουν δυσφημῶν. Αἰσχύλος (S. Th. 7.) ὑμνοῖτ' ἂν ὑπ' ἀστῶν φροιμίοις πολυῤῥόθοις. Εὐριπίδης (Med. 425.) τὰν ἐμὰν ὑμνεῦσαι ἀπιστοσύναν· ἤγουν κακολογοῦσαι. καὶ, ἐπεὶ ἀντάχησ' ἂν ὕμνον· αἱ κατὰ τῶν ἀῤῥένων ὕβρεις δηλαδή. Ultima χρῆσις ex eodem chorico cantico in Medea petita, ubi legitur ἐπεὶ ἀντάχησ' ἂν ὕμνον ἀρσένων γέννᾳ.

385. δέ με. Sic codd. omnes veteres. In impressis μοι, ut est in Tricliniani recensione. Imperite sane mutata fuit prior lectio, sublata Attica elegantia. Comicus Vesp. 696.

ταυτί με ποιεῖ'; οἴμοι τί λέγεις;
κοὐκ οἶδ' ὅ τι χρῆμά με ποιεῖς.

Pro δὲ in Tricliniani recensione est γάρ, quod in R. a secunda manu in locum alius particulae erasae substitutum.

399. πατρὶ τιμωρούμενοι. Sic Aldus & codd. omnes, etiam Triclinianus. Turnebus, quem deinceps alii secuti sunt editores, priorem lectionem mutavit, quam scilicet soloecam arbitratus est, & quia mulier loquitur, reposuit τιμωρουμένας. Imperite. Mulier si de se loquens verbo plurali inducitur, pronomen vel participium plurale semper masculino genere ponitur. Vide notam ad Antig. 926.

405. ἔμπυρα. Perperam Aldus, ut in codice meo scriptum est, ἐμπυρά. Vide ad Œd. T. 456. ἔμπυρα. Suidas; τὰ καιόμενα ἱερεῖα. Nempe Chrysothemin sequebantur famuli omnia ad sacrificium necessaria ferentes, & inter alia victimas, quales defunctorum manibus mactari solebant, quasque moris erat ad tumulum cremare. Rogata Chrysothemis cui *victimas illas ferat*, respondet *a matre se missam ut patris tumulo infunderet libamina*. Nempe libatio sine victima fieri non poterat, siquidem in inferiis sanguine libare mos erat. Virgilius Æn. III. 66.

inferimus tepido spumantia cymbia lacte,
sanguinis & sacri pateras.

Æn. V. 77.

hic duo rite mero libans carchesia Baccho
fundit humi, duo lacte novo, duo sanguine sacro.

Inde liquet perperam in glossa τάδ' ἔμπυρα exponi ταύτας τὰς σπονδάς.

424. ἡλίῳ δείκνυσι τοὔναρ. Iphigenia in Tauris apud Euripidem 42.

ἃ καινὰ δ' ἥκει νὺξ φέρουσα φάσματα,
λέξω πρὸς αἰθέρ', εἴ τι δὴ τόδ' ἔστ' ἄκος.

Medeæ nutrix apud eumdem v. 56.

ὥσθ' ἵμερός μ' ὑπῆλθε γῇ τε κοὐρανῷ
λέξαι, μολούσῃ δεῦρο, Μηδείας τύχας.

Plautus Mercatoris initio:

Non ego idem facio, ut alios in comœdiis
vidi facere amatores, qui aut nocti, aut dii,
aut soli, aut lunæ miserias narrant suas.
quos pol ego credo humanas querimonias
non tanti facere, quid velint, quid non velint.

427. πέμπει μ' ἐκείνη. Sic liquido scriptum in C. D. T. meo. Minus bene ceteri & Aldus πέμπει με κείνη. Verum ista absque codicis auctoritate emendari debent.

428. Ab hoc versu incipit Electræ μόνης in Aldina & codd. aliquot, librarii manifesto errore.

434. λουτρά, libamina, ut supra 84. ubi perspicuum est eadem significatione usurpari qua λοιβαὶ in v. 52. Huc pertinet Hesychii glossa: χθόνια λουτρά, τὰ τοῖς νεκροῖς ἐπιφερόμενα. ἐκόμιζον γὰρ ἐπὶ τοὺς τάφους λουτρά. Proprie indigitantur hac appellatione aquæ libationes. Dioscorides Epigr. XXXVI.

ἀλλὰ περιστείλας με λίθῳ χθονί· μηδ' ἐπὶ νεκρῷ
λουτρὰ χέῃς· σέβομαι, δέσποτα, καὶ ποταμούς.

Vide Meursii libellum de Funere cap. XIV.

435. ἀλλ' ἢ πνοαῖσιν. Haud quidquam ineptius est Britannorum conjecturis ῥοαῖσιν, vel δοαῖσιν. Vide quæ notavimus ad Œd. T. 271. Aj. 1035. maxime vero Orvillium ad Charitonem p. 398. ubi egregie de hac structura disputat, qua binis substantivis verbum unum elegantissime subjungitur, quod alterutri vix, ac ne vix quidem, seorsum applicari possit, multaque ex utriusque linguæ scriptoribus exempla profert, ab imperitis hominibus temere damnata vel solicitata. Duo tantum promam. Virgilius Æn. VII. 187.

Ipse Quirinali lituo, parvaque sedebat
succinctus trabea.

Lituo *succinctus* non erat; sed *instructus*, *insignis*. Formam de qua agimus ibi observarunt Burmannus & Heynius. Confer Davisium ad Ciceronem de Finibus II. 27. Pindarus Pyth. IV. 184. ὕμνον δ' ἐπιλέξαις ἀνθρώποις, αὐτὸ ἔργον, σὺν ἴσως εὐτράπελον κείνου εἰπεῖν. Ubi nomini ἔργον verbum εἰπεῖν non aptatur, sed extrinsecus arcessitur commodum ποιήσας, vel simile.

438. σκήπτρον. Sic in meo. Ceteri omnes, ut impressi, σκῆπτρα. Illud praetuli tum euphoniae gratia, tum ob Atticam formam, de qua vide ad Aj. 100.

442. αὐτῇ jungendum, non cum σοὶ, sed cum δέξασθαι, ut sit δέξασθαι αὐτῇ pro δέξασθαι ἀπ' αὐτῆς. Pronomini σοὶ superscripta glossa τοί. Bene. Secunda persona pro tertia incerta & indefinita. Vide not. ad Trach. 2. Neutiquam vero necesse est δέξασθαι contra librorum omnium fidem legere. Vide quae notavimus ad Aeschyli Persas 738. & ad Euripidis Phoenissas 899.

443. γέρα, ultima longa, non ob metri necessitatem, ut falso tradit auctor glossae in veteri cod. μακρόν, διὰ τὸ μέτρον. Verum ob contractionem ex γέραα. Vide quae notavimus ad Euripidis Bacchas 931. Sic plurale γέρα apud Apollonium Argon. IV. 1410.

445. ἐπὶ λουτροῖσιν. gl. ἐπὶ καθάρσει. — κάρᾳ dativus est. ὑφ' ἧς θανὼν ἐμασχαλίσθη, καὶ τῇ ἑαυτοῦ κεφαλῇ ἐξέμαξε τὰς κηλῖδας αὐτῆς. Vel, si mavis, κάρᾳ λουτροῖσιν ἐκείνη τὰς κηλῖδας τῇ κεφαλῇ αὐτοῦ ἐξέμαξεν. Prior ratio magis placet, juxta quam utriusque verbi idem nominativus est.

451. τήνδε λιπαρῆ τρίχα, id est τήνδε ἱκέτιν τρίχα. Sic omnino legendum, ut ex veterum criticorum commentariis, quorum meminit Scholiastes, olim lectitatum fuisse constat. Hoc jam olim reposuissem nisi vulgatae lectioni τήνδ' ἀλιπαρῆ gravis Hesychii auctoritas patrocinari mihi visa fuisset, in glossa, ἀλιπαρῆ, αὐχμηράν, quae procul dubio huc spectat; verum deceptus & ipse fuit Hesychius menda quae antiquitus inolevit. τήνδ' ἀλιπαρῆ per metrum stare non potest. Si τήνδε γ' ἀλιπαρῆ scripsisset poëta, quae Heathii conjectura est, id multo minus facile depravatum fuisset, quam proclive fuit ex τήνδε λιπαρῆ, facere τήνδ' ἀλιπαρῆ. Caussa autem mutationis fuit, quia imperitus librarius λιπαρῆ accepit pro λιπαρὰν, *nitidam*, cujus contrarium quum videret prorsus requiri, barbaram vocem excudit ἀλιπαρῆ. Nec λιπαρής, nec ἀλιπαρής pro *nitidus* & *sordidus*, graeca vocabula sunt. Graecum est λιπαρός, prima semper brevi: ἀλίπαρος caret auctoritate; nescio an exstet uspiam. ἀλιπαρής,

ἀλιπαρής, ut dicebam, plane barbarum est, & e græcis lexicis in posterum, me auctore, exstinguetur. In λιπαρής, λιπαρεῖν prima semper producitur. λιπαρής & λιπαρός quæ forma parumper differunt, sed prosodia & significatione permultum, alibi confundi observavimus. Vide notam ad Comici Lys. 673. λιπαρὰς θρὶξ, hic dicitur, ut infra 1378. λιπαρὴς χεὶρ, *supplex manus.* λιπαρεῖν τινα, *supplicare.* Vide Æschylum Prom. 1012. cujus locum protulimus ad Comici Acharn. 452.

457. ἀφνεωτέραις. In D. ἀφνειωτέραις, mendose pro ἀφνειοτέραις. Librario obversabatur usitatior forma ἀφνειός. Sed & altera proba est, quod ex hoc loco Eustathius observat ad Homerum p. 623. Ὅτι δὲ ὁ ἀφνειὸς δύναται καὶ ἀφνεὸς λέγεσθαι, δῆλον ἐκ τοῦ χερσὶν ἀφνεωτέραις παρὰ Σοφοκλεῖ. οὕτω δὲ καὶ ὁ θειότερος, θεώτερος ἐν τῇ Ὀδυσσείᾳ.

462. ἐμοί τ' ἀρωγά. Sic Aldus & codd. omnes veteres. Triclinius inepte κἀμοί τ', quod illi Turnebus relinquere debebat.

467. ἐπισπεύδειν. Sic Tragici exemplaria omnia. Apud Stobæum in sermone *de Veritate* legitur etiam in codd. ἐπισπεύδει perperam. Hunc locum Toupius ad Suidam II. 133. ridicule vertit, constructione sic ordinata: τὸ γὰρ δυοῖν ἐρίζειν οὐκ ἔχει δίκαιον λόγον. Mira sane phrasis, longeque impeditior ea, unde Henr. Stephanus tam ægre se extricat in Philocteta v. 1140. Tales in senariis verborum trajectiones nusquam occurrunt. Optime sensum & structuram declaravit Grammaticus in minoribus scholiis.

479. ὕπεστί μοι θράσος. Aldus & codd. omnes veteres θάρσος, quod salvo metro retineri poterat. Versus est dimeter iambicus brachycatal.

480. κλύουσαν. Sic Aldus & codd. omnes, præter antiquissimum, in quo κλύουσα librarii errore. Si quis mala re magna mactari non reformidat, tædium subeat legendi Parisini editoris notam ad hunc locum, unde nihil aliud reportabit, quam Th. Johnsoni conjecturam, multis obrutam nugis, κλυούσᾳ. Illam in Tragicorum lectione multo tritior utroque flocci non existimat Heathius, nec ego pluris facio. Immo perplacet mihi, sic formas poetici sermonis variari per ἀκαταλληλίαν, unde nulla oritur obscuritas. Schema est, quod vocant σολοικοφανές, quo constructio ad intellectum, non ad verba refertur. Hic verbale positum est pro verbo: ὕπεστί μοι θάρσος ἁδυπνόων κλύουσαν ἀρτίως ὀνειράτων. Vel subintelligitur verbum e proximo nomine arcessendum: ὕπεστί μοι θάρσος, ὥστε θαρσεῖν ἐμὲ κλύουσαν — Simile est in Euripidis Medea 813.

σοὶ δὲ συγγνώμη λέγειν
τάδ' ἐστί, μὴ πάσχουσαν, ὡς ἐγώ, κακῶς.

Ibi si legeretur, ut nihil vetabat poetam scribere,

σοὶ δὲ συγγνώμη λέγειν
τάδ' ἐστὶ, μὴ πάσχουσαν, ὡς ἐγὼ, κακῶς.

geminum gemellum exemplum esset. Nihil frequentius ista casuum enallage, cujus venustas librariorum libidini sæpe fuit obnoxia; at multis in locis nullo pacto obliterari potuit. In Antig. 1001. legitur,

ἀγνῶτ' ἀκούω φθόγγον ὀρνίθων, κακῷ
κλάζοντας οἴστρῳ καὶ βεβαρβαρωμένῳ.

Quis illic offendere possit? usitata tamen syntaxis flagitat κλαζόντων, quod nullus dubito quin a quopiam librario suppositum fuisset, ni metri lex manifesto obstitisset. In Euripidis Iphig. T. 954. scripserat Tragicus:

ἐλθὼν δ' ἐκεῖσε, πρῶτα μέν μ' οὐδεὶς ξένων
ἑκὼν ἐδέξαθ', ὡς θεοῖς στυγούμενον.

Imperitæ librarii curæ debetur vulgata lectio, ἐλθόντα δ' ἐκεῖσε. Variatur constructio, quæ frequentius per genitivum absolutum fieri solet; participiumque quod hoc casu ponendum erat, casu vel recto, vel quarto effertur. Ibi ἐλθὼν δ' ἐκεῖσε est pro ἐλθόντος δ' ἐμοῦ ἐκεῖσε. In Œd. Col. 1120. τέκνα φανέντ' ἄελπτα, est pro τέκνων φανέντων ἀέλπτως. Et sic facile expeditur difficultas in Æschyli loco Choeph. 404. quem post Pauwium temere sollicitat, & pejus adhuc corrumpit idem Sophoclis Parisinus editor:

πέπαλται δ' αὖτέ μοι φίλον κέαρ
τόνδε κλυούσαν οἶκτον.

quem ad hunc modum resolvas: κλυούσης δ' ἐμοῦ τόνδ' οἶκτον, πέπαλται αὖτέ μοι φίλον κέαρ. Parum sibi constabat Heathius idem alio in loco damnans, in alio probans. κλύουσαν apud Sophoclem defendit, apud Æschylum mutari vult in κλυούσᾳ: haud tamen ita absurda ratione, qua participium hoc femininum Parisinus Professor cum φίλον κέαρ connectit; sed id pro nominativo absoluto habet, hancque emendationem metrica lege confirmari arbitratur. Verum usquequaque falsus est. Nec structuræ, nec metri ratione quidquam mutandum est: versus est choriambicus, ut duo sequentes.

485. ἀμφάκης. Dorismum invitis libris restitui. Huc respexit Hesychius in mutila glossa Ἀμφαῆς, quæ sic scribi debuit: ἀμφάκης γένυς, ἀξίνη.

487. ἥξει καὶ πολύπους. Sic Aldus & codd. omnes veteres. Inepte Triclinius particulam δὲ inseruit, quæ Heathio fraudi fuit, de hujus versiculi metro disputanti. Est revera, ut strophicus, choriambicus incipiens a spondeo.

495. πρὸ τῶνδε. Heathius legendum censet πρὸς τῶνδε. Miror eum ignorasse πρὸ sæpe idem valere ac ὑπέρ.

522. ἄρχω καθυβρίζουσα. Distinctio inter duas voces poni non debuit: est enim pro ἄρχω ὑβρίζουσα. ἄρχειν hic valet προκατάρχειν, ut apud Homerum, ἐγὼ δ' ἄρχον χαλεπαίνων, id est Eustathio interprete p. 241. προκατῆρξα τοῦ χαλεπαίνειν. τὸ δὲ τοιοῦτον ἄρχειν, καὶ κατάρχειν λέγεται παρὰ τοῖς ὕστερον καὶ ὑπάρχειν, ἐξ οὗ καὶ ἡ ὑπαρχή. καὶ Ὅμηρος μὴ μετοχῇ αὐτὸ συντάξει· εἰ δὲ μεθ' Ὅμηρον, καὶ γενικῇ αὐτὸ συντάσσουσιν, οἷον ἄρχω ἀπειλῆς ἢ μάχης. ἴσθι δ' ὅτι παθητικῶς προθέσεως, καὶ αἰτιατικὴν τοιοῦτον ἐν αὐτῷ σύνταξιν, οἷον καὶ τὸ Κατάρχομαι νόμον βακχεῖον. Haec χρῆσις sumta ex Euripidis Hec. 681. Sic infra 552. ἄρξαντά τι λυπηρόν.

525. πατὴρ γάρ — *Haec longe a vulgatis diverso sensu accipio*, ait Parisiens editor, & ideo accipit pessimum in modum, quem non fert sermonis indoles. Ex praecedentibus quaedam repetenda sunt: καὶ γὰρ πρὸς σοῦ κλύω, ὡς πατὴρ τέθνηκεν ἐξ ἐμοῦ. ἐξ ἐμοῦ· καλῶς ἔξοιδα. In parenthesi sunt verba οὐκ ἄλλο μοι πρόσχημ' ἀεί.

529. Scatet ineptissimis interpolationibus Triclinii recensio. Hic legere ei placuit εἶπε, κἀγὼ — Quinto post versu pro ὁ τίκτουσ', quae codd. omnium lectio est, supposuit ἡ τεκοῦσ', spreta temporum ratione. ὥσπερ ἡ τίκτουσ' ἐγὼ valet ὥσπερ ἐγὼ, ἥτις ἔτεκον.

534. Perperam in Aldina τοῦ, χάριν τίνος — In Triclinii recensione τοῦ, χάριν τίνων. Turnebus absque ullo commodo distinctionem mutavit, τοῦ χάριν, τίνων — Perperam uterque τίνων accepit pro genitivo plurali, quum sit participium.

537. ἀντ' ἀδελφοῦ. Sic libri omnes recte, *fratris vice*. Temere Heathius mutat in αὐταδέλφου.

546. κοινοῦ γνώμην. Sic libri omnes. Glossa in plurimis codd. κακοτρόπου, quod olim perperam in textum intrusit.

554. τοῦ τεθνηκότος γ' ὕπερ. Sic Aldina & plerique veteres codd. In meo neutra particula comparet. Pro γε in Triclinii recensione est τε.

557. λυπηρὰ κλύειν. Eadem structura ac οἰκτρὰ θέσθαι in Philoct. 1167.

567. ἐξεκίνησεν. Heathius legendum censet ἐξενίκησεν, quod quidem August. cod. solus exhibet, sed librarii errore. Ceteri omnes codd. & Scholiastes vulgatum tuentur, quod probum est.

571. ὡς perperam Johnsonus vertit *donec*, qua potestate haec particula ab Atticis nunquam adhibetur.

575. μόλις. In D. μόγις. Significatione differre haec adverbia tradunt cum alii Grammatici, tum Thomas Mag. Sed nugantur. Promiscue adhibentur & confunduntur passim. Vide ad Thucydidem pag. 470. n. 85.

581. In Aldina hic & tertio post versu excusum τίθης. In aliquot veteribus libris scriptum τίθης, quod neutiquam soloecum est. Nam καὶ

cum indicativo construitur. Exemplis quæ protuli ad Comici Nubes 493. adde Euripidem Iph. A. 1545. Ione 1545. In D. subjunctivus est πάθῃς, quod ob usitatiorem structuram præferri debet.

583. εἰ δίκης γε τυγχάνοις. Sic recte Turnebus edidit. Codd. omnes & Aldus habent τυγχάνεις, solœce: vide quæ notavimus ad Comici Plutum 1037. Aberravit librarii oculus ad finem tertii exinde versus, ubi rectum est τυγχάνεις.

596. ἴσῃς. Aldus & plerique veteres codd. ὡς. Ceteri ἴσως. Vide ad Œd. T. 628.

600. τοῦ τι συννόμου. In duobus codd. notæ non melioris ξυννόμου.

609. Homerus in Odyssææ fine: μή τι καταισχύνειν πατέρων γένος. ubi hæc observat Eustathius: Ὅτι καταισχύνει τις γένος, ἔτι κατ' ἀρετὴν ὑπομείων τοῖς προγόνοις ἐκείνου. ἐντεῦθεν τὸ τραγικὸν ἐξήχθη ἀντιστρέφως κατά τι σκῶμμα,

εἰ γὰρ πέφυκα τῶνδε τῶν κακῶν ἴδρις
σχεδόν τι τὴν σὴν οὐ καταισχύνω φύσιν.

ὡς γὰρ παῖς ἐκεῖνος ἀγαθὸς οὐ καταισχύνει ἀγαθοὺς γονεῖς, οὕτως οὐδὲ τοὺς φαύλους, παῖς κακῶν ἴσος κατ' ἐκείνους γενόμενος.

614. καὶ ταῦτα τηλικοῦτος. Johnsonus vertit, *idque tantula ætate*. Inepte, si quid recte judico. Electra XXV. annos ad minimum nata erat. τηλικοῦτος vox media est, & tam de majore, quam de minore ætate dicitur.

628. μεθεῖσα. In C. παρεῖσα. gl. ἐάσασα.

636. θυμάτων ἃν νῦν ἔχω. Sic Aldus & codd. omnes veteres præter C. in quo ἃ pro ἃν, quod & Triclinius prætulit. Supra 431. ἃν ἔχεις. 763. ἃν ὄπωπ', metri lex ne mutarentur obstitit. Vide quæ notavimus ad Comici Vespas 907.

646. πέφηνεν. Scholiastes minus bene legit πέφυκεν. Glossema est genuinæ vocis, cujus locum etiam invaserat in Æschyli Prom. 111.

662. ᾔκασας. Vulgo εἴκασας. Atticam formam reposui. Vide notam ad Comici Nubes 350.

664. πρέπει ὡς τύραννος εἰσορᾶν, *decora est videri ut regina*; id est *reginæ similis est*. Hoc significatu frequentatur verbum πρέπω. Pindarus Pyth. II. 69.

εἶδος γὰρ ὑπερτάτα
πρέπεν οὐρανίᾳ
θυγατέρι Κρόνου.

Euripides Bacchis 905.

μορφῇ δὲ Κάδμου θυγατέρων πρέπεις μιᾷ.

Ibidem 1177.

πρέπει γάρ, ὥστε θηρὸς ἀγραύλου φόβη.

ut hic *πρέπει εἰσορᾶν*, sic apud Æschylum Suppl. 727.

πρέπουσι δ' ἄνδρες νήϊοι μελαγχίμοις
γυίοισι λευκῶν ἐκ πεπλωμάτων ἰδεῖν.

ubi *πρέπουσιν ἰδεῖν*, *conspicui sunt.*

674. *οἲ ἐγώ.* Sic præstantissimi e veteribus codd. absque elisione, ut Aj. 603. & passim. Eadem est ratio, quæ in *τί ἐστι; τί εἶπας*, de quibus vide ad Philoct. 733. 917. & quæ notavimus ad Æschyli Persas 515.

676. *τότε*, *dudum.* In Triclinii recensione scriptum *νῦν τε καὶ πάλαι λέγω.* altera superscripta lectione. Illa in August. quoque nostræ superscripta.

682. *πρόσχημα*, inquit Budæus, *decus* significat & *rem visendam.* Herodot. L. V. 28. *καὶ δὴ καὶ τῆς Ἰωνίης ἦν πρόσχημα Μίλητος.* Eadem significatione simplex *σχῆμα* adhibet Euripides Andromachæ initio:

Ἀσιάτιδος γῆς σχῆμα, Θηβαία πόλις.

Ἑλλὰς ἀγών, *conventus Græcorum.* *ἀγών certamen* hic non significat, quod non animadvertens Oudendorpius ad Thomam M. in *πρόσχημα*, *ἀγῶνος* cum sequentibus jungit, *ἀγῶνος Δελφικῶν ἄθλων χάριν.* Adjective sumitur *Ἑλλάδος*, ut Philoct. 223.

686. Vulgo legitur, *δρόμου δ' ἰσώσας τῇ φύσει τὰ τέρματα.* Quod quid sit, nemo adhuc diserte potuit exponere. Quæ in scholiis afferuntur explicationes sunt futilissimæ. Cursus qui *δόλιχος* appellabatur, diu post heroïca tempora in usu fuit. Hujus de mensura non convenit inter criticos. Probabile est fuisse XXIV. stadiorum. Verum utut fuerit, quis credat poetam tam obscuro ænigmate significare voluisse, tot stadia Orestem cucurrisse, quot annos tum esset natus? Quid ostendit *φύσιν* hic *ætatem* significare? glossa *ἤγουν δρομαῖον ὁμοδίως τῇ αὐτοῦ φύσει* nihil expedit. Unius literæ mutatione sententiam restituit Musgravius felici conjectura ad Euripidis Phœn. 1135. proposita:

δρόμου δ' ἰσώσας τῇ ἀφέσει τὰ τέρματα.

Eadem laus Oresti tribuitur, quam cursori Ariæ impertit Antipater Sidonius Epigr. XXXIX.

ἢ γὰρ ἐπ' ὑσπλήγων ἢ τέρματος εἶδέ τις ἄκρου
ἠΐθεον, μέσσῳ δ' οὔποτ' ἐνὶ σταδίῳ.

Is sane sciebat, quid esset *τὰ τέρματα τοῦ δρόμου ἰσοῦν τῇ ἀφέσει*, *metam carceribus cursu jungere.* Librario fraudi fuit elisio *τῇ 'φέσει*, quod quum non caperet, notius substituit *φύσει.*

689. *τοιάδ' ἀνδρὸς ἔργα.* Hæc est codicis mei lectio, quam vulgatæ *τοιοῦδ'* præfero. In T. superscripta varia lectio *ἔργ' αὐτῷ κράτη*, quam

D. in contextu exhibet. Glossa, τοσαῦτα ἔργα καὶ κράτη αὐτὸς, τοσαύτας ἀνδραγαθίας, ἢ τοσαύτην ἰσχύν. quæ explicatio ad nostram lectionem refertur. Eam descripsi e cod. C. qui tamen in textu habet τοσαῦτ᾽.

690. Βραβῆς. Vulgo βραβεῖς. Vide ad Oed. T. 18. Quæ sequuntur verba δρόμων διαύλων πένταθλ᾽ non carent difficultate. Intelligenda sunt, tamquam si scriptum esset, ὅσων γὰρ ἀγώνων νομιζομένα πένταθλα οἱ βραβεῖς ἀνεκήρυξαν, τούτων — Pro ἀγώνων posuit δρόμων διαύλων, quia *cursus* certaminum est nobilissimum; quamobrem in omnibus ludis primum hoc committebatur, & signabantur singulæ Olympiades athletæ nomine, qui stadio vicerat: itidem *Quinquertii* pars erat nobilissima *cursus duplicati stadii*, hujusque certaminis nomine cetera quatuor *Quinquertii* partes synecdoche continentur: ἀπὸ μέρους, ut aiunt, τὸ ὅλον. Orestes hic fingitur primum vicisse *stadio*, postea eodem die *pentathlo* certasse, quæ in commissione quinque conjunctorum certaminum, victor omnium renuntiatus est. Idem contigit Xenophonti Corinthio, cujus laudes cecinit Pindarus Olympion. XIII. Exstat vetus Epigramma εἰς τὸ πένταθλον apud Eustathium p. 1320. & in Analectis nostris T. III. p. 247.

ἅλμα ποδῶν, δίσκου τε βολὴ, καὶ ἄκοντος ἐρωὴ,
καὶ δρόμος, ἠδὲ πάλη· μία δ᾽ ἔπλετο πᾶσι τελευτή.

Verti debuit: *Quorumcunque enim certaminum a ludorum arbitris indicta fuere pro more quinquertia, horum &c.*

699 τίθεντες. gl. ἀνατιθέντες.

703. Θεσσαλὰς ἔχων. In D. ἄγων, quæ lectio in T. alteri superscripta.

706. Αἰνιάν. & infra 724. Αἰνιᾶνος. Perperam Aldus & plerique codd. habent Αἰνειὰν & Αἰνειᾶνος, ut scriptum est etiam in Triclinii recensione. In meo emendate Αἰνιάν, Αἰνιᾶνος, quod adferit Eustathius ad Homeri catalogum p. 335. Vide Stephanum Byzant. in Αἰνία — λεύκιππος perperam ab editoribus acceptum fuisse videtur pro nomine proprio. Epithetum est, quo Stesichorum usum fuisse docet Eustathius p. 524.

719. ἤφριζον — Hinc Virgilius Georg. III. 111.

humescunt spumis, flatuque sequentum.

726. τελοῦντες, non ad solum Ænianem, sed etiam ad Barcæum refertur. Nam Ænian non agebat simul sextum & septimum cursum; sed quum is septimum ageret, sexies jam circumacta meta, tum Barcæus sextum cursum agebat, sicque adversis frontibus in se invicem impegere. Est itaque τελοῦντες nominativus pendens, vice genitivi absoluti. ἐκ δ᾽ ὑποστροφῆς μέτωπα συμπαίουσι Βαρκαίοις ὄχοις, τελούντων αὐτῶν ἤδη ἕκτον καὶ ἕβδομον δρόμον. In fine versus 725. comma poni debuit. In curulibus certaminibus duodecies circa metam flectebantur equi. Inde curules vi-

ctorias Pindarus appellat ἄνθεα τεθρίππων δυωδεκαδρόμων: & metam, δυωδεκάγναμπτον τέρμα δρόμου ἵππων.

717. συμπαίουσι. Mendose Aldus συμπταίουσι.

734. ὑστέρας ἔχων. Aldus & codd. ad unum omnes ὑστέρας δ' ἔχων. Melius esset cum Heathio legere ὑστέρας τ' ἔχων. Verum neutra particula opus est, nec ullam adgnoscit August. codex quem hic sequimur. Librarius de suo inseruit δὲ, ob praecedens μὲν. Vide ad Trach. 944. Reduplicatio est, quales jam multae observatae fuerunt, in ἔσχατος ἤλαυνε, ὑστέρας ἔχων πώλους, antiquam simplicitatem redolens. Sic in Euripidis Andromacha 393.

ἀλλὰ τὴν ἀρχὴν ἀφεὶς,
πρὸς τὴν τελευτὴν, ὑστέραν οὖσαν, φέρῃ.

Ibi voces ὑστέραν οὖσαν sine ullo sententiae detrimento tam bene omitti poterant, quam hic voces ὑστέρας ἔχων πώλους. Faceta est conjectura Parisini Editoris;

ἤλαυνε δὲ ἔσχατος μὲν, ὑστέρας δ' ἔχων —

Hominis temeritatem satis mirari nequeo, qui Tragici Graeci emendationem in se suscipit, paremque se huic negotio putat, & tamen ignorat, talem hiatum, qualis in δὲ ἔσχατος est, totius theatri sibilis excipiendum fuisse, nec unicum in superstitibus omnibus Atticae scenae reliquiis exemplum esse, quo defendi possit. Scriptum oportuisset ἤλαυνε δ' ἔσχατος, & tum claudicaret versus in secundo pede.

738. κἀξισωσάτην ζυγά. Sic bene in scholiis legitur. Tragici exemplaria pluralem pro duali habent, qui hic elegantior est.

739. τότ' ἄλλος. Sic membr. & plerique codd. etiam is qui Triclinii recensionem habet. Turnebus tamen pravum πότ' ex Aldina retinuit. Correlativa sunt τοτὲ, ἄλλοτε. Hoc, quia fere geminari solet, vel alteri cognatae significationis adverbio opponi, infra v. 752. ubi solum absque correlativo ponitur, erudito Heathii amico suspectum fuit. Pro ἄλλοτ' οὐρανῷ conjecit ἀλλὰ τοὐρανῷ, quod equidem cum eo non accipiebam pro καὶ, sed pro τῷ οὐρανῷ. Verum conjecturae non est locus. E praecedenti φορούμενος πρὸς οὖδας satis intelligitur, implicitis loris cadaveris crura modo in solo porrecta fuisse, modo sursum jactata.

757. κήαντες. Sic Aldus & veteres codd. omnes, partim ut edidimus, partim cum ι subscripto κῄαντες. In C. a prima manu scriptum fuerat καίαντες. In Triclinii recensione est κείαντες. Homerica forma est ἔκηα, unde participium κήας. Magis Atticum videri possit κέαντες, quod in Euripidis Rheso ex codd. auctoritate restituit Musgravius:

ἀλλ' ἱκάνοντες πύργ' ἐπ' εὐτείχεον πόλιν.

Vide Piersonum ad Mœridem p. 231.

770. δεινὸν τὸ τίκτειν ἐστίν. Comicus in Lysistr. 884. δεινὸν τὸ τίκτειν. Vulgo legitur οὐδὲ γὰρ κακῶς πάσχοντι. Nimis languidum est illud γάρ. Pro τέκῃ Triclinius habet τέκοι, quod in D. superscriptum. Vide not. ad Œd. Col. 393.

783. νῦν δὲ — νῦν ἕκηλά που. Intermedia in parenthesi sunt. Eleganter repetitur, ut sæpe, adverbium νῦν: sed addita posteriore loco particula δὲ venustatem omnem sustulerat. In D. scriptum νῦν δὲ 'κηλα που, quod vulgato melius non est.

792. Νέμεσι. Sic Aldus & præstantissimi e veteribus codd. In aliis Νέμεσις. τοῦ θανόντος jungendum cum Νέμεσι, non cum ἄκουε. Ineptum scholion quod ad hunc versum vulgavit Johnsonus, consulto omisimus.

797. πολλῶν ἂν ἥκοις. Perperam in August. & in Triclinii recensione ἥκεις. In E. εἴης, quod e glossa quam edidimus, ortum.

814. Perperam vulgo distinctum καὶ πατρὸς ἤδη. Particulæ ἢ δὴ in unam vocem librarii errore coaluerant.

821. ἂν θάνω. Sic optime legebat Scholiastes, quem vide ad v. 975. Tragici exemplaria habent ἢν κτάνῃ. Quanto præstantior sit nostra lectio ex membrorum diserta oppositione apparet: χάρις ἂν θάνω, λύπη ἐὰν ζῶ.

823. Hic versus & tres sequentes vulgo tribuuntur Choro, manifesto errore. Ab Electra eos proferri debuisse liquet ex Chori subjecta admonitione μηδὲν μέγ' ἀΰσῃς, quæ ad ista Electræ verba refertur. Inepte Johnsonus vertit, *ne altum nimis clamaveris*. Recte glossa: μηδὲν ἀπρεπὲς εἰς τοὺς θεοὺς εἴπῃς. Vide scholia ad Aj. 386.

835. ἕρκεσι κρυφθέντα γυναικῶν, *mulierum laqueis irretitum, captum, obrutum*. Allusio esse possit ad monile Eriphylæ datum. Addita in Aldina & in codd. vox ἀπάταις a mala manu est & ejici debuit: tam sententiæ inutilis est quam metro.

841. πάμψυχος ἀνάσσει. Cicero de Divinatione I. 40. Amphiaraum autem sic honoravit fama Græciæ, Deus ut haberetur, atque ut ab ejus solo, in quo est humatus, oracla peterentur. πάμψυχος glossa exponit ζῶν, recte. ὁ κατὰ πάντα τρόπον ζῶν. Nempe quia, ut Homerus ait de Tiresia,

> τῷ καὶ τεθνηῶτι νόον πόρε Περσεφόνεια
> οἴῳ πεπνῦσθαι· τοὶ δὲ, σκιαὶ ἀΐσσουσιν.

849. δειλαία δειλαίων κυρεῖς. *Misera miserarum*, id est, *miserrima es*. Perperam Johnsonus vertit: *misera, miserias sustines*. Geminatio ejusdem adjectivi pro superlativo est. Vide ad Œd. T. 465.

852. In Aldina δεινῶν στυγνῶν τ' ἀχέων. & sic codd. metro claudicante. Oportuit δεινῶν τε, quod jam vidit Heathius. In membr. librarii errore frequentissimo, quo αι & ε confunduntur, scriptum ἀχαίων. Reliqui omnes veteres habent, ut Aldus, ἀχέων. Glossa in E. ἀλγῶν. In mendosum codicem incidit Triclinius, nec adeo catus fuit ut mendam animadverteret: inde fecit Ἀχαιῶν, variamque lectionem, nescio unde enotatam, adposuit: γρ. ἀρχαίων. Hoc *metro convenire, & ad sententiam non ineptum esse* dicit Heathius. Ineptissimus itaque sim ego, qui non videam quo pacto ἀρχαίων stare possit, id est quid sibi velint quatuor adjectiva sine substantivo. ἀρχαίων e Triclinii cerebello prodiisse affirmo, nec umquam in ullo Tragici probo exemplari exstitisse. πανσύρτῳ παμμήνῳ accipe pro διὰ τὸ πάνσυρτον καὶ τὸ πάμμηνον.

856. τί φῄς additum in Aldina & in veteribus codd. αὐδᾷς δὲ ποῖον; ineptum centonem a mala manu adsutum fuisse nemo non videt.

866. ἄτερ ἐμᾶν χερῶν. Sic bene codd. ut metrum flagitat. Mendose Aldus χειρῶν.

871. ὑφ' ἡδονῆς τοι. Aldus & codd. τι male. Vide supra ad v. 378. Eleganter abundat τοι, ut sæpe. Accipi etiam potest pro σοῦ χάριν, vel pro πρὸς σέ.

878. ἐναργῶς cum πάρεστι jungendum, non cum κλύουσα. gl. πάρεστι φανερῶς, ὥσπερ ὁρᾷς ἐμὲ ἐναργῶς παροῦσαν.

879. ἀλλ' ἦ. Sic codices alii. In membr. ἀλλ' ἦ cum signo tamen interrogationis in fine sententiæ. Ista quid differant, docebit te Valckenarius ad Hippol. 932.

888. ἀνηκέστῳ θάλπῃ, μανιώδει. In Aj. 52. ἀνηκέστου χαρᾶς. Homericum est epitheton. Il. O. 217.

ἴστω τοῦθ' ὅτι νῶϊν ἀνήκεστος χόλος ἔσται.

ad quem locum Eustathius: Ὅρα καὶ τὸ ἀνήκεστος, ὡς ἐπὶ νόσου γὰρ ἀκοῆς, τοῦ χόλου, ἐῤῥέθη αὐτό. & E. 394.

τότε κέν μιν ἀνήκεστον λάβεν ἄλγος.

In Œd. T. 98. propria significatione adhibetur: ἀνήκεστον μίασμα, id est ἀθεράπευτον.

896. πάντων. Glossa omissam præpositionem supplet ἀπό, & κύκλῳ abundare docet. Superscriptum περιττόν. θήκην exponit τὸν τάφον.

901. νεωρῆ nihil aliud significat quam νέον, ut Œd. Col. 730. hic vice adverbii νεωστὶ adhibetur. νεωρὸν apud Hesychium perperam scriptum pro νεαρόν.

914. οὔτι δρῶσ' ἐλάνθαν' ἄν. Sic ex indole linguæ omnino legendum. Solœce vel inepte vulgo οὔτε δρῶσ' ἐλάνθανεν, quod significaret Cly-

tamenetiam fecisse id, quod plane fecisse neganda est. Ex vi sententiæ vertit Johnsonus, *neque, si fecisset, latuisset*, quem quidem sensum græca ab Heathio dudum emendata fundunt. Nihil verius hac lectione, quidquid oggannlat Parisinus editor. Quam sæpe imperiti librarii potentialem ἂν omiserint, indices nostri ostendunt in Aristophanem & Sophoclem.

916. ἄγ' ὦ φίλη. Male vulgo legitur ἀλλ' ὦ φίλη. Istud ἀλλ' ab oscitante librario e præcedenti versu repetitum fuit. Valckenario obsecutus sum bene monenti ad Hippol. 288. θάρσυνε. Verbum hoc quod transitive solet adhiberi, hic neutrum est, & passive significat. Vide Musgravium ad Euripidis Rhesum 639. Heracl. 16. & quæ notavimus ad Or. 269. Bacchas 1041.

917. οὐχ αὑτὸς αἰεί. Perperam in libris οὐχ αὐτός. Vide ad Philoct. 521. Ut αὐτοῖς, absque articulo τοῖς, nihil aliud significaret quam *illis*, *ipsis*, nequaquam vero accipi posset pro *iisdem*; ita αὐτὸς sine articulo nihil aliud esset quam *ille*, *ipse*, non vero, quod sententia flagitat, *idem*.

919. κῦρος. gl. βεβαίωσις.

921. πρὸς ἡδονήν. gl. ἡδέως καὶ τερπνῶς. Sic supra 369. πρὸς ὀργήν. 464. πρὸς εὐσέβειαν. Cum variis substantivis πρὸς adverbii vicem fungitur.

923. κάτοιδα. gl. ἀκριβῶς γιγνώσκω.

924. τἀκείνου, id est τὰ ἐκείνου, ut ob crasin prima longa fit. Sic accurate scriptum est in codd. Perperam in impressis τὰ κείνου, metro ruente. Facillimam emendandi rationem Canterum fugisse miror, qui Var. Lect. IV. 29. τὰν κείνου legendum decernit.

933. τινά. gl. ἄνθρωπον φίλον δηλαδή.

943. ἃ 'ν, id est ἃ ἄν. In codd. sic fere scribi solet, ἂν, quæ quidem scriptura melior. Quippe quum duæ voculæ per crasin in unam coalescant, geminato accentu usus non est. In codd. autem omnibus, etiam in Tricliniano, scriptum est, ut edidimus, ἃν ἐγὼ παραινέσω, ut nesciam unde in Aldinam irrepserit pronomen σ', quod a male feriato homine insertum fuit sustentando versui, qui hoc fulcro non indiget.

951. ἔγωγ' — Vulgo minus bene ἐγὼ δ' — Mox legitur in impressis, & plerisque codd. βίῳ θάλλοντά τ' εἰσηκούομεν. Copulæ non est locus, nisi post βίῳ distinguatur, hocque nude positum censeatur per ellipsin præpositionis ἐν, ut sit: ἕως εἰσήκουον τὸν κασίγνητον ἐν τῷ βίῳ, καὶ θάλλοντα. Et sic quidem glossa exponit. In Trach. 235. καὶ ζῶντα, καὶ θάλλοντα. Sed durinscula videtur phrasis; idcirco prætuli lectionem cod. D. βίῳ θάλλοντά γ' εἰσήκουον.

953. πράκτορα. gl. ἀπαιτητὴν, ἐκδικητήν.

956. Ἴσως μὴ κατακτάνοις. Sic liquido in membr. & in E. ad Attici sermonis normam. Solœce vulgo κατακτάνῃς.

962. ἄλεκτρα, ἀνυμέναια. Neutra pluralia pro adverbiis.

977. τώδε τὼ κασιγνήτω. Nihil notius hoc schemate. Vide Indicem in ΤΩ ΧΕΙΡΕ. Multus est ad Homeri versum in scholiis laudatum Clarkius, cujus in longiori nota vix quidquam est sani. Diversas loquendi formas confundit in quibus nihil est simile. Masculinus articulus cum feminino substantivo jungitur tantum in duali. τούτους de duabus feminis nemo græce dixit. Pausaniæ locus qui laudatur in mendo cubat, & a Clarkio male fuit intellectus. De duobus Niobes liberis, quibus Latonæ pepercit ira, ibi agitur, Melibœa puella, cui Chloris inditum postmodo nomen, & Amycla, qui mas fuit, non femina. Hoc cum aliunde colligi potest, tum ex ipsius Pausaniæ loco p. 417. Χλωρὶς Ἀμφίονος θυγάτηρ μόνη λειφθεῖσα τοῦ οἴκου· σὺν δὲ αὐτῇ καὶ ἕνα περιγενέσθαι φασὶ τῶν ἀρρένων. Itaque de mare & puella agens rite dixit L. II. cap. 21. ΤΟΥΤΟΥΣ δέ φασιν Ἀργεῖοι τὸ ἐξ ἀρχῆς οἰκοδομῆσαι τῇ Λητοῖ τὸν ναὸν, quemadmodum paullo ante dicere debuit περιγενέσθαι δὲ ΕΥΞΑΜΕΝΟΥΣ τῇ Λητοῖ, ubi mendose ex librarii errore legitur εὐξαμένας. Diversum est schema, quum mulier de se ipsa loquens numero plurali, pronomine, vel adjectivo, vel participio masculino utitur, nunquam, apud Atticos saltem, feminino. De hoc schemate egimus ad Antig. 926. cujus exemplum est supra 399.

πεσούμεθ', εἰ χρὴ, πατρὶ τιμωρούμενοι.

De se sola Electra loquitur. Hecuba apud Euripidem in cognomine fabula v. 511. quum ait σὺν ἄρ' ὡς θανουμένους μετῆλθες ἡμᾶς; non *de se ipsa & filia* loquitur, ut falso tradit Clarkius, sed de se sola. Dicere non posset, nisi solœce admodum θανουμένην ἐμέ; & invenuste prorsus diceret θανουμένας ἡμᾶς. Exempla ubi ad νέκυς & νεκρὸς structura refertur, ἀπροσδιόνυσα sunt, quia *cadaver* sive maris sive feminæ, nihil unquam aliud est quam *cadaver*. Nec saniori judicio exemplum e Comici Concionantibus petitum, ubi mulieres viros se esse assimulantes e virorum persona loqui debent. Plautus *Quis ea est* bene dixit ætatis suæ more. Nam veteribus Latinis *quis* utriusque generis est, ut ablativus *qui*. Θεὸς Græcis utriusque generis est, quorum ex imitatione Virgilius dixit de Venere, *ducente Deo*: & hoc tamen nihil ad rem facit, siquidem ibi nulla est structuræ varietas, nec generis enallage, qualis in τώδε κασιγνήτω. Nam sive *deo*, sive *dea* scripserit Virgilius, semper manserit *ducente*. Quam aliena ista omnia a schemate de quo hic agitur, ostendere volui, quia ista Clarkii nota sæpe doctos viros abusos fuisse nolmadverti, quo insulsissimas conjecturas, seu vitii manifestas lectiones tuerentur. Vide quae notavi ad Antig. 986.

979. εὖ βεβηκόσιν. Hesychius: εὖ βεβηκότι, εὐσταθεῖ.

983. οὕνεκ' ἀνδρείας. Sic scriptum est etiam in Triclinii recensione. Turnebus tamen dedit ἀνδρίας.

985. μὴ 'κλιπεῖν. Perperam in veteribus codd. μὴ λιπεῖν, vera lectione glossae loco superscripta ἐκλιπεῖν.

994. τὴν εὐλάβειαν. gl. τὴν αἰδῶ τὴν ἑαυτῆς.

997. οὐκ ἀνήρ. Sic bene in D. ut & in Triclinii recensione. In ceteris, ut apud Aldum, οὐδ' ἀνήρ. Mox χερὶ codd. omnium, praeter Triclinii, lectio est. Perperam in libris ἔλασσον.

1005. λύει, subaudito τέλη, λυσιτελεῖ. Plene dixit in Œdipo T. 316. ἔνθα μὴ τέλη λύει. Nude sic posito λύει utitur Euripides Medea 571. 1112. 1362. Alcestide 639.

1007. ὅταν θανεῖν χρῄζων τις. Ex vi sententiae intelligitur supplendum esse adverbium εὐκλεῶς.

1015. πείθου. In C. πιθοῦ, quod ut magis Atticum, praeferri debebat.

1018. ᾔδη. Perperam in codd. & in impressis ᾔδειν. Vide ad Œd. T. 433. Librorum veterum auctoritas hic si desideraretur, confirmari posset nostra lectio scriptura codicis Eclogarum nominum Atticorum Thomae Mag. in quo legitur ᾔδη. Idem Grammaticus ἐπαγγέλλεσθαι hic αἰτεῖν significare declarat, quo sensu verbum illud adhibuit Xenophon Memorab. Socratis l. 2. 8. Σωκράτης δ' ἐπηγγείλατο μὲν οὐδενὶ πώποτε τοιοῦτον οὐδέν. ubi a sensu plane aberravit interpres.

1022. πᾶν γὰρ ἂν κατειργάσω. Aldus πάντα γὰρ κατειργάσω, & sic codd. ad unum omnes. In solo C. sincerae lectionis remansit vestigium: πάντα γὰρ ἂν κατειργάσω. Perperam πάντα scriptum fuit pro πᾶν, qui admissus error alteri ortum dedit, nempe ut extruderetur metro officiens, particula ἄν, quae salvo sensu, per linguae indolem abesse non potest. Nam πάντα κατειργάσω nihil aliud valet, quam *omnia confecisti*: neutiquam vero *omnia confecisses*. Vide supra ad v. 914. & quae notavi ad Æschyli Prom. 622.

1026. πράσσειν. Sic emendate scriptum in membr. E. & meo. Perperam Aldus πράττειν.

1029. μὴ πάθῃς. Sic optime membr. & E. estque in D. etiam haec lectio alteri inde depravatae μάθῃς superscripta. Sic apud Comicum saepe scriptum τί μαθών; ubi oportuit τί παθών;

1047. ἴσθι πάλιν — Hoc ordine collocatae voces in D. concinnius quam in aliis πάλιν ἴσθι.

1053. ἢν τυγχάνῃς. Sic Aldus & codd. veteres recte. In Triclinii recensione scriptum εἰ τυγχάνῃς.

1060. τροφᾶς κηδομένους, ἀφ' ὧν — Id est τῆς τροφῆς ἐκείνων, ἀφ' ὧν — In meo scriptum τροφάς, & in margine τροφεύς. Unde olim non male conjecisse mihi videbar τροφῶν, *parentum*. Postmodo nihil mutandum esse vidi.

1061. ὄνασιν. Dorismum in hac voce usitatum restitui. Minus bene in libris ὄνησιν.

1063. In Aldina & in veteribus codd. οὐ μὰ τὰν — Verum μὰ non admittit metrum, & salva phrasi abesse potest. Vide ad Œd. T. 660.

1065. δαρὸν οὐκ ἀπόνητοι. Aldus & codd. omnes veteres ad unum habent δαρὸν οὐκ ἀπόνητοι. In D. ἀπαίνητοι, cum glossa, quam minora scholia exhibent. Triclinii interpolatio est, quam Turnebus repraesentavit, δαρὸν γὰρ οὐκ ἀπόνητοι. Superscripta in cod. glossa: ἄλυποι, ἀτιμώρητοι. ἔσονται δηλονότι οἱ τοιοῦτοι. Nec particulam γάρ, nec ἄρ', quam illi substituit Canterus, liber ullus antiquus adgnoscit. ἀπαίνητοι primum comparuit in editione Juntina, unde hanc lectionem revocavit H. Stephanus, & merito quidem: est enim altera probabilior. Sed sive ἀπόνητοι, sive ἀπαίνητοι legatur, numquam hic versus alieni mangonii expers cum antistrophico congruet, qui trimeter est dactylicus:

ἁ πανόδυρτος ἀηδών.

Nugatur enim cum magistro suo, qui Heathii notam in pauciora verba contraxit Parisinus editor, primam in ἀηδὼν produci affirmans. Metra sibi invicem respondere non possunt, nisi legatur:

δαρὸν ἄρ' οὐκ ἀπόνητοι.

Nec sane video qui hac scriptura corrumpatur sententia: *haud longe aberit, quum laboribus & molestiis exercebuntur.*

1067. κατά μοι βόασον. Abundat μοι, ut saepe, eleganter.

1070. σφὶν ἤδη. Perperam in Aldina & veteribus codd. σφίσιν. In D. σφίσι γ'.

1071. νοσεῖ. Sic libri veteres omnes. Triclinius aequandi metrorum studio νοσεῖ δή.

1075. τὸν ἀεί, subauditur χρόνον. Genitivus πατρὸς non ab ullo substantivo librariorum errore omisso, vel extrinsecus arcessendo, pendet, verum ab adjectivo δειλαία, vel, si mavis, a suppresso ἕνεκα. Sic infra 1209. ὦ τάλαιν' ἐγὼ σέθεν. Nimis stolide futilem Heathii conjecturam olim receperam, Ἠλέκτρα, οἶτον ἀεὶ πατρὸς δειλαία στενάχουσ'. Glossae in codd. τὸν ἀεί. χρόνον δηλονότι. δειλαία ἕνεκεν πατρός.

1078. τοῦ θανεῖν. Perperam Eustathius, cujus locum protuli ad Œd. T. 58. legit τοῦ μὴ θανεῖν.

1081. τίς ἂν εὔπατρις. Aldus & veteres codd. male τίς ἂν οὖν.

1087. τὸ μὴ καλὸν καθοπλίσασα, id est καταπολεμήσασα, ut recte Scholiastes exponit. Ea est librorum omnium lectio, cujus loco Heathius legendum censet καθοπλισαμένη, quia supra v. 996. θράσος ἐξωπλίσθαι dicta fuit Electra. Verum ibi vi reciproca verbi medii ὁπλίζω significat induit, quod ab hujus loci sententia quantum potest maxime alienum est. Verbo activo & transitivo opus est. Pudet me tam insulsis conjecturis Tragicum olim adulterasse. Paullo ante πάγκλαυτον Aldus & codd. habent veteres. Vide ad Trach. 652.

1088. δύο φέρειν ἐν ἑνὶ λόγῳ. Aldus & codd. veteres praepositionem ἐν omittunt, quam metro flagitante reposui. Absorpta fuerat a sequenti voce, quod confirmat glossa ἐν μιᾷ φήμῃ. Triclinius inficete ἑνί γε λόγῳ.

1091. πλούτῳ τε. Perperam Aldus & plerique veteres libri καὶ πλούτῳ.

1094. ἐν ἐσθλᾷ. Sic Aldus & codd. plerique: in aliis ἐπ᾽ ἐσθλᾷ: quidam neutram praepositionem habent. Supra 1056. ὅταν ἐν καλοῖς ἤδη βεβήκῃς.

1097. τῷ Διός. Sic libri omnes veteres. Triclinii imperita audacia Ζηνὸς substituit, pessum dato metro.

1102. εὖ θ᾽ ἱκάνεις. Sic codd. omnes, etiam Triclinii recensio. Turnebus tamen edidit εὖ γ᾽ —

1107. Φωκῆς. Vulgo Φωκεῖς. Illud reposuimus etiam infra v. 1442.

1111. ἐφεῖτο, gl. ἐνετέλλετο. Vide ad Philoct. 619.

1124. τάδε. Sic Aldus & veteres codd. Triclinius substituit τόδε.

1127. ὥς σ᾽ ἀπ᾽ ἐλπίδων. Omissum librariorum errore, ut videtur, pronomen restitui.

1134. ὅπως ἔκεισο, ut jaceres. Vide quae notavimus ad Œd. T. 1392.

1138. φίλησι. Sic procul dubio scribi debuit, ut paullo infra ξένησι. In codd. φίλαισι. August. tamen φίλοισι, quod ex forma a nobis reposita depravatum videri possit. Vide notam ad Comici Ranas 1211.

1148. ἀδελφὴ σοὶ προσηυδώμην. Sic membr. & alii codd. veteres. Glossa, ὑπὸ σοῦ. Mendose Aldus edidit ἀδελφὴ σοί.

1150. θανόντα σὺν σοί. Aldus & plerique codd. θανόντι. Alterum habet membr.: & a prima manu D. (praeter Triclinii recensionem), quod praefero. Euripides Herc. Fur. 69.

καὶ νῦν ἐκεῖνα μὲν θανόντ᾽ ἀνέπτατο.

Idem Temenidis κακοῖς δὲ

δέσποινα φροῦδα συνθανόντ᾽ ὑπὸ χθονός.

1160. In digerendis tribus his versiculis Aldinam secutus sum, cui consentiunt codd. veteres plerique. In D. aliter digesti sunt, ut videtur quidem, haud deterius,

οἴ μοι μοι· δέμας οἰκτρόν· φεῦ, φεῦ.

ὦ δεινοτάτας, οἴμοι μοι,

Dimetri anapæstici sunt, quorum alter parœmiacus.

1168. ξὺν σοί. Sic Aldus & codd. omnes, etiam Triclinii recensio. Tornebus tamen edidit ξὺν σοὶ, quem errorem nullus subsequentium editorum correxit. Vide supra ad v. 578.

1174. ἀμηχανοῦν participium est. Perperam pro nomine acceptum fuit, accentu secus ac oportuerat notato. In C. recte scriptum ἀμηχανοῦν.

1185. ᾔδη. Perperam vulgo ᾔδειν.

1186. ἐν abundat, ut supra 1141. & passim.

1189. τῶνδ᾽ ἔτ᾽ ἐχθίω. Sic liquido scriptum in meo codice, ut scribi debuisse monuit Canterus, quod nemo non videre poterat. Male vulgo τῶνδέ τ᾽ ἐχθίω.

1194. ἐξισοῖ neutrum significatione passiva, ut Œd. T. 425.

1197. οὐδ᾽ ὁ συμπαρίζων, vitio excusum fuit me nolente & imprudente: legendum οὔθ᾽, ut est in omnibus libris: rectum est quod sequitur οὐδ᾽ ὁ κωλύσων, quod in plerisque veteribus libris depravatum est, in quibus οὔθ᾽ geminatur.

1200. ἐποικτείρας ποτέ. In D. ἐμέ.

1206. τοῦτό μ᾽ ἐργάσῃ. gl. μὴ ποιήσῃς τοῦτο ἐμέ. Vide supra ad v. 385.

1207. πιθοῦ. Vulgo πείθου. Vide supra ad v. 1015.

1221. ὁ ζῶ γὰρ ἁνήρ, Perperam vulgo ἀνήρ. In D. liquido scriptum ἁνήρ.

1226. ὡς τὰ λοίπ᾽ ἔχοις ἀεί. Perperam Aldus ἔχεις, ut codd. plerique: in quibusdam ἔχῃς. Votum hoc est, & optativus omnino requiritur.

1230. συμφορά vox est media, quæ in utramque partem accipitur. Eustathius ad Homerum p. 647. συμφορά, οὐ μόνον ἀποτρόπαιος, ἀλλὰ καὶ ἀγαθή, ὡς δηλοῖ σὺν ἄλλοις καὶ ὁ εἰπὼν ἐπ᾽ ἀγαθῷ τι, Ἐπὶ συμφοραῖς γεγηθὼς ἴσως δαίμων ἐπαινέσεται ἄνω. Alibi ξυμφορά absque ullo ad bonam seu malam fortunam respectu, nihil aliud quam ἀπόβασιν significat, ut Œd. Tyr. 44. ubi sententia est non multum absimilis hujus apud Thucydidem I. 140. ἐνδέχεται γὰρ τὰς ξυμφορὰς τῶν πραγμάτων οὐχ ἧσσον ἀμαθῶς χωρῆσαι, ἢ καὶ τὰς διανοίας τοῦ ἀνθρώπου.

1233. Vox γοναί in membr. E. meo, geminata, in aliis, ut in Aldina, semel tantum posita est.

1239. In Aldina legitur, ut in plerisque codd. ἀλλ᾽ οὐ τὰν Ἄρτεμιν τὰν αἰὲν ἀδμήταν. In aliis ἀλλ᾽ οὐ μὰ τὰν Ἄρτεμιν τὰν αἰὲν ἀδμήταν. Laxati pedes versus, qui debet esse trimeter iambicus, cujusque in fine ἀδμήταν stare non potest. Proinde legendum:

ἀλλ᾽ οὐ μὰ τάν γ᾽ ἀδμήταν αἰὲν Ἄρτεμιν.

αν accusativi nominum primæ declinationis corripiunt Dores, quorum dialecto utuntur in melicis Tragici.

1252. ἔργων τῶνδε. Sic etiam Triclinii recensio. Operarum errore in Turnebi editione excusum ἔργον. Manifestum mendam propagavit Stephanus.

1260. τίς οὖν ἂν ἀξίαν γε σοῦ πεφηνότος. Sic Aldus & codd. veteres omnes. Fœdum in modum impudens Triclinii audacia hunc versum corrupit.

1264. θεοί μ' ἐπώτρυναν. Aldus & veteres codd. θεοί μ' ὤτρυναν, syllaba deficiente ad versus integritatem. Metrum suffulsit Triclinius putri tibicine, θεοί γέ μ' ὤτρυναν. Excidit, quod toties contigisse vidimus, præpositio verbi compositi. Scripserat Tragicus ἐπώτρυναν, ut paulo infra ἐπῶρσεν.

1265. Tertiam hanc antistrophen plane exhibeo, ut in Aldina & in veteribus codd. legitur: impudentissime hic grassata est Triclinii stoliditas: ejus ineptiis bonam chartam commaculare nolo. Excidit versiculus qui primo strophæ respondet, ut quintus excidit versiculus. strophæ.

1272. δέδοικα λίαν. Sic libri veteres omnes. Triclinius inseruit σε, ratus scilicet primam in λίαν necessario corripi, quæ apud Tragicos passim producitur, & apud Comicos etiam. Antiphanes apud Stobæum Floril. Grotii p. 321.

> τί φῄς; ἀληθῶς ξενιῶν τι, πρὸς γυναῖκ' ἐρῶς
> τὸ πρᾶγμα; καὶ τί τοῦτο λίαν διαφέρει,
> ἢ πᾶσι τοῖς κήρυξιν ἐν ἀγορᾷ φράσαι;

Sic legendi hi versus. In sequenti v. Triclinius inseruit γε post μακρῷ, invitis veteribus libris.

1275. In D. μή τι πολύστονον. Scriptum oportuit μή τοι. In ceteris libris μή τί με πολύστονον.

1292. ἐξείργοι. Sic codd. omnes nostri. Suidas in Χρόνου πίδα legit ἐξείργει. E scholiastæ expositione suspicari quis possit eum legisse:

> ἔργον γὰρ ἄν σοι καιρὸν ἐξείργοι λόγος.

1294. φανέντες, ἢ κεκρυμμένοι. In D. φανέντες οἱ κεκρυμμένοι.

1296. οὕτως ὅ' — Glossa, σκόπει, ποίει.

1310. γέλωτι φαιδρὸν τοὐμὸν ὄψεται κάρα. Sic Aldus & codd. veteres. In C. inverso vocum ordine, τοὐμὸν φαιδρόν. Triclinius inepte dedit φαιδρῷ.

1347. ξυνεῖς. In duobus codd. ξυνίης. in ceteris ξυνίεις.

1365. κυκλοῦσι. Sic Aldus & codd. veteres. Activum verbum neutraliter adhibetur, ut Trach. 130. Triclinius imperite glossam pro genuina voce substituit, κυκλοῦνται.

1384. ὅπα προνέμεται. Sic bene scriptum in D. Vulgo ὅπου.

1388. κύνες μετάδρομοι πανουργημάτων sunt Erinnyes, quas Euripides etiam in Electra 1349. κύνας appellat. Vide notam ad Oed. T. 391.

1389. Ignoravit Triclinius ultimam in μακρὰν longam esse: alioqui non inseruisset inferfiffet fuum γε. Languidas particulas amabat frater ille. Supra ubi libri omnes veteres habent βεβᾶσιν ἄρτι, dedit βεβᾶσι δ' ἄρτι.

1393. πατρὸς εἰς ἑδώλια. Antiqua hæc eft & genuina lectio a Scholiafta fervata, cujus in codd. veteribus locum invafit gloffa δώματα. Vide Suidam in Ἑδώλια, & Toupii Epift. Crit. p. 132. Triclinius veterem lectionem amplexus fuerat: ejus recenfio habet ἑδώλια: verum id Turnebus in margine folum adnotavit, fervata in contextu Aldi lectione.

1394. νεακόνητον αἷμα χειροῖν ἔχων. Aldus & codd. veteres χεροῖν reclamante metro, cui confultum voluit Triclinius, fed prava eft ejus emendatio χειρῶν. Dativus eft χειροῖν, quem cafum ftructuræ lex flagitat. Ante nuperum Sophoclis editorem Parifinum nemini ex omni eruditorum numero adhuc obfervatum fuerat, probis fcriptoribus græcis difpliculffe formam χειροῖν, quæ, fi fidem illi habeamus, aut reperitur nufpiam, aut, ficubi occurrit, commutanda eft cum χεροῖν vel χεροῖν, quotiescumque metri lex priorem productam requirit. Sed ego tali magiftro non ita fum credulus, & χειροῖν græcæ linguæ non eximam, dum analogiæ ratio potiori auctoritati non cedet. αἷμα hic *gladium* fignificare adgnofcunt critici veteres omnes, quorum confenfus Johnfonum non deterruit, quin locum corruptum effe pronuntiaret, hac emendatione perfuadendum: νεακόνητον εὖ μάχαιραν ἔχων. Hoc illum voluiffe ex ejus verfione perfpicuum eft. ἐν pro εὖ operarum errore excufum fuiffe Heathius facile animum advertere poterat, & fuam interjectionem αἶ ad compendium ponere. Nihil futilius iftis conjecturis, quæ audaci metaphora, ab indole chorici cantici, & Sophoclis ingenio neutiquam aliena, plebeium putidumque fermonem fubftituunt. At *fermonem* tamen. Verum quo nomine appellabimus verfum quem Tragico largitur Parifini editoris folertia?

νεακονῆ τὰν εὖ μάχαιραν ἔχων.

Nemo adeo lippus eft, quin videat νεακονῆ τὰν εὖ μάχαιραν effe pro τὰν μάχαιραν εὖ νεακονῆ. Similis eft ftructuræ illius apud Comicum noftratem: *d'amour mourir me font, belle marquife, vos beaux yeux.* Illa articuli trajectio huic viro tantum placuit, ut eadem ratione verfum reftituerit in Ariftophanis Acharn. 318.

ὑπὲρ ἐπιξήνου θελήσω τὴν ἔχων κεφαλὴν λέγειν.

Scilicet decebat ut hominis Britanni invento aliquid novi fuperinduceret, quod aliter facere non poterat, nifi νεακόνητον haud magis græcum effe decerneret, quam χειροῖν. Quis rifum teneat, quum hujusmodi homunciones Sophoclem græce loqui docent? Legi digna funt quæ de hoc loco fcripfit Vir doctus in Mifcell. Obferv. T. I. p. 416.

1398. ἅνδρες, id eft οἱ ἄνδρες. Perperam vulgo indefinite ἄνδρες.

1403. In codd. omnibus veteribus, ut in Aldina, pede mancus est hic versus: Αἴγισθος μὴ λάθῃ μολὼν ἔσω. Triclinius ex conjectura αὐτὸς supplevit; melius, ut opinor, ego, ὑμᾶς.

1414. καθαμερίαν. gl. κατὰ τὴν παροῦσαν ἡμέραν. In Triclinii recensione Dorica est forma καθαμερία. — Φθίνει, φθίνει. Vox repetenda, in Aldina & codd. aliquot semel tantum posita est.

1416. εἰ γὰρ, utinam. εἰ in hac formula valet εἴθε. Vide ad Œd. T. 80. εἰ etiam sine γὰρ eamdem significationem habet, ut Œd. Col. 644. εἴ μοι θέμις γ᾽ ἦν. utinam mihi liceret!

1417. τελοῦσ᾽ ἀραί. Aldus & veteres codd. τελοῦσιν contra metri rationem. Iidem in seq. vers. dant γᾶς ὑποκείμενοι, quod metro itidem repugnat. Vide infra ad v. 1438.

1424. In Aldina & in veteribus codd. sic scriptus est hic versus:

Ὀρέστα, πῶς κυρεῖ. Τἀν δόμοισι μέν.

Deficientem syllabam Triclinius haud magno labore supplevit, πῶς κυρεῖ γε. Verum inficete prorsus particulam posuit in fine sententiæ. Commodiori sede eam locavi: τά γ᾽ ἐν δόμοισι μὲν —

1427. ὡς ἀτιμάσει. Sic membr. D. E. August. meus, & Triclinii etiam recensio recte. In impressis perperam ut in C. ἀτιμάσῃ. ὡς hic cum futuro indicativi construi debet, ut supra 1310.

ἣν σὺ μὴ δείσῃς ποθ᾽, ὡς
γέλωτι φαιδρὸν τοὐμὸν ὄψεται κάρα.

Utroque in loco glossa ὡς exponit per ὅτι, unde intelligitur sequens verbum non alius modi esse posse, quam indicativi.

1430. In Aldina hic versus totus & sequentes duo Electræ partibus contribuuntur. Personarum distinctionem restitui, quam liquido exhibent quinque codd. C. D. E. meus & Triclinianus. Consentit August. nisi quod errore librarii Electræ persona omissa est quæ versui 1430. præfigi debuit. In omnibus scriptum ἐφ᾽ ὑμῖν, ut manifestum est Orestem dicere debere; & sic etiam scriptum est in membr. tametsi Orestis persona suo loco omissa est. Aldus ex mera conjectura ἐφ᾽ ὑμῖν dedisse videtur, quod Turnebus, deteriora quæque probare suetus, bonæ codicis sui scripturæ prætulit. Parisino quoque editori ὑμῖν melius videtur, quod profecto non miror.

1431. ἐκ προαστίου. Sic bene Aldus. In codd. perperam scriptum προαστείου, quod Heathius reponi vult: at ostendere oblitus est qui in fine senarii stare hoc possit. In membr. sincera lectio mendosæ superscripta. Vide Suidam in Προάστιον. Euripides Alcest. 848.

τύμβου κατ᾽ ὄψιν ξεστὸν ἐκ προαστίου.

1436. *μέλοιτ' ἐμοί.* Sic Aldus & codd. omnes veteres. Glossa, διὰ φροντίδος ἂν εἴη ἐμοί. Triclinius novavit *μέλοι γ' ἐμοί.*

1438. ὡς ἠπίως. Sic Aldus & codd. omnes veteres recte. Gl. λίαν πρᾴως. Versus dimeter est pæonicus duobus constans creticis, ad cujus normam antistrophicum in stropha reconcinnavimus,

γᾶς ὕπαι κείμενοι.

in quo ex librarii libidine legebatur γᾶς ὑποκείμενοι: quod Triclinius quum sincerum esse arbitraretur, ut metra congruerent, hujus versiculi lectionem interpolavit, & pro suo more corrupit, sensumque plane subvertit. Nempe ἤπιον veteri lectioni substituit. Hujus ἠπίως aliam depravationem in libris exstitisse testatur Scholiastes, νηπίως, quod vitiosa nuce nemo emerit, nisi νήπιος ipse sit.

1445. σέ τοι, σὲ κρίνω, ναὶ σέ — Libri omnes καὶ σέ, menda manifesta. Unicam Electram percontatur; proinde copulæ non est locus. Acute Reiskius vidit ναὶ legendum esse.

1451. φίλης προξένου κατήνυσαν. Elliptica locutio, pro κατήνυσαν τὴν ὁδὸν εἰς φίλης προξένου οἶκον. Vide ad Oed. Col. 1562.

1456. χαίρειν μ' ἄνωγας. In plerisque veteribus libris pronomen omissum.

1461. ἀνδρὸς τοῦδε, *Orestis.* Jungendi hi genitivi cum ἐλπίσιν, non vero cum νεκρόν. Perperam in impressis hic locus distinctus est. Quæ sequuntur, μηδὲ πρὸς βίαν φύσῃ φρένας, προστυχὼν ἐμοῦ κολαστοῦ significant: *neque ingratiis sapere discat, castigatorem me nactus.* Ista latine & gallice vertit Parisinus editor, & in utraque lingua a sensu aberravit, πρὸς βίαν, quod ad φύσῃ pertinet, cum κολαστοῦ jungens. Vide quæ notavimus ad Comici Ranas 1457.

1465. Perperam in impressis τοῖς κρείσσοσιν.

1466. Absurde vulgo legitur: δέδορκα φάσμ' ἄνευ φθόνου μὲν οὐ πεπτωκός. Levissima mutatione sententiam restituit acutissimi Tyrwhitti certa conjectura. Vide Emendationes in Euripidem, Musgravii Exercitationibus subjunctas p. 145. vel, quod perinde est, Musgravii notas ad Rhesi v. 456. Φθόνος & Νέμεσις idem significant. δέδορκα φάσμα οὐ πεπτωκός. λέγω μὲν ἄνευ φθόνου· εἰ δ' ἔπεστι φθόνος, οὐ λέγω. Egregia hac emendatione nihil verius.

1469. τὸ συγγενές τοι. Sic meus & D. recte. In aliis, ut apud Aldum, mendose τε, cujus loco Triclinius supposuit γε.

1471. *προσηγορεῖν φίλως, compellare amice, ut cognatum decet.* Aldus & veteres codd. habent φίλος. In plerisque vocandi adverbium ὦ superscriptum glossæ loco. Sane quidem φίλος sæpissime Attici in vocativo adhibent, ut Euripides in Med. 1133. ἀλλὰ μὴ σπέρχου, φίλος. Verum hic mendosum est. Praestat Triclinii lectio φίλως, ut in Oed. Col. 758. τήνδε τὴν πόλιν φίλως εἰπών.

1478. Vulgo ζῶν τοῖς θανοῦσιν absque ullo sensu. Rursus hic Tragico egregiam operam navavit Tyrwhitti acumen, cui debetur emendatio, quam merito suo recepimus. *Non sentis te dudum cum viventibus quasi mortuis confabulari?* id est, *cum Oreste vivente, quem mortuum opinaris.*

1481. ἐσφάλην. Sic emendate scriptum in membr. ut in Triclinii recensione. In ceteris libris perperam ἐσχάλην.

1485. Haud dissimilis sententia in Aj. v. 475. In Aldina & codd. omnibus legitur μεμιγμένων, ita postulante sententia. Nescio quo casu, aut qua imperitia Triclinius dederit μεμιγμένον, quod quidem *melius putat* Parisinus editor: verum eo certius videri possit mendosum id esse. Genitivus βροτῶν pendet a suppresso τις. ὁ μέλλων τις θνήσκειν τῶν σὺν κακοῖς μεμιγμένων βροτῶν. Nihil planius.

1488. ταφεῦσιν. Ironice. Id facere jubet Electra, quod facturum fuisse Menelaum Nestor apud Homerum dicit Odyss. Γ. 255. si domum reversus Ægisthum in vivis adhuc reperisset.

> Ἤτοι μὲν τόδε κ' αὐτὸς ὀΐεαι, ὥς κεν ἐτύχθη,
> εἰ ζώοντ' Αἴγισθον ἐνὶ μεγάροισιν ἔτετμεν
> Ἀτρείδης, Τροίηθεν ἰών, ξανθὸς Μενέλαος·
> τῷ κέ οἱ οὐδὲ θανόντι χυτὴν ἐπὶ γαῖαν ἔχευαν,
> ἀλλ' ἄρα τόν γε κύνες τε καὶ οἰωνοὶ κατέδαψαν
> κείμενον ἐν πεδίῳ ἑκὰς ἄστεος· οὐδέ κέ τίς μιν
> κλαῦσεν Ἀχαιϊάδων· μάλα γὰρ μέγα μήσατο ἔργον.

1491. χωροῖς ἂν idem valet ac χώρει. Optativus cum particula ἂν saepe vim futuri habet, ut Oed. T. 95. 282. Oed. Col. 507. Antig. 1108. Saepe imperativi. Hic non magis huic formulae χωροῖς ἂν εἴσω indignationis inest affectus, quam quum iisdem verbis Neoptolemus blande Philoctetae dicit v. 674. *ingredere*, χωροῖς ἂν εἴσω, & quum in Trach. 624. amice Dejanira dicit Lichae, στείχοις ἂν ἤδη.

1492. νῦν ἐστὶν ὡγών. Libri omnes mendose ἀγών, cujus vocis quum prior syllaba semper corripiatur, crurifragio versus laboraret, si ita legeretur. Vide quae notavimus ad Comici Ranas 867.

1507. κτείνειν. gl. λέγω τὸ κτείνειν. Nimirum adponitur ad praecedens τήνδε δίκην. De ὅστις ad nomen plurale τοῖς πᾶσιν relato, vide ad Aj. 760.

FINIS NOTARUM IN ELECTRAM
ET TOMI PRIMI.

www.ingramcontent.com/pod-product-compliance
Lightning Source LLC
Chambersburg PA
CBHW031935290426
44108CB00011B/567

* 9 7 8 3 7 4 1 1 8 2 6 7 9 *